PRISMA NATURWISSENSCHAFT 7|8

Marion Barmeier
Charlotte Willmer-Klumpp

Ernst Klett Verlag
Stuttgart · Leipzig

1. Auflage 1 5 4 3 | 14 13

Alle Drucke dieser Auflage sind unverändert und können im Unterricht nebeneinander verwendet werden.
Die letzte Zahl bezeichnet das Jahr des Druckes.

Autorinnen und Autoren: Marion Barmeier, Charlotte Willmer-Klumpp
Unter Mitarbeit von: Wolfram Bäurle, Manfred Bergau, Anke Beuren, Irmgard Bohm, Matthias Bömeke, Joachim Boldt, Heinz Joachim Ciprina, Eycke Fröchtenicht, Dr. Günter Ganz, Paul Gietz, Ramon Gomez-Islinger, Renate Görlitz, Stephan Haas, Gerda Hagen, Gitta Heide, Wolfgang Heitland, Dr. Klaus Hell, Günter Herzig, Barbara Hoppe, Ute Jung, Tanja Kasprzak, Anne-Kathrin Klaus, Rainer Knetsch, Claudia Lissé-Thöneböhn, Michael Maiworm, Anke Méndez, Dr. Otfried Müller, Reinhard Peppmeier, Uwe Pietrzyk, Dr. Helmut Prechtl, Wilhelm Roer, Alexander Röhrer, Burkhard Schäfer, Bernd Schäpers, Petra Schleusener, Elisabeth Schreiber, Dr. Hans-Jürgen Seitz, Karl-Heinz Sonntag, Andrea Treske, Dr. Bernd Thomas, Michael Wächter, Marianne Walcher, Silva Wallaschek, Burkhard Weizel, Ulrike Wolf

Entstanden in Zusammenarbeit mit dem Projektteam des Verlags.
Herstellung: Horst Andres, Corinna Härtel

Layoutkonzeption und Gestaltung: Matthias Balonier, Infografik, Lützelbach
Unter Mitarbeit von: Elke Kurz, Kernen i. R.
Umschlaggestaltung: KOMA AMOK®, Kunstbüro für Gestaltung, Stuttgart
Illustrationen: Matthias Balonier, Lützelbach; Udo Buffler, Marburg; d. Biografiker, München; Joachim Hormann, Stuttgart; Jeanne Kloepfer, Lindenfels; Angelika Kramer, Stuttgart; Karin Mall, Berlin; Alfred Marzell, Schwäbisch Gmünd; Tom Menzel, Rohlsdorf; Otto Nehren, Achern; normaldesign, Schwäbisch Gmünd; Gerhart Römer, Ihringen; Prof. Jürgen Wirth, Dreieich
Reproduktion: Meyle + Müller, Medien-Management, Pforzheim
Druck: Firmengruppe APPL, aprinta druck, Wemding

Printed in Germany
ISBN: 978-3-12-068920-1

9 783120 689201

10 Chemische Reaktionen mit Sauerstoff

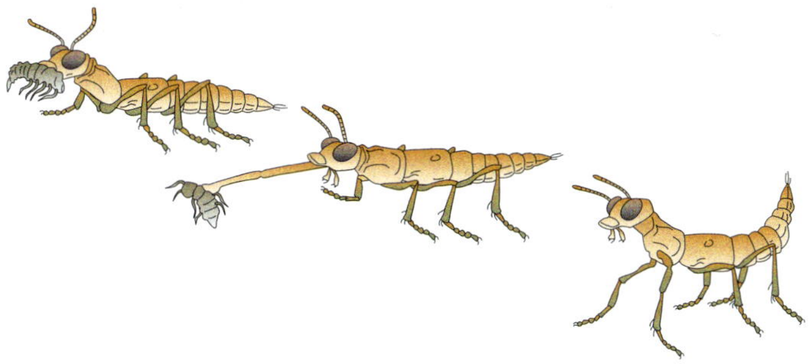

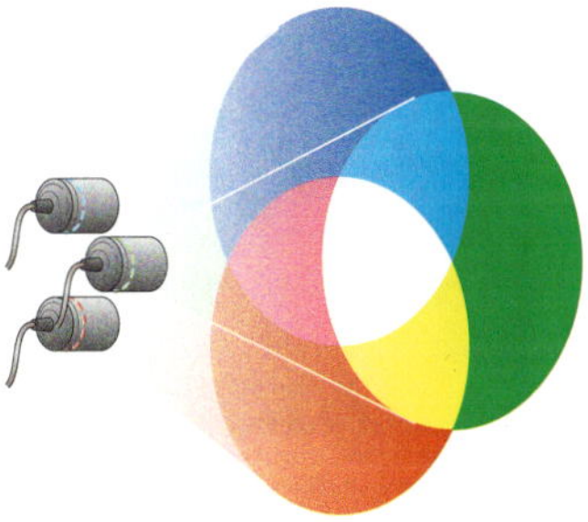

152 Elektrostatik – elektrische Ladungen

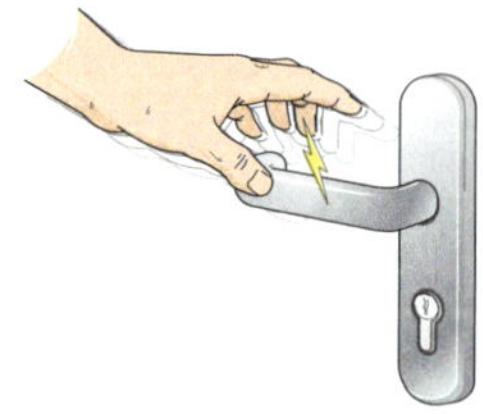

170 Elektrischer Strom – elektrische Energie

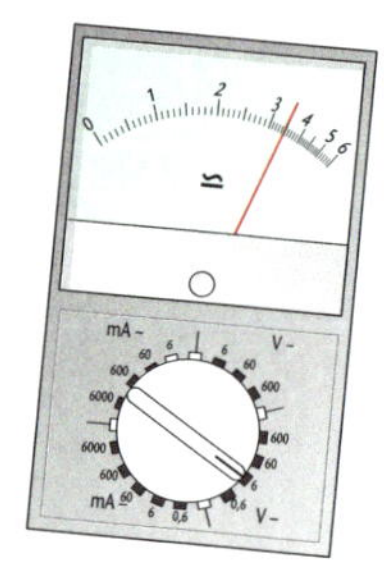

204 Bewegung in Natur und Technik

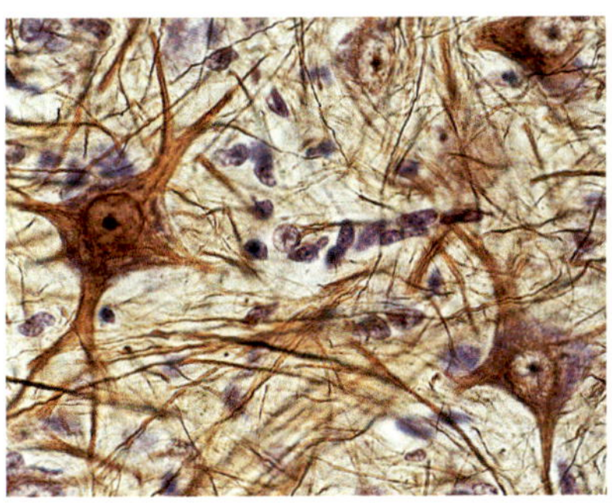

252 Kommunikation und Informationsverarbeitung

312 Die Erde im Weltall

332 Willst du mit mir gehen …? Erste Freundschaften

358 Basiskonzepte

372 Anhang

Chemische Reaktionen mit Sauerstoff

Verbrennungsvorgänge bestimmen das Leben in der Natur und unsere moderne Technik. Es gibt ganz verschiedene Verbrennungen: heftige und langsame, mit und ohne Flammenerscheinung. Manche Stoffe brennen überhaupt nicht.

Luft und Verbrennung gehören zusammen. Welche Gründe sprechen dafür?

Überlege, unter welchen Bedingungen Feuer und Brände entstehen.

Verbrennungen sind für die Menschen von großem Nutzen. Damit verbunden sind aber auch Gefahren. Sammle Beispiele, die zu diesen Aussagen passen.

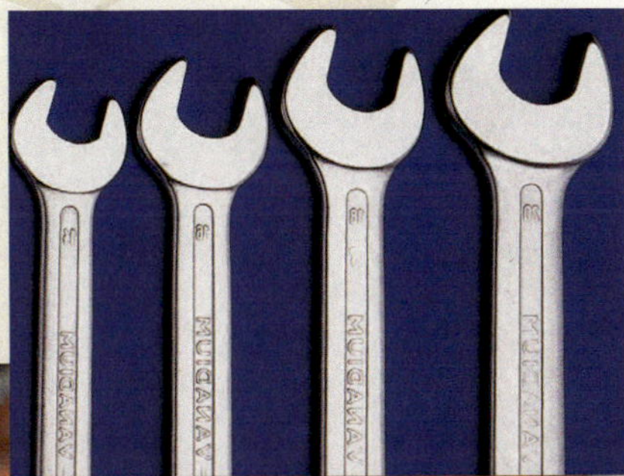

1 Lagerfeuer

Kerze und Lagerfeuer
Beim Umgang mit einer Kerze oder einem Lagerfeuer lernt man wichtige Bedingungen für eine Verbrennung kennen.
Für beide Verbrennungsvorgänge gilt: Es muss ein **brennbarer Stoff** (Kerzenwachs, bzw. Papier, Holz) vorhanden sein, der entzündet werden kann.

Stülpt man über brennende Kerzen verschieden große Gläser, erlöschen die Kerzen, wenn keine **Luft** mehr vorhanden ist. Je nach Größe des Glases geschieht dies früher oder etwas später (▷ B 2).
Auch beim Lagerfeuer muss für Luftzufuhr gesorgt werden.

Bei Anwesenheit von Luft läuft mit einem brennbaren Stoff nach dem Entzünden eine Verbrennung ab.

Feuer und Flamme
Zündet man eine Kerze an, wird etwas Wachs geschmolzen. Das flüssige Wachs steigt im Docht hoch und verdampft an der Dochtspitze. Eine Flamme bildet sich, wenn dieses gasförmige Wachs entzündet wird. Eine Flamme wird durch brennendes Gas gebildet. Damit sich dieses entzündet, muss die Flammtemperatur erreicht sein.

Aufgaben

1 Was ist der Brennstoff einer Kerze?

2 Schildere, wie das Brennmaterial eines Lagerfeuers aufgeschichtet werden muss.

3 Nenne feste, flüssige und gasförmige Brennstoffe.

2 Unterschiedliche Brenndauer von Teelichtern

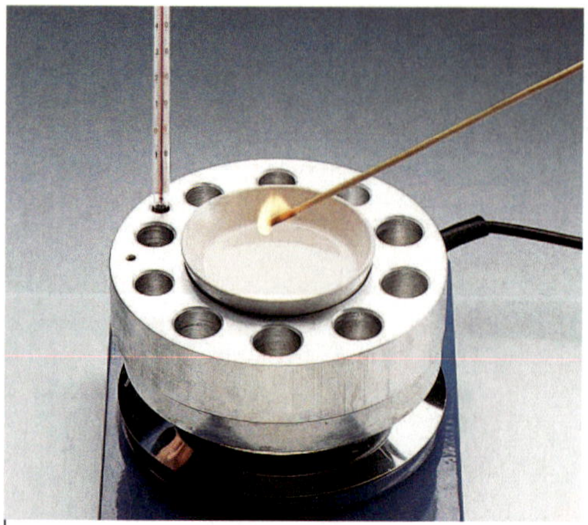

3 Bestimmung der Flammtemperatur

Mit einer offenen Flamme darf man nicht in die Nähe von Benzin geraten. Benzindämpfe entflammen sofort. Heizöl dagegen muss man zuerst erwärmen, um brennbare Dämpfe zu bekommen. Hält man ein Thermometer unmittelbar über die Flüssigkeit, so kann man die Temperatur bestimmen, bei der die Dämpfe entflammen. Diese Temperatur ist die **Flammtemperatur** (▷ B 3; V 2). Nähert man einen brennenden Holzspan den Dämpfen, springt die Flamme über, ohne dass der Span die Flüssigkeit berührt.

Versuche

1 Auf einer Metallplatte liegen ein Stück Pappe, ein Holzklotz, ein Stück Kohle und mehrere Zündhölzer. Mit einer Brennerflamme wird die Plattenmitte von unten erhitzt (▷ B 4).

2 In einem Heizblock wird in einer Porzellanschale Heizöl so lange erwärmt, bis Dämpfe über der Flüssigkeit entzündet werden können. Die Temperatur, bei der die Dämpfe erstmals entflammen, wird mit einem Thermometer ermittelt.

3 In ein Zündrohr werden 4 bis 6 Tropfen Wundbenzin gegeben. Das Rohr wird mit einem Kunststoffdeckel dicht verschlossen und der Inhalt gut durchgeschüttelt. Im abgedunkelten Raum wird das Benzin-Luft-Gemisch gezündet (▷ B 6). Der Versuch wird mit veränderter Tropfenzahl wiederholt.

4 Man führt in einem Modellsilo aus Plexiglas eine Staubexplosion durch. (▷ B 7, oben rechts).

4 Was zündet zuerst?

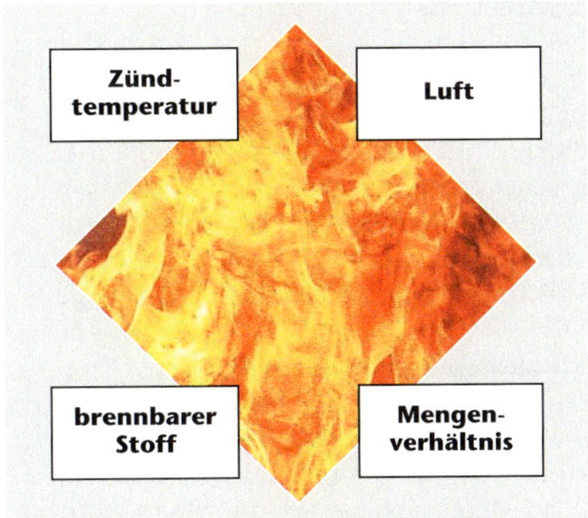

5 Bedingungen für eine Verbrennung

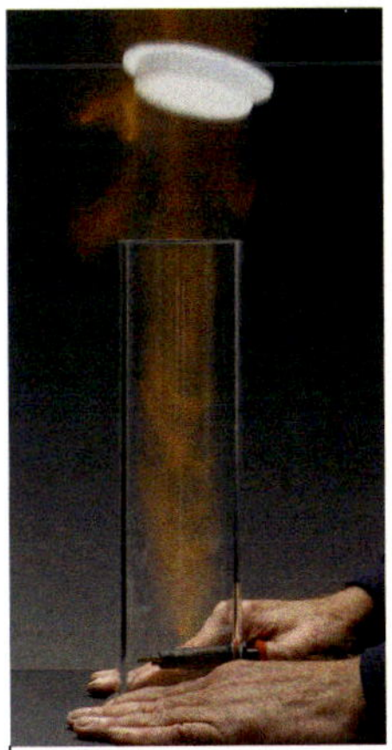

6 Bestimmung der Zündgrenze

Erreicht ein Stoff durch Erwärmen ohne offene Flamme wie in Bild 4 (▷ V 1) die Temperatur, bei der sich der Stoff entzündet, wird seine **Zündtemperatur** erreicht. Die Zündfähigkeit von Benzin-Luft-Gemischen kann man in einem Zündrohr untersuchen (▷ B 6; V 3). Das Mengenverhältnis Benzin : Luft hängt von der Anzahl der Tropfen Wundbenzin im Zündrohr ab. Durch genaues Zählen der Tropfen wird jene Mischung bestimmt, die besonders gut zündet. Die Mischung ist dann weder zu „mager" (zu wenig Benzin) noch zu „fett" (zu viel Benzin).

Welchen Einfluss hat der Zerteilungsgrad auf die Verbrennung?

Bei einem Lagerfeuer verbrennt das feine Astholz rascher als dicke Holzstücke. Holzspäne brennen lichterloh, Holzstaub kann sogar explodieren. Je feiner zerteilt das Brennmaterial ist, desto größer ist die Oberfläche, umso heftiger verläuft die Verbrennung (▷ B 7).

Je höher der Zerteilungsgrad eines Brennstoffs ist, desto größer ist die Oberfläche und umso heftiger läuft die Verbrennung ab.

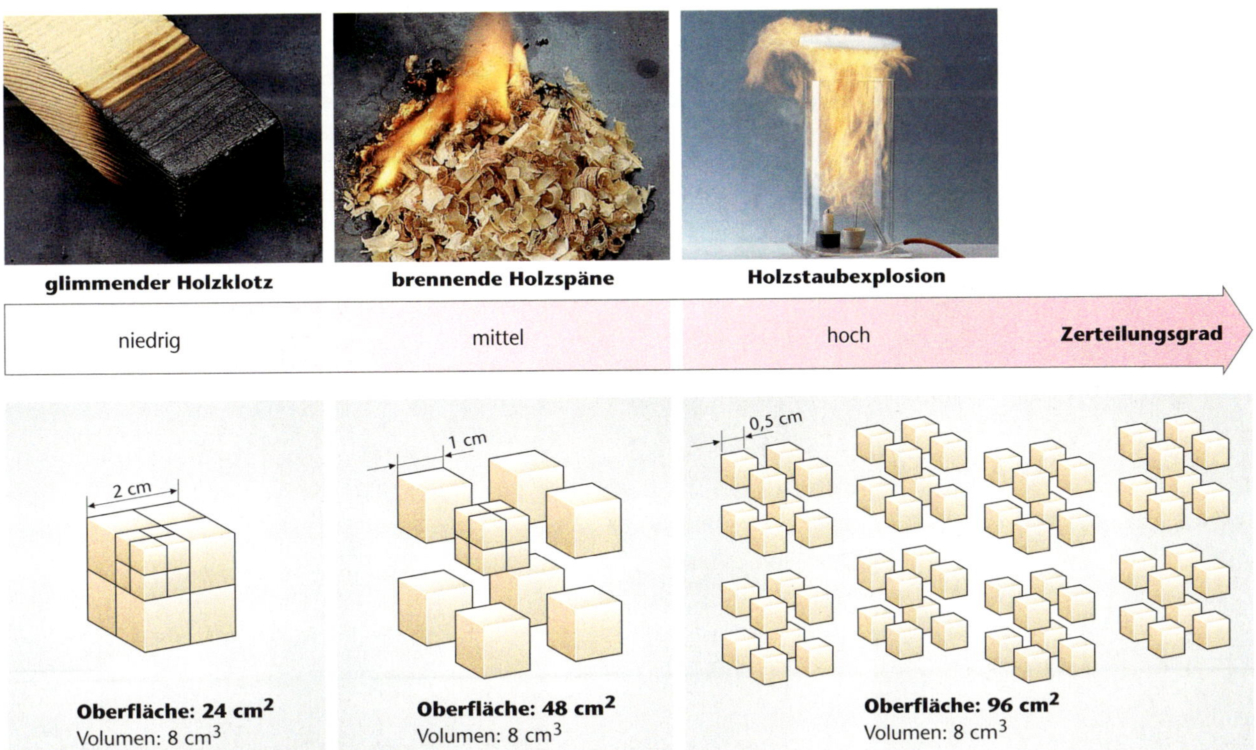

7 Mit zunehmendem Zerteilungsgrad läuft die Verbrennung heftiger und vollständiger ab.

Gewusst wie

Die traurige Geschichte vom zündelnden und schließlich brennenden Paulinchen hätte einen ganz anderen Ausgang nehmen können, wenn das Mädchen einen guten Chemieunterricht gehabt hätte. Wer weiß, wie ein Feuer entsteht, kann aus diesem Wissen ableiten, wie ein Brand verhindert oder bekämpft werden kann.

Entzug des brennbaren Stoffes

Ohne Brennstoff kein Feuer! Deshalb lautet die erste Regel: Alle brennbaren Stoffe vom Feuer fernhalten oder (soweit möglich) entfernen. Bei Waldbränden werden beispielsweise Gräben und Schneisen angelegt (▷ B 1). Das Feuer kann sich dann nicht weiter ausbreiten, weil der Brennstoff entzogen wurde.

Abkühlen unter Zündtemperatur

Wasser ist das am häufigsten eingesetzte Löschmittel. Es kühlt das Brennmaterial unter seine Zündtemperatur (▷ B 3).

Unterbrechen der Luftzufuhr

Beim Löschen mit Wasser verdrängt der sich bildende Wasserdampf über dem Brandherd die Luft. Auch Kohlenstoffdioxid aus Feuerlöschern, Löschschaum (▷ B 2) und der Inhalt von Pulverlöschern unterbinden ebenfalls die Reaktion des brennbaren Stoffes mit Sauerstoff.

Versuche

1 In einer Metallschale werden kleine Holzstücke entzündet. Das lodernde Feuer wird mit Wasser aus einer Spritzflasche gelöscht (Abzug!) (▷ B 4).

2 Eine kleine Portion Wundbenzin wird in einer Porzellanschale entzündet. Zur Sicherheit steht diese Schale auf einer feuerfesten Unterlage. Mit einer Metallplatte wird der Benzinbrand durch Abdecken gelöscht (▷ B 6).

3 Man gießt Butangas aus einem Kartuschenbrenner in ein Becherglas. Das Gas wird mit einem brennenden Holzspan vorsichtig entzündet. Die Flamme wird mit einem Löschpulver (z. B. Natriumhydrogencarbonat), das durch ein Sieb rieselt, bestreut (Schutzscheibe!) (▷ B 5).

4 Magnesiumpulver wird im Freien auf einem starken Eisenblech zu einem kleinen Kegel aufgeschichtet und entzündet. Man spritzt aus einiger Entfernung etwas Wasser auf das glimmende Magnesium. Das brennende Magnesium wird mit Sand, Zement oder Steinsalz bedeckt (Sicherheitsabstand!) (▷ B 7). Nicht in die Flamme schauen!

Aber vorsicht...

Benzinbrände dürfen nicht mit Wasser gelöscht werden. Das Benzin würde auf dem Wasser schwimmen und weiterbrennen. Auch Fettbrände kann man nicht mit Wasser löschen. Brennendes Fett in einer Pfanne wird mit einem Topfdeckel abgedeckt, der Brand wird erstickt.

1 Brennstoffentzug durch Schneisen

2 Ersticken mit Löschschaum

3 Kühlen mit Wasser

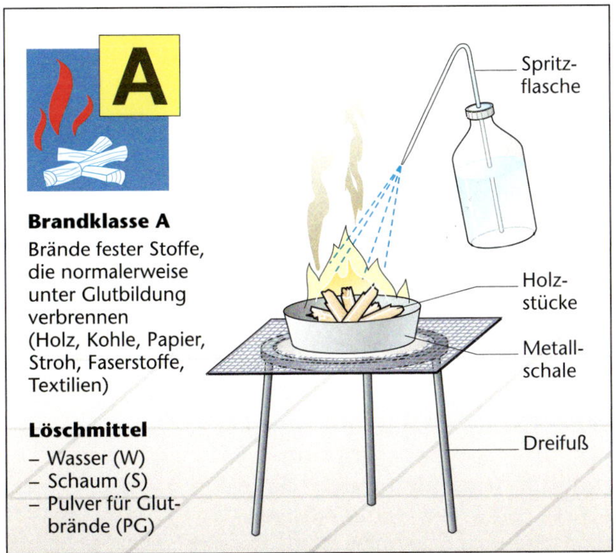

4 Zu Versuch 1

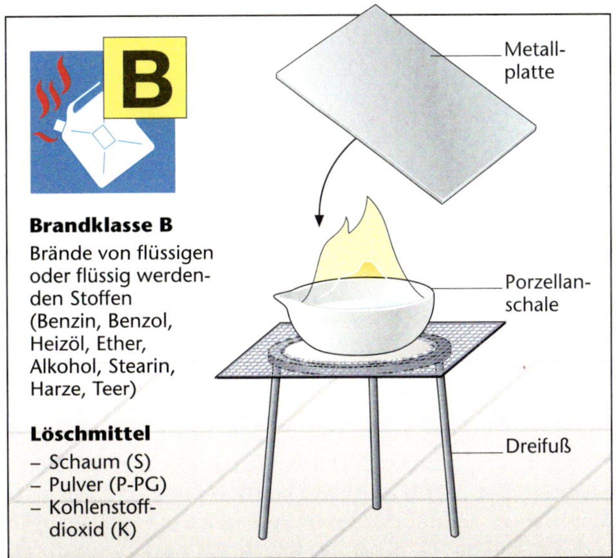

6 Zu Versuch 2

Verändern des Mengenverhältnisses
Bei besonderen Brennstoffen, wie z. B. bei Benzin-Luft-Gemischen, ist das Gemisch nur bei einem bestimmten Mengenverhältnis der Gemisch-Bestandteile zündfähig. Bei Bränden in Kohlebergwerken kann beispielsweise der Volumenanteil des Grubengases durch Einleiten von Stickstoff so verdünnt werden, dass kein zündfähiges Gemisch mehr vorliegt.

Für jeden Brand ein Löschmittel
Eine rasch wirksame Brandbekämpfung hängt bereits vom Informationsgehalt einer Brandmeldung ab. Die Feuerwehr kennt für jeden brennbaren Stoff ein geeignetes Löschmittel.

In vier Brandklassen fasst sie brennbare Stoffe und Löschmittel zusammen. Feststoffe, wie z. B. Holz, Kohle und Papier, gehören zur Brandklasse A (▷ V 1).
In Brandklasse B sind flüssige oder flüssig werdende Stoffe, wie z. B. Benzin, Heizöl oder Kerzenwachs (▷ V 2). Zu diesen Stoffen gehören entsprechende Löschmittel wie Schaum, Pulver oder Kohlenstoffdioxid. Wichtig für alle ist, dass in den Brandklassen A und B gerade jene brennbaren Stoffe zusammengefasst werden, die im Alltag häufig vorkommen.
In der Brandklasse C sind Gase, wie z. B. Wasserstoff und Erdgas (▷ V 3). Zur Brandklasse D gehören Metallbrände, die nur schwer zu bekämpfen sind (▷ V 4).

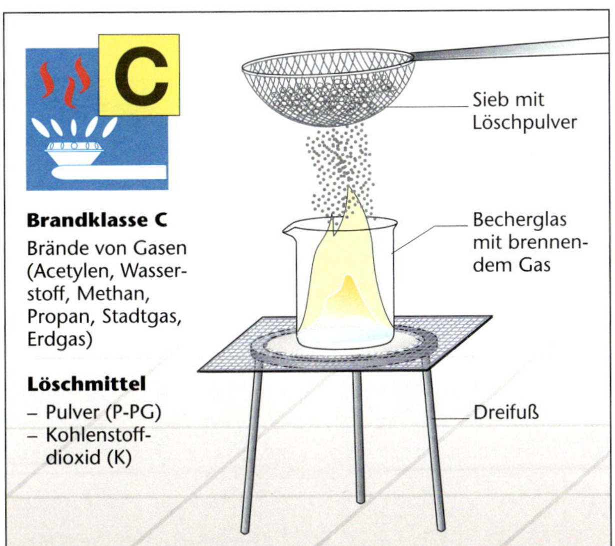

5 Zu Versuch 3

7 Zu Versuch 4

1 Aktivieren …

3 … und dann reagieren

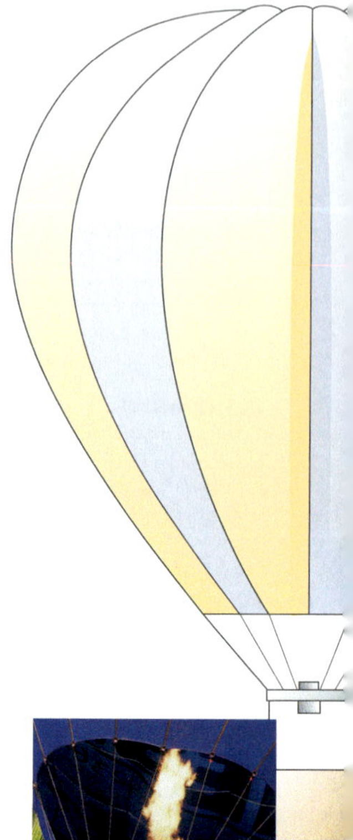

Zuerst Aktivieren …
Viele chemische Reaktionen laufen nicht von alleine ab. Ein Feuerwerkskörper explodiert erst, wenn man ihn zündet. Ein Streichholz entflammt beim Reiben an einer Reibfläche. Papier lässt sich durch ein Brennglas entzünden.
Ein Gemisch aus Eisen und Schwefel muss zunächst an einer Stelle erhitzt werden, damit die chemische Reaktion in Gang kommt. Auch ein Zink-Schwefel-Gemisch muss erst mit einem heißen Draht gezündet werden (▷ B 1), bevor es reagiert (▷ B 3). Diese Versuche zeigen, dass viele chemische Reaktionen durch **Zufuhr von Energie** in Gang kommen. Dabei müssen die Ausgangsstoffe zuerst reaktionsbereit oder **aktiv** gemacht werden. Die dafür notwendige Energie bezeichnet man als **Aktivierungsenergie**.

▶ Zum Auslösen vieler chemischer Reaktionen ist Aktivierungsenergie erforderlich.

… dann laufen lassen
Fängt ein Eisen-Schwefel-Gemisch zu glühen an, kann der Gasbrenner entfernt werden. Die Glühfront wandert durch das gesamte Gemisch, ohne dass weiter erhitzt wird. Die chemische Reaktion läuft jetzt ohne Energiezufuhr von alleine ab. Dabei werden Wärme und Licht an die Umgebung abgegeben. Eine Reaktion, bei der Wärme frei wird, nennt man **exotherm** (griech.: thermos, warm). Bei der Verbrennung von Propangas wird z. B. so viel Wärme frei, dass sich die Luft in einem Ballon erwärmt und er aufsteigt (▷ B 4). Den exothermen Verlauf einer chemischen Reaktion gibt man im Reaktionsschema an:

Eisen + Schwefel ⟶ Eisensulfid | exotherm

▶ Chemische Reaktionen, bei denen Energie frei wird (z. B. in Form von Licht, Wärme), nennt man exotherme Reaktionen.

4 Nach dem Erhitzen steigt der Heißluftballon.

Eine Modellvorstellung veranschaulicht den Ablauf
Der Ablauf einer exothermen Reaktion kann mit folgender Modellvorstellung verglichen werden: Eine Kugel soll über einen Hügel nach unten gebracht werden. Sie kann den Hügel nicht von alleine überwinden. Sie muss auf den Berg hinaufgeschoben werden. Dazu benötigt man Energie. Oben, von der Bergspitze aus, kann die Kugel dann von selbst ins Tal rollen.
Viele chemische Reaktionen kommen nicht von alleine in Gang. Die Ausgangsstoffe (Edukte) müssen zuerst aktiv gemacht werden. Dazu benötigt man Aktivierungsenergie. Hat die Reaktion eingesetzt, wird viel Energie frei. Sie reicht aus, um die chemische Reaktion in Gang zu halten.

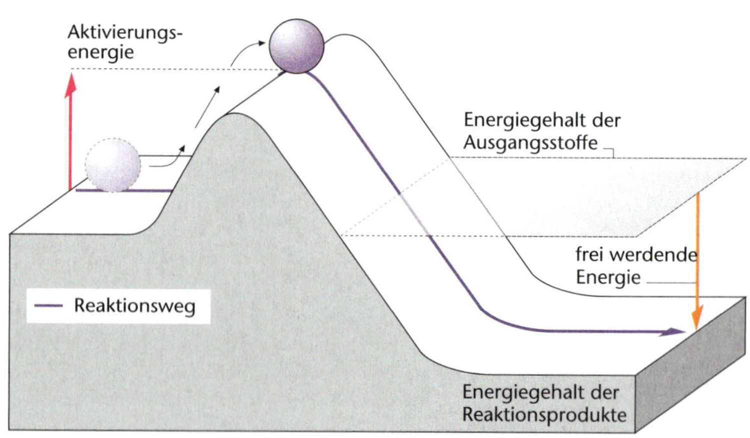

2 Modellvorstellung zum Ablauf einer chemischen Reaktion

Aktiv machen – womit?

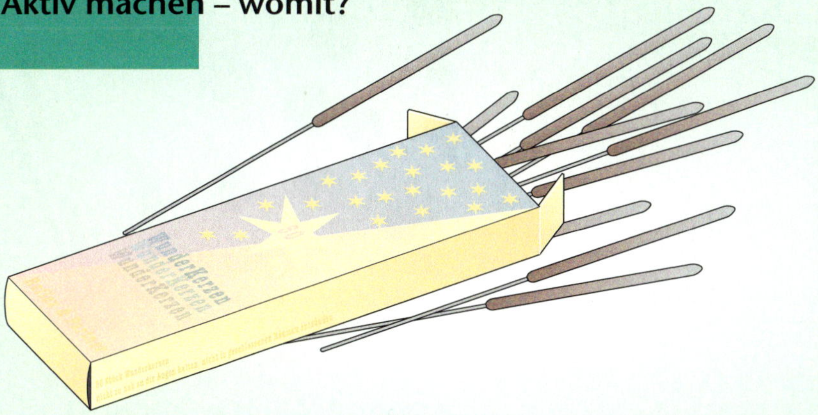

1 Aktiv machen durch Reiben

Material

Schutzbrille, Streichholzschachtel mit Streichhölzern

Versuchsanleitung

Entnimm der Streichholzschachtel ein Streichholz. Bewege das Streichholz entlang der Reibfläche, bis es entzündet wird (▷ B 1). Reibe vom Körper weg.

1 Aktiv machen durch Reibung

2 Aktiv machen durch Wärme

Material

Schutzbrille, Reagenzglas, Reagenzglashalter, Gasbrenner, Streichhölzer

Versuchsanleitung

Brich 3 bis 4 Streichhölzer so ab, dass nur die Köpfe übrig bleiben. Fülle die Köpfe in ein Reagenzglas und halte dieses mithilfe eines Reagenzglashalters über die nicht leuchtende Brennerflamme (▷ B 2).

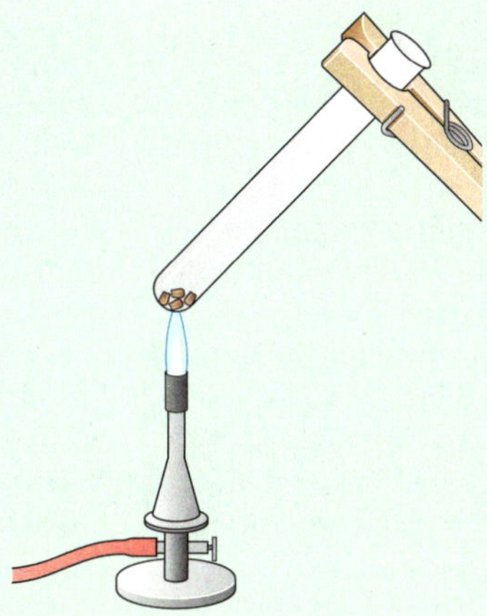

2 Aktiv machen durch Wärme

3 Aktiv machen in der Flamme

Material

Schutzbrille, Teelicht, Streichholzschachtel mit Streichhölzern, Wunderkerze

Versuchsanleitung

Entzünde das Teelicht mit einem Streichholz. Halte eine Wunderkerze über die Flamme (▷ B 3). Achte darauf, dass die sprühende Wunderkerze in sicherem Abstand von Personen und brennbaren Stoffen abbrennt.

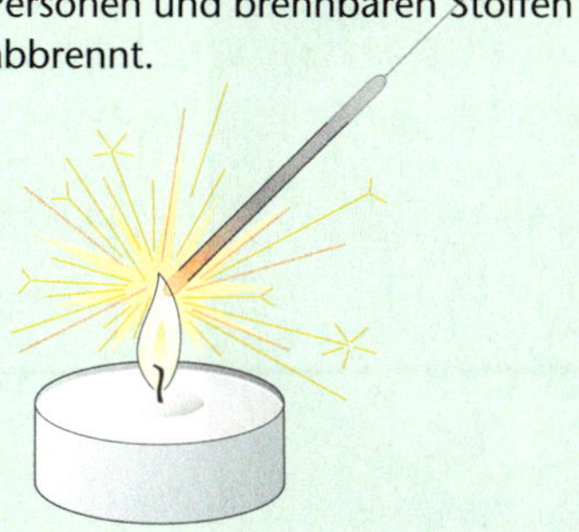

3 Aktiv machen in der Flamme

4 Aktiv machen durch Besprühen

Material

Schutzbrille, Zerstäuber, Filterpapier, Pinsel,
Lösung A: 3 g Kaliumhexacyanoferrat(II) in 100 ml destilliertem Wasser,
Lösung B: 1 g Ammoniumthiocyanat in 100 ml destilliertem Wasser,
Lösung C: 4 g Eisen(III)-chlorid-6-Hydrat in 100 ml destilliertem Wasser.
Die Lösungen werden von der Lehrerin/vom Lehrer ausgegeben!

4 Aktiv machen durch Besprühen

Versuchsanleitung

Schreibe mit einem Pinsel mit den Lösungen A und B auf ein Filterpapier. Lass den Text anschließend trocknen.

Besprühe das Geschriebene mit der Lösung C aus einem Zerstäuber (▷ B 4). Beobachte die Veränderungen.
Hast du eine Erklärung dafür?

Leichtmetalle	Dichte (g/cm³)
Magnesium	1,74
Aluminium	2,7
Schwermetalle	**Dichte (g/cm³)**
Eisen	7,87
Kupfer	8,92
Blei	11,4
Quecksilber	13,6
Gold	19,32
Platin	21,4

1 Einteilung der Metalle nach ihrer Dichte

Name der Legierung	Verwendung
Glockenbronze (20-25% Zinn)	Glocken, Plastiken
Messing, rot (20% Zink)	unechtes Blattgold
Messing, gelb (30-40% Zink)	Beschläge, Blasinstrumente
Neusilber (12–44% Zink, 11–26% Nickel)	Essbestecke
Konstantan (45% Nickel)	Widerstandsdraht

2 Einige Kupferlegierungen und ihre Verwendung

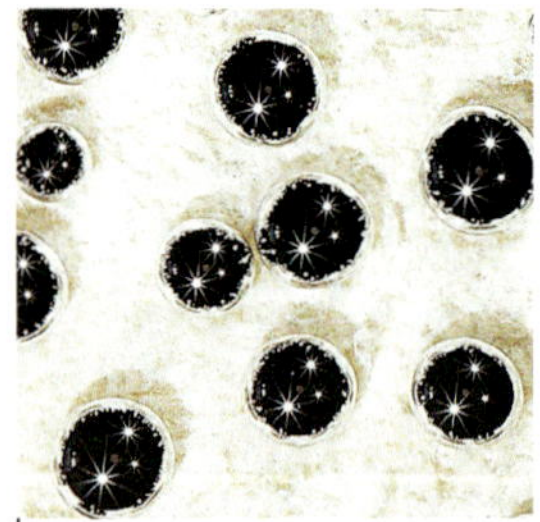

5 Quecksilber ist das einzige bei Raumtemperatur flüssige Metall.

Die Stoffgruppe der Metalle
Stoffeigenschaften können dabei helfen, Stoffe in Gruppen einzuteilen. Stoffe einer Stoffgruppe, wie z. B. die Metalle, haben einander ähnliche oder gemeinsame Eigenschaften. Die Metalle erkennt man an vier typischen Eigenschaften (▷ V 1): Alle Metalle haben eine glänzende Oberfläche. Wegen ihres Aussehens werden Metalle oft zu Schmuckstücken oder Münzen verarbeitet. Aufgrund ihrer leichten Verformbarkeit werden Metalle als Werkstoffe verwendet. Zudem leiten alle Metalle den elektrischen Strom und sind gute Wärmeleiter. Deswegen werden sie oft in elektrischen und technischen Geräten verwendet.

Metalle sind gut verformbar, glänzend, elektrisch leitfähig und gute Wärmeleiter.

Daneben gibt es sehr viele Stoffe, die diese Eigenschaftskombination nicht aufweisen. Diese Stoffe zählt man deshalb zur Stoffgruppe der **Nichtmetalle**. Typische Nichtmetalle sind z. B. Schwefel (▷ B 3; B 4), Iod, Kohlenstoff und Phosphor.

Einteilung der Metalle
Die Vielzahl der Metalle macht es notwendig, diese in weitere Untergruppen einzuteilen. So werden die Metalle nach ihrer Dichte in Leicht- und Schwermetalle eingeteilt (▷ B 1). Metalle ab einer Dichte von $\rho = 4{,}50\,g/cm^3$ werden als **Schwermetalle** bezeichnet. Metalle mit einer geringeren Dichte zählt man zu den **Leichtmetallen**.

Weiterhin kann man die Metalle in unedle und edle Metalle einteilen. **Unedle Metalle** (z. B. Blei, Zink) zeigen ihren metallischen Glanz nur, nachdem man ihre Oberflächen bearbeitet hat. Dagegen behalten die **Edelmetalle** (z. B. Gold, Platin) ihren Glanz.

Legierungen
Werden verschiedene Metalle miteinander verschmolzen, so erhält man Legierungen, die wie reine Metalle aussehen. In ihren Eigenschaften unterscheiden sie sich von den reinen Metallen, aus denen sie bestehen. Bekannte Legierungen sind z. B. **Messing** und **Bronze** (▷ B 2). **Weiß- und Rotgold** sind Legierungen aus Gold und Silber bzw. Gold und Kupfer.

Aufgaben

1 Nenne einige Leicht- und Schwermetalle.

2 Aus welchem Werkstoff wird eine Tuba hergestellt?

3 Nenne zwei wichtige Legierungen.

Versuch

1 Prüfe das Aussehen, die elektrische Leitfähigkeit, die Wärmeleitfähigkeit und die Härte von verschiedenen Metallen.

3 Schwefelkristall

4 Schwefelpulver

Wichtige Metalle

Aluminium (Schmelztemperatur 660 °C) ist ein silbrig glänzendes, sehr leichtes Metall. Deshalb wird Aluminium als Bau- und Konstruktionsmetall (z. B. für Bauverkleidungen, Reflektoren, Stromschienen) verwendet. Es dient auch als Verpackungsmaterial, z. B. für Dosen oder Folien. Aluminium ist gut elektrisch leitfähig und witterungsbeständig.

Blei (Schmelztemperatur 327 °C) ist ein dunkelblaugraues, weiches, schweres Metall. Frische Schnittflächen glänzen silbrig. Es ist ein wichtiges Gebrauchsmetall für Gewichte (im Bild: Senkblei), Dachabdeckungen und Autobatterien. Auch als Strahlenschutz (Bleischürze) wird es eingesetzt. Als Staub und Rauch ist Blei giftig.

Chrom (Schmelztemperatur 1857 °C) ist ein silbrig glänzendes, zähes Metall. Wegen seines schönen, glänzenden Aussehens wird es häufig als Überzugsmetall, z. B. für Küchengeräte, verwendet.

Eisen (Schmelztemperatur 1535 °C) und seine Legierungen (Stähle) sind die häufigsten Gebrauchsmetalle unserer Zeit. Brücken, Eisenbahnschienen, Tore, Nägel, Zäune und vieles mehr werden aus Eisenlegierungen gefertigt. Gegenstände aus reinem Eisen rosten, wenn sie längere Zeit feuchter Luft ausgesetzt sind.

Gold (Schmelztemperatur 1064 °C) ist ein weiches, sehr dehnbares, gelb glänzendes Edel- und Schmuckmetall. In der Zahnmedizin verwendet man Zahngold, das mit Platin legiert ist. Als dünne Schicht wird es auch oft für Computerchips verwendet.

Kupfer (Schmelztemperatur 1083 °C) ist ein rot glänzendes Buntmetall. Wegen seiner hohen elektrischen Leitfähigkeit wird es für Stromkabel verwendet. Auch viele Dächer, Brauereikessel, Wasserleitungen und Kunstgegenstände sind aus Kupfer. Es bildet nach jahrelangen Witterungseinflüssen Patina, einen hellgrünen Belag. Große Bedeutung hat Kupfer auch in seinen Legierungen wie Rotgold, Messing, Neusilber, Zinn- und Aluminiumbronze.

Quecksilber (Schmelztemperatur −39 °C) ist silbrig glänzend und bei Raumtemperatur das einzige flüssige Metall. Verwendet wird Quecksilber als Füllung in vielen Flüssigkeitsthermometern und als Mini-Stromquelle in „Knopf-Zellen". Quecksilberdämpfe sind giftig.

Silber (Schmelztemperatur 962 °C) ist ein „silbrig" glänzendes Metall und wird z. B. für Münzen, Schmuckstücke oder Bestecke verwendet. An der Luft läuft Silber mit der Zeit schwarz an.

Titan (Schmelztemperatur 1660 °C) ist ein grau glänzendes, zähes Metall. Titan wird als Verkleidung im Flugzeug- und Raketenbau oder in der Medizin für künstliche Gelenke (siehe Bild) verwendet. Aber auch als Schmuckmetall (z. B. für Brillengestelle oder Uhrengehäuse) ist es in Mode gekommen.

Zink (Schmelztemperatur 419 °C) ist ein graues, glänzendes Metall. Zink wird oft für Dachabdeckungen und als Schutzschicht auf Eisenteilen („Verzinkung") verwendet.

Strategie

Sammeln, Sortieren, Ordnen

A. Sammeln

Manchmal bekommt ihr von eurer Lehrerin oder eurem Lehrer den Auftrag, eure Arbeitsergebnisse vorzutragen oder vorzuzeigen (zu präsentieren). Dann beginnt die Arbeit meist mit dem Nachdenken über Sinn und Ziel der Arbeit: dem Sammeln von Ideen.

Am Anfang ist es sinnvoll, die Ideen und Gedanken ungeordnet zusammenzutragen. Eine solche Ideensammlung wird **brainstorming** (engl.: brain, Gehirn, Verstand; to storm, stürmen) genannt.

- Notiert auf Zetteln oder Karteikarten die Ideen.
- Nutzt verschiedene Informationsquellen (Heft, Buch, Internet, Bibliothek usw.).
- Heftet die Notizen an eine Pinnwand oder an die Tafel.
- Befragt auch eure Mitschüler und Mitschülerinnen oder arbeitet im Team.

B. Sortieren

Um einen Überblick zu gewinnen müssen die gesammelten Ideen nun in ein Ordnungssystem gebracht werden. Arbeitet dazu an der Pinnwand, auf einem großen Tisch oder an der Tafel.

- Fasst ähnliche Gedanken zusammen.
- Ordnet die Informationen nach ihrer Wichtigkeit.
- Sortiert weniger wichtige Informationen aus.
- Benutzt für gleichartige Informationen gleiche Stift- oder Karteikartenfarben – das verschafft eine zusätzliche Ordnung.

C. Ordnen

In A und B habt ihr gelesen, wie man Ideen sammelt und diese dann sinnvoll sortiert. Das könnt ihr gleich einmal üben.

- Wie man Stoffsteckbriefe erstellt, habt ihr schon geübt. Erstellt von allen Stoffen, die ihr kennt, solche Stoffsteckbriefe. Benutzt dazu Karteikarten. Macht euch von den Versuchen, mit denen ihr die Stoffeigenschaften testet, Notizen. Nun könnt ihr über ein gewünschtes Thema, z. B. einen oder mehrere Stoffe, berichten und könnt Versuche vorzeigen (präsentieren).
- Ordnet nun die Stoffe nach einem Ordnungssystem an. Zum Beispiel: Alle Metalle bekommen dieselbe Karteikartenfarbe oder alle Stoffe werden alphabetisch geordnet. Findet ihr noch andere Ordnungsmöglichkeiten?
- Sammelt für jeden Stoff weitere Informationen wie zum Beispiel Bilder oder aus den Materialien hergestellte Gegenstände.
- Entstanden sind **Stoffsteckbriefe**, die im Laufe des Chemieunterrichts mit immer neuen Eigenschaften und Informationen ergänzt werden können.

Goldmacher und Goldsucher

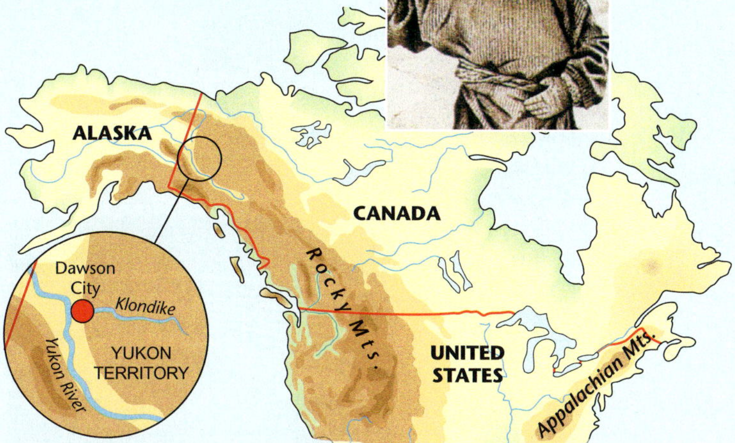

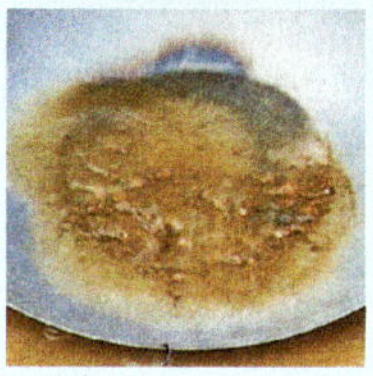

Der Goldrausch im Wilden Westen
Es war der 17. August 1896. GEORGE WASHINGTON CARMACK, ein einsamer Jäger, Trapper, Abenteurer und Digger (Goldgräber), wusch in seiner Goldwäscherschale etwas Flusssand am Klondike River in Yukon / Nordkanada. Plötzlich funkelte ihm etwas gelb Glänzendes entgegen, das viel schwerer war als der leicht wegwaschbare Flusssand. Das muss es sein, dachte sich CARMACK. Sein Herz schlug ihm bis zum Hals, wie wahnsinnig durchwühlte er das Bachbett und machte den Fund seines Lebens: riesige Goldnuggets!

Schon bald waren viele Menschen vom Goldrausch ergriffen. Tausende von Familienvätern brachen trotz hereinbrechenden Winters Hals über Kopf in Richtung Alaska auf, selbst der Bürgermeister von Seattle verließ plötzlich seine Stadt. Nach wenigen Wochen kamen über 100 000 Menschen aus vielen Ländern in die Goldgräberstadt Dawson City. Wie besessen steckten sie „claims" ab und tauten den inzwischen gefrorenen Boden mit Feuer auf, um an den Goldsand und die Nuggets zu kommen. Tausende von Diggern erfroren in diesem Winter 1896/97.

Goldgewinnung heute
Die meist verwendeten Verfahren zur Gewinnung von Gold aus Gestein sind heute das Amalgamverfahren und das Cyanidverfahren. Beim **Amalgamverfahren** wird das Gestein in flüssiges Quecksilber getaucht. Gold bildet mit Quecksilber eine Amalgamlegierung und kann so vom „tauben Gestein" getrennt werden. Nach dem Verdampfen des giftigen Quecksilbers bleibt dann Gold zurück.
Bei dem **Cyanidverfahren** wird Gold mithilfe einer hochgiftigen Cyanidlösung aus dem Erz herausgelöst.

Dass die Verfahren zur Goldgewinnung gefährlich sind und Unfälle passieren können, zeigte sich am 30. Januar 2000 in Baia Mare (Rumänien). Hier hatte man die Cyanidabfälle, die eine große Menge giftiges Cyankali enthielten, in einem offenen Becken aufbewahrt. Regengüsse ließen es überlaufen, die Dämme brachen und die giftige Lösung gelangte in die Umwelt. Viele Fische in den fischreichen Flüssen Theiß und Donau überlebten diese Katastrophe nicht.

1 Goldgewinnung

Aufgaben

1 Welche Stoffeigenschaften von Gold nutzt man aus, um es von Quarzsand und Gestein zu trennen?

2 Gold ist sehr teuer. Deswegen werden heute beträchtliche Mengen Gold aus Altgold wiedergewonnen.
Aus welchen Gegenständen kann Gold wiedergewonnen werden?

3 Welche Stoffeigenschaften des Goldes nutzt man aus, wenn es
a) in der Elektroindustrie,
b) bei der Folien- / Blattgoldherstellung,
c) als Schmuckmetall verwendet wird?

Modell- und Teilchenvorstellung

Modell und Wirklichkeit
Du kennst Modellautos, Modelleisenbahnen oder Puppenhäuser.

- Vergleiche die Modelle mit ihren Vorbildern: einem Auto, einer Lokomotive, einem Waggon, einem Haus.

- Beschreibe die Gemeinsamkeiten und Unterschiede von Modellen und ihren Vorbildern.

Funktionsmodelle
In der Automobilindustrie werden Automodelle eingesetzt. An ihnen testet man im Windkanal die Strömungseigenschaften der Karosserie.

- In welchen Eigenschaften muss ein solches Automodell mit einem wirklichen Auto übereinstimmen?

- Welche Teile benötigt das Modell nicht?

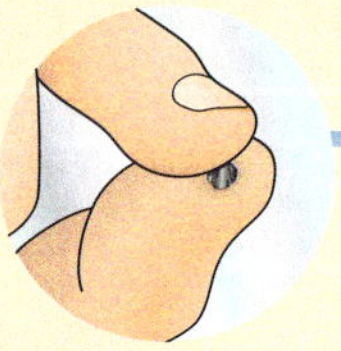

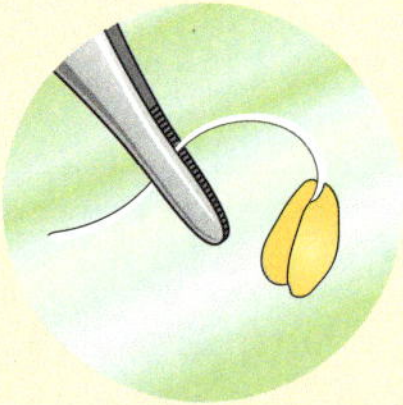

Was ist wohl das Allerkleinste?
Überlege einmal genau: Was ist das Allerkleinste, was du dir vorstellen kannst? Eine Ameise meinst du, oder ein Staubkörnchen?

- Gibt es nicht vielleicht noch viel kleinere Dinge als ein Staubkörnchen? Diskutiere mit deinen Klassenkameraden und -kameradinnen.

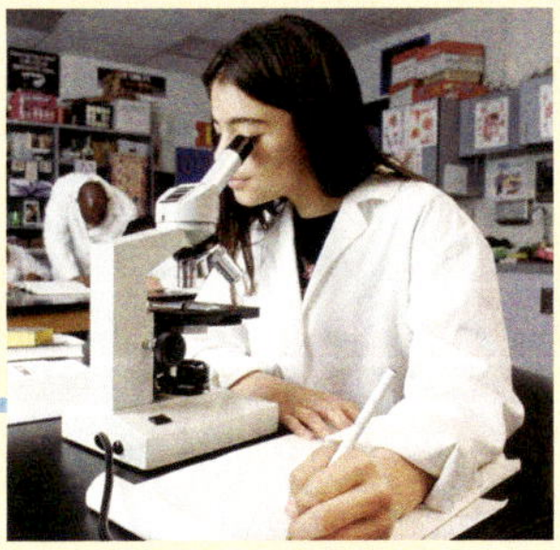

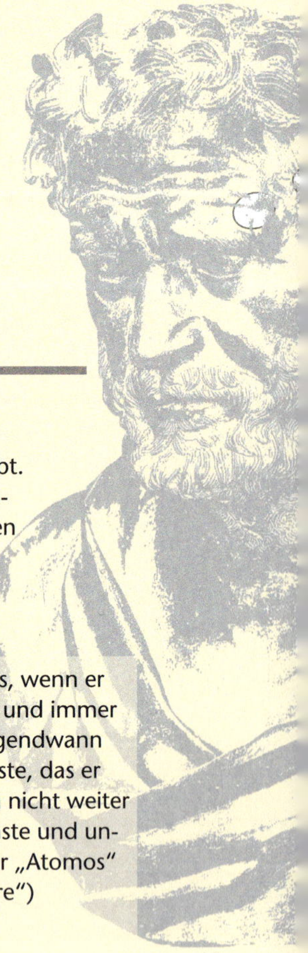

Demokrit von Abdera
Demokrit von Abdera hat von 460–371 v. Chr. gelebt. Eigentlich war er ein Philosoph, doch heute ist er den Chemikern vor allem als Begründer der Atomlehre bekannt.

Er hatte sich gedacht, dass, wenn er einen Gegenstand immer und immer wieder teilen würde, er irgendwann ein Teilchen erhalten müsste, das er selbst in seinen Gedanken nicht weiter teilen könnte. Dieses kleinste und unteilbare Teilchen nannte er „Atomos“ (griech. für „das Unteilbare“)

Ein eigenes Modell finden

Niemand hat bisher die kleinsten Teilchen, von denen schon DEMOKRIT gesprochen hat, mit eigenen Augen gesehen.
Trotzdem haben sich Vorstellungen über den Aufbau und das Aussehen dieser Teilchen entwickelt. Diese Vorstellungen sind aus der Beobachtung von Naturerscheinungen, aus der Phantasie und aus der Deutung von Experimenten entstanden.

- Lege zu Hause einen Gegenstand in einen Schuhkarton und verschließe den Karton. Befestige den Deckel am besten mit einem Klebestreifen.

Tauscht in der Klasse die Kartons aus, ohne sie zu öffnen. Bildet Kleingruppen und sammelt gemeinsam Informationen über den nicht sichtbaren Gegenstand im verschlossenen Karton.

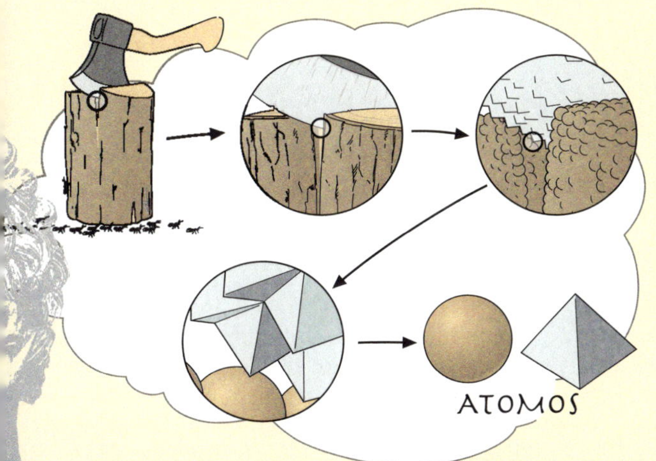

Wir sind Künstler

Künstler können alles. Sie können Teile von etwas herausnehmen oder welche hinzufügen. Oder sie stellen die Dinge auf den Kopf, machen sich einen Spaß aus etwas Ernstem oder verwandeln etwas Lustiges zu etwas bitter Ernstem. Damit helfen sie uns, die Welt mit anderen Augen zu betrachten und immer wieder neue Ideen zu finden.

- Was haltet ihr von seiner Idee? Wie könntet ihr sie nachprüfen?

- Sind all die Dinge, die uns umgeben, nur aus einer Art unteilbarer Teilchen aufgebaut, oder gibt es verschiedene Sorten davon?

- Probiere es doch einfach mal aus. Sei ein Künstler! Male oder bastele dir kleinste Teilchen, so wie du sie dir vorstellst.

1 Die Erde mit ihrer Lufthülle

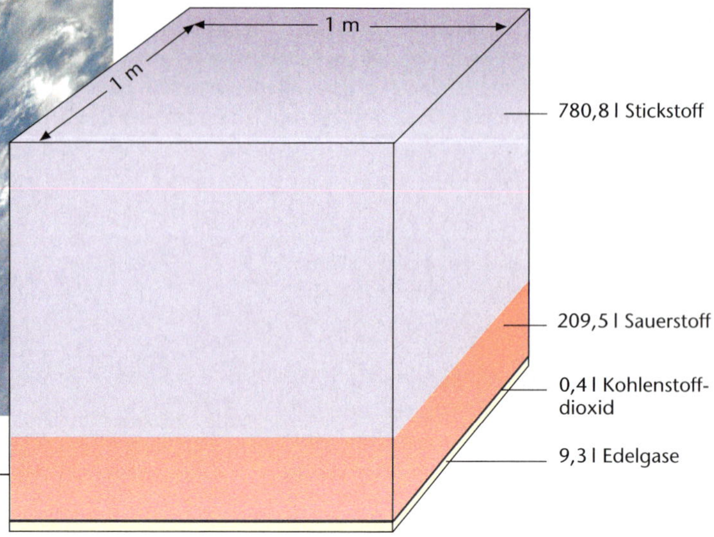

2 Zusammensetzung von 1000 l trockener, reiner Luft

Die Bestandteile der Luft

Stellst du ein brennendes Teelicht unter ein luftgefülltes Becherglas, wird die Flamme nach einiger Zeit kleiner. Schließlich geht sie ganz aus (▷ B 3). Wiederholst du den Versuch mit demselben Becherglas und einem neuen brennenden Teelicht, erlischt die Flamme bereits an der Öffnung. Das erste Teelicht hat die Luft verändert oder verbraucht.

Für die Verbrennung wird nur ein Teil der Luft benötigt. Das Gas, das an der Verbrennung beteiligt ist, ist der **Sauerstoff**. Die Kerze erlischt, wenn der Sauerstoff verbraucht ist.
Der Sauerstoff der Luft ist für Lebewesen lebenswichtig: Sie brauchen ihn zum Atmen. Sauerstoff wird mit der Glimmspanprobe nachgewiesen: Hält man einen glimmenden Holzspan in reinen Sauerstoff, flammt der Span sofort auf (▷ B 4).

Das Restgas, das sich nach dem Erlöschen der Kerze noch im Zylinder befindet, fördert die Verbrennung nicht. Es besteht zum größten Teil aus **Stickstoff**. Die Eigenschaft, dass es Flammen erstickt, gab diesem Gas seinen Namen. Stickstoff ist der Hauptbestandteil der Luft (▷ B 2).

Ein weiterer Bestandteil der Luft ist das **Kohlenstoffdioxid**. Kohlenstoffdioxid ist für grüne Pflanzen lebensnotwendig: Sie brauchen es für ihr Wachstum. Dieses Gas lässt sich mit Kalkwasser nachweisen. Leitet man Kohlenstoffdioxid in Kalkwasser ein, wird die Flüssigkeit milchig-trüb.

3 Nach einiger Zeit erlischt das Teelicht unter dem Becherglas.

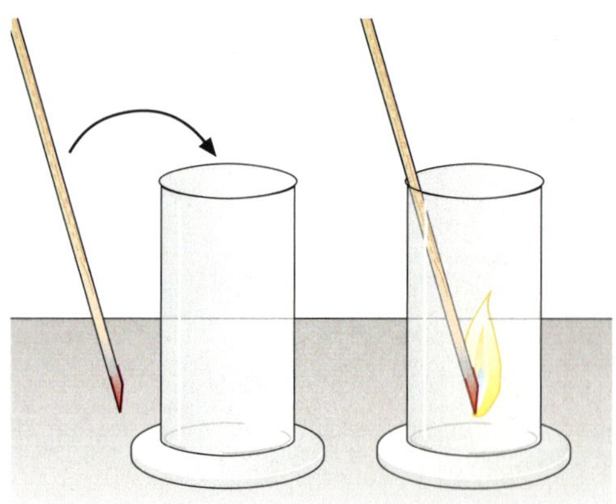

4 In Sauerstoff entflammt ein glimmender Holzspan.

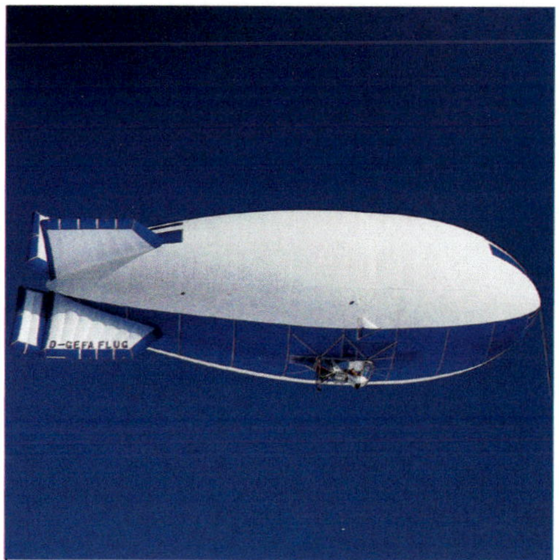

5 Das Luftschiff ist mit Helium gefüllt.

▶ Sauerstoff weist man mit der Glimmspanprobe nach, Kohlenstoffdioxid durch Trübung von Kalkwasser.

Vor 150 Jahren entdeckten Wissenschaftler in der Luft weitere Stoffe, die **Edelgase**. Sie kommen nur in sehr geringen Mengen in der Luft vor (▷B2).
Ein Edelgas ist das Helium. Dieses leichte Gas wird z. B. als Füllgas für Zeppeline verwendet (▷B5). Farbige Leuchtröhren, die für Leuchtreklame verwendet werden, enthalten die Edelgase Neon und Argon (▷B6). Glühlampen werden mit den Edelgasen Krypton und Xenon gefüllt. Sie erhöhen die Lichtausbeute.

▶ Luft ist ein Gasgemisch, das aus den Gasen Stickstoff, Sauerstoff, Kohlenstoffdioxid sowie den Edelgasen besteht.

6 Edelgase erzeugen unter Einwirkung von elektrischem Strom farbiges Licht.

Werkstatt

Nachweis der Luftbestandteile

1 Sauerstoffnachweis

Material
Schutzbrille, Reagenzglas, Holzspan, Streichhölzer

Versuchsanleitung
Lass dir von deiner Lehrerin oder deinem Lehrer ein Reagenzglas mit Sauerstoff befüllen.
Entzünde einen Holzspan an einer Streichholzflamme und lass ihn richtig brennen. Blase die Flamme aus und tauche den glimmenden Span in das Reagenzglas (▷B1). Blase den entflammten Span außerhalb des Reagenzglases wieder aus. Wiederhole den Versuch mehrmals.

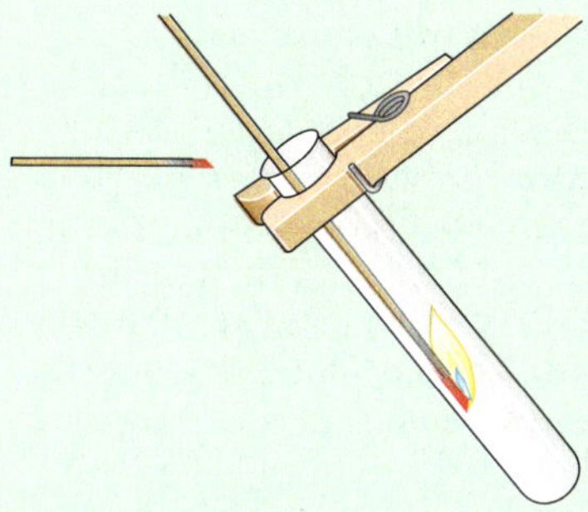

1 Die Glimmspanprobe – der Nachweis für Sauerstoff

2 Eine Münze trockenlegen

Material
1 flacher Teller, 1 Münze, 1 Kerze, Streichhölzer, Trinkglas, Wasser

2 Zu Versuch 2

Versuchsanleitung
Stelle eine brennende Kerze auf einen flachen Teller. Gieße etwas Wasser auf den Teller. Lege eine Münze am Rand des Tellers ins Wasser. Stülpe ein Trinkglas über die brennende Kerze. Der Rand des Trinkglases muss im Wasser sein (▷B2).

Aufgabe
Beobachte und beschreibe, was geschieht. Überlege, wodurch die Münze trockengelegt wird.

3 Kohlenstoffdioxidnachweis

Material
Schutzbrille, Standzylinder, Becherglas, Schlauchstück, Trinkhalm, Kalkwasser

Versuchsanleitung
a) Der Standzylinder wird zu einem Drittel mit Kalkwasser gefüllt. Deine Lehrerin oder dein Lehrer soll nun Kohlenstoffdioxid in das Kalkwasser einleiten.

b) Fülle das Becherglas zur Hälfte mit Kalkwasser. Deine Lehrerin/dein Lehrer zeigt dir, wie es weitergeht. Sie/er atmet tief ein und hält die Luft einen Moment lang an. Dann wird die Luft **langsam** und **gleichmäßig** durch den Trinkhalm **geblasen**. Sie/er muss dabei sehr vorsichtig sein, weil die Flüssigkeit nicht angesaugt werden darf!

3 Kalkwasser dient zum Nachweis von Kohlenstoffdioxid.

Aufgabe
Beobachte das Kalkwasser.

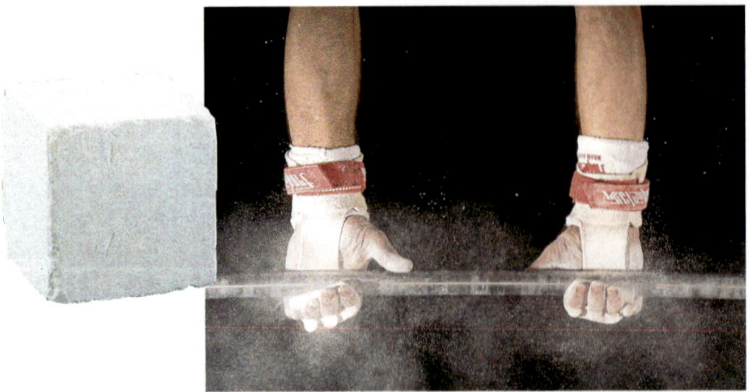

1 Magnesia verhindert das Abrutschen beim Turnen.

2 Magnesium verbrennt zu Magnesiumoxid.

Magnesium, ein brennbares Metall
Entzündet man einen Streifen Magnesiumband an der Luft, verbrennt er mit heller Lichterscheinung zu einem weißen Reaktionsprodukt (▷ B 2). Magnesium hat mit Sauerstoff aus der Luft zu Magnesiumoxid reagiert. Magnesiumoxid ist ein weißer Stoff, der unter der Bezeichnung Magnesia im Sport verwendet wird (▷ B 1).

Metalle reagieren mit Sauerstoff
In reinem Sauerstoff verbrennen Metalle sehr viel heftiger als an der Luft. Magnesium reagiert mit Sauerstoff so stark, dass sich das gesamte Reaktionsprodukt in Form eines weißen Rauches im Standzylinder zeigt (▷ B 4; V 1). Ein gleißendes Licht ist zu sehen. Angeglühte Eisenwolle verbrennt in reinem Sauerstoff unter lebhaftem Funkensprühen zu Eisenoxid (▷ B 3; V 2), während sie an der Luft nur glüht. Die Reaktionsprodukte unterscheiden sich nicht von denen, die beim Verbrennen an der Luft entstehen.

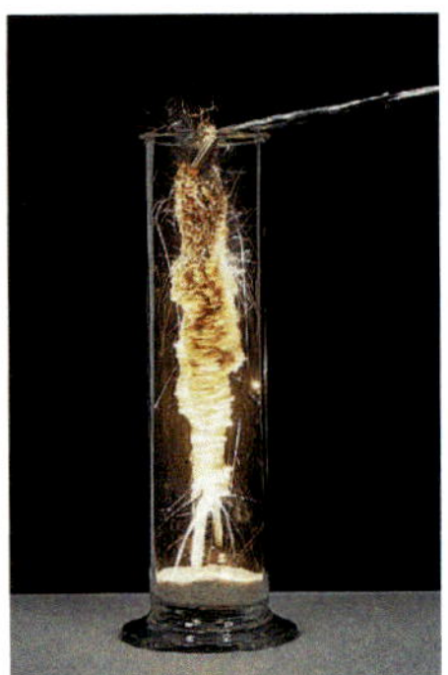

3 Eisen wird oxidiert.

Bei der Reaktion von Metallen mit Sauerstoff entstehen Metalloxide.

Oxide, Oxidation
Reagiert ein Metall mit Sauerstoff, so entsteht ein **Oxid**. Oxide unterscheiden sich in ihren Eigenschaften von den Metallen, aus denen sie entstanden sind.
Es sind spröde Stoffe mit hohen Schmelztemperaturen. Die Reaktion des Metalles mit Sauerstoff bezeichnet man als **Oxidation** (griech. / lat.: oxygenium, Sauerstoff). Bei den meisten Oxidationen wird Energie in Form von Licht und Wärme frei. Es handelt sich um exotherme Reaktionen.

Oxide sind Verbindungen mit Sauerstoff. Die Reaktion eines Stoffes mit Sauerstoff wird Oxidation genannt.

Reaktionen von Metalloxiden mit Wasser
Magnesium verbrennt an der Luft zu Magnesiumoxid. Schlämmt man Magnesiumoxid mit Wasser auf und gibt Universalindikator dazu, ist eine Blaufärbung festzustellen. Daher muss diese Aufschlämmung alkalisch sein (▷ B 5; V 3). Eine Aufschlämmung von Branntkalk (Calciumoxid) ergibt mit Universalindikator ebenfalls eine Blaufärbung und ist deshalb alkalisch (▷ B 6; V 4). So wie Magnesiumoxid und Calciumoxid reagieren auch andere Metalloxide. Sie bilden mit Wasser alkalische Lösungen.

Metalloxide bilden mit Wasser alkalische Lösungen.

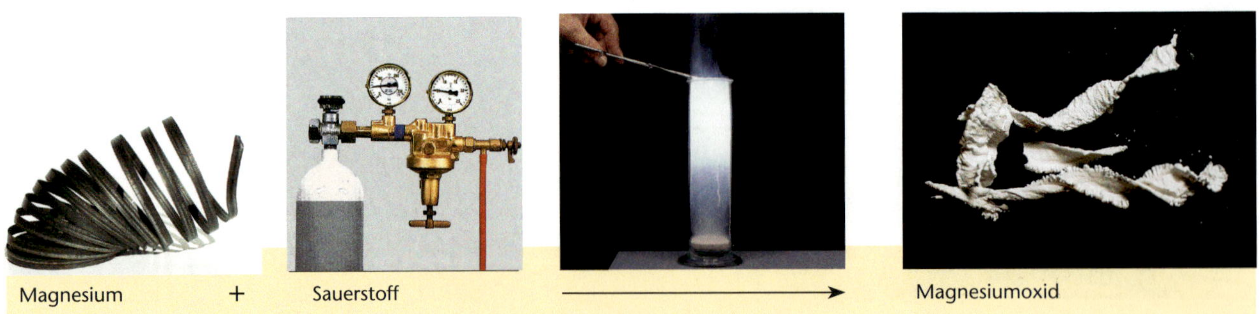

4 Magnesium und Sauerstoff reagieren zu Magnesiumoxid.

5 Eine Lösung von Magnesiumoxid in Wasser ist alkalisch.

6 Eine Lösung von Calciumoxid in Wasser ist alkalisch.

Versuche

1 Ein Magnesiumband wird in einem mit Sauerstoff gefüllten Standzylinder verbrannt, dessen Boden mit Sand bedeckt ist. (Vorsicht! Nicht in die Flamme schauen! Schutzbrille!)

2 Man füllt einen Standzylinder mit Sauerstoff und gibt einen gehäuften Esslöffel Sand in den Zylinder. Man glüht etwas Eisenwolle an und taucht sie in den Standzylinder. (Schutzbrille!)

3 In eine Petrischale wird etwas Wasser mit einigen Tropfen Universalindikator gegeben. Die Petrischale wird auf den Tageslichtprojektor gestellt. Über der Petrischale wird ein Magnesiumband so verbrannt, dass das Magnesiumoxid in die Petrischale fällt (▷ B 5). (Nicht in die Flamme schauen! Schutzbrille!)

4 Mit stark rauschender Brennerflamme wird Calcium in einem Porzellantiegel so lange erhitzt, bis es an der Luft verbrennt. Das weiße Calciumoxid gibt man in eine Petrischale, in der sich mit Universalindikator versetztes Wasser befindet (▷ B 6). (Schutzbrille!)

Aufgaben

1 In einem Porzellantiegel wird Calcium erhitzt und verbrannt. Benenne das Reaktionsprodukt.

2 Zur Untersuchung von Flammenfärbungen verwendet man Magnesiastäbchen. Auch andere Geräte, beispielsweise Magnesiarinnen, Tiegel und Reaktionsrohre bestehen aus Magnesia. Warum ist der Stoff dafür geeignet?

Schnittpunkt

Rosten

Oxidation ohne Flammenerscheinung
Werden Gegenstände aus Eisen ungeschützt der Luft und Feuchtigkeit ausgesetzt, bildet sich eine rotbraune Schicht aus **Rost** (▷ B 2). Eisen hat mit Sauerstoff aus der Luft zu **Eisenoxid** reagiert. Diese Oxidation findet ohne erkennbare Licht- und Wärmeabgabe statt. Man bezeichnet sie deshalb als **langsame Oxidation.** Die Rostschicht ist locker und spröde, wie die Mikroaufnahme zeigt (▷ B 1). Sauerstoff und Feuchtigkeit können sie leicht durchdringen und an das darunter liegende Metall gelangen. Auf diese Weise können im Laufe der Zeit selbst dicke Eisenteile durchrosten.

1 Mikroaufnahme von Rost

Rostschutz
Um Eisenteile vor Rost zu schützen, muss der Zutritt von Luft und Wasser verhindert werden. Autos werden lackiert, Eisengitter und -tore mit Rostschutzfarbe gestrichen oder mit Kunststoff überzogen, eiserne Kochtöpfe emailliert und Gartengeräte wie Spaten und Harken eingeölt.

2 Eisen rostet.

1 Olympia-Medaillen in Bronze, Silber, Gold

Vergleichende Oxidation von Metallen
Bläst man Magnesiumpulver durch ein Winkelrohr in die nicht leuchtende Flamme eines Gasbrenners, so verbrennt das Metall mit einem hell leuchtenden Funkenregen (▷ V 1, B 2). Wiederholt man den Versuch mit Pulver gleicher Korngröße von Kupfer und Eisen, zeigen sich deutliche Unterschiede in der Reaktionsheftigkeit. Kupfer verbrennt mit grünlicher Flamme, Eisen gelb leuchtend (▷ B 2).

Die Bereitschaft der einzelnen Metalle, mit Sauerstoff ein Oxid zu bilden, ist also unterschiedlich ausgeprägt.

Bindungsbestreben der Metalle
Von Gold zu Calcium nimmt die Bereitschaft der Metalle, mit Sauerstoff zu reagieren, zu. Nach dieser Reaktionsbereitschaft lassen sich die Metalle auch unterscheiden. Metalle, deren Reaktionsbereitschaft mit Sauerstoff groß ist, werden **unedle Metalle** genannt. Metalle wie Gold und Silber sind **Edelmetalle**, sie besitzen ein geringeres Bindungsbestreben zu Sauerstoff (▷ B 3).

Unedle Metalle haben eine große, Edelmetalle keine oder nur eine geringe Bereitschaft, mit Sauerstoff zu reagieren.

Versuche

1 Ein Winkelrohr wird in Magnesiumpulver getaucht. Das Pulver wird von unten in die nicht leuchtende Gasbrennerflamme geblasen. Das Winkelrohr soll dabei mindestens einen 20 cm langen Schenkel zum Mund haben. (Feuerfeste Unterlage! Sicherheitsabstand!) Nicht direkt in die Flamme schauen!

2 Man wiederholt den Versuch 1 mit Eisenpulver, Kupferpulver und Aluminiumpulver gleicher Korngröße.

2 Kupfer, Eisen, Magnesium reagieren unterschiedlich heftig mit Sauerstoff.

3 Reaktionsbereitschaft von Metallen mit Sauerstoff

Die Heftigkeit der Oxidation von Metallen

1 Wir oxidieren Eisen

Material

Schutzbrille, Standzylinder mit Deckglas, Gasbrenner, (ggf. feuerfeste Unterlage), Tiegelzange, Spatellöffel, Sand, Eisenwolle, Sauerstoff aus der Sauerstoffflasche (wird von der Lehrkraft ausgegeben)

Versuchsanleitung

Gib ca. einen halben Zentimeter Sand in den Standzylinder. Lass den Standzylinder vom Lehrer / von der Lehrerin mit Sauerstoff füllen und decke den Zylinder mit dem Deckglas ab. Entzünde den Gasbrenner und halte einen Ballen Eisenwolle mit der Tiegelzange in die Brennerflamme (▷ B 1a). Wenn die Eisenwolle glüht, tauche sie in den mit Sauerstoff gefüllten Standzylinder (▷ B 1b).

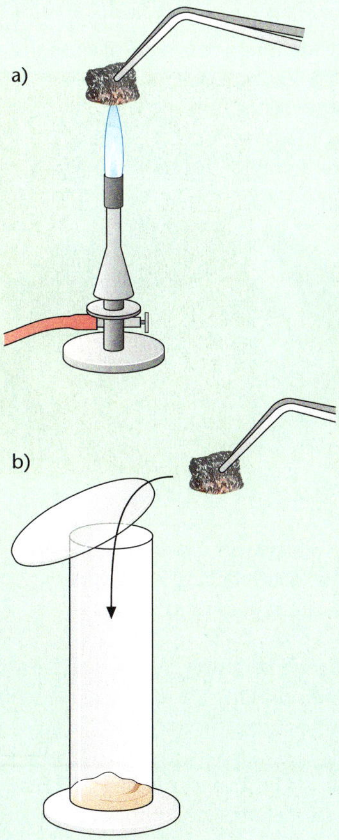

1 Eisen wird oxidiert.

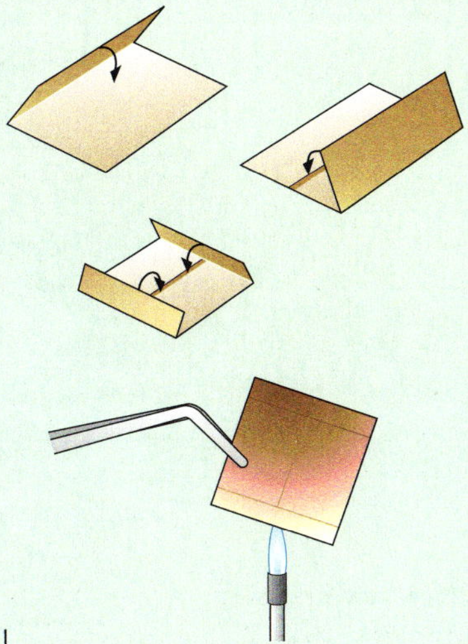

2 Kupfer wird oxidiert.

2 Wir oxidieren Kupfer

Material

Schutzbrille , Tiegelzange, Gasbrenner, feuerfeste Unterlage, Kupferblech (ca. 5 cm x 5 cm)

Versuchsanleitung

Falte ein etwa 5 cm x 5 cm großes Kupferblech (▷ B 2) (Vorsicht! Schnittverletzungen!), presse es fest zusammen und halte es mithilfe der Tiegelzange etwa eine Minute über die Flamme des Gasbrenners. Lass anschließend das Kupferblech erkalten und falte es wieder auseinander. Vergleiche den Zustand innen und außen.

3 Wir erzeugen Funkenregen

Material

Schutzbrille, Stativ, Universalklemme, Doppelmuffe, Gasbrenner (kein Kartuschenbrenner!), ein Stück Aluminiumfolie, Metallspatel mit Füllrinne, Eisenpulver, Kupferpulver, Zinkpulver (die Pulverproben sollten möglichst gleiche Korngröße besitzen) jeweils in einer Porzellanschale

Versuchsanleitung

Decke den Tisch mit einer ausreichend großen Aluminiumfolie ab und falte die Ränder der Folie nach oben um. Spanne den Gasbrenner waagerecht am Stativ ein und entzünde ihn. Achte darauf, dass kein Mitschüler in Flammenrichtung steht! Nimm dann mit dem Spatel eine kleine Prise Metallpulver aus einer der Porzellanschalen und lass das Pulver von oben auf die nicht leuchtende Gasbrennerflamme rieseln (▷ B 3). Notiere die Beobachtungen. Ordne die Metalle nach zunehmender Reaktionsheftigkeit.

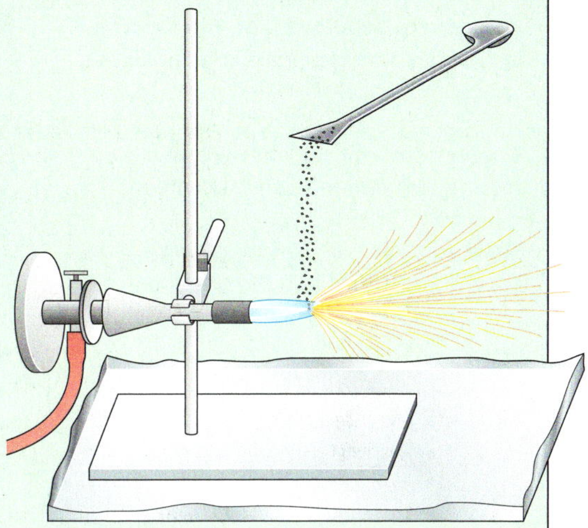

3 Ein Funkenregen wird erzeugt.

4 Wie schnell rostet Eisen?

Material

Reagenzglas, Becherglas, Spatel, fingerdicker Ballen Eisenwolle, Wasser

Versuchsanleitung

Schiebe einen Ballen Eisenwolle mit dem Spatel bis an den Boden eines Reagenzglases. Stelle das Reagenzglas mit der Öffnung nach unten in ein zu zwei Dritteln mit Wasser gefülltes Becherglas (▷ B 4). Beschreibe das Versuchsergebnis nach drei Tagen.

4 Eisenwolle unter Wasser

Wertstoff-Trennung

Müll – ein Gemisch, das niemand will?
Weltweit werden jährlich rund 1 Milliarde Tonnen Müll erzeugt. Die Tendenz ist steigend. Viele Abfallstoffe sind jedoch zum Wegwerfen zu schade. Solche Stoffe können als Wertstoffe wieder verwendet werden. Auch du kannst dafür sorgen, dass solche Wertstoffe erhalten bleiben.

● Jeder trägt mit seinem Verhalten mehr oder weniger zum Müllaufkommen bei.
Stelle zu Hause die Menge des wöchentlichen Mülls fest. Berechne daraus die Jahresmenge und den Anteil pro Person.

Wir trennen die Stoffe aus einem Wertstoff-Sack
● Stelle aus gereinigten Abfällen ein Gemisch her, wie es auch in einem Wertstoff-Sack vorhanden sein könnte.

● Plane eine Versuchsreihe, bei der die unterschiedlichen Wertstoffe aus dem Gemisch getrennt werden können.

● Stelle unterschiedliche Verfahren zusammen, um nicht verwertbaren Restmüll zu beseitigen.

● Mit der Deponierung und der Verbrennung von Müll sind Probleme verbunden. Erkundige dich bei deiner Heimatgemeinde oder hole dir Informationen aus dem Internet.

Glas – ein Wertstoff mit hoher „Recyclingquote"
Altglas lässt sich beinahe beliebig oft einschmelzen und stellt daher beim Müllrecycling einen besonders geschätzten Wertstoff dar.

● Was ist beim Sammeln von Altglas zu beachten?

● Erkundige dich in deiner Nachbarschaft nach Altglas-Sammelstellen. Gibt es informierende Hinweise an den Sammelstellen?

● Warum ist das Recyceln von Glas einfacher als beispielsweise das Recyceln von Kunststoffen oder Metallen?

Recyclingpapier selbst gemacht
Altpapier ist ein wertvoller Rohstoff, aus dem sich wieder Papiererzeugnisse herstellen lassen. Aus Papierfetzen kannst du selbst Recyclingpapier herstellen.

● Zähle die Geräte und Materialien auf, die du zur Herstellung von Recyclingpapier benötigst.

● Plane die Vorgehensweise zur Herstellung von Recyclingpapier aus Altpapier. Orientiere dich dabei an den folgenden Verfahrensschritten:
a) Herstellung eines Schöpfrahmens,
b) Herstellung eines Papierbreis,
c) Papierschöpfen,
d) Herstellung von Rohpapier,
e) Pressen und Trocknen.

● Vergleiche die Qualität des selbst hergestellten Recyclingpapiers mit käuflichem Recyclingpapier.

● Welche Verfahren werden angewendet, um die Druckerschwärze aus dem Altpapier zu entfernen?

● Nenne Produkte, die man noch aus Altpapier herstellen könnte.

Metalle und Kunststoffe aus Haushalt und Altfahrzeugen

In Deutschland werden jährlich ca. 2 Millionen Autos verschrottet. Jedes besteht zu etwa 60 % aus Metallen und zu etwa 40 % aus Nichtmetallen.

Auch im Haushalt fallen jährlich etwa 330 000 Tonnen an wieder verwertbaren Metallen an. Davon sind 90 % Eisen und 10 % Aluminium und weitere Nicht-Eisenmetalle (NE-Metalle).

- Sammle Informationen über Metallabfälle im Haushalt.

- In vielen weiteren Bereichen fallen erhebliche Mengen an Metallen an, die wieder verwertet werden können. Berichte!

- Erkundige dich nach Möglichkeiten, Metalle aus Altfahrzeugen zurückzugewinnen.

- Informiere dich, wie eine Shredderanlage funktioniert.

- Viele Teile eines Fahrzeugs (siehe Grafik) bestehen aus wieder verwertbaren Kunststoffen. Benenne diese Teile.

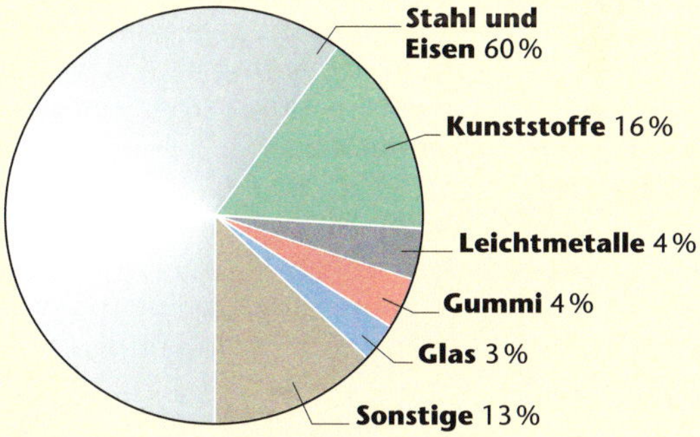

- Informiere dich im Internet über die verschiedenen Möglichkeiten des Kunststoff-Recyclings.

1 SIR EDWARD FRANKLAND

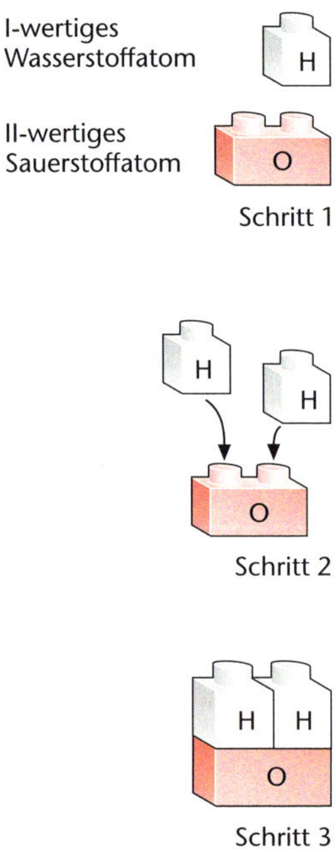

2 Der Weg zur Formel

Die Wertigkeit von Atomen

Die Formel für Wasser ist H_2O und nicht HO. Wie kann man ermitteln, wie viele Atome einer Art jeweils in einem bestimmten Molekül miteinander verbunden sind?

Der englische Chemiker SIR EDWARD FRANKLAND schlug 1852 in diesem Zusammenhang in seiner Veröffentlichung „Philosophical Transaction“ zum ersten Mal das Konzept der Wertigkeiten vor. Die Wertigkeit eines Atoms gibt an, wie viele Wasserstoffatome es binden oder ersetzen kann. Zahlreiche Untersuchungen haben gezeigt, dass das Wasserstoffatom selbst immer einwertig ist. Die Wertigkeit eines Atoms wird mit einer römischen Zahl gekennzeichnet.

Die Wertigkeit eines Elements gibt an, wie viele Wasserstoffatome von einem Atom dieses Elements gebunden oder ersetzt werden können.

3 Das Wassermolekül

Atom	Symbol	Wertigkeit
Wasserstoff	H	I
Magnesium	Mg	II
Sauerstoff	O	II
Stickstoff	N	III
Aluminium	Al	III
Kohlenstoff	C	IV

4 Die Wertigkeit einiger Atome

Bis zur Zeit EDWARD FRANKLANDS wurde die Formel für Wasser tatsächlich noch HO geschrieben. Nach dem Konzept der Wertigkeiten ergibt sich aber, dass ein Sauerstoffatom zwei Wasserstoffatome binden kann. Das Sauerstoffatom ist also II-wertig und die Formel muss dementsprechend H_2O lauten (▷ B 2, B 3).

Bestimmung von Formeln mithilfe der Wertigkeit

1. Schritt: Wertigkeit ermitteln
Die Wertigkeiten der einzelnen Atome werden aus der Tabelle abgelesen und den jeweiligen Atomen zugeordnet. Als Modell können Steckbausteine dienen (▷ B 2).

2. Schritt: Wertigkeiten ausgleichen
Die Atome werden durch Vervielfachen solange ergänzt, bis alle Steckplätze belegt sind. Ein II-wertiges Sauerstoffatom kann demnach zwei I-wertige Wasserstoffatome binden.

3. Schritt: Formel erstellen
Die Anzahl gleichartiger Steckbausteine wird in der Formel durch eine kleine, tiefgestellte Zahl verdeutlicht. Die „1“ wird nicht geschrieben. Die Formel lautet also H_2O.

Aufgaben

1 Ermittle die Formel für
a) Magnesiumoxid,
b) Natriumsulfid (Natrium ist I-wertig und Schwefel II-wertig).

2 Vergleiche die Abbildungen der „Steckbausteine“ aus (▷ B 2) mit den jeweiligen Atomen im Molekülmodell in (▷ B 3).

Strategie

Die Bildung chemischer Formeln

Durch die Idee FRANKLANDS steht uns eine einfache Methode zum Aufstellen chemischer Formeln zur Verfügung. Je nachdem, was dir lieber ist, kannst du sie spielerisch oder rechnerisch ermitteln. Als Beispiel soll die Formel von Aluminiumoxid ermittelt werden.

Formeln spielerisch erstellen

1. Schritt: Man liest aus einer Tabelle die Wertigkeit der Atome ab und verdeutlicht sie mithilfe von Steckbausteinen. Die Anzahl der Steckplätze entspricht der Wertigkeit des jeweiligen Atoms.

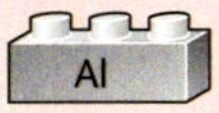

Aluminium (Al)
III-wertig

Sauerstoff (O)
II-wertig

2. Schritt: Nun werden die Atome durch Vervielfachen so ergänzt, dass alle Steckplätze „belegt" sind.

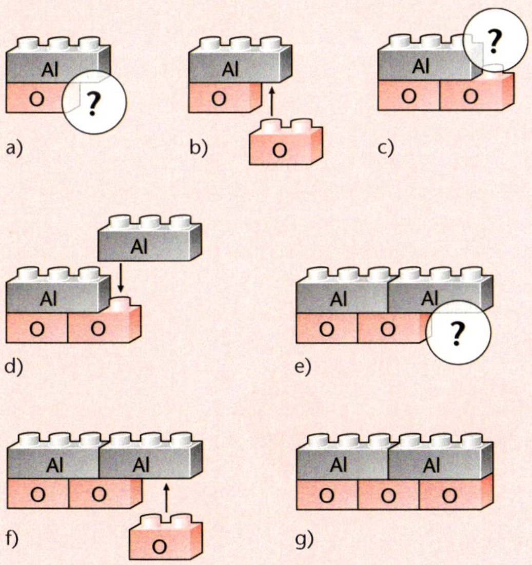

3. Schritt: Die Anzahl der Atome im Verbindungsteilchen kann nun abgelesen werden. Sie wird in der Formel hinter dem Symbol als tiefgestellte arabische Zahl geschrieben.

Formeln rechnerisch ermitteln

1. Schritt: Der Name der Verbindung wird aufgeschrieben und die Namen der beteiligten Elemente in unterschiedlichen Farben unterstrichen. In unserem Beispiel handelt es sich um eine Verbindung von Aluminium mit Sauerstoff.

Aluminiumoxid

Daraufhin werden die Elementsymbole zugeordnet.

Aluminiumatom: Al
Sauerstoffatom: O

2. Schritt: Es wird eine Hilfsformel aufgestellt, die nur die Art der beteiligten Stoffe als Symbol enthält.

AlO

3. Schritt: Die Wertigkeiten der Atome werden aus der Tabelle abgelesen.

Al: III-wertig
O: II-wertig

4. Schritt: Das kgV (kleinstes gemeinsames Vielfaches) der Wertigkeiten wird ermittelt.

Das kgV von III und II ist 6

5. Schritt: Es wird zu jeder Wertigkeit eine Zahl ermittelt, mit der diese multipliziert werden muss, um das kgV zu ergeben.

III x 2 = 6
II x 3 = 6

6. Schritt: Der ermittelte Multiplikator wird in der Hilfsformel dem Atom mit der entsprechenden Wertigkeit zugeordnet. Der Multiplikator wird hinter das Symbol als tiefgestellte, arabische Zahl geschrieben.

Al_2O_3

Strategie

Ein Modell für die Reaktionsgleichung

Ein Ausflug ins Grüne
Bei einem Ausflug ins Grüne sollte man sich reichlich mit Getränken versorgen.

Der Getränkehändler, zu dem du fährst, ist ein ganz komischer Kauz! Er verkauft dir immer nur eine Flasche Cola, wenn du gleichzeitig 2 Flaschen Limonade dazu kaufst. Du kommst mit 4 Flaschen Limonade aus dem Laden. Wie viele Flaschen Cola hast du gekauft?

Nicht im Zweierpack
Damit nicht genug. Der Getränkehändler lagert die Flaschen in Zweierpacks, gibt aber nur Dreierpacks ab. Die Flaschen müssen also auch noch entsprechend umgepackt werden! Übertrage folgendes Schema in dein Heft und fülle es sinnvoll aus. Kürze die Colaflaschen mit „A" und die Limonadenflaschen mit „B" ab!

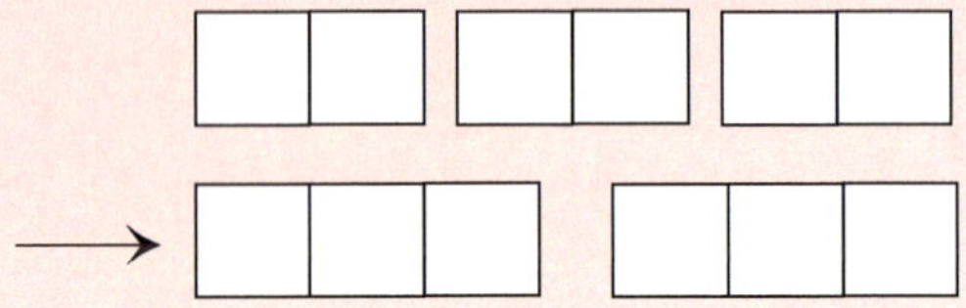

Verkürzung der Schreibweise
Im Folgenden sind einige Kurzschreibweisen angegeben. Überlege, welche Schreibweise den Ablauf beim Getränkehändler am sinnvollsten beschreibt. Begründe.

a) $2\ A + 4\ B \longrightarrow 2\ A + 4\ B$
b) $A_2 + B_4 \longrightarrow A_2 + B_4$
c) $A_2 + B_4 \longrightarrow AB_2 + AB_2$
d) $A_2 + 2\ B_2 \longrightarrow 2\ AB_2$
e) $2\ A + B_4 \longrightarrow 2\ AB_2$

Eine Modellvorstellung
Unser Besuch beim Getränkehändler stellt ein Modell für die chemische Reaktionsgleichung dar. Die vollständige Reaktionsgleichung für die Bildung von Wasser aus den Elementen lautet:

$$2\ H_2 + O_2 \longrightarrow 2\ H_2O$$

Aufgaben

1 Formuliere das Reaktionsschema für die Reaktion $2\ H_2 + O_2 \longrightarrow 2\ H_2O$.

2 Welche Atomart entspricht im Modell den Limonadenflaschen, welche den Colaflaschen?

3 Erkläre, was während einer chemischen Reaktion passiert.

4 Erkläre, was die „große 2" und die „tiefgestellte 2" aussagen.

Vom Reaktionsschema zur Reaktionsgleichung

Bei der Reaktion von Sauerstoff mit Eisen bildet sich Eisenoxid.

Diese Reaktion kann durch ein Reaktionsschema in Worten formuliert werden:
Eisen + Sauerstoff ⟶ Eisenoxid

Ein solches Reaktionsschema ist weder international verständlich, noch kann daraus abgelesen werden, wie viele Atome an der Reaktion beteiligt sind.
Mithilfe der chemischen Symbolsprache ist es nun möglich, solche Reaktionsschemata kürzer, verständlicher und genauer zu formulieren.

1. Schritt: Aufstellen des Reaktionsschemas in Worten

„Eisen reagiert mit Sauerstoff zu Eisenoxid." Dies ist die einfachste Formulierung einer chemischen Reaktion, die als Reaktionsschema formuliert werden kann:

Eisen + Sauerstoff ⟶ Eisenoxid

Nicht berücksichtigt ist hier die mengenmäßige Zusammensetzung der an der Reaktion beteiligten Teilchen.

Vor der Reaktion:
- Eisen ist ein Feststoff und besteht nur aus Eisenatomen.
- Sauerstoff liegt in Form von zweiatomigen Molekülen vor (▷ B 1).

Nach der Reaktion:
Eisenoxid hat die Formel Fe_2O_3 (▷ B 1) und die Eisenoxidteilchen können nun als „Verbindungsteilchen" bezeichnet werden. Das Eisenatom ist III-wertig. Die Wertigkeit kann man auch im Namen mit angeben: Eisen(III)-oxid. Sauerstoff ist II-wertig.

2. Schritt: Ersetzen durch Symbole und Formeln

Beachtet man die Überlegungen aus Schritt 1, so lautet die Schreibweise nun:

$Fe + O_2 \longrightarrow Fe_2O_3$

Vergleicht man die Anzahl der an der Reaktion beteiligten Atome, stellt man fest, dass pro Eisenoxidteilchen 3 Atome Sauerstoff benötigt werden. Links vom Pfeil stehen aber zunächst nur 2 Sauerstoffatome zur Verfügung. Man sagt: „Die Gleichung stimmt noch nicht".

3. Schritt: Ausgleichen des einen Reaktionspartners

Es reagieren 3 Sauerstoffmoleküle zu 2 Verbindungsteilchen Eisenoxid. Es sind nun 6 Sauerstoffteilchen auf beiden Seiten der Gleichung vorhanden.

$Fe + 3\ O_2 \longrightarrow 2\ Fe_2O_3$

4. Schritt: Ausgleichen des anderen Reaktionspartners

Wenn aber insgesamt 4 Eisenatome für 2 Verbindungsteilchen Fe_2O_3 benötigt werden, müssen auch auf der linken Seite der Gleichung 4 Eisenatome bereitgestellt werden. Die ausgeglichene Reaktionsgleichung lautet dann:

$\mathbf{4\ Fe + 3\ O_2 \longrightarrow 2\ Fe_2O_3}$

▶ In einer Reaktionsgleichung muss die Anzahl der an der Reaktion beteiligten Atome vor und nach der Reaktion gleich sein.

Aufgaben

1 Erstelle die Reaktionsgleichung für die Bildung von Wasser aus den Elementen.

2 Wie lautet die Reaktionsgleichung für die Bildung von Aluminiumchlorid (Cl ist I-wertig) aus Aluminiumatomen und zweiatomigen Chlormolekülen?

3 Natrium reagiert mit Schwefel. Wie lautet die Reaktionsgleichung (im Reaktionsprodukt ist Na I-wertig; S ist II-wertig)?

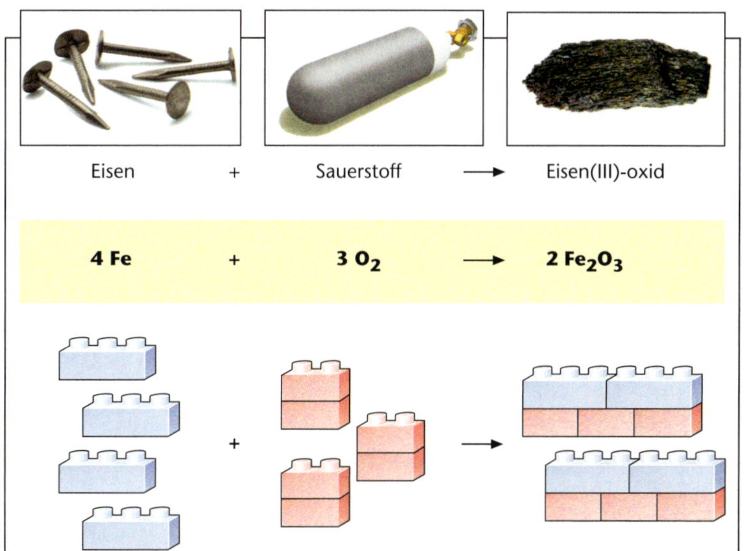

1 Vom Reaktionsschema zur Reaktionsgleichung

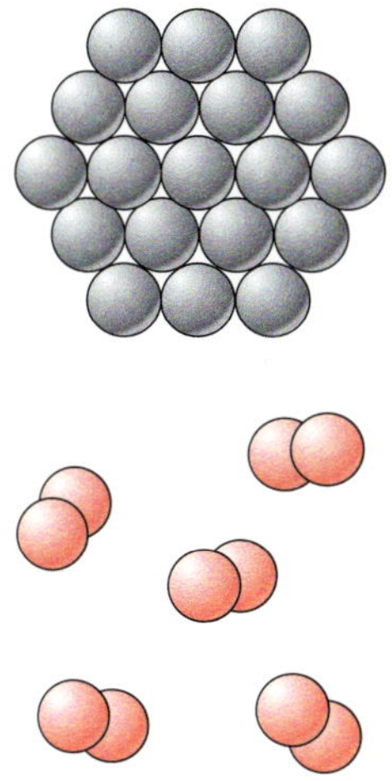
2 Eisenatome und Sauerstoffmoleküle im Modell

Schnittpunkt

Massenverhältnisse von Teilchen in Reaktionen

1 J. L. PROUST

Die Bildung von Kupfersulfid

Kupfer und Schwefel reagieren miteinander, wenn man beide Stoffe intensiv in einem Mörser verreibt (▷ B 2). Beide Stoffe reagieren aber auch miteinander, wenn man ein Kupferblech mit Schwefel erhitzt (▷ B 3). In beiden Fällen sieht man eine bläuliche Flamme. Sie gilt als Zeichen für die Verbrennung von Schwefel zu Schwefeldioxid.

Wie viel Schwefel reagiert mit Kupfer?

Gibt man gleich viel Schwefel und Kupfer in einen Porzellantiegel und erhitzt die beiden Stoffe, so verbrennt nur ein Teil des Schwefels. Führt man eine Versuchsreihe mit unterschiedlichen Mengen Kupfer durch, so reagieren Kupfer und Schwefel in einem bestimmten Massenverhältnis miteinander (▷ V 1).

2 Kupfer und Schwefel reagieren im Mörser.

3 Kupfer und Schwefel werden erhitzt.

Das Gesetz von den konstanten Proportionen

Seitdem die Waage in Untersuchungen einbezogen wurde, beschäftigen sich viele Naturwissenschaftler mit dem Phänomen, dass Stoffe nur in bestimmten Massenverhältnissen miteinander reagieren.
Zu diesen Naturwissenschaftlern gehörte auch JOSEPH LOUIS PROUST (1754 – 1826) (▷ B 1). Er erkannte die Zusammenhänge zwischen den Massen miteinander reagierender Partner und formulierte 1799 das **Gesetz von den konstanten Proportionen:** In einer chemischen Verbindung sind die Elemente in bestimmten Massenverhältnissen enthalten.

Versuch

1 In einem Porzellantiegel mit Deckel wird 1 g Kupferblech mit 1 g Schwefel erwärmt. Zunächst wird vorsichtig erhitzt, bis die bläuliche Flamme des Schwefels nicht mehr zu sehen ist. Dann wird der Boden des Tiegels zum Glühen gebracht, bis der gesamte überschüssige Schwefel verdampft ist. Nach dem Abkühlen wird das entstandene Kupfersulfid im Porzellantiegel gewogen und das Massenverhältnis $m_{Kupfer} : m_{Schwefel}$ im Kupfersulfid bestimmt. Der Versuch wird anschließend variiert, indem man die Masse des Kupfers jeweils um 1 g erhöht. (Abzug!)

Werkstatt

Wie viel Kupfer reagiert mit Schwefel?

Material

Schutzbrille, Gasbrenner, Pinzette, langes Reagenzglas, Stativ, Doppelmuffe, Universalklemme, Aktivkohlestopfen, Waage, Schere, Spatellöffel, Kupferblech, Schwefelpulver

Versuchsanleitung

Schneide unterschiedlich lange Kupferblechstreifen zurecht. Bestimme die jeweilige Masse der Streifen (die Massen sollten zwischen 0,5 g bis 1,2 g liegen).
Gib ungefähr 1 g Schwefelpulver und einen Kupferblechstreifen in ein Reagenzglas. Wie man den Schwefel und das Kupfer erhitzt (▷ B 1), hast du schon geübt. Sieh nochmals in deinem Nawibuch nach, wie das geht. Halte dich genau an diese Vorschrift! Hole nach dem Abkühlen vorsichtig mit der Pinzette den Streifen wieder heraus und wiege erneut. Verfahre mit allen anderen Kupferblechstreifen ebenso.

Aufgabe

Erstelle eine Tabelle wie in Bild 2.

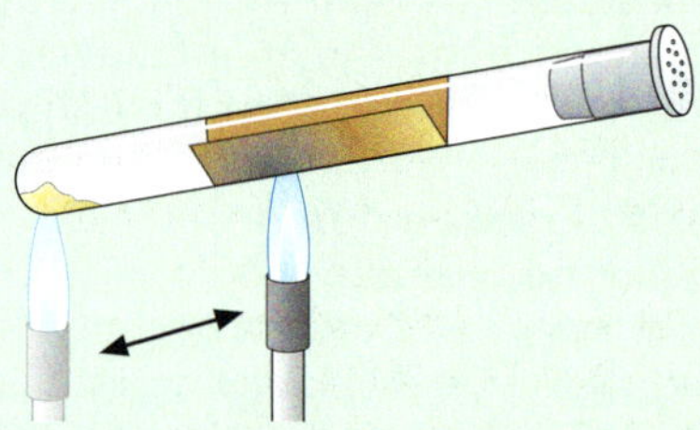

1 Kupfer wird mit Schwefel erhitzt.

m_{Kupfer}	$m_{Kupfersulfid}$	$m_{Kupfer} : m_{Schwefel}$

2 Tabelle

Kann man Atome wiegen?

Bestimmt man die Masse eines Wasserstoffatoms in Gramm, so erhält man einen sehr kleinen Wert (absolute Atommasse): 0,000 000 000 000 000 000 000 001 674 g.

Da solche Zahlenwerte für Berechnungen zu umständlich sind, hat man als neue Maßeinheit die Atommasseneinheit mit der Abkürzung u (engl.: unit, Einheit) eingeführt (relative Atommasse):
Sie ist genau festgelegt als der zwölfte Teil der Masse eines Kohlenstoffatoms.

Da dieser Wert fast mit der Masse eines Wasserstoffatoms übereinstimmt, kann man vereinfacht sagen: ein Wasserstoffatom hat etwa die Masse von 1 u.

▶ Die Masse eines Atoms wird in der relativen Atommasse mit der Einheit u angegeben.

Kann man Atome zählen?

Die Anzahl von Atomen in einer bestimmten Stoffportion ist unvorstellbar groß.
So enthalten 56 g Eisen 600 000 000 000 000 000 000 000 ($= 6 \cdot 10^{23}$) Eisenatome. Die Zahl von $6 \cdot 10^{23}$ ist dabei nicht wahllos gewählt. Es hat sich nämlich gezeigt, dass man die Einheit u durch die Einheit g ersetzen kann, wenn man genau $6 \cdot 10^{23}$ Teilchen einer Atomsorte einsetzt. So wiegt z. B. ein Schwefelatom 32 u, aber $6 \cdot 10^{23}$ Schwefelatome wiegen 32 g (▷ B 2). Da es umständlich ist, immer mit einer solch großen Zahl zu rechnen, fasst man den Wert zu einer neuen Einheit zusammen: $6 \cdot 10^{23} = 1$ mol. Wie Gramm die Einheit für die Masse m ist, ist Mol die Einheit für die Stoffmenge n.

▶ Die Stoffmenge n gibt die Teilchenzahl einer Stoffportion an. Die Einheit ist das mol. 1 Mol: $6 \cdot 10^{23}$ Teilchen.

Wie viel wiegt 1 mol einer bestimmten Teilchenart?

1 Wasserstoffatom wiegt 1 u. 1 mol oder $6 \cdot 10^{23}$ Wasserstoffatome wiegen 1 g. Ein Schwefelatom ist 32 mal schwerer als ein Wasserstoffatom. Deswegen sind auch 1 mol Schwefelatome 32 mal schwerer als 1 mol Wasserstoffatome. Sie wiegen 32 g. Um zu wissen, wie viel 1 mol einer Atomart wiegt, schaut man im Periodensystem nach, welche Masse das entsprechende Atom hat.

▶ Die Masse von 1 mol einer Atomart erhält man, indem man bei der Atommasse die Einheit u (unit) durch die Einheit g (Gramm) ersetzt.

Wie viel wiegt 1 mol einer Verbindung?

Die Verbindung Eisensulfid setzt sich aus den Elementen Eisen und Schwefel zusammen. Die Formel ist FeS. Die Masse von 1 mol FeS ergibt sich, indem man die Massen der Atome addiert, aus denen sich der Stoff der Formel nach zusammensetzt. 1 mol Eisensulfid FeS hat demnach (gerundet) die Masse von 56 g + 32 g = 88 g (▷ B 2).

Reaktionsgleichungen anders gelesen

Die Stoffmenge erspart das Abzählen der Atome.

$$Fe + S \longrightarrow FeS$$

Die Reaktionsgleichung besagt, dass ein Atom Eisen mit einem Atom Schwefel reagieren muss, damit ein Teilchen Eisensulfid entsteht. Lässt man $6 \cdot 10^{23}$ oder 1 mol Teilchen miteinander reagieren, so kann man die Reaktionsgleichung auch anders lesen: 1 mol Eisenatome reagieren mit 1 mol Schwefelatomen zu 1 mol Eisensulfid.

Aufgabe

1 $4\,Al + 3\,O_2 \longrightarrow 2\,Al_2O_3$
Die Gleichung hat eine Doppelbedeutung. Formuliere beide Bedeutungen in Worten.

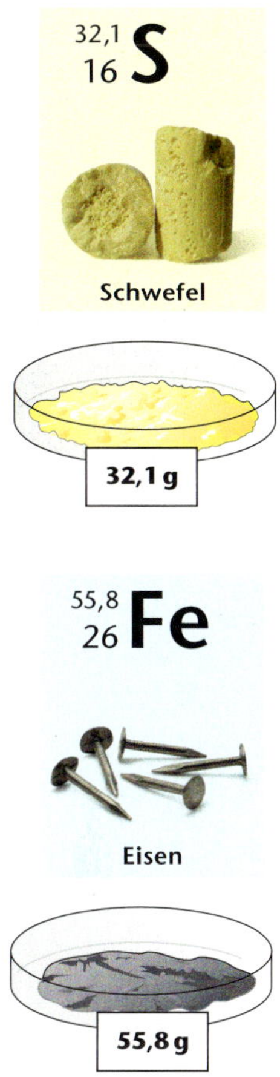

2 Gleiche Teilchenanzahl in Stoffportionen

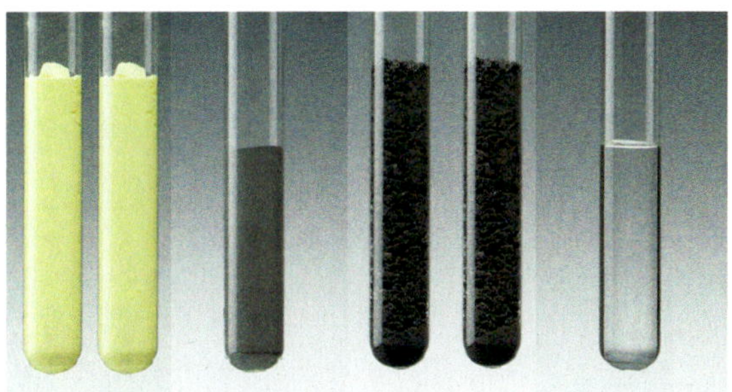

Teilchen	Schwefel (S)	Eisen (Fe)	Eisensulfid (FeS)	Wasser (H_2O)
Masse der Stoffportion (*m*) (gerundet)	32 g	56 g	88 g	18 g
Teilchenmasse (*u*)	32,1 u	55,8 u	87,9 u	18 u
Teilchenanzahl	$6 \cdot 10^{23}$	$6 \cdot 10^{23}$	$6 \cdot 10^{23}$	$6 \cdot 10^{23}$

1 1 mol verschiedener Stoffportionen

Reduktion durch Zuführen von Energie
Erhitzt man Silberoxid im Reagenzglas (▷V 1), so entsteht aus dem schwarzen Pulver eine weiße, poröse Substanz (fein verteiltes Silber). Es kann zu glänzenden Tröpfchen zusammengeschmolzen werden. Die Glimmspanprobe beweist, dass gleichzeitig Sauerstoff entstanden ist.

Silberoxid ⟶ Silber + Sauerstoff | endotherm

Die Reaktion ist **endotherm**, es muss ständig Energie zugeführt werden. Auf diese Weise kann man das Metall aus seinem Oxid herstellen.
Man sagt, das Metall ist **reduziert** (lat.: reducere, zurückführen) worden.

Eine chemische Reaktion, bei der Sauerstoff abgegeben wird, wird als Reduktion bezeichnet.

Reduktion durch ein Reduktionsmittel
Die Reduktion durch Zuführen von Energie gelingt bei vielen Metallen nur bei sehr hohen Temperaturen. Es gibt aber noch einen anderen Weg der Metallgewinnung aus dem Oxid.

Die Reaktion zwischen schwarzem Kupferoxid und Eisen (▷V 2) läuft nach dem ersten Aufglühen freiwillig weiter. Neben einem grauschwarzen Feststoff erkennt man auch rötliche Kügelchen: es ist Kupfer entstanden.

Kupferoxid + Eisen ⟶ Kupfer + Eisenoxid

Das metallische Eisen kann dem Kupferoxid den Sauerstoff entreißen.
Eisen ist ein **Reduktionsmittel.**

Eisenoxid reagiert dagegen mit Kupfer nicht (▷V 3).

Ein Stoff, der in der Lage ist, andere Stoffe zu reduzieren, wird Reduktionsmittel genannt.

Versuche

1 Man gibt 0,5 g Silberoxid in ein Reagenzglas und erhitzt mit der nicht leuchtenden Brennerflamme. Gleichzeitig wird ein glimmender Holzspan über die Öffnung des Reagenzglases gehalten. (Schutzbrille!)

2 Fülle ein Gemisch aus 1,6 g schwarzem Kupferoxid und 0,8 g Eisenpulver in ein Reagenzglas. Erhitze das Gemisch bis zum ersten Aufglühen über einer feuerfesten Unterlage. Beobachte den Ablauf der Reaktion, ohne weiter zu erhitzen. (Schutzbrille!)

3 Mische 1,6 g rotes Eisenoxid mit 0,8 g Kupferpulver und erhitze das Gemisch in einem Reagenzglas mehrfach bis zum Glühen. (Schutzbrille!)

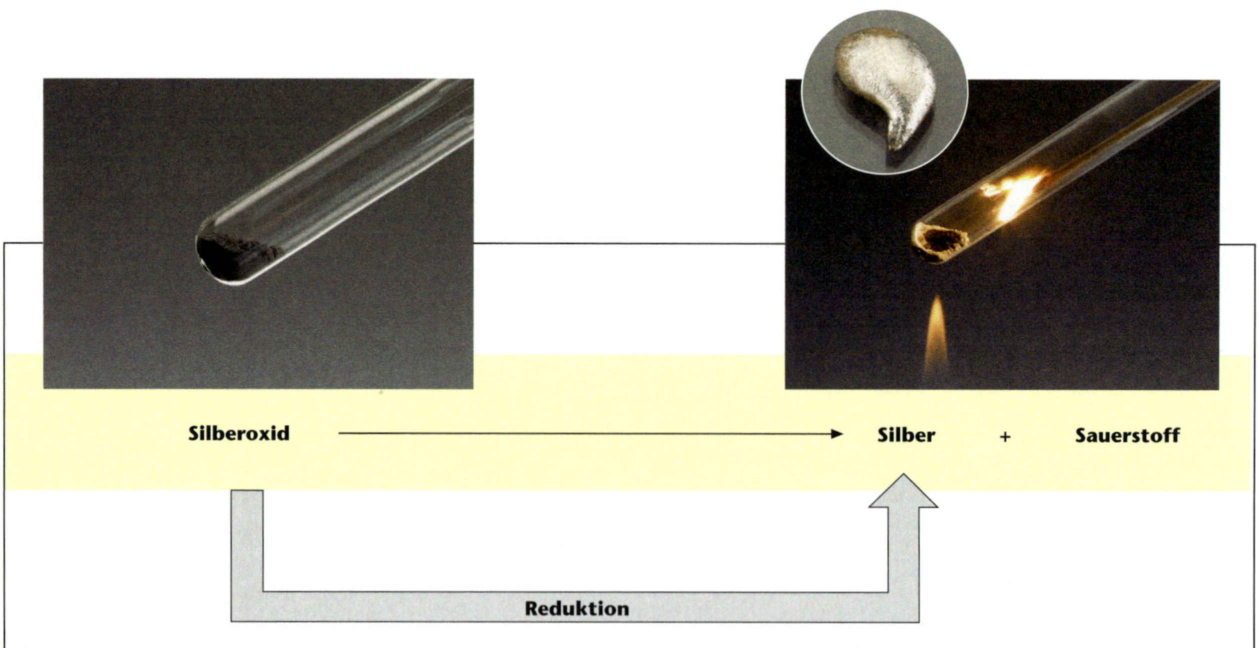

1 Silber wird reduziert.

Die Reduktion von Metalloxiden

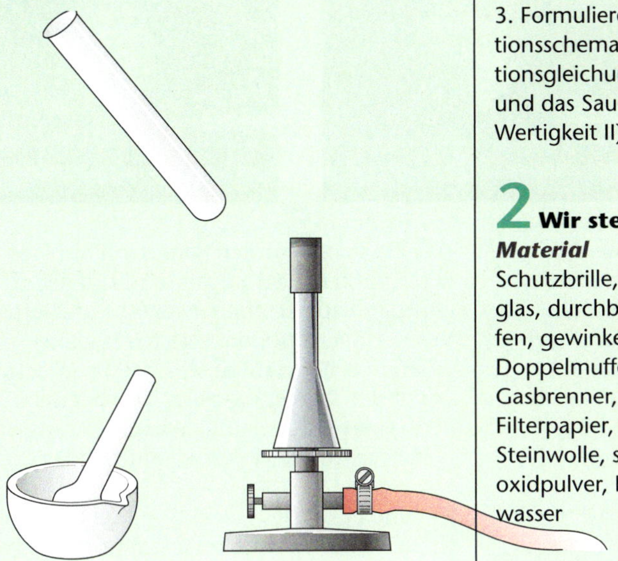

1 Material zu Versuch 1

1 Die Reduktionskraft von Eisen

Material

Schutzbrille, Reagenzglas, Brenner, feuerfeste Unterlage, Reibschale, Reagenzglashalter, Spatellöffel, Waage, schwarzes Kupferoxid, Eisenpulver

Versuchsanleitung

Mische 1,6 g schwarzes Kupferoxid mit 0,8 g Eisenpulver in einer Reibschale und gib das Gemisch dann in ein Reagenzglas. Nun erhitze kräftig mit der rauschenden Flamme des Brenners über einer feuerfesten Unterlage.
Beobachte nach dem ersten Aufglühen den Ablauf, ohne weiter zu erhitzen.

Aufgaben

1. Fertige vor Versuchsbeginn eine Versuchsskizze an, indem du die in Bild 1 dargestellten Geräte verwendest und dabei sinnvoll zusammenfügst! Ergänze die Skizze mit den fehlenden Geräten und Chemikalien eigenständig.

2. Beschreibe deine Versuchsbeobachtungen schriftlich in deinem Heft.

3. Formuliere zunächst das Reaktionsschema und dann die Reaktionsgleichung (das Kupferatom und das Sauerstoffatom haben die Wertigkeit II).

2 Wir stellen Kupfer her

Material

Schutzbrille, Reagenzglas, Becherglas, durchbohrter Gummistopfen, gewinkeltes Glasrohr, Stativ, Doppelmuffe, Universalklemme, Gasbrenner, Reibschale mit Pistill, Filterpapier, Waage, Spatellöffel, Steinwolle, schwarzes Kupferoxidpulver, Holzkohlepulver, Kalkwasser

Versuchsanleitung

Wiege 3 g schwarzes Kupferoxid und 0,3 g Holzkohlepulver ab. Stelle aus beiden Stoffen in der Reibschale ein Gemisch her. Fülle das Gemisch in das Reagenzglas. Gib in die Reagenzglasöffnung etwas Steinwolle. Schiebe das gewinkelte Glasrohr vorsichtig in den Stopfen und verschließe das Reagenzglas damit. Bringe das Reagenzglas waagerecht so am Stativ an, dass das Glasrohr gerade in das Kalkwasser ragt und der Gasbrenner unter das Gemisch gestellt werden kann. Erhitze das Gemisch zunächst vorsichtig bis zum Glühen (▷ B 2).

Nachdem das Gemisch durchgeglüht ist, schiebe sofort die Klemme am Stativ nach oben und hebe dadurch das Glasrohr aus dem Kalkwasser. Hierdurch wird verhindert, dass das Kalkwasser in das Reagenzglas steigt.

Aufgaben

1. Beschreibe den Versuchsablauf.

2. Welche Aufgabe hat das Kalkwasser?

3. Formuliere die Reaktionsgleichung.

4. Ordne der Reaktion die Begriffe „Reduktionsmittel" und „Reduktion" sinnvoll zu.

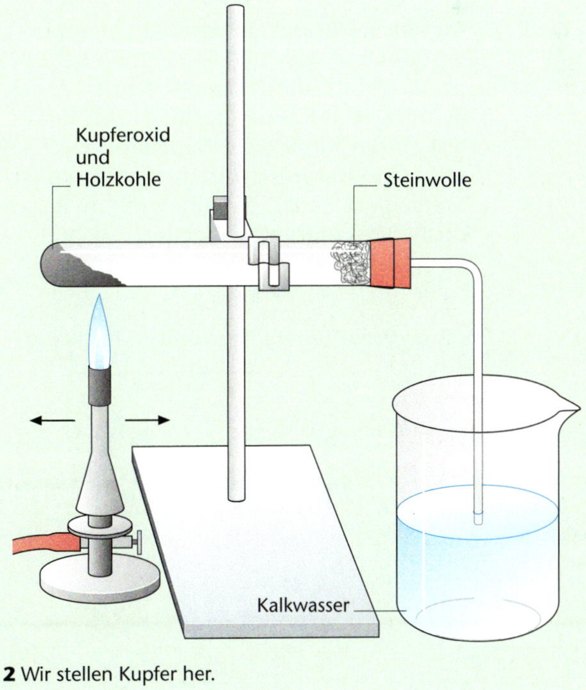

2 Wir stellen Kupfer her.

1 Kupfer, Eisen und Magnesium reagieren unterschiedlich heftig mit Sauerstoff.

Die Reduktionskraft der Metalle
Versucht man Eisenoxid mit Kupfer zu reduzieren, so setzt keine Reaktion ein. Das Eisen „hält" den Sauerstoff „zu stark fest". Man kann Kupfer gegenüber Eisenoxid nicht als Reduktionsmittel einsetzen.

Bindungsbestreben der Metalle
Die Elemente haben ein unterschiedlich starkes Bestreben, mit Sauerstoff zu reagieren (▷B 1). Nach diesem Bestreben lassen sich die Metalle einteilen. Metalle, deren Reaktionsbereitschaft mit Sauerstoff groß ist, werden unedle Metalle genannt. Metalle wie Gold und Silber sind Edelmetalle. Sie besitzen ein geringes Bindungsbestreben zu Sauerstoff (▷B 2).

Wer wird reduziert, wer wird oxidiert?

Kupferoxid + Eisen ⟶ Kupfer + Eisenoxid

Aus der Reaktionsgleichung kann man entnehmen, dass sich Sauerstoff „lieber" mit Eisen als mit Kupfer verbindet. Außerdem hält das Eisen den Sauerstoff stärker fest als das Kupfer. Der Sauerstoff wechselt also den Bindungspartner, wenn man ein Metall verwendet, das eine größere Reaktionsbereitschaft mit Sauerstoff hat.

Das Eisen nimmt den Sauerstoff auf – es wird oxidiert. Das Kupferoxid hingegen gibt den Sauerstoff ab. Es wird reduziert. Mit der Reduktion ist gleichzeitig eine Oxidation abgelaufen. Chemiker sprechen von einer **Redoxreaktion**. Der Begriff Redoxreaktion ist eine Wortschöpfung aus den Begriffen **Red**uktion und **Ox**idation.

▶ Eine chemische Reaktion, bei der eine Reduktion und eine Oxidation zusammen auftreten, wird als Redoxreaktion bezeichnet.

Reduktionsmittel und Oxidationsmittel – Mittel zum Zweck
Ein Stoff, der in der Lage ist, andere Stoffe zu reduzieren, heißt Reduktionsmittel. Er wird während der Reaktion selbst oxidiert. Dementsprechend werden Stoffe, die in der Lage sind, Sauerstoff auf andere Stoffe zu übertragen, als Oxidationsmittel bezeichnet. Der Stoff wird während des chemischen Vorgangs selbst reduziert.

Reduktion und Oxidation laufen gleichzeitig ab. Der eine Vorgang findet nicht ohne den anderen statt.
Bei der Wort- und der Reaktionsgleichung kann dies verdeutlicht werden.

Sauerstoffabgabe (Kupferoxid → Kupfer)
Kupferoxid + Eisen ⟶ Kupfer + Eisenoxid
Oxidation (Eisen → Eisenoxid)

Reduktion (CuO → Cu)
$CuO + Fe \longrightarrow Cu + FeO$
Oxidation (Fe → FeO)

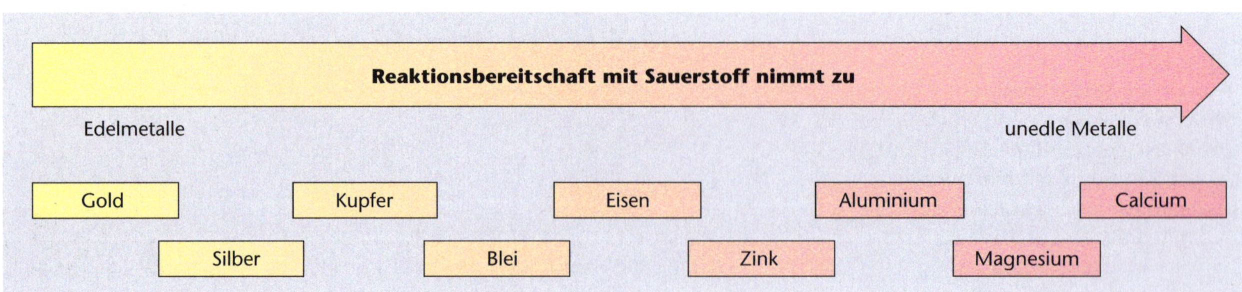

2 Reaktionsbereitschaft von Metallen mit Sauerstoff

Versuche

1 Ein schwer schmelzbares Reagenzglas (wie in Bild 3) wird etwa 3 cm hoch mit Sand beschickt. Dieser wird mit einer Pipette mit so viel Wasser befeuchtet, wie er aufnehmen kann. Es darf keine Flüssigkeit mehr austreten, wenn man das Reagenzglas waagerecht hält. Das Reagenzglas wird nun in ein Stativ eingespannt. In das Reagenzglas schiebt man ein Knäuel blankgeschmirgeltes Magnesiumband. Zum Auffangen des entstehenden Gases wird das Reagenzglas mit einem durchbohrten Gummistopfen verschlossen, an den ein gewinkeltes Glasrohr angeschlossen wird (Stahlwollesicherung!). Das Magnesiumband wird nun zunächst stark mit der Brennerflamme erhitzt. Danach wird der feuchte Sand fächelnd erhitzt. Wenn das Metall aufglüht, wird nur noch die Wasserdampfentwicklung fortgesetzt. Mit dem aufgefangenen Gas wird die Knallgasprobe durchgeführt. (Schutzscheibe! Schutzbrille!)

2 In einen mit Kohlenstoffdioxid gefüllten Standzylinder (am Boden Sand) führt man ein brennendes Magnesiumband ein. (Schutzbrille! Nicht direkt in die Flamme sehen!)

Wir haben Redoxreaktionen zwischen Metallen und Metalloxiden kennen gelernt. Die Nichtmetalloxide Wasser und Kohlenstoffdioxid können aber ebenfalls reduziert werden.

Aufgaben

1 Ordne in den folgenden Reaktionsgleichungen die Begriffe Oxidation, Reduktion, Oxidationsmittel und Reduktionsmittel sinnvoll zu:
a) FeO + Zn ⟶ ZnO + Fe
b) PbO + Zn ⟶ Pb + ZnO
c) PbO + Fe ⟶ Pb + FeO
d) CuO + Pb ⟶ Cu + PbO

2 a) Formuliere für die Reaktion von Wasser mit Magnesium die Reaktionsgleichung.
b) Ordne die Begriffe Oxidation, Reduktion, Oxidationsmittel und Reduktionsmittel sinnvoll zu.

3 Überlege, ob es möglich ist, Wasser auch mithilfe von Kupfer zu reduzieren!

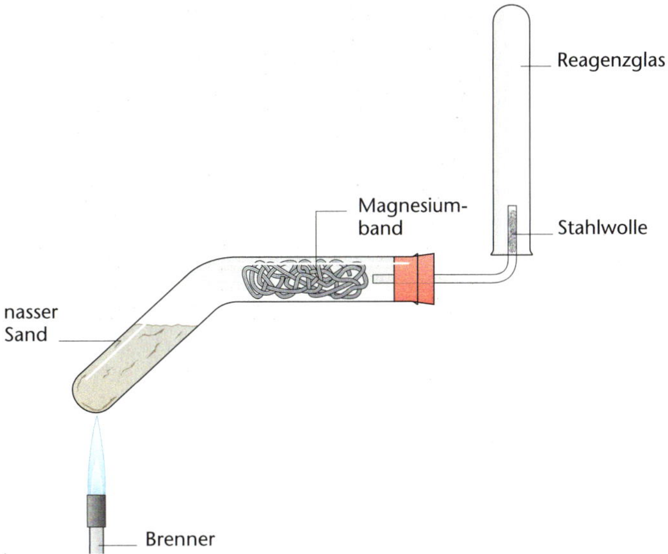

3 Die Reduktion des Wassers durch Magnesium

Die Reduktion des Wassers
Wasserdampf kann durch heißes Magnesium reduziert werden (▷B 3). Dabei wird der Sauerstoff auf das Metall übertragen und dort gebunden. Es bildet sich Magnesiumoxid. Wasserstoff wird freigesetzt, kann aufgefangen und durch die Knallgasprobe nachgewiesen werden (▷V 1).

Das Metall ist also in der Lage, dem Wasser (Wasserstoffoxid H_2O) den Sauerstoff zu entreißen. Das Wasserstoffoxid ist reduziert worden. Magnesium hat Wasser reduziert. Auch hier findet eine Redoxreaktion statt.

Reduktion
Wasser + Magnesium ⟶ Wasserstoff + Magnesiumoxid
Oxidation

Das Oxidationsmittel ist in diesem Fall das Nichtmetalloxid Wasser.

Die Reduktion von Kohlenstoffdioxid
Die Reduktionskraft des Magnesiums reicht aus, um Kohlenstoffdioxid zu Kohlenstoff zu reduzieren (▷V 2). Es entstehen Magnesiumoxid und fester Kohlenstoff.

Reduktion
$CO_2 + 2\,Mg \longrightarrow C + 2\,MgO$
Oxidation

Dabei stellt Magnesium das Reduktionsmittel dar und wird selbst oxidiert. Kohlenstoffdioxid ist das Oxidationsmittel und wird selbst reduziert.

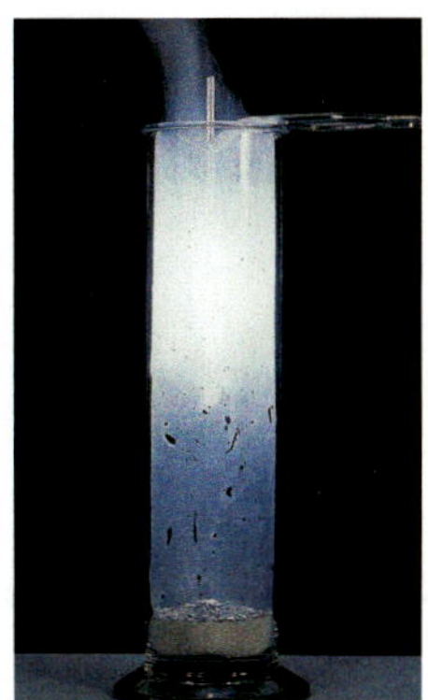

4 Magnesium reagiert mit Kohlenstoffdioxid.

Schnittpunkt

Der Hochofenprozess

1 Eisenerz

2 Koks

Eisen aus Eisenerz

Die Herstellung von Eisen ist eine wichtige Grundlage für den technischen Fortschritt. Dampfmaschinen, Eisenbahnen, Autos, die Energieversorgung, Nachrichtentechnik oder die Raumfahrt würde es ohne Eisen nicht geben. Eisen wird in einem Hochofen (▷ B 3) durch Reduktion von Eisenoxid mit Kohlenstoff gewonnen.

Redoxreaktionen im Hochofen

Im Hochofen werden in einem ständigen Prozess von oben Erz, Koks und Zusatzstoffe zugeführt, während von unten heiße Luft mit ca. 1300 °C eingeblasen wird. Kohlenstoff kann mit dem Sauerstoff der heißen Luft zwei unterschiedliche gasförmige Oxide bilden: Kohlenstoffmonooxid und Kohlenstoffdioxid. Im Hochofen entsteht zunächst durch das Einblasen der heißen Luft Kohlenstoffdioxid. Dieses reagiert mit weiterem Kohlenstoff zu dem giftigen Gas Kohlenstoffmonooxid.

Kohlenstoff + Kohlenstoffdioxid ⟶ Kohlenstoffmonooxid

Kohlenstoffmonooxid steigt im Hochofen auf und entzieht, da es ein starkes Reduktionsmittel ist, dem von oben kommenden Eisenoxid den Sauerstoff. Es wird dabei zu Kohlenstoffdioxid oxidiert.

Eisenoxid + Kohlenstoffmonooxid ⟶ Eisen + Kohlenstoffdioxid

Gleichzeitig entsteht aus dem Eisenoxid durch Reduktion Eisen. Das sich bildende Kohlenstoffdioxid reagiert in der darüber liegenden Koksschicht wieder zu Kohlenstoffmonooxid.

Kohlenstoffdioxid + Kohlenstoff ⟶ Kohlenstoffmonooxid

Im unteren Teil des Hochofens wird Eisen auch direkt durch Kohlenstoff reduziert:

Eisenoxid + Kohlenstoff ⟶ Eisen + Kohlenstoffmonooxid

Die Hochofenanlage

Die im Hochofen entstehende Gase und die Gase, die vom eingeblasenen Heißwind übrig bleiben, entweichen als Gichtgas. Das Gichtgas ist brennbar und kann wieder im Hochofen verwertet werden. Letztlich wird es in den Winderhitzer geleitet, wo es unter Luftzufuhr verbrannt wird.

Das entstandene Eisen ist aufgrund der hohen Temperatur im unteren Teil des Hochofens flüssig. Es sammelt sich auf dem Boden des Hochofens. Dort wird es von Zeit zu Zeit „abgestochen". Die Zusatzstoffe, die so genannten Zuschläge, reagieren mit den Verunreinigungen des Erzes. Dabei entsteht Schlacke, die auf dem Roheisen schwimmt.

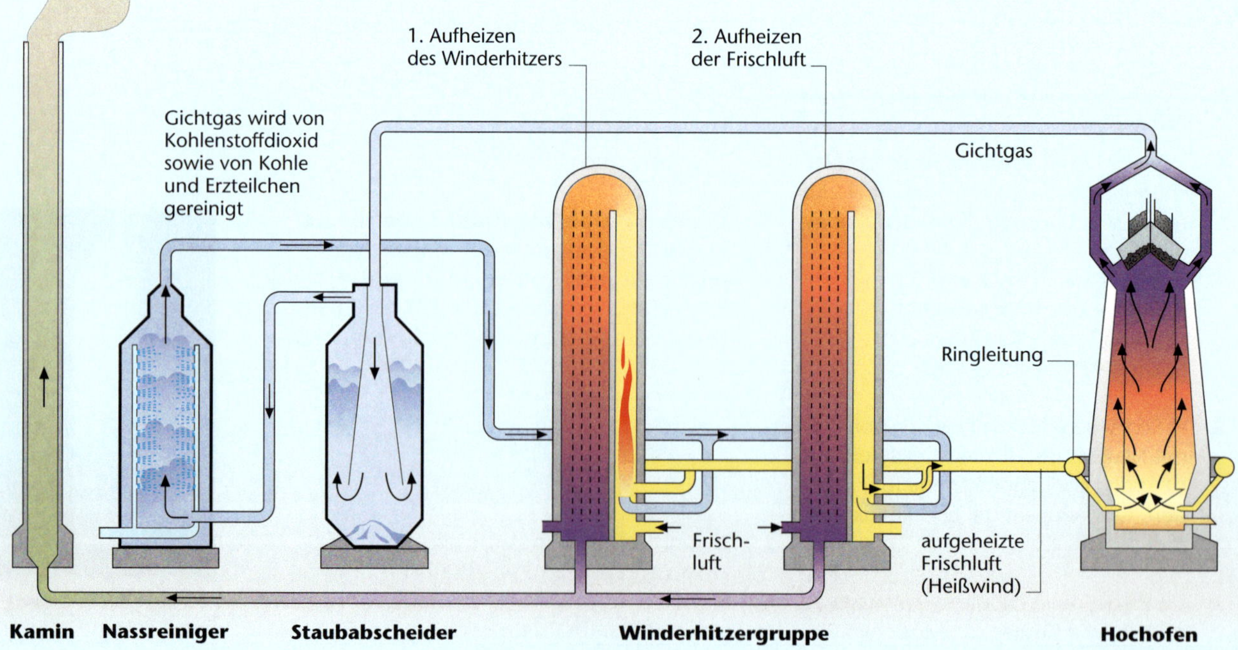

3 Funktion einer Hochofenanlage

1 Der ICE fährt auch bei hohen Geschwindigkeiten ohne Erschütterungen.

Das Thermitverfahren
Moderne Züge müssen auch bei hohen Geschwindigkeiten möglichst ohne Erschütterungen fahren. Kilometerlange Gleise können nicht in einer Fabrik hergestellt werden. Transportierbare Schienen müssen erst auf der Trasse zusammengeschweißt werden, damit daraus Schienen ohne „Unterbrechung“ entstehen. Das Schweißverfahren hierzu heißt **Thermitverfahren.**

Ein Versuch soll dieses Verfahren verdeutlichen (▷ V 1; B 3). Die extrem helle Flamme und die weit sprühenden Funken weisen auf eine äußerst heftige exotherme Reaktion hin. Durch die Öffnung im Boden des Blumentopfes tropft flüssiges Material in den Sand. Nach dem Erkalten kann man durch Untersuchung mit einem Magneten dieses Material als Eisen identifizieren.
Es läuft eine Redoxreaktion ab, bei der Aluminium dem Eisenoxid den Sauerstoff entzieht. Aluminium bindet den Sauerstoff folglich viel stärker als Eisen.

Reduktion
Eisenoxid + Aluminium ⟶ Eisen + Aluminiumoxid
Oxidation

Versuch

1 Ein Thermitgemisch aus 15 g rotem, trockenem Eisenoxid, 5 g Aluminiumgrieß und 0,5 g Aluminiumpulver wird in eine Hülse aus Alufolie geschüttet, die in einem mit Sand gefüllten Blumentopf steckt. Auf das Gemisch gibt man etwas Magnesiumpulver. Man steckt in das Gemisch ein Magnesiumband und zündet es an (▷ B 3).
(Schutzbrille! Schutzhandschuhe!
Nur im Freien durchführen! Feuerfeste Unterlage, z. B. Sandwanne, benutzen!)

Durch die stark exotherme Reaktion wird so viel Wärme frei, dass das Eisen weit über seine Schmelztemperatur erhitzt wird. Fließt das flüssig gewordene Eisen zwischen die Enden der zu verbindenden Eisenbahnschienen, werden diese auch flüssig. Das Material verschmilzt. Eine Form verhindert das seitliche Abfließen und bildet die Schiene (▷ B 2).

2 Durch die Thermitreaktion entstehen „Endlosschienen“.

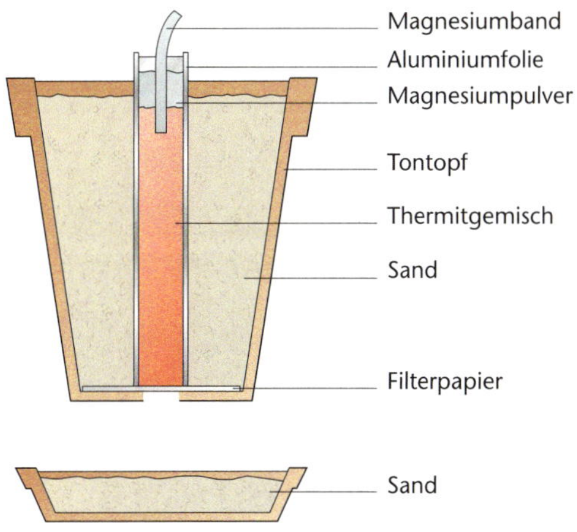

3 Der Versuchsaufbau zum Thermitverfahren

Strategie

Chemie und Internet

Bekannte Suchmaschinen sind: www.google.de, www. yahoo.de oder www.altavista.de.
Unterschiedliche Suchmaschinen liefern unterschiedliche Ergebnisse.
Das erste Suchwort soll „Thermitverfahren“ sein.
In kürzerster Zeit liefert die Suchmaschine eine Auswahl von mehreren hundert Seiten (▷ B 2).

Zusätzlich stehen im Netz auch **Metasuchmachinen** (z. B. www.metager.de) zur Verfügung. Diese bewerten nach Eingabe eines Suchwortes verschiedene Suchmaschinen nach der Anzahl der Treffer.

C. Intelligent suchen

Suchmaschinen lassen zu, nach mehreren Begriffen gleichzeitig zu suchen. Die Begriffe müssen nur durch ein Leerzeichen getrennt sein oder man setzt ein „+“ (bzw. „und“ oder „and“) zwischen die Begriffe.
Gibt man beispielsweise die Begriffe „Thermitverfahren + Erfinder“ ein, werden nur noch Seiten angezeigt, die beide Suchworte gleichzeitig enthalten. Die Seitenanzahl lässt sich dadurch erheblich verringern (▷ B 3).

Chemisches Wissen aus dem Internet

Im Internet sind auf mehr als einer Milliarde Seiten neben vielen fragwürdigen Inhalten auch viele interessante, wichtige und neue Informationen zu finden. Auch zu Fragen der Chemie gibt es Antworten.
So könnte man der Frage nachgehen, wer das Thermitverfahren erfunden hat. Dies soll mithilfe des Internets beantwortet werden. Dabei lernt man, mit dem neuen Medium umzugehen.

A. Adresszeile eines Browsers

Die Eingabe einer bekannten **Internet-Adresse** in die Adresszeile (▷ B 1) eines Browsers führt direkt auf die Homepage oder Domäneseite eines Anbieters. Beispielsweise führen die Adressen www.BASF.de oder www.bayer.de oder www.Schering.de auf die Domäneseiten großer Chemiekonzerne.
Oft sind geeignete Adressen jedoch nicht bekannt, sodass andere Wege zur Informationsfindung gewählt werden müssen.

B. Suchmaschinen nutzen

Suchmaschinen sind Programme zum Finden von Internetseiten. Unter der Adresse www.suchfibel.de findet man eine große Auswahl von Suchmaschinen.

Aufgaben

1 Suche aus dem Internet mithilfe der Verknüpfungsfunktion Belege für die Anwendungsmöglichkeiten des Thermitverfahrens.

2 Suche den Bildungsserver von Niedersachsen.

3 Finde im Internet Informationen zum Thema „Verwendung von Aluminium“.

1 Die Adresszeile

2 Eingabe des Suchbegriffs „Thermitverfahren“

3 Die Verminderung der Seitenzahl durch die Verknüpfung von Suchbegriffen mit „+“

Stahl

Vom Roheisen zum Stahl
Roheisen enthält aufgrund der Herstellung mit Koks etwa 3 % bis 4 % Kohlenstoff und ist dadurch spröde. Man bläst deshalb in einem besonderen Ofen, einem Konverter (▷ B 1; B 2), reinen Sauerstoff in das flüssige Roheisen. Das Einblasen von Sauerstoff in den Konverter wird von den Fachleuten als „Frischen" des Roheisens bezeichnet. Dadurch wird Kohlenstoff zu Kohlenstoffdioxid verbrannt, das als Gas entweicht. Das zurückbleibende kohlenstoffarme Eisen hat neue Eigenschaften und wird **Stahl** genannt.

Stahl – wozu?
Mit dem Stahl haben sich die Menschen ein Produkt geschaffen, das Grundlage für verschiedenste Wirtschaftszweige wie Automobilherstellung, Schiffsbau, Bauindustrie, Maschinenbau und Rüstungsindustrie ist.

Stahlverarbeitung
Flüssiger Stahl kann in Formen gegossen werden (Gussstahl), dabei entstehen beispielsweise Schiffsschrauben und andere Maschinenteile. Meistens wird Stahl in heißem Zustand weiterverarbeitet. Auf vollautomatischen Walzstraßen (▷ B 3) werden Stahlträger oder dünne Bleche hergestellt.

Stahl – welche Sorte?
Durch geringe Zusätze von Stahlveredlern werden die Eigenschaften der Edelstähle wesentlich verbessert. Stahlveredler können Aluminium, Chrom, Cobalt, Kupfer, Mangan, Molybdän, Nickel, Niob, Silicium, Titan, Vanadium, Wolfram oder andere Metalle sein. In Deutschland werden etwa 2 500 Stahlsorten hergestellt. Eine im Küchenbereich häufig verwendete Stahlsorte ist der V2A-Stahl (▷ B 4).

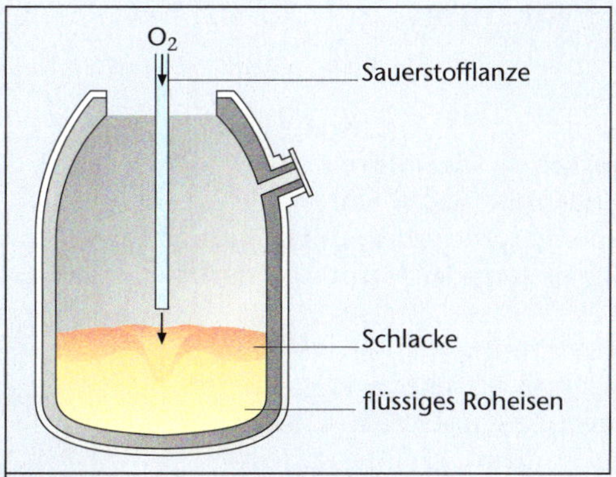

1 Schnitt durch einen Konverter

2 Konverter zur Stahlgewinnung

3 Walzstraße bei der Stahlherstellung

Man erhält je nach den Zusätzen nicht rostende oder hitzebeständige Stähle, unmagnetische Stähle oder Stähle mit außerordentlich hohen magnetischen Eigenschaften, Stahlsorten mit besonderer Härte, Säurebeständigkeit oder Zugfestigkeit. So bewirken z. B. Zusätze von Chrom und Wolfram mehr Härte, oder Zusätze von Nickel und Vanadium erhöhen die Zähigkeit.

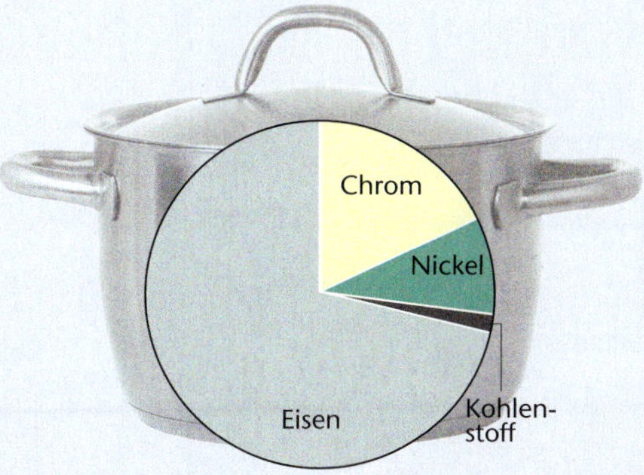

4 Zusammensetzung von V2A-Stahl

Aufgaben

1 Informiere dich über die Größenordnung der Stahlerzeugung in Europa, USA, Russland, China und Japan.

2 „Nirosta" ist ein eingetragenes Warenzeichen. Was meint dieses Kunstwort?

3 Die Bezeichnung „Oxygenstahlwerk" verrät etwas über die Arbeitsweise. Erkläre.

4 Suche nach Zusammensetzungen von Stahlsorten.

Metallgewinnung

Metallgegenstände faszinieren
Im Laufe seiner Geschichte wurde der Mensch immer geschickter in der Gewinnung von Stoffen aus der Natur und deren Bearbeitung.

1 Maske von Tutanchamun

So folgen in Mitteleuropa nach der Steinzeit die Kupferzeit (4. Jahrtausend v. Chr.), die Bronzezeit (2. Jahrtausend v. Chr.) und endlich die Eisenzeit (800–15 v. Chr.). Aufgrund ihres faszinierenden Glanzes und ihrer leichten Verformbarkeit dienten Metalle wie Kupfer, Eisen und Gold schon früh zur Schmuckherstellung und zur Herstellung von Gebrauchsgegenständen. Wie wertvoll Gegenstände waren, die aus diesem Metall hergestellt wurden, zeigt sich schon daran, dass sie häufig als Grabbeilagen dienten.

Der Mensch findet kostbare Naturschätze
Kupfer kommt in der Natur nur in geringem Maße „gediegen" vor. Deswegen entwickelten sich schon in der Bronzezeit Bergbautechnologien zum Abbau von Kupfer- und Zinnerzen. Die Legierung aus Kupfer und Zinn heißt Bronze. Ihre Herstellung erfordert chemische Kenntnisse und spezielle Verarbeitungsmethoden.

Erfindung besonderer Aufbereitungsverfahren
Mit Ausnahme der Edelmetalle reagieren alle Metalle außerordentlich leicht mit Sauerstoff und kommen in der Natur nur als Verbindungen vor.

2 Metallwerkstatt

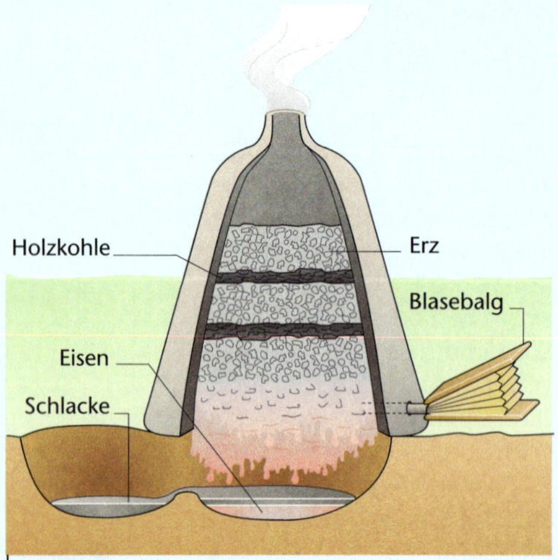

3 Schema eines Rennfeuerofens

Es wird angenommen, dass die Menschen ursprünglich gediegenes Eisen (urkeltisch „isorai" oder indogermanisch „eison", glänzend) aus Meteoriten verwendeten. Um größere Mengen der Metalle aus ihren Verbindungen zu erhalten, benötigt man spezielle Verfahren, um die Metalle vom Sauerstoff zu „befreien" und sie aufzuarbeiten („verhütten").

Der Vorläufer des Hochofens
Eisen ist seit etwa dreitausend Jahren das wichtigste Gebrauchsmetall. Schon früh wurde Eisen im heutigen Südwestdeutschland als Handelsgut erworben. Aufgrund von Geräte- und Waffenfunden geht man davon aus, dass die „Urnenfelderleute" Süddeutschlands ab 800 v. Chr. in der Lage waren, große Mengen an Eisen selbst herzustellen. Sie machten dies im Rennofen nach dem Rennfeuerverfahren (▷ B 2).

Aufgaben

1 Nenne mindestens 5 Berufe, die im Laufe der Zeit im Zusammenhang mit der Bearbeitung von Metallen entstanden sind.

2 Die Zeit des „Wilden Westens" ist geprägt durch den „Goldrausch"! Berichte, wie die Goldgräber gearbeitet haben.

3 Im zweiten Weltkrieg spielte der Stahl bei der Produktion von Rüstungsgütern eine wichtige Rolle. Informiere dich in diesem Zusammenhang im Internet über „Deutschlands Norwegenfeldzug", „Montanunion" und „Europäische Union".

Chemische Reaktionen mit Sauerstoff

Bedingungen einer Verbrennung
Eine Verbrennung findet nur statt, wenn vier Bedingungen gleichzeitig erfüllt sind:
1. Ein brennbarer Stoff muss vorhanden sein.
2. Luft muss ungehindert Zutritt zum brennbaren Stoff haben.
3. Die Zündtemperatur des brennbaren Stoffes muss erreicht sein.
4. Luft und brennbarer Stoff müssen im richtigen Mengenverhältnis vorliegen.

Möglichkeiten der Brandbekämpfung
Es gibt verschiedene Möglichkeiten, ein Feuer zu löschen:
- Entfernen des brennbaren Stoffs,
- Abkühlen unter die Zündtemperatur,
- Unterbrechung der Luftzufuhr.

Energie bei chemischen Reaktionen
Zum Auslösen vieler chemischer Reaktionen ist Aktivierungsenergie erforderlich (▷B 2).
Chemische Reaktionen, bei denen Energie frei wird (z. B. in Form von Licht, Wärme), nennt man exotherm.
Chemische Reaktionen, bei denen ständig Energie benötigt wird, nennt man endotherm.

Die Stoffklasse der Metalle
Metalle sind gut verformbar, sie glänzen, sind elektrisch leitfähig und gute Wärmeleiter.

Luftbestandteile
Luft ist ein Gasgemisch, das aus den Gasen Stickstoff, Sauerstoff, Kohlenstoffdioxid sowie den Edelgasen (Helium, Neon, Argon, Krypton und Xenon) besteht.

Sauerstoff, Kohlenstoffdioxid
Sauerstoff weist man mit der Glimmspanprobe nach, Kohlenstoffdioxid durch Trübung von Kalkwasser (▷B 1).

Metalle reagieren mit Sauerstoff
Bei Reaktionen von Metallen mit Sauerstoff entstehen Metalloxide.
Beispiele:

Magnesium + Sauerstoff ⟶ Magnesiumoxid
Eisen + Sauerstoff ⟶ Eisenoxid

1 Nachweis von Sauerstoff und Kohlenstoffdioxid

Oxide und Oxidationen
Eine Reaktion, bei der sich ein Stoff mit Sauerstoff verbindet, nennt man Oxidation. Die entstehenden Stoffe nennt man Oxide.

Chemische Reaktionen
Bei chemischen Reaktionen lösen sich die Atome aus ihren Verbänden und bilden neue Anordnungen. Es findet eine Umgruppierung der Atome statt.
Die chemische Formel gibt die Art und die Anzahl der miteinander verbundenen Atome an.
Die Wertigkeit eines Elements gibt an, wie viele Wasserstoffatome von einem Atom dieses Elements gebunden oder ersetzt werden können.
In einer Reaktionsgleichung muss die Anzahl der an der Reaktion beteiligten Atome vor und nach der Reaktion gleich sein.

Reduktion
Eine chemische Reaktion, bei der Sauerstoff abgegeben wird, nennt man Reduktion.

Redoxreaktion
Eine Reaktion, bei der Reduktion und Oxidation gleichzeitig ablaufen, nennt man Redoxreaktion.

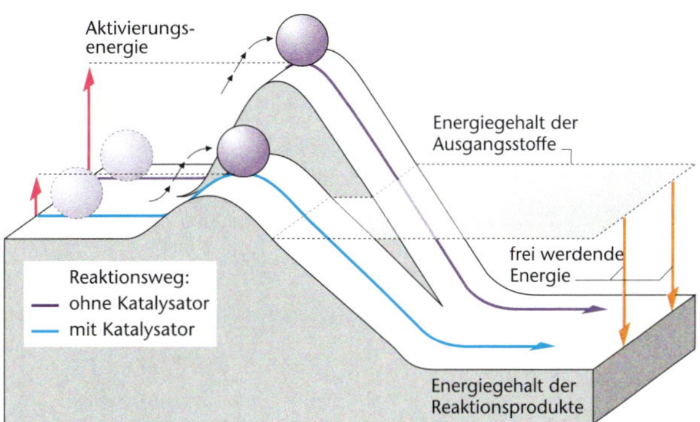

2 Modellvorstellung zum Ablauf einer chemischen Reaktion

Aufgaben

1 In den meisten Fällen entstehen Brände durch die Unachtsamkeit von Menschen.
a) Welche Tätigkeiten können zu Bränden führen?
b) Zu welchen Jahres- oder Tageszeiten entstehen vermehrt Brände (▷ B 3)?
c) Welche Gegenstände oder Geräte im Haushalt können ein Feuer verursachen?

3 Zu Aufgabe 1

2 Brennendes Fett darf nicht mit Wasser gelöscht werden! Wie könntest du ein Feuer in der Pfanne bekämpfen? Erkläre die Vorgehensweise mit deinem Wissen über die Brandbekämpfung.

3 Betrachte eine Kerzenflamme genau. In welchem Zustand brennt das Wachs, im festen, im flüssigen oder im gasförmigen Zustand? Überlege, wie du deine Antwort überprüfen kannst.

4 Welchen Vorteil hat die Einteilung in Brandklassen (▷ B5)?

5 Warum ist bei Brandklasse B Wasser kein geeignetes Löschmittel (▷ B 5)?

6 Ein Streichholz entflammt im Reagenzglas ohne direkten Kontakt mit einer offenen Flamme. Erläutere an dieser Beobachtung die Bedingungen der Verbrennung.

4 Zu Aufgabe 9

7 Terpentinöl ist schwer entzündbar. Sprüht man es in die Gasbrennerflamme, entzündet es sich sofort und brennt mit einer Stichflamme. Erkläre dies.

8 Jeder Landwirt weiß, dass sich feuchtes Heu in einer Scheune leicht selbst entzündet. Deshalb misst er regelmäßig die Temperatur des eingelagerten Heus. Erkläre, wodurch es zur Selbstentzündung kommen kann.

9 Wenn man Kupfer über die rauschende Gasbrennerflamme hält, entsteht Kupferoxid (▷ B 4). Wenn man aber Kupfer über eine Kerzenflamme hält, dann bildet sich Ruß und kein Kupferoxid.
a) Erkläre den Unterschied.
b) Formuliere das Reaktionsschema für die Bildung von Kupferoxid.

10 Gib ein Merkmal an, nach dem man entscheiden kann, ob ein Metall edel ist.

Brandklasse	Symbol	Stoffart	Löschart
 A	Brennende Holzstücke	Feststoffe	– Wasserlöscher – ABC-Pulverlöscher – Schaumlöscher
 B	Brennender Benzinkanister	Flüssigkeiten	– ABC-und BC-Pulverlöscher – Kohlendioxid-Löscher – Schaumlöscher
 C	Flamme am Brenner eines Gasherdes	Gase	– ABC-und BC-Pulverlöscher – Kohlendioxid-Löscher
 D	Brennendes Zahnrad	Leichtmetalle	– Pulverlöscher für Metallbrände
 F	Brennendes Speisefett	Flüssigkeiten oder flüssig werdende Feststoffe	– Topfdeckel – Speziallöschmittel (Flüssiglöschmittel aus Brandklasse-F-Handfeuerlöscher)

5 Zu Aufgabe 4 und 5

11 Auch im Körper des Menschen finden Oxidationen statt.
a) Welche Stoffe werden dabei oxidiert?
b) Wodurch unterscheiden sich solche Oxidationen von Verbrennungen an der Luft?
c) Wozu dient die frei werdende Energie?

12 Ein Rostschutzmittel lässt sich aus Sauerstoff und Blei herstellen. Zu welcher Stoffklasse gehört das Rostschutzmittel demnach?

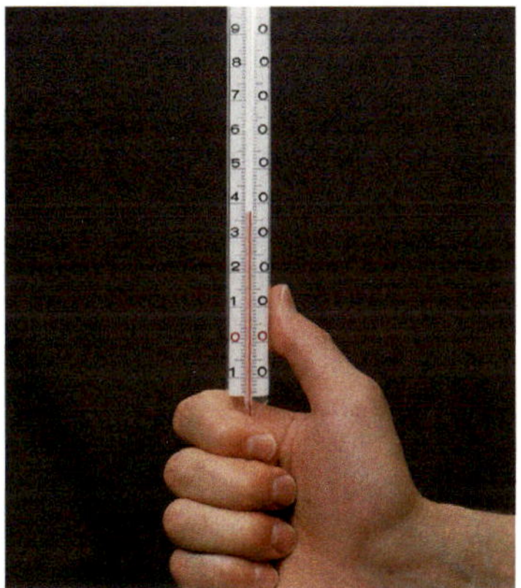

6 Zu Aufgabe 11

13 Nenne einen Grund, warum man das Kohlenstoffdioxid als einen natürlichen Bestandteil der Luft bezeichnen kann. Man könnte Kohlenstoffdioxid aber auch als Luftschadstoff bezeichnen. Unter welcher Voraussetzung?

14 Magnesium (II-wertig) und Stickstoff (III-wertig) reagieren zu Magnesiumnitrid.
a) Bilde die Formel für Magnesiumnitrid,
b) formuliere Reaktionsschema und Reaktionsgleichung.

15 Deute folgende Angaben
a) 10 H_2O,
b) 3 NH_3,
c) 4 Cl_2.

16 Erläutere mithilfe der Abbildung (▷ B 7) den Ablauf einer chemischen Reaktion mit dem Teilchenmodell.

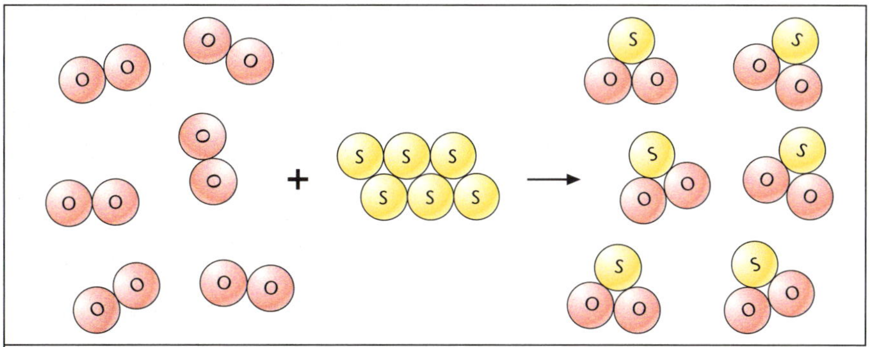

7 Zu Aufgabe 16

17 Erstelle die Reaktionsgleichung:
a) für die Zerlegung von Eisen-(III)-chlorid in seine Elemente. Beachte dabei, dass Chlor nur als zweiatomiges Molekül vorkommt,
b) für die Synthese von Schwefeltrioxid.

18 $2\ H_2 + O_2 \longrightarrow 2\ H_2O$
a) Formuliere die Reaktionsgleichung in Worten!
b) Du setzt 2 mol Wasserstoff ein. Berechne die entsprechende Masse in Gramm.

19 Eine Aluminiumstange wiegt 108 g. Berechne die Stoffmenge der Stange in mol.

20 192 g Sauerstoff reagieren vollständig mit Aluminium zu Aluminiumoxid.
a) Berechne die Stoffmenge des Sauerstoffs in mol.
b) Berechne die benötigte Masse an Aluminium.

21 Nenne zwei Metalle, mit denen Eisenoxid reduziert werden kann.
a) Formuliere jeweils das Reaktionsschema.
b) Kennzeichne das Oxidationsmittel und das Reduktionsmittel.

22 Welche Stoffe entstehen bei der Reduktion von Wasser mit Magnesium? Formuliere das Reaktionsschema.

23 Schon vor 2000 Jahren gewannen die Römer Blei. Durch Erhitzen unter Luftzufuhr („Rösten") erhielten sie aus dem Erz das Oxid. Dieses wurde dann mit Kohlenstoff reduziert. Ist Blei ein starkes oder ein schwaches Reduktionsmittel?

24 Rost entsteht nur, wenn Eisen mit Wasser und Luft in Berührung kommt. Handelt es sich hier um einen Redoxprozess? Informiere Dich!

25 a) Gold ist ein edles Metall und Eisen ein unedles Metall. Begründe diesen Unterschied mithilfe des Bindungsbestrebens dieser Metalle zu Sauerstoff.
b) Zeichne die Abbildung 8 in dein Heft ab und ergänze sie durch das Metall Gold.

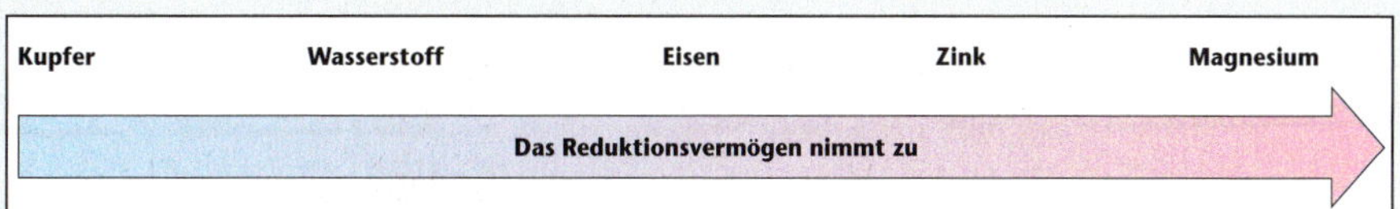

8 Das Reduktionsvermögen einiger Metalle im Vergleich zum Wasserstoff

Ökosystem und Ressourcen

Die Begriffe „Ökologie" und „Ökosystem" hast du wahrscheinlich schon oft gehört. Was versteckt sich hinter diesen modernen Bezeichnungen?

Das Wort „Ökologie" hat seinen Ursprung in den beiden griechischen Wörtern oikos – Haushalt oder Platz zum Leben – und logos – die Lehre. Ökologie ist also die Lehre vom Haushalt der Natur.
Die Ökologie beschäftigt sich mit den Wechselwirkungen zwischen Organismen und ihrer Umwelt und erforscht die Lebensräume, die Ökosysteme.

Die zahlreichen verschiedenen Lebensräume der Welt unterscheiden sich nach ihrem Klima, ihrer Höhenlage, ihrer Tier- und Pflanzenwelt. Alle sind auf die Sonne als Energiespender angewiesen, denn die grünen Pflanzen brauchen sie, um Energie umzuwandeln.

Die Lebewesen der Lebensräume stehen miteinander in Verbindung und sind voneinander abhängig. Es ist schon erstaunlich, wie die Systeme funktionieren, wenn der Mensch nicht eingreift.

Aufgabe

1 a) Informiere dich über die auf dieser Doppelseite abgebildeten Lebensräume.

b) Nenne typische Pflanzen- und Tierarten dieser Lebensräume.

c) Welche Besonderheiten des Klimas oder des Bodens sind für die einzelnen Lebensräume typisch?

Von den Alpen ans Meer

Auf einer Reise kreuz und quer durch Deutschland kannst du viele verschiedene Landschaften entdecken.

Von den Küsten der Nord- und Ostsee über die Mittelgebirge bis zu den Hochgebirgsregionen der Alpen zeigt die Umwelt ständig ein neues Gesicht. Ackerflächen und Wiesenlandschaften wechseln mit Laub- oder Nadelwäldern. Städte, Flüsse und Seen haben eine völlig andere Pflanzen- und Tierwelt als Wälder oder Wiesen. In den folgenden Kapiteln lernst du einige dieser Lebensgemeinschaften näher kennen.

Geschlossen und doch offen

Ein Wald oder ein See ist gegenüber den benachbarten Gebieten ein deutlich abgegrenztes System. Gleichzeitig ist aber auch ein Austausch mit der Umgebung möglich. Tiere wechseln von einem Bereich in den angrenzenden oder auch Pflanzensamen werden vom Wind in den jeweils anderen Bereich transportiert.

Ein abgegrenztes Gebiet wie ein Wald oder ein See wird **Ökosystem** genannt.

Das Teilgebiet der Biologie, welches die Wechselbeziehungen zwischen Organismen und ihrer Umwelt erforscht, heißt **Ökologie**. Das Wort Ökologie kommt aus dem Griechischen und bedeutet so viel wie „Lehre vom Haushalt der Natur".

Abiotische Umweltfaktoren

Wasserbeschaffenheit
- Säuregehalt
- Sauerstoffgehalt
- Temperatur
- Salzgehalt

Klimatische Bedingungen
- Temperatur
- Regenmenge
- Luftfeuchtigkeit
- Wind

Geografische Lage
- Gebirgssee
- See im Flachland

Biotische Umweltfaktoren

Konkurrenten
- um Nahrung
- um Lebensraum
- bei der Fortpflanzung

Fressfeinde
- Hecht
- Fischreiher
- Greifvögel

Nahrungsangebot
- Wasserpflanzen
- Wasserinsekten

Keiner lebt für sich alleine
In einem Ökosystem bestehen vielfache Wechselbeziehungen zwischen den Lebewesen untereinander und zwischen den Lebewesen und ihrer unbelebten Umwelt. Am Beispiel eines Karpfens kannst du die komplizierten Wechselbeziehungen recht gut durchschauen. Das Leben dieses Fisches ist von vielen Einflüssen abhängig.

Zum einen sind dies die Faktoren der belebten Umwelt, die man **biotische Umweltfaktoren** nennt, und zum anderen sind es Bedingungen der unbelebten Umwelt, die man als **abiotische Umweltfaktoren** bezeichnet.

In der Natur geht nichts verloren
Alle Stoffe, aus denen ein Lebewesen aufgebaut ist, werden in einem endlosen Kreislauf immer wieder verwendet. Auch diese Stoffkreisläufe untersucht die Ökologie.

Ein Ökosystem besteht aus dem Lebensraum, den Biologen **Biotop** nennen, und der dazugehörigen Lebensgemeinschaft, die **Biozönose** heißt.

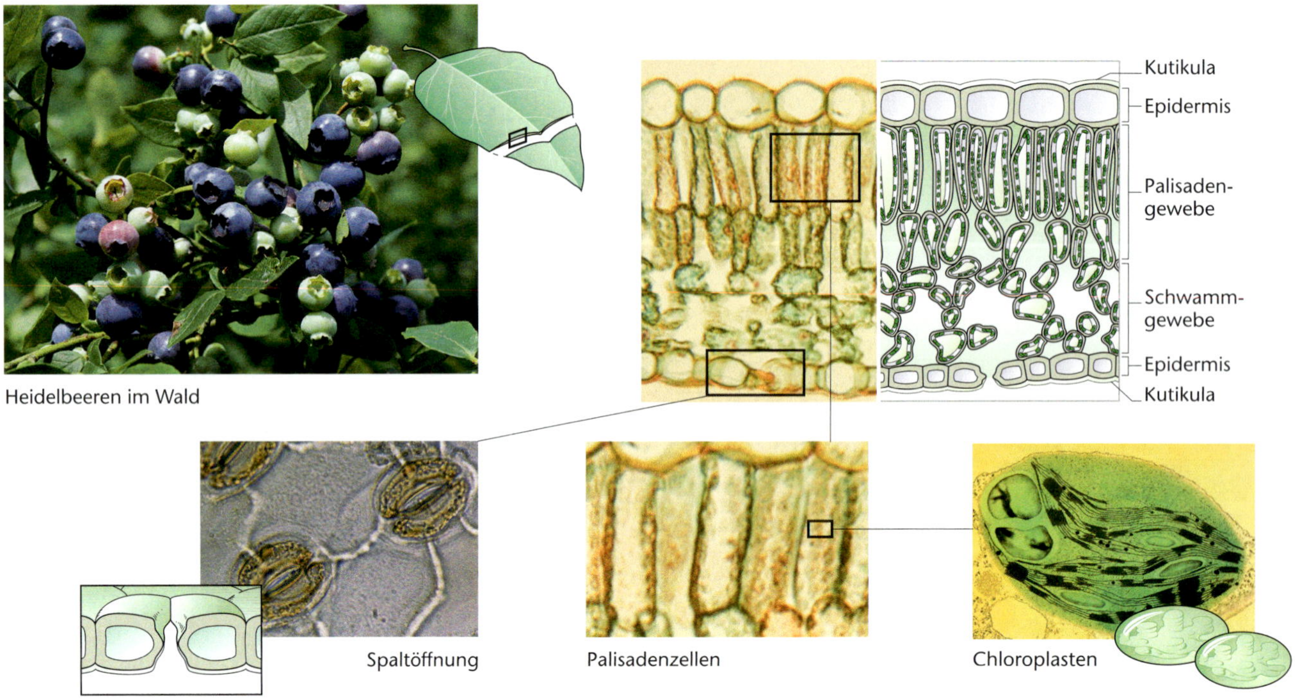

Heidelbeeren im Wald

Spaltöffnung

Palisadenzellen

Chloroplasten

1 Aufbau eines Laubblattes

Heidelbeeren schmecken süß und enthalten reichlich Zucker. Da dieser nicht aus dem Boden stammen kann, muss er in der Pflanze hergestellt werden.

Wo sind die „Zuckerfabriken"?

Ein Blick durch das Mikroskop zeigt, wo sich die „Zuckerfabriken" genau befinden. Im Blattquerschnitt sind mehrere Schichten von Zellen zu erkennen. Eine äußere Wachsschicht, die **Kutikula**, schützt das Blatt vor zu starker Wasserverdunstung. Darunter liegt auf beiden Seiten eine Oberhaut, die **Epidermis**. Von oben gesehen folgt dann das **Palisadengewebe**. Es besteht aus länglichen Zellen, die wie Pfähle eines Palisadenzaunes aussehen. Sie enthalten ebenso wie die Zellen des anschließenden **Schwammgewebes** Blattgrünkörner oder **Chloroplasten**, in denen ein grüner Blattfarbstoff, das **Chlorophyll**, enthalten ist.

Blätter sind aus mehreren Schichten aufgebaut. Die Palisadenschicht und die Schwammschicht enthalten Chloroplasten.

Chloroplasten sind „Zuckerfabriken"

In den Chloroplasten wird aus Wasser (H_2O) und Kohlenstoffdioxid (CO_2) Traubenzucker hergestellt. Hierfür wird Energie benötigt. Sie stammt aus dem Sonnenlicht und wird durch das Chlorophyll aufgenommen. Den gesamten Vorgang bezeichnet man als **Fotosynthese**.
Als ein Nebenprodukt entsteht bei der Fotosynthese Sauerstoff, der selbst verwendet und nach außen abgegeben wird.

Bei der Fotosynthese wird aus Wasser und Kohlenstoffdioxid mithilfe des Sonnenlichtes Traubenzucker hergestellt. Dabei entsteht auch Sauerstoff.

Spaltöffnungen regeln den Gasaustausch

Bleibt noch die Frage, wie die Gase in das Blatt hinein und aus dem Blatt hinaus gelangen.
Auf der Blattunterseite befinden sich hierfür **Spaltöffnungen**. Sie bestehen aus zwei gebogenen **Schließzellen**, die zwischen sich einen kleinen Spalt frei lassen. Bei trockenem Wetter schließen sie sich stärker als bei feuchter Witterung.

Versuch

1 Mikroskopiere und zeichne:
a) Drei Zellen eines Blattes der Wasserpest mit Chloroplasten.
b) Die Epidermis der Blattunterseite eines dicken Blattes, z. B. des Alpenveilchens. Schneide das Blatt dazu rechteckig ein und ziehe die Epidermis mit einer Pinzette ab.

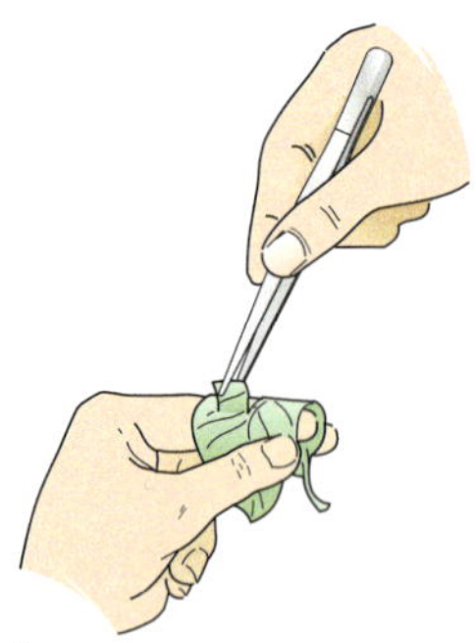

2 So lässt sich die Epidermis abheben.

Der Chloroplast als Zuckerfabrik – ein Modell

Was passiert bei der Fotosynthese?
Die Vorgänge der Fotosynthese kannst du dir stark vereinfacht wie in einer Zuckerfabrik vorstellen: Rohstoffe und Energie gelangen hinein, die Endprodukte Traubenzucker und Sauerstoff verlassen die Fabrik.

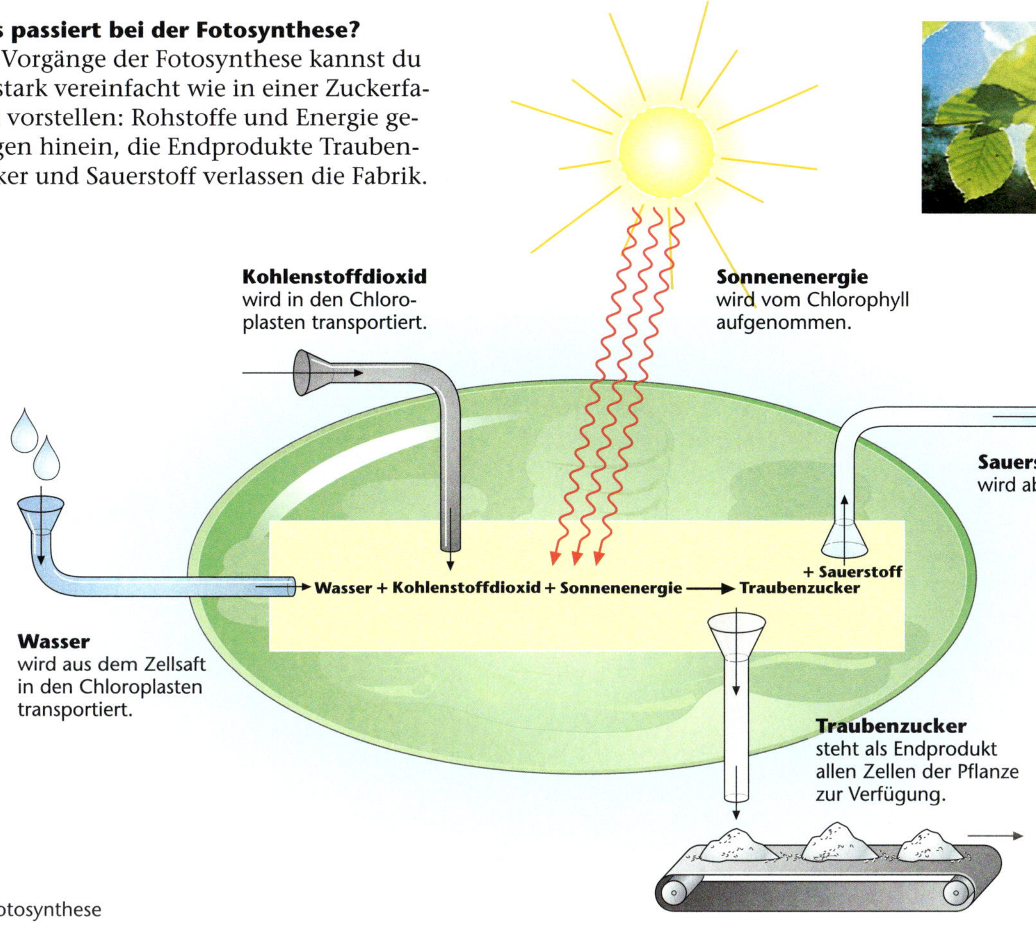

1 Fotosynthese

Traubenzucker – ein vielseitiger Nährstoff
Der Traubenzucker wird in den Zellen der Pflanze zur Herstellung anderer Stoffe verwendet, in den Früchten gespeichert oder in Stärke umgewandelt. Die Stärke liefert in Kartoffeln, Zwiebeln und Früchten, wie zum Beispiel Eicheln, die notwendige Energie zum Keimen. Vor der Keimung wird die Stärke jedoch erst wieder in Traubenzucker umgewandelt.

Auch Pflanzen atmen
Pflanzen verwenden die Energie des Sonnenlichts für die Fotosynthese. In ihren Zellen benötigen die Pflanzen jedoch wie alle anderen Lebewesen Energie auch für andere Vorgänge. Diese gewinnen sie aus dem Traubenzucker, der mit Sauerstoff zu Kohlenstoffdioxid und Wasser abgebaut wird. Diesen Vorgang nennt man **Zellatmung**, da die Sauerstoffaufnahme im Unterschied zur Lungenatmung in den Zellen abläuft – genauer in den Mitochondrien.

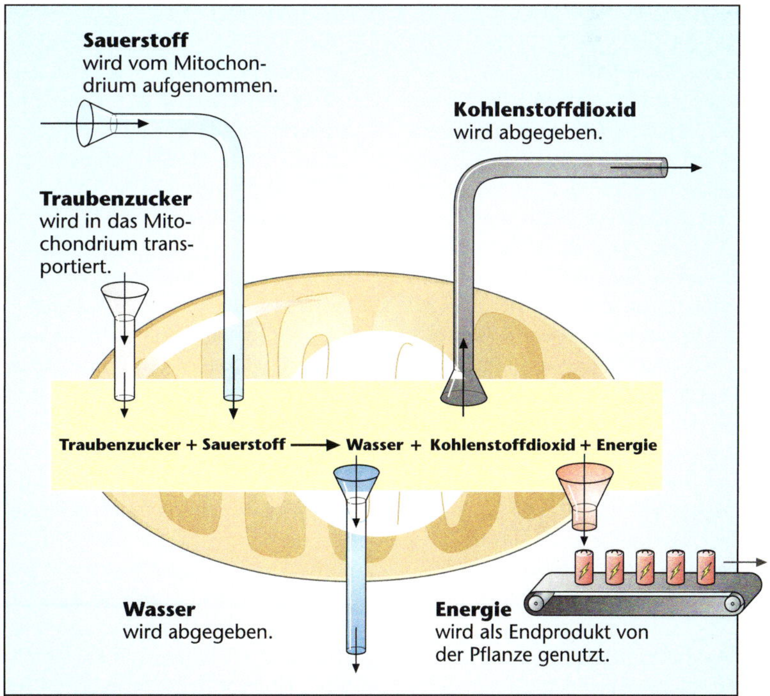

2 Zellatmung

Versuche zur Fotosynthese

1 Wie entwickeln sich Pflanzen ohne Licht?

Material

Kressesamen, Blumentopf mit Untersetzer, leere Konservendose, Gartenerde, Sand

Versuchsanleitung

Säe schnellkeimende Pflanzen (Getreide, Kresse) in einen Blumentopf. Fülle die Untersetzer mit Sand, stülpe über den Topf eine leere Konservendose und drücke diese so fest in den Sand, dass kein Licht an die Keimlinge gelangt. Beobachte und protokolliere täglich, bis sich mehrere Blätter entwickelt haben. Lasse zum Vergleich in einem zweiten Blumentopf Getreide oder Kresse ohne „Topfbedeckung" keimen.

2 Pflanzen geben ein Gas ab

Material

Sprosse der Wasserpest, drei Reagenzgläser, Reagenzglasständer, Pinzette, abgekochtes Leitungswasser, Leitungswasser, Mineralwasser

Versuchsanleitung

Fülle jedes Reagenzglas zu etwa $\frac{3}{4}$ seiner Höhe mit einer der drei angegebenen Flüssigkeiten. Gib danach mit einer Pinzette jeweils einen frisch abgeschnittenen Spross der Wasserpest (höchstens halbe Reagenzglaslänge) mit der Spitze nach unten in die Gläser. Zähle die jeweils aufsteigenden Gasbläschen, protokolliere und erkläre das Ergebnis.

3 Sauerstoffnachweis

Material

Glasflasche, Leitungswasser, Wasserpest, Indigokarmin, Natriumhydrogensulfit

Versuchsanleitung

Fülle eine Flasche aus farblosem Glas mit Leitungswasser (Temperatur ca. 20 °C). Färbe das Wasser mit etwas Indigokarmin gleichmäßig blau. Gib nun einen Zweig Wasserpest hinein und entfärbe das Wasser mit möglichst wenig Natriumhydrogensulfit (▷ B 1 a). Verschließe anschließend die Flasche luftdicht, ohne dass eine Luftblase unter dem Verschluss zurückbleibt (▷ B 1 b). Stelle die Flasche ans Licht, beobachte die Blattränder und notiere alle Vorgänge.
Übrigens: Indigokarmin färbt sich in Anwesenheit von Sauerstoff blau.

1 Zu Versuch 3

4 Nachweis der Blattfarbstoffe

Material

Grüne Blätter, Stößel, Schälchen, Quarzsand, Brennspiritus (brennbar), Stativ, Filterpapier

Versuchsanleitung

Zerreibe mit einem Stößel einige Blätter in einem Schälchen mit sauberem Quarzsand. Gieße etwas Brennspiritus darüber und rühre um. Es ergibt sich eine grüne Chlorophylllösung. Befestige einen Filterpapierstreifen an einem Stativ und lasse ihn einige Zeit frei in die Lösung hängen. Die in der Lösung enthaltenen Farbstoffe steigen mit dem Alkohol in unterschiedliche Höhen auf und lagern sich dort in Streifen ab (Chlorophyll a = blaugrün, Chlorophyll b = gelbgrün, Blattgelb = gelb).

b) Überprüfe auf die gleiche Weise, ob rote Blätter (Bluthasel, Blutbuche) auch Chlorophyll enthalten.

c) Du kannst Versuch 2 a) auch mit einem Stück Kreide durchführen, das du in die Chlorophylllösung stellst.

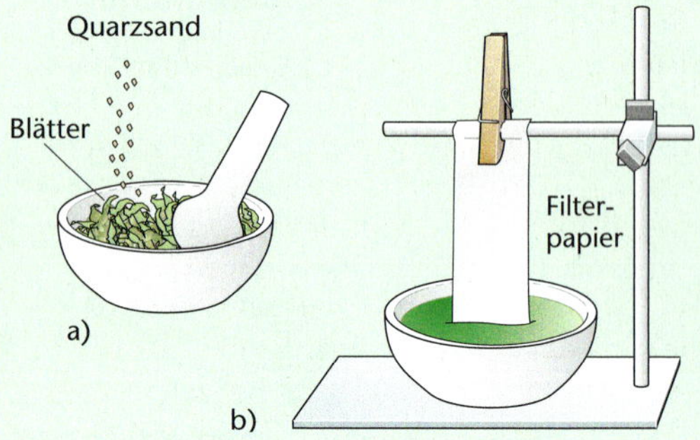

2 Zu Versuch 4

5 Entwickelt sich Stärke auch ohne Licht?

Material

Kapuzinerkresse, Korkscheiben, Stecknadeln, Wasser, Brennspiritus (brennbar), Iod-Kaliumiodidlösung

Versuchsanleitung

Befestige morgens an großen Blättern verschiedener Pflanzen, z. B. der Kapuzinerkresse, jeweils zwei Korkscheiben mithilfe zweier Stecknadeln. Die Korkscheiben müssen sich gegenüberstehen. Trenne die Blätter nach einigen Stunden Belichtung ab. Koche sie kurz in Wasser auf und entfärbe sie in Brennspiritus. Prüfe auf Stärke und erkläre das Ergebnis.

3 Kapuzinerkresse

Wie kommt das Wasser bis zur Blüte?
Bäume nehmen wie die meisten anderen Pflanzen mit ihren Wurzeln Wasser aus dem Erdboden auf und leiten es bis in die höchsten Zweige, Blätter und Blüten. Hierfür ist ein Transportsystem erforderlich, das alle Zellen erreicht.

Leitbündel übernehmen den Stofftransport
Im Stängelquerschnitt einer zweikeimblättrigen krautigen Pflanze fallen kreisförmig angeordnete Bündel von Zellen auf, die von Grundgewebe umschlossen sind. Es sind **Leitbündel**, in denen **Siebröhren** und röhrenförmige **Gefäße** gemeinsam verlaufen. Die Siebröhren bestehen aus lebenden Zellen, in denen unter anderem Zucker und Eiweißstoffe transportiert werden. Ihren Namen haben die Siebröhren wegen der siebartig durchbrochenen Zellwände erhalten, mit denen sie untereinander in Verbindung stehen.

Gefäße sorgen für Wassernachschub
Die Gefäße dienen dem Wassertransport von den Wurzeln bis in alle übrigen Pflanzenteile. Es sind tote Röhren mit einem rundlichen Querschnitt und oft holzartigen Leisten als Wandverstärkungen. Diese Leisten sehen häufig ring- oder schraubenartig aus, aber auch netzartige Verstärkungen kommen vor. Dadurch sind die Gefäße dehnbar und sind in dieser Form vor allem in noch wachsenden Pflanzenteilen zu finden.

Sieb- und Gefäßteil sind in den Leitbündeln der zweikeimblättrigen Pflanzen durch das **Kambium**, ein Wachstumsgewebe, getrennt. Es bildet zur einen Seite neue Gefäße, zur anderen neue Siebröhren.

Leitbündel bestehen aus lebenden Siebröhren und toten Gefäßen. Siebröhren transportieren Nährstoffe, Gefäße leiten Wasser von den Wurzeln in alle Pflanzenteile.

Hättest du das gedacht?

Höchstgeschwindigkeit des Wasserstroms bei einigen Pflanzen in m/h:

Moose	1,2–2,0
Immergrüne Nadelhölzer	1,2
sommergrüne Laubhölzer	1–44
Krautige Pflanzen	10–60
Lianen	150

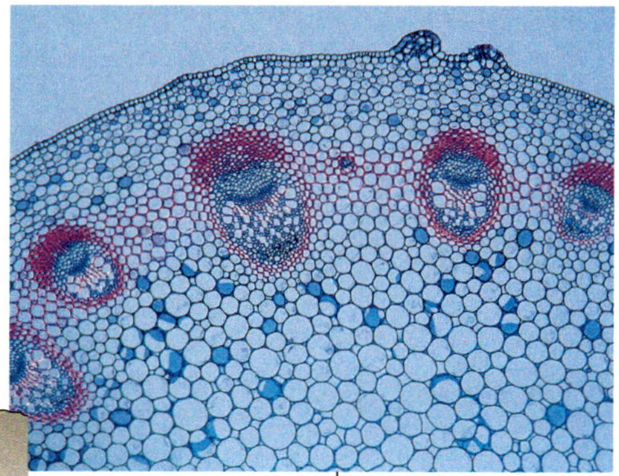

1 Stängelquerschnitt

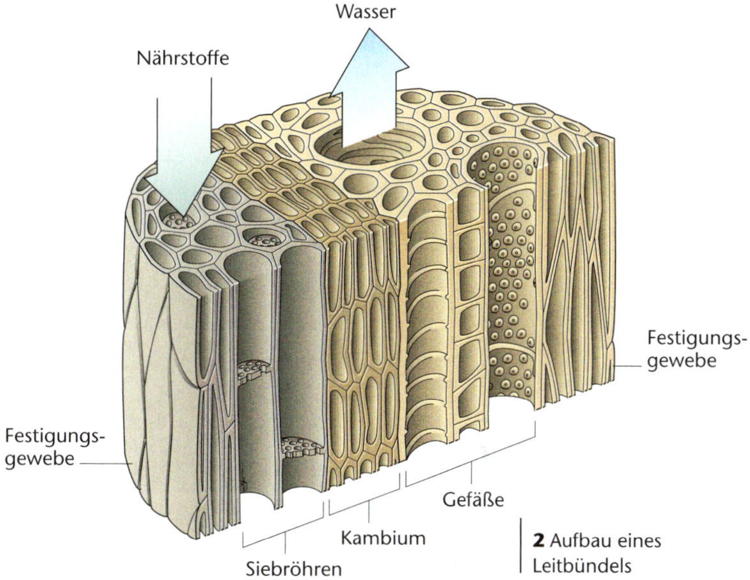

2 Aufbau eines Leitbündels

Versuche

1 Klemme einen Pflanzenstängel zwischen zwei Korkhälften und schneide mit der Rasierklinge eine hauchdünne Scheibe ab (Vorsicht!). Lege diese auf einen Objektträger in einen Wassertropfen, lege ein Deckglas auf und suche mithilfe des Mikroskops nach einem möglichen Transportsystem.

2 Stelle Staudensellerie in eine Eosinlösung oder in Tinte. Beobachte die Blütenfarbe über mehrere Tage. Stelle einen Stängelquerschnitt her und untersuche mit der Lupe.
Wo befinden sich in den Leitbündeln die wasserleitenden Gefäße?

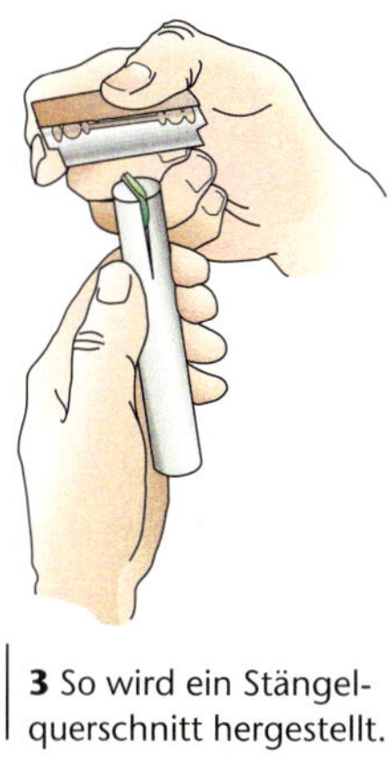

3 So wird ein Stängelquerschnitt hergestellt.

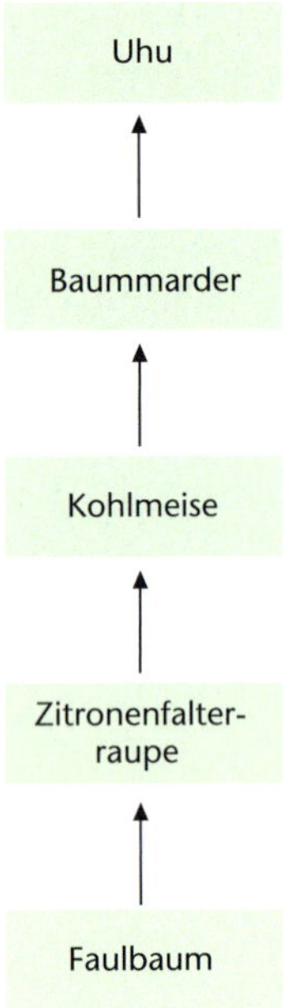

1 Nahrungskette

Nahrungsketten und Nahrungsnetze
Der Zitronenfalter ist im Frühjahr einer der ersten Schmetterlinge. Seine Raupen fressen an den Blättern des Faulbaums. Andere pflanzliche Nahrung nehmen sie nicht auf. Für die Kohlmeise ist der Schmetterling ein Leckerbissen, den sie im Flug fängt. Die Kohlmeise selbst steht jedoch auf dem Speisezettel mehrerer Fressfeinde. In Acht nehmen muss sie sich besonders vor dem Baummarder, der ihr vor allem während des Brütens und bei der Fütterung der Jungen gefährlich werden kann. Der Baummarder wiederum kennt nur einen Feind: Der seltene Uhu schafft es bei seiner nächtlichen Jagd, ab und zu einen Baummarder zu überwältigen. Am Tage hat der Marder dagegen kaum Feinde zu fürchten. Faulbaum, Zitronenfalter, Kohlmeise, Baummarder und Uhu bilden eine **Nahrungskette** (▷B 1). Am Anfang steht eine Pflanze als **Erzeuger** (Produzent) von Nährstoffen. Hiervon ernährt sich die Schmetterlingsraupe. Sie ist ein **Erstverbraucher** (Konsument). Kohlmeise und Baummarder sind **Zweit- und Drittverbraucher**. Der Uhu ist in dieser Kette der **Endverbraucher**. Im Gegensatz zur Raupe des Zitronenfalters nimmt die Kohlmeise jedoch auch andere Nahrung zu sich. Sie frisst andere Insekten, aber auch nährstoffhaltige Samen, die sie von Pflanzen aufnimmt.

Die Kohlmeise ist also noch in weitere Nahrungsketten eingebunden. Gemeinsam bilden diese verflochtenen Nahrungsketten ein **Nahrungsnetz** (▷B 2). Auch der Baummarder ist bei der Jagd nicht gerade wählerisch. Er erbeutet alle Tiere, die er überwältigen kann. Würde er nur Kohlmeisen jagen, gäbe es in seinem Revier nicht genügend Nahrung für ihn. Für den Bestand der Kohlmeise ist es von Vorteil, wenn die Fressfeinde auch Jagd auf andere Tiere machen.

Tiere und Pflanzen sind Glieder zahlreicher Nahrungsketten, die miteinander ein verzweigtes Nahrungsnetz bilden.

2 Nahrungsnetz

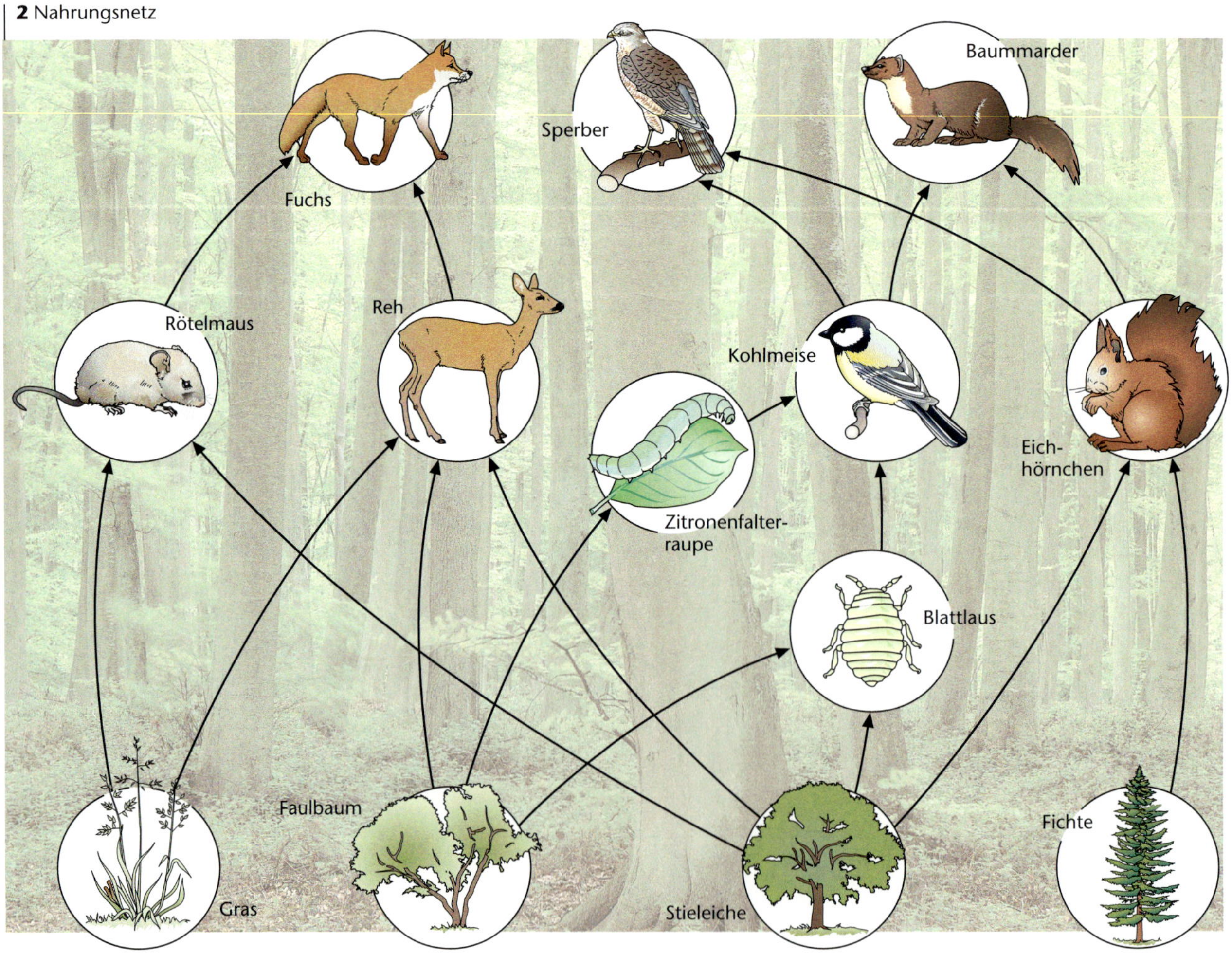

1 Der Lebensraum Baum beitet unterschiedliche ökologische Nischen.

Bäume erfüllen viele Ansprüche

Die Tiere des Waldes nutzen ihren Lebensraum in unterschiedlicher Weise. Achte nur einmal auf die verschiedenen Vogelarten, die auf den einzelnen Laubbäumen leben. Während der Pirol auf die Beutetiere wartet, ist der kleine Waldlaubsänger ständig auf der Suche nach Insekten und deren Larven. Diese beiden Arten stehen also nicht in Konkurrenz zueinander und können deshalb ohne Probleme nebeneinander leben. Die verschiedenen Ansprüche der Lebewesen an die Nahrung, den Wohnplatz und ihre Anforderungen an die gesamte Umwelt nennen Biologen **ökologische Nische**.

Jedes Tier besetzt in der Natur durch Körperbau, Verhalten sowie die Ansprüche an seinen Lebensraum eine eigene ökologische Nische.

Aufgaben

1 Wie unterscheidet sich die ökologische Nische des Kernbeißers von der des Wald-Laubsängers?

2 Betrachte das Schulaquarium und finde heraus, welche ökologische Nische die verschiedenen Fische besetzen.

3 Erstelle eine Tabelle, in der die Vögel und ihre Lebensräume (LR) aufgeführt werden. Kannst du erklären, warum die Vögel gerade in dieser Nische leben?

1 Produzenten bilden energiereiche Blätter und Früchte.

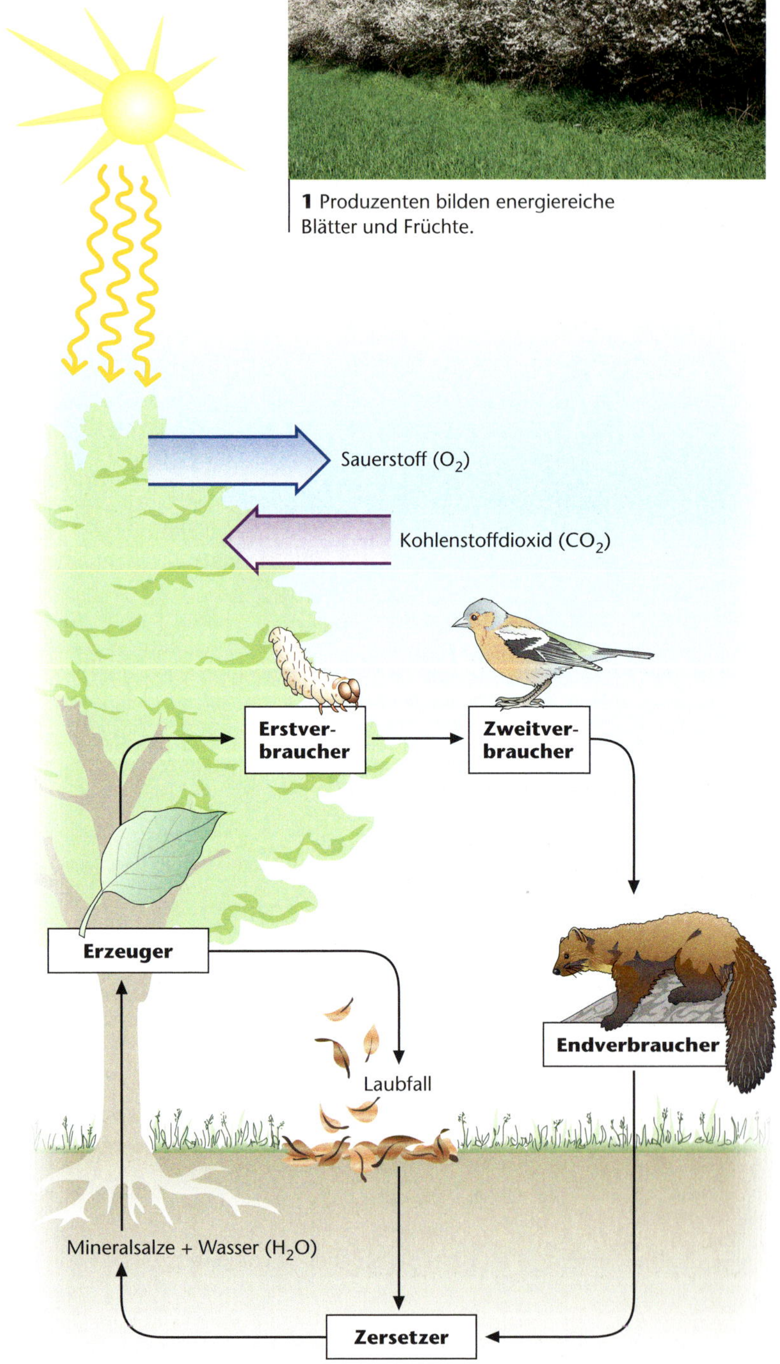

2 Stoffkreislauf

Pflanzen sind „Sonnenfresser"

Pflanzen sind die Ernährungsgrundlage für alle Lebewesen. Sie produzieren mithilfe der Sonnenenergie vor allem Traubenzucker und Stärke. Tiere und auch der Mensch nehmen diese Stoffe über die Nahrung auf. Die Pflanzenfresser wie Reh und Hase, aber auch die Fressfeinde wie Fuchs oder Mäusebussard, nutzen die aufgenommenen Stoffe alle in gleicher Weise aus: Ein Teil der Nahrung wird zum Aufbau neuer Körpermasse (Biomasse) verwendet. Atmungsgase gelangen nach außen, während Sauerstoff eingeatmet wird.

Der Stoffkreislauf

Die Ausscheidungen der Tiere, aber auch abgestorbene Pflanzen und Tiere werden von Kleinlebewesen, den **Zersetzern** (**Destruenten**), gefressen und zersetzt. Pilze und Bakterien bauen die darin enthaltenen energiereichen Stoffe wie Eiweiße, Fette und Kohlenhydrate zu energiearmen Stoffen ab. Diese stehen nun wieder den Pflanzen in Form von Wasser, Mineralstoffen und Kohlenstoffdioxid zur Verfügung. So schließt sich ein **Stoffkreislauf**, der ständig auf die Energiezufuhr von der Sonne angewiesen ist.

Zersetzer bauen totes Pflanzen- und Tiermaterial ab, wobei energiearme Stoffe (Mineralstoffe), in den Stoffkreislauf eingebracht werden.

Aufgabe

1 Begründe, warum die Sonne als „Motor" des Stoffkreislaufes bezeichnet werden kann.

3 Destruenten zersetzen abgefallene Blätter und bringen Mineralstoffe in den Stoffkreislauf.

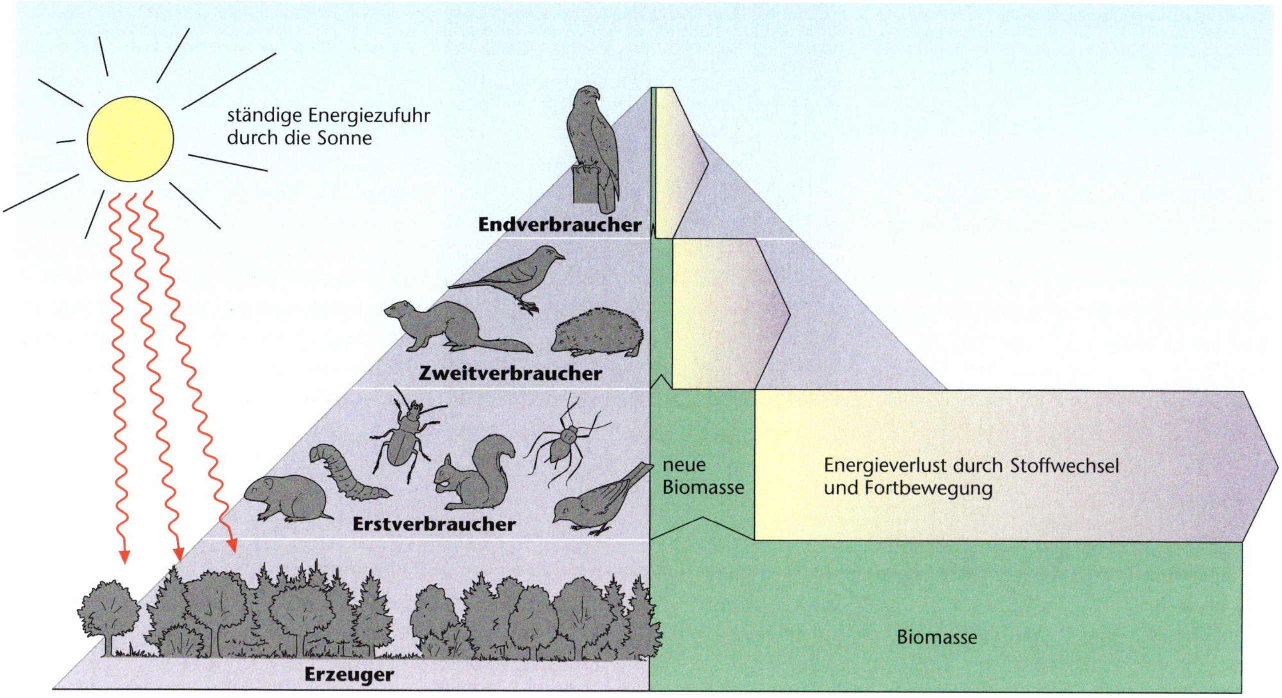

Pflanzen nutzen den größten Teil der Sonnenenergie für den Aufbau neuer Biomasse. Pflanzenfresser nutzen diese zum Aufbau eigener Biomasse, verbrauchen aber den Hauptanteil für Fortbewegung und Stoffwechsel. Fleischfresser nutzen ebenfalls nur etwa 10 % davon für den Aufbau neuer Biomasse. Die ursprünglich in den Pflanzen „gespeicherte" Energie nimmt innerhalb der Nahrungskette von einer Ebene zur anderen hin immer mehr ab.

1 Nahrungspyramide

Der Weg der Energie

Pflanzen machen als Erzeuger den größten Teil der Biomasse des Waldes aus.
Sie wandeln die Sonnenenergie bei der Fotosynthese in energiereichen Traubenzucker um. Daraus werden Kohlenhydrate, Eiweiße oder Fette gebildet, die den Pflanzenfressern zur Verfügung stehen. Diese nutzen aber nur einen ganz geringen Teil der Energie für den Aufbau neuer Körpermasse. Wird zum Beispiel ein Baum von Raupen kahl gefressen, so verbrauchen die Raupen rund 90 % der in den Blättern vorhandenen Energie für die Fortbewegung und den eigenen Stoffwechsel. Höchstens 10 % der Energie verwenden sie für die Bildung von **Biomasse**. Deshalb ist die Biomasse der Raupen insgesamt deutlich geringer als die Biomasse der gefressenen Blätter. Auf der Stufe der Zweitverbraucher ist es ähnlich: Vögel benötigen den Hauptanteil der Energie aus den gefressenen Raupen für das Fliegen und die Erhaltung der Körperwärme. Diese wird ständig nach außen abgegeben. Nur den Rest der Energie speichern die Vögel in ihrer Körpermasse.

Der Energiefluss – eine Einbahnstraße

Der **Energiefluss** läuft in der Natur immer nur wie in einer Einbahnstraße: Pflanzen nehmen Energie auf und geben sie an die Verbraucher weiter. Dabei steht in der Nahrungskette von einer Stufe zur anderen immer weniger Energie für den Aufbau neuer Körpermasse zur Verfügung. Beim Endverbraucher kommt deshalb nur noch ein sehr geringer Teil der ursprünglich in den Pflanzen gespeicherten Energie an.
Den Nachschub an Energie liefert die Sonne, die es den Pflanzen ermöglicht, energiereiche Stoffe herzustellen.

Nur ein geringer Teil der durch die Nahrung aufgenommenen Biomasse wird für den Aufbau neuer Biomasse genutzt.

Aufgabe

1 Begründe mithilfe der Abbildung, warum Nahrungsketten nur aus wenigen Tierarten bestehen können.

Impulse

Wald erforschen

Spuren an Bäumen

Gar nicht selten kann man Beschädigungen an Bäumen und Sträuchern durch Tiere entdecken. Sie müssen nicht immer etwas mit der Nahrungsbeschaffung zu tun haben. Zum Beispiel kann die Rinde von Ästen oder auch des Stammes abgescheuert worden sein.

- Welche Tiere tun so etwas und warum?

- In manche Stämme sind Höhlen gemeißelt worden. Wer besitzt die Werkzeuge dazu? Werden bestimmte Bäume bevorzugt „Opfer“ solcher Attacken?

Fährten

Auch ein kleineres Waldstück in deiner Nähe reicht meist aus, um eigene Beobachtungen und Untersuchungen anstellen zu können. Viele Untersuchungen kannst du mit einfachen Mitteln durchführen. Am wichtigsten aber ist ein aufmerksames Auge. Bestimmungsbücher helfen dir, deine Beobachtungen bestimmten Lebewesen zuzuordnen.

- Viele Waldtiere bekommt man nur selten zu sehen. Ihre Fußabdrücke oder Fährten kann man jedoch gut auf weichem, feuchten Untergrund oder im Schnee erkennen.
Betrachte die Fußabdrücke auf dieser Seite.
Wer war’s?

Federn und andere Hinterlassenschaften

Manchmal findet man Spuren eines Dramas mit tödlichem Ausgang, wie zum Beispiel die vielen ausgerupften Federn des Opfers. An ihnen kannst du es identifizieren.

- Wer aber war andererseits als Jäger erfolgreich?

Nahrung

Der Wald bietet vielen Tieren Nahrung. Das zeigen die zahlreichen und vielfältigen Hinweise, die man meist an Pflanzen und ihren Früchten und Samen findet.

- Die Art der Bearbeitung bzw. Veränderung lässt meist auf den Verursacher schließen.

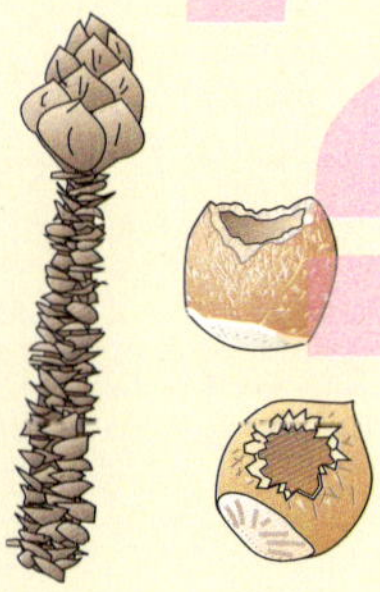

- Hinterlassenschaften ganz anderer Art sind die charakteristischen Kotballen vieler Waldtiere, an denen du sie erkennen kannst.

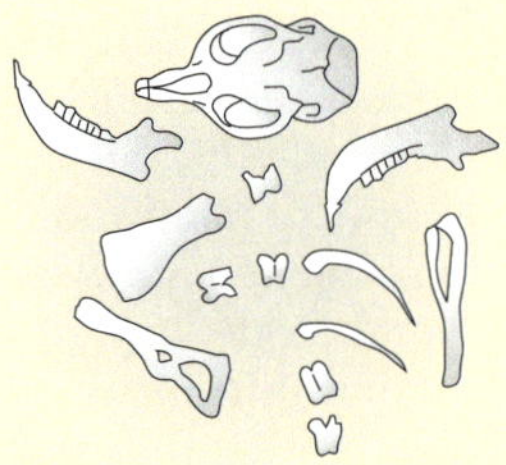

- In Gewöllen (Speiballen) befinden sich unverdauliche Reste der Nahrung. In ihnen findet man Haare und Knochen der Beutetiere. Wer ist der Jäger, wer die Beute?

Untersuchen

Du wirst noch mehr von den Zusammenhängen im Ökosystem Wald verstehen, wenn du dir zum Beispiel einen abgestorbenen Baum oder Baumstumpf vornimmst und diese genauer untersuchst. Dazu kannst du die Rinde abheben und auch versuchen, mit einem stabilen Messer das weiche Holz zu öffnen. Je stärker der Zerfall fortgeschritten ist, desto weicher ist das Holz.

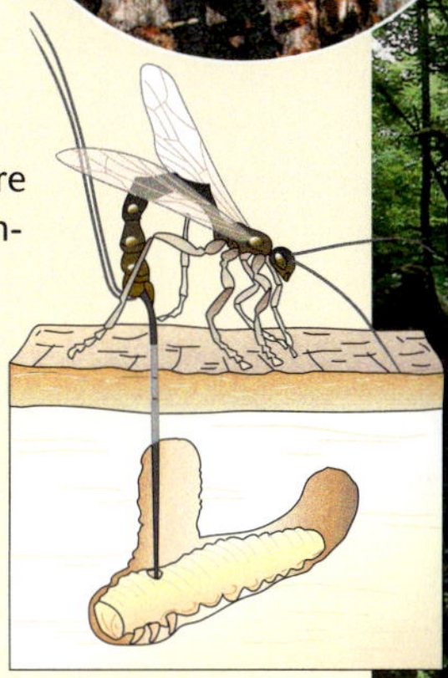

- Versuche die gefundenen Organismen einzuordnen und informiere dich über ihre Lebensweise. Vergleiche die Bewohner unterschiedlich stark zersetzten Holzes.

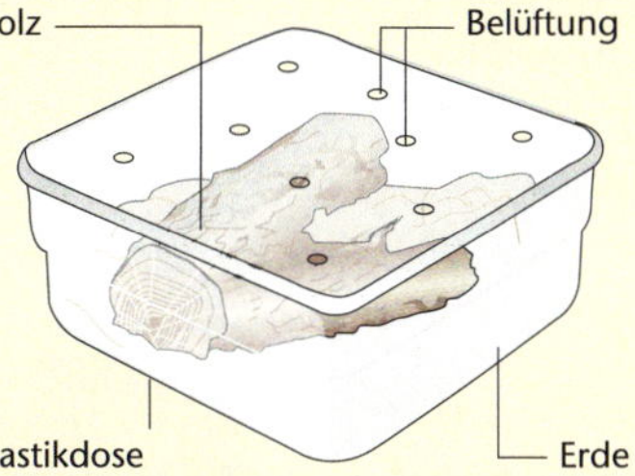

- Um die Organismen in totem Holz über einen längeren Zeitraum beobachten zu können, kannst du ein Stück vermoderndes Holz zusammen mit etwas Erde und Laubstreu in ein größeres Plastikgefäß bringen, dessen Deckel durchlöchert ist. Wenn du diesen Kleinlebensraum regelmäßig kontrollierst, wirst du mit großer Wahrscheinlichkeit weitere im Holz lebende Kleintiere entdecken können.

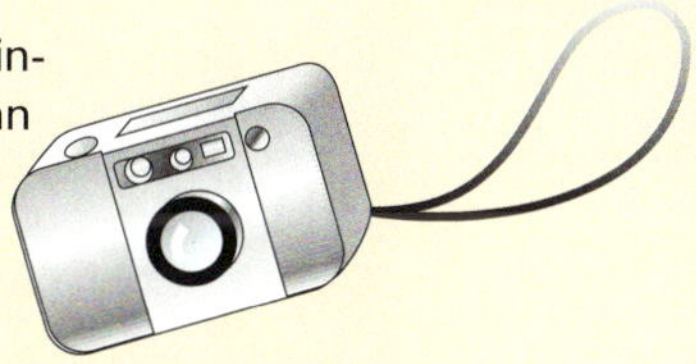

Dokumentieren

Seine Untersuchungsergebnisse sollte man in geeigneter Form dokumentieren. Blätter kann man zum Beispiel in einem Herbar haltbar machen oder mit einem Scanner oder Kopierer auf Papier dokumentieren. Früchte lassen sich durch eine Zeichnung darstellen. Jahreszeitliche oder sonstige Veränderungen können fotografisch festgehalten werden. Ebenso kannst du eine Sammlung verschiedener Hölzer anlegen. Sie besitzen jeweils eine typische Maserung und finden unterschiedliche Verwendung.

Der Wald ändert sein Gesicht

Während einer Wanderung durch das Wesertal bei der Porta Westfalica können wir den Einfluss der unterschiedlichen Böden und der Sonneneinstrahlung auf den Wald gut erkennen.
Unten am Fluss besteht der Boden aus angeschwemmtem Sand und Lehm. Bei Hochwasser ist dieses Gebiet der **Flussaue** häufig überschwemmt. Nur wenige angepasste Baumarten können unter diesen Bedingungen wachsen.

Auwälder begleiten den Fluss

Wo das Wasser oft über die Ufer tritt, hat sich ein **Auwald** aus Weichgehölzen gebildet, der hauptsächlich aus Silber- und Bruchweide besteht. Diese Bäume halten selbst starker Wasserströmung stand und befestigen mit ihren Wurzeln den Uferbereich. In einiger Entfernung vom Ufer wachsen in der **Talaue** Harthölzer wie Eschen und Stieleichen. Beide Baumarten der **Hartholzaue** ertragen gelegentliche Überschwemmungen problemlos. Artenreiche Kraut- und Strauchschichten bilden ein undurchdringliches Dickicht. Im Frühjahr überziehen Buschwindröschen den gesamten Waldboden. Je weiter wir uns vom Ufer entfernen, um so mehr nimmt die Strauchschicht ab. Hainbuchen bilden unter den mächtigen Stieleichen die zweite Schicht.

Rotbuchenwälder meiden Feuchtgebiete

Rotbuchen treten nur selten auf, da ihnen auf den feuchten Böden die anderen Baumarten noch überlegen sind. Erst die Berghänge werden vom Buchenwald vollständig bedeckt. Die Baumkronen bilden ein geschlossenes Dach und lassen nur wenig Licht hindurch. Deshalb sind Kraut- und Strauchschicht kaum vorhanden. Wo der Untergrund aus Kalkgestein besteht, überziehen im Frühjahr Perlgras, Bingelkraut, Lungenkraut und viele andere Arten den Waldboden mit einem dichten Teppich. Zu dieser Zeit sind die Bäume noch kahl und lichtdurchlässig. Beim steilen Aufstieg wird die Sonneneinstrahlung stärker. Die

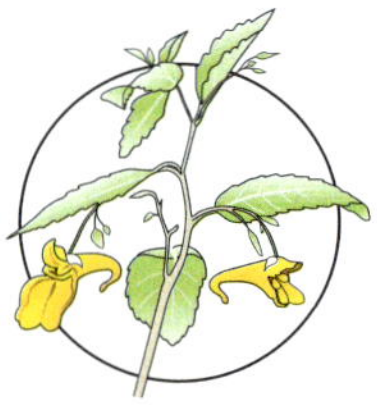
Großblütiges Springkraut

Silber-Weide

Wechselblättriges Milzkraut

Bruch-Weide

Wald-Ziest

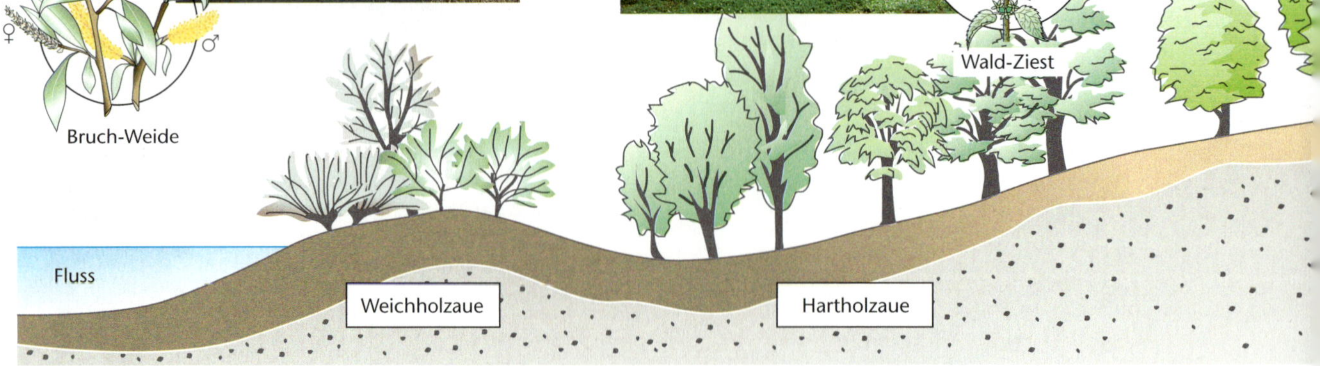

Buchen sind niedrig gewachsen, manche erscheinen regelrecht verkümmert. In der Krautschicht kommen nur noch sehr wärmeliebende Arten vor. Das seltene Weiße Waldvögelein gehört zu den geschützten einheimischen Orchideenarten und macht den **Orchideen-Rotbuchenwald** zusammen mit Glockenblumen und Schlüsselblumen zu einem der schönsten mitteleuropäischen Wälder.
Es gibt in Mitteleuropa noch viele weitere Waldgesellschaften. Der Moos-Kiefernwald trockener Böden und der Erlen-Bruchwald ständig nasser Böden sind nur zwei weitere Beispiele.

Boden, Wasserversorgung, Licht und Klima entscheiden über die Zusammensetzung der Waldgesellschaften.

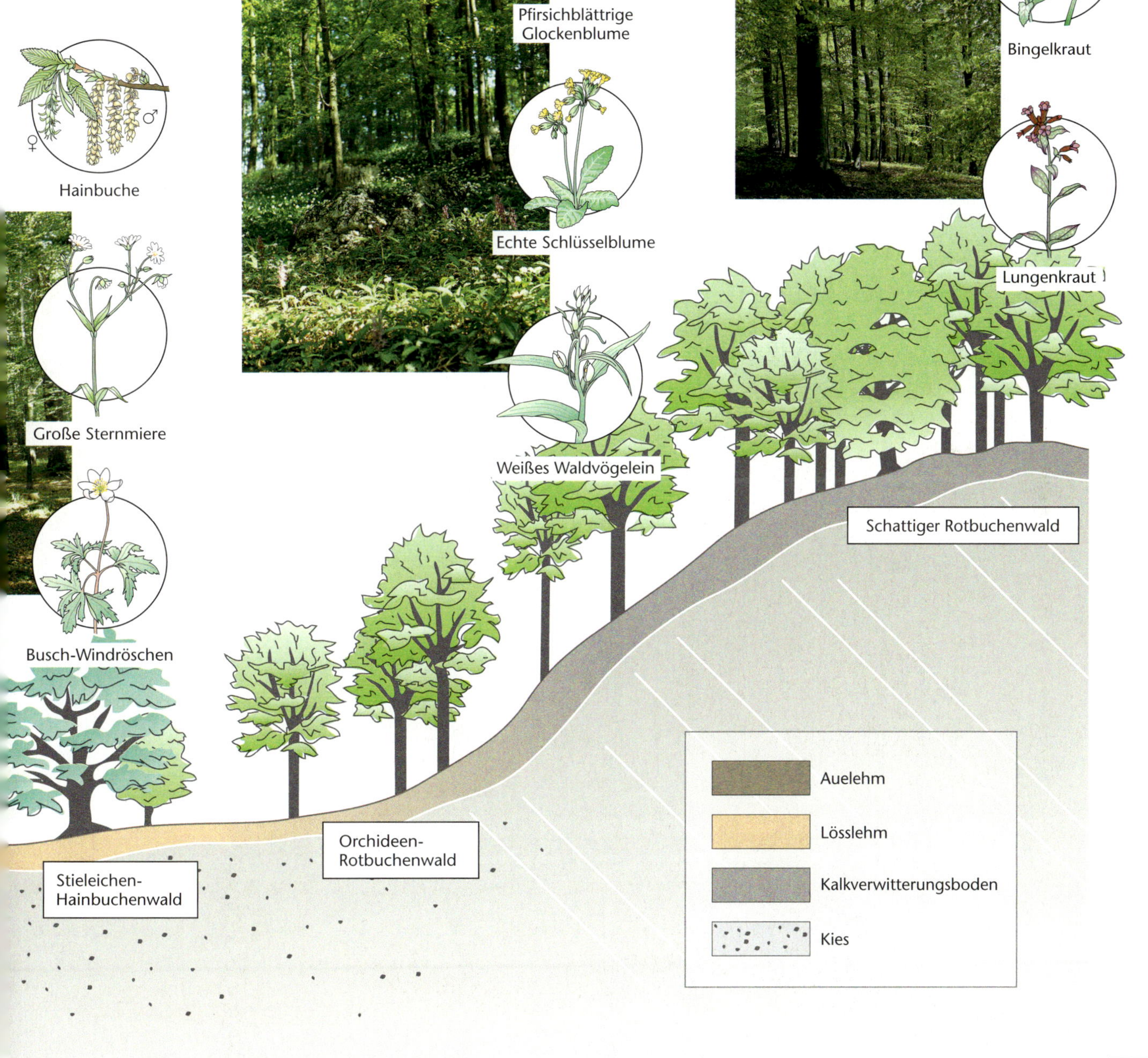

Forstämter betreuen den Wald
Deutschland ist zu fast einem Drittel mit Wald bedeckt. Nicht ganz die Hälfte davon ist in Privatbesitz, die andere Hälfte gehört dem Staat, Städten und Gemeinden, Kirchen und Stiftungen. Über das gesamte Land verteilte Forstämter haben die Aufgabe, den Wald zu betreuen. Dabei sind sie gesetzlich zur **Nachhaltigkeit** verpflichtet, d. h. sie müssen dafür sorgen, dass ständig und gleichmäßig Holz bereitsteht. Wird Holz geschlagen, müssen gleichzeitig neue Bäume gepflanzt werden.

Viele Betriebe sind vom Holz abhängig
Mit der Forstwirtschaft hängen viele Wirtschaftszweige zusammen. Zulieferfirmen stellen Maschinen und Geräte her oder haben sich auf Forstbekleidung spezialisiert. Dienstleistungsbetriebe übernehmen Waldarbeiten, EDV-Firmen entwickeln Software für die Vermarktung des Holzes und für die Betriebsverwaltung. Forstbaumschulen stellen ein reichhaltiges Angebot an Gehölzen für die Forstwirtschaft und die Landschaftsgestaltung bereit. Sägewerke und Holzhandel beliefern Möbel- und Papierindustrie. Auf diese Weise sind von der Forstwirtschaft viele Arbeitsplätze abhängig.

Der Bedarf an Holz kann von der heimischen Forstwirtschaft nicht annähernd gedeckt werden. Besonders Skandinavien, aber auch mehrere Länder aus Übersee liefern Holz nach Deutschland.

Die Forstwirtschaft besteht aus einer Verflechtung zahlreicher Wirtschaftsbetriebe.

1 Bei der Nutzung des Waldes müssen wirtschaftliche Interessen und Naturschutzbelange gegeneinander abgewogen werden.

Wälder sind riesige Wasserspeicher

Auf landwirtschaftlichen Flächen, in Gärten und in Bebauungsgebieten gelangt das Regenwasser nicht selten mit Düngemitteln oder Schadstoffen belastet ins Grundwasser. Der Waldboden ist in der Regel frei von solchen Schadstoffen. Im Gegenteil: Er sorgt sogar für eine zusätzliche Reinigung des Wassers. Zunächst wird das Wasser in den oberen Bodenschichten gespeichert oder gelangt erst nach und nach ins Grundwasser. Dabei läuft es zwischen den feinen Bodenbestandteilen wie durch einen Filter. Aus diesem Grund sind Waldgebiete riesige Trinkwasserspeicher, die auch in Trockenzeiten ausreichend Wasser abgeben. Bäume halten mit ihren Wurzeln den Boden fest und schützen ihn bei starken Regenfällen besonders im Bergland vor Abschwemmungen, der so genannten **Bodenerosion**. Hier sind im Winter die Wälder gleichzeitig der beste Schutz vor den oft zerstörerischen Lawinen.

Wälder beeinflussen das Klima

Im Sommer liegt bei heißem Wetter die Lufttemperatur im Wald um mehrere Grad niedriger als in der freien Umgebung. Kühle Luft fließt dann aus dem Wald in die Umgebung ein. Besonders in der Großstadt macht sich deshalb der nahe Stadtwald oder der Park an heißen Tagen wohltuend bemerkbar. Außerdem wirkt der Wald noch wie ein Staubfilter. Die Luft in der Stadt ist etwa 100-mal stärker mit Staub belastet als in der freien Landschaft. Bis zu 70 t Staub können jährlich von einem Hektar Wald aufgenommen werden. Aber nicht nur Staub, auch Schadstoffe wie das Schwefeldioxid werden von den Blättern unschädlich gemacht. Wird der Schadstoffgehalt jedoch zu groß, werden die Bäume krank.
Auch im Winter wirkt der Wald auf das Klima ein. Schon ein kleines Waldstück gleicht tiefe Temperaturen so stark aus, dass die Bildung von Kaltluftinseln in Feldkulturen verhindert wird.

Menschen brauchen Erholungsgebiete

Erholungsorte im Binnenland liegen stets in der Nähe größerer Waldgebiete. Der Wald bietet besonders Ruhe suchenden Menschen einen Ausgleich für die Hektik des Berufslebens und den täglichen Lärm am Arbeitsplatz und im Straßenverkehr. Durch einen dichten Waldstreifen von nur 100 m Breite wird Lärm bereits auf die Hälfte seiner Ausgangslautstärke gesenkt. Aber auch Sportler kommen auf ihre Kosten: Ein gut ausgebautes Netz von Wegen durchzieht die Wälder und bietet viele Möglichkeiten für Radtouren, Joggen und Picknick.

Der Wald als Lebensraum auch für bedrohte Tier- und Pflanzenarten

Manche Waldgebiete sind gegenüber reinen Wirtschaftswäldern heute noch in einem weit gehend ursprünglichen Zustand. Ihre Baumarten entsprechen den Bodenvoraussetzungen und haben sich über Jahrhunderte in ihrer Artenvielfalt entwickelt. Solche Wälder stehen heute unter Naturschutz und bieten seltenen Tier- und Pflanzenarten Zuflucht.

Schnittpunkt

Waldnutzung früher und heute

1 Kohlemeiler

Deutschland einst von Wald bedeckt
Vor rund 12 000 Jahren war Deutschland fast waldfrei. Die Nachwirkungen der letzten Eiszeit beeinflussten das Klima derartig, dass nur Moose, Flechten und Gräser wachsen konnten. Nach und nach bildete sich mit langsam steigenden Temperaturen ein lichter Wald aus Kiefern und Birken. Die Buche breitete sich erst stark aus, als vor 5 000 Jahren die Winter etwas milder wurden. Deutschland war jetzt nahezu vollständig mit Wald bedeckt.

Vor Beginn der Steinzeit entnahmen die Menschen als Jäger und Sammler dem Wald alles, was sie zum Leben brauchten. Um 2 500 v. Chr. begannen sie mit der Waldrodung, indem sie einzelne Waldflächen anzündeten. In die Asche säten sie Wildgetreide. Gab der Boden nichts mehr her, zogen sie einfach weiter.

Große Waldflächen verschwanden
In der Bronzezeit um 1800 v. Chr. wurden die Menschen sesshafter. Mit ihren Äxten fällten sie Bäume und bauten daraus feste Häuser mit Ställen. Auf diese Weise entstanden die ersten kleineren Dörfer. Um Werkzeuge und andere Gerätschaften herzustellen, wurde beim Schmieden sehr viel Holzkohle benötigt, die von den Köhlern geliefert wurde. Das führte zu großflächigen Waldrodungen. Die Landwirtschaft fügte dem Wald über Jahrhunderte große Schäden zu. Das Vieh – besonders die Schafe – fraß alle Jungbäume kahl. Für die Düngung der Äcker wurden im Wald rechteckige Stücke, so genannte Plaggen, aus dem humusreichen Boden gestochen, wodurch sich der Ackerboden mancherorts um mehr als einen Meter anhob. Als Streu für das Vieh wurde im Wald Laub gesammelt und in den Ställen ausgebracht. Hierdurch entstand im Waldboden so starker Nährstoffmangel, dass die Wälder stellenweise völlig verschwanden. Auf den mageren Sandböden Norddeutschlands bot sich vor 200 Jahren ein trostloses Bild: Bis zum Horizont war kein Baum mehr zu sehen. Überall hatte sich Heide ausgebreitet.

Flächen werden aufgeforstet
Durch den Rückgang der Schafzucht und gezielte Aufforstung verschwanden die Heideflächen immer mehr. Dabei bevorzugte man schnellwachsende Baumarten wie die Fichte. Heute versucht die Forstwirtschaft, den Wald behutsam wieder in natürlichen Mischwald umzuwandeln. In alten Ortsnamen und Flurbezeichnungen ist das Wort „-heide“ jedoch noch häufig zu finden. Bsp.: Bohmterheide, Vossheide usw..

5 Plaggenstich

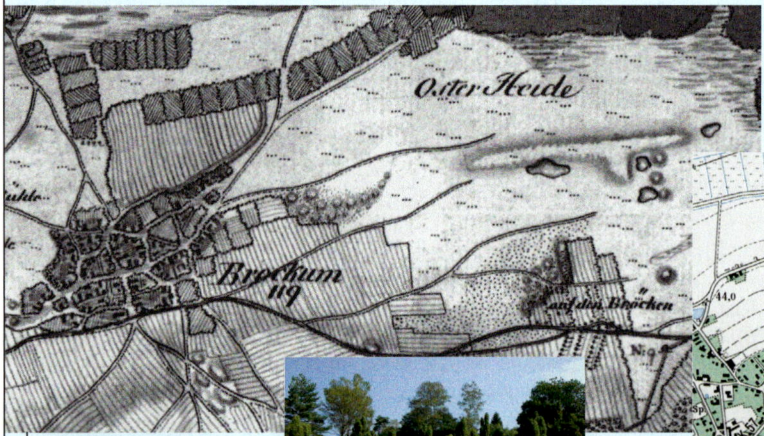

2 Umgebung einer Ortschaft um 1770

3 Heide

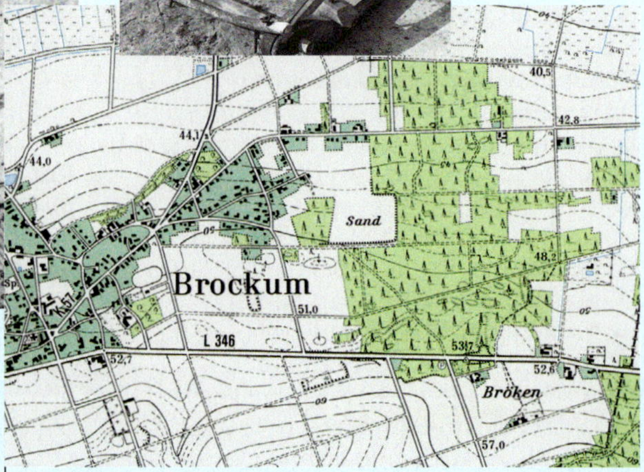

4 Umgebung einer Ortschaft um 1990

Naturwaldzellen

1 Bannwald

Urwälder sind verschwunden

Die heutigen Wälder unterscheiden sich stark von den großen natürlichen Waldgebieten vor Beginn der Rodungen im Mittelalter. Während der heutige Wald durch Bewirtschaftung ständig gepflegt wird, waren es damals Urwälder, die das Land bedeckten. In ihnen entwickelten sich Pflanzen- und Tiergemeinschaften ohne Eingriffe des Menschen. Um diese Waldentwicklung auch heute noch beobachten zu können, gibt es an geeigneten Standorten **Naturwaldgebiete**, auch **Bannwälder** genannt. Dort wird auf jegliche Nutzung und Pflege verzichtet. Die Forstwissenschaftler hoffen, durch Beobachtung dieser „Urwälder von morgen" Hinweise für eine naturnahe Bewirtschaftung der übrigen Wälder zu bekommen. Gleichzeitig dienen die Flächen dem Schutz von Lebensräumen für Pflanzen und Tiere.

Es wurden Waldgebiete ausgewählt, in denen Baumarten vorkommen, die zu den jeweiligen Standorten passen. In Niedersachsen befindet sich das größte als Naturwald ausgewiesene Naturschutzgebiet am Ith bei Coppenbrügge. Im Naturwald Saubrink/Oberberg bleiben die Rotbuchenwälder sich selbst überlassen. Ohne Eingriffe des Menschen sollen sich hier die natürlichen Stoffkreisläufe in der Natur wieder einstellen. Daraus ergeben sich wichtige Erkenntnisse auch für die Pflege und Bewirtschaftung der Wälder.

Hier einige der Fragen, mit denen sich die Forstwissenschaftler im Naturwald beschäftigen:

- In welchem Umfang verjüngen sich die Bestände durch Aussaat selbst?
- Welche Pflanzen stellen sich von selbst ein und bilden nach einigen Jahren mit den Bäumen eine stabile Pflanzengemeinschaft?
- Welche Tierarten kommen in solchen unberührten Wäldern vor?
- Wie reagieren vergleichbare Naturwälder, die unterschiedlich stark durch Schadstoffe aus Industrie, Verkehr und Landwirtschaft belastet sind?

2 Wirtschaftswald

Aufgaben

1 Im Internet findest du Informationen über Naturwaldgebiete unter folgenden Suchstichworten: „Naturwald", „Naturwaldzellen", „Bannwald". Verknüpfe die Begriffe auch mit dem Wort „Forstamt".

2 a) Informiere dich am Beispiel von Naturwaldgebieten in der näheren und weiteren Umgebung deines Wohnortes über Ziele, Fragestellungen und Ergebnisse. Falls die Entfernung nicht zu groß ist, unternimm mit dem Fahrrad eine „Fotosafari" dorthin.
b) Gestalte mit Text und Bildern hierüber eine Seite deiner Biologie-Mappe.

Stufe 0, gesunder Baum

Stufe 1, schwache Schäden
Bis zu einem Viertel der Nadeln färben sich gelb und fallen ab. Die Baumwipfel werden ausgelichtet.

Stufe 2, mittelstarke Schäden
Die Äste hängen wie Lametta kahl herunter und sterben ab, der Nadelverlust beträgt 25–60 %, der Wipfel färbt sich gelb, die Auslichtung nimmt zu.

Stufe 3, starke Schäden
Der Nadelverlust beträgt jetzt über 60 %, die Nadeln färben sich braun, der ganze Baum wird ausgelichtet, der Wipfel stirbt ab.

Von Stufe 4 spricht man, wenn der Baum **abgestorben** ist.

1 Schadbilder

Wie erkennt man Waldschäden?
Seit Forstbeamte in den 70er Jahren die ersten Schäden an Waldbäumen beobachteten, ist inzwischen jeder zweite Baum erkrankt. Nicht nur Fichten, sondern fast alle Baumarten sind betroffen. Wie in den Abbildungen links zu sehen, läuft das langsame Sterben bei Fichten in vier Stufen ab.

Rauchgase schädigen die Bäume
Nadelbäume sind besonders empfindlich gegenüber Rauchgasen aus den Schornsteinen der Häuser und Fabriken. Im Erzgebirge waren die Totalverluste an Waldfläche in den 80er Jahren in Deutschland und Tschechien mit 60000 ha besonders hoch. Die Verfeuerung von Braunkohle hatte in den Wintermonaten zu einer starken Belastung der Luft geführt. Von den Verbrennungsgasen sind **Schwefeldioxid** und **Stickstoffoxide** besonders schädlich. Mit dem Wasserdampf der Luft bilden diese Abgase Säuren, die als saurer Regen oder Nebel die Nadeln direkt schädigen. Auf den nährstoffarmen Böden des Erzgebirges hatten die geschwächten Fichten keine Überlebenschance. Die Säure löst den natürlichen Wachsüberzug der Nadeln, wodurch die Verdunstung erhöht wird. Da im Winter aus dem gefrorenen Boden der Wasserverlust nicht ausgeglichen werden kann, kommt es zu bedrohlichem Wassermangel. Diese Vorgänge werden noch durch eine Schädigung des Pilzgeflechts verstärkt, das als **Mykorrhiza** die feinen Haarwurzeln des Baumes umgibt. Nährstoff- und Wasseraufnahme werden dadurch verringert. Aber damit nicht genug! Der saure Regen setzt im Boden Stoffe frei, die die Wurzeln schädigen.

Die geschwächten Bäume sind im Winter besonders frostanfällig. Alle Vorgänge zusammen führen schließlich zum Absterben des Baumes.

▶ Die Baumschäden werden durch ein Zusammenwirken unterschiedlicher Faktoren verursacht.

Auch Laubbäume sind geschädigt
Vor allem Buchen reagieren auf Abgase aus dem Straßenverkehr sehr empfindlich. Die ausgestoßenen Stickstoffoxide bilden unter dem Einfluss des Sonnenlichts **Ozon**. Dieses Gas reizt die menschlichen Schleimhäute und schädigt bei den Bäumen die Zellmembranen. Es behindert die Fotosynthese und führt zu Schäden an den Blättern.

Ebenso schlimm ist die **Überdüngung** der Wälder mit Stickstoffverbindungen aus der Luft. In manchen Gegenden Deutschlands gehen mehr als 100 kg Stickstoffverbindungen pro Hektar im Jahr mit dem Regen herunter. Auf die hohen zusätzlichen Stickstoffeinträge reagieren die Bäume mit starkem Wachstum. Die Pflanze verliert dadurch jedoch an Stabilität und wird anfällig gegen Frost, Sturm und Schädlinge. Für ein gesundes Wachstum müssten auch die übrigen Mineralstoffe in genügendem Maße zur Verfügung stehen. Das ist jedoch im Waldboden meist nicht der Fall.

Verringerung des Luftstickstoffs
Experten meinen, der Ausstoß von Stickstoff aus dem Verkehr und der Landwirtschaft müsse um 60 % gesenkt werden. Der jährlich von der Bundesregierung herausgegebe Bericht über den Zustand des Waldes lässt jedenfalls noch keine Entwarnung zu. Nach Meinung der Experten ist eine Besserung erst dann zu erwarten, wenn folgende Faktoren dies ermöglichen:
- Erholung des Waldbodens
- Verringerung der Stoffeinträge
- Verringerung der Schadstoffbelastung
- Verringerung des Schädlingsbefalls
- Günstige Wetterentwicklung

Forscher suchen weltweit nach Möglichkeiten, fossile Brennstoffe wie Kohle und Erdöl durch erneuerbare (regenerative) Energiequellen zu ersetzen. Sonnenlicht, Erdwärme, Pflanzenöl und viele andere könnten das Problem der Luftverschmutzung deutlich mindern.

Aufgaben

1 Suche im Physikbuch und im Internet nach Erklärungen zu regenerativen Energiequellen. Überprüfe, in welchem Umfang diese Energiequellen die Umwelt belasten und vergleiche mit der Energiegewinnung aus Kohle, Erdöl und Erdgas.

2 Erkläre mithilfe der Abbildung die Auswirkungen von Luftverschmutzung, ungünstiger Witterung und Schädlingen auf die Bäume des Waldes.

2 Das Waldsterben hat viele Ursachen.

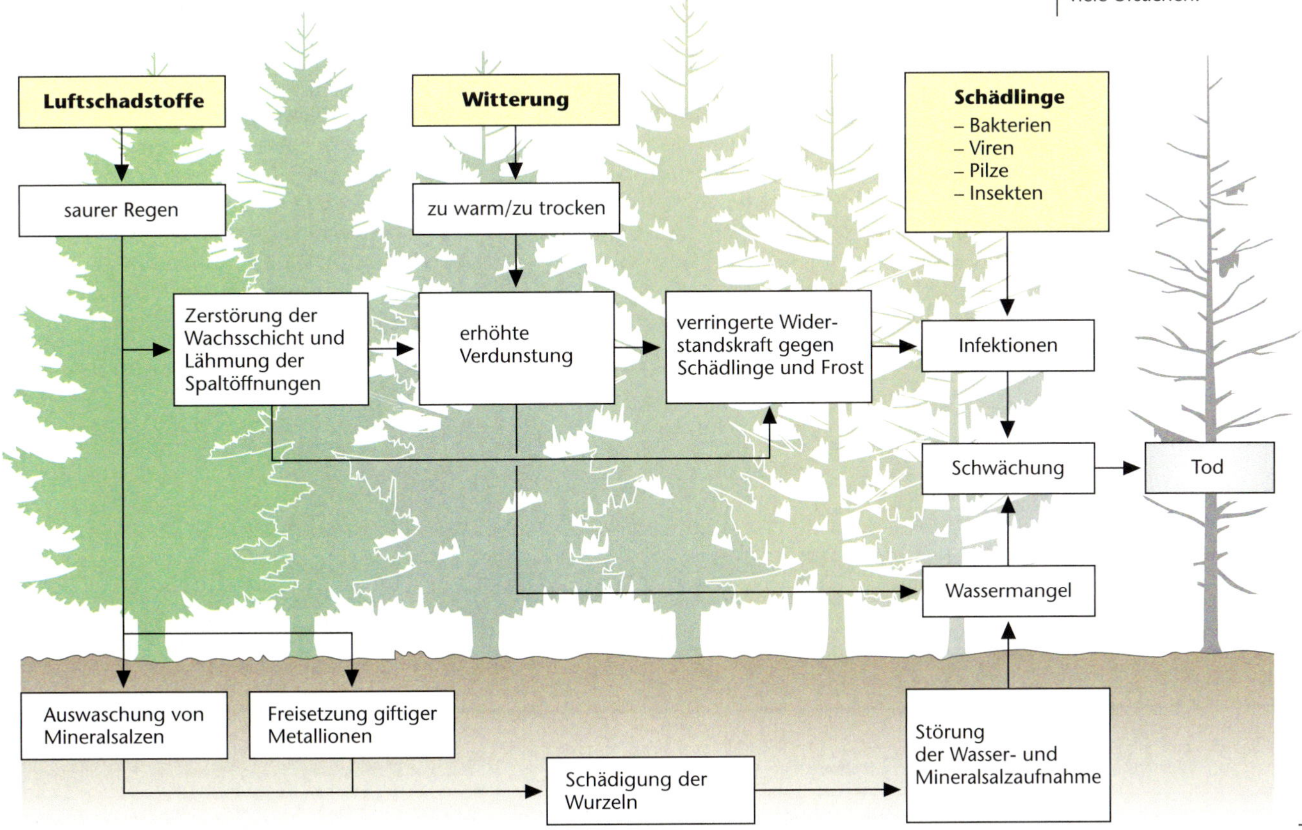

1 Smog

„Smog“ ist ein Kunstwort aus den beiden englischen Wörtern smoke (Rauch) und fog (Nebel). Smog entsteht u.a., wenn sich im Winter eine warme Luftschicht über die kalte und schadstoffhaltige Bodenschicht legt und den Luftaustausch nicht zulässt.

Städte sind „Wärmeinseln“
Weht an sonnigen Tagen kein Wind, zeigt das Thermometer in der Stadt oft bis zu 10 °C mehr an als im Umland. Welche Erklärungen gibt es dafür?
Die Steine der Häuser und Straßen heizen sich an sonnigen Tagen stark auf. Da sie die Sonnenenergie speichern, können sie die Wärme in der kühleren Nacht wieder abgeben. Wegen der hohen Gebäude gibt es in der Stadt kaum kühlenden Wind. Wenn Blätter Wasser verdunsten, wird die Luft kühler. In dicht bebauten Bereichen mit wenig Pflanzen fehlt diese Kühlung. Fabriken, Autos und vor allem die Heizungen in den Häusern geben zusätzlich Wärme ab. So kommt es, dass Städte „Wärmeinseln“ sind (▷ B 2).

„Dicke Luft“ in der Stadt
Die Luft in der Stadt ist nicht nur mit Staub, sondern auch mit Kohlenstoffmonooxid, Stickstoffoxiden und Schwefeldioxid belastet. Diese Gase werden von den zahlreichen Kraftfahrzeugen, Fabriken und Heizungen abgegeben. Bei bestimmten Wetterlagen kommt es zu dem gefürchteten **Smog** (▷ B 1).
Er kann zu ernsten Erkrankungen der Atemwegsorgane führen. Stadtkinder erkranken häufig an Asthma und bei alten und herzkranken Menschen treten an Tagen mit Smog häufiger Todesfälle auf.

▶ In der Stadt sind die Luftfeuchtigkeit und die Windgeschwindigkeit geringer als im Umland. Die Temperaturen und der Anteil an Schadstoffen in der Luft sind dagegen deutlich höher.

Boden und Wasser in der Stadt
Große Flächen in der Stadt sind bebaut, zubetoniert, gepflastert oder mit einer dicken Teerdecke überzogen. Fahrzeuge und Maschinen haben den Boden festgestampft. Stadtböden sind also versiegelt und verdichtet. Das Regenwasser kann daher nicht mehr versickern, sondern fließt oberflächlich ab. Unterirdische Kanäle leiten das Wasser schnell zur nächsten Kläranlage. Für die Pflanzen ist es damit nicht nutzbar. Das ist gerade in der Stadt, wo Böden und Mauern viel Wärme speichern, ein echtes Problem.

Zusätzlich sind die Böden und Gewässer oft noch durch Schadstoffe aus Haushalten, Fabriken und Verkehrsmitteln belastet. Bodenlebewesen haben es unter diesen Umständen sehr schwer, zu überleben und für den Abbau organischer Stoffe zu sorgen.

▶ Die Böden in den Städten sind häufig versiegelt und verdichtet. Deshalb versickert das Niederschlagswasser nur selten. Böden und Wasser sind oft mit Schadstoffen belastet.

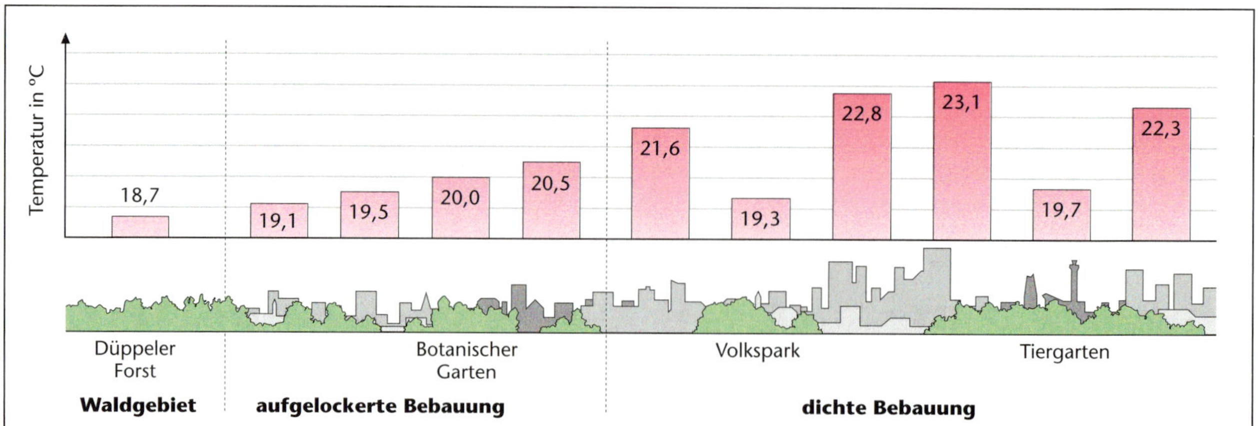

2 Lufttemperatur in Berlin, Frühsommertag

Vor- und Nachteile des Stadtlebens

1 Staubbelastung in der Stadt

Wie hoch ist die Staubbelastung in der Stadt? Gibt es Unterschiede je nach Standort? Stelle zu diesen Fragestellungen Vermutungen an und überprüfe diese dann im Versuch.

Material
Leere Streichholzschachteln, durchsichtige Klebestreifen, Stift, Stereolupe oder Mikroskop

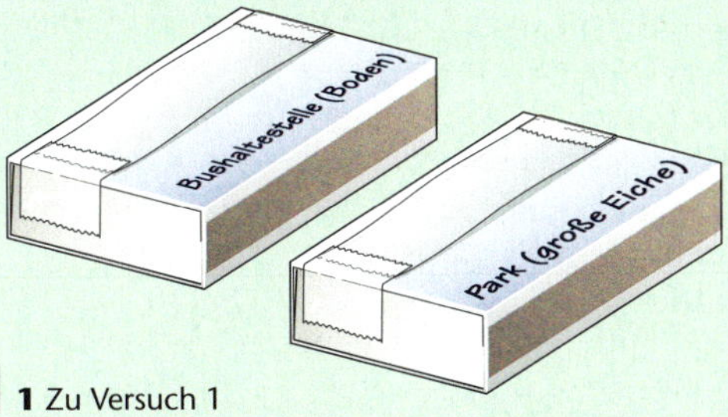

1 Zu Versuch 1

Versuchsanleitung
Befestige über mehreren Streichholzschachteln durchsichtige Klebestreifen so, dass die klebrige Seite oben ist.
Stelle die Schachteln einen Tag lang an verschiedenen Orten der Stadt auf. Überlege dir vorher sorgfältig, wo du die Messungen durchführen willst. Wähle dafür möglichst unauffällige Stellen und verschiedene Höhen. Beschrifte die Schachteln, damit du weißt, wo sie gestanden haben.
Nachdem du die Schachteln eingesammelt hast, werden die Klebestreifen unter ein Mikroskop oder eine Stereolupe gelegt. Du kannst jetzt bei kleinster Vergrößerung vergleichen, wie viele Staubteilchen sich auf den Streifen im Sichtfeld gesammelt haben.
Besprecht die Ergebnisse und zeichnet sie in euren Stadtplan ein.

2 Bodenverdichtung und Versiegelung

Material
Drei Bechergläser (mind. 250 ml), Gartenerde, Knetgummi, Uhr, Wasser, Zentimetermaß

2 Zu Versuch 2

Versuchsanleitung
Fülle drei Bechergläser mit der gleichen Menge Gartenerde. Drücke in zwei Gläsern die Erde fest. Lege bei einem dieser beiden Gläser eine etwa 0,5 cm dicke Schicht aus Knetgummi (als Ersatz für Asphalt) darüber. Das dritte Glas enthält nur die lockere Erde.
Gieße nun in jedes der drei Bechergläser die gleiche Menge Wasser und miss nach 30 min, wie viel Wasser noch in jedem Glas über dem Boden steht.
Wiederhole die Messung nach 24 Stunden. Suche verschiedene Möglichkeiten, das Ergebnis darzustellen.

Aufgaben
a) Was bedeutet das Ergebnis für den Wasserhaushalt und die Bäume einer Stadt?
b) Auch über versiegelten Böden bleibt das Wasser nicht endlos lange stehen. Erkläre!

3 Klimaunterschiede in der Stadt

Stellt Vermutungen darüber an, wie sich das Klima innerhalb der Stadt verändert. Überprüft eure Vermutungen mithilfe des nachfolgenden Versuches.

Material
Digitalthermometer, Windmesser

Versuchsanleitung
Macht euch mithilfe der Gebrauchsanweisungen mit den Instrumenten vertraut. Führt dann an verschiedenen Stellen der Stadt zur gleichen Zeit mit den Instrumenten Messungen zur Luftfeuchtigkeit, Temperatur und Windgeschwindigkeit durch. Wiederholt diese Messungen zu verschiedenen Tageszeiten und bei verschiedenen Wetterlagen. Lest die Werte ab und notiert sie. Wertet die Ergebnisse in der Klasse gemeinsam aus.

4 Nitratgehalt am Fuß von Bäumen

Der Boden am Fuß der Straßenbäume ist oft stark überdüngt. Mithilfe von Teststäbchen kann der Nitratgehalt festgestellt werden.

Material
Je 100 g Erde vom Fuß verschiedener Baumstämme, destilliertes Wasser, Rundfilter, Bechergläser, Waage, Nitrat-Teststäbchen

Versuchsanleitung
Die Bodenproben werden mit jeweils 100 ml destilliertem Wasser etwa 3 min lang verrührt.
Die Filter werden zu Trichtern geformt und mit der Spitze nach unten in die Flüssigkeit getaucht. Hat sich genügend Wasser in dem Filter-Trichter gesammelt, wird das Teststäbchen kurz eingetaucht. Nach etwa 2 min kann anhand der Verfärbung der Nitratgehalt des Bodens festgestellt werden. Wertet die Ergebnisse in der Klasse gemeinsam aus.

3 Zu Versuch 4

Die Luft – ein Gasgemisch
Noch im 18. Jahrhundert glaubte man, dass die Luft ein Element sei. Genaue Untersuchungen zeigen aber, dass die Luft ein Gemisch aus verschiedenen Gasen ist. Die beiden Hauptbestandteile dieses Gasgemisches sind Stickstoff mit 78,08 % (Volumenanteile) und Sauerstoff (20,95 %). Daneben enthält die Luft noch Edelgase (0,93 %) und Kohlenstoffdioxid (0,04 %).

In geringem Umfang kann die Zusammensetzung der Luft schwanken. So ist der Anteil an Kohlenstoffdioxid über Industriegebieten höher als über einem Waldgebiet. Dagegen ist der Sauerstoffgehalt über einem Waldgebiet geringfügig höher als über einer Großstadt mit ihrem Verkehr und ihren Industrieanlagen. Durch die Winde wird die Lufthülle der Erde aber ständig durchmischt, so dass sich weltweit Mittelwerte ergeben.

Luft ist ein Gasgemisch, dessen Hauptbestandteile Stickstoff und Sauerstoff sind.

Die Eigenschaften der Luftbestandteile
Stickstoff ist ein farb-, geschmack- und geruchloses Gas. Es ist weder brennbar, noch unterhält es die Verbrennung. Daher geht ein brennender Holzspan in Stickstoff sofort aus. Bei gewöhnlichen Temperaturen ist Stickstoff sehr reaktionsträge. Erst bei sehr hohen Temperaturen reagiert es mit zahlreichen Metallen und Nichtmetallen.
Seinen Namen erhielt es durch die Beobachtung, dass Lebewesen in ihm ersticken. Daher nannte der französische Chemiker ANTOINE LAURENT LAVOISIER das Gas „azote“ (von griech.: azotikos, das Leben nicht unterhaltend).

Sauerstoff ist der Bestandteil in der Luft, der die Verbrennung unterhält, selbst aber nicht brennbar ist. Es ist farb-, geruch- und geschmackslos. Nachgewiesen wird Sauerstoff mit der Glimmspanprobe.

Kohlenstoffdioxid ist ein farb- und geruchloses Gas. Es ist weder brennbar noch unterhält es die Verbrennung. Alle grünen Pflanzen nehmen Kohlenstoffdioxid und Wasser auf und bilden daraus mittels der **Fotosynthese** körpereigene Stoffe wie Zucker und Stärke. Als ein weiteres Produkt dieser Synthese geben sie Sauerstoff ab, der von Menschen und Tieren zum Leben benötigt wird. Sie atmen den Sauerstoff ein und atmen Kohlenstoffdioxid aus. Auf diese Weise beschreiben diese beiden Gase einen natürlichen Kreislauf (▷ B 2).

1 Unter Einwirkung von elektrischem Strom erzeugen die Edelgase Neon und Argon farbiges Licht.

Edelgase sind farb-, geruch- und geschmacklose Gase, die sehr reaktionsträge und nicht brennbar sind. Die bekanntesten Edelgase sind **Helium**, **Neon** und **Argon**. Helium ist das leichteste Edelgas und wird daher als Füllgas für Ballons und Luftschiffe verwendet. Neon und Argon werden zum Füllen von Leuchtstoffröhren verwendet (▷ B 1).

2 Der Kreislauf des Sauerstoffs und des Kohlenstoffdioxids in der Natur

Strategie

Ein Kreisdiagramm erstellen

Luft ist ein Gemisch verschiedener Gase. Die Anteile sind sehr genau bekannt:

Bestandteile	Volumenanteile in Prozent
Stickstoff	78,08 %
Sauerstoff	20,95 %
Edelgase	0,93 %
Kohlenstoffdioxid	0,04 %

Um solche Anteile anschaulich darzustellen, kannst du ein Diagramm zeichnen. Beim Kreisdiagramm erkennst du an der Größe der Kreisausschnitte, wie die Anteile verteilt sind. Die Kreisausschnitte sehen aus wie Kuchenstücke. Je größer ein solches Kuchenstück ist, desto höher ist der Anteil des Stoffes.
Nun lernst du, ein Kreisdiagramm zu erstellen.

1. Schritt
Zeichne einen Kreis und markiere den Mittelpunkt. Achte darauf, dass du den Kreis nicht zu klein wählst.

2. Schritt
Berechne für die angegebenen Prozentwerte die Winkel.

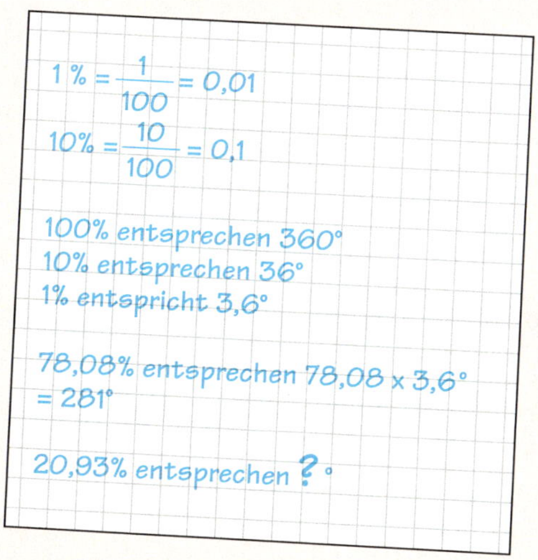

3. Schritt
Jede Strecke vom Mittelpunkt des Kreises zu einem Kreispunkt heißt Radius.
Zeichne den ersten Radius vom Mittelpunkt des Kreises senkrecht nach oben ein. Trage an diesen Radius den berechneten Winkel an. Achte darauf, dass der Nullpunkt des Geodreiecks auf dem Mittelpunkt des Kreises liegt.

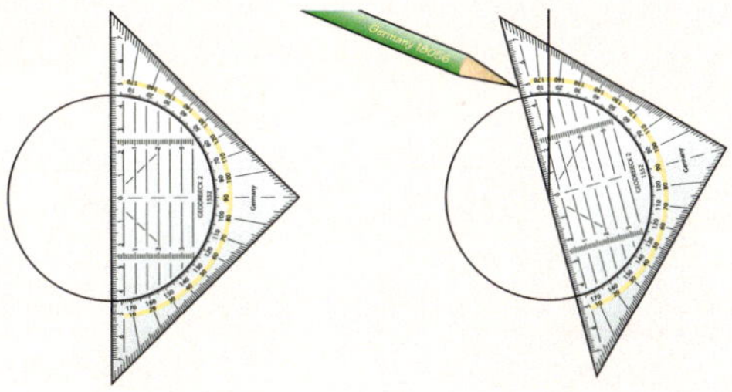

4. Schritt
Zeichne alle berechneten Winkel in den Kreis ein. Runde die Werte auf ganze Zahlen. Sie ergeben zusammengerechnet immer 360°.

5. Schritt
Male die Kreisausschnitte mit verschiedenen Buntstiften aus. Beschrifte das Diagramm und lege eine Legende (Bildunterschrift) an.

Natürliche Zusammensetzung trockener Luft

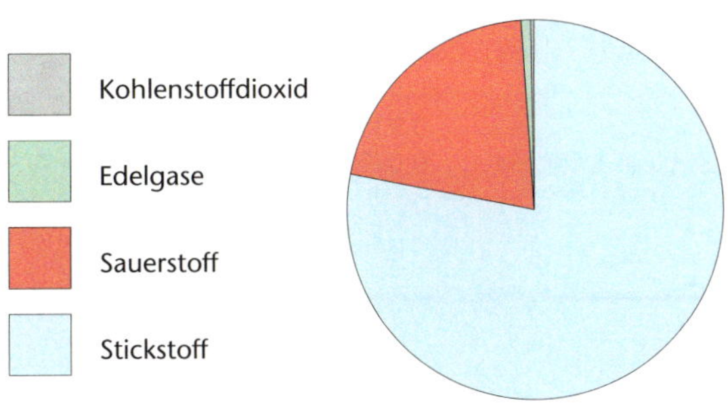

Strategie

Diagramme am PC

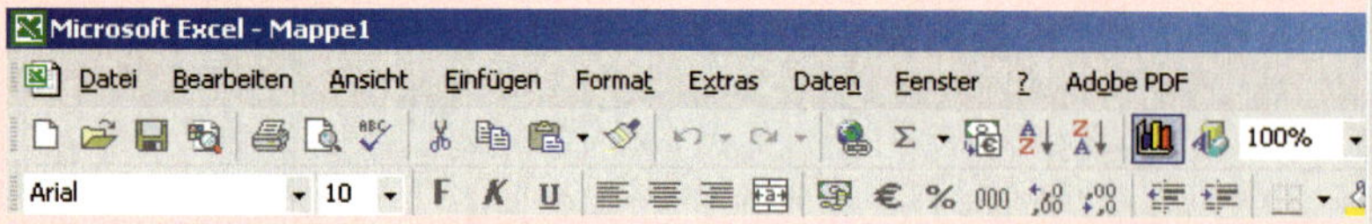

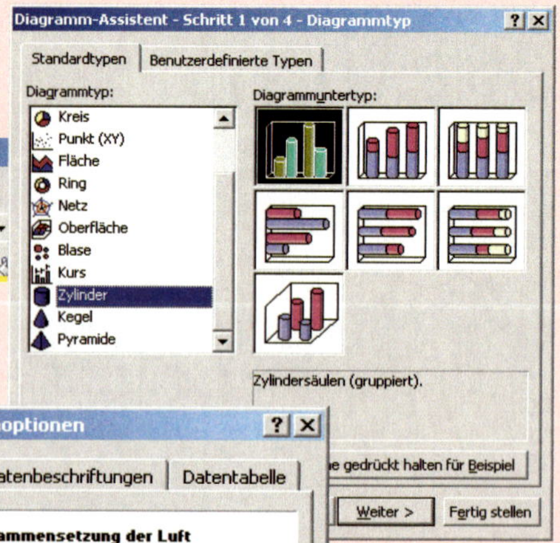

In einem Diagramm werden Zahlenwerte zeichnerisch dargestellt. Die Zahlen werden in Bilder verwandelt. Das geht am Computer ganz einfach.

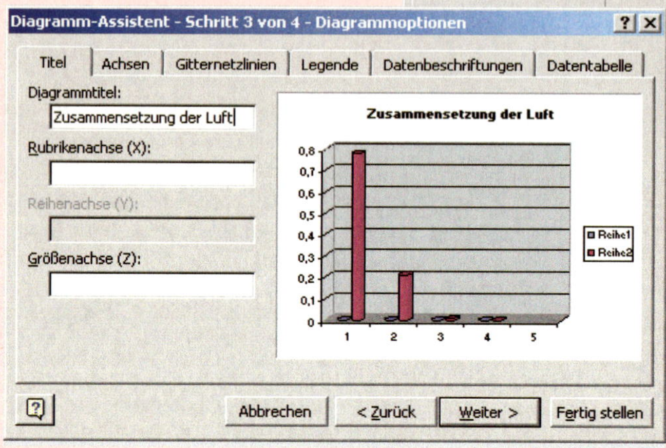

A. Eine Tabelle in Diagramme verwandeln

Viele Themen werden übersichtlich in Tabellen angeboten. Diagramme helfen dir, die Zahlenwerte aus den Tabellen zu veranschaulichen. Du kannst die Diagramme von Hand zeichnen oder am Computer mit einem Tabellenkalkulationsprogramm.

B. Einen Diagrammtyp auswählen

Schreibe eine Tabelle, z. B. im Microsoft-Programm Excel© und markiere alle Spalten. Klicke dann in der Symbolleiste auf den Diagramm-Assistenten, der dich durch das Programm führt. Wählst du z. B. als Diagrammtyp Säule aus, siehst du rechts daneben eine Auswahl verschiedener Säulendiagramme.

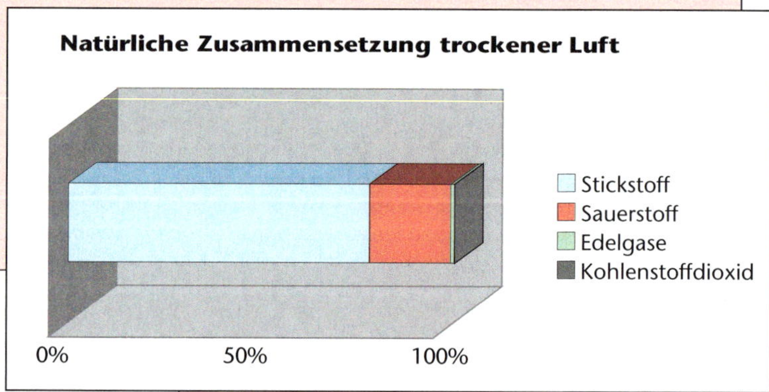

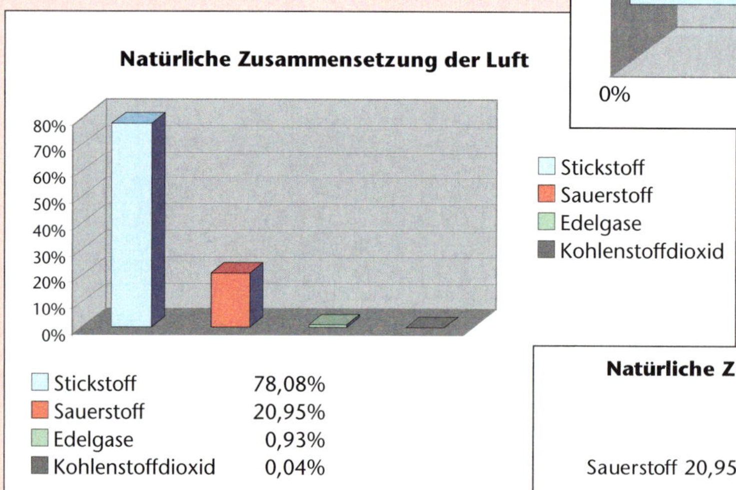

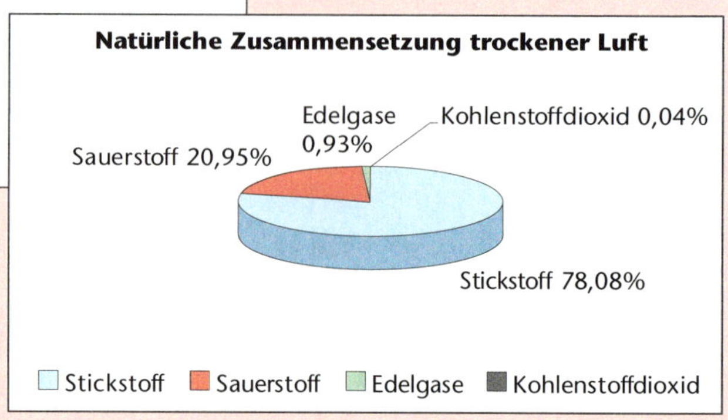

Treibhauseffekt

1 Ein Gewächshaus ist ein Treibhaus.

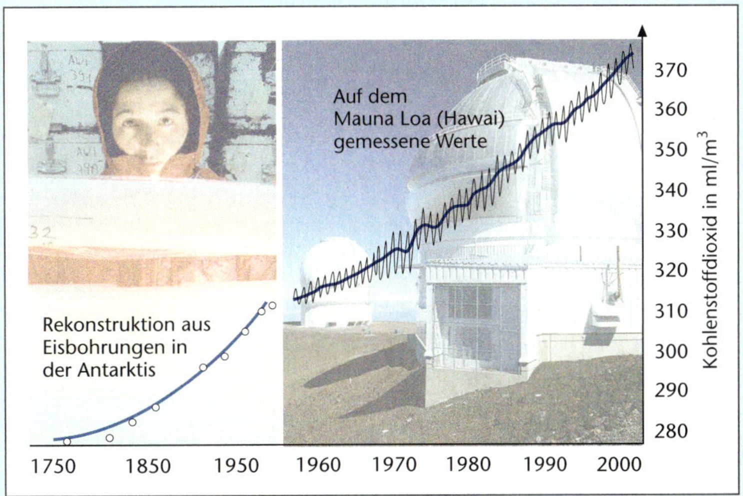

3 Kohlenstoffdioxid in der Atmosphäre

Was ist ein Treibhaus?
In einem Gewächshaus (▷ B 1) ist das Glas für normales Sonnenlicht durchlässig. Die Pflanzen und der Boden erwärmen sich und strahlen auch wieder Wärme ab. Diese Wärme wird vom Glas teilweise zurückgehalten, das Gewächshaus erwärmt sich. Pflanzen treiben in einem solchen Treibhaus auch aus, wenn es draußen kalt ist.

Treibhaus Erde
Ein Teil der Sonnenstrahlen dringt durch die Atmosphäre, die natürliche Lufthülle der Erde, und erwärmt die Oberfläche. Die von der Oberfläche zurückgeworfene Wärmestrahlung wird teilweise zurückgehalten von den Wassertröpfchen in den Wolken und vor allem von gasförmigem Wasser und Kohlenstoffdioxid in der Atmosphäre. Die Lufthülle der Erde wirkt wie die Glasscheibe eines Gewächshauses (▷ B 4). Man spricht vom Treibhauseffekt. Ohne die Gase der Atmosphäre läge die mittlere Jahrestemperatur auf der Erde bei −18 °C und nicht, wie tatsächlich gemessen, bei +15,5 °C.

Wird es wärmer auf der Erde?
Heute entsteht durch Verbrennung kohlenstoffhaltiger Brennstoffe weltweit mehr Kohlenstoffdioxid, als die Bäume und andere grüne Pflanzen aufnehmen können. Deshalb steigt der Kohlenstoffdioxidgehalt in der Luft an (▷ B 3). Auch die Vernichtung von Tropenwald durch Brandrodung erhöht den Anteil von Kohlenstoffdioxid in der Atmosphäre (▷ B 2). Dadurch verstärkt sich der natürliche Treibhauseffekt und die Temperatur in Bodennähe nimmt zu.

Aufgaben

1 Welche Gefahren sind mit der Zunahme des Treibhauseffekts verbunden?

2 Wodurch erhöht sich der Anteil von Kohlenstoffdioxid in der Atmosphäre?

3 Suche nach Informationen über weitere Treibhausgase, die das Klima auf der Erde beeinflussen.

2 Brennender Regenwald in den Tropen

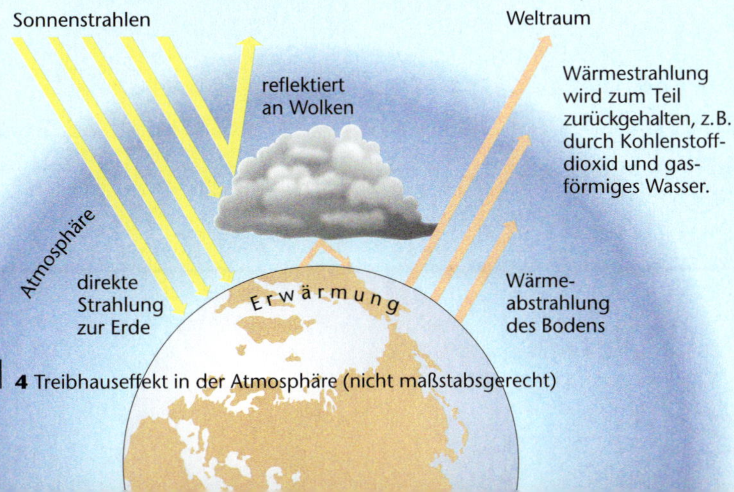

4 Treibhauseffekt in der Atmosphäre (nicht maßstabsgerecht)

Schnittpunkt

Luftverschmutzung

Schädliche Verbrennungsprodukte
Kohle, Erdgas, Erdöl und Erdölprodukte wie Benzin, Diesel- und Heizöl werden verbrannt, damit die Energie, die bei diesen Oxidationsvorgängen frei wird, genutzt werden kann. Beim Verbrennen entstehen nicht nur Wasserdampf und Kohlenstoffdioxid, sondern auch andere Oxide, die als Abgase die Luft verschmutzen. Die Brennstoffe enthalten Schwefelverbindungen, deshalb entsteht das giftige **Schwefeldioxid**. Es reizt die Schleimhäute und schädigt die Atmungsorgane. Bei der Verbrennung von Benzin im Motor entstehen giftige **Stickstoffoxide** und bei einer unvollständigen Verbrennung **Kohlenstoffmonooxid**. Die Stickstoffoxide entstehen durch Oxidation von Luftstickstoff im heißen Motor. Stickstoffoxide sind schon in geringen Mengen sehr giftig, auch Kohlenstoffmonooxid beeinträchtigt schon in geringer Konzentration die Sauerstoffaufnahme des Blutes. Der Schadstoffausstoß der verschiedenen Verursacher ist sehr unterschiedlich (▷ B 1).

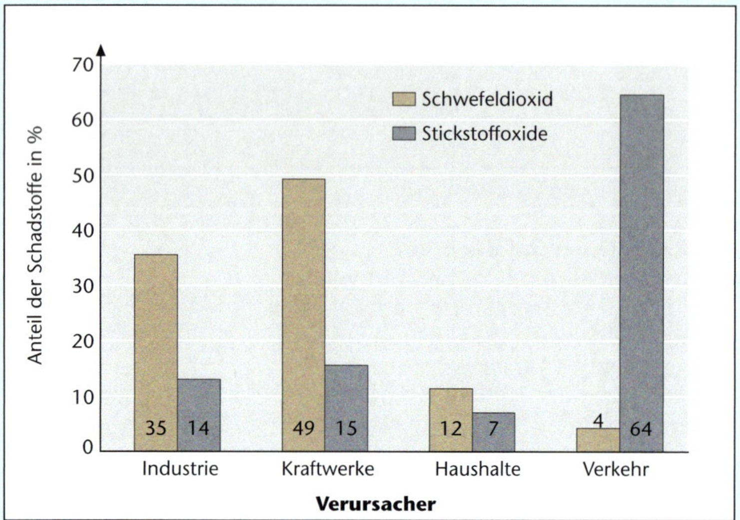

1 Schadstoffausstoß und Verursacher in Deutschland

Feinstäube
Bei Verbrennungsprozessen entstehen so genannte Feinstäube. Sie schädigen die Atmungsorgane. Da der Durchmesser der Feinstaubpartikel unter 0,2 Millimetern liegt, können die Stäube sogar durch die Lungenbläschen ins Blut gelangen. Dies ist besonders gefährlich, weil die Stäube auch Verbindungen giftiger Schwermetalle (Blei, Cadmium, Zink) enthalten können.

Schnittpunkt

Smog

1 „Big Ben" in London im Nebel

2 Polizistinnen mit Schutzmasken

London, im Dezember 1952
Die Schadstoffe in der Luft fördern die Nebelbildung. In London tauchte 1952 zum ersten Mal das Phänomen „Smog" auf (▷ B 1). Rauch und Nebel behinderten den Verkehr, innerhalb von 14 Tagen starben 4000 Menschen mehr als sonst in diesem Zeitraum. Sehr viele litten unter Augenreizung, Atem- und Kreislaufbeschwerden, vor allem Kleinkinder und ältere Menschen. Luftmessungen ergaben eine fünfmal höhere Rauchkonzentration und eine sechsmal höhere Schwefeldioxidkonzentration als sonst. Mit Tüchern und Smog-Schutzmasken (▷ B 2) versuchte die Bevölkerung, sich vor dem Smog zu schützen. Das Wort Smog ist eine Wortbildung aus den englischen Wörtern **Sm**oke = Rauch und F**og** = Nebel und versinnbildlicht den durch die Luftverunreinigung hervorgerufenen Nebel.

Ozon am Boden

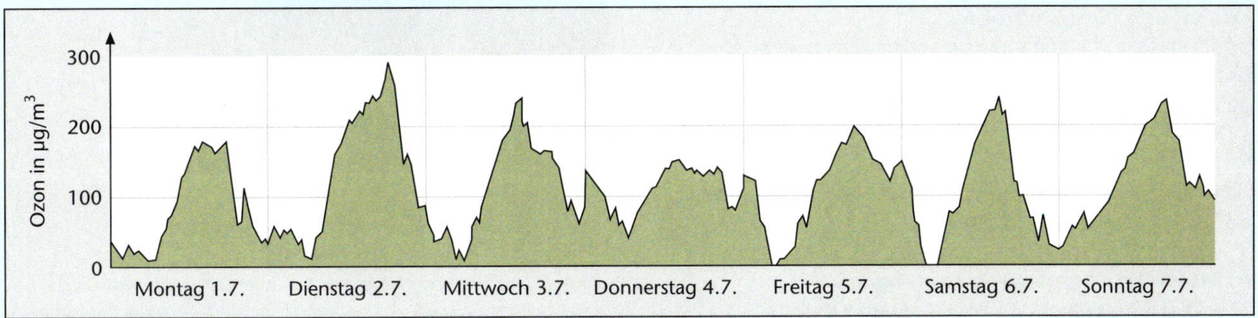

1 Ozonwerte einer Woche

2 Ozonwarnung

Ozon

Das so genannte bodennahe Ozon bildet sich in Großstädten und Industriegebieten, wenn die Luft besonders viele Schadstoffe enthält. Ozon ist ein sehr giftiges Gas mit einem typischen Geruch. Besonders Stickstoffoxide und Kohlenwasserstoffe aus den Auspuffgasen der Autos tragen bei intensiver Sonneneinstrahlung zur Ozonbildung bei. Im Frühjahr und Sommer können an heißen, sonnigen Tagen zwischen den Mittags- und Abendstunden erhöhte Ozonwerte gemessen werden. Von den Medien werden Grenzwerte an die Bevölkerung mit der Empfehlung weitergegeben, körperlich anstrengende Tätigkeiten im Freien zu meiden.

Ozon – ein Gift für die Lungen

Bei zu hohen Ozonwerten können bei dafür besonders empfindlichen Menschen wie Allergikern und Asthmatikern Kopfschmerzen, Augenreizungen, Kratzen im Hals und Atembeschwerden auftreten. Selbst bei gesunden Menschen können Lungenfunktionsstörungen auftreten. Für Ozon gibt es Schwellenwerte, um die Ozonkonzentration in der Atemluft beurteilen zu können. Bei einem Mittelwert, der unter 110 Mikrogramm pro Kubikmeter Luft (110 µg/m³) über einen Zeitraum von acht Stunden liegt, sind keine gesundheitsschädigenden Auswirkungen zu befürchten.

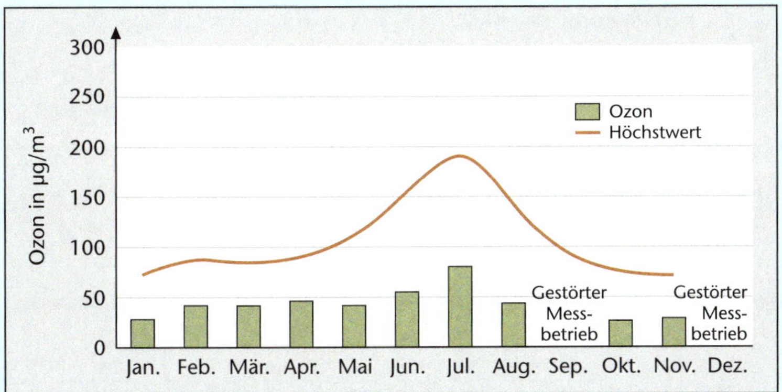

3 Ozonbelastung im Jahresverlauf

Ozon macht sich bemerkbar

Einige Pflanzen reagieren sehr empfindlich auf erhöhte Ozonwerte in der Luft. Bestimmte Tabakpflanzen (▷ B 4) und Kleesorten zeigen dann braune Stellen auf ihren Blättern. Ähnliche Schäden, wie sie bei Versuchspflanzen auftreten, gibt es auch bei vielen Nutzpflanzen, z. B. bei Weizen und Erbsen.

Das Ozongesetz

Im Juli 1995 wurde von der Bundesregierung das „Ozongesetz" erlassen. Es war eine Maßnahme, um die hohen Ozonwerte im Sommer zu senken. Inhalt dieses Gesetzes waren weiträumige Fahrverbote für Kraftfahrzeuge, die hohe Konzentrationen an Schadstoffen ausstoßen. Fahrverbote sollten erteilt werden, wenn an drei Messstationen, die mehr als 50 km voneinander entfernt sind, ein Ozonwert gemessen wird, der 240 µg/m³ am selben Tag überschreitet.

4 Die Tabaksorte Bel-W3 reagiert besonders empfindlich auf Ozon.

Strategie

Ihre Meinung bitte …

Wir planen eine Umfrage

Umfragen sind bei Jugendlichen besonders beliebt. Im Unterricht überlegt ihr euch Fragen zu einem Thema, dann könnt ihr außerhalb der Schule auf Leute zugehen und erfahrt eine Menge Interessantes über die Einstellung der Befragten. Vielleicht fangt ihr „klein“ an und interviewt zuerst eure Banknachbarn, eure Klassenkameraden oder Mitschüler aus der Schule.

A. Mögliche Themen von Umfragen

„Parkplätze statt Bäume“ – Was meinen Sie dazu?
Ihre Meinung ist gefragt: „Tauben in unserer Stadt?“
„Wildkräuter oder Blumenbeete?“

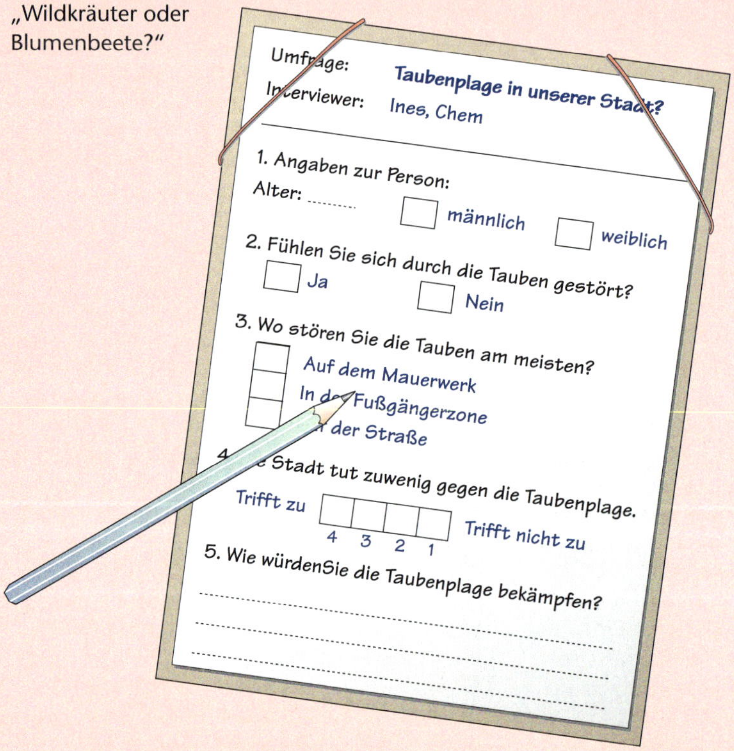

B. Regeln für das Entwerfen eures Fragebogens

Formuliert einfache, klare und verständliche Fragen.
Weniger ist mehr! Lieber einige Fragen, die euch besonders wichtig sind, genau formulieren, als „alles abzufragen“ und am Ende wenig brauchbare Ergebnisse zu bekommen.
Euer Fragebogen sollte nicht mehr als 8 bis 10 Fragen enthalten, sonst wird die Umfrage schnell langweilig und die Auswertung dauert zu lange.

Es gibt unterschiedliche Frageformen:
- Alternativfragen: ja/nein oder richtig/falsch
- Auswahlfragen: Aus einer Anzahl von vorgegebenen Aussagen soll die ausgewählt werden, die am ehesten zutrifft.
- Schätzskalen: Hier soll auf einer Skala von 1 bis 4 geschätzt werden, wie gut bestimmte Aussagen das Thema beschreiben.
- Weiterführende Fragen: Diese lassen frei formulierte Antworten zu. Dieser Fragentyp kann euch wichtige Zusatzinformationen bringen.

Denkt auch an die äußere Form eures Fragebogens:
- Fragen übersichtlich anordnen
- genügend Platz für Antworten lassen
- Kästchen zum Ankreuzen einplanen

C. Jetzt kann es losgehen …

Wenn ihr fremde Menschen befragt, ist auch euer Verhalten wichtig.
Ihr müsst euch zuerst vorstellen und kurz sagen, worum es geht, z. B.: „Wir kommen aus der 7. Klasse der Schiller-Schule und wollen wissen, ob … .“
Dann müsst ihr das Einverständnis des Befragten einholen, denn ihr wollt ja aufschreiben, wie euer Gesprächspartner heißt, vielleicht auch, welchen Beruf er hat und wie alt er ist.
Am Schluss des Interviews solltet ihr euch höflich für die Mitarbeit bedanken.
Zu eurer Umfrage solltet ihr eine Schreibunterlage und Schreibzeug, noch besser einen Kassettenrekorder oder ein Diktiergerät, mitnehmen.

D. Jetzt geht's ans Auswerten

Bei der anschließenden Auswertung der Ergebnisse eurer Umfrage könnt ihr neben Texten vielleicht auch Schaubilder und Diagramme erstellen.

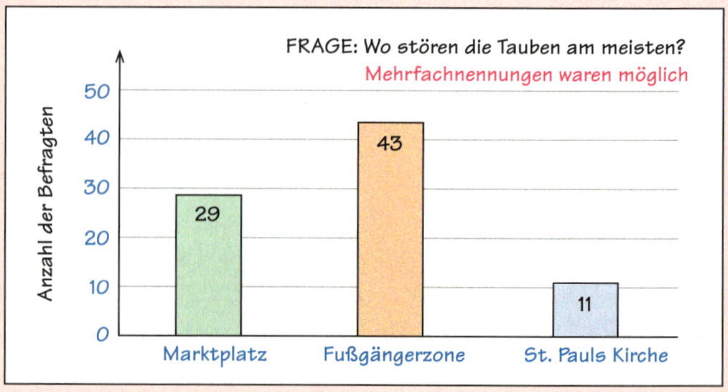

Ersatzfelsen

Viele Tiere, die sonst nur in den Felswänden des Berglandes leben, kannst du auch in einer Großstadt beobachten. Auf den Häusern singt der Hausrotschwanz und Turmfalken nutzen erhöhte Plätze als Ausguck. Dächer haben die Funktion der Felsspitzen übernommen. Die alten Häuser mit ihren Vorsprüngen, Nischen, Höhlen und Simsen sind in ihrer Struktur den Felswänden sehr ähnlich und werden als **Ersatzfelsen** angenommen. Hier brüten Dohlen, Stare, Turmfalken, Mauersegler und Schwalben. In Türmen finden Eulen und Fledermäuse Verstecke. Die Tiere jagen in den Straßen der Stadt, über Brachflächen oder im Umland der Stadt nach Nahrung. Sie haben in den Städten ideale Lebensbedingungen gefunden, konnten ihren Lebensraum ausdehnen und wurden zu Kulturfolgern.

Viele Vögel der dicht bebauten Stadtkerne sind ehemalige Felsbrüter, denen die Häuser mit ihren Nischen und Vorsprüngen als Ersatzfelsen dienen.

Artenvielfalt durch „ökologische Nischen"

Turmfalke und Mauersegler brüten zwar beide an Gebäuden, haben aber unterschiedliche Nistplätze. Auch die Art und Weise, wie sie ihre Nahrung erbeuten, die Ansprüche an den Ort der Nahrungssuche und an die Nahrung selbst sind nicht gleich. Sie übernehmen verschiedene Aufgaben und besetzen unterschiedliche Plätze innerhalb ihres Lebensraums. Dadurch vermeiden sie Konkurrenz. Man sagt: ihre ökologischen Nischen unterscheiden sich. Man versteht unter einer **ökologischen Nische** die Gesamtheit aller Umweltbedingungen (ökologische Faktoren), die für das Überleben einer Art notwendig sind.

1 Mauersegler

Durch die große Zahl der ökologischen Nischen wird eine schädliche Konkurrenz der Arten im Ökosystem vermieden. Auf diese Weise können viele Arten auf engstem Raum nebeneinander existieren.

Die ökologischen Nischen – die Gesamtheit aller Umweltbedingungen, die für das Überleben einer Art notwendig sind, ermöglichen das Zusammenleben vieler Arten im gleichen Lebensraum.

Aufgaben

1 Welche der Vogelarten von Bild 2 findest du in deiner Innenstadt? Vergleiche die ökologischen Nischen der Tiere und berichte!

2 Warum sind in Altbauvierteln die Felsbewohner zahlreicher als in Neubauvierteln?

2 Türme dienen vielen Vögeln als Ersatzfelsen.

Neubürger in der Stadt

Die heutige Tierwelt Mitteleuropas ist das Ergebnis einer langen Entwicklung. Neue Arten wanderten ein, andere verschwanden.
Als nach der Entdeckung Amerikas der Welthandel stark zunahm, stieg auch die Zahl der Neubürger in Europa schnell an. Arten, die nach 1492 – also der Entdeckung Amerikas – bei uns heimisch wurden, bezeichnen die Wissenschaftler als Neozoen.

Die hübsche ostasiatische **Mandarinente** wurde in Parks und Volieren als Ziervogel gehalten. Entflogene Tiere haben sich in der Freiheit fortgepflanzt. Diese Enten nisten in Baumhöhlen und haben daher nur wenig Konkurrenten bei der Suche nach Brutplätzen.

Auch die **Nilgans** aus Afrika war ursprünglich in Mitteleuropa nur in Parks und Gehegen als Ziervogel anzutreffen. Gerade in den letzten Jahren haben frei lebende Nilgänse an vielen Stellen Deutschlands gebrütet und gehören heute zur heimischen Brutvogelwelt.

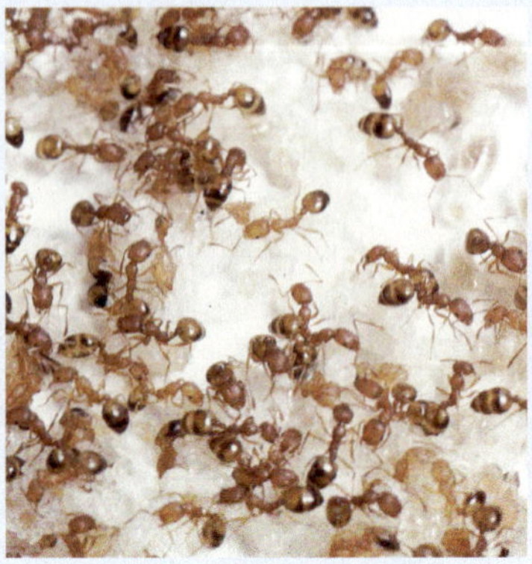

Die nur 2 mm große rotgelbe **Pharao-Ameise** ist seit einigen Jahrzehnten in geheizten Räumen unserer großen Städte zu finden. Sie legt ihre Nester gut versteckt im Mauerwerk von Großküchen, Bäckereien und vor allem Krankenhäusern an. Vom tropischen Indien aus haben sich diese Insekten über die ganze Welt verbreitet. Der Biss der Ameisen kann äußerst schmerzhaft sein. Neuerdings dringen Pharao-Ameisen auch in Computersysteme ein und verursachen dort Systemabstürze. Sie werden vom Geschmack der süßen Schutzgele der Kabel und der Wärme in den Rechnern angelockt.

Rotwangen-Schmuckschildkröten stammen aus dem Flussgebiet des Mississippi (USA) und wurden in großer Zahl nach Europa importiert, weil sie hier beliebte Haustiere sind. Tiere, die bei uns vorkommen, sind ausgesetzt worden. Den Winter überstehen viele nicht. Die Tiere fressen Wasserinsekten und die Larven von Amphibien.

Die ursprünglich aus Ostasien stammende **Wanderratte** wurde erst um 1730 mit Schiffen nach Mitteleuropa eingeschleppt. Heute ist die Art weltweit verbreitet. Sie kommt in manchen Städten in sehr großer Zahl vor und verursacht große Schäden an Lebensmitteln.
Ratten gelten als Überträger von Krankheiten, wie z. B. der Pest.

Die Heimat der **Waschbären** ist Nordamerika. Die Tiere wurden 1934 in Hessen erstmals ausgesetzt und sind heute bereits in vielen Wäldern und Städten heimisch. Waschbären gehen nachts auf Jagd und erbeuten als Allesfresser Kleintiere, Obst und Beeren. Diese Kleinbären durchsuchen sogar Müll nach Nahrung.

Neubürger im Pflanzenreich unserer Städte

Was sind Neubürger?
Als Neubürger (Neophyten) bezeichnet man jene Pflanzen, die nach der Entdeckung Amerikas 1492 bei uns eingewandert sind.

Das **Afrikanische Greiskraut** stammt aus dem südlichen Afrika. Es ist heute an Autobahnen, auf Güterbahnhöfen und sonstigen Ruderalstandorten sehr häufig und bildet dort zur Blütezeit im Spätsommer dichte gelbe Bestände. Es ist erst vor einigen Jahren bei uns eingewandert.

Der **Chinesische Götterbaum** wurde um 1750 aus China als Parkbaum eingeführt. Er verwilderte schnell. Das wärmere Stadtklima begünstigt seine Ausbreitung und so wächst er heute häufig auf Ruderalflächen, in Pflasterritzen und in den Fugen alter Mauern.

Das **Drüsige Springkraut** – beheimatet im indischen Himalaya-Gebiet – kann bis zu 2,50 m hoch werden. Es siedelt sich seit einigen Jahrzehnten am Rand von Fließgewässern und auf Ruderalflächen an. Da das Springkraut sehr viele Samen erzeugt, die bis zu 7 m weit geschleudert werden können, bildet es schnell ausgedehnte, dichte Bestände. Andere Pflanzen können an diesen Standorten wegen des Lichtmangels nicht wachsen.

Der **Japan-Staudenknöterich** wurde vor mehr als 150 Jahren als Futter- und Zierpflanze aus Ostasien eingeführt. Er breitet sich vor allem an Wegrändern und Ufern aus. Für einheimische Insekten bietet er weder Futter noch Nahrung. Unter den dichten und fast 2 m hohen Beständen können andere Pflanzen kaum noch existieren.

Die **Kanadische Goldrute** ist zwar schon lange als Zierpflanze in Europa bekannt, hat sich aber seit etwa 50 Jahren in den Städten und Dörfern stark ausgebreitet. Die bis über 2 m hohen Pflanzen benötigen viel Licht und bilden auf Ruderalflächen dichte Bestände, unter denen andere Pflanzen nicht gedeihen können.

Der **Kuba-Spinat** ist an seinen eigenartigen Blättern sofort zu erkennen und wird auch „Tellerkraut" genannt. Dieses aus Mittel- und Nordamerika stammende Gewächs wurde früher als Salatpflanze angebaut oder wie Spinat zubereitet und verwilderte oft. Seit etwa 30 Jahren breitet es sich über Baumschulen und Gärtnereien aus und ist heute ein häufiges Wildkraut in den Städten.

Nahrungsketten
Wie in jedem Lebensraum, so gibt es auch in der Stadt Nahrungsketten: Nährstoffe werden von grünen Pflanzen produziert, die man deshalb **Erzeuger** (Produzenten) nennt. Diese werden von Pflanzenfressern, z. B. Raupen, gefressen. Raupen sind also **Erstverbraucher** (Erstkonsumenten) und dienen anderen Konsumenten, z. B. der Kohlmeise, als Nahrung. Die Meise wird schließlich vom Sperber gefressen, der damit zum **Endverbraucher** wird.

Nahrungsnetze in der Stadt
Der Sperber frisst aber nicht nur Kohlmeisen, sondern auch Amseln und Finken. Die Raupe wird nicht nur von der Kohlmeise, sondern auch von der Amsel und dem Igel gefressen. Jedes Lebewesen gehört also mehreren Nahrungsketten an. Die Ketten sind untereinander so verknüpft, dass man von einem **Nahrungsnetz** (▷ B 2) spricht. In der Stadt sind die Nahrungsketten und -netze stark vom Menschen beeinflusst. Zahlreiche Nahrungsquellen der Stadttiere sind von ihm geschaffen. Für viele der natürlichen Fressfeinde ist die Stadt kein geeigneter Lebensraum.

Auch in der Stadt kennzeichnen Nahrungsketten und -netze die Nahrungsbeziehungen, diese sind aber stark vom Menschen beeinflusst.

„Pendler"
Nicht immer stimmen bei Stadttieren die Brut- und Nahrungsreviere überein: Der Turmfalke z. B. jagt in der Nähe seines Horstes in der Stadt nach Jungvögeln, Kleinsäugern und Insekten. Oft sucht er aber die Nahrung für seine Jungen auch viele Kilometer von der Stadt entfernt in der freien Feldflur. Schwalben und Mauersegler entfernen sich bei der Jagd noch viel weiter von ihren Brutplätzen.

Regenwürmer sind die wichtig
In jedem Ökosystem sorgen Kleinstlebewesen – z. B. Würmer, Insekten, Bakterien und Pilze – im Boden für den Abbau der abgestorbenen Pflanzen oder toten Tiere. Sie zerlegen die Organismen in Wasser, Kohlenstoffdioxid und Mineralsalze. Diese **Zersetzer** (Destruenten) finden in der Stadt ungünstige Lebensbedingungen vor: Die Böden sind oft versiegelt, verdichtet oder mit Schadstoffen belastet. Dennoch ist z. B. die Zahl der Regenwürmer, die nicht nur wichtige Zersetzer sind, sondern auch die Böden lockern, in der Stadt immer noch recht groß: Alle Regenwürmer einer Großstadt wiegen mehr als viermal so viel wie alle Hunde und Katzen dieser Stadt.

1 Der Mensch schafft Nahrungsquellen für Stadttiere.

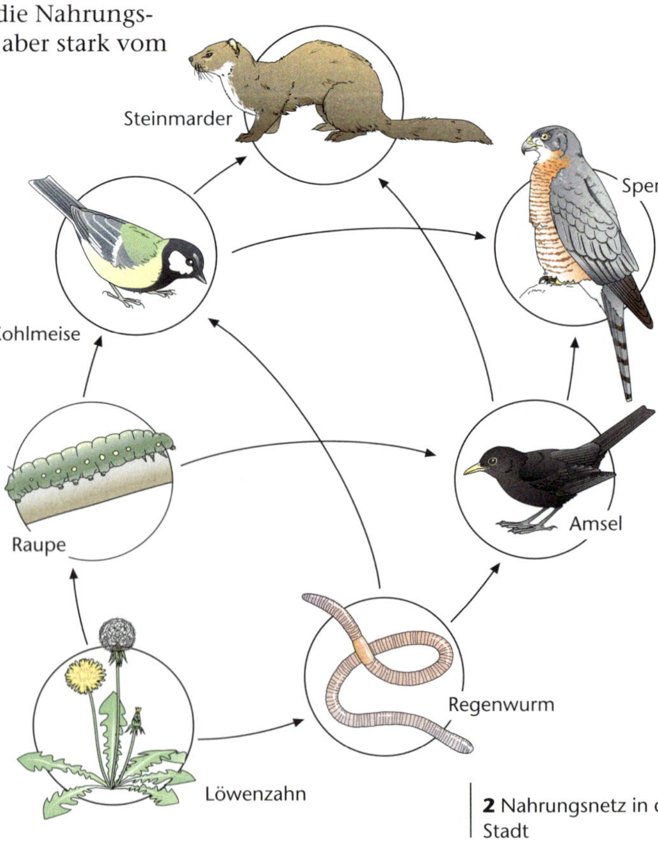

2 Nahrungsnetz in der Stadt

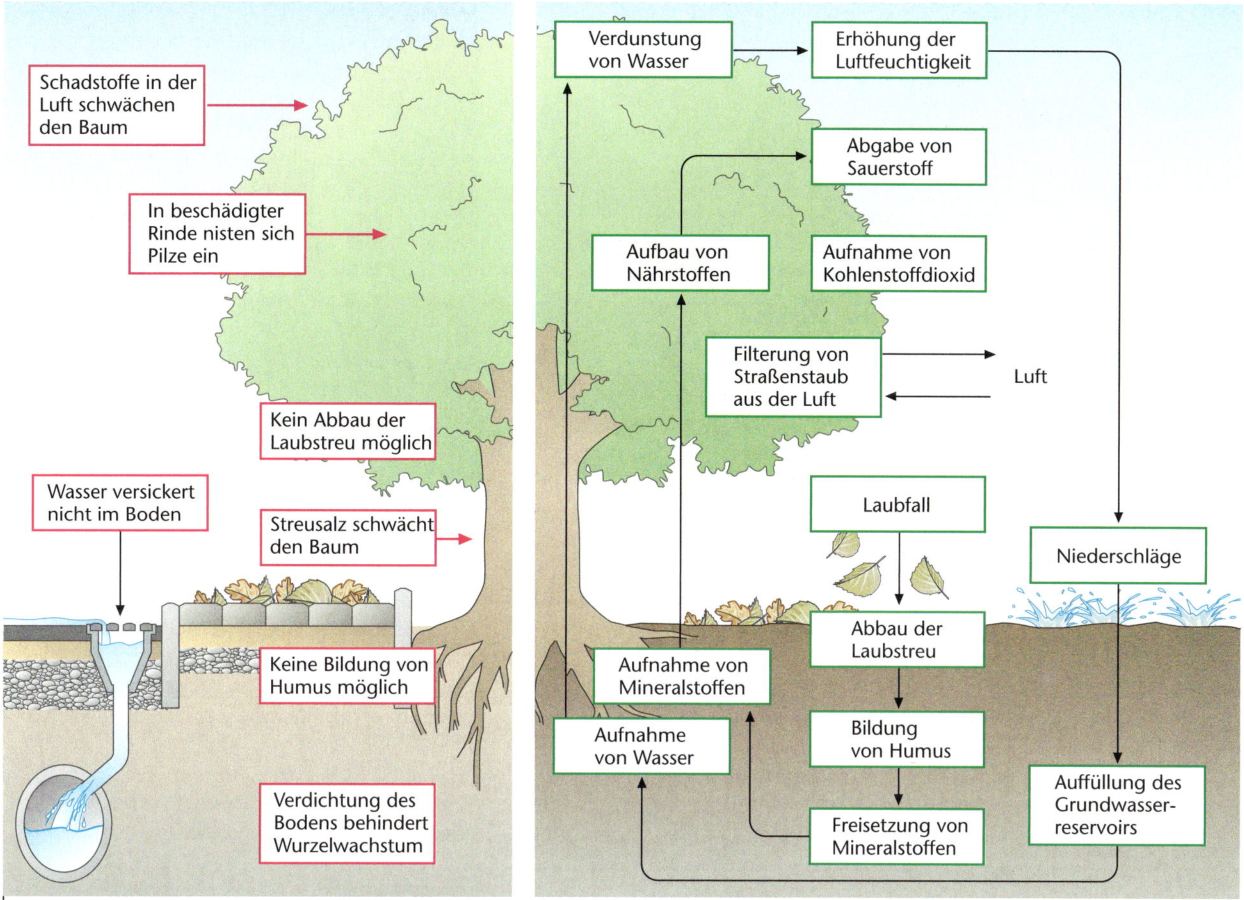

1 Probleme (li) und Leistungen (re) von Straßenbäumen

Straßenbäume leisten viel!
Bäume haben eine große Bedeutung für das Klima in der Stadt: Im Sommer spenden die Bäume Schatten. Ein großer, etwa 25 m hoher Straßenbaum kann am Tag bis zu 400 l Wasser über die Blätter verdunsten. Er kühlt dadurch die Luft in seinem engeren Bereich um bis zu 3 °C ab. Der gleiche Baum produziert außerdem etwa 1 m^3 Sauerstoff am Tag. Seine Blätter halten pro Jahr bis zu 1 t Staubteilchen fest, die jeweils bei Regen abgespült werden.

Stadtbäume haben es nicht leicht!
Die Wurzeln von Straßenbäumen werden oft bei Erdarbeiten beschädigt, der Boden ist verdichtet und meistens ist die Oberfläche mit Pflasterungen völlig abgedeckt. Diese Versiegelung des Bodens verhindert, dass genügend Regenwasser an die Wurzeln gelangen kann.
Die Baumrinde wird oft durch Autos oder Baufahrzeuge beschädigt. Verletzungen der Rinde und der Bastschicht führen zu Störungen bei der Versorgung mit Wasser und Mineralsalzen. An den Schadstellen finden sich oft zerstörerische Pilze ein. Besonders gefährlich sind auch Streusalz und vor allem Schadstoffe in der Luft. Sie können für ohnehin geschwächte Bäume den Tod bedeuten.

2 Straßenbaum

Straßenbäume haben eine große Bedeutung für das Stadtklima. Sie sind aber zahlreichen Belastungen ausgesetzt.

Aufgaben

1 Oft wird gesagt, dass vor allem Autos die Straßenbäume gefährden. Nenne Fakten, die diese Behauptung belegen.

2 Welche Maßnahmen könnte die Stadt ergreifen, um Straßenbäume zu erhalten?

Versuch

1 Stelle den Zweig eines Fliederstrauchs einen Tag in Salzwasser und einen zweiten Zweig in normales Leitungswasser. Beobachte, beschreibe und erkläre.

1 Liegewiese im Stadtpark – Insel der Erholung in der Großstadt

3 Inlineskaten im Park

Nachmittags im Park

Parks werden von den Stadtbewohnern vor allem zur Freizeit und Erholung genutzt. Hier kannst du joggen oder einfach auf einer Wiese liegen. Kinder tollen auf den Spielplätzen im Park herum und es macht Spaß, Eichhörnchen und Enten zu beobachten.

Parks verbessern das Stadtklima

Aber die Parkanlagen sind auch für das Klima in der Stadt wichtig. In Parks und Grünanlagen entstehen keine Luftverunreinigungen, dagegen wird Staub aus der Luft herausgefiltert. An Sommertagen ist die Temperatur niedrig und die Luftfeuchtigkeit angenehm hoch, weil die Blätter Wasser verdunsten. Es gibt hier ausreichend Schatten und keine Mauern, die Wärme speichern.

Die freien Flächen des Parks ermöglichen einen Luftaustausch mit der Umgebung. In Straßen, die von einem Park wegführen, kann man noch ziemlich weit die Auswirkungen des Parkklimas auf die bebauten Flächen der Stadt messen (▷B2).

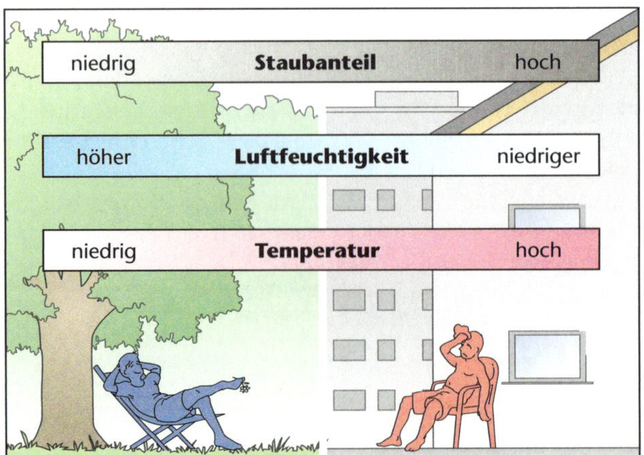

2 Parks beeinflussen das Stadtklima.

Parks sind Lebensräume für Tiere

Viele Tiere, z.B Eichhörnchen, Igel, Fuchs, Wildkaninchen und zahlreiche Vogelarten, leben in den Parks der Städte, weil sie hier ähnliche Lebensbedingungen vorfinden wie in Wäldern.

Besonders in großen, dicht bewachsenen Parks mit alten Bäumen finden sich auch seltenere Tiere wie Hohltaube, Schwarzspecht und Fledermäuse ein. Einige der Parktiere sind Kulturfolger und z.T. so zutraulich, dass sie sich aus der Hand füttern lassen.

▶ Stadtparks haben eine große Bedeutung für das Stadtklima, als Erholungsgebiete für die Menschen und Lebensräume für Tiere.

Aufgaben

1 Nicht alle Parks und Grünanlagen sind gleich. Informiert euch über die Geschichte der Parks in eurer Heimatstadt. Erarbeitet dazu ein Plakat.

2 Plant eine Exkursion zu einem Stadtpark. Ihr müsst möglichst früh am Morgen dort sein, um Tiere beobachten zu können. Stellt mithilfe eines Bestimmungsbuches fest, welche Vogelarten im Park leben.

Strategie

Fragen lesen – Fragen verstehen

Auch im Biologie-Unterricht schreibst du Klassenarbeiten. Deine Lehrerin oder dein Lehrer möchten damit überprüfen, was du gelernt, aber auch, was du verstanden hast und anwenden kannst.

Jede Aufgabe enthält einen klaren Arbeitsauftrag an dich, du musst ihn nur richtig erkennen. Je nach Formulierung erwartet deine Lehrerin oder dein Lehrer ganz unterschiedliche Antworten von dir.

Nennen – definieren
Wenn du gut gelernt hast, kannst du solche Fragen ganz einfach beantworten:

... nenne ...
Hier sollst du einfach nur Begriffe auflisten oder aufzählen, ohne sie zu erklären.

Zum Beispiel:
– Nenne 3 Nährstoffe.

... definiere ...
Hier sollst du in deiner Antwort einen wissenschaftlichen Fachbegriff ausführlich umschreiben.

Zum Beispiel:
– Definiere den Begriff „Nahrungskette“

Erklären – interpretieren – wiedergeben
Etwas ausführlicher musst du folgende Arbeitsanweisungen befolgen:

... erkläre ...
In deiner Antwort sollst du hier einen Sachverhalt logisch und verständlich beschreiben.

Zum Beispiel:
– Erkläre die Fotosynthese.

... interpretiere ...
Hier sollst du in einem vorgegebenen Text oder in einer Grafik nach wichtigen Aussagen oder Zusammenhängen suchen.

Zum Beispiel:
– Interpretiere folgendes Diagramm.

... gib wieder ...
Bei diesem Arbeitsauftrag geht es darum, einen gelernten Inhalt mit eigenen Worten wiederzugeben.

Zum Beispiel:
– Gib den folgenden Text in eigenen Worten wieder.

Diskutieren – Stellung nehmen
Die letzte Art der Fragestellung wird am höchsten bewertet. Hier zeigt es sich, ob du den Stoff verstanden hast und beherrschst.

... diskutiere ...
Bei dieser Frage sollst du aus einem gelernten Inhalt Schlussfolgerungen ziehen.

Zum Beispiel:
– Diskutiere das Ergebnis von Versuch 2.

... nimm Stellung ...
Hier bekommst du eine Aussage oder ein Zitat und sollst dazu deine eigene, begründete Meinung äußern.

Zum Beispiel:
– Nimm Stellung zu der Aussage: „Auch eine Regentonne ist ein Biotop“.

Leben auf und im Wasser

Neben den Pflanzen, Vögeln und Fischen gibt es in stehenden Gewässern eine Vielzahl von Organismen, die oft so klein sind, dass wir sie nur mit der Lupe oder sogar mit dem Mikroskop beobachten können.

Mückenlarve

● Planktonorganismen besitzen Anpassungen, die das Absinken verlangsamen. Beispiele dafür zeigen die Abbildungen. Erkläre.

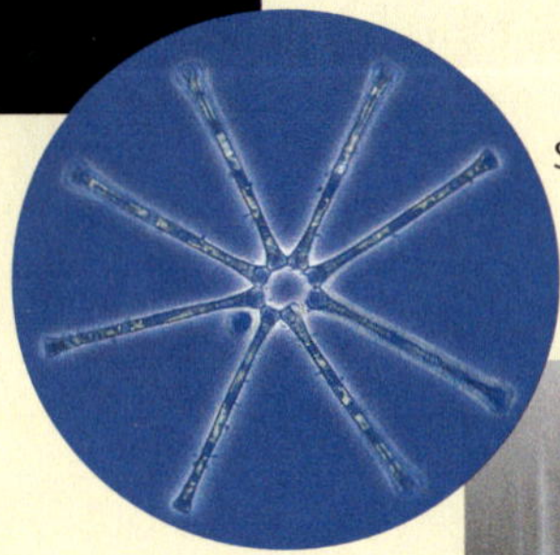
Schwebesternchen

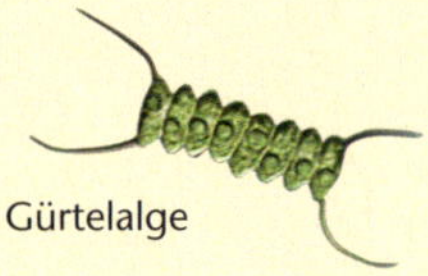
Gürtelalge

Hornalge

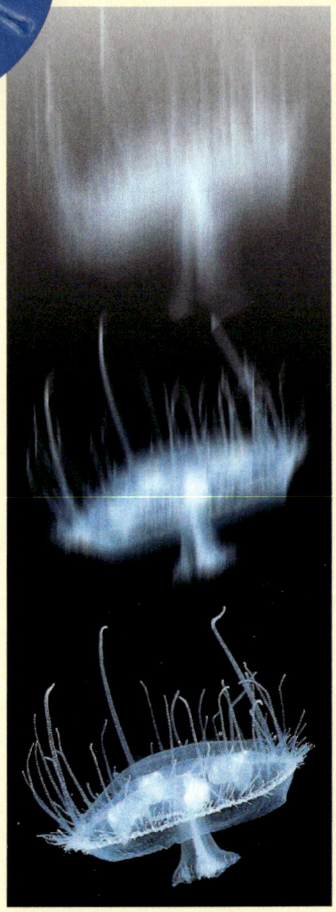
Süßwassermeduse

Schweben und Sinken

Ein großer Teil der Lebewesen im Wasser kann nicht eigenständig und gezielt größere Strecken zurücklegen. Sie schweben im Wasser oder sinken nur sehr langsam ab. Diese Organismen nennt man in ihrer Gesamtheit Plankton (griech.: das Umhertreibende). Man unterscheidet zwischen pflanzlichem Plankton (Phytoplankton), z. B. Algen, und tierischem Plankton (Zooplankton), z. B. Kleinkrebse.

● Informiere dich über die Vielfalt des Planktons und ordne die gefundenen Beispiele nach Phyto- und Zooplankton.
Was verrät die Struktur der Planktonlebewesen über ihre Funktion?

● Suche Beispiele aus der Technik und der Organismenwelt außerhalb des Wassers, wo es wichtig ist, zu schweben oder nur langsam abzusinken. Vergleiche.

● Den Einfluss der Gestalt auf die Sinkgeschwindigkeit kannst du selbst überprüfen. Forme dazu aus kleinen, aber gleich schweren Knetkugeln verschieden geformte Körper und lasse sie absinken. Vergleiche und erkläre. Experimentiere auch mit verschiedenen Wassertemperaturen. Vergleiche mit der Tabelle.

Hüpferling

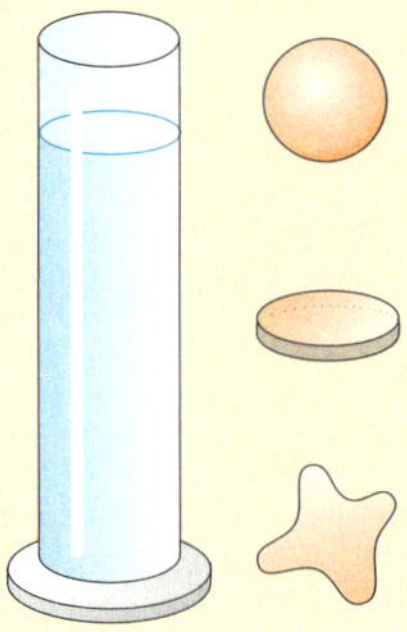
Kugel
Scheibe
Freiform

Viskosität (Zähflüssigkeit) des Wassers bei verschiedenen Temperaturen

Temperatur in °C	Viskosität in %
5	84,5
10	78,7
15	63,7
18	58,3
20	56,0
25	49,8
30	44,7
35	40,3

Grenzflächenbewohner

An einem stehenden Gewässer kannst du in Ufernähe ein reges Leben an der Wasseroberfläche beobachten. Wasserläufer und Rückenschwimmer bevorzugen den Bereich, der die Grenzflächen zwischen Luft und Wasser darstellt. Sie nutzen die Oberflächenspannung des Wassers. Informiere dich über Wasserläufer und Rückenschwimmer.

Wasserläufer

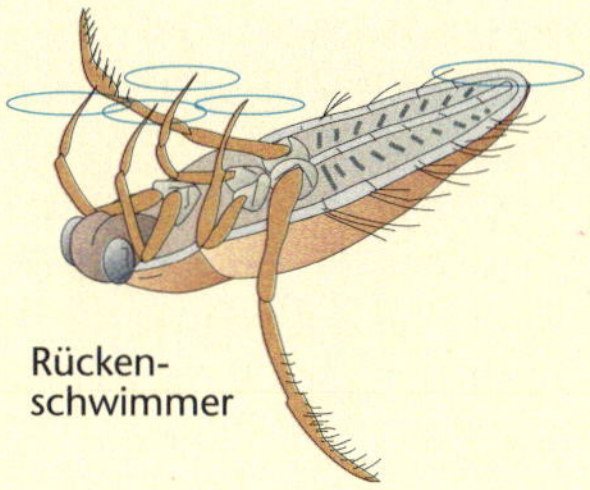

Rückenschwimmer

- Über welche Stellen des Körpers wird der Kontakt zur Wasseroberfläche hergestellt?
- Wie kommt es, dass diese Tiere über das Wasser laufen können?
- In welcher Weise vermeiden die beiden Tierarten Konkurrenz?

- Geschirrspülmittel erzielen ihre Wirkung u. a. dadurch, dass sie die Oberflächenspannung des Wassers abbauen. Kannst du dir einen interessanten Versuch ausdenken?

Ernährung

Zwischen April und November kannst du in flachen, nährstoffreichen Tümpeln oder in der flachen Uferzone nährstoffreicher Seen leicht Wasserflöhe fangen. Bei der mikroskopischen Untersuchung sollte man unter den Ecken des Deckgläschens kleine Füßchen aus Knetmasse anbringen, um den Wasserfloh nicht zu zerquetschen.

- Wie nehmen Wasserflöhe ihre Nahrung auf?
- Süßwasserpolypen und der gelb blühende Wasserschlauch können kleinen Krebsen gefährlich werden. Sammle Informationen zu beiden Lebewesen und berichte in der Klasse.

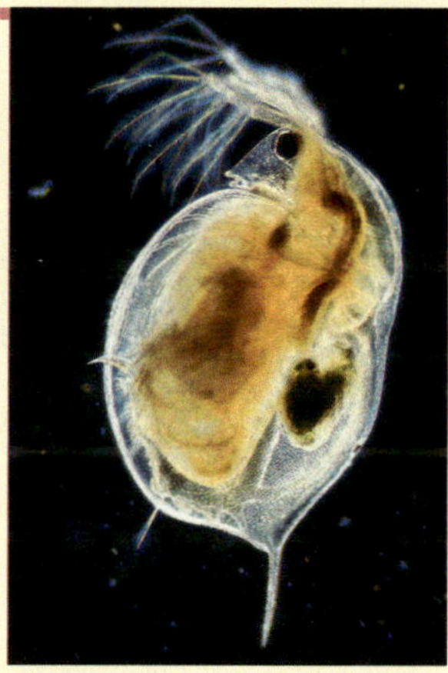

Wasserfloh

Mückenlarve

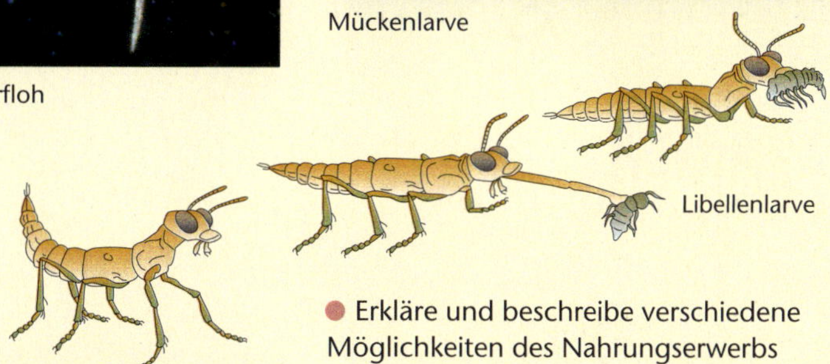

Libellenlarve

- Erkläre und beschreibe verschiedene Möglichkeiten des Nahrungserwerbs mithilfe der Abbildungen. Kennst du noch weitere Möglichkeiten?

Süßwasserpolypen

Wasserschlauch

Wasserwanze

Wasserschnecke

Matsch und Schlamm

In der Nähe des Seeufers ist der Boden nass und matschig, schnell steht man knöcheltief im Schlamm. Auch flache Wurzeln, die glitschig sind, machen es einem nicht leicht, an den Rand des Gewässers zu gelangen. Die Pflanzen, die hier wachsen, sind starken Schwankungen des Wasserstandes ausgesetzt. Zeitweise ist der Boden sogar überflutet. In diesem Bereich des Seeufers, der **Bruchwaldzone**, wachsen Bäume wie Erlen und Weiden, die gelegentliche Überschwemmungen ertragen können.
In der Krautschicht findest du hier häufig Sumpfdotterblumen und Seggen.

Immer nasse Füße

Gehst du weiter auf den See zu, folgt der Bereich, in dem dauerhaft Wasser steht. Dadurch verändert sich auch die Vegetation. Die **Röhrichtzone** ist durch Rohrkolben und vor allem dichte Schilfrohrbestände gekennzeichnet. Die Pflanzen sind durch waagerecht verlaufende, stark verzweigte Erdstängel fest im Boden verankert. An verschiedenen Stellen wachsen knotige Halme, die bis zu 4 m lang werden können, nach oben.

Große Blätter – schöne Blüten

Vor allem in stillen Buchten der Gewässer fallen die Blüten der Weißen Seerose und der Gelben Teichrosen auf. Zusammen mit anderen Arten, wie z. B. dem Wasserknöterich, bilden sie die **Schwimmblattzone**. Die großen, lederartigen Blätter, die auf

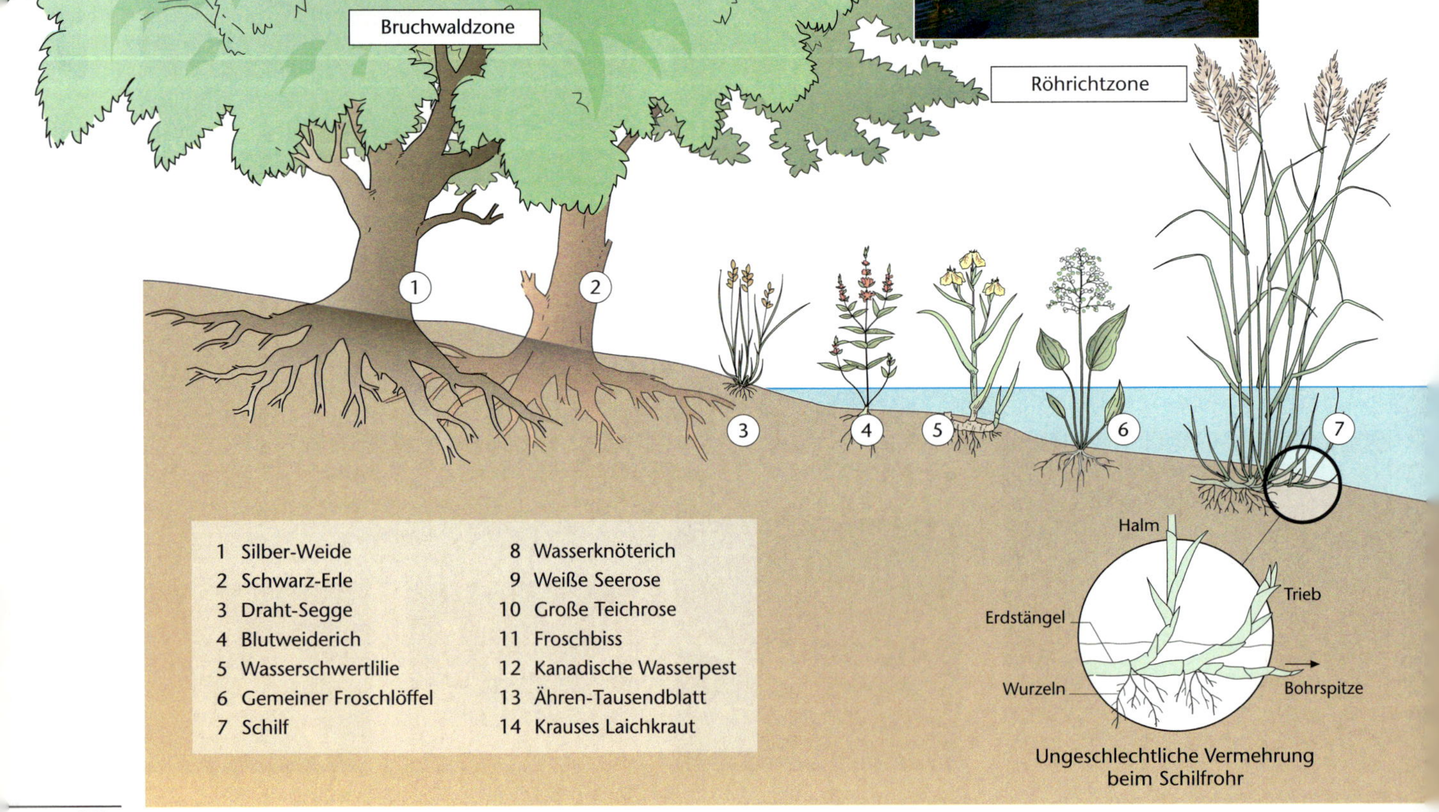

der Wasseroberfläche schwimmen, sind typisch für Pflanzen dieser Zone. Einige Arten sind nicht mit Wurzeln im Boden verankert, sie schwimmen frei umher.

Abgetaucht

Weiter vom Ufer entfernt kommen nur noch untergetauchte Pflanzen vor. Die Wasserpest und verschiedene Laichkraut-Arten gehören zur **Tauchblattzone**. Einige dieser Pflanzen sind mit ihren Wurzeln zwar im Boden verankert, Mineralsalze, Wasser und Kohlenstoffdioxid nehmen sie aber über die Blätter aus dem Wasser auf. Auch der von den Pflanzen produzierte Sauerstoff wird direkt ins Wasser abgegeben. Die Tauchblattzone kann sich bis zu einer Wassertiefe von 8 m erstrecken. Ab da reicht die Lichtmenge für die Fotosynthese nicht mehr aus.

Ein Gewässer verändert sich

Ein Gewässer entwickelt sich ständig. Abgestorbene Pflanzenteile sowie andere organische und anorganische Bestandteile bilden eine Faulschlammschicht und erhöhen so den Gewässergrund im Laufe der Jahre. Vom Ufer her schieben sich die Pflanzenzonen immer weiter zur Mitte des Sees vor, das Gewässer verlandet.

Die Pflanzen eines Seeufers werden, vom Land zum Wasser hin gesehen, verschiedenen Zonen zugeordnet: Bruchwaldzone, Röhrichtzone, Schwimmblattzone und Tauchblattzone.

Aufgaben

1 Häufig besitzen die Pflanzen der Tauchblattzone fein zerschlitzte Blätter. Nenne Gründe dafür.

2 Suche im Uferbereich eines Sees Pflanzen und bestimme sie mithilfe eines Bestimmungsbuches. Welchen Zonen kannst du sie jeweils zuordnen?

Schwimmblattzone

Tauchblattzone

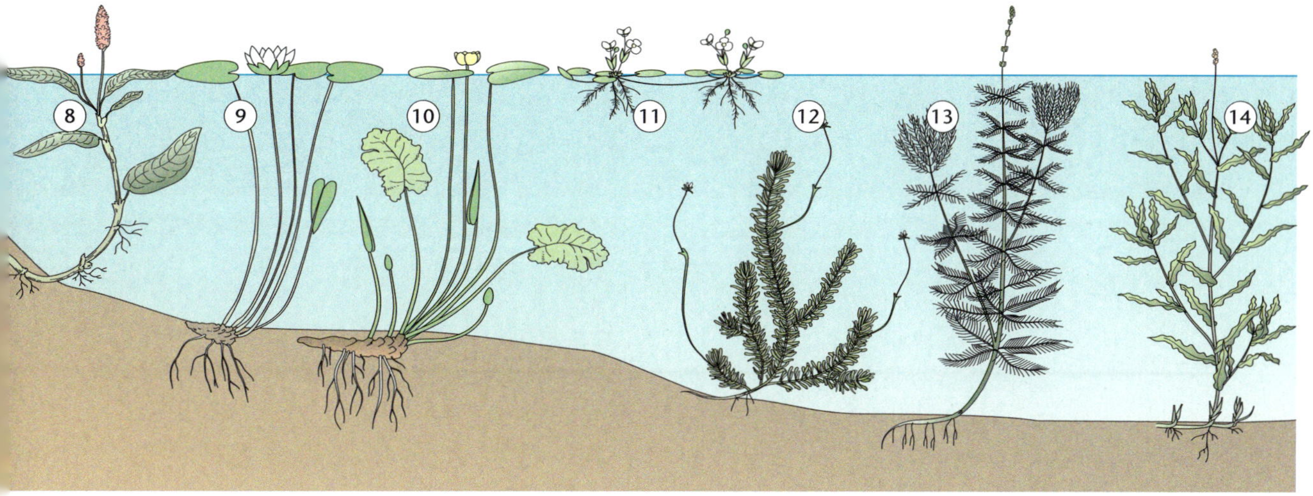

Die Vogelwelt am See

Ein Lebensraum für viele

Wer sich einem See nähert, kann am und auf dem Wasser viele unterschiedliche Vogelarten entdecken. Wie ist es möglich, dass an einem See verschiedene Vogelarten leben können, ohne sich gegenseitig Konkurrenz zu machen?
Gründe hierfür sind unter anderem, dass sich jede Art anders ernährt und unterschiedliche Brutplätze beansprucht. Der Haubentaucher beispielsweise baut sein Nest auf dem Wasser und geht unter Wasser auf Nahrungssuche. Der Teichrohrsänger dagegen baut sein Nest in den Halmen des Schilfs und ernährt sich von Insekten, die in der Schilfzone leben. Diese beiden Arten stehen also nicht in Konkurrenz zueinander und können deshalb ohne Probleme nebeneinander leben.

Die verschiedenen Ansprüche eines Lebewesens an die Nahrung, den Wohnplatz und seine Anforderungen an die gesamte Umwelt nennen Biologen **ökologische Nische**. Jede Vogelart an einem See besetzt also eine andere ökologische Nische.

Jede Art besetzt eine ökologische Nische. Darunter versteht man die Gesamtheit aller Umweltbedingungen, die für das Überleben der Art notwendig sind.

Der **Graureiher** ist in etwa so groß wie ein Storch und an seiner grauen Farbe gut zu erkennen. Der Graureiher nistet meist in größeren Kolonien. Das große Nest baut er aus Reisig in Baumwipfeln. Neben Fischen frisst er auch Amphibien und Feldmäuse.

Die **Blässralle** (Blässhuhn) ist etwa so groß wie eine Ente. Sie ist ein häufiger Brutvogel an unseren Seen und baut ihr Nest im Schilf. Ihre Nahrung besteht aus Unterwasserpflanzen und Kleintieren. Der schwarze Wasservogel ist allerdings kein sehr guter Taucher.

Die **Reiherente** ist wesentlich kleiner als die Stockente. Der Vogel baut sein Nest am Ufer. Er taucht und ernährt sich von Schnecken, Würmern und auch Muscheln.

Die **Lachmöwe** kommt an vielen Binnengewässern als Brutvogel vor. Sie brütet gerne in Kolonien in einem Bodennest. Sie ernährt sich von Kleintieren aller Art, aber auch von menschlichen Abfällen. Deshalb kann man das Tier auch häufig in unseren Städten finden.

Aufgabe

1 Die Vögel an einem See sind Teil eines Nahrungssystems. Jeder Vogel hat eine andere Funktion.
a) Gib die Funktion für jede der abgebildeten Arten mit wenigen Stichworten an.

b) Beschaffe dir aus Büchern oder dem Internet Informationen zu folgenden Vogelarten: Kormoran, Große Rohrdommel und Fischadler. Fertige zu jeder Vogelart einen kurzen Steckbrief an. Formuliere auch für diese Vogelarten kurz die Funktion im Nahrungssystem.

c) Kann es von jeder Vogelart gleich viele Exemplare an einem See geben? Begründe deine Meinung.

Die **Rohrweihe** ist in etwa so groß wie ein Bussard. Sie lebt in Wassernähe und baut das Nest im dichten Uferbewuchs über dem Wasser. Der Vogel erbeutet hauptsächlich kleinere Wirbeltiere wie Mäuse, verschmäht aber auch größere Insekten nicht.

Die **Stockente** ist die größte und auch bekannteste Wildente bei uns. Sie baut ihr Nest in Wassernähe meist auf dem Erdboden unter Büschen oder in Bäumen. Sie ernährt sich überwiegend von Pflanzen; Schnecken und Wasserinsekten werden ebenfalls verzehrt.

Das Nest des **Teichrohrsängers** hängt, an Halmen des Schilfs befestigt, über der Wasseroberfläche. Der Teichrohrsänger ernährt sich überwiegend von Insekten, die er in der Schilfzone des Sees erbeutet.

Der **Höckerschwan** ist ein häufiger Bewohner unserer Binnengewässer. Der Schwan baut sein Nest meist auf festem Boden nahe am Wasser. An vielen unserer Seen wurde er von Menschen angesiedelt. Seine Nahrung besteht aus Unterwasserpflanzen, die er mit seinem langen Hals gut erreichen kann.

Der **Haubentaucher** lebt fast ausschließlich auf dem Wasser und taucht viel. Seine Hauptnahrung sind Fische. Aber auch Krebse, Kaulquappen und Wasserinsekten stehen auf seinem Speiseplan.
Er baut sein Nest auf dem Wasser und befestigt es am Schilf.

Strategie

Ein Referat wird geplant

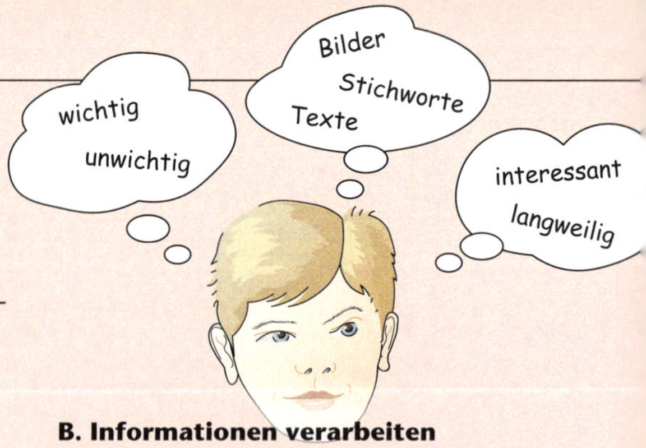

Du hast den Auftrag bekommen, über die Vogelwelt am See ein Referat zu schreiben. Zunächst wählst du einen Wasservogel aus, zum Beispiel den Höckerschwan, über den du im Referat berichten willst.
Hier nun einige Tipps, wie du bei der Anfertigung eines solchen Referates vorgehen kannst.

A. Informationen zusammentragen
Beginne rechtzeitig, Informationen und Material zu sammeln. Dazu kannst du das Internet nutzen, aber auch eine Bücherei aufsuchen. Eventuell gibt es auch Videos zum Thema. Allerdings ist es nicht einfach, diese Bild-Infos in Worte zu übertragen.
Vergiss nicht, am lebhaftesten wirkt dein Referat, wenn du eigene Erlebnisse erzählen kannst: also recherchiere auch vor Ort, am See.

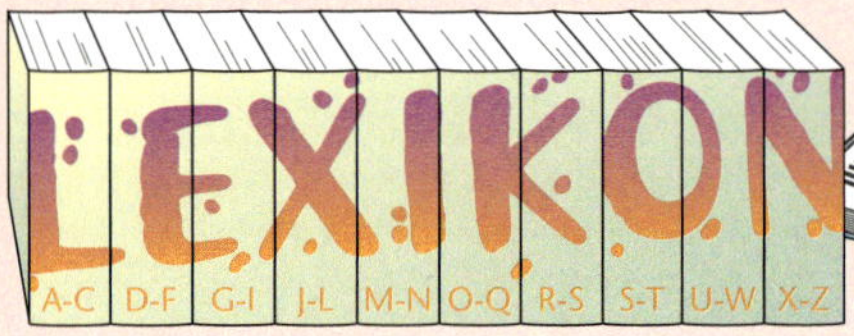

B. Informationen verarbeiten
Wenn du genügend Informationen gesammelt hast, musst du diese mehrfach durchlesen.
Du solltest alles verstanden haben, bevor du anfängst.
Wenn du einen Begriff nicht kennst, kannst du im Lexikon, in anderen Büchern oder auch im Internet nach Erklärungen suchen.

Da das Referat eine Kurzfassung ist, darfst du den Text nicht wörtlich übernehmen. Du musst längere, sehr ausführlich geschriebene Sätze mit deinen eigenen Worten zusammenfassen und weniger wichtige Aussagen weglassen.
Bei der Menge an Informationsmaterial, die du finden wirst, ist es wichtig, eine Auswahl zu treffen.
Suche einige Fotos und Abbildungen aus, die den Höckerschwan deutlich zeigen. Bitte deine Lehrerin oder deinen Lehrer, die Bilder zu kopieren.

C. Das Referat schreiben
Nach mehrfachem Lesen solltest du den Text inhaltlich gliedern. Wie bei einem Aufsatz gibt es beim Referat

- eine Einleitung, in der du das Thema nennst und begründest, warum du dieses Thema gewählt hast,
- einen Hauptteil, in dem du das Wichtigste aus der Literatur wiedergibst und
- einen Schlussteil, in dem du deine Ausführungen zusammenfasst.

Füge am Ende deines Referats eine Literaturliste bei, damit man erfährt, woher deine Informationen stammen.
Schreibe dein Referat leserlich auf oder, wenn du einen Computer zur Verfügung hast, drucke das Referat aus.

Du kannst deinen Lehrer oder deine Lehrerin fragen, ob dein Referat nur schriftlich vorgelegt wird oder ob du es vor der Klasse vortragen sollst, damit deine Mitschülerinnen und Mitschüler auch erfahren, was du alles herausgefunden hast.

D. Der Vortrag

- Stelle dich aufrecht hin, damit du tief durchatmen kannst. Setze Hände und Arme ein, die Gestik und deine Mimik, um lebhaft zu wirken. Lächeln ist erlaubt!!!

- Beginne erst, wenn es still ist und dir alle zuhören. Sage deinen Zuhörern am Anfang, worum es geht. Gib eine kurze Einleitung.

- Lies dein Referat nicht ab, sondern versuche, frei zu sprechen. Notiere dir dazu vorher kurze Stichworte auf Karteikärtchen. Rede laut und deutlich und nicht zu schnell.

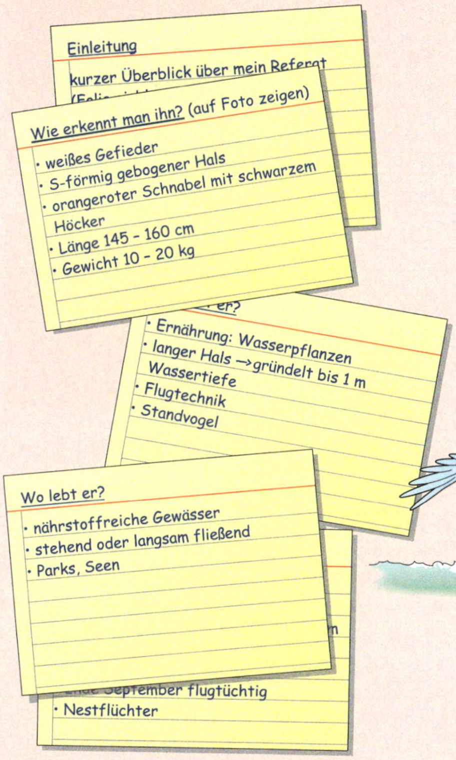

- Teile dein Referat in Absätze ein. Bringe regelmäßig Wiederholungen und kurze Zusammenfassungen. Frage nach, ob auch alles verstanden wurde.

- Schau deine Mitschülerinnen und Mitschüler beim Vortrag an. Das erhöht die Aufmerksamkeit. Sprich in einfachen kurzen Sätzen, damit dir alle folgen können.

- Rede nicht zu lange! Man kann nur 10 bis 15 Minuten ohne Pause zuhören und sich alles merken.

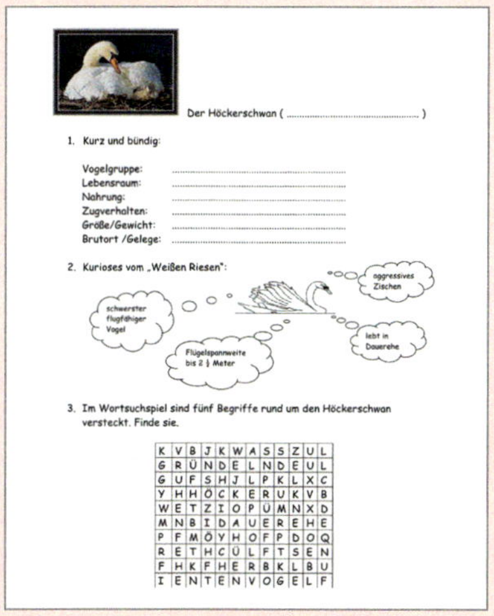

Der Höckerschwan (....)

1. Kurz und bündig:

Vogelgruppe: ....
Lebensraum: ....
Nahrung: ....
Zugverhalten: ....
Größe/Gewicht: ....
Brutort /Gelege: ....

2. Kurioses vom „Weißen Riesen":

schwerster flugfähiger Vogel
Flügelspannweite bis 2 ½ Meter
aggressives Zischen
lebt in Dauerehe

3. Im Wortsuchspiel sind fünf Begriffe rund um den Höckerschwan versteckt. Finde sie.

K	V	B	J	K	W	A	S	S	Z	U	L
G	R	Ü	N	D	E	L	N	D	E	U	L
G	U	F	S	H	J	L	P	K	L	X	C
Y	H	H	Ö	C	K	E	R	U	K	V	B
W	E	T	Z	I	O	P	Ü	M	N	X	D
M	N	B	I	D	A	U	E	R	E	H	E
P	F	M	Ö	Y	H	O	F	P	D	O	Q
R	E	T	H	C	Ü	L	F	T	S	E	N
F	H	K	F	H	E	R	B	K	L	B	U
I	E	N	T	E	N	V	O	G	E	L	F

- Überlege dir, welche Hilfsmittel deinen Vortrag auflockern können. Vielleicht gibt es ein schönes Bild, das du zeigen möchtest, oder einen Filmausschnitt, der interessante Informationen über den Höckerschwan zeigt. Auch die Tafel kannst du mit einbeziehen: schreibe Fachausdrücke an oder fertige zum Verständnis eine kurze Zeichnung.

- Beteilige deine Zuhörer an deinem Referat. Entwirf ein Rätsel, ein Arbeitsblatt oder einen Lückentext, den du am Ende deines Referats austeilst.

- Natürlich kannst du für dein Referat vorher zu Hause üben. Trage es deinen Eltern, deinem Freund oder deiner Freundin vor. Nachdem du festgestellt hast, wo noch Schwierigkeiten bestehen, halte das Referat noch einmal. Schon wirst du merken, dass du bereits viel sicherer bist als beim ersten Mal.

1 Gelbrandkäfer frisst eine Kaulquappe.

Leben in der Gemeinschaft

Grundlage jeder Lebensgemeinschaft sind die grünen Pflanzen, denn nur sie können mithilfe der Fotosynthese aus Wasser und Kohlenstoffdioxid ihre Nährstoffe selbst herstellen. Alle übrigen Lebewesen müssen ihren Nährstoffbedarf über das Fressen von Pflanzen oder Tieren decken. Deshalb nennt man die grünen Pflanzen **Erzeuger** oder **Produzenten**.
Von den Pflanzen ernähren sich die Pflanzenfresser. Das sind im See z. B. Kleinlebewesen wie der Wasserfloh. Aber auch Wasserschnecken oder Insektenlarven fressen die Pflanzen. Diese Pflanzenfresser nennt man **Erstverbraucher** oder **Erstkonsumenten**. Diese oft sehr kleinen Erstverbraucher werden von den **Zweitverbrauchern** gefressen. Dazu gehören beispielsweise der Gelbrandkäfer (▷ B 1), der Wasserskorpion und die Rotfeder. Größere Raubfische wie der Hecht und auch Wasservögel fressen die Zweitverbraucher und werden **Endverbraucher** genannt. Wie eine Kette baut sich so eine Folge von Fressen und Gefressenwerden auf. Je nach der Anzahl der beteiligten Lebewesen kann so eine **Nahrungskette** verschieden lang sein.
Schädlingsbekämpfungsmittel und andere giftige Stoffe werden im Körper der Erstverbraucher gespeichert. Diese Schadstoffe werden in der Nahrungskette weitergegeben. Sie reichern sich von Stufe zu Stufe immer mehr an. Die höchsten Werte findet man schließlich bei den Endverbrauchern.

Ein Netz aus vielen Ketten

Eine Libellenlarve ernährt sich nicht nur von Wasserflöhen, sie frisst auch andere kleine Wasserbewohner, wie z. B. Wasserasseln. Auch die Rotfeder ist nicht einseitig auf Libellenlarven spezialisiert. Sie frisst ebenso gern andere Insekten oder Schnecken und Wasserpflanzen.

3 Beispiel für eine Nahrungskette im See

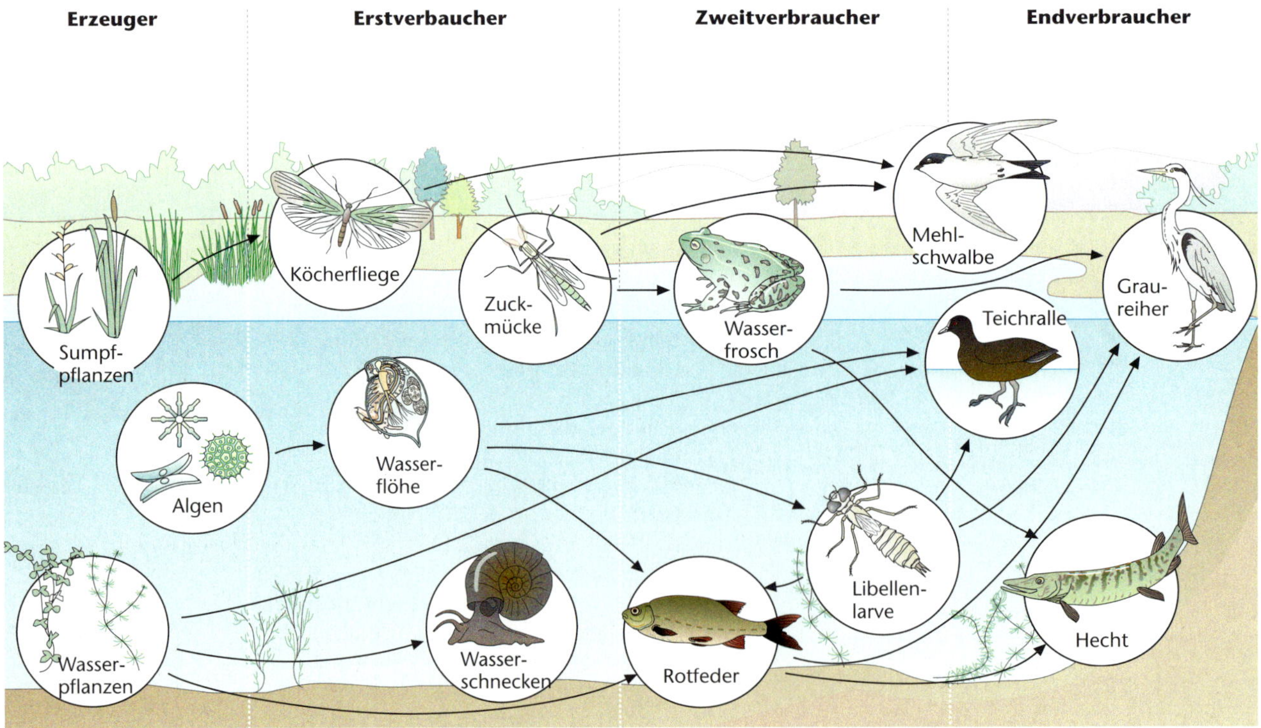

2 Nahrungsnetz im See

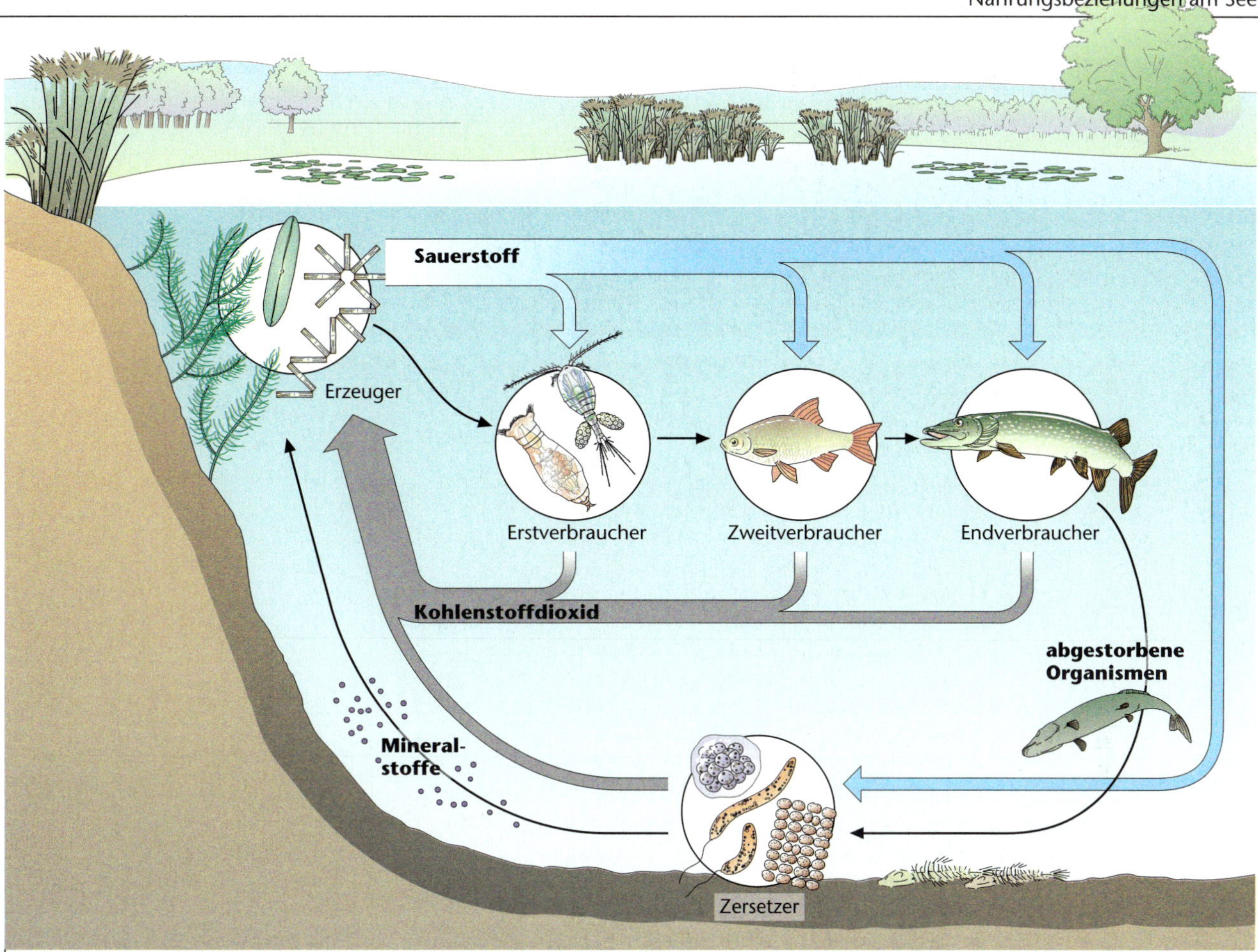

4 Stoffkreislauf im See

Der Hecht hat ebenfalls einen vielseitigen Speiseplan. Er erbeutet nahezu alle Arten von Fischen und anderen Wassertieren. Aus vielen Nahrungsketten entsteht ein **Nahrungsnetz** wie du es in Abbildung 2 sehen kannst.

Ein ewiger Kreislauf
Alle abgestorbenen Pflanzen und Tiere sinken an den Grund des Sees und werden dort von Kleinlebewesen gefressen. Bakterien und Pilze zersetzen die letzten Reste.

Diese Kleinlebewesen nennt man **Zersetzer** oder **Destruenten**. Übrig bleiben am Ende nur Kohlenstoffdioxid und Wasser. Dies sind wiederum die Ausgangsstoffe für die Fotosynthese der grünen Pflanzen. Damit schließt sich der Kreislauf der Stoffe in einem Ökosystem.

In einem gesunden und vom Menschen nicht beeinflussten Ökosystem leben Erzeuger, Verbraucher und Zersetzer in einem bestimmten Zahlenverhältnis, sodass die Existenz einer Art von keiner anderen bedroht wird. Man spricht von einem **biologischen Gleichgewicht**.

Aufgaben

1 Stelle mithilfe von Abbildung 2 weitere Nahrungsketten mit mindesten vier Gliedern zusammen.

2 Überlege anhand eines Beispiels, was passiert, wenn ein Glied eines Nahrungsnetzes entfernt wird.

3 Erstellt gemeinsam ein Plakat zum Thema Nahrungsnetz und Nahrungskette im Ökosystem See.

Werkstatt

Wir untersuchen ein Gewässer

Neben den Pflanzen und Tieren, die im Bereich eines Gewässers leben, ist es auch wichtig, die physikalischen und chemischen Bedingungen zu kennen. Sie haben einen großen Einfluss auf die hier lebenden Arten. Ändern sich die Bedingungen, kann dies auch eine Veränderung der Tier- und Pflanzenwelt zur Folge haben.
Führt die Versuche in Gruppen durch. Notiert vor jeder Untersuchung auch die meteorologischen Daten wie z. B. Bewölkung, Niederschläge und Lufttemperatur an den Messtagen (▷B1). Beachtet auch die Entsorgungshinweise für die eingesetzten Chemikalien.

1 Physikalische Daten: Messung der Sichttiefe

Die Messung der Sichttiefe gibt Auskunft über die Trübung des Wassers. Sie wird durch Algen oder andere Schwebstoffe, wie z. B. Lehmpartikel, beeinflusst.

Material
Weißer Topfdeckel (Durchmesser ca. 25 cm) mit Löchern, Schnur mit Markierungen (alle 10 cm), Papier, Stift

Versuchsanleitung
a) Befestigt die Schnur am Griff des Topfdeckels.
b) Lasst den Topfdeckel mit der Schnur an einer möglichst tiefen Stelle so weit eintauchen, bis ihr ihn gerade noch sehen könnt.
c) Wiederholt den Versuch an mehreren Tagen.

Aufgaben
1. Notiert die an den verschiedenen Tagen gemessenen Sichttiefen und erstellt eine Tabelle.

2. a) Vergleicht die verschiedenen Ergebnisse.
b) Wodurch wird die Sichttiefe in dem von euch untersuchten Gewässer jeweils beeinflusst?

2 Physikalische Daten: Messung der Temperatur

Die Wassertemperatur ist für biologische Prozesse, wie Fotosynthese oder Abbauvorgänge, wichtig. Bei höheren Temperaturen laufen diese Prozesse schneller ab.

Material
Thermometer mit Öse, an einer Schnur mit Markierungen (alle 10 cm) befestigt, Papier, Stift

Versuchsanleitung
a) Messt an mehreren Tagen, immer zur gleichen Zeit, an verschiedenen Stellen im Teich die Temperatur an der Wasseroberfläche.
b) Messt an einer Stelle die Temperatur in verschiedenen Wassertiefen. Wiederholt auch diese Messung an mehreren Tagen.

Aufgaben
1. Notiert eure Ergebnisse.

2. An welchen Stellen ist der Teich sehr kalt/warm?
Begründet eure Antwort.

3. Wie ändert sich die Wassertemperatur mit zunehmender Wassertiefe? Nennt Gründe.

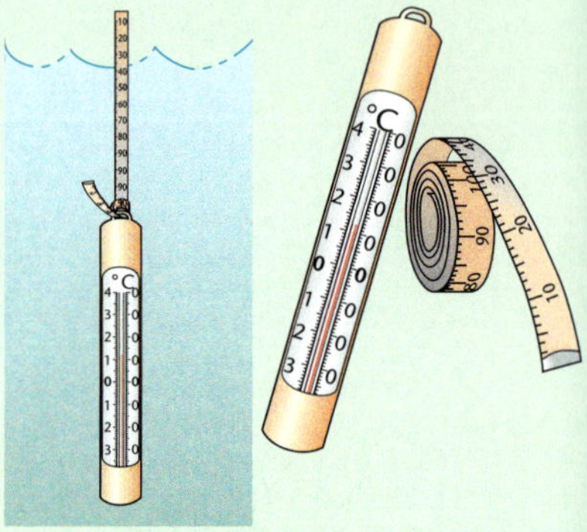

3 Chemische Daten: Sauerstoffnachweis

Sauerstoff ist lebensnotwendig für die meisten Wasserorganismen. Er gelangt ins Wasser, indem er darin aus der Luft gelöst oder durch Fotosynthese von Algen und anderen Wasserpflanzen gebildet wird. Die Menge des Sauerstoffs ist ein Anzeiger für die Güte des Gewässers.

Material
Testkit für chemische Messungen, Thermometer

Versuchsanleitung
a) Führt die Sauerstoffmessung entsprechend der Anleitung der Testkits durch.
b) Messt die Temperatur des Wassers wie in Versuch 3.
c) Vergleicht eure Messwerte mit Werten einer Tabelle, in der die Löslichkeit des Sauerstoffs in Abhängigkeit von der Temperatur angegeben ist.
d) Was könnt ihr über die Qualität des Wassers aussagen?

4 Chemische Daten: Messung des pH-Werts

Chemische Messungen führt man am einfachsten mit speziellen Testkits durch.

Der pH-Wert gibt an, ob ein Gewässer sauer (pH < 7), neutral (pH = 7) oder alkalisch (pH > 7) ist. Bei unbelasteten Gewässern liegt der pH-Wert zwischen 6,5 und 8.
Weicht der pH-Wert hiervon ab, hat dies Auswirkungen auf die Pflanzen und Tiere.

Material
pH-Teststreifen, Farbskala, Papier, Stift

Versuchsanleitung
Führt die pH-Wert-Messung entsprechend der Anleitung des Testkits durch.

Aufgaben
1. Vergleicht die Verfärbung des Teststreifens mit der Farbskala.

2. Ermittelt den pH-Wert und notiert ihn. Gebt an, ob es sich um ein saures, neutrales oder alkalisches Gewässer handelt.

3. Informiert euch über die Abhängigkeit der im Wasser lebenden Tiere und Pflanzen vom pH-Wert.

5 Chemische Daten: Nitrate und Phosphate

Stickstoff und Phosphor sind wichtig für das Pflanzenwachstum.
Im Wasser liegen sie gelöst, hauptsächlich in Form ihrer Salze (Nitrate, Phosphate), vor.
Bereits in geringen Konzentrationen besitzen Nitrate und Phosphate düngende Wirkung. Dadurch beschleunigt sich das Wachstum der Algen und der anderen Wasserpflanzen.

Material
Testkit für chemische Messungen, Papier, Stift

Versuchsanleitung
Führt die Messungen entsprechend den Anleitungen der Testkits durch.

a) Taucht einen Teststreifen zur Nitratbestimmung ins Wasser.
b) Wiederholt den Versuch mit einem neuen Teststreifen an verschiedenen Stellen.
c) Führt die Versuche mit Teststreifen zur Phosphatbestimmung entsprechend durch.

Aufgaben
1. Vergleicht die Verfärbung der Streifen mit der jeweiligen Farbskala und notiert eure Ergebnisse.

2. Für die Belastung eines Gewässers mit Nitrat gibt es folgende Einteilung:
< 0,1 mg/l: praktisch unbelastet
< 5,0 mg/l: mäßig belastet
> 5,0 mg/l: stark belastet
a) In welchem Bereich liegen die gefundenen Werte?
b) Welche Auswirkungen könnte der ermittelte Nitratgehalt auf die Pflanzen im Wasser haben?
c) Welche Folgen ergeben sich für das Gewässer?

3. Für die Belastung eines Gewässers mit Phospat gibt es folgende Einteilung:
< 0,03 mg/l: praktisch unbelastet
< 0,5 mg/l: mäßig belastet
> 0,5 mg/l: stark belastet
a) In welchem Bereich liegen die gefundenen Werte?
b) Welche Auswirkungen könnte der ermittelte Phosphatgehalt auf die Wasserpflanzen und das gesamte Gewässer haben?

6 Biologische Daten: Bestimmung von Pflanzen

Das Wachstum von Pflanzen wird von den physikalischen und chemischen Bedingungen beeinflusst. Es gibt Pflanzen, die hauptsächlich an Orten wachsen, an denen typische physikalische und chemische Bedingungen herrschen. Sie werden deshalb Zeigerpflanzen genannt.

Material
Bestimmungsbuch, Lupe, Papier, Stift

Versuchsanleitung
Bestimmt mithilfe des Bestimmungsbuches die Pflanzen, die ihr am und im Gewässer findet.

Aufgaben
1. Tragt die Fundorte der Pflanzenarten in eure Skizze ein.

2. Im Bestimmungsbuch sind für viele Pflanzen verschiedene Wachstumsbedingungen angegeben. Überprüft, ob diese Angaben mit den von euch gefundenen Daten übereinstimmen.

3. Stellt die Ergebnisse eurer Untersuchungen in Form einer kleinen Ausstellung in der Schule vor. Wählt euch dabei selbst Unterthemen und entwerft zu jedem dieser Unterthemen ein Plakat.

Probenstelle	Lufttemperatur	Bewölkung	Wassertemperatur	pH-Wert	Nitratgehalt	Phosphatgehalt
1						
2						
3						
4						
5						
6						
7						
8						

1 Datenblatt

Wasser – ein Lebenselixier

Gewässergüteklassen	
I	unbelastet bis sehr gering belastet
II	mäßig belastet
II–III	kritisch belastet
III	stark verschmutzt
IV	übermäßig verschmutzt

Trinkwasser in anderen Ländern

Für die Menschen Mitteleuropas ist es selbstverständlich, dass genügend Trinkwasser zur Verfügung steht, welches gesundheitlich völlig unbedenklich ist. In großen Teilen der Erde leiden die Menschen heute darunter, dass Trinkwasser knapp ist und außerdem mehr oder weniger stark verunreinigt ist. Besonders gefährlich sind Krankheitserreger, wenn sie im getrunkenen Wasser enthalten sind.

- In welchen Gebieten der Erde sind die Trinkwasserprobleme besonders groß?
- Welche Krankheitserreger können im Wasser enthalten sein?
- Welche Wirkung haben diese?

Gewässergüte

Beurteile die Veränderung der Gewässergüte seit 1975.

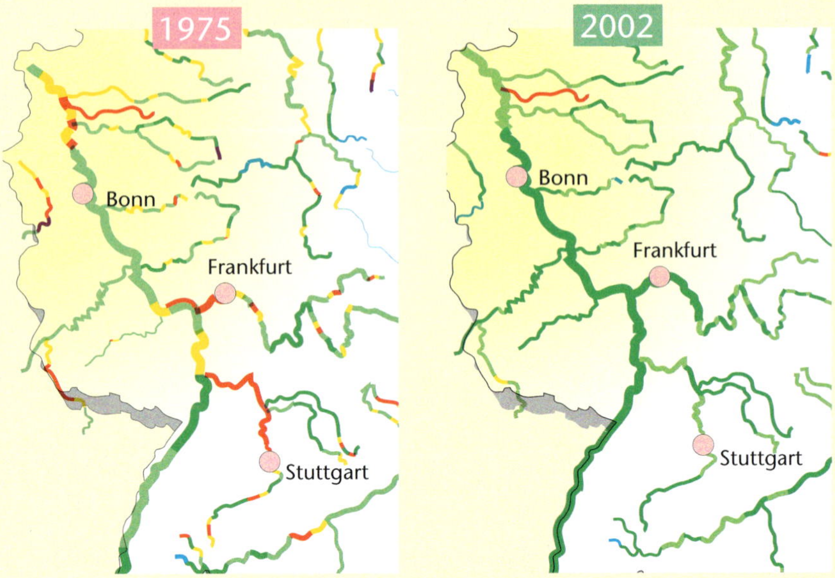

- Das baden-württembergische Seenforschungsinstitut berichtet 2008, dass die Nährstoffbelastung des Bodensees insbesondere durch Phosphate auf den Stand in den 50er Jahren zurückgegangen ist. Dennoch beklagen sich die Berufsfischer darüber, dass die Fänge immer mehr zurückgehen und ihre Existenz inzwischen bedroht sei. Versuche, zwischen diesen beiden Aussagen einen Zusammenhang herzustellen.

Wasserqualität

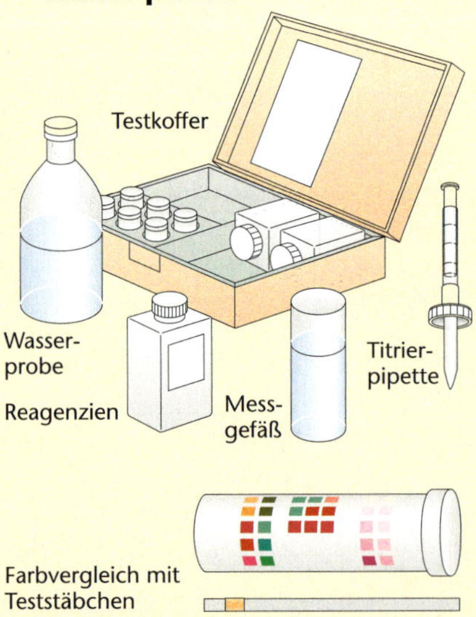

Vorsicht!
Abfallchemikalien zum Entsorgen in die Kunststoffflaschen geben!

- Ermittle bei der Gewässeranalyse die Temperatur der Luft und des untersuchten Wassers, außerdem mit Teststreifen bzw. den üblichen Testkits den pH-Wert, den Sauerstoff-, Nitrat- und Ammoniumgehalt.
- Schlage nach, welche Aussagen mithilfe der Messwerte möglich sind. Vergleiche mit dem pH-Wert, dem Sauerstoff- und Nitratgehalt des Trinkwassers.

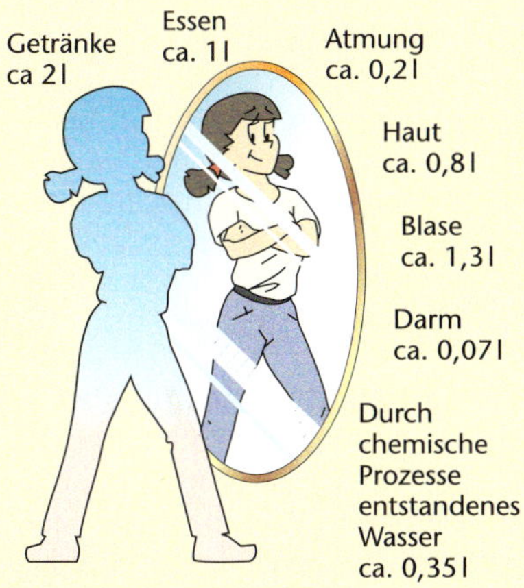

Wassergehalt

Jeder Mensch besteht zu ungefähr 60 % aus Wasser. Er verliert jeden Tag mehr als 2 Liter Wasser, die er auch wieder mit Getränken und der Nahrung aufnehmen muss. Wasser ist lebensnotwendig. Verliert der Körper mehr als 12 % Wasser, stirbt der Mensch.

- Suche nach Beispielen für Organismen, die nur sehr wenig Wasser aufnehmen müssen. Wie funktioniert bei ihnen das Wassersparen?

Wassergehalt von Organismen
in % des Gesamtgewichts

Algen	bis 98 %
Blätter (höhere Pflanzen)	80 – 90 %
Gurke	bis 95 %
Holz	50 %
Ohrenqualle	98,2 %
Wasserfloh	73,9 %
Kartoffelkäfer	62 – 66 %
Schleie	80 %
Frosch	77 %
Mensch	60 %

Wassertransport

Wasser wird über große Strecken durch Meeresströmungen transportiert. Der Golfstrom hat eine besondere Bedeutung für Mittel- und Nordeuropa.

- Wie entsteht der Golfstrom?
- Was bewirkt er?
- Was wäre, wenn der Golfstrom zum Erliegen käme?

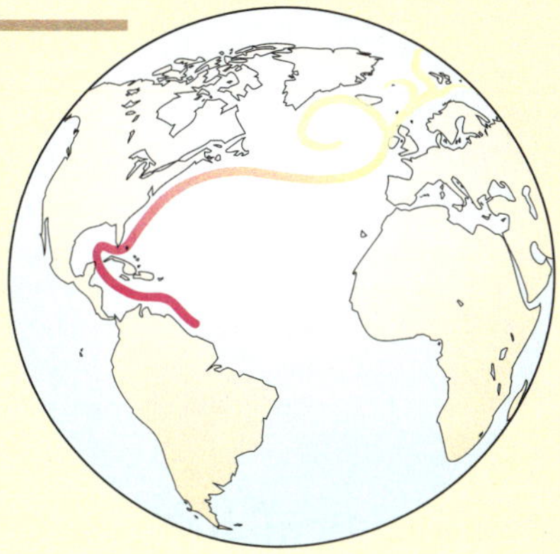

- Schon die Römer bauten lange Wasserverteilungssysteme, um ihre Städte ausreichend mit Trinkwasser zu versorgen.
Informiere dich über den Pont du Gard bei Nîmes in Südfrankreich und berichte.

- Woher kommt euer Trinkwasser? Informiert euch.

Wasserkreislauf

Das Wasser auf der Erde befindet sich in einem ständigen Kreislauf: Es verdunstet von der Oberfläche der Meere sowie der Seen und Flüsse oder durch Pflanzen. Der Niederschlag befördert es zur Erde zurück, wo es ins Grundwasser versickern kann. In Mitteleuropa fällt mehr Niederschlag, als Wasser verdunstet. Das ist ein wichtiger Grund dafür, dass bei uns eine ertragreiche Landwirtschaft existiert. Fällt zu wenig Niederschlag oder verdunstet zu viel Wasser, muss bewässert werden um landwirtschaftliche Nahrungsmittelproduktion zu ermöglichen.

- Wo fallen weltweit genügend Niederschläge, wo zu wenig?
- In welchen Regionen ist ertragreiche Landwirtschaft möglich, wo nur unter großen Schwierigkeiten?
- Wie und wo entstehen Niederschläge?
- Wie viel mm Jahresniederschlag fallen bei uns?

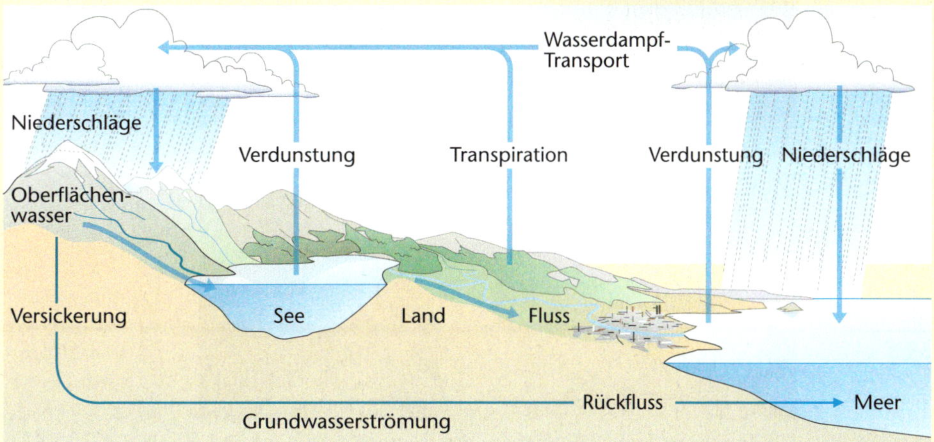

Dem Wasser geht's dreckig
Fast jede Nutzung des Wassers durch den Menschen birgt die Gefahr einer Verschmutzung. Landwirtschaft, private Haushalte und Industrie belasten unsere Gewässer durch die Einleitung von verschiedenen Schadstoffen.

1 Ausbringen von Gülle

2 Auch Müll belastet unsere Gewässer.

3 Industrieabwasser 1991 (müssen heute gereinigt werden)

Die **Landwirtschaft** sorgt mit dem Einsatz von Pflanzenschutzmitteln, Dünger und dem Ausbringen von Gülle für eine Belastung der Umwelt. Dünger und Gülle enthalten sehr viel Phosphat bzw. Nitrat, die das Pflanzenwachstum fördern.

In Gebieten mit Massentierhaltung werden die Böden häufig mit übermäßig viel Gülle gedüngt. Die Gülle gelangt in angrenzende Seen und Flüsse und stört dort das biologische Gleichgewicht. Auch der häufige Einsatz von Pflanzenschutzmitteln birgt Gefahren für unsere Gewässer. Diese oft giftigen Stoffe gelangen in nahe gelegene Seen und Flüsse und schädigen dort ebenfalls die Tier- und Pflanzenwelt.

Die **privaten Haushalte** sind besonders stark an der Verunreinigung unserer Gewässer beteiligt. In Deutschland verbraucht jede Person pro Tag ca. 130 Liter Wasser. Das entspricht etwa der Menge von 13 Eimern Wasser. 130 Liter verbrauchtes Wasser bedeuten auch 130 Liter verunreinigtes Wasser. Fäkalien, Geschirrspülmittel, Waschpulver, Badezusätze, Fette, Öle und viele andere Stoffe, gelangen täglich ins Wasser. Auch in noch so guten Kläranlagen kann das Wasser bis heute nicht vollständig gereinigt werden. Es bleiben immer gewisse Schadstoffe im Wasser zurück, die dann wieder in den natürlichen Wasserkreislauf gelangen.

Jeder kann durch sparsame Verwendung belastender Stoffe im Haushalt dazu beitragen, dass das Wasser weniger verunreinigt wird.

Industriebetriebe müssen stark verschmutztes Wasser reinigen, bevor sie es in Bäche, Seen und Flüsse einleiten dürfen. Trotzdem bleiben noch Schadstoffe in den eingeleiteten Abwässern zurück, die den Naturhaushalt der Gewässer stören.

Unsere Gewässer werden von der Landwirtschaft, den privaten Haushalten und der Industrie verunreinigt.
Vor allem Gülle und Chemikalien sind eine Gefahr für das biologische Gleichgewicht der Gewässer.

Ohne Sauerstoff kippt er um

Durch Landwirtschaft, Industrie und private Haushalte gelangen ständig große Mengen Mineralsalze wie Nitrate und Phosphate in die Gewässer.
Für einen See, dem ständig zu viele Mineralsalze zugeführt werden, beginnt ein langsames Sterben. Diese Anreicherung von Mineralsalzen in einem See nennt man Überdüngung oder **Eutrophierung**.

Die Mineralsalze bewirken eine starke Vermehrung von Algen und anderen pflanzlichen Erzeugern im Gewässer.
Die massenhaft vorhandenen Algen sterben ab und bilden am Seegrund eine Schlammschicht, die **Faulschlamm** genannt wird. Beim Abbau dieser abgestorbenen Algen und anderer Pflanzenreste verbrauchen die beteiligten Organismen, meist Bakterien, viel Sauerstoff.
Der Sauerstoffgehalt des Wassers nimmt ab. Dadurch sterben Fische und andere Wassertiere. Auch diese toten Organismen werden wieder unter Verbrauch von viel Sauerstoff abgebaut. Die Faulschlammschicht am Boden wird immer dicker und der Sauerstoffgehalt im Wasser immer geringer. Das Wasser wird trüb und es gibt kaum mehr grüne Pflanzen, die noch Sauerstoff produzieren.

Die einzigen Lebewesen, die hier noch existieren, sind Bakterien, die ohne Sauerstoff leben können. Bei ihrer Arbeit entwickeln sich übel riechende Gase, die anzeigen, dass das Gewässer umgekippt ist. **Umkippen** heißt also, dass es in einem Gewässer nahezu keinen Sauerstoff und damit kaum noch Lebewesen gibt. Nur mit großem Aufwand kann man umgekippte, tote Seen wieder zum Leben erwecken.

Gelangen zu viele Mineralsalze in einen See, so beginnt eine langsame Eutrophierung. Wird diese nicht gestoppt, so kippt der See um. Das bedeutet, dass es kaum noch Leben im See gibt.

Aufgaben

1 Erkläre in eigenen Worten die Abfolge des Umkippens eines Sees.

2 Beschreibe die Störung eines Gewässers durch das Freizeitverhalten des Menschen.

3 Informiert euch über Bachpatenschaften bei den Landesumweltministerien oder Umweltschutzämtern der Gemeinde.

4 Erarbeitet gemeinsam Einspartipps für den Wasserverbrauch.

5 Eutrophiertes Gewässer

4 Eutrophierung

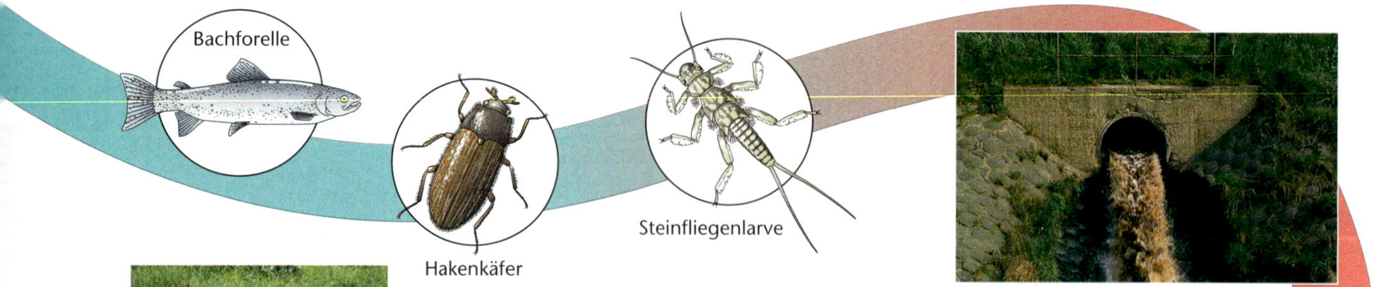

Güteklasse I
(unbelastet bis sehr gering belastet)

Wasser nährstoffarm, sauerstoffreich

Güteklasse IV
(übermäßig verschmutzt)

Wasser übelriechend, Boden schwarz durch Faulschlamm

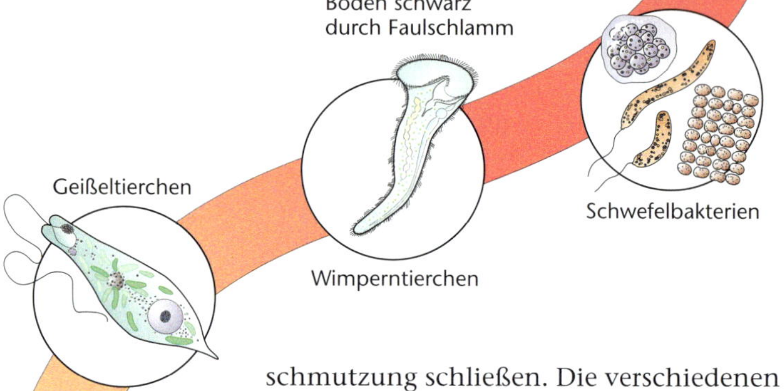

Jetzt ist es passiert

Gelangt stark verschmutztes Abwasser in einen Bach, so verändern die im Schmutzwasser enthaltenen Stoffe die Lebensbedingungen der Bachbewohner. Die im Abwasser vorhandenen Mineralsalze und Verunreinigungen bewirken ein starkes Algenwachstum. Wie bei einem umkippenden See nimmt der Sauerstoffgehalt des Wassers stark ab und es können sich nur noch wenige Lebewesen behaupten. Dies sind meist Zersetzer, die teilweise sogar ohne Sauerstoff auskommen.

Selbstreinigung

Mit zunehmender Entfernung vom Ort der Verschmutzung verdünnt sich die Schmutzkonzentration. Außerdem gelangt durch die Fließbewegung wieder mehr Sauerstoff ins Wasser. Nun können auch solche Kleinlebewesen existieren, die sich von den Zersetzern ernähren. Bei immer besser werdenden Sauerstoffverhältnissen können weiter bachabwärts auch Fische leben und sich von den dort vorkommenden Pflanzen und Kleinlebewesen ernähren. Die Schmutzstoffe im Wasser werden also nach und nach von verschiedenen Kleinstlebewesen wie beispielsweise Bakterien, Würmern, Schnecken und Asseln gefressen und so beseitigt.

Was zeigen „Zeigerorganismen"?

In jedem Abschnitt eines verunreinigten Baches kommen dafür typische Lebewesen vor. Diese sind an die jeweils herrschenden Lebensbedingungen angepasst und werden **Zeigerorganismen** genannt. Findest du also in einem Bachabschnitt bestimmte Lebewesen, so kannst du auf den dort herrschenden Grad der Verschmutzung schließen. Die verschiedenen Verschmutzungsgrade des Wassers werden durch so genannte **Gewässergüteklassen** beschrieben. Die Gewässergüteklasse I bezeichnet ein nahezu unbelastetes Wasser und die Gewässergüteklasse IV beschreibt ein übermäßig stark belastetes Gewässer.

Nach ca. sieben Kilometern ist's geschafft

Die vielen Kleinlebewesen brauchen lange, bis das Wasser wieder einigermaßen sauber ist. Auf einer Strecke von etwa 7 km wird durch ihre Arbeit aus übermäßig verschmutztem Wasser der Güteklasse IV wieder Wasser der Güteklasse I–II, in dem viele verschiedene Bachbewohner leben können.

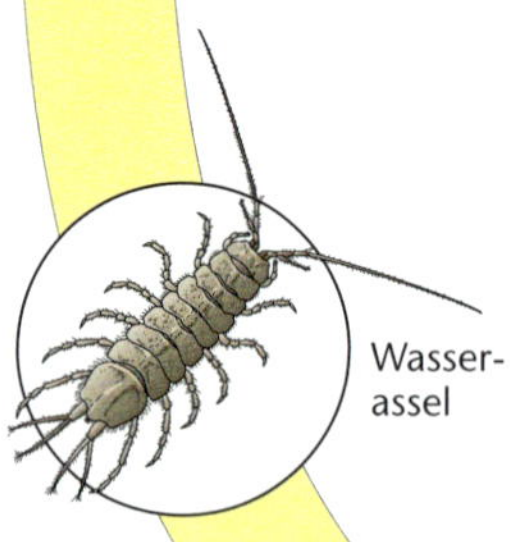

Grenzen der Selbstreinigung

Dies ist aber nur bei einem natürlichen, nicht von Menschen veränderten Bachver-

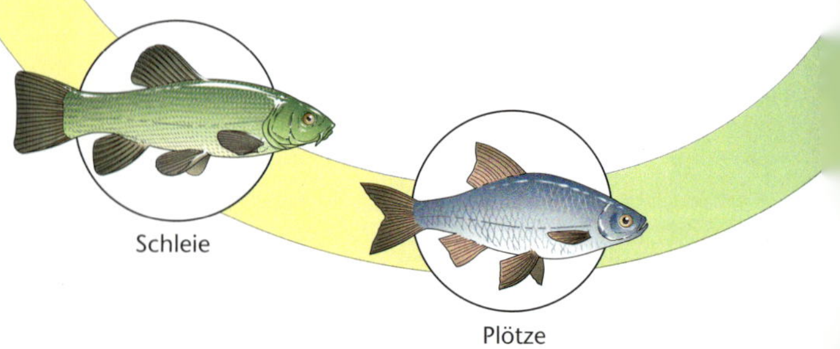

lauf möglich. Bei einem begradigten Bach funktioniert die Selbstreinigung wegen der hohen Fließgeschwindigkeit erst nach einer Strecke von ca. 30–40 km. Außerdem kann diese Selbstreinigung nur gelingen, wenn unterwegs nicht zu viele Abwässer eingeleitet werden.

Ein Bach kann sich mithilfe von Kleinstlebewesen, die sich von Schmutzstoffen ernähren, wieder selbst reinigen.
Durch Zeigerorganismen kann man die Gewässergüte bestimmen.

Aufgaben

1 Beschreibe mit eigenen Worten die Selbstreinigung eines Baches.

2 Versucht in einem Bach in eurer Nähe Zeigerorganismen zu finden. Bestimmt und notiert eure Funde.

3 Plant ein Projekt zur Untersuchung eines Fließgewässers und führt es durch.

Güteklasse II
(mäßig belastet)

Wasser ziemlich klar, gering belastet mit organischen Stoffen

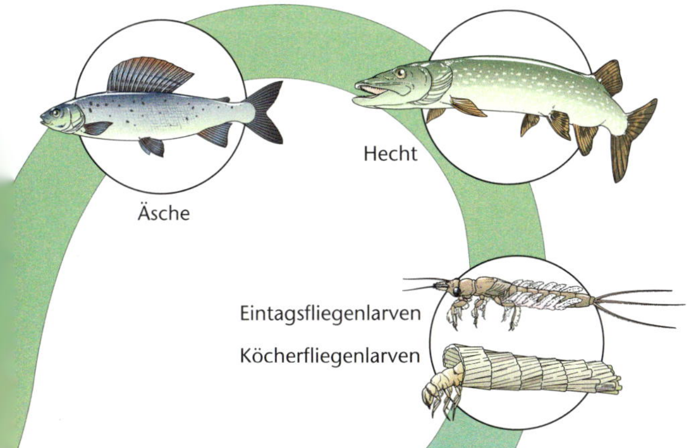

Güteklasse I
(unbelastet bis sehr gering belastet)

Wasser nährstoffarm, sauerstoffreich

Schnittpunkt

Der Rhein ist wieder sauber

1 Der Rhein als „Kloake Europas", 1970

2 Der Rhein heute

Der Rhein entspringt in den Alpen und mündet nach 1320 km bei Hoek van Holland in die Nordsee. Bis zur Rheinregulierung durch TULLA (1770–1828) wurden sehr viele Lachse und andere Fische im Rhein gefangen. Durch die immer stärkere Besiedlung der Rheinufer und die Industrialisierung gelangten große Mengen Abwasser und auch giftige Chemikalien in den Rhein. Das wurde so schlimm, dass Ende der 50er-Jahre die Lachse im Rhein ausstarben!

Erst als der Rhein in manchen Gebieten die Gewässergüte IV aufwies, begann ein Umdenken. Es wurden große Kläranlagen gebaut und die Industriebetriebe durften keine ungeklärten Abwässer mehr einleiten. So erholte sich der Rhein allmählich wieder. Aber 1986 flossen, nach einem Brand bei Sandoz in der Nähe von Basel, große Mengen von mit Chemikalien belastetem Löschwasser in den Rhein. Dies führte zu einem verheerenden Fischsterben. Mehrere Verträge der Rheinanliegerstaaten und große nationale Anstrengungen führten langsam zu einer Erholung des Rheins.

Heute hat der Rhein fast überall die Gewässergüteklasse II. Der Lachs wurde wieder angesiedelt und auch Fische wie Aal, Flussbarsch, Rotauge und Brachsen kommen wieder vor. Dies zeigt, dass durch entsprechende Maßnahmen die Qualität der Gewässer nachhaltig verbessert werden kann.

Aufgaben

1 Überlegt ein Projekt, in dem ihr herausfindet, was mit den Abwässern eurer Gemeinde geschieht. Informiert euch bei der Gemeindeverwaltung.

2 Stellt euch vor, was geschehen würde, wenn nach wie vor alle Abwässer der Gemeinden entlang des Rheins ungeklärt in den Fluss geleitet würden. Berichtet.

3 Falls es in eurer Schule einen Wasseruntersuchungskoffer gibt, so untersucht mithilfe von Teststäbchen den Nitratgehalt von Leitungswasser und Wasser aus dem Schulteich.

Wohin fließt unser Abwasser?
Hast du dich schon einmal gefragt, wo die Abwässer der Stadt oder der Gemeinde, in der du lebst, bleiben? Unter den Straßen führen oft riesige Kanäle unsere Abwässer zu einer Kläranlage, die in vielen Fällen weit außerhalb der Stadt liegt.

In der Kläranlage wird das Schmutzwasser in verschiedenen Stationen so behandelt, dass es mit Gewässergüteklasse II wieder an die Umwelt abgegeben werden kann.

Wer klärt das Wasser?
Interessant dabei ist, dass in der zentralen, der biologischen Reinigungsstufe das Abwasser fast wie bei einem Bach mithilfe von Kleinstlebewesen, vor allem Bakterien, gereinigt wird.

So kann eine Kläranlage aussehen
Eine moderne Kläranlage besteht aus
- der **mechanischen Reinigung** mit Rechen, Sandfang und Vorklärbecken und
- der **biologischen Reinigung** mithilfe von Mikroorganismen.

Eine weitergehende Abwasserreinigung wird durch das Nachklärbecken und die Flockungsfiltration erreicht. Nur wenn die Belastung sehr hoch ist, werden Phosphate mithilfe von Eisensalzen während des normalen Klärprozesses chemisch ausgefällt. Danach gelangt das geklärte Wasser über den Vorfluter, das ist meist ein kleiner Bach, in den natürlichen Wasserkreislauf zurück.

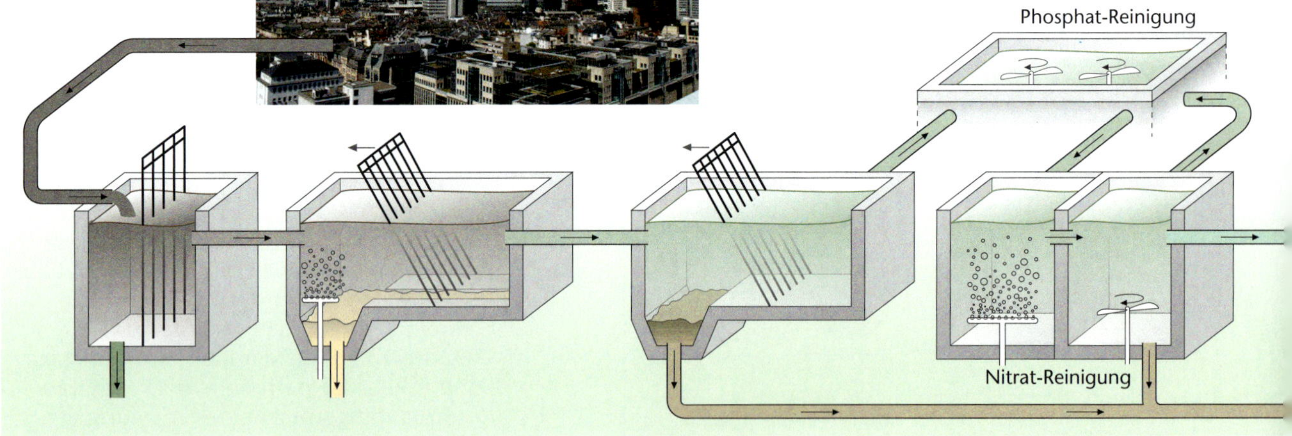

Rechen
Hier werden durch ein Gitter und Siebe grobe Stoffe aus dem ankommenden Wasser zurückgehalten.

Sandfang
In die Sandfangbecken wird Luft gepumpt, um das Abwasser aufzufrischen. Außerdem trennt sich der Sand so besser von den organischen Stoffen. Er setzt sich ab und wird mithilfe von Pumpen entfernt.
Bevor das Wasser in das Vorklärbecken gelangt, werden wasserunlösliche Stoffe wie Fette und Öle zurückgehalten.

Vorklärbecken
Die Fließgeschwindigkeit wird wiederum herabgesetzt. Das Wasser fließt nun so langsam, dass sich die meisten Schwebestoffe im Wasser als Schlamm absetzen können.
Dieser Rohschlamm wird abgepumpt und im Faulturm gelagert.

Belebtschlammbecken
Die Zufuhr von Sauerstoff bietet Bakterien und anderen Einzellern ideale Lebensbedingungen. Die Mikroorganismen ernähren sich u.a. von den im Wasser gelösten Nitraten und Phosphaten. Dadurch werden diese Verbindungen entfernt. Der überschüssige Belebtschlamm wird zum Faulturm geleitet.

mechanische Reinigung | biologische Reinigung

Eine schlammige Angelegenheit

In allen Klärungsstufen wird Schlamm erzeugt und in den Faulturm geleitet. Hier wird der Schlamm unter Abgabe von Methangas zersetzt. Das Gas wird in einem Turm gesammelt und für die Energiegewinnung verwendet. Bei der Zersetzung des Faulschlamms entsteht ein kompostartiges Produkt, das teilweise als Dünger verwendet werden kann. Aber viele Klärschlämme sind so stark mit Schwermetallen belastet, dass sie nicht als Dünger eingesetzt werden dürfen, sondern in Deponien gelagert und verbrannt werden müssen.

Immer besser

Chemiker und Abwassertechniker entwickeln immer bessere Methoden, damit das Wasser noch sauberer wird.

▶ Eine Kläranlage reinigt Abwasser in verschiedenen Stufen so gründlich, dass es wieder an die Natur abgegeben werden kann. Die Hauptreinigungsstufe ist die biologische Reinigung.

1 Luftbild einer Kläranlage

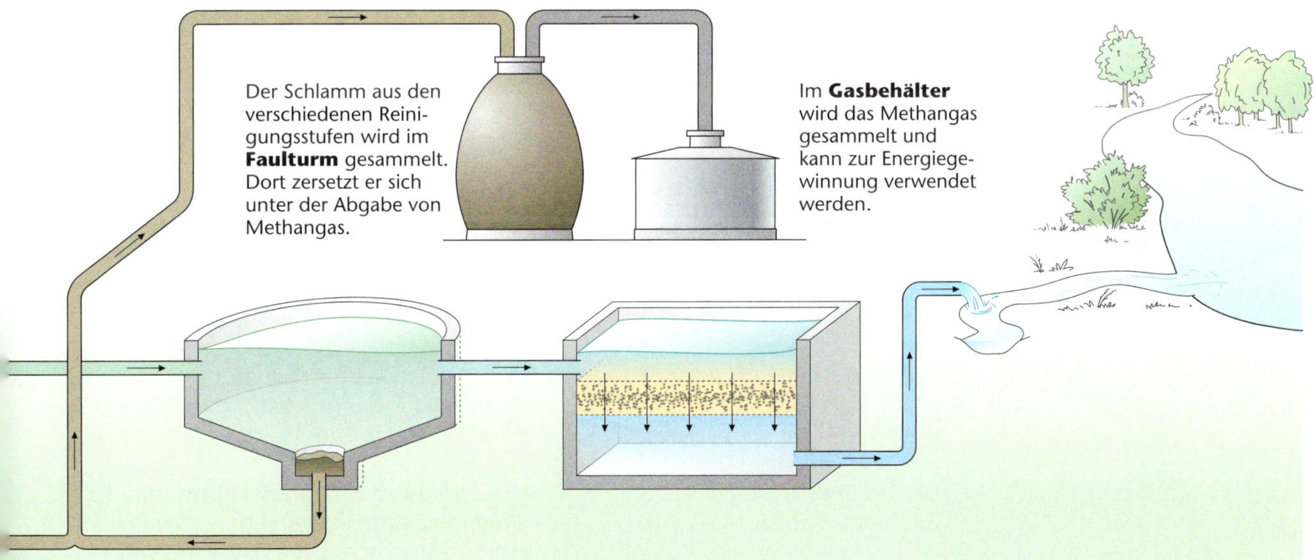

Nachklärbecken
Hier bleibt das Wasser einige Zeit stehen, damit sich die restlichen Flocken des Belebtschlamms absetzen können. Ein Teil des abgesetzten Belebtschlamms wird in den Faulturm gepumpt, der andere Teil wird nochmal in das Belebtschlammbecken zurückgepumpt.

Flockungsfiltration
Zum Schluss wird das Wasser noch von krank machenden Keimen und evtl. noch vorhandenen Phosphaten befreit. Dies geschieht mithilfe der Flockungsfiltration. Das Wasser hat nun fast Trinkwasserqualität.

Vorfluter
Über den Vorfluter, meist ein Fließgewässer, gelangt das gereinigte Wasser wieder in den natürlichen Wasserkreislauf.

(chemische Ausfällung nur nach Bedarf)

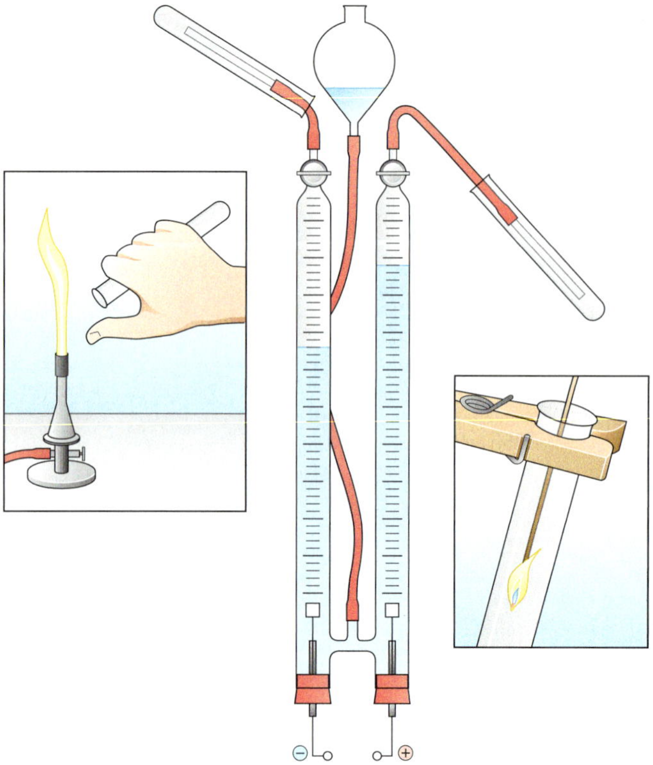

1 Zerlegung von Wasser im Hofmann'schen Zersetzungsapparat

Schnittpunkt

Wasser aus Feuer

1 H. Cavendish (1731–1810)

1766 ließ Henry Cavendish (▷ B 1) Salzsäure auf Zink tropfen. Dabei beobachtete er, dass sich ein unbekanntes Gas bildete. Er fing das Gas in einer Schweinsblase auf und untersuchte seine Eigenschaften. Da das Gas leicht entzündlich und brennbar war, nannte er es „brennbare Luft“. Nach weiteren Untersuchungen stellte er fest, dass beim Verbrennen des feuergefährlichen Gases im Gefäß Wasser entstand. Später nannte man das brennbare Gas Wasserstoff, weil man mit ihm Wasser erzeugen konnte.

Fassen Sie keine elektrischen Geräte an, während Sie im Wasser sind oder auf nassem Boden stehen, Sie könnten sonst in Gefahr geraten.

Leitungswasser ist schwach elektrisch leitfähig. Durch Zusätze im Wasser wird die Leitfähigkeit erhöht.

Wasser – aus eins mach zwei

In eine Apparatur nach Bild 1 (▷ V 1) lässt man leitfähig gemachtes Wasser fließen, bis die beiden Glasröhren gefüllt sind. Von unten ragen Platindrähte in die Röhren. Ein Draht ist mit dem Pluspol, der andere mit dem Minuspol einer Gleichspannungsquelle verbunden. Legt man eine Gleichspannung an, steigen in den Glasröhren Gasbläschen auf. Nach einiger Zeit beobachtet man, dass sich in einer Röhre etwa doppelt so viel Gas gebildet hat wie in der anderen.
Das Gas, das am Minuspol entsteht, lässt sich entzünden und verbrennt mit einem leisen oder lauten pfeifenden Geräusch (▷ B 1). Dieses Gas heißt **Wasserstoff**.
Das Gas, das am Pluspol entsteht, brennt nicht. Hält man aber einen glimmenden Holzspan in das Gas, flammt dieser sofort auf und brennt mit heller Flamme (▷ B 1). Dieses Gas heißt **Sauerstoff**.
Wasser lässt sich mithilfe des elektrischen Stroms in Wasserstoff und Sauerstoff zerlegen. Schaltet man den elektrischen Strom aus, hört die Gasbildung auf. Die Zerlegung von Wasser geht nur weiter, solange Energie zugeführt wird. In diesem Versuch handelt es sich um elektrische Energie.

▶ Chemische Reaktionen, bei denen ständig Energie benötigt wird, bezeichnet man als endotherme Reaktionen.

Die Zerlegung von Wasser kann man in einem Reaktionsschema beschreiben. Aus **einem** Ausgangsstoff entstehen **zwei** Reaktionsprodukte:

Wasser ⟶ Wasserstoff + Sauerstoff | endotherm

Lies: Wasser reagiert in einer endothermen Reaktion zu Wasserstoff und Sauerstoff.

Die beiden Gase lassen sich nicht in weitere Stoffe zerlegen. Wasserstoff und Sauerstoff sind Grundstoffe oder **Elemente**.

▶ Elemente sind Grundstoffe, die sich nicht in weitere Stoffe zerlegen lassen.

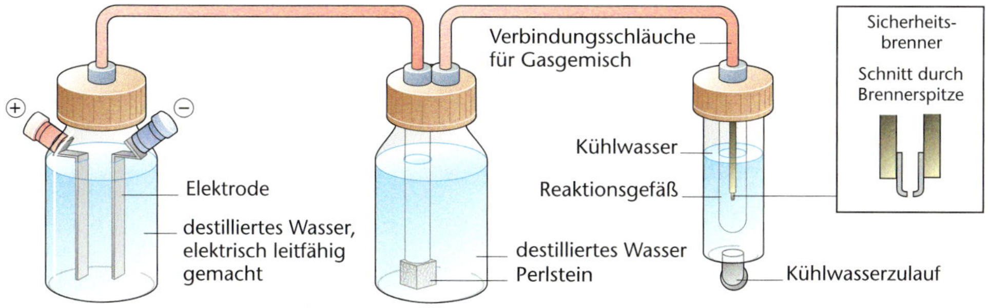

Analyse
Wasser ⟶ Wasserstoff + Sauerstoff
Verbindung Element Element

Synthese
Wasserstoff + Sauerstoff ⟶ Wasser
Element Element Verbindung

2 Zerlegung und Bildung von Wasser im Schager'schen Apparat

3 Knallgasgemisch

Zerlegung von Wasser

In einer Apparatur nach Bild 2 (▷ V 2) wird Wasser mithilfe des elektrischen Stroms zerlegt. Im ersten Gefäß sieht man Gasbläschen aufsteigen. An der Metallplatte, die mit dem Minuspol verbunden ist, steigt doppelt so viel Gas auf wie an der anderen Metallplatte. Die Gase mischen sich und strömen durch ein zweites Gefäß mit destilliertem Wasser. Auch in diesem kann die Blasenbildung beobachtet werden.

Leitet man das Gasgemisch in eine Seifenlösung, beobachtet man an der Oberfläche die Bildung von Schaumbläschen (▷ B 3). Der Schaumberg lässt sich entzünden und verbrennt explosionsartig mit lautem Knall. Bei der Zerlegung von Wasser ist Knallgas entstanden, ein Gemisch aus doppelt so viel Wasserstoff wie Sauerstoff. Wasser ist eine **Verbindung** aus den Elementen Wasserstoff und Sauerstoff.

▶ Verbindungen sind Stoffe, die sich in andere Stoffe zerlegen lassen.

Bildung von Wasser

In der gleichen Apparatur (▷ B 2) bildet sich im dritten Gefäß wieder Wasser. Das Knallgasgemisch lässt sich an einem Sicherheitsbrenner gefahrlos entzünden. Dabei verbrennen Wasserstoff und Sauerstoff mit fast unsichtbarer Flamme. Es bildet sich eine farblose Flüssigkeit und Wärme wird frei. Mit Watesmopapier kann man nachweisen, dass es sich bei der Flüssigkeit um Wasser handelt (▷ B 4). Aus Wasserstoff und Sauerstoff ist in einer exothermen Reaktion Wasser entstanden.

Analyse und Synthese

In der Apparatur nach Bild 2 wird zuerst Wasser in Wasserstoff und Sauerstoff zerlegt. Dazu ist Energie erforderlich. Aus den beiden Gasen wird wieder Wasser gebildet. Dabei wird Energie frei.

▶ Die Zerlegung einer Verbindung bezeichnet man als Analyse.
Die Bildung einer Verbindung bezeichnet man als Synthese.

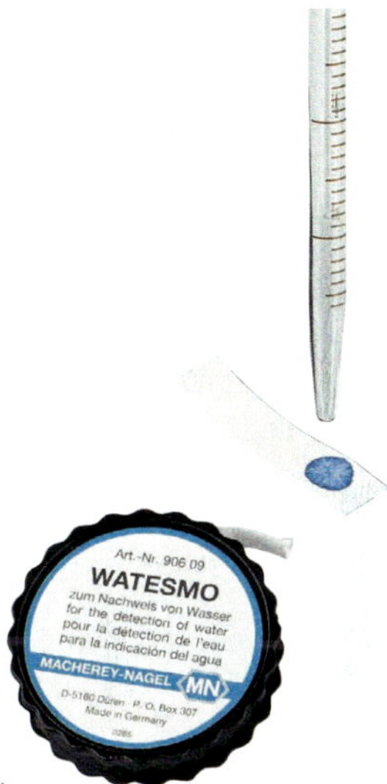

4 Wassernachweis mit Watesmopapier

Versuche

1 Man versetzt Wasser mit verdünnter Schwefelsäure und füllt das Gemisch in einen Hofmann'schen Apparat. Dann legt man an die Platinelektroden eine Gleichspannung an (▷ B 1).
Ist eine der beiden Röhren zur Hälfte mit Gas gefüllt, unterbricht man den Versuch und leitet die Gase jeweils in Reagenzgläser.
Das Gas, das am Minuspol entsteht, lässt man gegen die Brennerflamme strömen.
Das Gas, das am Pluspol entsteht, prüft man mit einem glimmenden Holzspan.

2 Man füllt in das 1. Gefäß der Apparatur von Bild 2 Wasser mit verdünnter Natronlauge und legt an die Elektroden eine Gleichspannung an. Man leitet das Gasgemisch über den Sicherheitsbrenner in eine Metallschale mit Seifenlösung, entfernt das Einleitungsrohr und entzündet den Schaumberg mit einem brennenden Holzspan (Mund öffnen! Ohren schützen!). Dann wird das Gasgemisch am Sicherheitsbrenner entzündet und im wassergekühlten Reaktionsgefäß verbrannt. Der Wassernachweis erfolgt mit Watesmopapier.

Werkstatt

Der elektrische Strom zerlegt Wasser

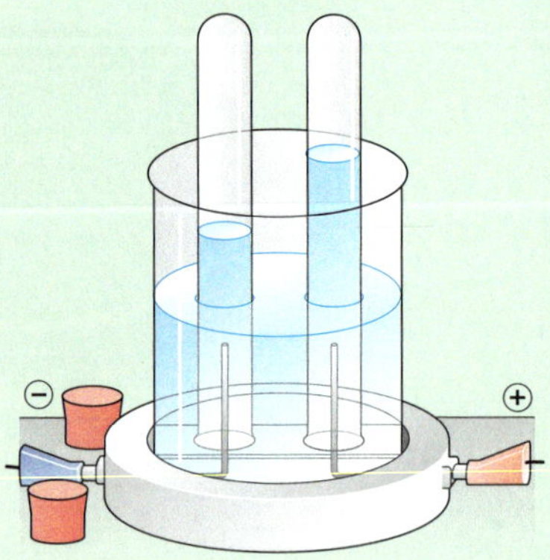

1 Zerlegung von Wasser

1 Aus eins werden zwei

Material

Schutzbrille, Schutzhandschuhe, Behälter mit zwei Platinelektroden und zwei Anschlussbuchsen, 2 kleine Reagenzgläser mit passenden Stopfen, Reagenzglasgestell, Messzylinder (100 ml), 2 Experimentierkabel, Gleichspannungsquelle (0 bis 12 V), destilliertes Wasser, konzentrierte Schwefelsäure (wird von der **Lehrkraft** eingesetzt)

Versuchsanleitung

Gib 100 ml destilliertes Wasser in den Behälter nach Bild 1. Fülle zwei Reagenzgläser mit Wasser, verschließe sie mit dem Zeigefinger und stülpe sie senkrecht über die Platinelektroden. Lass 12 ml konzentrierte Schwefelsäure von der **Lehrkraft** zutropfen.
Schließe über Experimentierkabel die Anschlussbuchsen an eine 12-V-Gleichspannungsquelle an. Lass den elektrischen Strom so lange fließen, bis eines der Reagenzgläser ganz mit Gas gefüllt ist. Schalte die Stromzufuhr ab. Ziehe beide Reagenzgläser aus der Flüssigkeit (Schutzhandschuhe) und verschließe sie je mit einem Stopfen. Beschrifte die Reagenzgläser: Gas vom Minus- bzw. Pluspol. Bewahre dann beide Reagenzgläser im Reagenzglasgestell für nachfolgende Versuche auf.

2 Nachweis von Wasserstoff

Material

Schutzbrille, vollständig mit Gas gefülltes Reagenzglas aus Versuch 1, Reagenzglashalter, Teelicht, Streichhölzer

Versuchsanleitung

Entzünde ein Teelicht. Halte das Reagenzglas aus Versuch 1, das vollständig mit Gas gefüllt ist, mit der Öffnung schräg nach unten (▷ B 2). Nimm den Stopfen vom Reagenzglas. Achte darauf, dass das Gas gegen die Flamme des Teelichts strömt.

2 Nachweis von Wasserstoff

3 Nachweis von Sauerstoff

Material

Schutzbrille, Reagenzglas mit der geringeren Gasportion aus Versuch 1, Reagenzglashalter, Streichhölzer, Holzspan

Versuchsanleitung

Entzünde einen Holzspan. Blase die Flamme aus. Entferne den Stopfen vom Reagenzglas und halte den noch glimmenden Holzspan in das Reagenzglas (▷ B 4).

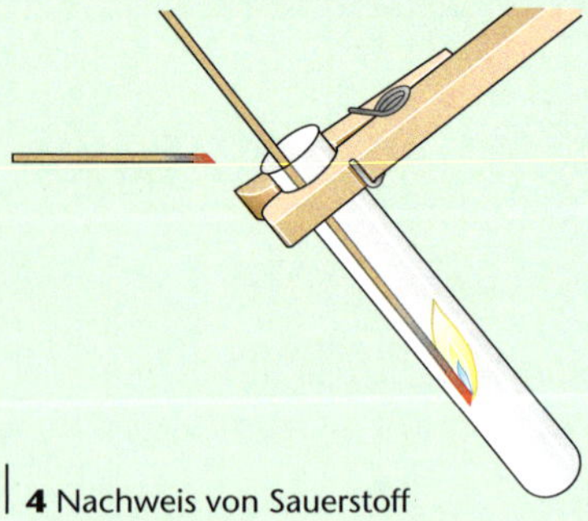

4 Nachweis von Sauerstoff

4 Sonnenenergie für die Zerlegung von Wasser

Material

Schutzbrille, Apparatur nach Bild 4, Solarzelle, 2 Experimentierkabel, Beleuchtungsquelle, 2 Schlauchklemmen, destilliertes Wasser

Versuchsanleitung

Fülle in die Reaktionsröhren der Apparatur in Bild 3 gleich hoch destilliertes Wasser. Verschließe die Kunststoffschläuche am Reaktionsgefäß mit den Schlauchklemmen. Verbinde die Anschlussbuchsen mit einer Solarzelle und belichte diese einige Zeit. Beobachte die Gasentwicklung in den beiden Reaktionsröhren.

Aufgaben

1. Welches Gas ist jeweils in den Reaktionsröhren entstanden? Begründe.

2. Formuliere für die durchgeführte Reaktion das Reaktionsschema.

3. Woran erkennt man, dass es sich um eine endotherme Reaktion handelt?

3 Zerlegung von Wasser und Auffangen der Gase

Schlusspunkt

Ökosysteme und Ressourcen

Ökosystem
Ein Ökosystem besteht aus dem Lebensraum, den die Biologen als Biotop bezeichnen, und den dazu gehörigen Lebensgemeinschaften, die Biozönosen genannt werden. Ökosysteme sind abgegrenzte Systeme, gleichzeitig ist aber auch ein Austausch mit der Umgebung möglich.

Pflanzen betreiben Fotosynthese
Mithilfe des Chlorophylls stellen Pflanzen aus Wasser und Kohlenstoffdioxid Traubenzucker her. Dabei wird Sauerstoff frei. Die Energie für den gesamten Vorgang liefert das Sonnenlicht. Wälder sind neben dem Plankton der Meere die wichtigsten Sauerstofflieferanten der Erde.

Ökologische Nische
Die Tiere und Pflanzen besetzen in der Natur durch ihren Körperbau, ihr Verhalten und die Ansprüche an ihren Lebensraum jeweils eigene ökologische Nischen. Dies ermöglicht das Zusammenleben vieler Arten im gleichen Ökosystem.

Energiefluss
Nur ein kleiner Teil der durch die Nahrung aufgenommenen Biomasse wird für den Aufbau neuer Biomasse genutzt.

Lebewesen bilden Nahrungsketten
Am Anfang jeder Nahrungskette stehen Pflanzen als Erzeuger von Nährstoffen. Erstverbraucher sind Pflanzenfresser, die aus diesen Nährstoffen Energie gewinnen. Diese Tiere dienen ihrerseits den Zweitverbrauchern als Nahrung. Am Ende jeder Nahrungskette stehen Endverbraucher, deren Zahl jedoch in der Natur sehr klein ist. Zersetzer sorgen für eine ständige Rückführung von Stoffen in den Stoffkreislauf.

Boden und Klima bestimmen den Waldtyp
Jede Pflanze hat eigene Ansprüche an Boden- und Klimaverhältnisse. Deshalb bestimmen diese Faktoren ganz wesentlich, welcher Waldtyp an einem bestimmten Standort vorkommt.

Wälder haben viele Funktionen
Neben ihrer Aufgabe als Sauerstofflieferanten dienen Wälder als riesige Wasserspeicher. Sie gleichen extreme Sommer- und Wintertemperaturen aus und wirken als starke Staubfilter. Für den Menschen bieten Wälder wichtige Erholungsmöglichkeiten, für Pflanzen und Tiere sind sie schützenswerte Lebensräume. Als Holzlieferanten stellen Wälder eine Rohstoffquelle dar, von der viele Arbeitsplätze in verschiedenen Wirtschaftszweigen abhängen.

Schadstoffe in der Luft belasten die Wälder
Luftschadstoffe aus Industrie, Haushalten und Straßenverkehr führen zu einer Schwächung und Schädigung der Bäume. Dadurch werden die Bäume zusätzlich anfällig gegenüber Schädlingen und Infektionen durch Krankheitserreger.

Es gibt ein spezielles Stadtklima
Das Stadtklima unterscheidet sich von dem Klima des Umlands erheblich. Städte sind wärmer, der Luftaustausch und die Luftfeuchtigkeit sind geringer und die Bewohner leiden oft unter verunreinigter Luft.

Die Boden- und Wasserverhältnisse in der Stadt sind meistens ungünstig
Die Böden in der Stadt sind überwiegend verdichtet oder versiegelt. Die Niederschläge können daher nicht versickern, sondern werden in der Kanalisation abgeleitet. Böden und Gewässer sind oft noch durch Schadstoffe belastet.

Nahrungsbeziehungen in der Stadt
In der Stadt existieren zahlreiche Nahrungsketten und -netze, die aber stark vom Menschen beeinflusst sind. Manche Nahrungsquellen sind von ihm geschaffen, die natürlichen Fressfeinde haben in der Stadt nur wenig Überlebenschancen.
Bei der Nahrungssuche vieler Stadtvögel ist auch das Umland von Bedeutung.

Wertvolle Bäume in der Stadt
Straßenbäume haben große Bedeutung für das Klima in der Stadt. Sie produzieren Sauerstoff, binden Staub, spenden Schatten, sorgen für angenehme Luftfeuchtigkeit – und bringen Grün in die Stadt.

1 Allee

Stadtparks
Parks sind nicht nur die Bereiche, in denen sich die Stadtbewohner erholen können. Stadtparks haben auch eine große Bedeutung für das Stadtklima und sind außerdem Rückzugsgebiete für Tiere.

2 Kläranlage

Die Zonierung eines Sees
Im Uferbereich eines naturbelassenen Sees kann man anhand von typischen Pflanzenarten die Bereiche erkennen, die sich bei der Verlandung entwickelt haben: Die Bruchwaldzone, die Röhrichtzone, die Schwimmblattzone und die Tauchblattzone.

Anpassung macht's möglich
Jede Struktur der Wasserpflanze hat eine bestimmte Funktion: so sind die Stengel von Schilfrohr und Rohrkolben äußerst biegsam, um Wind und Wellenschlag zu ertragen.

Ein Lebensraum für viele
Die vielen verschiedenen Vogelarten, die an einem See vorkommen, leben dort, ohne sich gegenseitig Konkurrenz zu machen. Jede Art besetzt eine eigene ökologische Nische. Darunter verstehen Biologen die Gesamtheit aller Umweltbedingungen, die eine Art für ihr Überleben benötigt.

Leben in der Gemeinschaft
Das System der Lebewesen im Gewässer besteht aus Pflanzen, die als Erzeuger (Produzenten) mithilfe der Fotosynthese Nährstoffe herstellen. Danach folgt eine Kette von Verbrauchern (Konsumenten), die zusammen eine Nahrungskette bilden. Viele Nahrungsketten verknüpfen sich zu einem Nahrungsnetz. In einem Ökosystem gibt es immer einen Kreislauf der Stoffe: Die Zersetzer (Destruenten) bauen die abgestorbenen Lebewesen letztlich wieder zu Mineralsalzen, Wasser und Kohlenstoffdioxid ab. Das sind die Stoffe, aus denen die grünen Pflanzen Nährstoffe aufbauen.

Dem Wasser geht's dreckig
Landwirtschaft, private Haushalte und Industrie verschmutzen unsere Gewässer mehr oder weniger mit z. B. Gülle und Chemikalien. Gelangen zu viele Mineralstoffe ins Wasser, so eutrophiert der See und kippt letztlich um. Ein verschmutzter Bach kann sich mithilfe von Kleinstlebewesen, die sich von Schmutzstoffen ernähren, wieder selbst reinigen. Die Verschmutzung darf aber nicht zu stark sein.

Es gibt viel zu klären
In Kläranlagen werden die Abwässer unserer Städte und Gemeinden in verschiedenen Stufen so gereinigt, dass das Wasser an die Natur abgegeben werden kann.

Aufgaben

1 Das Wasserleitungssystem der Pflanzen hat bei den einzelnen Arten unterschiedliche Querschnittsflächen. Man berechnet die Fläche in mm^2 pro Gramm Blattfrischgewicht und erhält folgende Zahlen:

Seerose	0,02
Waldkräuter	0,01 – 0,08
Nadelbäume	0,30 – 0,61
Laubbäume	0,25 – 0,79
Wüstenpflanzen	1,42 – 7,68

Erkläre die Unterschiede mithilfe der Anpassung an den Standort.

2 Ein durchschnittlicher Baum von 15 – 20 m Höhe produziert im Jahr 4 t organische Stoffe und 3 Mio Liter Sauerstoff. Im selben Zeitraum filtert er 7 t Staub und die Wurzeln verhindern den Abfluss von 70 000 l Wasser. Dabei durchziehen die Wurzeln 1 t Humusboden und 50 t Mineralboden.
Beschreibe den Nutzen des Baumes für uns Menschen. Dein Sauerstoffbedarf zum Beispiel beträgt pro Tag etwa 630 l.

3 Begründe, warum es in der Natur zwar einen Stoffkreislauf, aber keinen Energiekreislauf gibt.

4 Vergleiche die Nahrungspyramide des Ökosystems Wald mit der Nahrungspyramide in der Stadt.
Welche Anteile nehmen die Biomassen der Erzeuger und der Verbraucher jeweils ein?
Nenne Probleme, die sich hieraus für die Nahrungsbeziehungen in der Stadt ergeben.

5 Stuttgart liegt in einem Talkessel. Wie wirkt sich das auf das Klima in dieser Stadt aus? Begründe deine Meinung.

6 Nenne Gründe, warum an größeren Gewässern in der Stadt manchmal mehr Wasservögel überwintern als in der freien Landschaft.

7 Welche Eigenschaften muss ein Vogel besitzen, damit er als typischer Kulturfolger in der Stadt leben kann?

8 Die typischen Pflanzen der Großstadt kann man auf dem Land und gelegentlich auch auf den Bahnhöfen und am Rande der Autobahnen finden. Begründe dies!

9 Vergleiche die ökologischen Nischen von Mauersegler und Mehlschwalbe miteinander.

10 Die großen Rasenflächen einer Parkanlage sollen in Wiesen

3 Lebensräume einer Stadt

umgewandelt werden, die nur zweimal im Jahr gemäht werden. Nenne Vor- und Nachteile einer solchen Maßnahme.

11 Stelle Vermutungen darüber an, wie Neophyten einen Lebensraum langfristig beeinflussen könnten.

12 In der Abbildung 3 siehst du einige typische Lebensräume der Stadt. Daneben sind einige Pflanzen und Tiere abgebildet. Welcher Kulturfolger kann in welchem Lebensraum leben? Zwei Tiere könnten als Kulturflüchter in der Stadt nicht überleben. Begründe!

13 Betrachte Abbildung 4. Nenne Merkmale, die eine Zuordnung der Pflanze zur Röhrichtzone bestätigen.

4 zu Aufgabe 1

14 Abbildung 5 zeigt einen Wasserhahnenfuß.
Beschreibe die Blätter.
In welcher Zone kommt der Wasserhahnenfuß vor? Begründe deine Antwort.

5 zu Aufgabe 14

15 Erkläre den Satz: „Auch Seen können altern".

16 Weshalb kann Klärschlamm heute nicht mehr als Dünger auf den Feldern ausgebracht werden?

17 Erkläre warum ein Wasserläufer nicht untergeht.

18 a) Stockente und Haubentaucher sind häufige Schwimmvögel an unseren Seen. Beschreibe deren Lebensräume, insbesondere den Nahrungserwerb.
b) Stelle Vermutungen darüber an, warum die beiden Arten nebeneinander existieren können.
c) Erfinde einen Fantasie-Schwimmvogel, der gemeinsam mit Stockente und Haubentaucher im selben Lebensraum existieren könnte. Beschreibe die Lebensweise dieses Vogels möglichst genau.
d) Wie bewertest du es, wenn Menschen Schwimmvögel aus fernen Ländern an unseren Gewässern ansiedeln?

6 Stockente und Haubentaucher

Licht
und Bild
und Farbe

Brille, Fernrohr, Mikroskop – ohne Licht können wir diese und andere Geräte nicht benutzen. Spiegel und Linsen können große und kleine Bilder erzeugen.

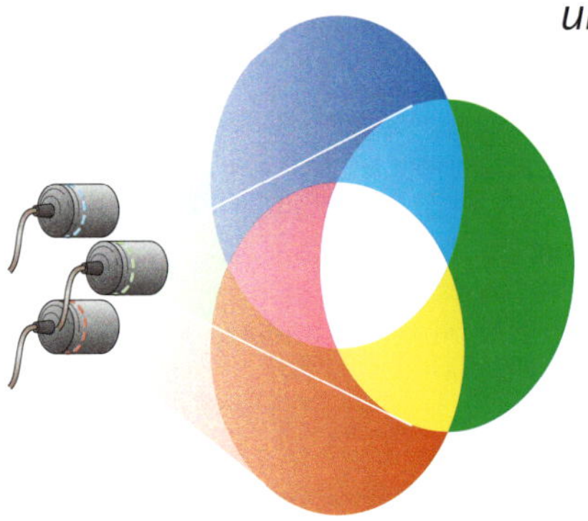

Licht ermöglicht es uns, mit Hilfe von optischen Geräten z. B. kleine Gegenstände vergrößert zu betrachten oder die Sehschwäche der Augen auszugleichen. Licht ist auch der Ursprung aller Farberscheinungen.

Aufgaben

1 Eine Lupe kannst du vielseitig benutzen. Beschreibe deine Erfahrungen, die du bereits mit einer Lupe gemacht hast.

2 Ein Regenbogen ist ein eindrucksvolles Schauspiel der Natur. Welche Farben kannst du eigentlich in einem Regenbogen erkennen?

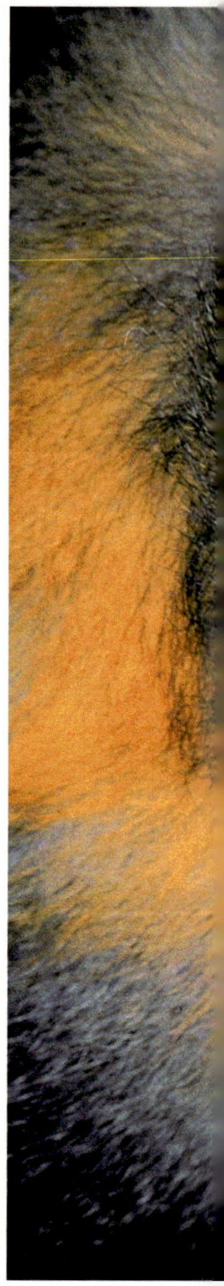

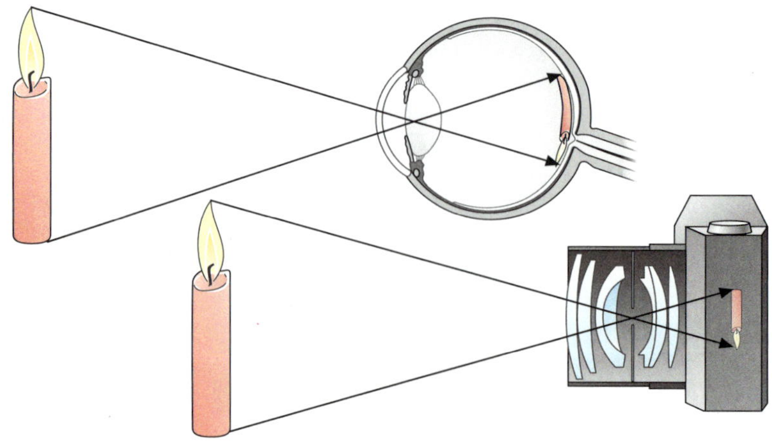

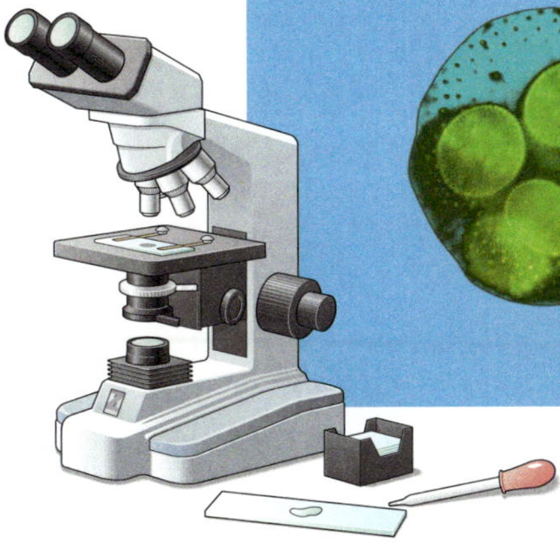

Werkstatt

Bilder mit der Lochkamera

Die Lochkamera ist ein einfacher Apparat, mit dem Gegenstände oder Landschaften abgebildet werden können. Hier kannst du eine solche Kamera selbst bauen.

1 Material

Material

Zwei ineinander passende Pappröhren (je etwa 30 cm lang), dünne Pappe, Transparentpapier, Schere und Kleber

Bauanleitung

Schneide aus der Pappe eine runde Scheibe aus (der Durchmesser sollte größer sein als der Durchmesser der Pappröhren).

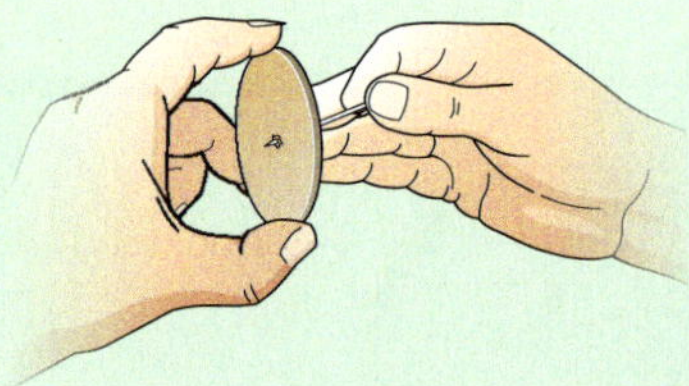

2 Durchstechen der Pappscheibe

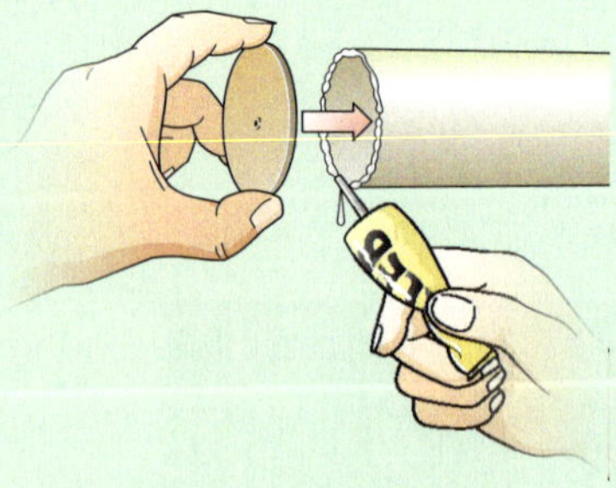

4 Aufkleben der Pappscheibe ...

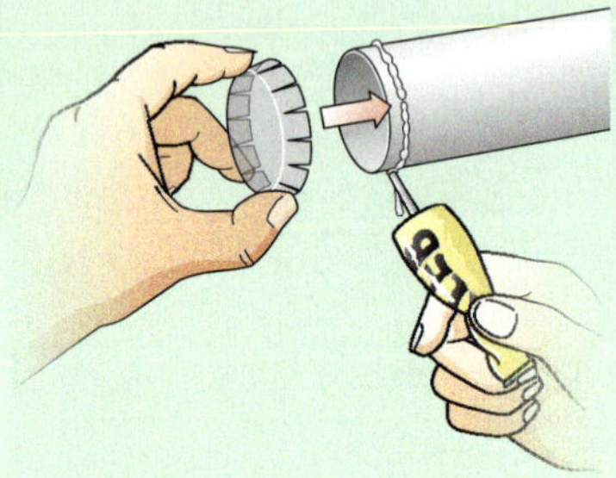

5 ... und des Schirms

Bohre mit einem dünnen Nagel in die Mitte dieser Scheibe ein Loch mit einem Durchmesser von 1 bis 2 mm (▷ B 2). Klebe die Scheibe auf ein Ende der äußeren Röhre (▷ B 4). Klebe auf ein Ende der inneren Röhre das Transparentpapier (▷ B 5); es dient als Bildschirm. Stecke nun die beiden Röhren ineinander – fertig ist deine Lochkamera.

Versuchsanleitung

a) Betrachte zunächst einen hellen Gegenstand (z. B. eine Kerze) durch deine Lochkamera.
Vergleiche den Gegenstand mit dem Bild, das auf dem Schirm erscheint.
Gehe anschließend mit deiner Lochkamera näher an den Gegenstand heran.

Wie ändert sich das Bild? Was passiert, wenn du dich mit der Lochkamera von dem Gegenstand entfernst?

b) Verschiebe die beiden Pappröhren gegeneinander (▷ B 3). Betrachte den Gegenstand jeweils aus der gleichen Entfernung. Erkennst du zwischen der Länge der Lochkamera und der Bildgröße einen Zusammenhang?

c) Was passiert, wenn du die Größe des Lochs in der Lochkamera veränderst? Stich dazu unterschiedlich große Öffnungen in ein Stück Pappe. Vergrößere das Loch in der Pappscheibe und bringe jede der Blenden einmal davor an (▷ B 6). Wie ändert sich das Bild eines hellen Gegenstands?

6 Unterschiedliche Blenden

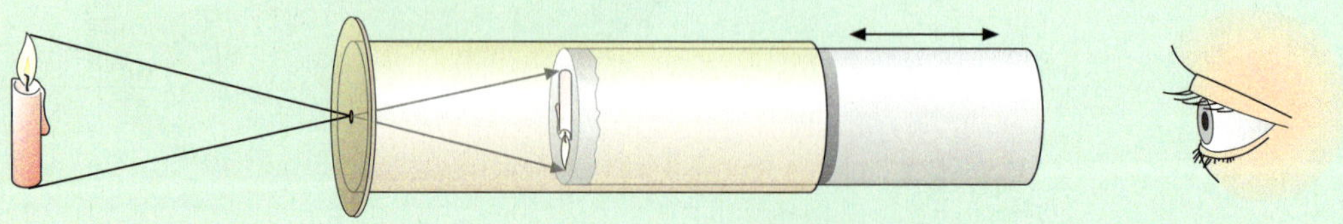

3 Prinzipskizze einer Lochkamera

Das Bild der Lochkamera
Auf dem Schirm einer Lochkamera kannst du das Bild eines hellen Gegenstandes gut erkennen. Von allen Punkten des Gegenstandes gehen Lichtstrahlen aus. Nur einige davon gelangen durch die kleine Öffnung in der Lochkamera.
Alle Strahlen verlaufen geradlinig durch das Loch. Daher fallen von oben kommende Strahlen unten auf den Bildschirm und Strahlen, die von unten kommen, treffen oben auf den Schirm (▷B 1). Entsprechend treffen von links kommende Strahlen auf der rechten Seite des Schirms auf und umgekehrt. Auf diese Weise entsteht hinter der Lochblende ein umgekehrtes und seitenvertauschtes Bild.

▶ Eine Lochkamera erzeugt ein umgekehrtes und seitenvertauschtes Bild.

Wie lässt sich das Bild verändern?
Das Bild auf dem Schirm der Lochkamera ist nicht immer gleich groß. Näherst du dich mit deiner Lochkamera dem Gegenstand, wird das Bild größer, entfernst du dich von ihm, wird das Bild kleiner.
Auch die Länge der Lochkamera beeinflusst die Bildgröße. Je größer der Abstand zwischen Blende und Schirm ist, desto größer ist das Bild.

Mithilfe der Blende kannst du die Helligkeit und die Schärfe des Bildes verändern. Auf dem Schirm entsteht ein scharfes, aber dunkles Bild, wenn du eine kleine Lochblende verwendest. Machst du das Loch größer, wird das Bild heller, aber unschärfer. Ein Bild, das gleichzeitig hell und scharf ist, kannst du mit einer Lochkamera nicht erzeugen.

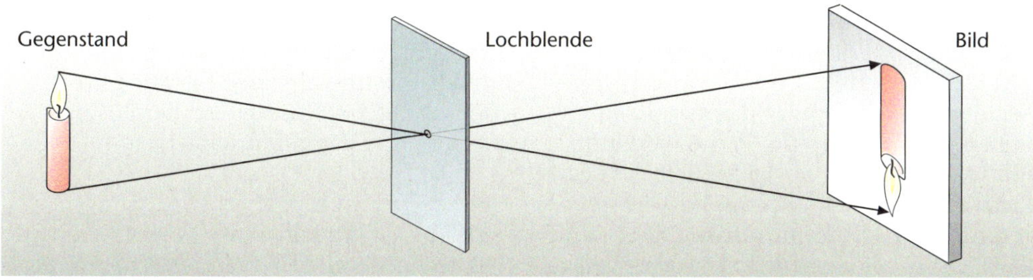

1 Bildentstehung bei einer Lochblende

Schnittpunkt

Lichtbilder

Der berühmte italienische Erfinder, Maler und Konstrukteur Leonardo Da Vinci (1452–1519) baute einen Apparat, mit dem er Landschaften naturgetreu abbilden konnte. Die Camera obscura (▷B 2) war ein innen geschwärzter Kasten mit einer transparenten Rückwand. Durch ein kleines Loch „zauberten“ Lichtstrahlen ein Bild auf die Mattscheibe.
1824 konnte der französische Offizier Joseph Nicéphore Niépce (1765–1833) diese Bilder erstmals dauerhaft festhalten (▷B 3). Er verwendete eine mit lichtempfindlichen Chemikalien beschichtete Metallplatte. Es dauerte etwa acht Stunden bis ein ziemlich verschwommenes Bild entstanden war.

1 William Talbot

2 Camera obscura

Der Maler Louis Daguerre (1787–1851) verbesserte dieses Verfahren weiter. Aber erst 1839 gelang es dem Engländer William Talbot (1800–1877), von einer Fotoplatte beliebig viele Bilder zu entwickeln. Nach diesem Prinzip werden noch heute Fotografien hergestellt.

3 Eine der ersten Fotografien

1 Pantomime

3 Schnee reflektiert das Sonnenlicht.

4 Wasserspiegelung

Licht wird reflektiert ...
Wir sehen Körper nur, wenn sie selbst leuchten oder wenn von ihnen Licht in unsere Augen zurückgeworfen wird, wie z. B. von den Kirchen und Schlössern einer Großstadt, die nachts angestrahlt werden. Wird Licht von einem Gegenstand zurückgeworfen, spricht man von **Reflexion**.

Mit dem Taschenspiegel kannst du einen hellen Lichtfleck an die Wand werfen. Ein solcher ebener Spiegel reflektiert das Licht nur in eine Richtung. Von einer zerknitterten Aluminiumfolie (▷ V 1) wird das Licht in alle möglichen Richtungen reflektiert. Die Folie kannst du dir aus vielen kleinen Spiegelflächen zusammengesetzt vorstellen. Jeder dieser kleinen Spiegel wirft das Licht in eine andere Richtung zurück.

Bei einem Ausflug ins winterliche Gebirge schützt du deine Augen mit einer dunklen Sonnenbrille. Die von den Schneekristallen reflektierten Sonnenstrahlen würden dich sonst blenden (▷ B3). Lichtreflexionen kannst du auch an Gewässern beobachten. Ruhige Wasserflächen können wie Spiegel wirken (▷ B 4).

... und absorbiert
Gespenstisch muten die Bewegungen eines Pantomimen an, von dem nur eine weiße Maske und Handschuhe sichtbar sind. Auch wenn du noch so genau hinschaust, seine schwarze Kleidung vor dem dunklen Hintergrund der Bühne verschluckt das gesamte Licht (▷ B 1).

Wie viel Licht reflektiert wird, hängt von der Oberfläche eines Materials ab. Glatte und helle Flächen reflektieren die Lichtstrahlen besser als matte und dunkle Oberflächen (▷ V 1). In der Dämmerung erkennst du helle Gegenstände deshalb viel besser als dunkle. Dunkle Flächen nehmen das Licht auf, sie **absorbieren** es.

▶ Trifft Licht auf die Oberfläche eines Körpers, wird es absorbiert und reflektiert. Helle Flächen reflektieren das Licht, dunkle absorbieren es besser.

▶ Wir können nur Gegenstände wahrnehmen, die Licht reflektieren oder selbst abstrahlen.

2 Wie gut ein Gegenstand Licht reflektiert, hängt von seiner Oberfläche ab.

Versuch

1 Dunkle den Raum ab und beleuchte verschiedene Gegenstände und Materialien mit deiner Taschenlampe. Verwende z. B. weißes und schwarzes Papier, einen Taschenspiegel und zerknitterte Alufolie (▷ B 2). Vergleiche deine Beobachtungen. Betrachte die Oberflächen der Materialien mit der Lupe und beschreibe ihre Beschaffenheit.

Spiegelbilder

Versuche

1 Stelle dich vor den Spiegel und betrachte dein Spiegelbild. Kneife dein rechtes Auge zu. Hebe den linken Arm. Nähere dich dem Spiegel. Wie „reagiert" das Spiegelbild jeweils?

2 a) Stelle einen Spiegel senkrecht auf dein Buch. Richte ihn einmal parallel zu den Zeilen und einmal im rechten Winkel dazu aus. Versuche, die Schrift im Spiegel zu lesen.
b) Wie musst du den Spiegel halten, um den Satz in Bild 1 lesen zu können?
c) Schreibe deinen Namen in Spiegelschrift. Überprüfe das Ergebnis mithilfe eines Spiegels.

3 Stelle eine Kerze vor eine saubere Glasscheibe. Befestige eine zweite Kerze mit einigen Tropfen Wachs in einem Becherglas, das hinter der Glasscheibe steht. Richte das Becherglas so aus, dass sich die Kerze im Glas und das Spiegelbild der Kerze vor der Scheibe genau decken (▷ B 2). Zünde die erste Kerze an und verdunkle den Raum. Was beobachtest du, wenn du Wasser in das Becherglas füllst?

1 Zu Versuch 2

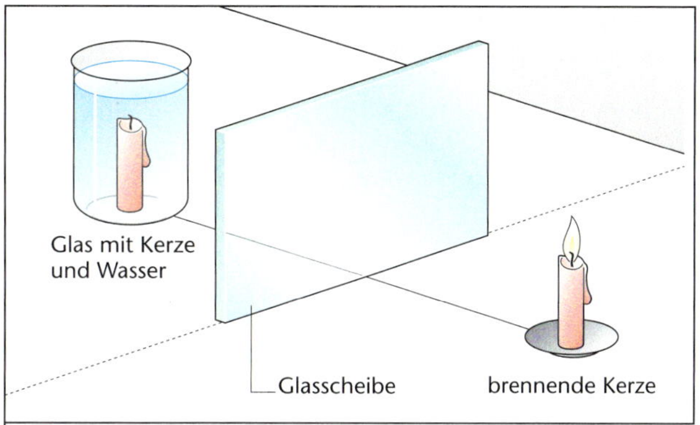

2 Zu Versuch 3

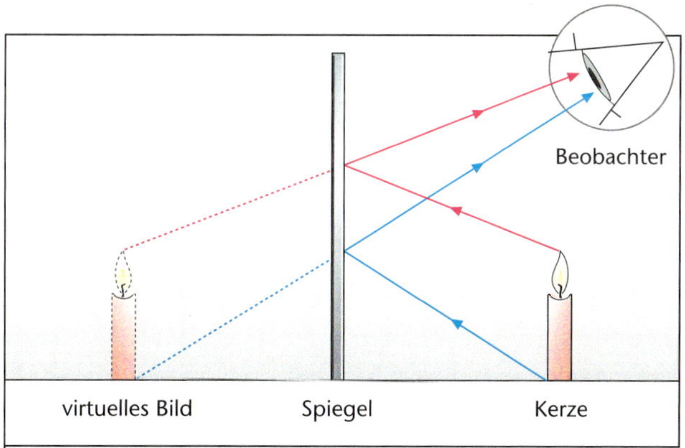

3 Wie ein Spiegelbild entsteht

Wie ein Spiegelbild entsteht
Wenn sich ein kleines Kind zum ersten Mal in einem Spiegel sieht, glaubt es, ein anderes Kind vor sich zu haben. Dieses zweite Kind scheint sich hinter dem Spiegel zu befinden. Du weißt, dass dort niemand ist – der Spiegel täuscht uns.

Bild 3 zeigt, wie ein Spiegelbild entsteht: Lichtstrahlen, die von der Kerze ausgehen, werden am Spiegel reflektiert. Wenn sie in unsere Augen fallen, werden wir über den tatsächlichen Ursprung des Lichtes getäuscht. Die Lichtstrahlen scheinen von einer Kerze zu kommen, die hinter dem Spiegel steht.
Was wir sehen, ist das scheinbare oder **virtuelle Bild** der Kerze. Was in Bild 3 am Beispiel zweier Lichtstrahlen dargestellt wird, gilt auch für alle anderen Punkte der Kerze, von denen Lichtstrahlen in unser Auge gelangen.

Spiegel erzeugen scheinbare Bilder. Man bezeichnet diese auch als virtuelle Bilder.

Aufgaben

1 Bestimmte Fahrzeuge tragen vorne einen Schriftzug in Spiegelschrift. Um welche Fahrzeuge handelt es sich? Welchen Sinn hat das?

2 Zauberkünstler lassen manchmal Dinge oder sogar Menschen schweben. Kannst du dir vorstellen, wie dieser Trick funktioniert?

Licht, das auf einen Spiegel fällt, wird reflektiert. Die Reflexion folgt dabei bestimmten Gesetzmäßigkeiten: Der Winkel, in dem ein Lichtstrahl am Spiegel reflektiert wird, ist immer gleich dem Winkel, in dem der Strahl auf den Spiegel trifft (▷B 1). Dabei spielt es keine Rolle, von welcher Seite das Licht kommt. Außerdem liegen einfallender Strahl, Lot und reflektierter Strahl in einer Ebene.

Das Reflexionsgesetz
Diese Gesetzmäßigkeiten gelten allgemein für die Reflexion von Licht an ebenen Flächen und sind im **Reflexionsgesetz** zusammengefasst. Es wurde vereinbart, jeweils die Winkel zwischen dem Lichtstrahl und der Senkrechten zur Spiegelfläche (dem Lot) anzugeben.

Den Winkel zwischen einfallendem Strahl und Lot bezeichnet man als **Einfallswinkel**. Der Winkel zwischen reflektiertem Strahl und Lot heißt **Reflexionswinkel**. Damit lautet das Reflexionsgesetz:

Bei der Reflexion eines Lichtstrahls am ebenen Spiegel sind Einfallswinkel und Reflexionswinkel gleich groß. Einfallender Strahl, Lot und reflektierter Strahl liegen in einer Ebene. Der Weg des Lichts ist umkehrbar.

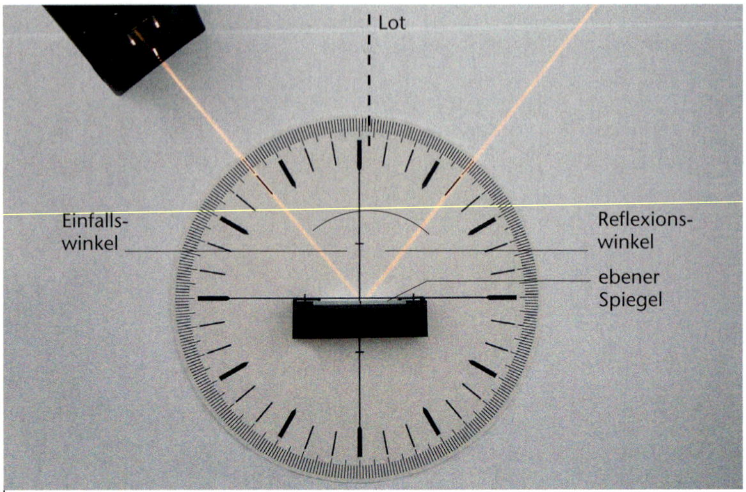

1 Lichtreflexion am ebenen Spiegel

Werkstatt

Die Reflexion am Spiegel

Trifft Licht auf einen Spiegel, dann wird es reflektiert. Wovon hängt es ab, in welche Richtung das auftreffende Licht abgelenkt wird?

Material
Ebener Spiegel, Optikleuchte mit Einspaltblende, Kreisscheibe mit Winkeleinteilung oder Geodreieck, weißes unliniertes Papier, Heft, Stift

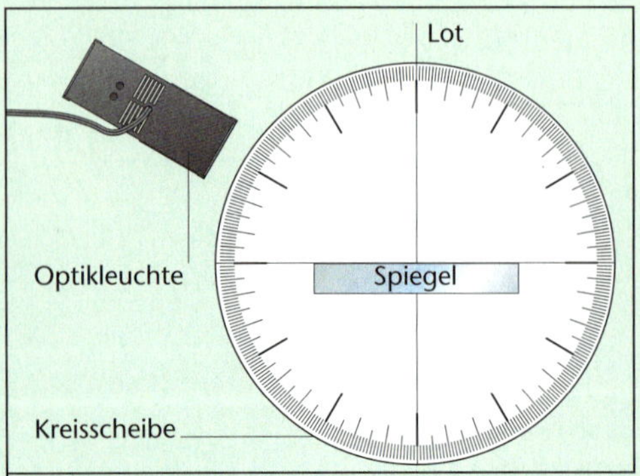

1 Versuchsaufbau

Versuchsanleitung
a) Stelle die Einspaltblende an der Optikleuchte so ein, dass ein Lichtstrahl entsteht. Lege den Spiegel an die Grundlinie der Winkeleinteilung (▷B 1). Richte den Lichtstrahl genau auf den Mittelpunkt der Kreisscheibe.

b) Miss den Winkel α zwischen dem auftreffenden Strahl und dem Lot (▷B 2). Miss anschließend den Winkel β zwischen Lot und reflektiertem Strahl. Notiere die Werte beider Winkel.

c) Verändere den Winkel α. Führe insgesamt sechs Messungen mit unterschiedlichen Winkeln durch. Miss jeweils den zugehörigen Winkel β und notiere die Ergebnisse in der Tabelle. Formuliere ein Ergebnis.

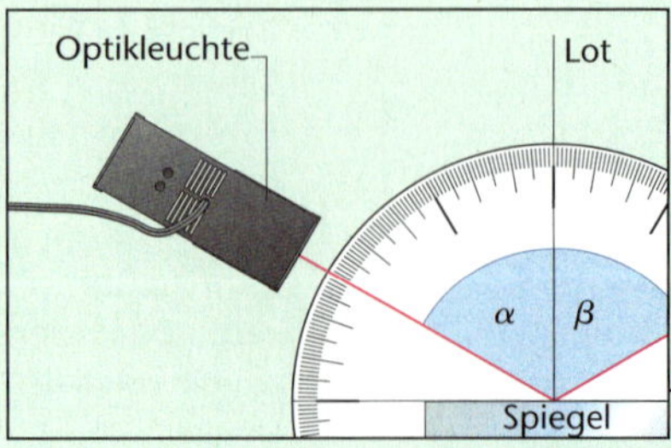

2 Winkelmessung

Sehen, ohne gesehen zu werden

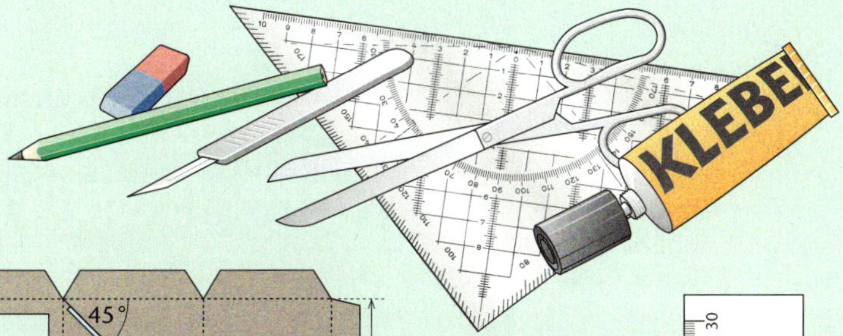

Wir bauen ein Periskop oder Sehrohr

Material

2 kleine Taschenspiegel gleicher Größe (etwa 5 cm × 7 cm), fester Karton (DIN A3, z. B. die Rückseite eines Zeichenblocks), Schere, Messer, Alleskleber, Bleistift und Winkelmesser

Versuchsanleitung

a) Zeichne zuerst die Vorlage des Sehrohrs entsprechend Bild 1 auf den Zeichenkarton. Bei Verwendung anderer Spiegel musst du gegebenenfalls die Maße ändern.
b) Schneide die Kartonstücke aus und trenne aus Teil 1 die Sichtfenster heraus.
c) Vor dem Falten werden die gestrichelten Linien von der Rückseite vorsichtig mit einem Messer nachgezogen.
d) Klebe entsprechend Bild 1 zwei Spiegelhalter (Teil 3) zusammen und befestige die Spiegel.
e) Klebe die Spiegelhalter so in die Ecken der angegebenen Flächen, dass sie zu den Sichtfenstern zeigen. Falte den Karton nach dem Trocknen zu einem eckigen Rohr.
f) Versieh alle Klebefalze mit Klebstoff, falte das Rohr zusammen und klebe zuletzt unten und oben die beiden Teile 2 auf.

Nun kannst du dein Sehrohr ausprobieren.

Wie es funktioniert

In deine Augen fällt das Licht, das von anderen Körpern reflektiert wird. Bei deinem Sehrohr treffen die Lichtstrahlen zunächst auf den oberen Spiegel. Aufgrund seiner Schrägstellung reflektiert er sie zum unteren Spiegel. Vom zweiten Spiegel aus erreichen sie dann deine Augen. Im Sehrohr wird das Licht also zweimal reflektiert.

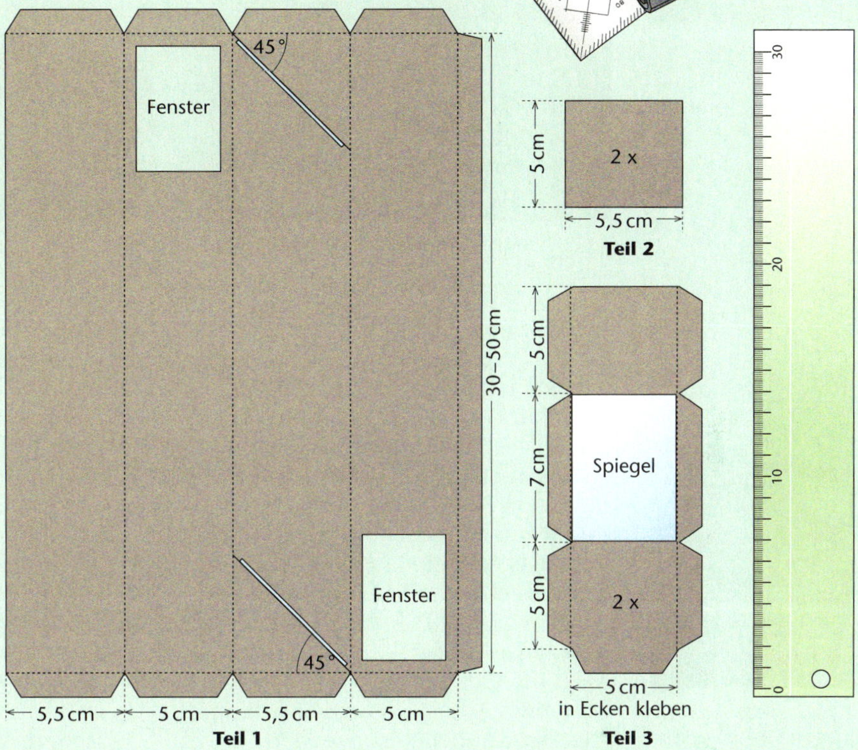

1 Ein Sehrohr aus Karton

Einsatz im U-Boot

Bewegt sich ein Unterseeboot nur knapp unter der Wasseroberfläche, kann der Kommandant das Sehrohr, auch Periskop genannt, ausfahren und alles beobachten, was sich über Wasser befindet. Das U-Boot selbst bleibt unentdeckt.

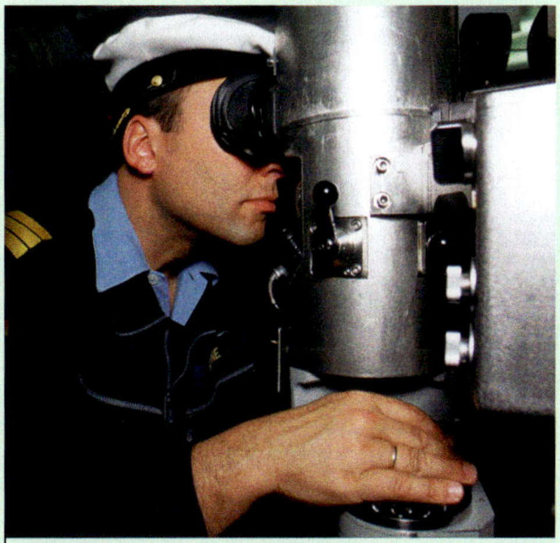

2 Ein Periskop an Bord eines U-Bootes

3 Die Wasseroberfläche spiegelt das Schloss.

Spiegelbilder

Ein Beispiel, wie auch andere Spiegelbilder entstehen können, zeigt dir Bild 3. Fotografen nutzen solche Motive gern. Das Spiegelbild auf einer Wasseroberfläche erscheint oft durch leichte Wellen verzerrt. Auch die Farben sind etwas dunkler. Das liegt daran, dass die Wasseroberfläche nicht das gesamte Licht reflektiert. Ein Teil dringt auch ins Wasser ein.

1 Wölbspiegel als Sichthilfe im Straßenverkehr

Gewölbte Spiegel

Auch im Rückspiegel deines Fahrrades oder eines Autos, in einer Christbaumkugel und anderen glänzenden Flächen kannst du Spiegelbilder sehen (▷B 1). Sie begegnen dir auch in Supermärkten, wo sie der Überwachung der Regale dienen oder die Arbeit an der Kasse erleichtern sollen. In solchen Spiegeln, die nach außen gewölbt (konvex) sind, siehst du alles verkleinert. Dafür ist aber ein größerer Bereich einsehbar.
Solche Wölbspiegel sind häufig an unübersichtlichen Straßeneinmündungen sowie an Aus- oder Einfahrten zu finden. Mit ihnen kannst du „um die Ecke sehen".

Ein nach außen gewölbter Spiegel (Wölbspiegel) erzeugt ein verkleinertes Spiegelbild.

Nach innen gewölbte Spiegel

Wenn sich deine große Schwester schminkt, kann sie in einem Kosmetikspiegel ihr vergrößertes Gesicht sehen. Dieser Spiegel ist nach innen gewölbt (konkav) und wird Hohlspiegel genannt (▷B 2).

Zerrbilder

Wie kommt es, dass du dich in einem Spiegelkabinett lang und dünn oder klein und gut genährt sehen kannst?
Haben Spiegel keine ebenen Flächen, können gestauchte, gestreckte, größere und kleinere Bilder zustande kommen.
Am besten, du probierst das einmal mit einem größeren Bogen Pappe, auf den du Aluminium-Haushaltsfolie glatt aufgezogen hast (▷B 4). Wölbe die Pappe vorsichtig etwas nach außen oder innen. Halte die Pappe dabei erst so, dass die Wölbung waagerecht verläuft und dann so, dass sie senkrecht verläuft.

Ein nach innen gewölbter Spiegel (Hohlspiegel) erzeugt ein vergrößertes Spiegelbild.

2 Ein Hohlspiegel vergrößert.

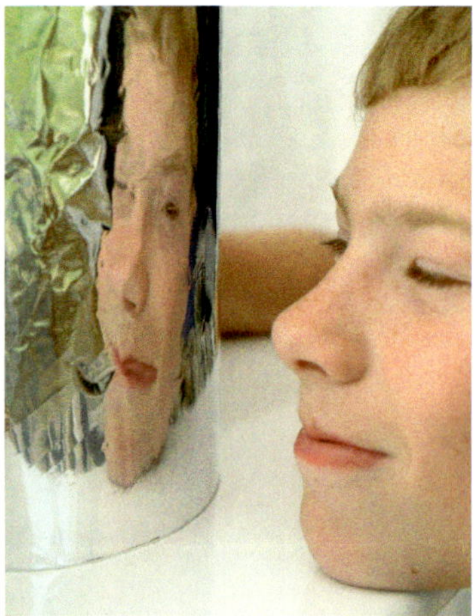

4 Zerrbild mit Alufolie auf Pappe

Versuch

1 Untersuche den Strahlenverlauf an einem Hohlspiegel. Du benötigst folgende Materialien:
1 Stromquelle, 1 Optikleuchte mit Dreispaltblende, Kabel, 1 Hohlspiegel, Zeichenkarton und Stifte
a) Zeichne mit Rotstift eine Gerade, die als optische Achse dient.
b) Richte die Optikleuchte so ein, dass ein paralleles Lichtbündel entsteht und sich die optische Achse anschließend genau in der Mitte dieses Lichtbündels befindet.
c) Lege den Hohlspiegel entsprechend Bild 2 auf den Zeichenkarton.
d) Setze die Dreispaltblende ein. Was beobachtest du bei diesen dünnen Lichtbündeln (Lichtstrahlen)?

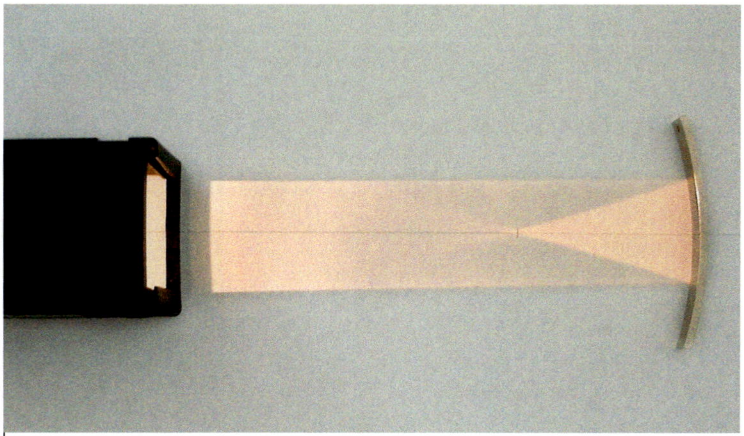
2 Strahlenverlauf am Hohlspiegel

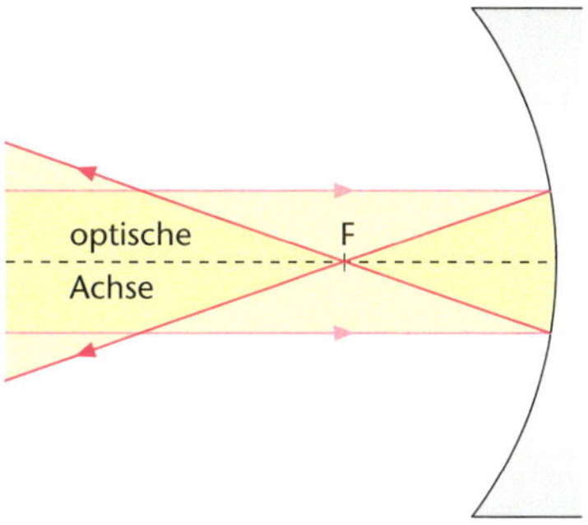

3 Strahlenverlauf mit Lichtbündel

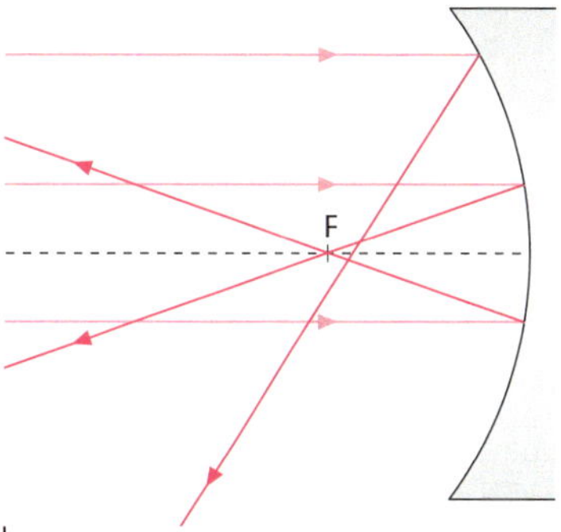

4 Strahlenverlauf mit Einzelstrahlen

Strahlenverlauf am Hohlspiegel
Versuch 1 zeigt wie ein Hohlspiegel Licht reflektiert. Alle Lichtstrahlen eines Lichtbündels, die parallel zur optischen Achse auf einen Hohlspiegel fallen, verlaufen nach ihrer Reflexion durch einen Punkt, den Brennpunkt F (▷ B 2). Je stärker ein solcher Hohlspiegel gekrümmt ist, um so näher liegt der Brennpunkt am Spiegel. Stellst du eine Tasse mit Milchkaffee in schräg einfallendes Sonnenlicht, werden Lichtstrahlen vom Rand der Tasse wie bei einem Hohlspiegel reflektiert. Du siehst dabei keinen eindeutigen Brennpunkt (▷ B 1). Nur Strahlen nahe der optischen Achse verlaufen nach der Reflexion durch den Brennpunkt (▷ B 3, B 4).

Parabolspiegel
Um zu erreichen, dass alle Strahlen, auch die achsenfernen, den Brennpunkt schneiden, benutzt man Parabolspiegel. Der Querschnitt dieser Spiegel hat die Form einer Parabel.
Alle Strahlen eines Lichtbündels, die parallel zur optischen Achse auf einen solchen Spiegel fallen, werden durch den Brennpunkt reflektiert (▷ B 5). Umgekehrt entsteht ein paralleles Lichtbündel, wenn sich im Brennpunkt eines solchen Spiegels eine Lichtquelle befindet.
In Taschenlampen oder den Scheinwerfern eines Autos werden Parabolspiegel verwendet.

1 Lichtreflexion bei einer Kaffeetasse

5 Strahlenverlauf an Parabolspiegel

Schnittpunkt

Anwendungen von Hohlspiegeln

Hohlspiegel in Scheinwerfern
Bei den Experimenten zur Erarbeitung des Reflexionsgesetzes hast du erkannt, dass der Lichtweg umkehrbar ist. Das ist auch am Hohlspiegel so. Bringst du in seinen Brennpunkt eine Lichtquelle, werden die Lichtstrahlen als paralleles Lichtbündel reflektiert. Auf der Bühne eines Theaters oder bei Musikveranstaltungen werden die Schauspieler und Akteure so ins „rechte Licht gerückt".
Auch eine Taschenlampe oder Reflektorleuchten erzeugen nahezu parallele Lichtbündel, genauso wie das Leuchtfeuer eines Leuchtturms (▷ B 1).
Manchmal bewegt sich auch der Hohlspiegel um die Lichtquelle. Solche „Rundumleuchten" kennst du als Blaulicht oder Warnleuchte bei Feuerwehren und Schwerlastfahrzeugen.

Viele Autoscheinwerfer haben eine Lampe mit zwei getrennt schaltbaren Glühwendeln (Bilux-Lampe – Bild 2). Sie kann einen gleichmäßigen Lichtkegel in die Ferne abstrahlen. Mit einer zweiten Glühwendel, die etwas vor dem Brennpunkt sitzt und nach unten abgeschirmt ist, wird Licht nach oben abgestrahlt. Vom Spiegel wird der Lichtkegel für das Abblendlicht reflektiert.

Sonnenöfen
Um die Energie der Sonne zu nutzen, werden riesige Hohlspiegel für Sonnenkraftwerke gebaut.
Eines der ersten Solarkraftwerke siehst du in Bild 3. Es wurde bereits im Jahre 1969 in Frankreich errichtet. Der 42 m breite Hohlspiegel reflektiert alle auftreffenden Sonnenstrahlen auf eine kleine Fläche (den Brennpunkt) an der Turmspitze. Dort wird in einem Kessel Wasser in Dampf umgewandelt.
Vor dem Solarkraftwerk stehen noch 63 weitere Spiegel (im Bild 3 nicht sichtbar), die zusätzlich Licht auf den Hauptspiegel lenken. Diese Spiegel werden ständig neu ausgerichtet. Das ist notwendig, weil sich die Position der Sonne im Laufe eines Tages verändert. Durch das Drehen der Spiegel mit dem Lauf der Sonne wird garantiert, dass die Sonnenstrahlung immer auf den Hauptspiegel reflektiert wird.

1 Bei der Lichtquelle eines Leuchtturms wird ein Hohlspiegel benutzt.

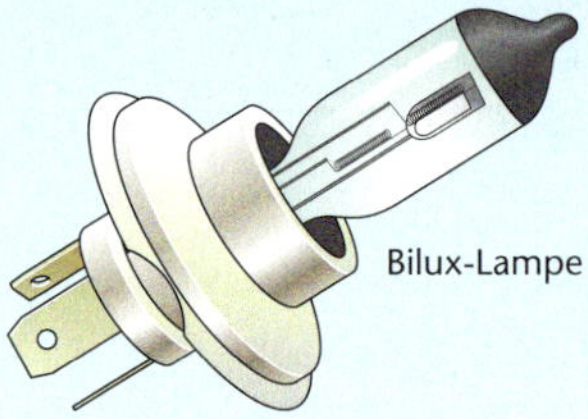

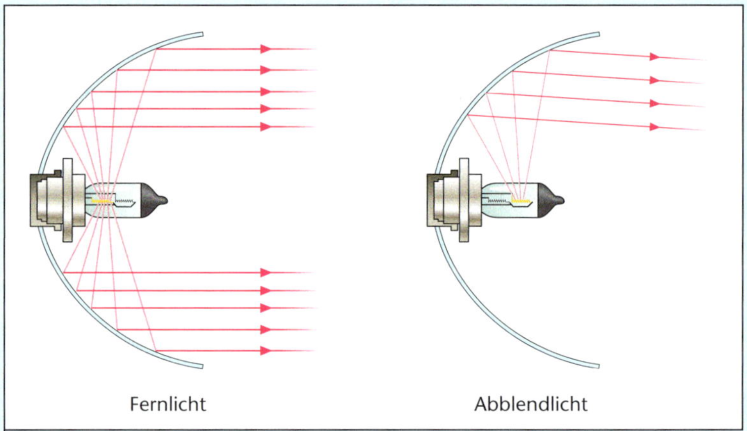

2 Scheinwerfer mit Fernlicht und Abblendlicht

3 Solarkraftwerk

Schnittpunkt

Spiegel gestern und heute

1 Historische Spiegelherstellung

Spiegel – eine lange Geschichte

Bereits im Altertum gab es Spiegel, die meist aus poliertem Gold oder Silber oder wie bei den Römern aus Bronze bestanden.

Besonders den Astronomen früherer Jahrhunderte ist es zu verdanken, dass die Spiegel weiter verbessert wurden. Sie brauchten für Spiegelfernrohre Materialien, die man möglichst glatt polieren konnte, damit viel Licht reflektiert wurde. Die ersten Glasspiegel wurden im späten Mittelalter hergestellt. Nur reiche Leute konnten diese kostbaren Spiegel erwerben. König LUDWIG der XIV. ließ sich 1684 eine ganze Spiegelgalerie bauen.

Bis ins 19. Jahrhundert erfolgte die Herstellung der gläsernen Spiegel mit hochgiftigem Quecksilber.

Auf Marmortischen wurde Zinnfolie ausgelegt, auf die man einige Zentimeter hoch Quecksilber goss (▷B1). Dann wurde eine polierte Glasscheibe auf die Zinnfolie und das Quecksilber gelegt. Das Quecksilber ging mit dem Zinn eine fest haftende Verbindung ein, das Quecksilberamalgam. Nach dem Hochklappen der Tische floss das überschüssige Quecksilber in Holzbottiche. Erst JUSTUS LIEBIG (1803–1873) erfand ein Verfahren, bei dem auf Glas eine dünne Silberschicht aufgebracht wurde. Diese nur 0,0005 mm dünne Schicht wurde mit Kupfer abgedeckt und mit einem Schutzlack überzogen.

In heutigen Verfahren wird Glas verspiegelt, indem z. B. eine dünne Aluminiumschicht aufgedampft wird. Solche Metallspiegel können etwa 99 % des auffallenden Lichts reflektieren (▷B2).

3 ARCHIMEDES

ARCHIMEDES, der Gigant von Syrakus

Vor mehr als 2000 Jahren experimentierte bereits ARCHIMEDES (285–215 v. Chr.) mit Spiegeln. Er ist einer der berühmtesten Wissenschaftler der Antike. Allgemein wird er als Entdecker des Brennspiegels angesehen.

Die Sage erzählt, dass er bei der Verteidigung seiner Heimatstadt Syrakus ein ganzes Heer von Kriegern aufstellte, deren Schilde das Sonnenlicht wie bei einem Hohlspiegel so in einen Brennpunkt reflektierte, dass angreifende Schiffe der Römer in Brand gerieten und in die Flucht geschlagen wurden. Maler und Bildhauer setzten ARCHIMEDES Denkmäler und haben die Geschichte immer wieder aufgegriffen (▷B4).

2 Spiegelherstellung heute

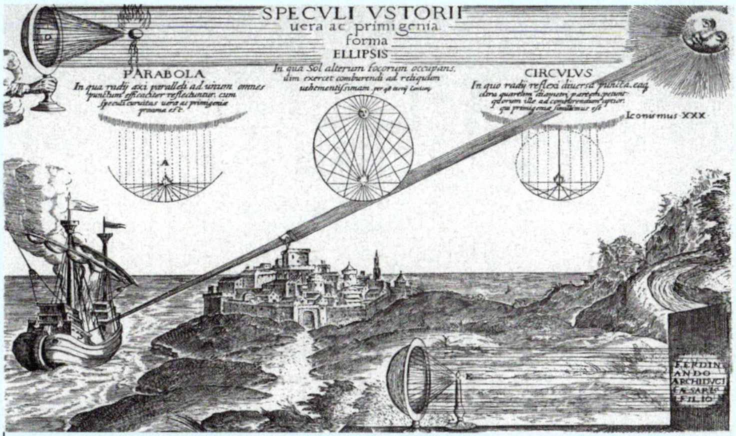

4 Verteidigung mit Sonnenenergie

Werkstatt

Versuche zur Lichtbrechung

Licht breitet sich geradlinig aus. Manchmal machen Lichtstrahlen aber einen „Knick“. In den folgenden Versuchen findest du Beispiele für diese Erscheinung.

1 Gebrochen – und trotzdem ganz?

Material

Bleistift, Glas, Wasser, dicke Glasscheibe

1 Zu Versuch 1

Versuchsanleitung

a) Fülle das Glas mit Wasser und stelle den Bleistift hinein. Betrachte das Glas von der Seite. Was fällt dir auf?

b) Lege anschließend die dicke Glasscheibe auf den Bleistift. Blicke einmal senkrecht von oben und einmal schräg auf die Glasscheibe. Welche Unterschiede kannst du feststellen, wenn du die Blickrichtung wechselst?

2 Münzenstechen

Material

Glaswanne, Röhrchen, dünner Stab (der durch das Röhrchen passt), Stativ, Münze, Wasser

Versuchsanleitung

Lege die Münze auf den Boden der Glaswanne. Spanne das Röhrchen in das Stativ ein und richte es so aus, dass du die Münze durch das Röhrchen sehen kannst (▷ B 2).

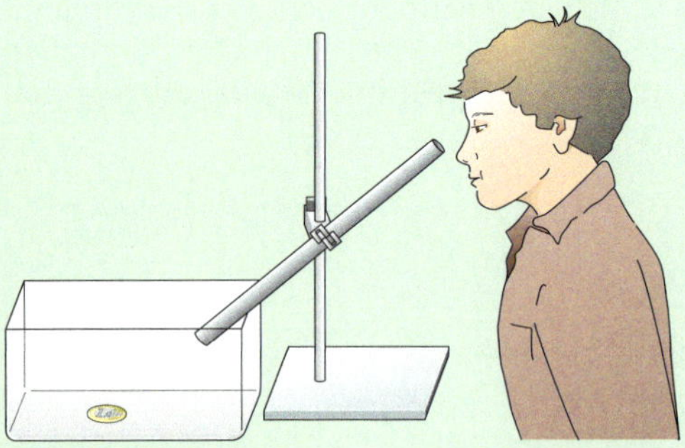

2 Ausrichten des Röhrchens

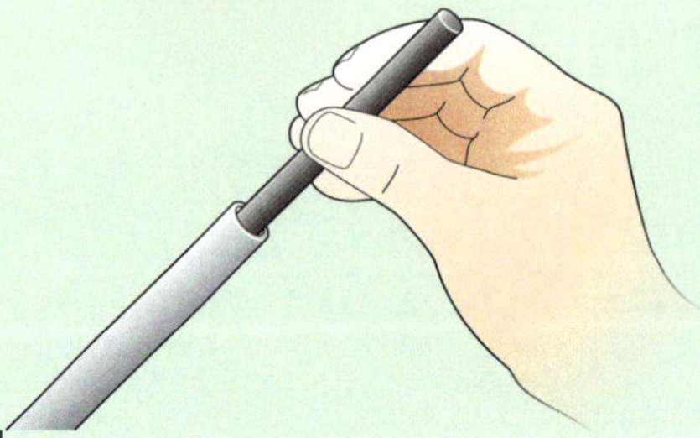

3 Trifft der Stab die Münze?

Stecke den Stab durch das Röhrchen und versuche, die Münze zu treffen (▷ B 3).
Fülle nun Wasser in die Glaswanne und richte das Röhrchen erneut aus (achte darauf, dass das Röhrchen nicht ins Wasser eintaucht).
Was beobachtest du beim erneuten Versuch, die Münze zu treffen? Finde eine Erklärung für deine Beobachtungen.

3 Unter Wasser aufgetaucht

Material

Tasse, Gefäß mit Wasser, Münze

Versuchsanleitung

Lege die Münze auf den Boden der Tasse. Blicke so über den Rand der Tasse, dass die Münze gerade verdeckt wird. Behalte diese Position bei.

Bitte eine Mitschülerin oder einen Mitschüler, vorsichtig Wasser in die Tasse zu gießen. Die Münze darf sich dabei nicht bewegen. Was kannst du beobachten?

4 Übergang von Luft in Glas

Material

Kreisscheibe, Optikleuchte, halbkreisförmiger Glaskörper

Versuchsanleitung

a) Befestige den Glaskörper an der Kreisscheibe. Richte den Lichtstrahl der Optikleuchte so aus, dass er senkrecht auf die ebene Oberfläche des Glaskörpers trifft (▷ B 4, Stellung A). Beschreibe den weiteren Verlauf des Lichtstrahls durch das Glas.

b) Verschiebe die Optikleuchte so, dass der Lichtstrahl schräg auf die ebene Oberfläche des Glaskörpers trifft (▷ B 4, Stellung B). Wie verläuft der Lichtstrahl nun durch das Glas?

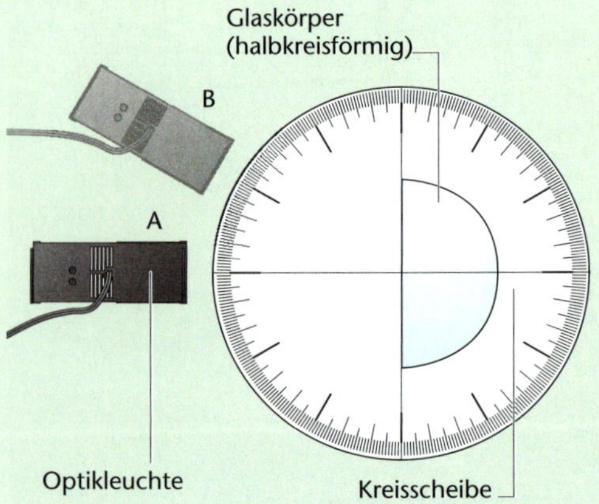

4 Lichtbrechung beim Übergang von Luft in Glas

1 Licht durchdringt Nebel.

Vom Knick in der Optik
Licht kann viele Stoffe durchdringen: Luft, Glas, Wasser, Nebel usw. (▷B 1). Dabei verlaufen die Lichtstrahlen in jedem Stoff geradlinig. Wie lässt sich nun der Versatz erklären, den du an einem Trinkhalm im Wasserglas (▷B 4) beobachten kannst?
In diesem Fall musst du berücksichtigen, dass sich das Licht nicht nur in einem Stoff ausbreitet, sondern von Wasser in Glas und dann in Luft übertritt. Beim Übergang von einem Stoff in einen anderen scheinen die Lichtstrahlen „versetzt" zu werden.

Der Übergang von Luft in Glas
Trifft ein Lichtstrahl senkrecht auf eine Glasoberfläche, verläuft er im Glas geradlinig weiter. Er ändert seine Richtung nicht. Trifft er dagegen schräg auf das Glas, so wird er aus seiner ursprünglichen Richtung abgelenkt (▷B 2). Man sagt, der Lichtstrahl wird **gebrochen**.
Der Lichtstrahl in Bild 2 verläuft zunächst geradlinig durch die Luft, bis er an der Oberfläche des Glaskörpers in das Glas eintritt. An der Glasoberfläche wird der Lichtstrahl so gebrochen, dass er nach der Brechung näher am Lot verläuft (▷B 3).

▶ Lichtstrahlen werden beim Übergang von Luft in Glas oder Wasser zum Lot hin gebrochen. Senkrecht einfallende Strahlen werden nicht gebrochen.

Der Winkel zwischen dem einfallenden Lichtstrahl und dem Lot (**Einfallswinkel** α) ist also größer als der Winkel zwischen dem gebrochenen Lichtstrahl und dem Lot (**Brechungswinkel** β).

Der Übergang von Glas in Luft
Lichtbrechung beobachtest du auch, wenn das Licht aus einem Stoff wie Wasser oder Glas in Luft übertritt.
In Bild 3 verläuft der Lichtstrahl zunächst weiter durch den Glaskörper. An der ebenen Glasfläche tritt er in die Luft über. Du erkennst, dass der Lichtstrahl nach der Brechung weiter vom Lot entfernt verläuft.

▶ Tritt Licht von Glas oder Wasser in Luft über, werden die Lichtstrahlen vom Lot weg gebrochen.

Aufgaben

1 Erkläre mithilfe der Brechung, warum der Trinkhalm in Bild 4 gespalten erscheint.

2 Wenn wir von der Erde aus Sterne beobachten, sehen wir diese nicht an ihrem tatsächlichen Ort. Überlege, was die Ursache dafür ist und erkläre die Erscheinung.

4 Unseren Augen ist nicht immer zu trauen.

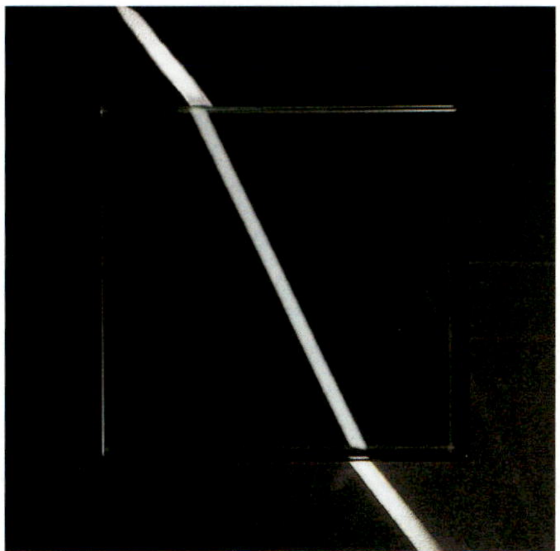

2 Schräg auftreffende Lichtstrahlen werden an Grenzflächen gebrochen.

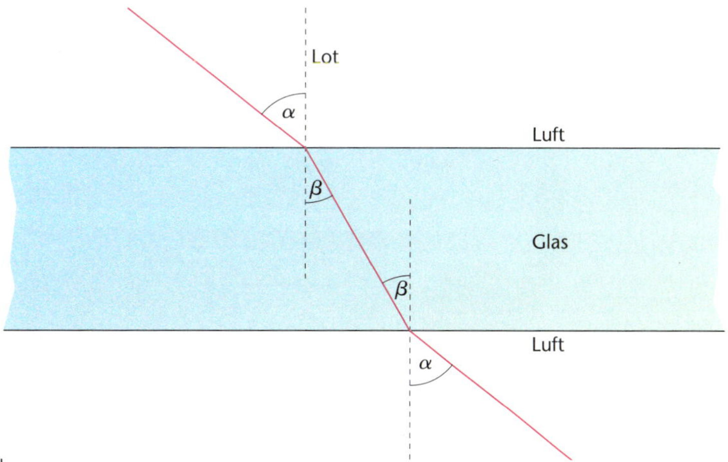

3 Lichtbrechung an einer Glasplatte

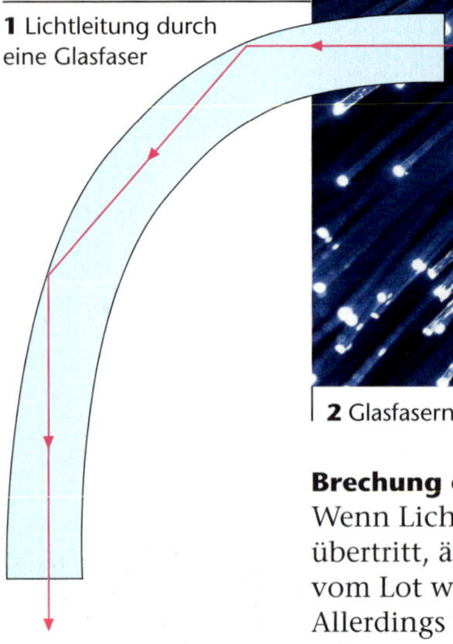

1 Lichtleitung durch eine Glasfaser

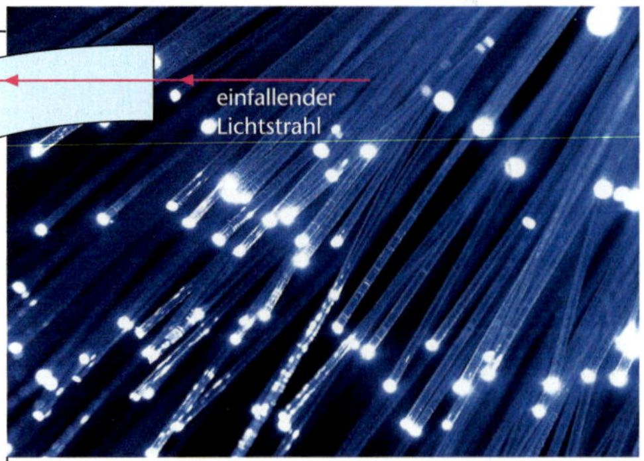

2 Glasfasern

Brechung oder Reflexion?
Wenn Licht von Glas oder Wasser in Luft übertritt, ändert es seine Richtung. Es wird vom Lot weg gebrochen.
Allerdings tritt an der Grenzfläche zwischen Wasser bzw. Glas und Luft nicht immer Brechung auf. Überschreitet der Einfallswinkel α einen bestimmten Wert, wird der Lichtstrahl nicht gebrochen, sondern vollständig reflektiert (▷ B 4). Diese Erscheinung heißt **Totalreflexion**.

▶ Überschreitet der Einfallswinkel an der Grenzfläche von Glas oder Wasser zu Luft einen Grenzwert, wird das Licht vollständig reflektiert.

Der gefangene Lichtstrahl
Anwendung findet die Totalreflexion bei der Weiterleitung von Licht durch Glasfasern. Aus Bündeln solcher Fasern werden Lichtleiterkabel für die Medizin oder zur Datenübertragung hergestellt. Die durchsichtigen, außerordentlich biegsamen Fasern haben einen Durchmesser von nur 0,006 mm. Ein Bündel mit einem Durchmesser von 1 mm besteht aus etwa 27 000 Fasern.
In den einzelnen Fasern wird das Licht durch Totalreflexion „gefangen" gehalten: Da sie sehr schräg auf die Grenzfläche treffen, werden die Lichtstrahlen nicht gebrochen, sondern immer in die Faser zurück reflektiert (▷ B 1). Erst am Ende der Faser kann das Licht wieder austreten.

Anwendung der Totalreflexion
Endoskope (▷ B 3) ersparen Patienten oft aufwändige Operationen. Beispielsweise kann ein fingerdicker Schlauch, der mehrere Glasfaserbündel enthält, durch die Speiseröhre in den Magen eingeführt werden. Durch eines dieser Bündel wird Licht in den Magen geleitet. Die Bilder aus dem Körperinneren werden durch ein zweites Glasfaserbündel zu einer Videokamera übertragen. So kann der Arzt den Magen untersuchen und operieren, ohne ihn zu öffnen.

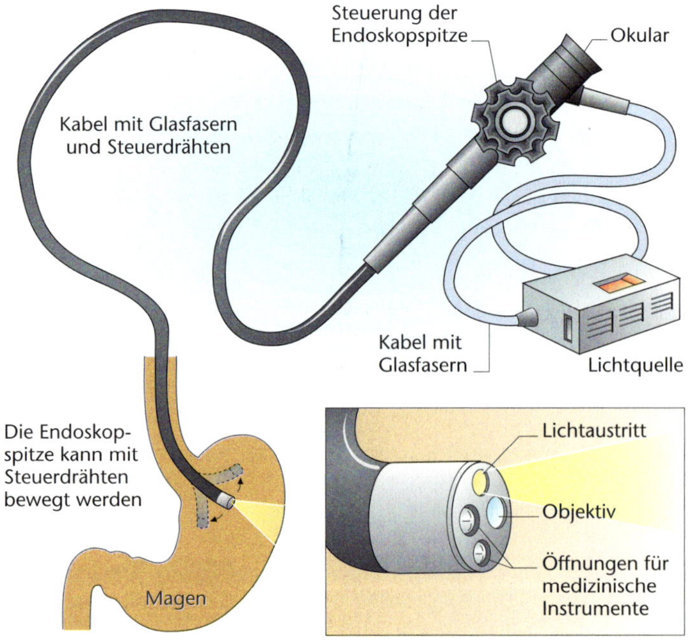

3 Endoskop

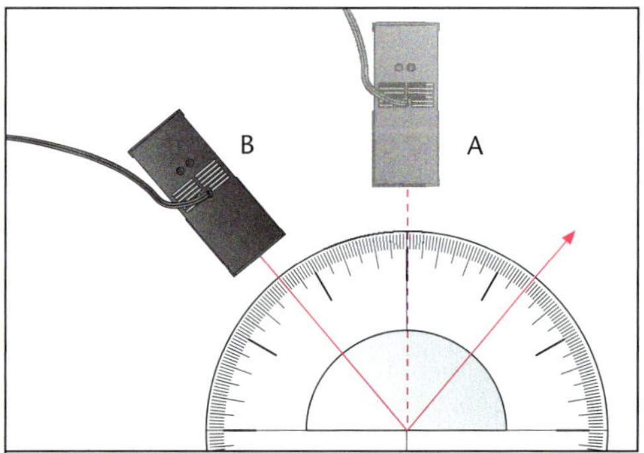

4 Zu Versuch 1

Versuch

1 Untersuche die Lichtbrechung beim Übergang von Glas in Luft genauer.
a) Stelle eine Spaltblende an der Optikleuchte so ein, dass ein dünner Lichtstrahl entsteht.
b) Richte die Optikleuchte zunächst so aus, dass der Lichtstrahl senkrecht auf die Grenzfläche zwischen Glas und Luft fällt (▷ B 4, Stellung A).
c) Lasse den Lichtstrahl immer schräger auf die Grenzfläche treffen (▷ B 4, Stellung B). Was kannst du beobachten?

Linsen aus Glas
Hast du schon einmal versucht, mit einem Brennglas ein Feuer zu entzünden? Betrachte ein Brennglas genauer. Es ist in der Mitte dicker als am Rand. Du kennst diese Form vom Linsengemüse. Daher bezeichnet man auch Glaskörper mit dieser Form als Linsen (▷ B 1). Weil solche Glaslinsen das Sonnenlicht sammeln, werden sie auch **Sammellinsen** genannt.

1 Linsen aus Glas

Verbrennungsgefahr
In Versuch 1 a lässt du Lichtstrahlen, die senkrecht zur Linsenebene verlaufen, auf eine Sammellinse fallen (▷ B 2). Da diese Lichtstrahlen immer in gleich bleibendem Abstand zueinander verlaufen, spricht man auch von parallelen Lichtstrahlen. Beim Durchgang durch die Linse werden diese Strahlen abgelenkt. Lichtstrahlen, die am oberen Rand auftreffen, werden nach unten gebrochen, am unteren Rand auftreffende Strahlen werden nach oben gebrochen. Zur Linsenmitte hin wird die Brechung geringer.
Hinter der Sammellinse verlaufen die Lichtstrahlen durch einen Punkt. Dieser Punkt heißt **Brennpunkt** und wird mit dem Buchstaben F gekennzeichnet. In ihm konzentriert sich das einfallende Licht. Dort kann es sehr heiß werden.

Senkrecht zur Linsenebene einfallende Lichtstrahlen werden von einer Sammellinse im Brennpunkt F vereinigt.

Je dicker eine Sammellinse ist, desto stärker lenkt sie die Lichtstrahlen ab (▷ V 1b). Bei einer dicken Sammellinse mit stark gekrümmter Oberfläche liegt der Brennpunkt nahe an der Linse, bei dünneren Linsen ist er weiter entfernt. Den Abstand zwischen der Linsenmitte und dem Brennpunkt bezeichnet man als **Brennweite f**.

2 Bestimmung der Brennweite f

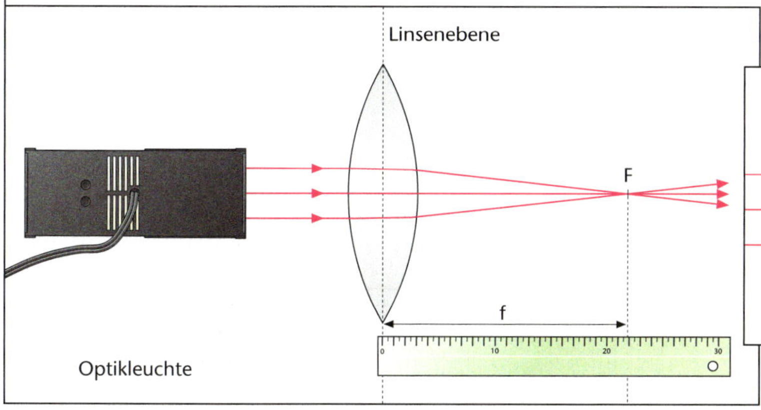

Eine Linse zerstreut das Licht
Neben den Sammellinsen gibt es Linsen, die in der Mitte dünner sind als außen. Wie wird das Licht von diesen Linsen abgelenkt?
Wenn du parallele Lichtstrahlen auf eine solche Linse fallen lässt, dann laufen die Lichtstrahlen hinter der Linse auseinander (▷ V 2, B 3). Diese Linsen zerstreuen das einfallende Licht. Sie heißen deshalb **Zerstreuungslinsen**.

Zerstreuungslinsen sind in der Mitte dünner als am Rand. Sie zerstreuen parallel auftreffende Lichtstrahlen.

3 Zerstreuungslinse

Versuche

1 a) Erzeuge mit einer Optikleuchte Lichtstrahlen, die senkrecht zur Linsenebene verlaufen (▷ B 2). Lasse diese Lichtstrahlen auf eine Sammellinse fallen. Wie verlaufen die Lichtstrahlen nach ihrem Durchgang durch die Linse?
b) Tausche die Sammellinse gegen eine dickere oder dünnere Linse aus. Lasse wieder Licht auf die Linse fallen und beobachte seinen Verlauf.

2 Tausche die Sammellinse gegen eine Zerstreuungslinse aus. Wiederhole Versuch 1 und notiere deine Beobachtungen.

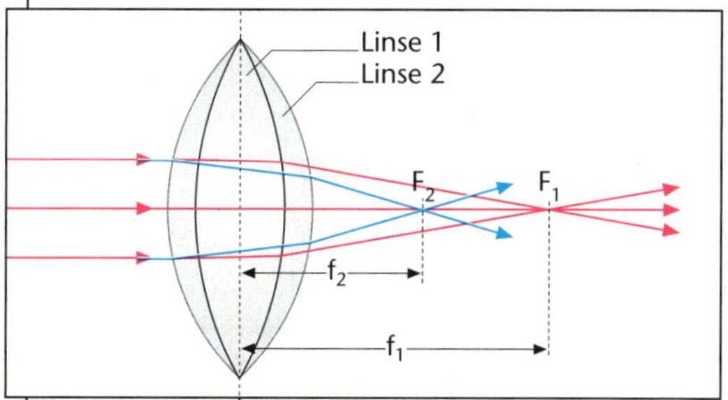

4 Die Brennweite f hängt von der Linsenform ab.

Sammellinsen erzeugen Bilder
Sie sind in Fotoapparaten enthalten und weder Fernrohr noch Mikroskop kommen ohne sie aus: Sammellinsen findest du in allen optischen Geräten.

Mit einer Sammellinse kannst du ein Fenster auf einem Blatt Papier abbilden (▷ B 1). Das Bild des Fensters kann unterschiedlich groß und unterschiedlich hell sein. Zwei Gemeinsamkeiten besitzen jedoch alle Bilder: Sie sind seitenverkehrt und stehen auf dem Kopf.

Eine Sammellinse erzeugt Bilder, die seitenverkehrt sind und auf dem Kopf stehen.

1 Zu Versuch 1

Hauptstrahlen
Eine Sammellinse erzeugt von einem Gegenstand ein deutliches Bild. Von jedem Punkt des Gegenstands gehen Lichtstrahlen aus, die hinter der Linse wieder in einem Punkt zusammentreffen.
Willst du das Bild konstruieren, kannst du unmöglich alle Lichtstrahlen zeichnen.

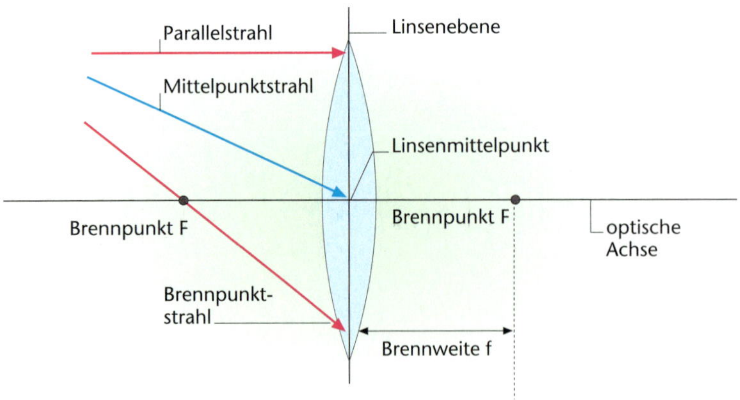

2 Hauptstrahlen bei einer Sammellinse

Deshalb wählt man drei besondere Lichtstrahlen aus, die man als **Hauptstrahlen** bezeichnet (▷ B 2).

- Ein **Parallelstrahl** verläuft parallel zur optischen Achse.
- Ein **Brennpunktstrahl** verläuft durch den Brennpunkt vor der Linse.
- Ein **Mittelpunktstrahl** verläuft durch den Mittelpunkt der Linse.

Für die Konstruktion des Bildes genügt es, nur die Hauptstrahlen zu verwenden, die von den Begrenzungspunkten des Gegenstands ausgehen. Noch einfacher wird es, wenn sich der Fußpunkt des Gegenstandes auf der optischen Achse befindet. Dann kommst du mit nur drei Strahlen aus.

Beim Durchgang durch die Sammellinse werden die Hauptstrahlen gebrochen (▷ V 3, B 3). Durch die Brechung an der Sammellinse werden
- Parallelstrahlen zu Brennpunktstrahlen und
- Brennpunktstrahlen zu Parallelstrahlen.
- Mittelpunktstrahlen behalten ihre Richtung bei.

Konstruktion von Bildern
Um ein scharfes Bild von einem Gegenstand zu erhalten, muss der Schirm in einer bestimmten Entfernung von der Sammellinse aufgestellt werden (▷ V 2). Mithilfe der Hauptstrahlen kannst du diese Entfernung ermitteln.
Zeichne zunächst eine Sammellinse und die optische Achse (▷ B 3). Markiere links und rechts der Linse den Brennpunkt. Sein Abstand von der Linsenmitte ist gleich der Brennweite. Zeichne vor dem Brennpunkt einen Gegenstand, z. B. eine Kerze, ein.

Beim Durchgang durch die Linse werden die Lichtstrahlen sowohl an der Grenzfläche Luft / Glas als auch an der Grenzfläche Glas / Luft gebrochen. Der Einfachheit halber wird nur eine Brechung an der Linsenebene eingezeichnet.

Trage in deine Zeichnung nun die Hauptstrahlen ein, die von der Spitze der Kerzenflamme ausgehen. Beachte: Der Parallelstrahl läuft hinter der Linse durch den Brennpunkt. Der Brennpunktstrahl wird zu einem Parallelstrahl und der Mittelpunktstrahl behält seine Richtung bei.
Hinter der Linse schneiden sich die Hauptstrahlen wieder in einem Punkt, den man

Bildpunkt nennt. An dieser Stelle wird die Spitze der Kerzenflamme deutlich abgebildet.
Die anderen Punkte der Kerze erzeugen ebenfalls Bildpunkte. Alle Bildpunkte zusammen ergeben ein vollständiges Bild des Gegenstandes.

Große und kleine Bilder
Von einem Gegenstand lassen sich unterschiedlich große Bilder erzeugen (▷B 4). Stelle die Kerze einmal weiter entfernt von der Sammellinse auf und rücke den Schirm so weit an die Linse, bis wieder ein scharfes Bild entsteht. Die Größe des Bildes hat sich verändert.

Je größer die Entfernung zwischen dem Gegenstand und der Sammellinse ist, desto kleiner ist das Bild.

Dies nutzt man beim Fotografieren. Die Bilder der fotografierten Gegenstände müssen auf einem Kleinbildfilm oder einem Chip Platz finden. Das ist nur möglich, wenn die Gegenstände weit von der Linse des Fotoapparates entfernt sind.

Was passiert, wenn man den Gegenstand immer näher zur Linse verschiebt? Zunächst wird das Bild größer. Ab einem gewissen Abstand kannst du kein deutliches Bild mehr auffangen. Dann befindet sich der Gegenstand zu nah an der Sammellinse. Nur, wenn sich ein Gegenstand außerhalb der Brennweite der Sammellinse befindet, entsteht auf dem Schirm ein deutliches Bild.

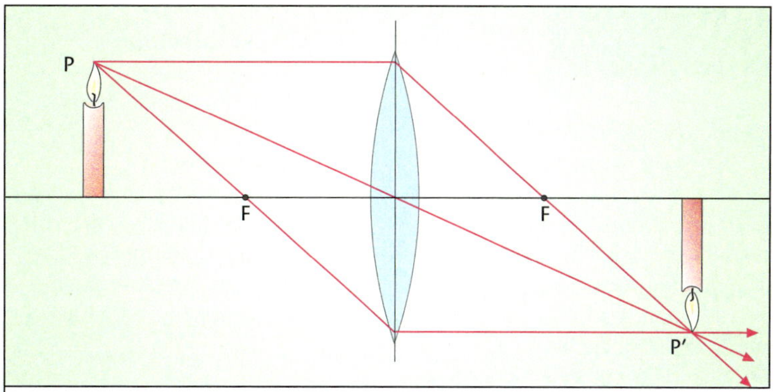

3 Konstruktion des Bildes mit den drei Hauptstrahlen

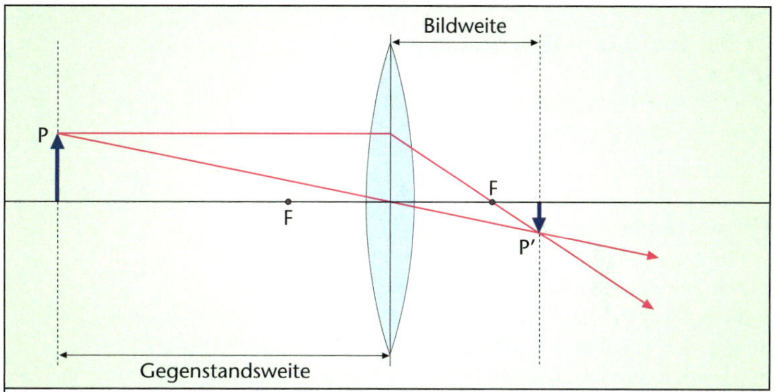

4 Konstruktion eines verkleinerten Bildes

Versuche

1 Stelle dich mit einer Sammellinse und einem Blatt Papier an ein Fenster.
a) Versuche, mithilfe der Sammellinse ein Bild des Fensters auf dem Papier zu erzeugen (▷B 1).
Beschreibe das Bild.
b) Verwende anschließend eine Sammellinse mit einer anderen Brennweite.
Wie verändert sich das Bild auf dem Schirm?

2 Entzünde eine Kerze und stelle sie vor eine Sammellinse. Stelle hinter der Linse einen Schirm auf und verschiebe ihn so lange, bis darauf ein deutliches Bild der Kerze zu sehen ist.
Vergrößere und verkleinere die Entfernung zwischen der Kerze und der Linse. Wohin musst du den Schirm jeweils verschieben, damit du ein deutliches Bild erhältst?
Beschreibe, wie sich dabei das Bild verändert. Schiebe nun die Kerze sehr nah an die Linse. Kannst du jetzt noch ein Bild erkennen?

3 Zeichne auf ein weißes Blatt Papier eine Gerade, die die optische Achse darstellt (▷B 2). Senkrecht zu dieser Geraden bringst du die Sammellinse an.
Markiere wie in Bild 2 links und rechts von der Linse ihren Brennpunkt auf der optischen Achse.
Erzeuge nun mit einer Optikleuchte einen Strahl, der sich parallel zur optischen Achse ausbreitet. Wie verläuft er hinter der Linse weiter?
Wiederhole den Versuch mit einem Strahl, der durch den Mittelpunkt der Linse geht, und einem Strahl, der durch den Brennpunkt verläuft. Zeichne den Verlauf der Strahlen auf dem Papier ein.

Werkstatt

Versuche mit der Lupe

Briefmarkensammler benutzen sie, Insektenforscher können nicht auf sie verzichten – und sicherlich hast auch du schon kleine Gegenstände mit einer Lupe betrachtet.
In den folgenden Experimenten wirst du untersuchen, wie man selbst einfache Lupen bauen kann und wie man mit ihnen eine starke Vergrößerung erreicht.

1 Ein Wassertropfen als Lupe

Material
Große Sicherheitsnadel, Strohhalm oder Pipette, Klarsichthülle, Zeitungspapier

Versuchsanleitung
a) Lege ein Stück Zeitungspapier in die Klarsichthülle. Tropfe mit der Pipette oder mit dem Strohhalm Wasser auf die Hülle. Versuche dabei, unterschiedlich große Tropfen zu erzeugen. Betrachte den Zeitungstext unter den verschiedenen Wassertropfen. Was fällt dir dabei auf?

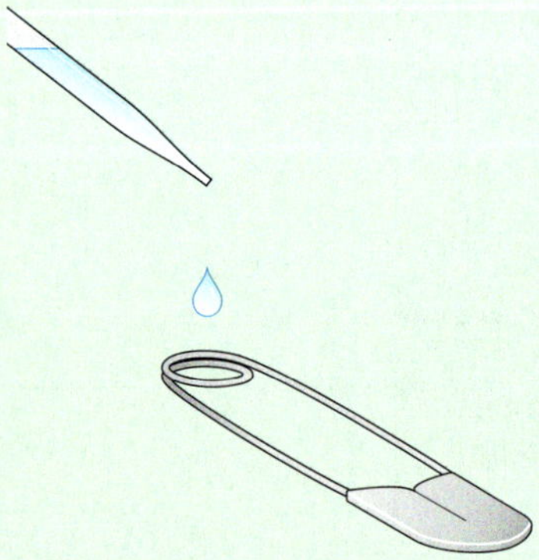

1 Zu Versuch 1b

b) Gib einen Wassertropfen in die Öse einer großen Sicherheitsnadel (▷ B 1). Du kannst das Wasser auftropfen oder mit der Sicherheitsnadel einen Tropfen aus einem Glas Wasser „schöpfen". Welche Form hat der Tropfen in der Öse? Betrachte nun einen Zeitungstext durch den Wassertropfen. Beschreibe deine Beobachtungen.

2 Eine „Wasserlupe"

Material
2 Uhrgläser, Knetmasse, Wasser

Versuchsanleitung
Forme aus der Knetmasse eine lange „Wurst". Lege die so geformte Knetmasse auf den inneren Rand eines Uhrglases. An einer Stelle muss eine kleine Lücke bleiben (▷ B 2).

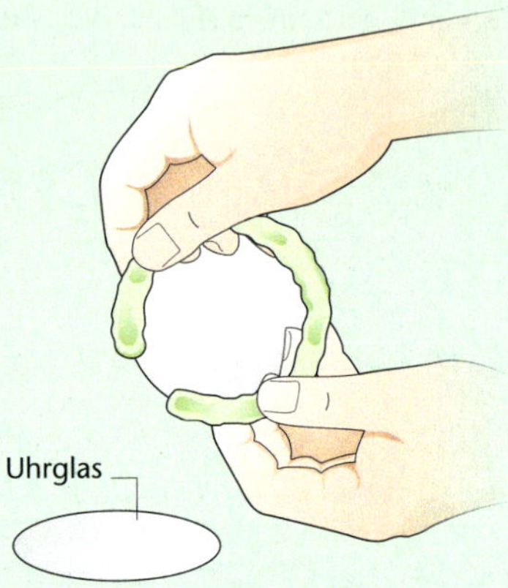

2 Knetmasse zur Abdichtung

Drücke nun das zweite Uhrglas so in die Knetmasse, dass zwischen den Uhrgläsern ein Hohlraum entsteht (▷ B 3). Die Knete muss den Spalt zwischen den Glasrändern vollständig abdichten, es darf keine Undichtigkeit entstehen!

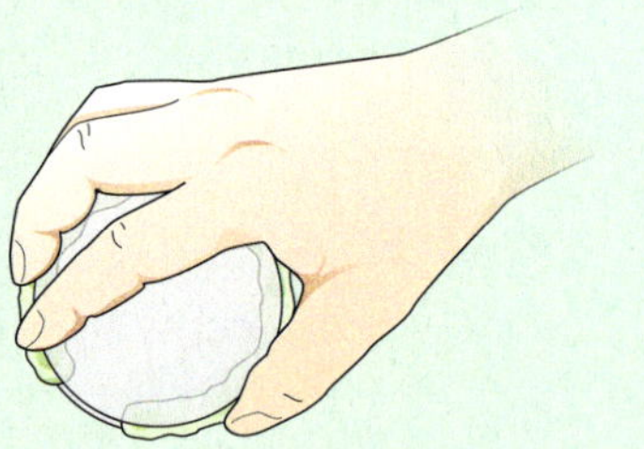

3 Das zweite Uhrglas wird aufgesetzt

Fülle über die verbliebene Lücke Wasser ein (▷ B 4). Achte darauf, dass möglichst wenig Luftblasen entstehen. Wenn die „Wasserlupe" vollständig gefüllt ist, kannst du die Lücke mit einem Stück Knetmasse verschließen.
Betrachte verschiedene kleine Gegenstände mit deiner „Wasserlupe".

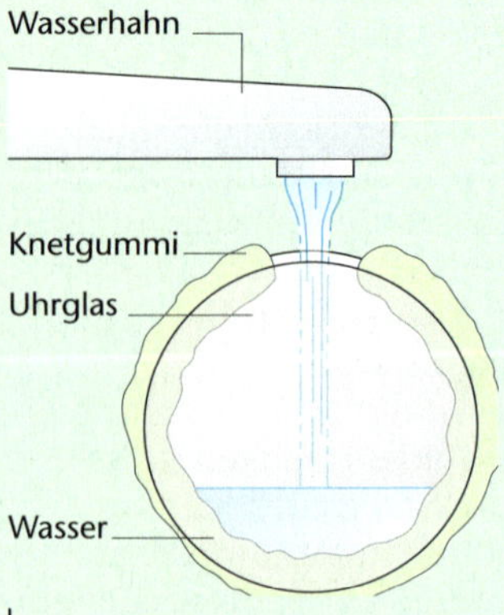

4 Befüllen mit Wasser

3 Lupen mit unterschiedlicher Vergrößerung

Material
Verschiedene Lupen, Millimeterpapier oder kariertes Papier

Versuchsanleitung
Lege zunächst eine Lupe auf das Millimeterpapier und entferne sie dann langsam (▷ B 5). Betrachte dabei das Millimeterpapier durch die Lupe. Kannst du das vergrößerte Millimeterpapier aus allen Entfernungen erkennen? In welchem Abstand ergibt sich die stärkste Vergrößerung?

Wiederhole den Versuch mit den anderen Lupen und vergleiche ihre Vergrößerungen. Welche Form haben die Lupen, die am stärksten vergrößern?

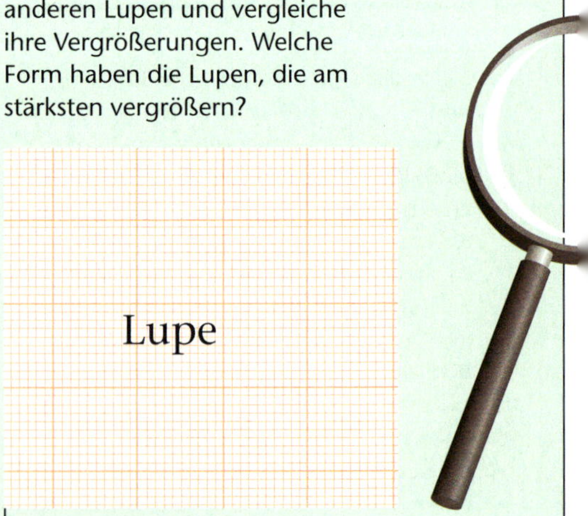

5 Millimeterpapier

Aufgabe
Informiere dich, in welchen Berufen man mit Lupen arbeitet. Welche Vergrößerungen erzielen diese Lupen jeweils?

Die Lupe – eine Sammellinse
Durch einen Wassertropfen betrachtet erscheint die Zeitungsschrift vergrößert (▷ B 1). Betrachte die Form des Wassertropfens genauer: Er ist in der Mitte dicker als am Rand und besitzt damit eine ähnliche Form wie eine Sammellinse. Wie durch eine Sammellinse kann man durch den Wassertropfen einen Gegenstand vergrößert sehen.
Baut man eine Sammellinse in eine Fassung ein, erhält man eine Lupe.

> Eine Lupe enthält eine Sammellinse. Mit ihr lassen sich Gegenstände vergrößert betrachten.

1 Ein Wassertropfen wirkt wie eine Lupe.

Bildentstehung bei einer Lupe
Legst du eine Lupe direkt auf den Gegenstand, siehst du nur ein schwach vergrößertes Bild. Die maximale Vergrößerung wird erst erreicht, wenn sich der Gegenstand etwa im Abstand der Brennweite befindet.
Das scheint den bisherigen Erfahrungen zu widersprechen. Mit einem Schirm kannst du kein Bild von Gegenständen auffangen, die sich innerhalb der Brennweite befinden. Das Bild, das eine Lupe erzeugt, bezeichnet man als scheinbares oder auch **virtuelles Bild**. Es entsteht durch das Zusammenspiel von Lupe, Auge und Gehirn.

Unser Gehirn geht davon aus, dass sich Lichtstrahlen nur geradlinig ausbreiten. Die von dem Gegenstand ausgehenden Lichtstrahlen werden aber beim Durchgang durch die Lupe gebrochen und dadurch aus ihrer geraden Richtung abgelenkt (▷ B 2). In Gedanken verlängern wir die ins Auge fallenden Lichtstrahlen geradlinig, bis sie sich schneiden. Der scheinbare Schnittpunkt ist für das Gehirn der Ursprung des Lichts. Aus diesem Grund siehst du den Gegenstand vergrößert an einer Stelle, an der er sich gar nicht befindet.

Lupen für verschiedene Zwecke
Betrachte einen Gegenstand mit verschiedenen Lupen. Eine Leselupe vergrößert den Gegenstand etwa auf das Dreifache. Benutzt du eine Becherlupe oder eine Einschlaglupe, erscheint das Bild bis zu 8- bzw. 16-mal größer als das Original.

> Der Vergrößerungsfaktor gibt an, wie viel Mal größer das Bild im Vergleich zum Gegenstand sein kann.

Verschiedene Lupen enthalten unterschiedlich geformte Sammellinsen. Eine dicke Sammellinse mit kleiner Brennweite besitzt eine starke Vergrößerung. Solche Lupen benutzt man häufig für Untersuchungen im naturwissenschaftlichen Bereich. Eine flache Sammellinse mit großer Brennweite wird z. B. in einer Leselupe verwendet. Die Vergrößerung ist nicht sehr stark, dafür kann man mit solchen Lupen große Textausschnitte betrachten.

Aufgabe

1 Unter welchen Voraussetzungen entstehen virtuelle Bilder?

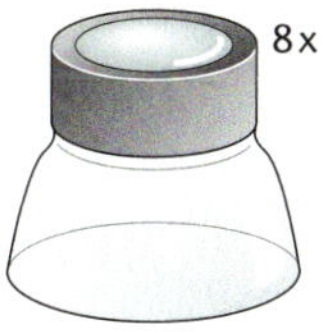

Lupe mit Standfuß

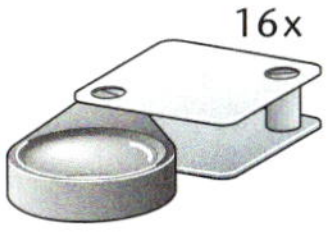

Einschlaglupe

Leselupe

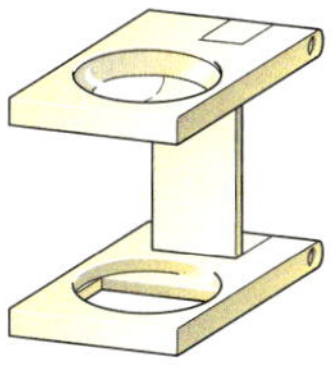

Fadenzähler

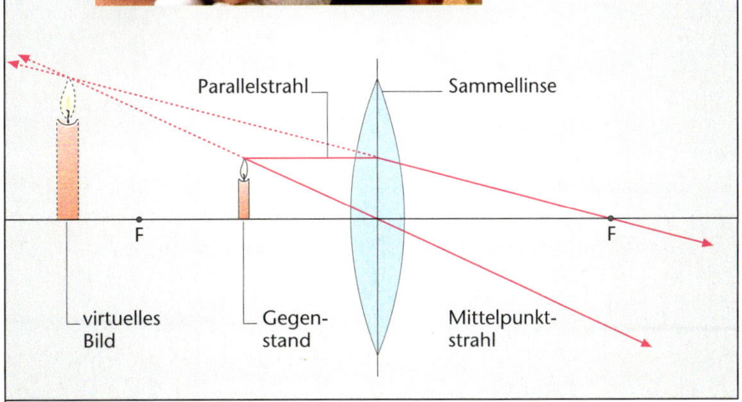

2 Konstruktion des virtuellen Bildes einer Lupe

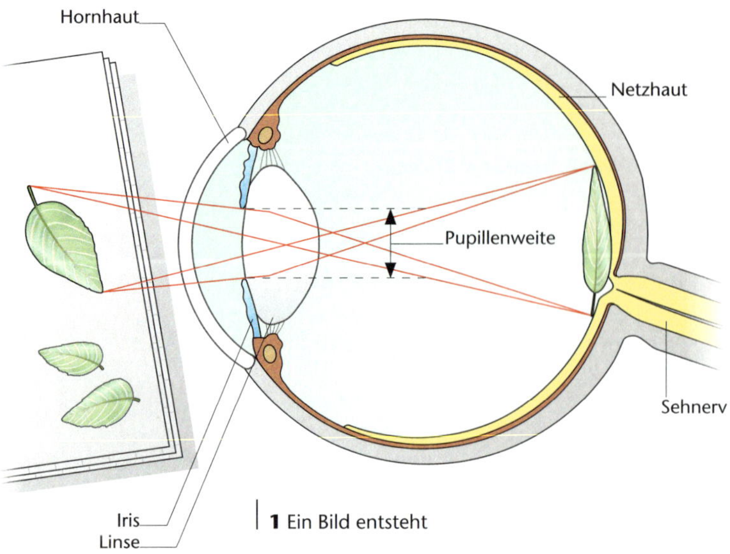

1 Ein Bild entsteht

Ein Bild entsteht

Vor uns auf dem Tisch liegt ein Laubblatt. Wir sehen es nur deshalb, weil Licht auf das Blatt fällt und dann in unser Auge gelangt. Würden wir den Raum vollkommen verdunkeln, sähen wir absolut nichts, obwohl das Blatt an seinem Platz bleibt. Die Lichtstrahlen fallen durch die Hornhaut, die Pupille und die Linse ins Innere des Auges. Die Iris regelt den Lichteinfall: Bei großer Helligkeit verkleinert sie die Pupille, so werden die empfindlichen Sinneszellen vor zu starkem Licht geschützt.

Die Sehschärfe wird eingestellt

Beim Nahsehen wird der Ziliarmuskel angespannt, die Linsenbänder lockern sich und die Linse kann sich krümmen. Siehst du in die Ferne, entspannt sich der Ziliarmuskel und die Linsenbänder spannen die Linse an. Man nennt die Anpassung des Auges an die verschiedenen Entfernungen **Akkomodation** (▷ B 2).

Wie eine Linse aus Glas bricht auch die Linse im Auge die Lichtstrahlen. So wird ein Gegenstand scharf auf der Netzhaut abgebildet. Es entsteht ein seitenverkehrtes, auf dem Kopf stehendes Bild (▷ B 1).

2 Akkomodation

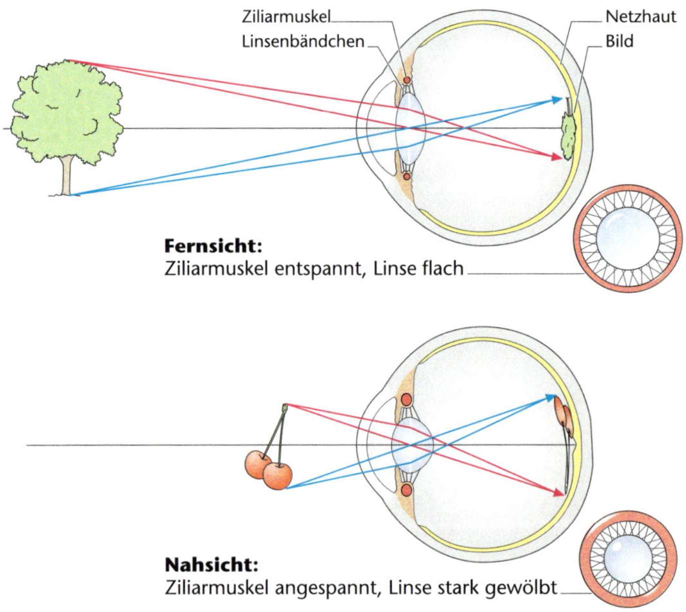

Arbeitsteilung in der Netzhaut

In der Netzhaut befinden sich zwei unterschiedliche Typen von Sehzellen: die **Stäbchen** und die **Zapfen**. Die längeren und schlankeren Stäbchen sind zwar sehr lichtempfindlich, können aber nur hell-dunkel unterscheiden. Die kürzeren und dickeren Zapfen sind für das Sehen von Farben zuständig. Unser Auge hat unvorstellbar viele Sehzellen auf der Netzhaut. Auf einem Quadratmillimeter befinden sich ungefähr 140 000 Sehzellen, die meisten sind Stäbchen. Die Zapfen sind ungleichmäßig auf der Netzhaut verteilt. Es gibt drei unterschiedliche Zapfentypen. Sie reagieren bei Helligkeit entweder auf blauviolettes, grünes oder rotgelbes Licht. Auf dem **Gelben Fleck** befinden sich nur Zapfen.

In einem komplizierten Vorgang lösen lichtempfindliche Farbstoffe in den Sehzellen elektrische Impulse aus. Diese werden über die Sehnerven vom linken bzw. rechten Auge zum Gehirn geleitet. Die Impulse werden dann in der so genannten Sehrinde verarbeitet.

Am **Blinden Fleck** verlässt der Sehnerv durch die Netzhaut das Auge. Hier gibt es keine Sehzellen und man ist an dieser Stelle blind. Da man aber mit zwei Augen sieht, wird dieser Fehler wieder korrigiert.

▶ Durch die Linse wird ein scharfes Bild auf die Netzhaut übertragen. Stäbchen und Zapfen nehmen die Lichtsinnesreize auf und leiten sie über die Nerven als Impuls zum Gehirn.

Aufgaben

1 Erkläre das Sprichwort „Nachts sind alle Katzen grau“.

2 a) Eulen und Katzen haben auffallend große Augen. Erkläre.
b) Versuche, daraus eine allgemeine Regel abzuleiten.

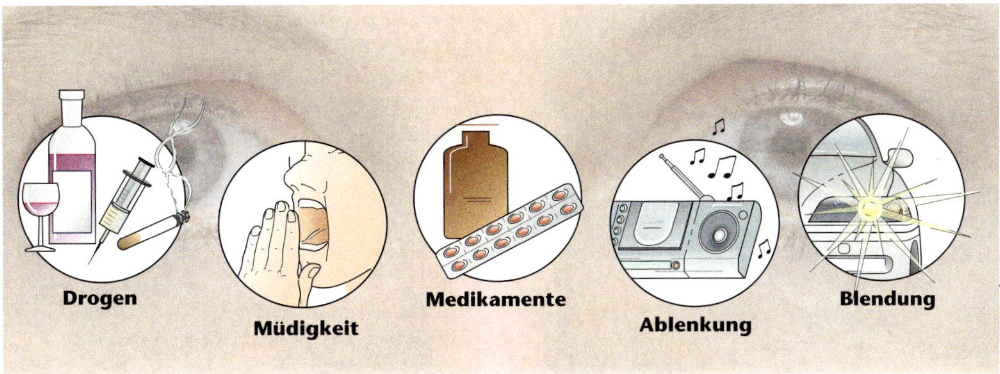

1 Faktoren, die die Sehfähigkeit beeinflussen

Wer braucht eine Brille?
Eine Sehschwäche wird in der Regel mit einer Brille korrigiert. Ursache für eine Sehschwäche können altersbedingte Veränderungen, Krankheit und Geburtsfehler sein. Mehr als die Hälfte der Erwachsenen benötigen Sehhilfen.

Es gibt aber auch andere Faktoren, die sich einschränkend auf das Sehvermögen auswirken und nicht durch eine Brille behoben werden können (▷ B 1).

Weitsichtigkeit
Wer Fernes scharf und Nahes unscharf sieht, ist **weitsichtig**. Bei manchen Menschen ist der Augapfel zu kurz. Ein scharfes Bild würde erst hinter der Netzhaut entstehen (▷ B 3).
Bei vielen älteren Menschen ist aber auch die Linse nicht mehr so elastisch. Sie können nur noch weit entfernte Gegenstände scharf sehen.
Du brauchst dich also nicht zu wundern, wenn dein Großvater die Zeitung mit lang ausgestreckten Armen liest. Wenn sich die Augenlinse mit den Ziliarmuskeln nicht mehr an unterschiedliche Sichtweiten anpassen kann, helfen zusätzliche Linsen. Zur Korrektur der Weitsichtigkeit werden Sammellinsen benutzt.

Aufgaben

1. Erstelle eine Präsentation zu Aufbau und Funktionsweise des Auges.
2. Was passiert im Auge, wenn du in die Ferne oder in die Nähe schaust?
3. Was kannst du tun, damit du lange Zeit gut sehen kannst?
4. Wie kann Kurzsichtigkeit und Weitsichtigkeit korrigiert werden?

Kurzsichtigkeit
Wer Fernes unscharf und Nahes scharf sieht, ist **kurzsichtig**. In diesem Fall ist der Augapfel zu lang. Die Linse des Auges kann sich nicht so verändern, wie es nötig wäre, um auf der Netzhaut ein scharfes Bild zu erzeugen (▷ B 2).
Zur Korrektur der Kurzsichtigkeit werden Zerstreuungslinsen verwendet. Vom Augenarzt oder Optiker bekommst du eine Brille ganz genau an deine Augen angepasst. Es können aber auch Kontaktlinsen sein, die direkt auf die Hornhaut aufgesetzt werden.
Du solltest deine Augen regelmäßig überprüfen lassen, weil Augenfehler im Laufe der Zeit oft unbemerkt größer werden.

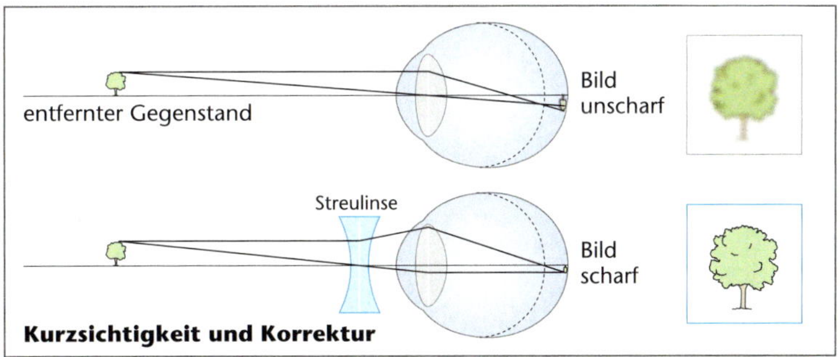

2 Der Augapfel ist etwas zu lang.

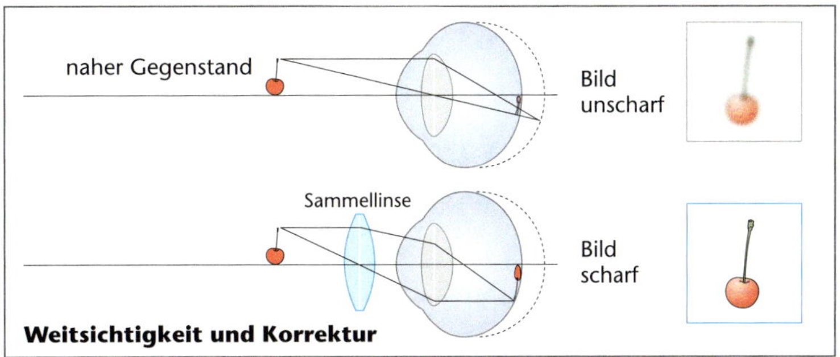

3 Der Augapfel ist etwas zu kurz.

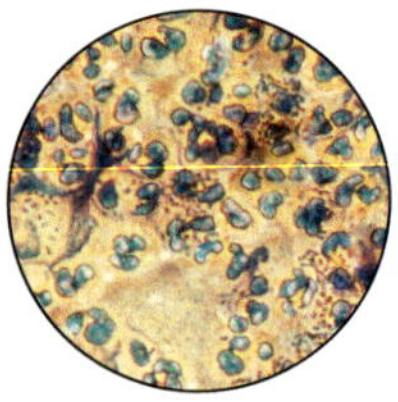

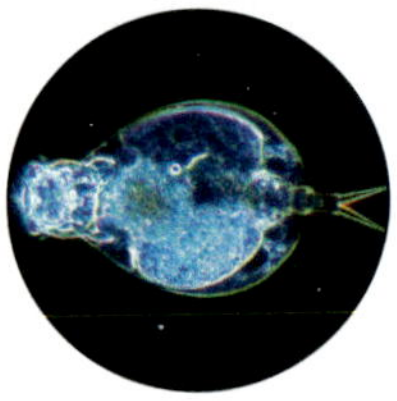

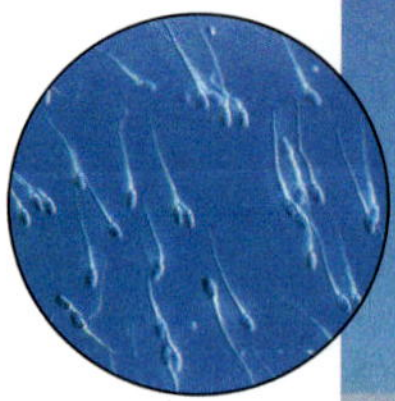

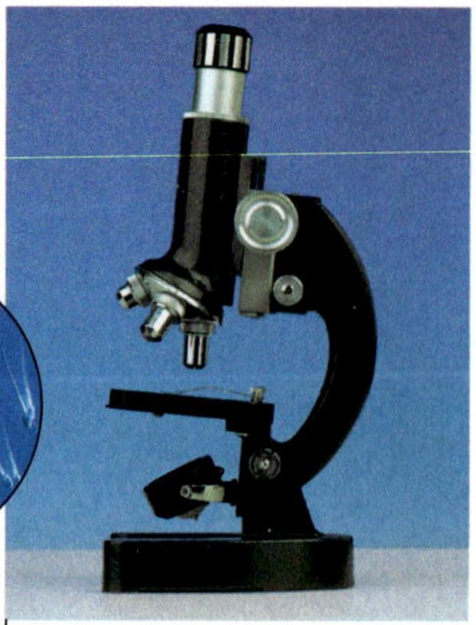

1 Mikroskop

Die ersten Mikroskope
Der Holländer ANTONI VAN LEEUWENHOEK (1632–1723) baute eines der ersten Mikroskope. Es hatte noch sehr viel Ähnlichkeit mit einer Lupe und bestand aus nur einer winzigen Sammellinse von 1,5 mm Durchmesser mit einer Brennweite von 0,9 mm. Sie erreichte eine bis zu 250fache Vergrößerung. Damit entdeckte er u. a. Bakterien, Schimmelpilze, rote Blutkörperchen und Spermien. Der Engländer ROBERT HOOKE (1635–1703) entwickelte ein Mikroskop, das zwei Linsen enthielt.

Eine Sammellinse, das Objektiv, befindet sich direkt über dem zu betrachtenden Gegenstand, eine zweite unmittelbar vor dem Auge. Durch diese zweite Linse, das Okular, betrachtet man das vom Objektiv erzeugte „Zwischenbild" wie durch eine Lupe. Auf der Netzhaut des Auges entsteht so ein vergrößertes und gegenüber dem „normalen" Sehvorgang umgekehrtes Bild (▷ B 3). Vergrößert das Objektiv 100fach und das Okular 5fach, dann vergrößert das Mikroskop insgesamt 500fach.

Was moderne Mikroskope leisten
CARL ZEISS (1816–1888), ERNST ABBE (1840–1905) und OTTO SCHOTT (1851–1935) erreichten durch Berechnungen der Linsen und den Einsatz spezieller Glassorten weitere Fortschritte im Bau von Mikroskopen. Moderne Mikroskope erreichen bis zu 1400fache Vergrößerungen. Allerdings muss das Objekt sehr gut be- oder durchleuchtet werden, denn bei diesen Vergrößerungen gelangt durch das Mikroskop nur noch wenig Licht in unser Auge.

Ein Elektronenmikroskop kann kleinste Gegenstände bis zu 30 000fach vergrößert abbilden. Dazu verwendet man kein Licht und keine Glaslinsen, sondern Elektronenstrahlen und „magnetische Linsen".

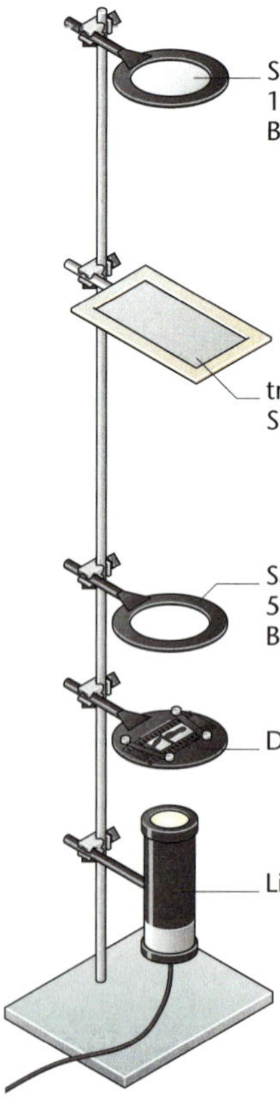

2 Ein Modell-Mikroskop

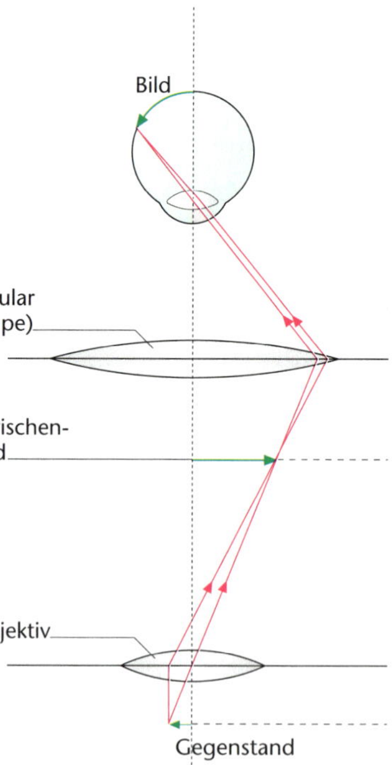

3 Strahlengang im Mikroskop

Versuch

1 Baue entsprechend Bild 2 aus Einzelteilen ein Mikroskop auf.
a) Durchleuchte ein Dia oder ein Präparat von unten mit einer Optikleuchte.
b) Erzeuge mit einer Sammellinse (Brennweite 50 mm) auf einem Bildschirm darüber ein Zwischenbild.
c) Verwende als Okular eine Sammellinse mit der Brennweite 100 mm und betrachte das Zwischenbild.
d) Versuche die Schärfe mit Okular bzw. Objektiv einzustellen. Womit geht es besser?

Aufgaben

1 Weshalb kannst du mit deinem selbst gebauten Mikroskop nur kleine Vergrößerungen erreichen?

2 In Tageslichtprojektoren werden so genannte Fresnel-Linsen eingebaut. Informiere dich, wie sie aufgebaut sind und welche Vorteile sie besitzen.

Versuch

1 Baue das Modell einer Kamera entsprechend Bild 2 auf.
a) Richte deine Objektivlinse (1) auf helle Gegenstände in deiner Nähe.
Stelle die Entfernung durch Verschieben der Linse so ein, dass du ein scharfes Bild auf dem Schirm (3) erhältst.
Markiere die Entfernungseinstellung für unterschiedliche Entfernungen auf einem Papierstreifen (4).
b) Beobachte das Bild, wenn du mit der Blende (2) die Lichtmenge änderst.

Fotokamera und Auge

Fotokamera und Auge haben viele Gemeinsamkeiten (▷B 1). Aufbau und Arbeitsweise sind ähnlich. Der Film in der Kamera entspricht der Netzhaut im Auge. Damit dort ein Bild entstehen kann, muss genügend Licht auftreffen. Die Lichtmenge wird bei der Kamera über Verschlusszeit und Blende geregelt. Beim Auge schützen die Pupillen vor zu viel Licht, sie verengen sich. Wenn die Lichtverhältnisse schlechter werden, weiten sie sich.
Wir können auch noch bei eintretender Dämmerung sehen. Da ein Film nur eine bestimmte Empfindlichkeit hat, musst du bei der Kamera eine große Blende und lange Verschlusszeiten wählen, um auch bei wenig Licht brauchbare Bilder zu erhalten.
Für unterschiedliche Entfernungen des Gegenstands wird beim Auge mithilfe der Krümmung der Linse ein scharfes Bild auf der Netzhaut erzeugt. Bei der Kamera musst du am Objektiv die Entfernung einstellen: Das Scharfstellen des Bildes auf der Filmebene geschieht durch Hinein- oder Herausdrehen des Objektivs.

Aufgaben

1 Vergleiche die wesentlichen Teile deines Fotoapparates mit dem Auge. Fertige dazu eine Tabelle an.

2 Informiere dich anhand von Werbematerial, welche Besonderheiten verschiedene Kameras haben.

Bei den meisten modernen Kameras übernimmt eine eingebaute Elektronik alle notwendigen Einstellungen. Ein eingebauter Belichtungsmesser gibt seine Messwerte an einen Kleinstcomputer weiter. Von ihm gelangen elektrische Signale zu einem Elektromotor, der Objektiv, Blende und Verschluss steuert. Du brauchst dann nur noch zu „knipsen".

Auf dem Film in deiner Kamera entstehen immer reelle Bilder. Sie sind umgekehrt und seitenvertauscht.

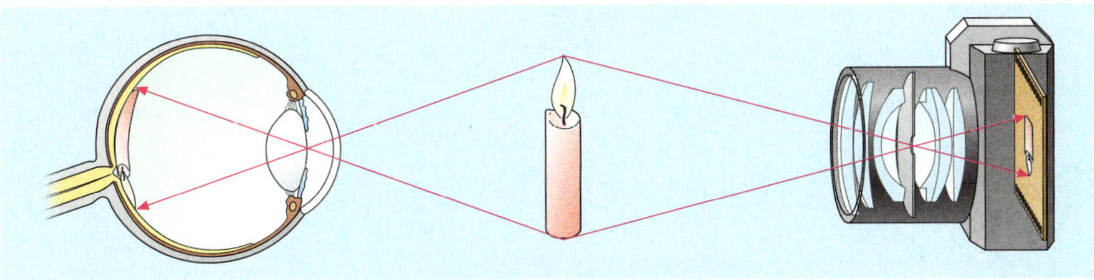

1 Auge und Fotokamera

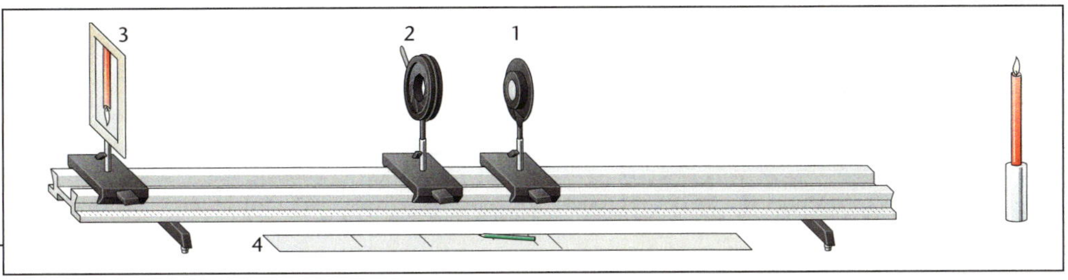

2 Zu Versuch 1

1 Diamanten – schillernde Schmuckstücke

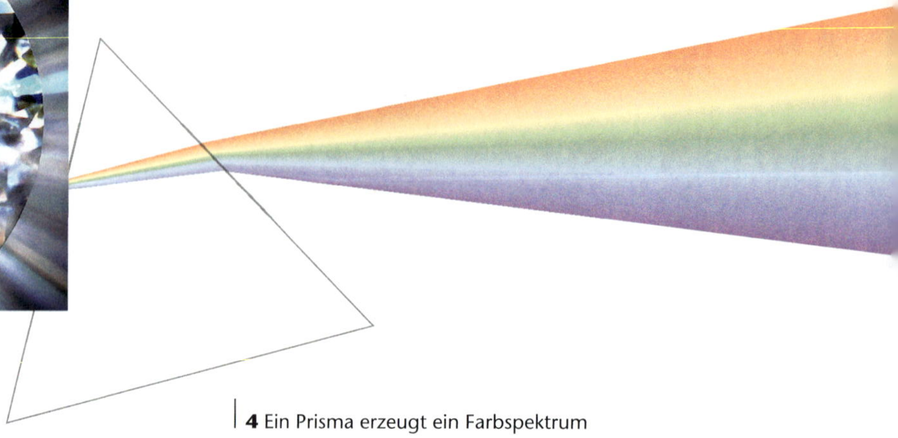
4 Ein Prisma erzeugt ein Farbspektrum

Farben aus dem Licht
Ein Diamantring in der Auslage eines Schmuckgeschäfts schillert in den schönsten Farben. Fachleute bewundern ihr prächtiges Zusammenspiel – das „Feuer" des Diamanten (▷B 1).
Doch wie entstehen die vielen Farben? Schließlich fällt auf den farblosen Diamanten nur das weiße Licht der Schaufensterbeleuchtung.

2 Auch geschliffene Gläser erzeugen Farbspiele.

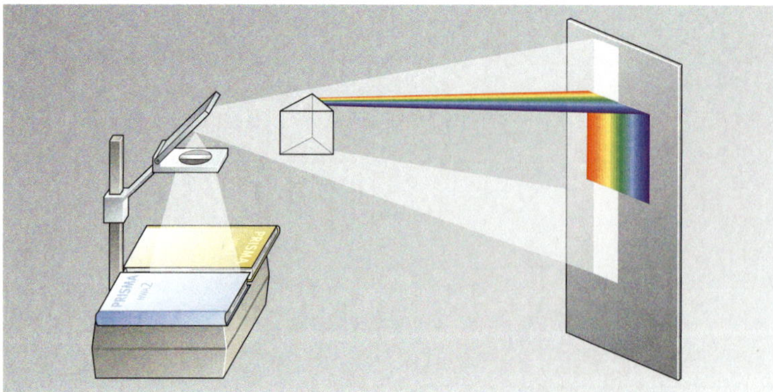

3 Ein Prisma zerlegt das weiße Licht der Glühlampe.

Weißes Licht lässt sich zerlegen
Ein geschliffenes Glas zeigt im Licht eines Diaprojektors ähnliche Farberscheinungen wie der Diamant (▷V 1). Sind die verschiedenen Farben bereits im weißen Licht enthalten?
Betrachte ein solches Glas einmal genauer. Du wirst feststellen, dass seine Oberfläche eine besondere Form besitzt. Sie besteht aus vielen kleinen, gegeneinander geneigten Flächen (▷B 2).

Ein **Prisma** (griech.: das Zerschnittene) besitzt ebenfalls geneigte Flächen. Durchläuft weißes Licht ein Prisma (▷V 2), erscheinen auf dem Schirm die Farben Rot, Orange, Gelb, Grün, Blau und Violett (▷B 3). Diese Farben werden **Spektralfarben** genannt. Sie sind nebeneinander angeordnet, man spricht auch von einem **Farbspektrum**.

Weißes Licht wird durch ein Prisma in seine Spektralfarben zerlegt. Die Anordnung der Farben nennt man Farbspektrum.

Neben den sechs genannten Spektralfarben kann man im Spektrum viele weitere Farben erkennen. Die Farben des Spektrums gehen fließend ineinander über, die Aufteilung in nur sechs Spektralfarben ist deshalb nicht vollständig.
Fällt Licht einer einzelnen Spektralfarbe (z. B. grünes Licht) auf ein Prisma, erscheint auf dem Schirm die gleiche Farbe (▷B 5). Reine Spektralfarben werden durch das Prisma nicht verändert.

Spektralfarben lassen sich nicht weiter aufspalten.

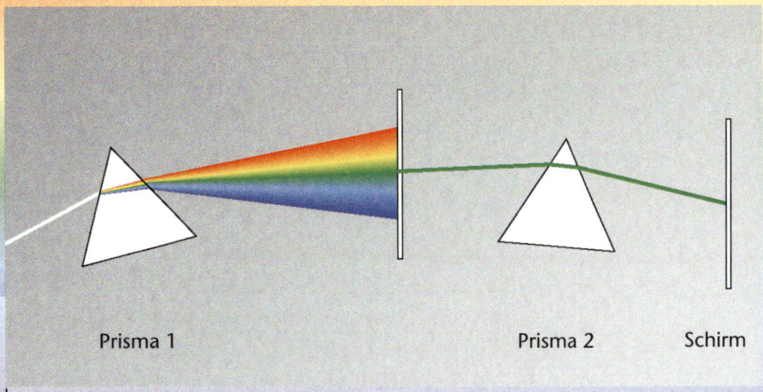

5 Zu Versuch 2b

6 Zu Versuch 3

Was geschieht in einem Prisma?
Beim Durchgang durch ein Prisma wird das Licht zweimal gebrochen: Einmal beim Eintritt in das Glas und ein zweites Mal beim Übergang von Glas in Luft (▷ B 4). Im Gegensatz zu einer Glasscheibe, bei der die beiden Grenzflächen parallel zueinander verlaufen, wird das Licht im Prisma zweimal in dieselbe Richtung gebrochen.
Rotes Licht wird am geringsten gebrochen. Es wird nur wenig aus seiner ursprünglichen Richtung abgelenkt und erscheint deshalb am oberen Ende des Spektrums. Violettes Licht wird am stärksten gebrochen. Es erscheint am unteren Ende des Spektrums.

Die Spektralfarben werden unterschiedlich stark gebrochen. Deshalb kann ein Prisma die verschiedenen Farbanteile des weißen Lichts trennen.

Glasfiguren im Licht
Die Figur in Bild 7 ist nicht nur schön anzusehen, auch sie kann weißes Licht zerlegen. Ihre Oberfläche, die aus kleinen, zueinander geneigten Flächen besteht, kann man sich aus vielen Prismen zusammengesetzt vorstellen. Trifft weißes Licht auf eine solche Figur, entstehen interessante Farbenspiele.
Besonders eindrucksvoll ist diese Erscheinung bei geschliffenen Glastropfen, die in das Fenster gehängt werden. Im Sonnenlicht bilden sich Farbspektren, die an den Wänden des Zimmers zu sehen sind.

Aufgaben

1 Beschreibe, wie ein Prisma weißes Licht in die verschiedenen Farben trennt.

2 Was verstehst du unter einem „Farbspektrum"?

3 Besteht weißes Licht tatsächlich nur aus den sechs Spektralfarben? Begründe deine Antwort.

Versuche

1 Lasse das Licht eines Diaprojektors durch einen Spalt auf ein geschliffenes Weinglas oder eine geschliffene Glaskugel fallen (▷ B 2).
Was stellst du fest?

2 a) Erzeuge mithilfe einer Spaltblende und einer Sammellinse ein schmales Lichtbündel. Bringe ein Prisma in das Lichtbündel und stelle dahinter einen Schirm auf (▷ B 3).
Notiere, welche Farben entstehen und in welcher Reihenfolge sie auftreten.
b) Filtere mit einer Strichblende eine der entstandenen Farben heraus. Lasse das farbige Lichtbündel auf ein zweites Prisma fallen (▷ B 5).
Was kannst du beobachten?

3 Bündele die einzelnen Farben aus Versuch 2a mithilfe einer Sammellinse und lasse sie auf einen Schirm fallen (▷ B 6).
Verschiebe den Schirm so lange, bis der Lichtfleck möglichst klein ist.
Welche Farbe hat der Lichtfleck?

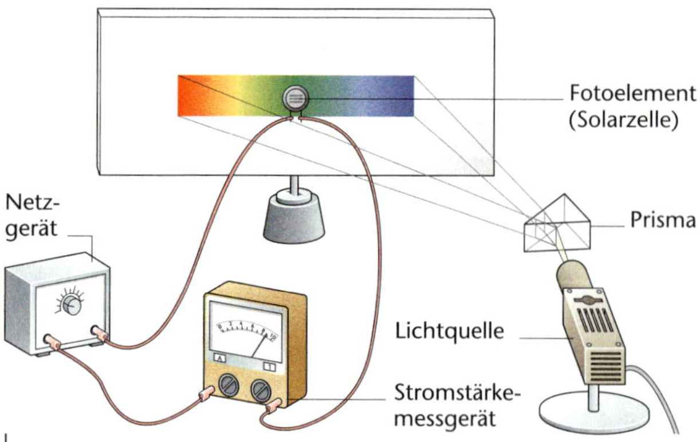

1 Nachweis von infraroter Strahlung mit der Solarzelle

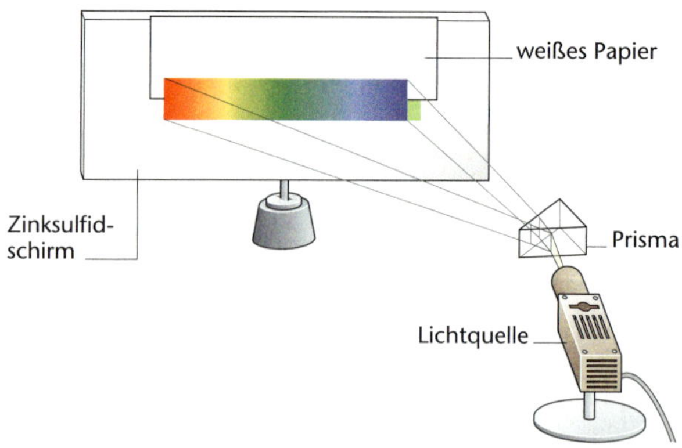

2 Nachweis von ultravioletter Strahlung mit dem Zinksulfidschirm

Unsere Augen erkennen die Farben des Spektrums. Auch eine Solarzelle reagiert darauf: Hält man ein solches Bauteil in ein Spektrum, ändert sich seine elektrische Leitfähigkeit. Dies lässt sich mithilfe eines Stromstärkemessgeräts zeigen (▷ V 1a).

Infrarotes Licht

Bringt man die Solarzelle in den scheinbar unbeleuchteten Bereich neben dem Rot, schlägt das Messgerät ebenfalls aus (▷ V 1b). Es registriert auch dort eine Strahlung, die für das menschliche Auge nicht sichtbar ist. An den roten Bereich des Spektrums schließt sich das **infrarote Licht** an. Dieses infrarote oder auch IR-Licht können wir nur über unseren Temperatursinn wahrnehmen, nämlich als Wärmestrahlung. Alle warmen Gegenstände geben infrarote Strahlung ab. Im Gegensatz zum Menschen besitzen manche Schlangenarten Nervenzellen, die diese Strahlung registrieren (▷ B 3, B 4).

Ultraviolettes Licht

Betrachte das andere Ende des sichtbaren Spektralbereichs. Auf einem weißen Blatt Papier ist neben dem Violett nichts zu erkennen. Ein Zinksulfidschirm leuchtet an dieser Stelle allerdings auf. Er weist die **ultraviolette Strahlung** nach. Ultraviolette oder kurz UV-Strahlung können wir mit keinem unserer Sinnesorgane wahrnehmen. Allerdings hat auch sie ihre Wirkungen. Intensive UV-Strahlung kann Farbstoffe ausbleichen und außerdem die Zellen von Lebewesen schädigen.

▶ Das Spektrum des Lichts umfasst neben der sichtbaren Strahlung noch die infrarote und die ultraviolette Strahlung.

3 Klapperschlange

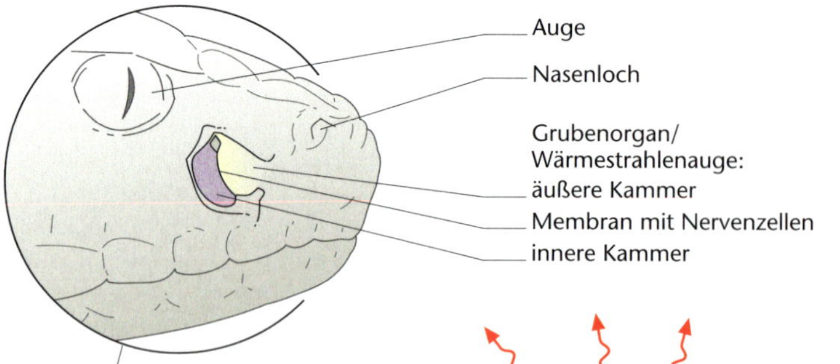

4 Wärmesensor der Klapperschlange

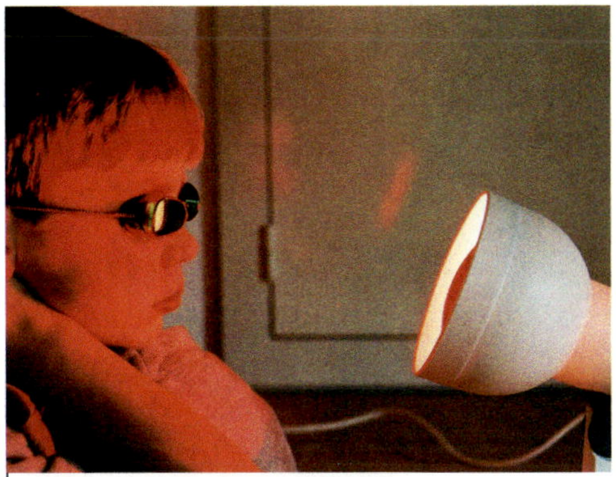

5 Wärmestrahlung einer Infrarotlampe

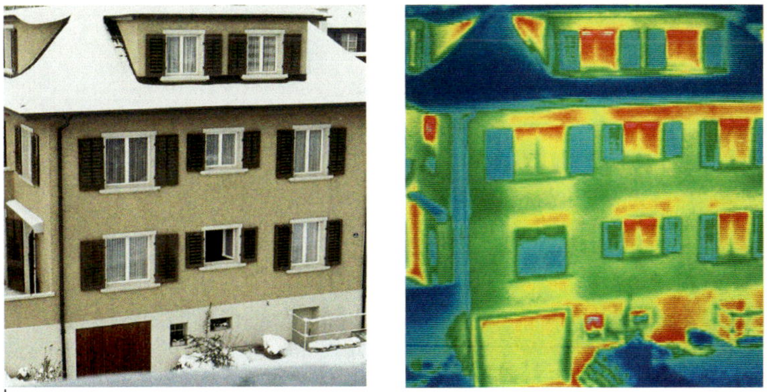

6 Die Wärmebildkamera zeigt an, wo Wärmestrahlung abgegeben wird.

Die Wirkungen der IR-Strahlung
In der Medizin nutzt man die heilende Wirkung des infraroten Lichts. Die Strahlung einer Infrarotlampe (▷ B 5) dringt in die Haut ein und erwärmt auch tiefer liegende Gewebeschichten. Der Körper reagiert darauf mit einer Erweiterung der Blutgefäße, die Blutzirkulation wird verstärkt und der gesamte Stoffwechsel angeregt. Infrarotlampen setzt man zur Behandlung von Muskelverspannungen und Rheuma sowie bei chronischen Entzündungen ein.

Die Wirkungen der UV-Strahlung
Der Bereich der Ultraviolettstrahlung wird in drei Klassen unterteilt: Der Bereich der **UV-A-Strahlung** schließt sich direkt an das Violett an. Es folgen die Bereiche der **UV-B-** und **UV-C-Strahlung**. Die Energie der Strahlung nimmt in dieser Reihenfolge zu. Unser Körper benötigt UV-Strahlung: Richtig dosiert führt sie zum Aufbau des lebensnotwendigen Vitamin D. Eine zu starke Bestrahlung mit UV-Licht ist jedoch schädlich. Sind die Augen diesem Licht zu lange ungeschützt ausgesetzt, kann es zur **Schneeblindheit** kommen, einer schmerzhaften Verletzung der Hornhaut.
Die bräunende Wirkung der UV-Strahlung ist dir sicherlich bekannt. Zu diesem Zweck werden in Solarien Lampen eingebaut, die einen hohen UV-A-Anteil erzeugen. Die Zellen der Haut werden vor allem durch zu starke Einwirkung von UV-B- und UV-C-Strahlung geschädigt. Ein Sonnenbrand und eine vorzeitige Alterung der Haut sind die Folge. Außerdem kann der gefährliche **Hautkrebs** ausgelöst werden. Bei einem Aufenthalt in der Sonne muss die Haut deshalb durch lichtundurchlässige Kleidung oder durch ein Sonnenschutzmittel mit ausreichend hohem Lichtschutzfaktor geschützt werden.

Versuche

1 a) Schließe ein Fotoelement (eine Solarzelle) an eine Spannungsquelle und an ein Stromstärkemessgerät an. Decke das Fotoelement zunächst ab und halte es anschließend in das Licht einer hellen Lampe.
Was kannst du am Stromstärkemessgerät beobachten?
b) Lasse weißes Licht durch ein Prisma fallen und erzeuge ein Farbspektrum (▷ B 1). Halte das Fotoelement in den Bereich neben dem Rot. Beobachte dabei die Anzeige des Stromstärkemessgeräts. Was kannst du beobachten?

2 Lasse das Spektrum auf einen Zinksulfid-Schirm fallen. Decke dann die obere Hälfte des Schirms mit einem weißen Blatt Papier ab, sodass das Spektrum auf beide Materialien fällt (▷ B 2). Erkennst du Unterschiede?

7 UV-Licht wird zur Desinfektion von Trinkwasser …

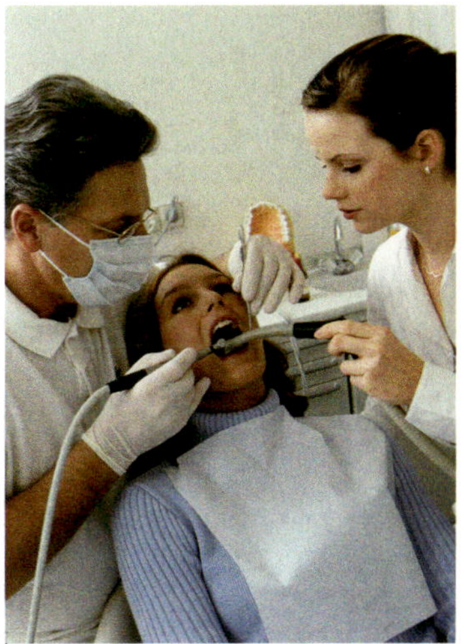

8 … und zur Aushärtung von Kunststofffüllungen eingesetzt.

Sonnenkollektoren

1 Ein Marmeladenglas als Wärmespeicher

Material

2 Marmeladengläser, schwarze Farbe, Pinsel, Thermometer, Stoppuhr

Versuchsanleitung

Bemale eines der beiden Marmeladengläser mit schwarzer Farbe. Fülle beide Gläser mit Leitungswasser (▷ B 1) und miss die Temperatur. Stelle die Gläser anschließend in die Sonne.

Miss nach 30 Minuten erneut die Wassertemperatur in den beiden Gläsern. Erstelle ein Versuchsprotokoll und vergleiche die Werte.

1 Welches Marmeladenglas wird wärmer?

2 Sonnenkollektoren

2 Bau eines Sonnenkollektors

Material

Fester Karton (ca. 30 cm × 40 cm), Styropor®-Platte (Dicke ca. 2 cm), Plastikschlauch (ca. 3 m lang), Trichter, großer Bogen schwarzes Tonpapier, Klarsichtfolie, Styroporkleber, Klebstoff, Schere, scharfes Messer, schwarze Plakatfarbe

Bauanleitung

Kürze die Höhe des Kartons auf etwa 15 cm. Schneide aus der Styropor®-Platte passende Stücke für den Boden und die Seitenwände und klebe sie in den Karton. Schneide aus dem schwarzen Tonpapier ein passendes Stück für den Boden und die Seitenwände und klebe es auf das Styropor®.

Bohre an zwei gegenüberliegenden Seiten Löcher von der Dicke des Schlauchs in den Karton. Streiche den Schlauch schwarz an. Wickle ihn zu einer langgezogenen Spirale auf und schiebe die beiden Schlauchenden durch die Löcher. Klebe den Schlauch fest. Spanne eine Klarsichtfolie über den Karton und befestige sie mit Klebeband.

Versuchsanleitung

Bringe den Sonnenkollektor in die Sonne. Lagere ihn so, dass eine Seite etwas erhöht liegt (▷ B 4). Stelle am unteren Ende des Schlauchs ein Gefäß auf, in dem du etwa 2 bis 3 Liter Wasser auffangen kannst.

Gieße in das obere Ende des Schlauchs durch einen Trichter Wasser ein (je nach Größe des Kollektors benötigst du 2 bis 3 Liter Wasser). Miss die Temperatur des eingefüllten Wassers und vergleiche sie mit der Temperatur des Wassers, das am unteren Schlauchende ausfließt.

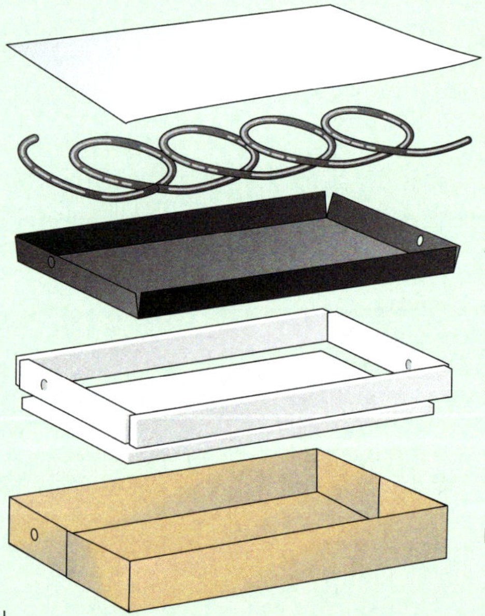

3 So wird der Kollektor zusammengesetzt.

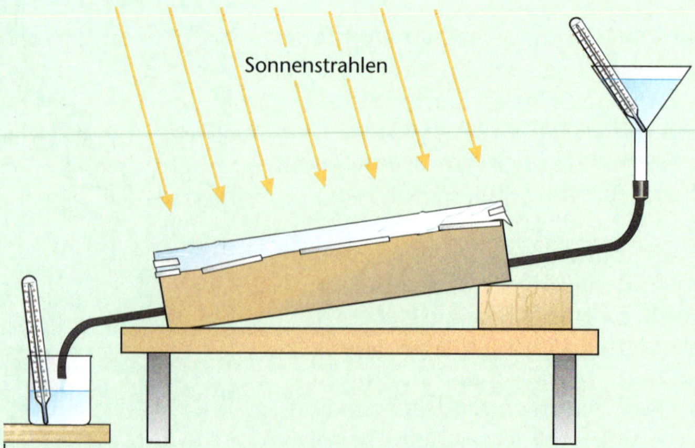

4 Sonnenkollektor im „Versuch"

Regenerative Energiequellen

1 Ein Wasserkraftwerk

Was sind eigentlich „regenerative Energien"?

Zur Erzeugung elektrischer Energie werden große Mengen an Kohle, Erdöl und Erdgas verbrannt. Diese Energieträger können sich in überschaubarer Zeit nicht neu bilden, sie gehören zu den erschöpflichen Energiequellen.
Es gibt andere Energieträger, die sich unter dem Einfluss der Sonne ständig erneuern. Das Wasser einer Talsperre wird immer wieder aufgefüllt und kann zur Stromerzeugung genutzt werden. Die Wasserkraft ist eine Quelle erneuerbarer und somit regenerativer Energie.
Bei der Nutzung regenerativer Energie werden weniger Schadstoffe freigesetzt, sie gilt deshalb als umweltfreundlicher als die Energie, die aus fossilen Brennstoffen gewonnen wird.

Alles fließt – Wasserkraft

Das Prinzip eines Wasserkraftwerks ist einfach: Das Wasser eines hochgelegenen Stausees (▷ B 1) oder eines Flusses wird durch Rohrleitungen auf eine in geringerer Höhe angebrachte Turbine geleitet. Diese wird in Bewegung gesetzt und treibt einen Generator zur Stromerzeugung an. Wasserkraftwerke geben während des Betriebes keine Schadstoffe ab. Zudem wandeln sie bis zu 90 % der Lageenergie des Wassers in elektrische Energie um und erzeugen wenig unerwünschte Abwärme.

Die Nase im Wind – Windkraftwerke

Wind gibt es fast überall. Seit vielen hundert Jahren treibt die Energie des Windes Mühlen und Segelschiffe an. Zunehmend wird die Windenergie auch zur Erzeugung elektrischer Energie eingesetzt. In modernen Windkraftanlagen (▷ B 3) treibt der Wind einen Rotor an, der mit einem Generator verbunden ist.
Damit ein Windkraftwerk wirtschaftlich arbeitet, muss eine mittlere Windgeschwindigkeit von etwa 4 m/s herrschen. In Deutschland ist diese Bedingung an den Küsten erfüllt (▷ B 3).
Landeinwärts nimmt die durchschnittliche Windgeschwindigkeit ab. Nur an höher gelegenen Standorten lohnt sich der Betrieb von Windkraftanlagen.

Schwarz und weiß

Verschieden helle Gegenstände erwärmen sich durch Wärmestrahlung unterschiedlich. Das zeigt ein T-Shirt- Test: legt man ein weißes und ein schwarzes T-Shirt in die Sonne, so zeigt ein Thermometer an, dass sich das schwarze viel stärker erwärmt. Diese Prinzip nutzen wir z.B. bei Sonnenkollektoren. Hier wird die Energie des Sonnenlichtes in Wärmeenergie des Wassers umgewandelt.

Auf der Sonnenseite-Solarzellen

Viele Taschenrechner sind inzwischen mit Solarzellen ausgerüstet. Auch andere Geräte mit geringem Strombedarf werden so versorgt. Der Vorteil von Solarzellen ist: sie erzeugen während ihres Betriebes keine umweltbelastenden Schadstoffe. Sie gelten deshalb als umweltfreundliche Spannungsquellen. Nachteil ist, dass eine einzelne Solarzelle nur eine geringe Spannung erzeugen kann.

2 Mittlere Windgeschwindigkeiten in Deutschland (in m/s)

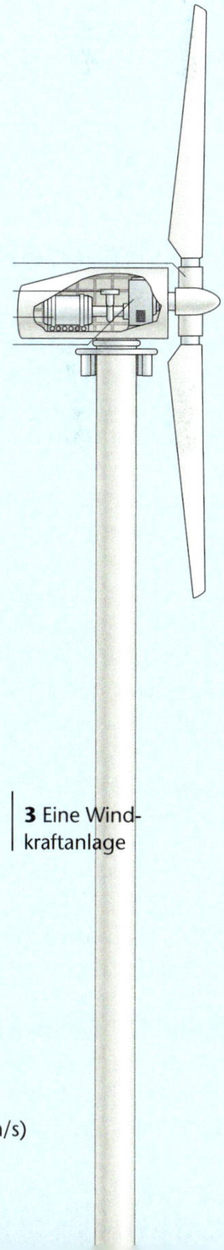

3 Eine Windkraftanlage

Schnittpunkt

Wie entsteht ein Regenbogen?

1 Ein Regenbogen „Marke Eigenbau"

Regenbogen selbst gemacht
Ein Regenbogen ist mit seinen klaren, leuchtenden Farben ein ganz besonderes Naturschauspiel.
An einem sonnigen Tag kannst du selbst einen Regenbogen erzeugen. Setze auf einen Gartenschlauch eine feine Düse. Wenn du die Sonne im Rücken hast, kannst du vor dir im versprühten Wasser einen kleinen Regenbogen erkennen (▷ B 1). Ein Beobachter, der neben dir steht, sieht ebenfalls genau vor sich einen Regenbogen. Jeder Beobachter sieht seinen eigenen Regenbogen, der jeweils an einer anderen Stelle zu liegen scheint.

Woher kommen die Regenbogenfarben?
Einen Regenbogen kannst du nur sehen, wenn es kräftig regnet und gleichzeitig die Sonne auf die Regentropfen scheint. Betrachte die Vorgänge in einem Tropfen genauer (▷ B 2). Weißes Licht, das in einen Tropfen eintritt, wird wie bei einem Prisma gebrochen und dabei in die Spektralfarben zerlegt. An der Rückseite des Tropfens tritt ein Teil des Lichtes aus, ein Teil wird zurück in den Tropfen reflektiert. Der reflektierte Anteil tritt vorne aus dem Tropfen aus und wird dort erneut gebrochen und weiter aufgefächert.
Aus dem ursprünglich weißen Sonnenlicht entsteht ein Lichtbündel, das die Farben des Spektrums enthält. Die austretenden farbigen Lichtbündel erscheinen gegenüber dem einfallenden weißen Sonnenlicht unter einem Winkel zwischen 40° (blaues Licht) und 42° (rotes Licht).

Warum ist der Regenbogen rund?
Wie die Form des Regenbogens zu Stande kommt, soll am Beispiel des roten Lichts erklärt werden: Jeder Wassertropfen lenkt das Sonnenlicht so ab, dass das rote Licht den Tropfen unter einem Winkel von 42° verlässt. Unter dem selben Winkel, bezogen auf die Verbindungslinie zwischen Beobachter und Sonne, sieht der Beobachter diese Lichtstrahlen (▷ B 3).
Da wir die roten Lichtstrahlen aller Tropfen sehen können, die mit der Verbindungslinie Sonne-Beobachter einen Winkel von 42° einschließen, erscheint uns der Regenbogen rund. Diese Tropfen bilden einen Kreis, dessen Mittelpunkt M auf der verlängerten Verbindungslinie liegt.

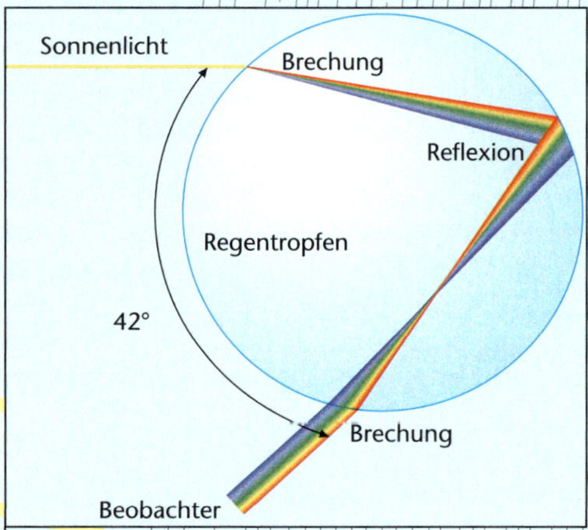

2 Strahlenverlauf im Regentropfen

Aufgaben

1 Was passiert in einem Regentropfen, wenn weißes Sonnenlicht auf ihn fällt?

2 Warum ist der Regenbogen rund?

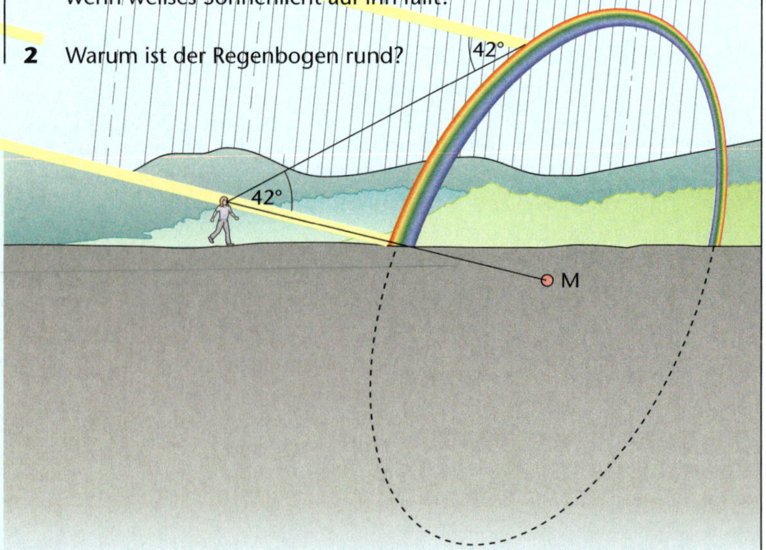

3 Wie die Form des Regenbogens entsteht.

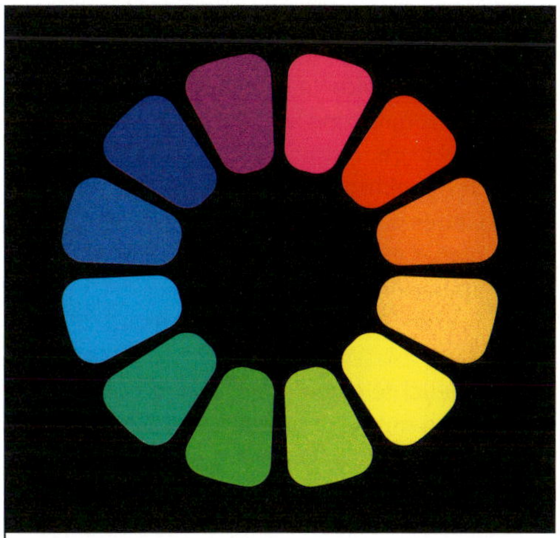

1 Jede dieser Farben entsteht durch die Addition ihrer jeweils benachbarten Spektralfarben.

2 Rotes und grünes Licht ergeben gelbes Licht.

Farben, aus Licht gemischt

Die Schauspieler stehen auf der Bühne des Theaters. Sie werden gleichzeitig von roten und grünen Scheinwerfern beleuchtet (▷B2). In der Mitte überlagert sich das Licht der Scheinwerfer, dieser Bereich erscheint gelb. Kann man durch das Mischen von rotem und grünem Licht eine neue Farbe erzeugen?
In Versuch 1a lässt du das Licht einer roten, einer grünen und einer blauen Lichtquelle so auf einen Schirm fallen, dass sich die Lichtflecken zum Teil überschneiden. Dort erscheinen neue Farben:

Rot + Grün → Gelb

Rot + Blau → Purpur (Magenta)

Grün + Blau → Türkis (Cyan)

Rot + Grün + Blau → Weiß

Der Bereich, in dem sich alle drei Lichtflecken überlagern, erscheint weiß (▷B3).

Überlagert man verschiedenfarbiges Licht, entstehen neue Farbeindrücke. Man spricht von **Farbaddition**.

Entstehen durch Farbaddition neue Farben, bezeichnet man diese als **Mischfarben** (▷B1). Sie lassen sich durch ein Prisma wieder in ihre Spektralfarben zerlegen. Neue Farben entstehen nicht nur beim Mischen verschiedener Spektralfarben. Verändert man zusätzlich die Helligkeit der farbigen Lichtquellen (▷V1b), erhält man unterschiedlichste Abstufungen der Mischfarben. Durch die Überlagerung (das Addieren) von farbigen Lichtern entstehen unendlich viele Farbeindrücke. Durch Farbaddition lassen sich auch Farben erzeugen, die nicht im Farbspektrum enthalten sind.

Versuch

1 a) Setze vor drei Experimentierleuchten eine rote, eine grüne und eine blaue Glasscheibe. Richte die Experimentierleuchten so aus, dass sich ihre Lichtkegel auf einem Schirm teilweise überlagern (▷B3). Mische auf diese Weise alle Lichter miteinander. Welche Mischfarben erkennst du?
b) Verändere die Helligkeit der einzelnen Lichtquellen, indem du andere Spannungen an die Leuchten anlegst. Wiederhole Versuch 1a mit den unterschiedlich hellen Lichtquellen. Wie ändern sich die Mischfarben?

3 Das Licht verschiedenfarbiger Lichtquellen wird überlagert.

1 Die Farben der Kleidung bei Beleuchtung mit Tageslicht ...

2 ... und bei Beleuchtung mit Kunstlicht.

Versuche

1 Erzeuge mithilfe einer hellen, weißen Lichtquelle und eines Prismas ein Farbspektrum. Halte in die untere Hälfte des Spektrums verschiedene farbige Gegenstände (z. B. rotes, grünes oder blaues Papier). Die obere Hälfte des Spektrums fällt auf einen weißen Schirm. Beschreibe die Unterschiede.

2 Beleuchte einen mehrfarbigen Gegenstand mit rotem, grünem und blauem Licht. Wie ändert sich das Aussehen des Gegenstands?

Warum sehen wir Gegenstände farbig?
Bei Tag beleuchtet die Sonne alle Gegenstände mit weißem Licht. Trotzdem erscheinen uns die Kirschen rot, das Gras grün und die Zitronen gelb. Wie kommt es, dass die Körper unterschiedliche Farben haben?
Halte verschiedene farbige Gegenstände in ein Spektrum (▷ V 1). Du erkennst, dass ein farbiger Gegenstand nur einen Teil der Spektralfarben reflektiert. Ein roter Körper wirft z. B. nur das Rot (und evtl. Orange und Gelb) zurück, die restlichen Farben dagegen absorbiert er (▷ B 3).

Farbige Körper reflektieren nur einen Teil der Spektralfarben.

Die meisten farbigen Körper reflektieren nicht nur eine Spektralfarbe. Ein grüner Körper wirft neben dem Grün häufig auch Gelb und Blau zurück (▷ B 4). Die Mischfarbe aller reflektierten Farben ergibt die Farbe, in der wir den Körper sehen. Man nennt sie **Körperfarbe**.

Die Farbe eines Körpers ist die Mischfarbe aller reflektierten Farben.

Weiße Körper reflektieren alle Farben (▷ B 5), während schwarze Körper alle Farben des Spektrums absorbieren.

Die Sonne bringt es an den Tag
„Komisch, im Geschäft sah der Pullover noch ganz anders aus“. Vielleicht hast du das nach dem Kauf eines Kleidungsstückes auch schon einmal gedacht.
Die Farbe, in der wir einen Gegenstand sehen, hängt auch von der Lichtquelle ab, die ihn beleuchtet (▷ V 2). Das Licht einer Leuchtstofflampe z. B. enthält einen hohen Anteil an blau-violettem Licht und einen geringen Anteil an rotem Licht. Durch dieses Licht werden vor allem die blau-violetten Farben eines Körpers betont.

Anders sind die Verhältnisse beim Sonnenlicht: Es enthält mehr orange-gelbes Licht. Dadurch kann man diese Körperfarben besser erkennen.
Beim Kauf eines Kleidungsstückes stellen sich deshalb viele Kunden gern ins Tageslicht, um einen „verfälschten“ Farbeindruck durch das künstliche Licht zu vermeiden (▷ B 1, B 2).

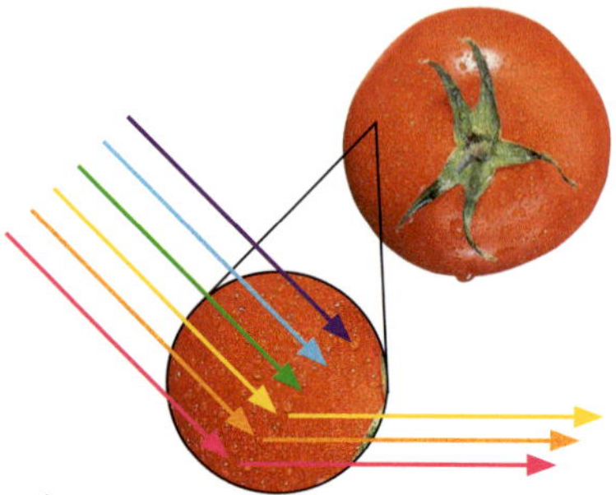

3 Ein roter Körper reflektiert Rot, Gelb und Orange.

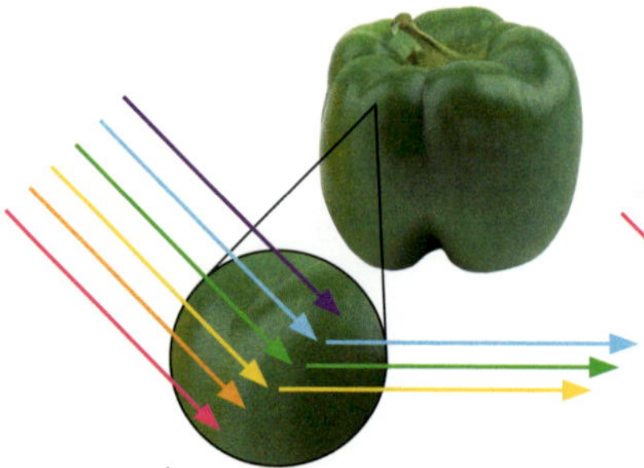

4 Ein grüner Körper reflektiert Gelb, Grün und Blau.

5 Ein weißer Körper reflektiert alle Farben des Spektrums.

Farben, bunt gemischt

1 Der Farbenkreisel

Material

Holzspieß, weiße Pappe, Filzstifte oder Farbkasten mit den Farben Violett, Dunkelblau, Hellblau, Grün, Gelb, Orange und Rot, Geo-Dreieck, Bleistift, Zirkel, Klebstoff

Versuchsanleitung

Schneide aus der Pappe eine Scheibe mit einem Durchmesser von ca. 8 cm aus. Teile den Kreis in sieben Bereiche ein, wobei jeder Bereich(Kreisausschnitt) einen Winkel von ca. 52° einschließt (▷ B 1). Male die Kreisausschnitte anschließend mit den verschiedenen Farben aus.

1 Die Kreisausschnitte werden ausgemalt.

Stecke den Holzspieß durch die Mitte der Scheibe und klebe ihn fest (▷ B 2). Drehe die Scheibe mit der Hand an und beleuchte sie mit weißem Licht.

Aufgaben

1. Was beobachtest du, wenn du den Kreisel langsam drehst? Was passiert, wenn du den Kreisel möglichst schnell drehst?

2. Stelle einen zweiten Kreisel her, male nun aber nicht alle Kreisausschnitte aus. Versetze die Scheibe

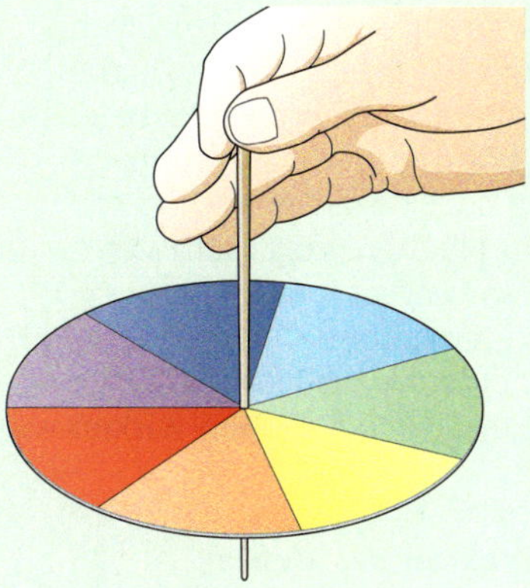

2 Der fertige Farbenkreisel

wiederum in Drehung – erst langsam, dann schnell. Notiere deine Beobachtungen.

3. Versuche, eine Erklärung für deine unterschiedlichen Beobachtungen zu finden. Recherchiere dazu im Internet oder schlage in einem Lexikon nach.

2 Das farbige Schachbrett

Material

Verschiedene farbige Kunststofffolien oder farbiges Transparentpapier, Schere, Klebeband, Holzleisten, Nägel, Hammer

Versuchsanleitung

Stelle aus den Holzleisten einen Rahmen in einer Größe von etwa 25 cm × 25 cm her. Schneide die verschiedenen Farbfolien in gleich breite Streifen (ca. 2,5 cm). Lege die Streifen abwechselnd nebeneinander und fixiere sie mit dem Klebeband am Rahmen (▷ B 3). Flechte durch diese Streifen eine zweite Lage von Streifen (▷ B 4). Verbinde alle Streifen am Rand mit dem Klebeband.

Hänge das „farbige Schachbrett" in das Fenster. Welche Farben kannst du erkennen? Versuche zu erklären, wie die Mischfarben in diesem Versuch zu Stande kommen.

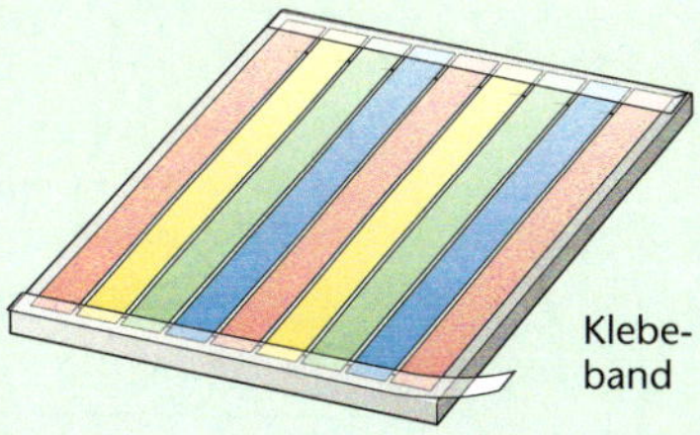

3 Befestigen der Folienstreifen

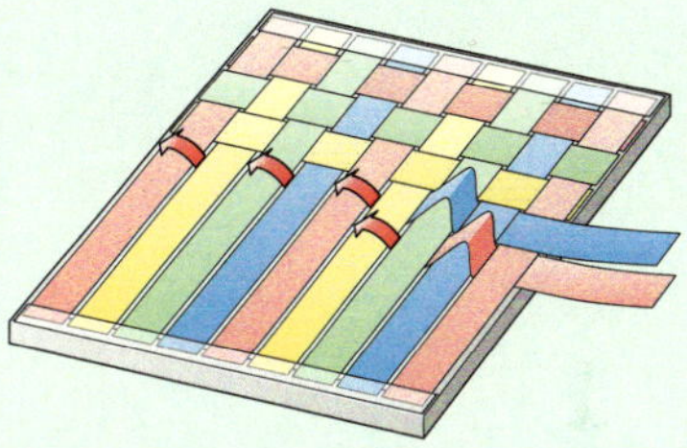

4 Verweben der Streifen

5 Wirkung des Schachbretts im Licht

Aufgaben

1. Wie viele verschiedene Farben kannst du auf dem Schachbrett erkennen? Notiere in einer Tabelle, aus welchen Farben die neuen Mischfarben entstehen.

2. Informiere dich, wie die Mischfarben beim Schachbrett entstehen. Welcher Unterschied besteht zur Mischung farbiger Lichter?

Schlusspunkt

Licht und Bild und Farbe

Vom Sehen
Wir sehen einen Körper nur, wenn Licht von ihm in unsere Augen gelangt. Körper, die von einer Lichtquelle beleuchtet werden, können lichtundurchlässig, durchsichtig oder durchscheinend sein. Von dunklen Flächen wird Licht verschluckt (absorbiert).
Von hellen, glänzenden Oberflächen wird besonders viel Licht zurückgeworfen (reflektiert). Manche Oberflächen wirken wie ein Spiegel.

Die Reflexion des Lichts
Fällt Licht auf einen Spiegel, wird es an ihm reflektiert (▷B 1). Hierbei gilt das Reflexionsgesetz:

- Der Einfallswinkel α und der Reflexionswinkel β sind gleich groß ($\alpha = \beta$).
- Einfallender Strahl, reflektierter Strahl und Lot liegen in einer Ebene.
- Der Lichtweg ist umkehrbar.

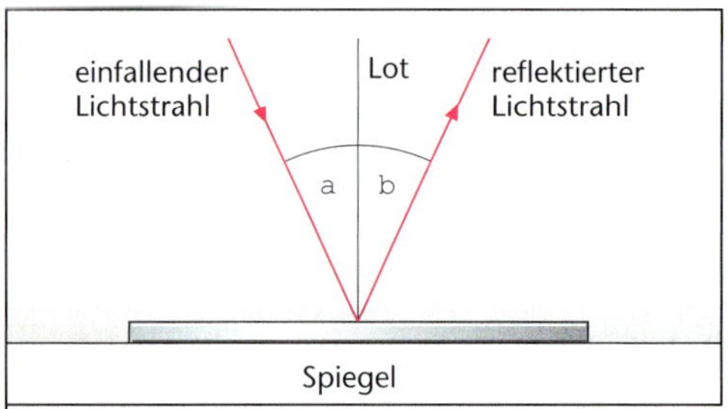

1 Reflexion

Bilder am ebenen Spiegel
Spiegelbilder entstehen, wenn Licht mithilfe eines Spiegels in unsere Augen gelangt (▷B 2).
Gegenstand und Bild sind gleich groß und liegen bezogen auf die Spiegelebene symmetrisch zueinander.

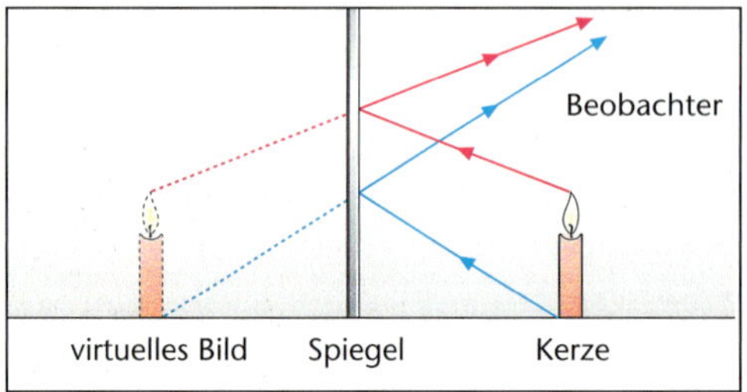

2 Gegenstand und Bild beim ebenen Spiegel

Hohlspiegel
Parallel zur optischen Achse einfallendes Licht wird von einem Hohlspiegel durch den Brennpunkt reflektiert.
Ein Hohlspiegel erzeugt ein vergrößertes Spiegelbild.

Brechung
Beim Übergang des Lichts von einem Stoff in einen anderen ändert es seine Ausbreitungsrichtung. Dieser Vorgang heißt Brechung. Beim Übergang von Luft in Glas oder Wasser ist der Einfallswinkel größer als der Brechungswinkel.
Beim Übergang von Glas oder Wasser in Luft ist der Einfallswinkel kleiner als der Brechungswinkel. Dieser Vorgang kann nur bis zu einem bestimmten Grenzwinkel erfolgen, dann wird der Lichtstrahl total reflektiert.

Hauptstrahlen bei Sammellinsen
Aus einem Brennpunktstrahl wird ein Parallelstrahl. Aus einem Parallelstrahl wird ein Brennpunktstrahl. Ein Mittelpunktstrahl behält seine Richtung bei.

Bildentstehung mit Sammellinsen
Mit Sammellinsen können Bilder erzeugt werden. Befindet sich ein Gegenstand außerhalb der einfachen Brennweite, entstehen deutliche Bilder. Sie sind auf dem Kopf stehend und seitenvertauscht, kleiner oder größer (▷B 3). Gegenstand und Bild befinden sich auf verschiedenen Seiten der Linse. Befindet sich ein Gegenstand innerhalb der einfachen Brennweite, kann man auf dem Schirm kein deutliches Bild mehr auffangen.

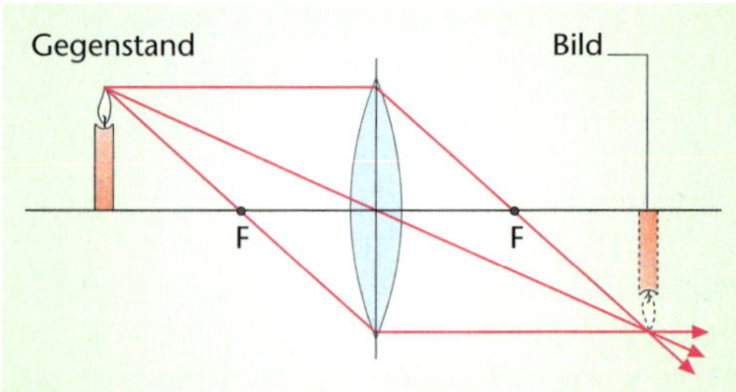

3 Bildentstehung bei der Sammellinse

Vom Sehen
In unserem Auge erzeugt die Augenlinse ein deutliches und helles Bild. Es ist seitenverkehrt und steht auf dem Kopf (▷B 6). Die Lichtsinneszellen der Netzhaut wandeln die Lichtreize in elektrische Signale um und leiten sie zum Gehirn weiter.

Lupe und Mikroskop

Eine Lupe und ein Mikroskop ermöglichen uns die Betrachtung sehr kleiner Gegenstände oder Lebewesen.
Eine Lupe enthält eine Sammellinse, die ein vergrößertes Bild eines Gegenstands erzeugt. Der Vergrößerungsfaktor einer Lupe gibt an, wie viel mal größer das Bild im Vergleich zum Gegenstand sein kann.
Mithilfe eines Mikroskops lassen sich kleine Gegenstände stark vergrößert betrachten.
Jedes Mikroskop enthält ein Objektiv und ein Okular (▷ B 4).

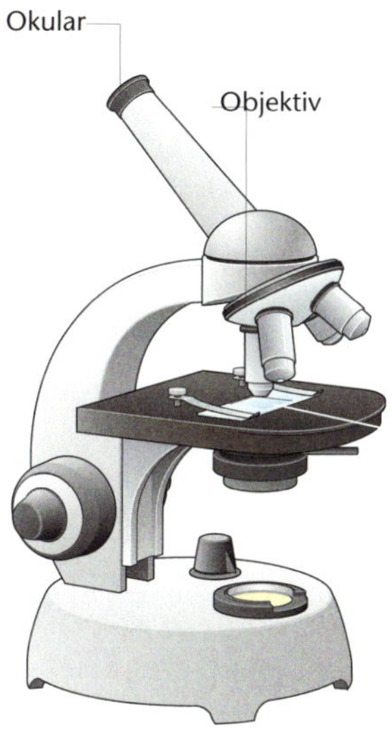

4 Linsensysteme im Mikroskop

Die Zerlegung des weißen Lichtes

Trifft weißes Licht auf ein Prisma, kann es zweimal gebrochen werden. Dadurch wird es zu einem Farbspektrum aufgefächert (▷ B 7).
Im Spektrum sind die Spektralfarben Rot, Orange, Gelb, Grün, Blau und Violett enthalten.

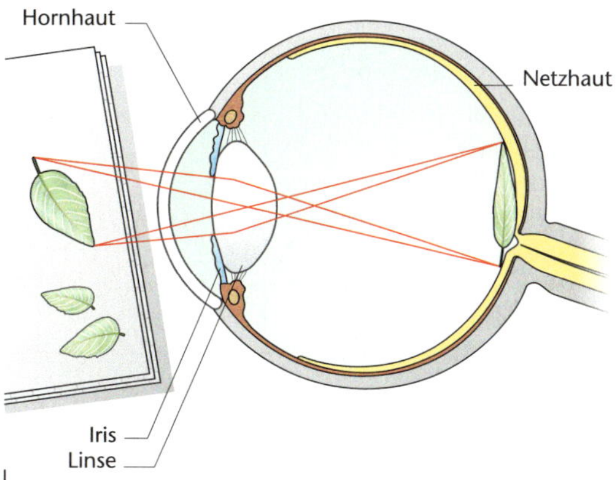

6 Ein Bild entsteht

Infrarot und Ultraviolett

Das Spektrum ist beim Rot bzw. beim Violett nicht zu Ende. An den roten Bereich schließt sich die infrarote Strahlung (IR) an, an den violetten Bereich schließt sich die ultraviolette Strahlung (UV) an. Beide Strahlungen kann man nicht sehen. Infrarot kann als Wärmestrahlung wahrgenommen werden. Ultraviolett kann man nur an den Wirkungen erkennen.

Farbaddition

Fügt man verschiedene farbige Lichter zusammen, entstehen neue Farbeindrücke (▷ B 5).
Durch das Mischen von rotem, grünem und blauem Licht lassen sich für uns unendlich viele Farbeindrücke erzielen.
Die Farbaddition kommt beim Farbbildschirm und beim LCD-Monitor zur Anwendung.

Körperfarben

Farbige Körper reflektieren nur einen Teil der Spektralfarben. Die Farbe eines Körpers ist die Mischfarbe aller reflektierten Farben.

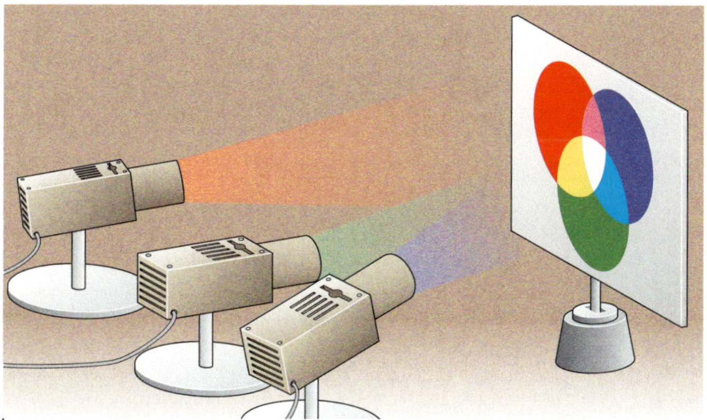

5 Das Licht verschiedenfarbiger Lichtquellen wird überlagert.

7 Prisma

Aufgaben

1 Beschreibe Aufbau und Funktion einer Lochkamera.

2 Ein Zauberer lässt eine Kerze unter Wasser brennen. Welchen Trick hat er angewendet?

3 Setze für die Zahlen in Bild 8 die passenden Begriffe ein.

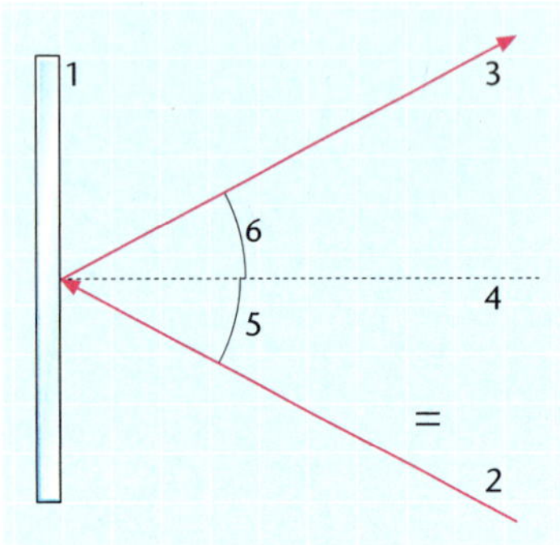

8 Zu Aufgabe 3

4 Welche der Körper in Bild 9 ergeben im Schattenbild ein Quadrat, welche einen Kreis, wenn man sie von der richtigen Seite mit einer punktförmigen Lichtquelle beleuchtet?

5 Drei nicht einsehbare Kisten enthalten Spiegel (▷ B 10). Übertrage Bild 2 vergrößert ins Heft und zeichne die Spiegel in der richtigen Lage ein.

6 a) Erkläre den Unterschied zwischen einem Lichtbündel und einem Lichtstrahl.

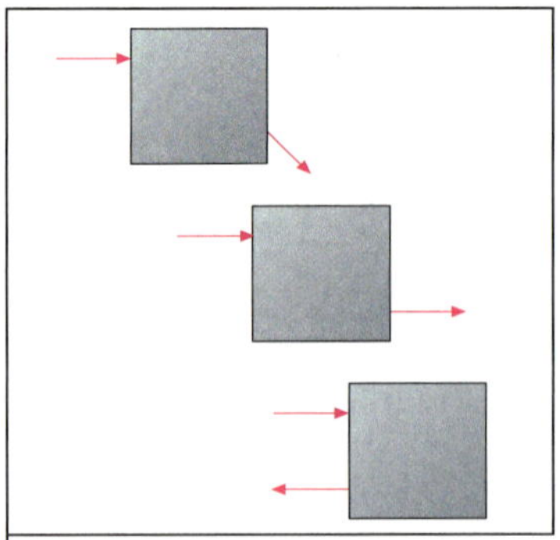

10 Zu Aufgabe 5

b) Wie kannst du aus dem breiten Lichtbündel einer Taschenlampe ein sehr schmales Lichtbündel herstellen?

7 Welche Arten von Spiegeln kennst du? Nenne je zwei Anwendungsbeispiele.

8 Wie werden Lichtstrahlen beim Übertritt von Luft in Glas bzw. von Glas in Luft gebrochen?

9 Auf dem Boden einer Wanne mit Wasser liegt ein ebener Spiegel. Ein Lichtstrahl fällt schräg auf die Wasseroberfläche. Skizziere den weiteren Verlauf des Lichtstrahls.

10 Vergleiche den Aufbau des menschlichen Auges mit dem einer Fotokamera. Beschreibe Gemeinsamkeiten und Unterschiede (▷ B 11).

11 Überlege dir ein Experiment, mit dem du bei einer Brille bestimmen kannst, ob sie für Weitsichtige oder Kurzsichtige ist. Führe das Experiment durch.

12 Wie kommt es, dass das Auge auch unterschiedlich weit entfernte Gegenstände scharf auf der Netzhaut abbilden kann?

13 Die Sitzordnung in deiner Klasse soll geändert werden. Würdest du dich so setzen, dass sich die Fenster links von dir oder rechts von dir befinden?
Begründe deine Wahl.

14 Benutze verschiedene Sammellinsen unterschiedlicher Wölbung als Lupe. Was kannst du über ihre Vergrößerung sagen?

15 Beschreibe den Aufbau eines Mikroskops. Wie kommt es zur Vergrößerung?

16 a) Ein Lichtstrahl fällt auf ein Prisma und auf eine Glasscheibe (▷ B 12).

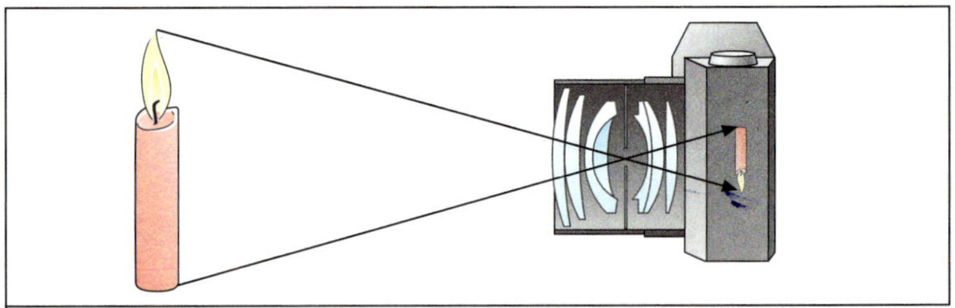

11 Zu Aufgabe 10

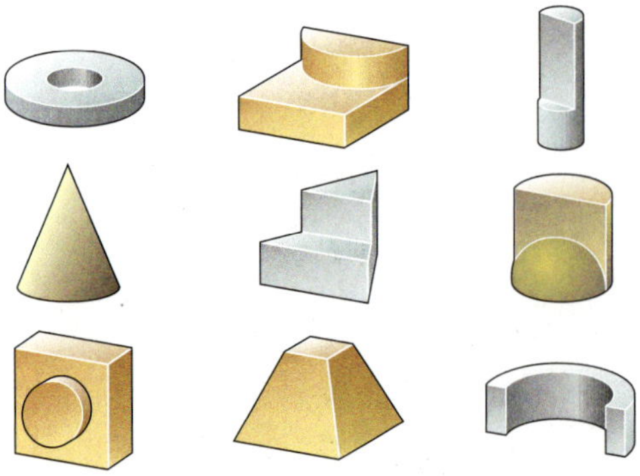

9 Zu Aufgabe 4

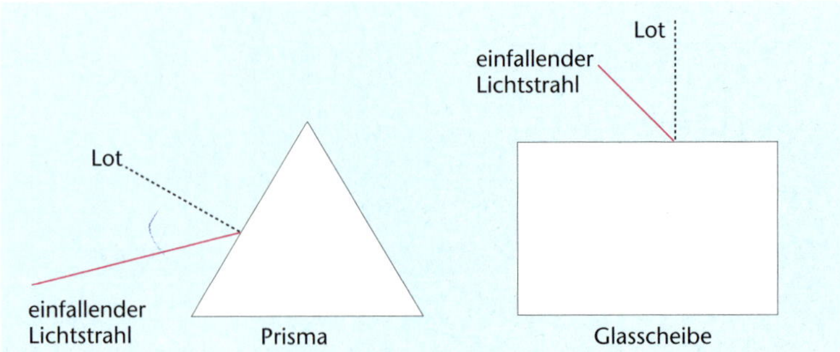

12 Zu Aufgabe 12

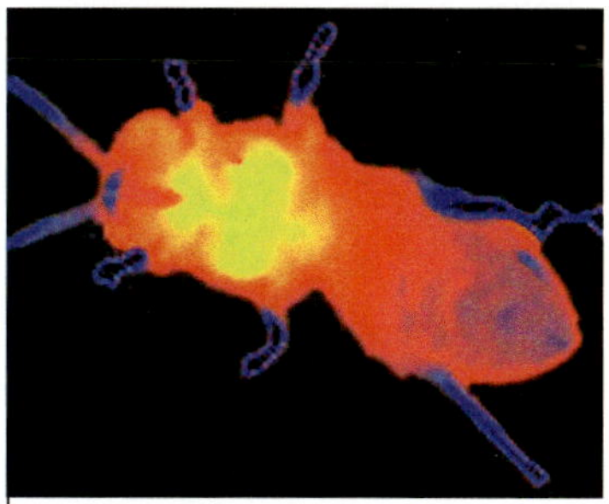

13 Zu Aufgabe 19

Konstruiere den weiteren Verlauf der Lichtstrahlen.

b) Begründe, warum eine Fensterscheibe ein weißes Lichtbündel nicht zerlegen kann.

17 a) In welcher Reihenfolge erscheinen die Spektralfarben im Farbspektrum?

b) Begründe diese Reihenfolge der Farben.

18 In einem Solarium muss man eine spezielle Schutzbrille aufsetzen.
Welchen Grund vermutest du?

19 Mit einer Wärmebildkamera (▷ B 19) lassen sich gut Tiere in der Dunkelheit beobachten.
Welche Eigenschaft der Lebewesen wird dabei ausgenutzt?

20 a) Warum wird an vielen Kassen ein Geldschein unter eine UV-Lampe gehalten?

b) Lässt sich die gleiche Beobachtung machen, wenn man einen Geldschein unter eine IR-Lampe hält? Begründe!

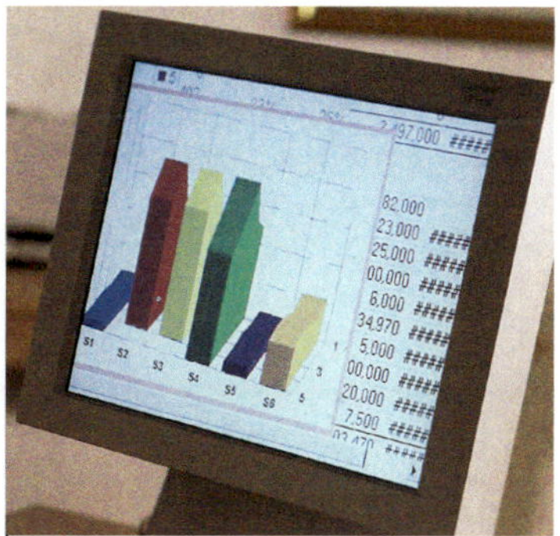

14 Zu Aufgabe 24

21 Halte einen mit Wasser gefüllten Rundkolben ins Sonnenlicht.
Beobachte und erkläre deine Beobachtungen.

22 Wie lässt sich der Eindruck von „Weiß“ durch Farbaddition herstellen?
Beschreibe verschiedene Möglichkeiten.

23 Jedes farbige Licht kann eine reine Spektralfarbe oder eine Mischfarbe sein.
Beschreibe einen Versuch, durch den man feststellen kann, um welche Art von Farbe es sich handelt.

24 Das farbige Bild auf dem Monitor des Computers (▷ B 14) oder dem Bildschirm des Fernsehgeräts entsteht durch Farbaddition.
Beschreibe, wie die Farben Rot, Gelb, Weiß und Schwarz erzeugt werden.

25 Beim Erledigen deiner Hausaufgaben beleuchtest du Hefte und Bücher direkt mit einer Schreibtischlampe.
In Wohnräumen werden oft Lampen verwendet, deren Licht an die Decke geworfen wird. Warum ist es trotzdem hell?

26 Erkläre, warum für uns ein Körper grün (weiß, schwarz) erscheint, wenn er mit weißem Licht angestrahlt wird.

27 Warum betrachten viele Käufer in einem Bekleidungsgeschäft die Kleidung gern in der Nähe eines Fensters?

28 Bilde mit einer Sammellinse dein Zimmerfenster auf einem Blatt Papier ab.
Decke einen Teil der Linse mit Papier ab.
Was ändert sich am Bild?

29 Fülle eine leere, runde Flasche aus klarem Glas vollständig mit Wasser.
Verschließe sie wieder und lege sie auf ein Blatt Zeitungspapier.
Erkläre deine Beobachtung.

30 Beschreibe, wie ein Regenbogen entsteht.
In welcher Reihenfolge sind die Farben angeordnet?
Erkläre, wie diese Reihenfolge zustande kommt.

15 Zu Aufgabe 30

31 Welche Strahlungsanteile enthält das Sonnenlicht außer dem sichtbaren Licht noch?
Nenne Nutzen und Gefahren dieser Strahlung.

32 Jemand behauptet: „Wenn man durch das Fenster schaut, sieht man die Gegenstände hinter der Scheibe an einer Stelle, an der sie sich gar nicht befinden.“

a) Stelle Vermutungen an, die für oder gegen diese Behauptung sprechen.

b) Plane einen Versuch, mit dem du deine Vermutungen untersuchen kannst.
(Tipp: Eine planparallele Platte aus der Sammlung ist bei diesen Versuchen hilfreich).

c) Halte deine Beobachtungen in einer Zeichnung fest.

d) Stimmt die Behauptung? Begründe deine Antwort.

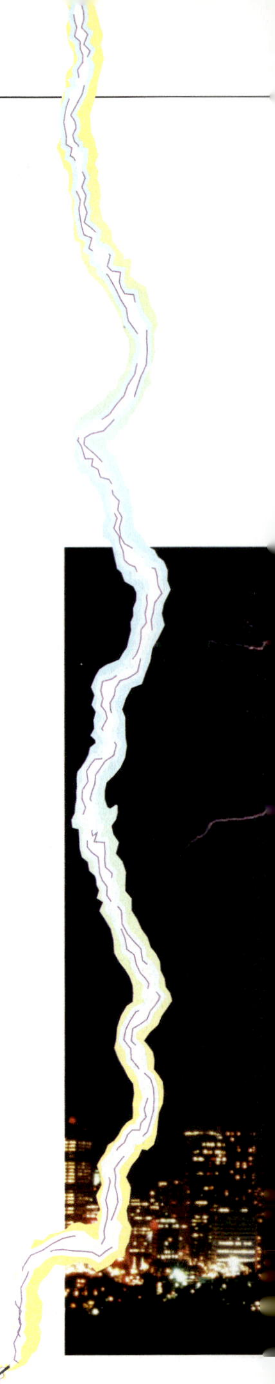

Elektrostatik
– elektrische Ladungen

Wie entstehen eigentlich Blitze? Warum stehen dir manchmal die Haare zu Berge, wenn du deinen Pullover ausziehst? Warum lassen sich Plastikbeutel manchmal nur schwer öffnen?

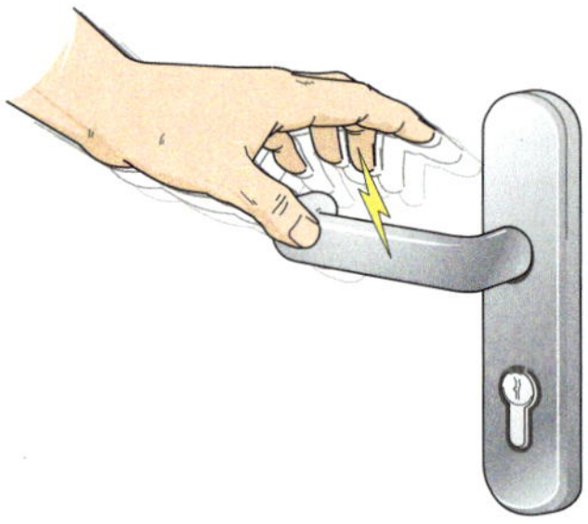

Wenn du deine Umgebung aufmerksam beobachtest, wirst du feststellen, dass dir solche Erscheinungen öfter begegnen. Ihre Wirkungen spürst du manchmal am eigenen Leib – du bekommst einen „elektrischen Schlag“ beim Griff an eine Türklinke oder wenn du ein Auto berührst. Manchmal hörst du ein Knistern, wenn du den Pullover ausziehst, oder kannst ein Folienstückchen nicht mehr von deiner Hand abschütteln.

Diesen Bereich der Elektrizitätslehre nennt man „Elektrostatik“. Auf den folgenden Seiten wirst du elektrostatische Erscheinungen genauer untersuchen und Antworten auf deine Fragen finden.

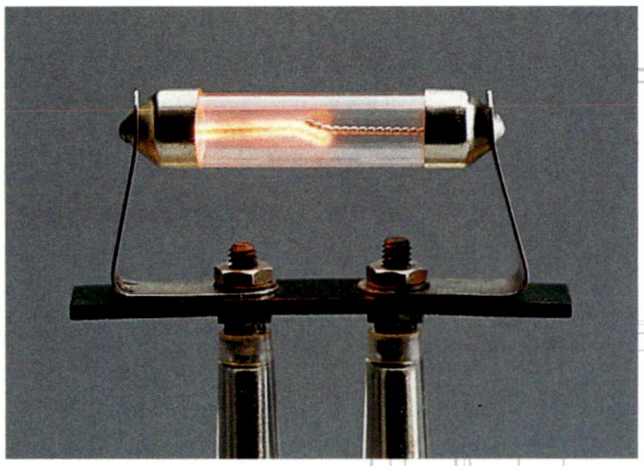

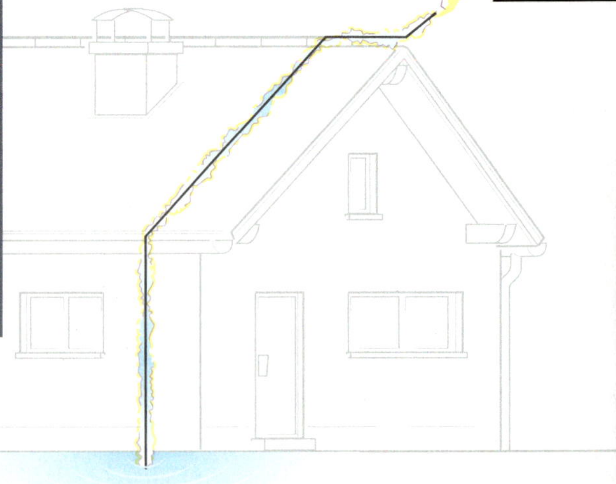

1 Die Folie zieht die Papierschnipsel an.

2 Haare werden von einer Folie angezogen.

Versuche

1 Schneide einen (doppellagigen) Streifen von einem Tiefkühlbeutel ab.
a) Ziehe die Folien auseinander, ohne dass sie einen anderen Gegenstand berühren. Was beobachtest du, wenn du eine der Folien in die Nähe von Papierschnipseln bringst (▷ B 1) oder an eine Glimmlampe hältst?
b) Ziehe die Folien erst auseinander und lege sie dann wieder genau aufeinander. Was passiert nun mit den Papierschnipseln?
c) Wiederhole a) und b) mit einem Kunststoffstab und einem Wolltuch. Reibe beide Gegenstände vorher kräftig aneinander.

2 Reibe einen Luftballon oder eine Folie an den Haaren einer Mitschülerin oder eines Mitschülers. Was musst du tun, damit die „Haare zu Berge stehen" (▷ B 2)?

3 Reibe verschiedene Kunststoffgegenstände (Lineal, Folien, Löffel, alte Filmnegative usw.) kräftig mit einem Fell oder Wolle. Halte eine Glimmlampe an die geriebenen Gegenstände. Achte speziell auf das Leuchten der Glimmlampe. Findest du Unterschiede?

Wodurch werden Körper elektrisch geladen?
Beim Aussteigen aus dem Auto erhältst du ab und zu einen elektrischen Schlag. Wenn du den Pullover ausziehst, knistert es manchmal.

Ein einfacher Versuch verrät dir die Ursache dafür: Wenn du zwei Folien aneinander reibst, laden sie sich elektrisch auf. Du merkst das daran, dass die Folien jetzt Haare, Papierschnipsel oder andere leichte Dinge anziehen.
Diese Anziehung tritt aber erst dann auf, wenn du die beiden Folien voneinander trennst (▷ B 1).

▶ Körper können elektrisch geladen werden, indem man sie aneinander reibt und anschließend trennt.

Bringst du die geladenen Körper wieder zusammen, wird der „elektrische Frieden" wieder hergestellt. Die beiden Folien sind dann ungeladen.
Diesen ungeladenen Zustand bezeichnet man als elektrisch neutral.

Die Glimmlampe als Ladungsanzeiger
Berührst du eine der geladenen Folien mit einer Glimmlampe, blitzt diese kurz auf (▷ V 1). Mithilfe der Glimmlampe wurde die Folienstelle entladen – sie ist nun wieder elektrisch neutral. An anderen Stellen dieser Folie wirst du dasselbe beobachten.

Halte nun die Glimmlampe an die andere Folie. Ist dir aufgefallen, dass jetzt die andere Seite der Glimmlampe aufleuchtet? In einem Fall beobachtest du ein Leuchten auf der Seite, die den geladenen Körper berührt. Im anderen Fall glimmt die Lampe auf der anderen Seite auf. Sind die beiden Folien unterschiedlich geladen?

Zwei verschiedene Ladungen
Der Franzose Charles du Fay (1698–1739) experimentierte viel mit Glas und Bernstein (versteinertem Harz). Dabei erkannte er, dass es tatsächlich zwei Arten von

3 Ist ein Körper negativ geladen, dann leuchtet die Glimmlampe auf der Seite des Körpers auf.

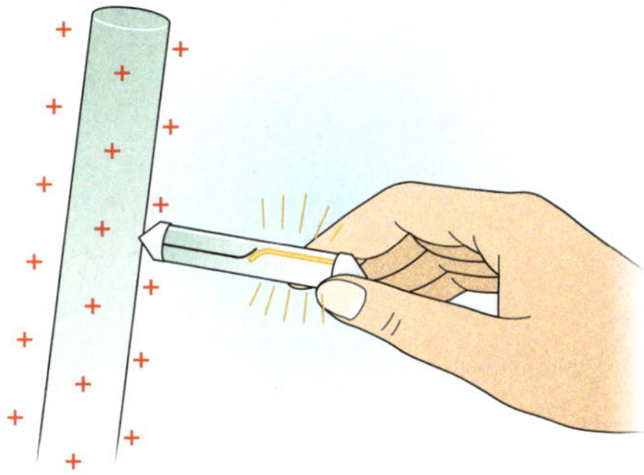

4 Ist ein Körper positiv geladen, dann leuchtet die Glimmlampe auf der Seite der Hand auf.

elektrischen Ladungen gibt. Er nannte die Ladungsarten „Glaselektrizität" und „Harzelektrizität".
Es gibt aber noch weitere Materialien, die sich wie Glas aufladen und andere, die sich wie Bernstein aufladen. Was früher „Glas-" bzw. „Harzelektrizität" genannt wurde, bezeichnet man heute als **positive** (+) bzw. **negative Ladung** (–).

Mithilfe der Glimmlampe kannst du die Ladungsarten unterscheiden (▷B3; B4). Wenn du zwei Körper aneinander reibst und dann trennst, ist einer der beiden Körper positiv geladen – die Glimmlampe leuchtet an der „Handseite" auf. Der andere Körper ist negativ geladen – dort glimmt die Gegenseite auf.

Es gibt positive und negative Ladungen. Mit der Glimmlampe lassen sich die Ladungsarten unterscheiden.

Aufgabe

1 Erkläre, warum du manchmal einen „elektrischen Schlag" bekommst, wenn du aus dem Auto aussteigst.

Werkstatt

Ladungserscheinungen

1 Trennung von Pfeffer und Zucker

Mit diesen Versuchen kannst du selbst elektrostatische Erscheinungen erforschen. Notiere zu jedem Versuch, was du beobachtet hast.
Tipp: Wiederhole die Versuche mehrmals, dann kannst du die Erscheinungen besser beobachten.

1 Pfeffer in der Zuckerdose?

Material
Kunststoffstab, Wolltuch oder Fell, Glasschale, Pfeffer, Zucker

Versuchsanleitung
Mische in einer Glasschale Zucker mit etwas Pfeffer. Reibe einen Kunststoffstab kräftig mit einem Wolltuch und nähere ihn langsam von oben der Mischung (▷B1).

2 Tanzende Papierschnipsel

Material
Glasscheibe, Wolltuch oder Fell, Blechboden einer Backform, zwei Bücher, Seidenpapier

Versuchsanleitung
Über dem Blechboden einer Backform befindet sich eine Glasscheibe, die von zwei Büchern gestützt wird. Schneide kleine Schnipsel aus Seidenpapier aus und lege sie auf den Blechboden. Reibe die Glasscheibe kräftig mit einem Wolltuch.

3 Der zuckende Zeigefinger

Material
Glasscheibe, Wolltuch oder Fell, Backblech, Glasschale, Glimmlampe

Versuchsanleitung
Diesen Versuch musst du zusammen mit einem Partner durchführen.
Auf einem Glas liegt ein Backblech (▷B2). Dein Partner hält die Spitze seines Zeigefingers ganz nah an den Rand des Blechs.

Reibe eine Folie mehrmals kräftig mit einem Wolltuch. Lege die Folie auf das Backblech und ziehe sie sofort darüber hinweg.

Wiederholt den Versuch. Berührt das Backblech dieses Mal nicht mit dem Finger, sondern mit einer Glimmlampe.

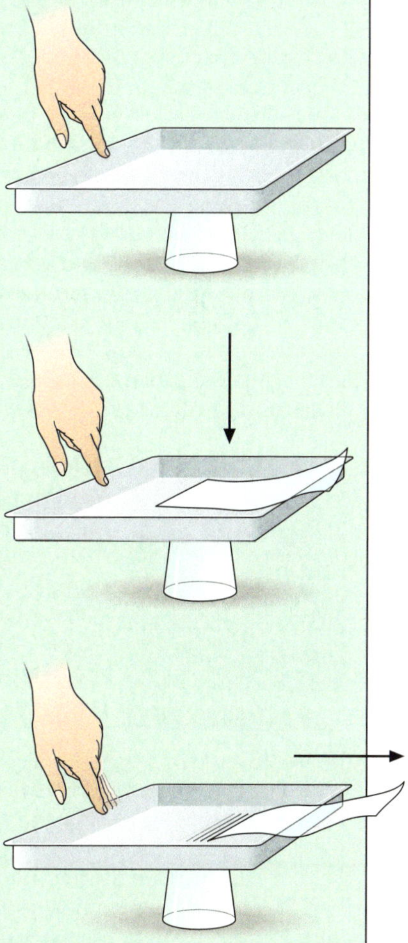

2 Zu Versuch 3

Elektrostatik in der Natur

1 Elektrisch geladener Bernstein

Seltsame Steine

Schon in der Antike (vor über 2 500 Jahren) wussten die Menschen, dass Magneteisenstein kleine Eisenstückchen anzieht. Ein ähnliches Verhalten beobachteten die Griechen bei einem anderen Stein – dem Bernstein (versteinertes Harz).
Wenn Bernstein – z. B. bei der Schmuckherstellung – gerieben wird, zeigt er eine seltsame Anziehungskraft. Staub, Haare oder Federn bewegen sich wie von Geisterhand auf den Bernstein zu (▷ B 1).
Der griechische Mathematiker THALES VON MILET (um 600 v. Chr.) war einer der Ersten, der über die Ursachen nachdachte und einfache Versuche dazu machte. Er glaubte zunächst, eine neue Form des Magnetismus gefunden zu haben. Lange Zeit änderte sich nichts an dieser Vorstellung.

Elektrische Anziehung

Fast 2 000 Jahre später griff der englische Forscher WILLIAM GILBERT (1544–1603) die Überlegungen von THALES wieder auf. Mit vielen Experimenten bewies GILBERT, dass die Anziehung, die vom Bernstein ausgeht, nichts mit magnetischen Kräften zu tun hat. Er erkannte, dass nicht nur Bernstein, sondern auch Körper aus anderen Stoffen nach dem Reiben Staub oder Haare anziehen.
GILBERT nannte diese anziehende Kraft „elektrische Kraft“. Diese Bezeichnung geht vermutlich auf den griechischen Philosophen ARISTOTELES (384–322 v. Chr.) zurück, der den Bernstein „electron“ nannte.

Nach GILBERTS Entdeckungen vergingen nochmals fast 100 Jahre, bis der Magdeburger Bürgermeister OTTO VON GUERICKE (1602–1686) erkannte, dass sich geriebene Gegenstände nicht nur anziehen, sondern auch abstoßen können.

Blitze

Im Altertum wurden Gewitter als Ausdruck des Götterzorns betrachtet. Die Griechen meinten, dass Göttervater Zeus feurige Speere aus den Wolken schleudere und die Germanen betrachteten Blitze als funkelnde Waffen des Donnergottes Thor.

Erst vor etwa 250 Jahren erkannte der Amerikaner BENJAMIN FRANKLIN (1706–1790), dass Blitze (▷ B 2) elektrische Naturerscheinungen sind und dieselbe Ursache haben wie die anziehenden Kräfte, die sich nach dem Reiben von Bernstein beobachten lassen.

2 Blitzeinschlag

Elektrostatik in der Technik

1 Fernsehnachrichten einmal anders

2 Herstellung von Mikrochips in staubfreien Räumen

Elektrostatik – unsichtbar, aber vorhanden

Auch du hast jeden Tag mit elektrostatischen Erscheinungen zu tun. In deiner Umgebung gibt es dafür unzählige Beispiele. Der Staub auf dem Fernsehschirm (▷B 1) haftet z. B. nur, weil sich das Glas des Fernsehgerätes elektrisch aufgeladen hat.

Die Folge elektrostatischer Erscheinungen sind häufig Entladungen, die du auch am eigenen Leib spüren kannst.

Ob beim Aussteigen aus dem Auto oder beim Griff an die Türklinke – fast jeder hat schon einmal einen elektrischen Schlag bekommen. Ziehst du dir den Pullover aus, hörst du manchmal ein Knistern, die Haare „fliegen" und gelegentlich siehst du sogar Funken sprühen.

Elektrostatik kann nützlich sein

Trotz der unangenehmen Begleiterscheinungen wird das Phänomen der Elektrostatik in vielen Industriebereichen ganz gezielt eingesetzt.

Durch die elektrostatische Aufladung von Karosserie und Farbteilchen wird bei Autos eine gleichmäßige Lackierung erreicht. Bei der Herstellung von Kassetten, Fotoobjektiven oder Mikrochips (▷B 2) müssen die Produktionsräume absolut staubfrei sein. Mithilfe der Elektrostatik kann der Staub entfernt werden.

Ein ähnliches Verfahren wird auch eingesetzt, um das Pulver auf den Rändern von Kaffee-Verpackungen nach dem Abfüllen zu entfernen. Erst dann kann die Tüte luftdicht verklebt werden.

Elektrostatik kann gefährlich sein

Die Entladung von Körpern, die du als leises Knistern wahrnimmst, stören uns normalerweise kaum. Dennoch kann diese Entladung gefährliche Folgen haben. Überall dort, wo Pulver abgefüllt oder über Förderbänder transportiert wird, kommt es durch Reibung zu elektrostatischen Aufladungen. Bereits ein kleiner Funke kann dabei eine Explosion auslösen.

Deshalb werden z. B. in Mühlen, bei der Zuckerproduktion oder bei der Herstellung von Farbpulver Maßnahmen getroffen, um unkontrollierte Entladungen zu verhindern.

Auch beim Umgang mit leicht entzündlichen Stoffen (z. B. Benzin) können elektrostatische Aufladungen sehr gefährlich sein. Bei Tankwagen wird die Entstehung von Funken durch ein Kabel verhindert, das die Ladung in die Erde ableitet (▷B 3).

4 Pulver können sich leicht elektrisch aufladen.

3 Das Erdungskabel verhindert eine elektrostatische Aufladung.

Unterschiedlich geladene Körper

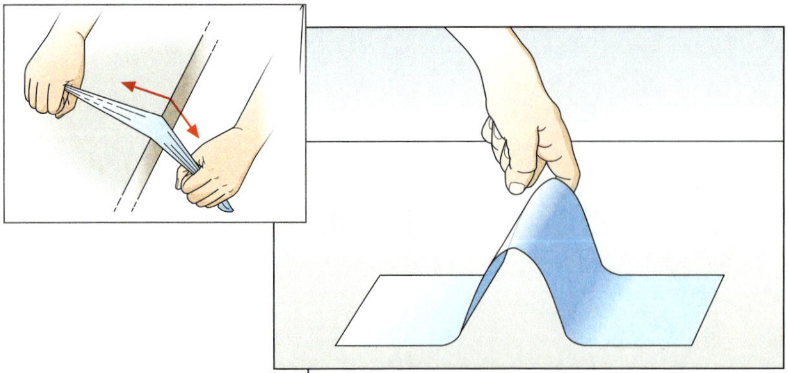

1 Zu Versuch 1a: Abstoßung

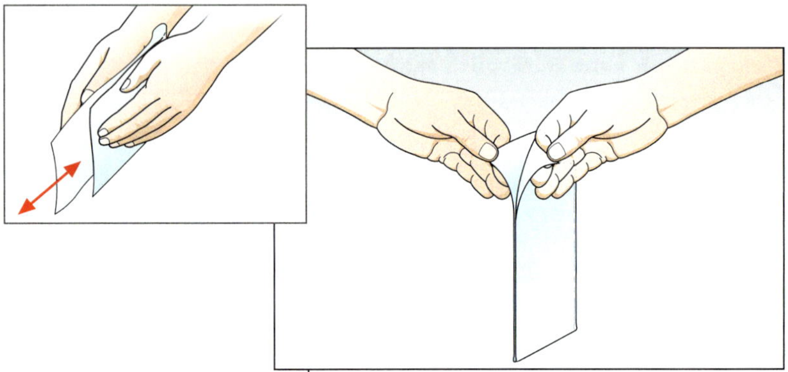

2 Zu Versuch 1b: Anziehung

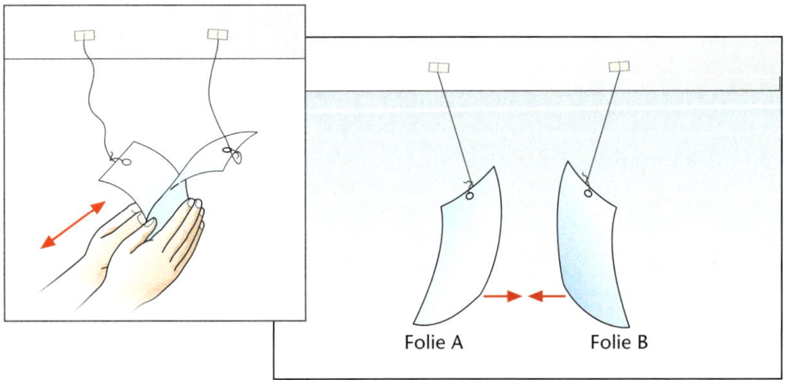

3 Zu Versuch 2a

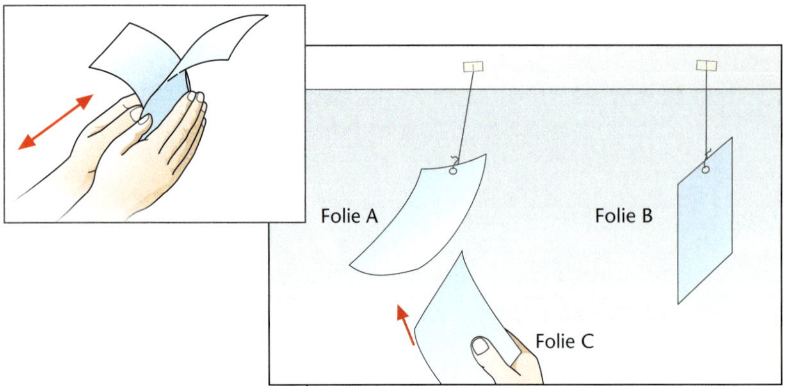

4 Zu Versuch 2b

Versuche

Ein kleiner Tipp: Die Versuche gelingen bei trockenem Wetter in einem warmen Raum am besten. Verwende nur trockene Materialien.

1 a) Schneide einen Streifen von einem Müll- oder Tiefkühlbeutel ab und reibe ihn kräftig an der Tischkante. Greife den Streifen in der Mitte und hebe ihn vom Tisch ab. Was beobachtest du?
b) Knicke einen neuen Streifen in der Mitte und reibe beide Folienteile kräftig aneinander. Trenne die Hälften voneinander. Verhalten sich die Folienteile wie im ersten Versuch?

2 a) Beschrifte vier Folienstücke mit einem Folienschreiber mit A, B, C und D. Hänge die Folien A und B mithilfe von Klebestreifen und Nähgarn z. B. an einem Türrahmen auf, sodass sich beide Folien frei drehen können. Reibe die Folien kräftig aneinander (▷ B 3). Was stellst du fest?
b) Lade die Folien C und D durch kräftiges Reiben aneinander auf und nähere dann
– Folie C zuerst der Folie A und anschließend der Folie B,
– Folie D zuerst der Folie A und anschließend der Folie B.
Was beobachtest du? Wiederhole die Versuchsteile 1 und 2 und prüfe mit einer Glimmlampe die Ladungen.

Anziehung und Abstoßung
Wenn du die Folienstreifen wie in den Versuchen 1a und b reibst, kannst du unterschiedliche Beobachtungen machen, obwohl du das gleiche Material verwendest: Einmal spreizen sich die Folienstreifen (▷ B 1), einmal kleben sie aneinander (▷ B 2).

Werden zwei Körper nach dem Reiben voneinander getrennt, laden sie sich unterschiedlich auf. Im ersten Versuch ist die Folie positiv geladen, der Tisch negativ. Knickst du die Folie, hängen sich gleich geladene Teile gegenüber, die sich abstoßen.
Sind die Folien unterschiedlich geladen, beobachtest du, dass sie aneinander haften (▷ V 1b). Positiv und negativ geladene Körper ziehen sich gegenseitig an.

Die Versuche 2a und b bestätigen deine Beobachtungen: Eine positiv geladene Folie wird von einer anderen ebenfalls positiv geladenen Folie abgestoßen. Das gleiche passiert bei zwei negativ geladenen Folien.
Nur wenn die Folien unterschiedlich geladen sind, ziehen sie sich an.

Gleichartig geladene Körper stoßen sich ab.
Verschiedenartig geladene Körper ziehen sich an (▷B6).

Der Bandgenerator
Um Körper schnell aufladen zu können, verwendet man in der Physik häufig den Bandgenerator (▷B7). Ein breites, von einem Motor angetriebenes Gummiband reibt an einem Metallkamm und lädt so die große Metallkugel auf.

Befestigt man Papierbüschel am Bandgenerator, werden diese genauso aufgeladen wie die Metallkugel.
Da sich gleich geladene Körper gegenseitig abstoßen, stellen sich die Papierbüschel auf. Zudem stoßen sich auch noch die einzelnen Papierstreifen gegenseitig ab.

Aufgaben

1 Warum lassen sich frisch gewaschene Haare mit einem Kunststoffkamm manchmal schlecht kämmen?

2 Bei der Endlackierung von Autos wird die Karosserie negativ und der Farbnebel positiv aufgeladen (▷B5; B8). Weshalb erreicht man dadurch eine besonders gleichmäßige Lackschicht?

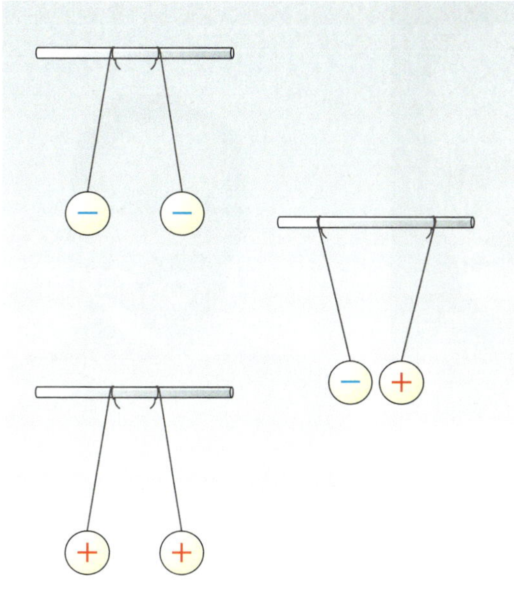

6 Anziehung und Abstoßung von Ladungen

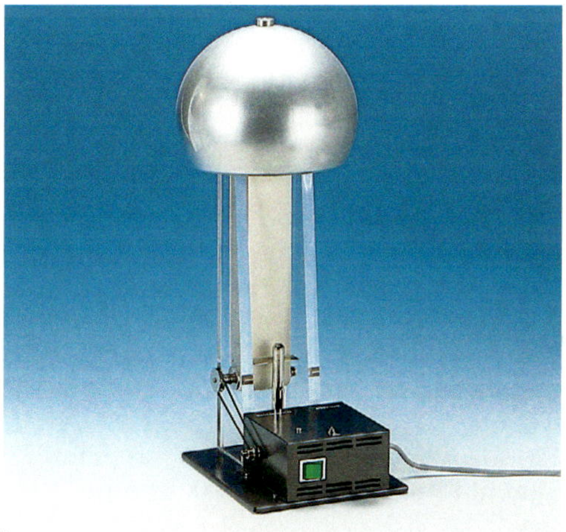

7 Ein Bandgenerator

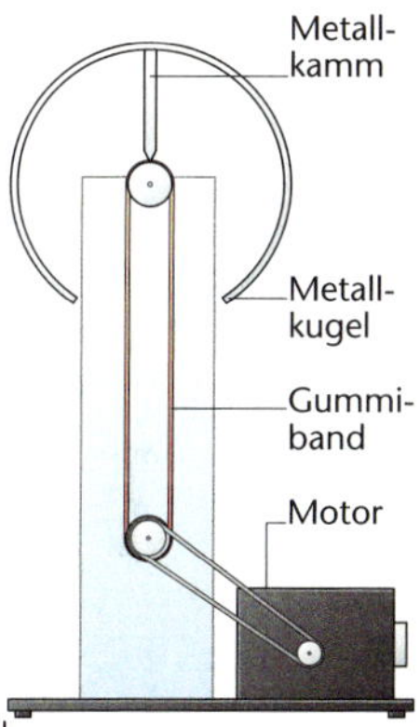

9 Aufbau eines Bandgenerators

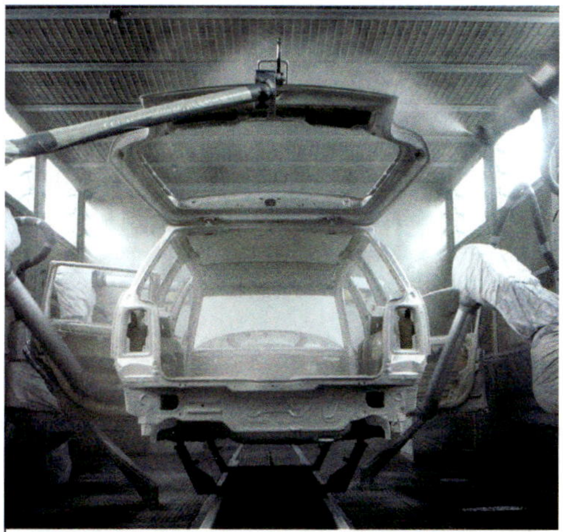

5 Zu Aufgabe 2: Lackierung einer Karosserie

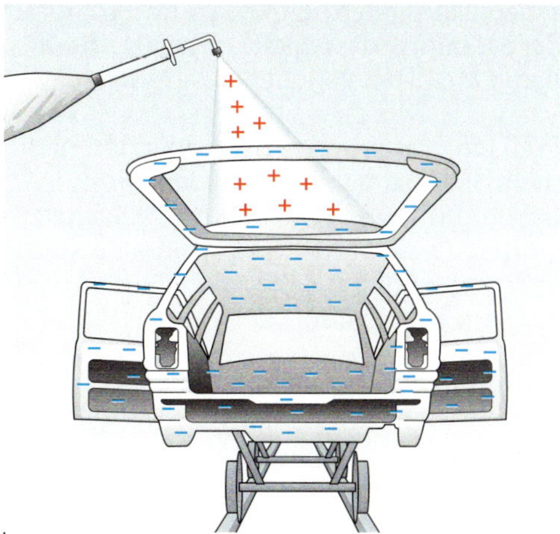

8 Elektrostatische Aufladung bei der Lackierung

1 John Dalton

2 Joseph John Thomson

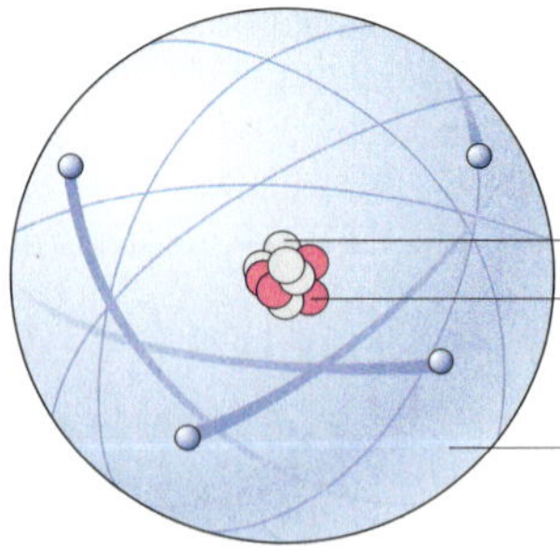

3 Vereinfachtes Kern-Hülle-Modell

Kleinste Teilchen
Stelle dir vor, du teilst einen Eisennagel. Eines der Bruchstücke teilst du wieder und wieder und wieder. Bald ist das Eisenstück so klein, dass du ein Mikroskop zu Hilfe nehmen musst. Du teilst das Eisenstückchen weiter und weiter.

Das Eisenstückchen kannst du aber nicht beliebig oft teilen, irgendwann erhältst du ein kleinstes Teilchen Eisen.
Dieses kleinste Teilchen Eisen ist so klein, dass man es nicht mehr sehen kann, auch nicht mit dem besten Mikroskop.

Ein solches kleinstes Teilchen hat einen Durchmesser von ca. 0,0000001 mm.

Erste Vorstellungen vom Atom
Schon um 400 v. Chr. waren die griechischen Naturgelehrten Leukipp und Demokrit der Meinung, dass alle Körper aus unteilbaren kleinsten Teilchen bestünden.

Weil ein einzelnes kleinstes Teilchen nicht mehr sichtbar gemacht werden kann, haben die Menschen Denkmodelle entworfen. Diese Modelle von den kleinsten Teilchen helfen, die Eigenschaften von Körpern zu erklären.

Das Dalton-Atommodell
1803, also über 2200 Jahre später, griff der Chemiker und Physiker John Dalton (1766–1844) (▷B1) das Modell der kleinsten Teilchen wieder auf.

Nach Daltons Vorstellung haben die kleinsten Teilchen eines Stoffes alle die gleichen Eigenschaften.

Das heißt z. B., alle Eisenatome haben gleiches Gewicht und gleiche Größe und sind auch sonst in allem gleich. Auch alle Schwefelatome haben gleiche Masse und gleiche Größe. Aber die Masse und die Größe von Schwefelatomen sind anders als die Masse und die Größe von Eisenatomen.

Woher kommen die Ladungen?
Mit der Entdeckung der Elektrizität suchten die Physiker nach Erklärungen für dieses Phänomen.
Man vermutete, dass die Elektrizität eng mit dem Aufbau der Atome verknüpft sei.

Der Physiker Joseph John Thomson (1856–1940) (▷B2) wies um 1897 ein neues Teilchen nach: das Elektron. Thomson stellte fest, dass die Elektronen aus den Atomen stammen und dass die Elektronen elektrisch negativ geladen sind.

Heute weiß man, dass alle Atome aus einem Atomkern und einer Atomhülle aufgebaut sind (▷B3).
Der Atomkern besteht aus den elektrisch positiv geladenen Protonen und den elektrisch neutralen Neutronen. Die Atomhülle wird aus den Elektronen gebildet, die sich um den Atomkern bewegen.
Die Ladungen von Elektronen und Protonen sind gleich groß. Weil Protonen und Elektronen jeweils die kleinstmögliche Ladung tragen, nennt man diese auch Elementarladung. Allerdings sind die Elektronen negativ und die Protonen positiv geladen.

Nach außen hin ist jedes Atom elektrisch neutral. Das bedeutet, dass es gleich viele Elektronen und Protonen besitzt. Die negative Ladung der Elektronen und die positive Ladung der Protonen gleichen sich aus.

Aus der Atomhülle können einzelne Elektronen entfernt werden. Umgekehrt ist es möglich, der Hülle Elektronen hinzuzufügen. Weil die positive Ladung fest im Kern sitzt, lädt sich das Atom durch das Entfernen bzw. Hinzufügen eines Elektrons positiv bzw. negativ auf.

Ladungsvorgänge

Reibt man einen Kunststoffstab mit einem Tuch, werden Elektronen übertragen (▷ B 4).
Der Kunststoffstab lädt sich negativ auf, seine Atome haben Elektronen aufgenommen.
Das Tuch ist positiv geladen, seine Atome haben Elektronen abgegeben.

Berühren sich zwei Körper, die unterschiedlich geladen sind, so wandern die Elektronen vom negativ geladenen Körper zum positiv geladenen Körper.
Wenn gleich viele negative wie positive Ladungen vorhanden waren, sind nach der Ladungswanderung beide Körper neutral (▷ B 5).

▶ Elektronen wandern von einem negativ geladenen Körper zu einem positiv geladenen Körper.

Berührt ein negativ geladener Körper einen ungeladenen, dann gehen so viele Elektronen auf den ungeladenen Körper über, bis beide Körper gleich stark negativ geladen sind (▷ B 6).

▶ Elektronen wandern von einem negativ geladenen Körper zu einem neutralen Körper.

Auch ein positiv geladener Gegenstand gibt seine Ladung an einen neutralen Körper ab. Positive Ladungen können aber nicht wandern! Daher wandern die Elektronen des neutralen Körpers zum positiv geladenen Körper (▷ B 7). Der vorher neutrale Körper ist nun selbst positiv geladen.

▶ Elektronen wandern von einem neutralen Körper zu einem positiv geladenen Körper.

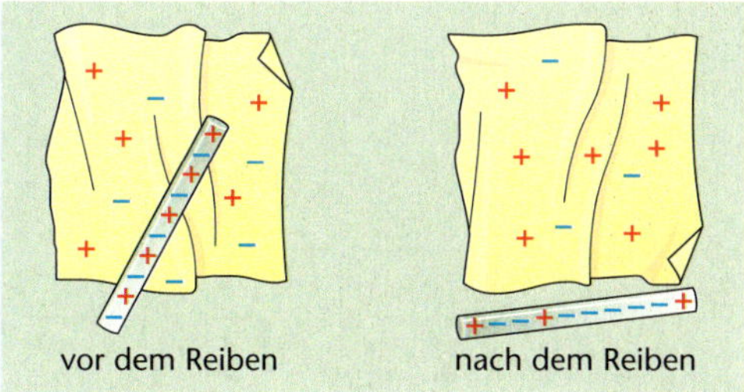

4 Der Übergang von Elektronen führt zur Aufladung.

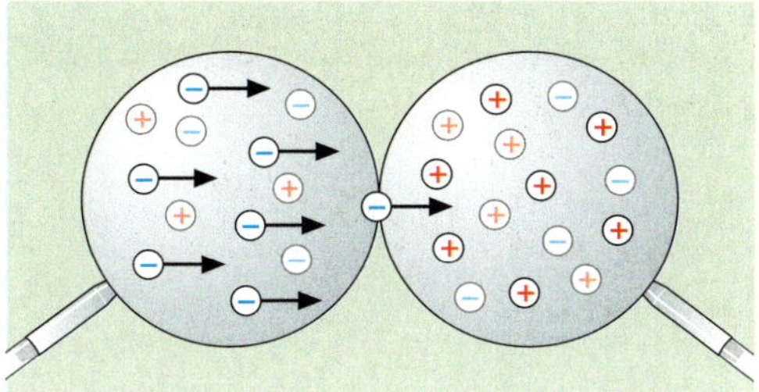

5 Elektronenübergang vom negativ zum positiv geladenen Körper

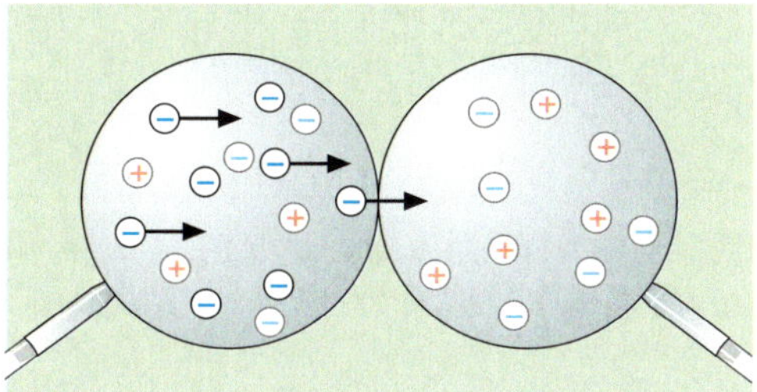

6 Elektronenübergang vom negativ geladenen zum neutralen Körper

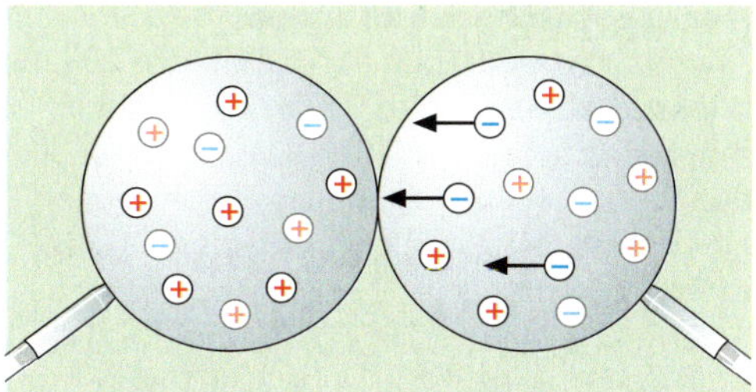

7 Elektronenübergang vom neutralen zum positiv geladenen Körper

Aufgaben

1 Wieso können positive Ladungen in festen Stoffen nicht wandern?

2 Sieh im Internet nach, in welchem Jahr und wofür Joseph John Thomson den Nobelpreis für Physik erhielt.

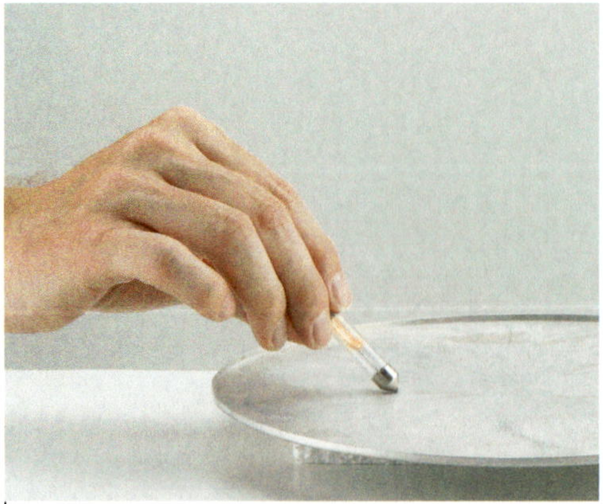

1 Zu Versuch 2

Versuche

1 Reibe eine Metallplatte an einem Stück Stoff oder an Papier. Halte die Platte an ein Elektroskop. Wiederhole den Versuch. Befestige die Platte zuvor aber an einem Kunststoffstab. Warum schlägt das Elektroskop jetzt aus?

2 Stelle ein Backblech auf eine nicht leitende Unterlage. Reibe es mit einer Folie. Halte eine Glimmlampe an verschiedene Stellen des Blechs (▷ B 1).

3 Lade einen Plastikstab elektrisch auf. Halte den Stab in die Nähe von kleinen Papierschnipseln und kleinen Aluminiumschnipseln (▷ B 4).
Erkläre das unterschiedliche Verhalten von Aluminium und Papier.

4 Lade zwei Folien durch Reiben aneinander auf. Halte zunächst die eine Folie und dann die andere an das Elektroskop. Warum schlägt der Zeiger zunächst aus und geht dann wieder in die Ausgangsstellung zurück?

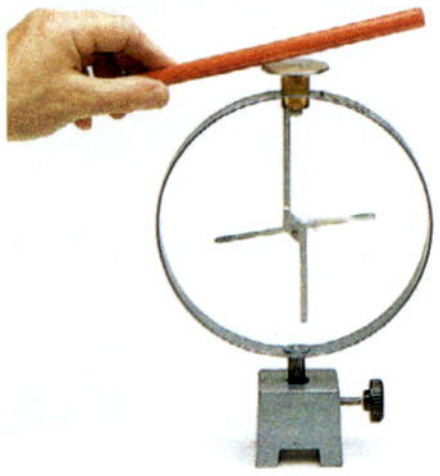

2 Elektroskop

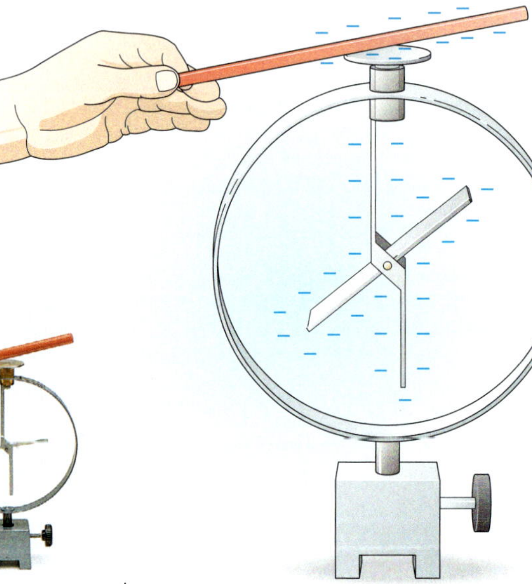

3 Abstoßung beim Elektroskop

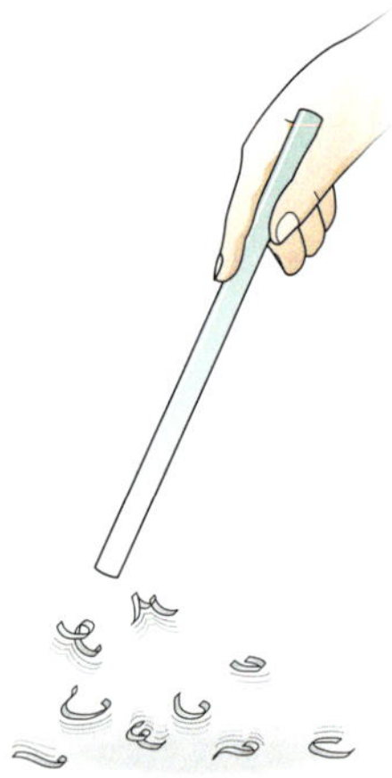

4 Zu Versuch 3

Metalle speichern Ladungen
Auch ein Metallstück kannst du positiv oder negativ aufladen. Dazu musst du es z. B. mit einem geladenen Gegenstand berühren. Metalle sind gute elektrische Leiter, d. h. die Ladungen können sich im Metall verteilen.

Metalle können elektrische Ladungen nur dann speichern, wenn sie isoliert befestigt sind, z. B. an einem Kunststoffstab.
Auf Isolatoren können sich die Ladungen nicht verteilen. Ist das Metall nicht isoliert befestigt, entlädt es sich sofort wieder (▷ V 1).

Du kannst das mithilfe einer Glimmlampe nachprüfen: Berührst du ein geladenes Metallstück mit der Glimmlampe, leuchtet sie nur ein einziges Mal auf (▷ V 2).

Metalle können Ladungen speichern, wenn sie isoliert befestigt sind.

Das Elektroskop
Das Elektroskop ist ein Gerät, mit dem sich Ladungen nachweisen lassen. Es besteht aus Metall und ist isoliert an der Halterung befestigt.

Beim Elektroskop nutzt man aus, dass Metalle gute elektrische Leiter sind.
Das Elektroskop wird z. B. durch Berührung mit einem negativ geladenen Gegenstand aufgeladen (▷ B 3). Die negativen Ladungen stoßen sich gegenseitig ab. Da sie im Metall wandern können, verteilen sie sich über das gesamte Elektroskop. Der bewegliche Zeiger und der feste Teil des Elektroskops sind nun gleichartig geladen und stoßen sich deshalb ab – der Zeiger schlägt aus.
Dasselbe kannst du beobachten, wenn du das Elektroskop mit einem positiv geladenen Gegenstand berührst.

Ein Elektroskop zeigt an, ob ein Körper geladen oder ungeladen ist. Die Art der Ladung kann mit einem Elektroskop nicht festgestellt werden.

Werkstatt

Ein selbst gebautes Elektroskop

Für deine Untersuchungen, ob Körper elektrisch geladen sind, kannst du dir mit einfachen Mitteln selbst ein Elektroskop bauen.

Material

1 durchsichtiges Gefäß mit Schraubdeckel (Marmeladen-, Honig- oder Schokocremeglas), dicker, fester Metalldraht (etwa 10 cm), 1 Weinkorken, Aluminiumfolie (Haushaltsfolie), Klebstoff, 1 Schere, 1 Messer, 1 Bohrer, 1 Abisolierzange

Versuchsanleitung

Bohre in den Deckel des Gefäßes ein Loch, dessen Größe etwa der Dicke des Metalldrahts entspricht. Schiebe den Metalldraht durch das Loch (▷ B 1).
Schneide vom Weinkorken zwei etwa 0,5 cm dicke Scheiben ab. Stecke jeweils eine Scheibe von oben und von unten auf den Metalldraht (▷ B 2). Klebe die Korkscheiben am Deckel fest.

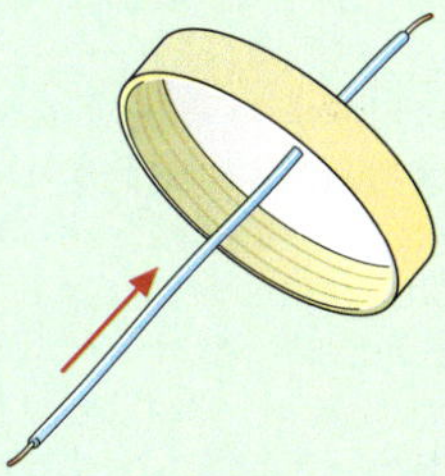

1 Schritt 1

Biege die Enden des Metalldrahts auf etwa 2 cm Länge um (▷ B 4). Sofern der Metalldraht isoliert ist, entferne die Isolierung an den abgebogenen Stücken mit der Zange. Schneide einen etwa 16 cm langen und 1 cm breiten Aluminiumstreifen aus.
Knicke den Aluminiumstreifen in der Mitte und lege ihn auf das untere Ende des Metalldrahts (▷ B 5).

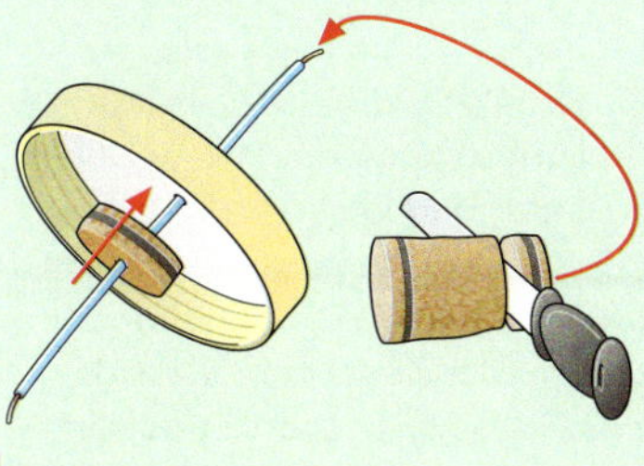

2 Schritt 2

3 Materialien für ein einfaches Elektroskop

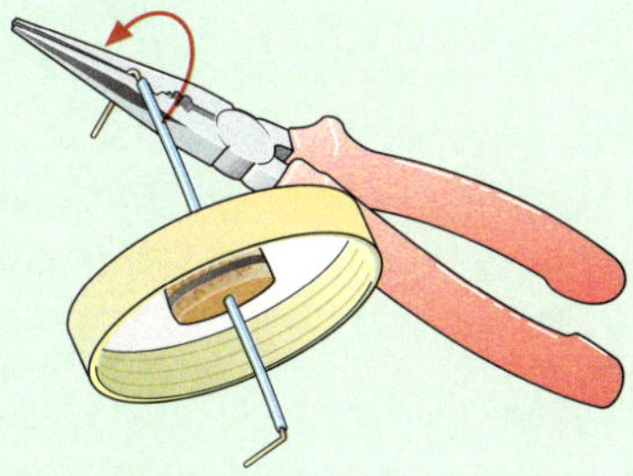

4 Schritt 3

Du kannst den Aluminiumstreifen auch festkleben, achte dann aber darauf, dass er Kontakt zum Draht hat.

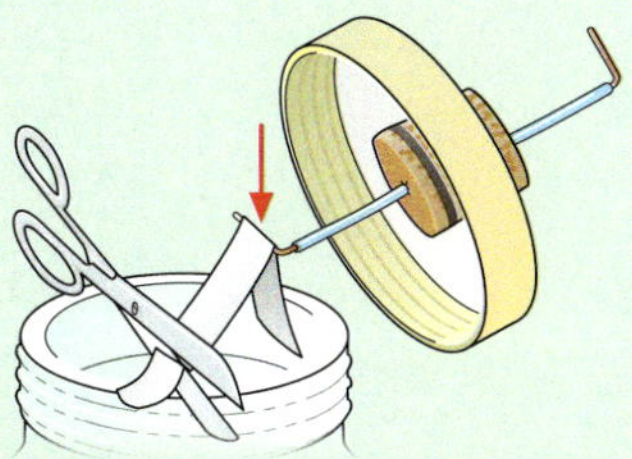

5 Schritt 4

Schneide den Aluminiumstreifen so weit ab, dass er den Boden des Glases nicht berührt.
Schraube den Deckel auf das Glas, fertig ist dein Elektroskop.

Du kannst auch noch eine Kugel aus Aluminiumfolie formen und auf das obere Ende des Elektroskops stecken (▷ B 6). Mit der Aluminiumkugel schlägt der Zeiger noch besser aus.

6 Ein selbst gebautes Elektroskop

Aufgaben

1. Prüfe verschiedene geladene und ungeladene Stoffe mit deinem Elektroskop. Schlägt der Zeiger (die Aluminiumfolie) immer gleich weit aus?

2. Halte einen geladenen Luftballon an dein Elektroskop. Wie lange zeigt das Elektroskop eine Ladung an?

3. Was beobachtest du, wenn du deinem Elektroskop einen geladenen Luftballon näherst? Hörst du auch etwas? Beschreibe.

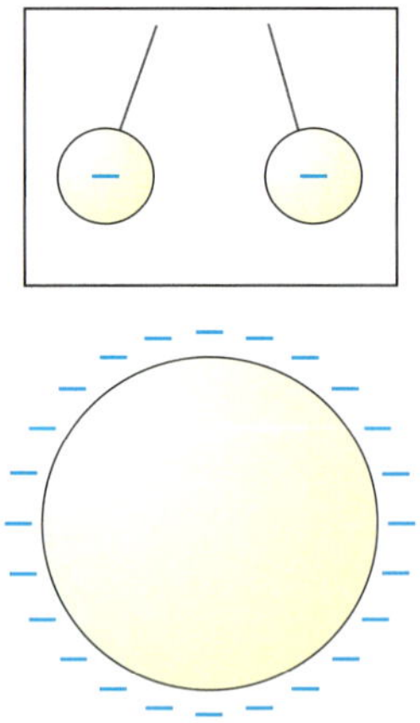

1 Die Ladungen befinden sich nur außen auf den Kugeln.

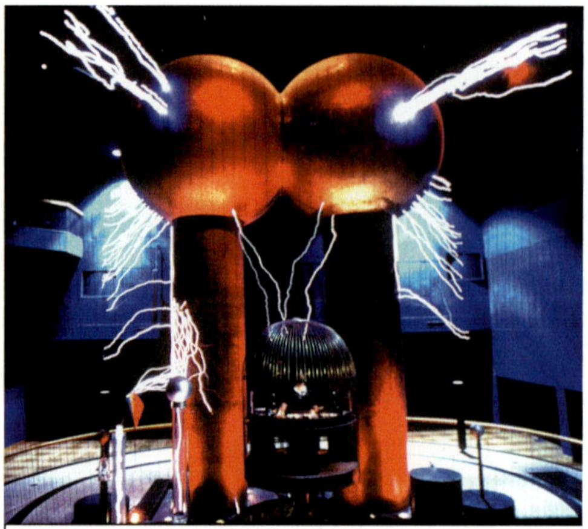

2 Ein Faraday-Käfig

Von Bechern und Käfigen

Lisa und Fatima führen folgendes Experiment durch: Sie bringen zunächst Ladungen auf die Außenseite eines Metallbechers (▷ V 1), und übertragen sie anschließend auf ein Elektroskop (▷ B 3).

Die Übertragung von Ladungen geht auch, wenn Lisa und Fatima Ladungen zuerst innen auf den Becher geben.
Das ist nicht verwunderlich, denn in einem Metall sind die Elektronen frei beweglich.
Auf der Innenseite des Bechers lassen sich aber keine Ladungen mehr nachweisen (▷ V 3; B 4).
Du weißt, dass sich gleiche Ladungen abstoßen. Deshalb entfernen sie sich möglichst weit voneinander. Der größte Abstand zueinander entsteht, wenn sich die Ladungen auf der Außenseite verteilen.

Den beschriebenen Metallbecher nennt man Faraday-Becher. Ersetzt man den Becher durch ein Drahtgitter, so spricht man von einem Faraday-Käfig. Eindrucksvoll ist eine Vorführung, wie sie in Bild 2 zu sehen ist. Auch ein Auto ist ein Faraday-Käfig. Deshalb sind bei einem Blitzeinschlag die Insassen im Auto geschützt.

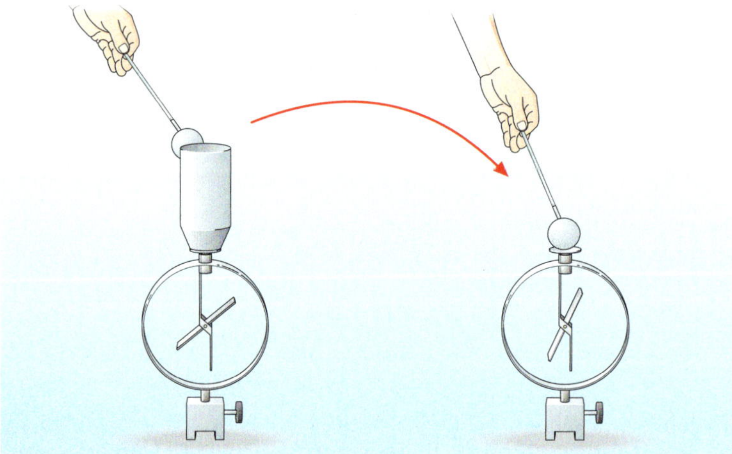

3 Ladung kann von der Außenseite des Faraday-Bechers übertragen werden.

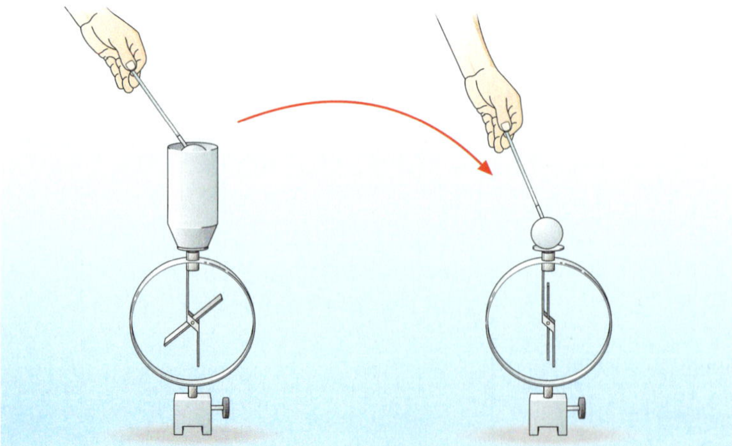

4 Die Innenseite des Faraday-Bechers ist nicht geladen.

Versuche

1 Stecke den Faraday-Becher auf ein Elektroskop. Lade eine Metallkugel durch Reiben an einer Folie auf. Berühre mit der geladenen Kugel außen den Faraday-Becher. Wiederhole den Versuch mehrfach, sodass das Elektroskop ausschlägt. Entlade nun die Kugel. Halte die Kugel außen an den Faraday-Becher. Halte die Kugel anschließend an ein zweites Elektroskop (▷ B 3). Warum schlägt das zweite Elektroskop aus? Was kannst du beim ersten Elektroskop beobachten?

2 Wiederhole den ersten Versuch, lade den Faraday-Becher aber diesmal innen auf.
Berühre mit einer ungeladenen Kugel den Faraday-Becher wieder von außen und halte die Kugel an ein zweites Elektroskop (▷ B 3).
Warum schlägt auch jetzt das zweite Elektroskop aus?

3 Wiederhole den Versuch 2. Prüfe, ob sich von der Innenseite des Faraday-Bechers Ladungen auf das zweite Elektroskop übertragen lassen (▷ B 4).
Diesen Versuch musst du sehr sorgfältig durchführen, du darfst beim Herausziehen der Kugel keinesfalls die Ränder des Faraday-Bechers berühren.

Schnittpunkt

Franklin und Faraday – die zwei „Blitzgescheiten“

1 Franklins berühmtes, aber gefährliches Experiment

2 Benjamin Franklin

Der erste Blitzableiter

Der amerikanische Präsident und Forscher Benjamin Franklin (1706–1790) vermutete, dass sich Wolken elektrisch aufladen und ein Blitz nichts anderes sei als ein Ausgleich entgegengesetzter Ladungen.

Er beobachtete, dass der Blitz vor allem in hohe Kirchtürme und Bäume einschlug. Daher suchte er nach einer Möglichkeit, den Blitz gezielt auf die Erde „umzulenken“. Im Sommer 1752 baute Franklin einen besonderen Drachen: Am oberen Drachenteil befestigte er eine Metallspitze und an das Ende der Schnur knotete er einen Eisenschlüssel als Griff. Während eines heftigen Gewitters ließ er den Drachen steigen (▷ B 1). Würde das Experiment gelingen? Tatsächlich: Vom Schlüssel sprang ein kleiner Funke auf Franklins Hand über und er erhielt einen schmerzhaften Schlag. Franklin war sich nicht bewusst, in welch tödliche Gefahr er sich begeben hatte.

1760 montierte er auf dem Haus eines Kaufmanns in Philadelphia den ersten Blitzableiter: einen spitzen Metallstab, der mit der Erde verbunden wurde. Heutzutage findet man auf fast allen öffentlichen Gebäuden Blitzableiter.

Franklin führte auch die Ausdrücke „positiv“ und „negativ“ zur Beschreibung elektrischer Zustände ein.

3 Faraday bei einer öffentlichen Vorlesung

4 Michael Faraday

Michael Faraday

Michael Faraday wurde am 22. September 1791 in Newington (England) geboren. Mit 13 Jahren erlernte er den Beruf des Buchbinders. Nebenbei las er die Bücher, die er binden sollte. Diese Bücher weckten sein Interesse an der Elektrizität. Durch Zufall wurde er Assistent von Sir Humphry Davy (1778–1829), der die chemische Wirkung der Elektrizität untersuchte.

Faradays erste Forschungen beschäftigten sich dann auch mit der Chemie, so entdeckte er u. a. 1824 das Benzol.

Berühmt wurde Faraday jedoch durch seine Forschungen auf dem Gebiet der Elektrizität: Er untersuchte Blitze, die durch einen Blitzableiter geleitet wurden, und entdeckte, dass die Blitze von einem magnetischen Feld umgeben sind.

Faraday baute 1821 einen der ersten Elektromotoren und erfand das Prinzip des Dynamos.

Faraday starb am 25. August 1867 in der Nähe von Hampton Court.

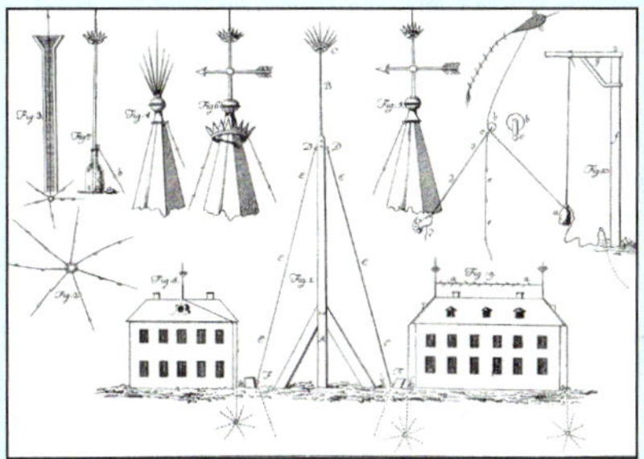

5 Historische Blitzableiter

1 Blitze sind elektrische Entladungen.

Blitz und Donner

Gewitter sind beeindruckende Naturereignisse: Erst ziehen dunkle Wolken auf, dann zucken plötzlich helle Blitze über den Himmel, die von lautem Krachen und Donnergrollen begleitet werden.
Viele Menschen fürchten sich vor dieser Wettererscheinung. Sie bleiben in einem Gebäude, bis das Gewitter vorbei ist, und vermeiden es, zu telefonieren, fernzusehen oder Radio zu hören.

Wie entstehen Gewitter?

Gewitter entstehen in riesigen Wolken, die sich bis zu 12 km hoch auftürmen können. Die Wolken bestehen vorwiegend aus Wassertröpfchen. In den oberen Wolkenschichten ist es jedoch so kalt, dass die Tröpfchen dort zu Hagelkörnern gefrieren.

Weil sich innerhalb der Wolken Luft auf und ab bewegt, prallen die Wassertröpfchen und die Hagelkörner ständig aufeinander. Ähnlich wie zwei Körper, die aneinander gerieben werden, laden sich auch die Wassertröpfchen und die Hagelkörner dabei unterschiedlich auf.
Die Ladungen sind innerhalb der Wolken ungleichmäßig verteilt. Im oberen Teil überwiegen die positiven Ladungen, im unteren Bereich die negativen.

2 Folgen eines Blitzeinschlags

Ladungsausgleich durch den Blitz

Um den neutralen Zustand wiederherzustellen, müsste man die gegensätzlich geladenen Teilchen wieder zusammenbringen. Die unterschiedlichen Ladungen können sich aber noch auf andere Weise ausgleichen, und zwar durch eine Funkenentladung.
Der Blitz ist eine solche Funkenentladung zwischen einem positiv und einem negativ geladenen Wolkenbereich (▷ B 1).

Ladungsunterschiede können nicht nur zwischen verschiedenen Wolkenschichten, sondern auch zwischen den Wolken und der Erdoberfläche entstehen. Du kannst deshalb unterschiedliche Blitze beobachten. Die meisten Blitze verlaufen innerhalb der Wolken, manchmal schlägt aber auch ein Blitz in den Erdboden ein.

Woher kommt der Donner?

Ein Blitz dauert nur Bruchteile von Sekunden. Während der Funkenentladung kann die Temperatur fünfmal größer als an der Oberfläche der Sonne werden. Die plötzlich erhitzte Luft dehnt sich explosionsartig aus. Das hörst du als Donner.
Warum hörst du das Donnern meist erst, nachdem du den Blitz gesehen hast?
Das liegt daran, dass das Licht und der Schall unterschiedlich schnell sind: Das Licht legt in einer Sekunde eine Strecke von 300 000 km zurück – es könnte in dieser Zeit fast siebeneinhalb Mal um die Erde laufen. Der Schall schafft in einer Sekunde nur 330 m, also ein Drittel eines Kilometers. Mithilfe der Schallgeschwindigkeit kannst du auch abschätzen, wie weit ein Gewitter entfernt ist. Zähle, nachdem du den Blitz gesehen hast, die Sekunden bis zum Donner. Teile diese Zahl durch drei – nun weißt du, wie viele Kilometer das Gewitter etwa entfernt ist.

Blitzschutz

Rund um die Erde toben Tag für Tag etwa 45 000 Gewitter. Dabei zucken pro Sekunde ungefähr 100 Blitze über den Himmel. Blitze sind häufig die Ursache für Störungen in den Energieversorgungsnetzen. Auch für den Flugverkehr können sie gefährlich werden. Damit niemand in Gefahr gerät, werden die Flugrouten im Falle eines Gewitters deshalb abgeändert.

Auch in Haushalten können diese faszinierenden Naturphänomene gewaltige Schäden anrichten. Ein Blitzeinschlag kann elektrische Geräte und Leitungen zerstören oder einen Brand auslösen. Viele Häuser sind deshalb mit einer Blitzschutzanlage ausgerüstet (▷ B 4). Der Blitz wird mithilfe eines Blitzableiters „eingefangen“. Blitzableiter sind spitze Metallstäbe, die über dicke Kabel mit dem Erdboden verbunden sind.

Verhalten bei Gewittern
Blitze schlagen bevorzugt in die höchsten Punkte, z. B. Bäume ein. Daran musst du denken, wenn du im Freien von einem Gewitter überrascht wirst.
Halte also möglichst großen Abstand zu Bäumen und hohen Geländepunkten. Der Blitz kann auch noch 100 m von der Einschlagstelle entfernt für dich gefährlich werden.

Im freien Gelände bist du am besten geschützt, wenn du dich in eine Bodenmulde kauerst und deine Füße nahe nebeneinander stellst. Gehst du weiter, bildest du einen hervorragenden Blitzableiter.

3 Gewitter über einer Stadt

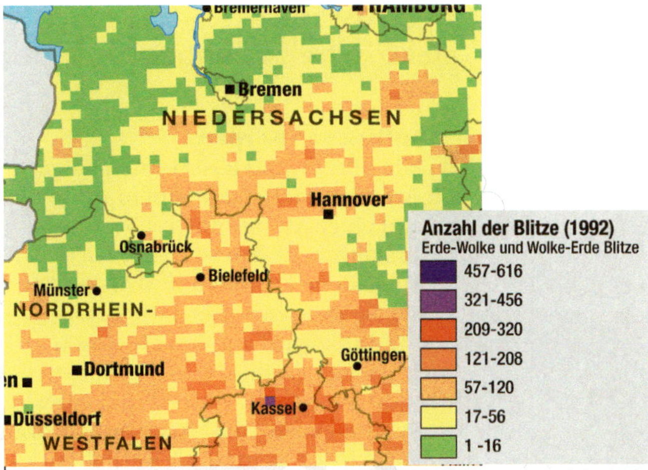

5 Blitzkarte

Aufgaben

1 Suche im Internet nach Blitzkarten (▷ B 5). In welcher Region Europas gibt es gerade die meisten Gewitter? Welche Informationen erhältst du noch aus Blitzkarten?

2 Wie weit ist der Blitzort entfernt, wenn zwischen Blitz und Donner etwa 7 Sekunden vergehen?

3 Informiere dich, welche Blitzschutzanlagen in eurem Haus vorhanden sind.

4 Warum handeln Menschen, die bei Gewitter baden, äußerst leichtsinnig? Suche weitere Verhaltensregeln.

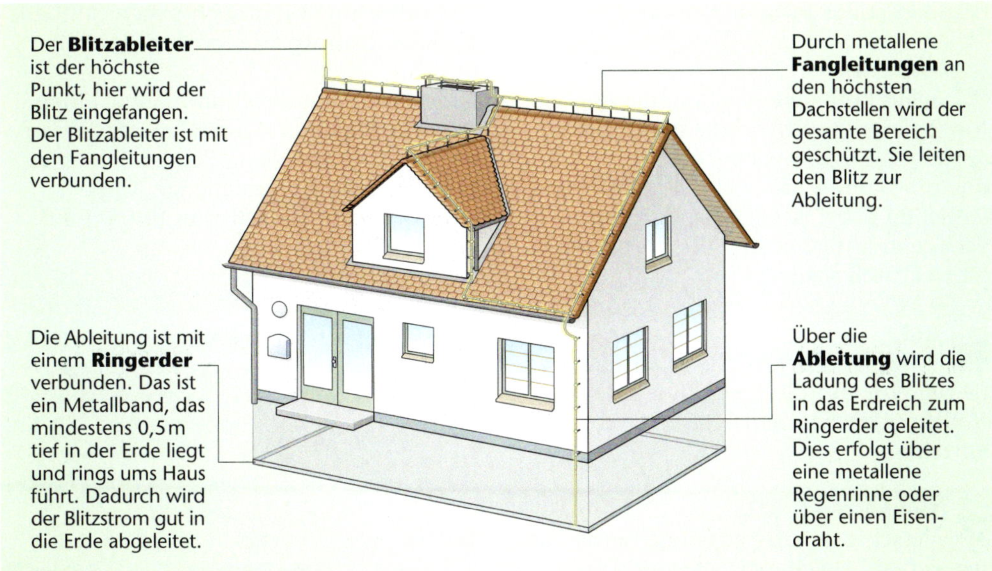

4 Blitzschutzanlage am Haus

Elektrostatik – elektrische Ladungen

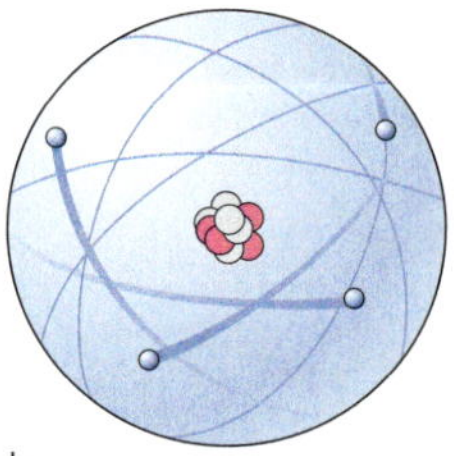
1 Vereinfachtes Kern-Hülle-Modell

Aufbau von Körpern

Alle Körper sind aus Atomen aufgebaut. Atome bestehen aus einem Atomkern und einer Atomhülle (▷ B 1).
Im Atomkern befinden sich elektrisch positiv geladene Protonen und elektrisch neutrale Neutronen.
Die Atomhülle wird aus den elektrisch negativ geladenen Elektronen gebildet.
Die Ladungen eines Elektrons und eines Protons sind gleich groß. Nach außen sind Atome elektrisch neutral, sie enthalten genauso viele Elektronen wie Protonen.

Elektrische Aufladung von Körpern

Zwei Körper können elektrisch aufgeladen werden, indem man sie aneinander reibt und anschließend trennt (▷ B 3). Der eine Körper ist dann positiv geladen, der andere negativ.

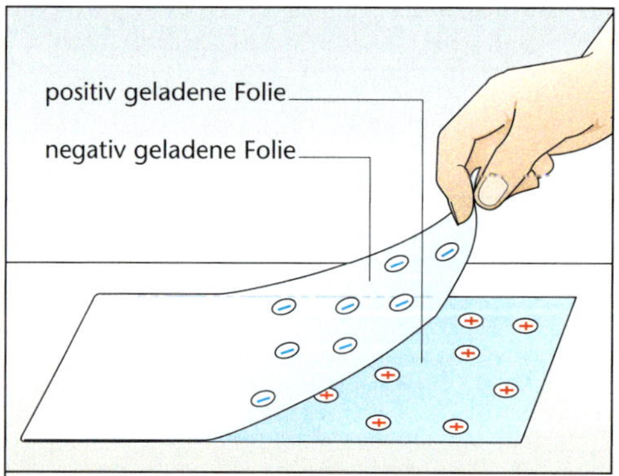

3 Zwei Körper werden elektrisch geladen.

Entladen

Beim Entladen gleichen sich die Ladungen eines positiv und eines negativ geladenen Körpers wieder aus.
Sind die Ladungsunterschiede groß genug, kannst du dabei Funken beobachten.
Nach dem Entladen sind die Körper wieder elektrisch neutral.

Blitze

Blitze sind elektrische Entladungen, die zwischen unterschiedlich geladenen Wolken oder zwischen Wolken und Erde auftreten.

Elektrische Kräfte

Verschiedenartig geladene Körper ziehen sich an, gleichartig geladene Körper stoßen sich ab (▷ B 2).

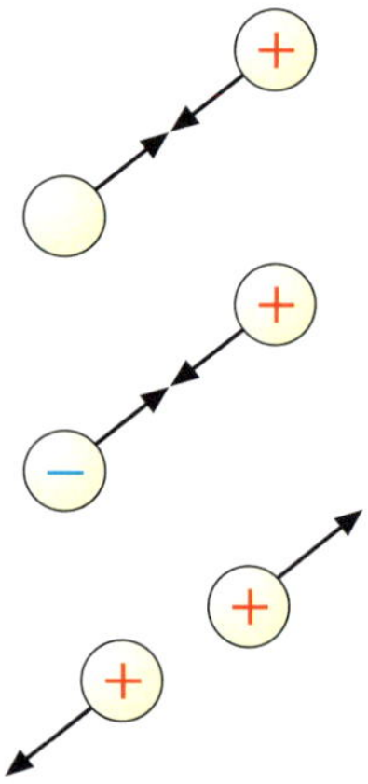

2 Elektrische Anziehung und Abstoßung

4 Ladungsnachweis mit einem Elektroskop

Auch zwischen einem (positiv oder negativ) geladenen Körper und einem ungeladenen Körper treten elektrische Kräfte auf. Geladene und ungeladene Körper ziehen sich gegenseitig an.

Elektroskop

Mithilfe eines Elektroskops kannst du nachweisen, dass ein Körper elektrisch geladen ist.
Die Ladung wird auf das Elektroskop übertragen und verteilt sich dort. Da sich gleiche Ladungen abstoßen, schlägt der Zeiger aus (▷ B 4).
Mit dem Elektroskop kannst du allerdings nicht die Art der Ladung bestimmen.

Glimmlampe

Mit einer Glimmlampe kannst du Ladungen nicht nur nachweisen, sondern auch die Ladungsarten unterscheiden (▷ B 5).
Berührst du mit der Glimmlampe einen positiv geladenen Körper, leuchtet sie an der Seite der Hand auf. Bei der Berührung mit einem negativ geladenen Körper glimmt sie auf der Seite des Körpers auf.

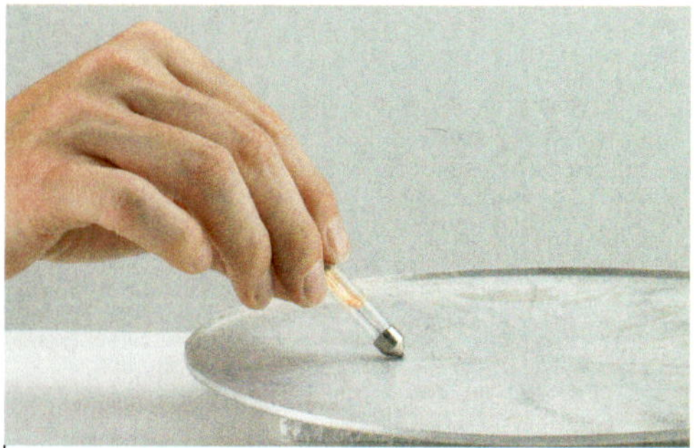
5 Glimmlampe

Aufgaben

1 Warum solltest du dich bei einem Gewitter im Freien am besten in eine Bodenmulde kauern (▷ B 6)?

6 Zu Aufgabe 1

2 Betrachte das Bild 7. Beschreibe, was dort zu sehen ist und erkläre, wie dieses Phänomen zustande kommt.

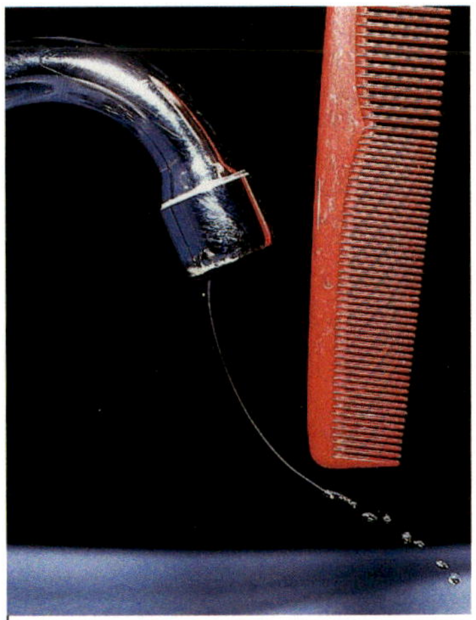

7 Zu Aufgabe 2

Führe den Versuch anschließend selbst durch.

3 Weshalb stehen einem Kind nach dem Trampolinspringen die Haare ab?
Was passiert, wenn das Kind das Trampolin verlässt? Begründe.

4 Ein Elektroskop wurde negativ aufgeladen. Was geschieht, wenn du es mit einem positiv geladenen Stab berührst?

5 Näherst du eine geladene Folie der Spitze eines drehbar gelagerten Besenstiels, bewegt sich der Stiel wie von Geisterhand auf die Folie zu (▷ B 8).
Warum ist das so? Probiere den Versuch selbst aus.

8 Zu Aufgabe 5

6 Kreuzworträtsel
Tipp: Schneide eine Prospekthülle an einer Seite auf und schiebe sie so über das Blatt, dass sie das Bild überdeckt. Dann kannst du deine Antworten direkt auf die Folie schreiben.
a) Um zwei Körper elektrisch aufzuladen, muss man sie nicht nur aneinander reiben, sondern auch voneinander ...
b) Wenn sie aufleuchtet, kannst du erkennen, ob ein Körper positiv oder negativ geladen ist.
c) Er erkannte im 16. Jahrhundert, dass viele Gegenstände nach dem Reiben Staub oder Haare anziehen.
d) Dieser Name stimmt uns heiter, denn er erfand den Blitzableiter.
e) Leuchterscheinung bei einem Gewitter
f) Der Blitzableiter ist mit dem ... verbunden.
g) Wenn man zwei Folien aneinander reibt, dann ist die eine Folie negativ und die andere ... geladen.
h) Versteinertes Harz, das nach dem Reiben z. B. Federn anzieht
i) Dieses Teilgebiet der Naturwissenschaft Physik beschäftigt sich mit der elektrischen Anziehung und Abstoßung.
j) Nach einem Blitz folgt der ...
k) So heißt dein Naturwissenschafts-Buch.

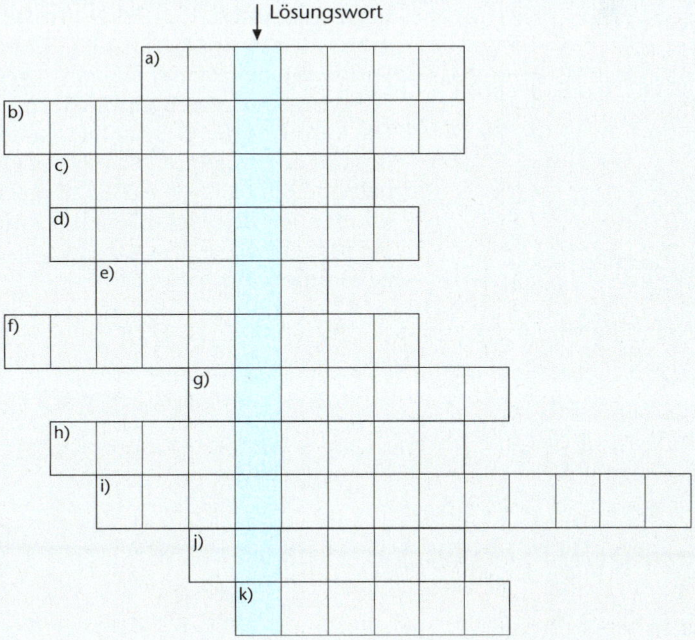

Elektrischer Strom
– elektrische Energie

Elektrischer Strom ist für uns scheinbar überall und unbegrenzt verfügbar. Die nächste Steckdose ist meist nur ein paar Schritte entfernt. Dort lässt sich eine Vielzahl elektrischer Geräte mühelos anschließen und in Betrieb nehmen. Diese Möglichkeit hat unser Leben entscheidend verändert.

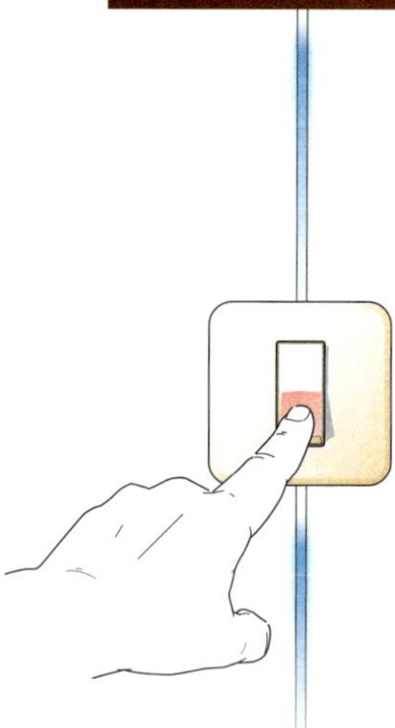

Kühlschränke, Fernseher, Waschmaschinen, Bohrmaschinen und die elektrische Beleuchtung sind aus unserem Alltag nicht mehr wegzudenken. Auch HiFi-Anlagen und Computer würden ohne elektrischen Strom nicht funktionieren. In diesem Kapitel erfährst du, was Strom überhaupt ist, warum Strom durch elektrische Geräte fließt und was die Aufschriften auf den elektrischen Geräten genau bedeuten.

Viele Forscher haben die Eigenschaften des elektrischen Stroms untersucht und dabei erstaunliche Gesetzmäßigkeiten herausgefunden. Ihre Erkenntnisse ermöglichen es uns heute, den elektrischen Strom in jedem seiner vielen Anwendungsbereiche ganz gezielt einzusetzen.
Die Kenntnis der Gesetzmäßigkeiten hilft uns außerdem, den Umgang mit elektrisch betriebenen Geräten sicher zu machen. So können wir den elektrischen Strom im Alltag nutzen, ohne dass wir einen „Schlag" bekommen.

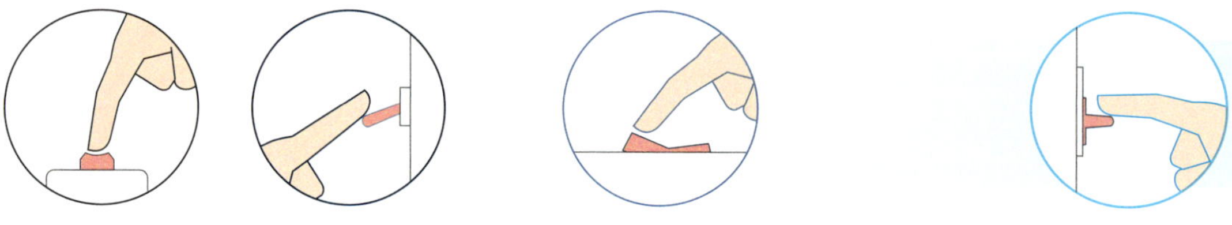

energy
Battery
Standard

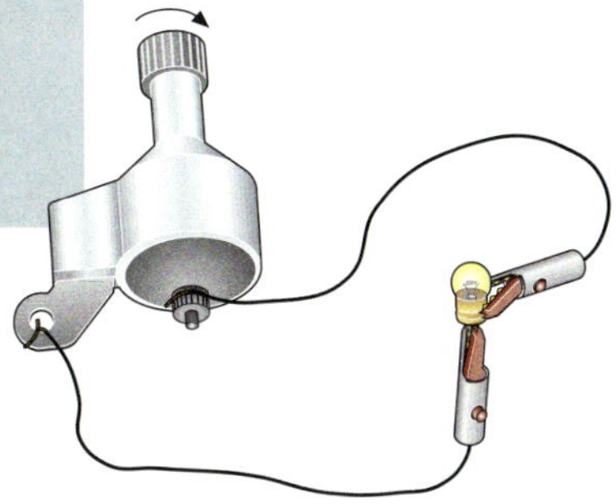

Allesschneider

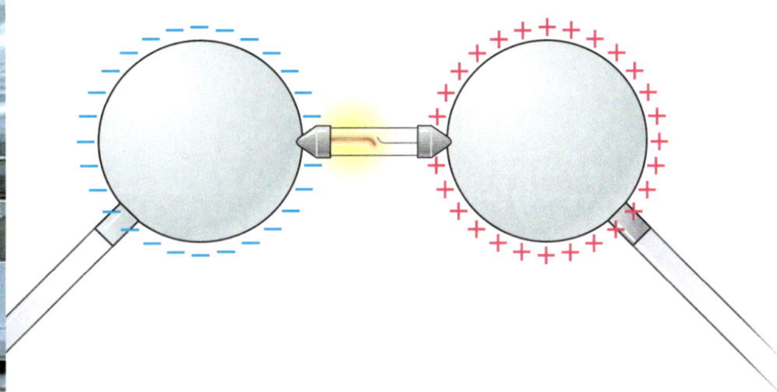

HT
kWh
NT
Nr. 3 000 755
Wechselstromzähler
W626UT
230 V
Schltg. 1102
Nr.10.653.290 2000
10(60) A
50 Hz
375 U/kWh

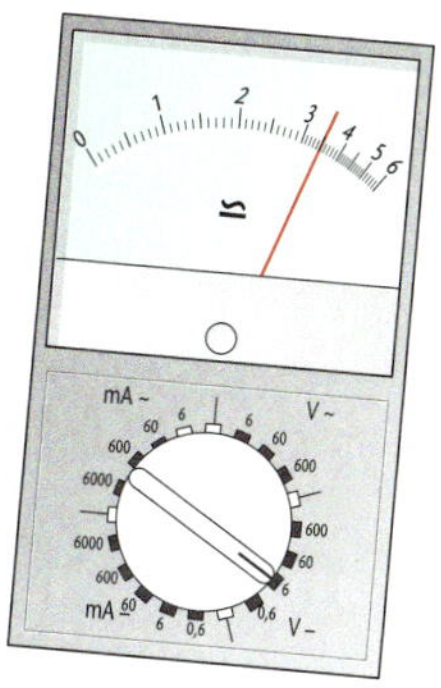
mA ~
V ~
mA
V –

1 Brand durch einen Kurzschluss

Strom ist gefährlich!

Mit dem Strom aus der Steckdose darfst du nicht experimentieren! Es besteht Lebensgefahr! Wenn du selbst Versuche mit Elektrizität machen möchtest, verwendest du am besten Batterien. Vermeide aber unbedingt einen Kurzschluss.
Ein Kurzschluss entsteht, wenn der Strom direkt von einem Pol der Spannungsquelle zum anderen fließen kann, also kein elektrisches Gerät dazwischen geschaltet ist. Dann fließt ein sehr großer Strom, der sogar einen Brand auslösen kann (▷ B 1).

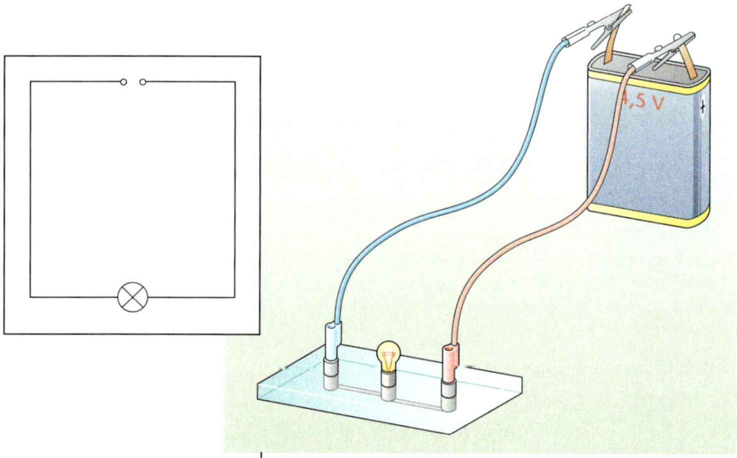

2 Einfacher Stromkreis

Der einfache Stromkreis

Eine Spannungsquelle, eine Lampe und zwei Kabel bilden einen einfachen Stromkreis (▷ B 2).
Die Glühlampe leuchtet dann auf, wenn der Strom von einem Pol der Batterie durch die Lampe zum anderen Pol der Batterie fließen kann.
Zum einfacheren Ein- und Ausschalten der Lampe kann man einen Schalter in den Stromkreis einbauen. Ein Schalter unterbricht oder schließt den Stromkreis.

Die Glühlampe

Für viele Versuche benötigst du eine Glühlampe. Die Glühlampe wurde von HEINRICH GÖBEL 1854 erfunden und von THOMAS ALVA EDISON 1879 weiterentwickelt. Zu den wichtigsten Teilen einer Glühlampe gehören der Glaskörper, das Gewinde, die Isolierplatte und der Fußkontakt (▷ B 4). Im Inneren fließt der Strom vom Fußkontakt durch die Glühwendel zum Gewinde.

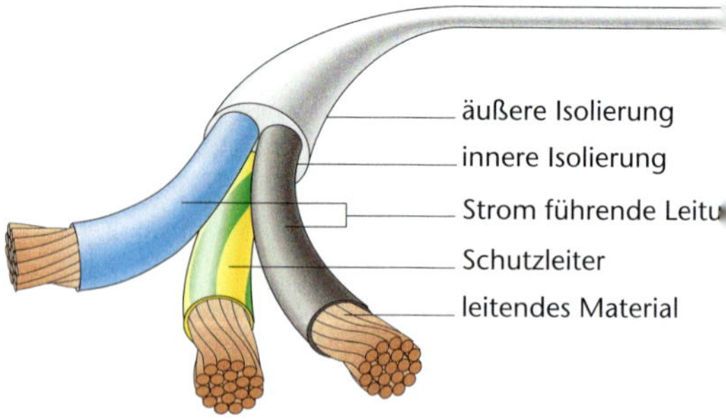

3 Aufbau eines Zuleitungskabels

Leiter und Nichtleiter

Alle Metalle und Graphit (Kohle) leiten den elektrischen Strom. Diese Stoffe nennt man Leiter.
Alle anderen festen Stoffe (z. B. Glas oder Plastik) leiten den elektrischen Strom nicht. Diese Stoffe nennt man Nichtleiter oder Isolatoren.
Kabel bestehen in ihrem Inneren aus einem leitenden Material. Um Kurzschlüsse zu vermeiden, sind die Leitermaterialien außen mit nicht leitenden Stoffen ummantelt (▷ B 3).

Bei einigen Fahrrädern führt nur ein Kabel bis zur Lampe. Die Rückleitung bildet der Metallrahmen.

Schaltzeichen

Durch Schaltzeichen werden Geräte in Schaltungen vereinfacht dargestellt. Für jedes elektrische Gerät gibt es ein spezielles Schaltzeichen (▷ B 6).

Reihenschaltung von Schaltern

Bei der Sicherheitsschaltung sind zwei Schalter in Reihe geschaltet (▷ B 5). Da der Strom erst dann fließen kann, wenn beide Schalter gleichzeitig geschlossen sind, nennt man diese Schaltung auch UND-Schaltung.

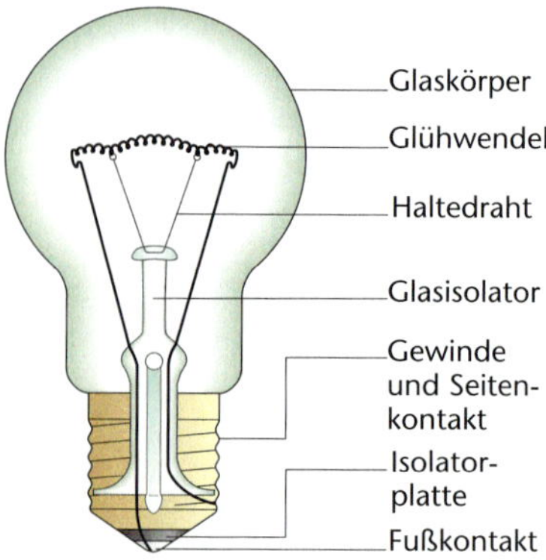

4 Aufbau einer Glühlampe

Die Sicherheitsschaltung wird z. B. bei der Waschmaschine verwendet: Ein Schalter befindet sich in der Tür, der andere ist der Start-Knopf. Erst wenn die Tür geschlossen ist und der Start-Knopf gedrückt wurde, beginnt die Maschine zu waschen.

Parallelschaltung von Schaltern
Bei der ODER-Schaltung sind zwei oder mehr Schalter parallel geschaltet (▷B 5). Es reicht, wenn ein Schalter gedrückt wird. ODER-Schaltungen findest du bei Klingeln für Mehrfamilienhäuser. An der Haustür und an der Wohnungstür befindet sich ein Schalter für die Klingel.

Wechselschaltung
Mit der Wechselschaltung (▷B 5) kannst du eine Lampe an zwei verschiedenen Stellen ein- und ausschalten. Du findest diese Schaltung meist in Hausfluren.

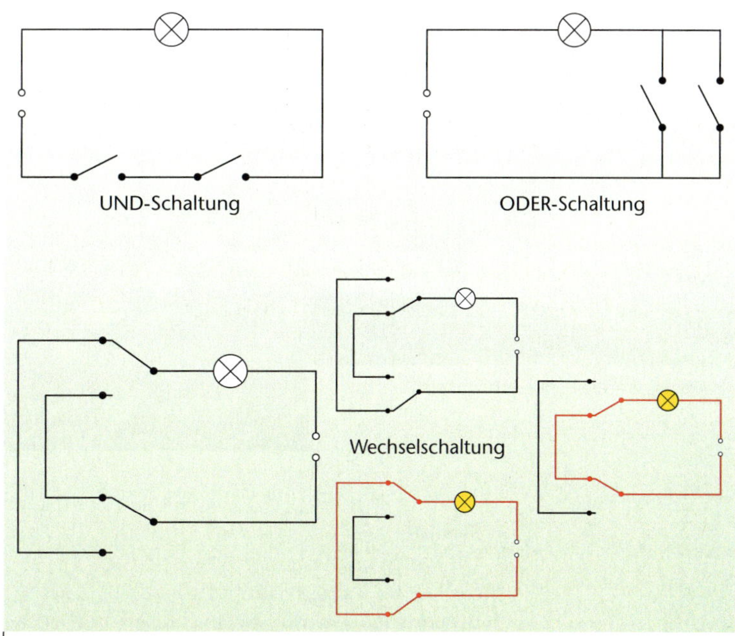

5 Verschiedene Schaltungsarten

Versuch

1 Baue die Schaltungen nach den Schaltskizzen in Bild 5 auf.
Beschreibe und erkläre, wann die Lampe leuchtet.

Aufgabe

1 Erkundige dich, welche der Haushaltsgeräte, die uns heute die Arbeit erleichtern, es vor 100 Jahren noch nicht gab!

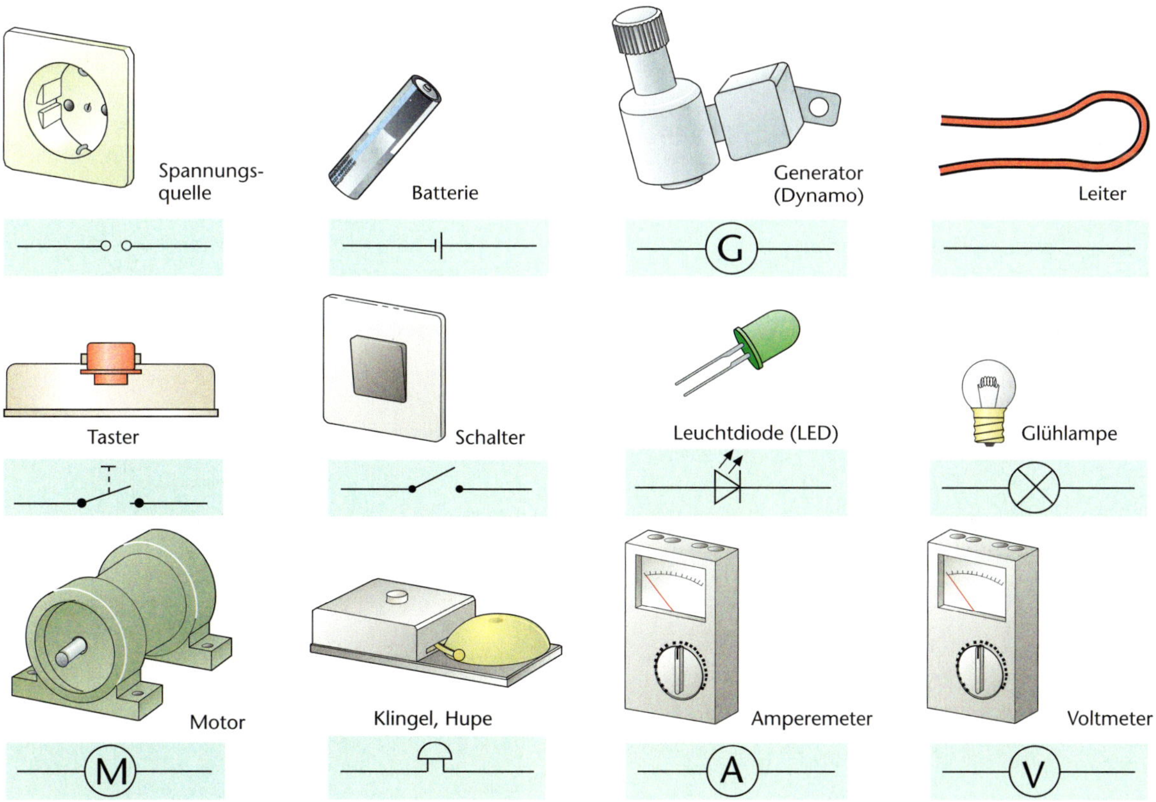

6 Verschiedene Geräte und die zugehörigen Schaltzeichen

1 Der Fluss – ein Strom aus Wasser

2 Durch Städte fließen Verkehrsströme.

3 Den Strömungswiderstand untersucht man im Luftstrom.

Ströme
Du kennst unterschiedliche Ströme (▷B 1 – B 3). Ein großer Fluss wird als Strom bezeichnet. Durch Städte fließen Verkehrsströme. Im Windkanal benutzt man einen Luftstrom. Nach dem Pausenklingeln fließt ein Schülerstrom aus dem Klassenzimmer in den Pausenhof. Alle diese Ströme haben eine Gemeinsamkeit: Viele Teilchen bewegen sich in eine gemeinsame Richtung. Beim Wasserstrom bewegen sich Wasserteilchen in eine Richtung, beim Verkehrsstrom sind es Fahrzeuge, im Windkanal strömen die Luftteilchen.

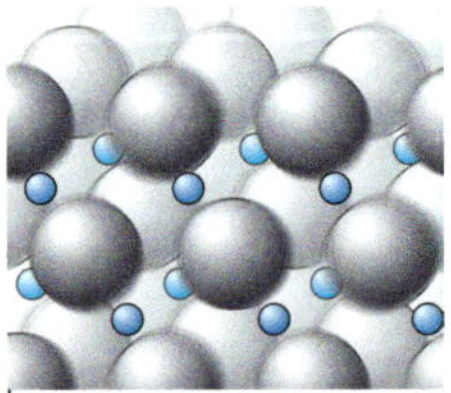

4 Aufbau eines Metallgitters

Elektrischer Strom
Im elektrischen Stromkreis fließt ein elektrischer Strom. Diese oder eine ähnliche Aussage hast du sicher schon einmal gehört. Doch was fließt eigentlich beim elektrischen Strom?

Ein Metalldraht besteht aus vielen Atomen, die jeweils eines ihrer Elektronen abgeben (▷B 4). Diese Elektronen sind frei beweglich, während die „Restatome“ (Ionen) fest an ihre Plätze gebunden sind. Schließt man den Leiter an eine Batterie an, so wandern die negativ geladenen Elektronen vom Minuspol zum Pluspol. Für jedes Elektron, das den Draht am Pluspol verlässt, rückt am Minuspol wieder ein Elektron nach (▷B 5).

▶ In festen elektrischen Leitern ist der elektrische Strom ein Elektronenstrom. Der Strom fließt vom Minuspol zum Pluspol der Spannungsquelle.

In Flüssigkeiten und Gasen kann es frei bewegliche Ionen geben, die sich zum jeweils entgegengesetzt geladenen Pol bewegen können. Die Leitfähigkeit von z. B. Wasser ist trotzdem gering. Gibt man jedoch Salz hinzu, erhöht man die Zahl der Ionen und es entsteht eine elektrisch gut leitende Salzlösung (▷V 1, B 6).

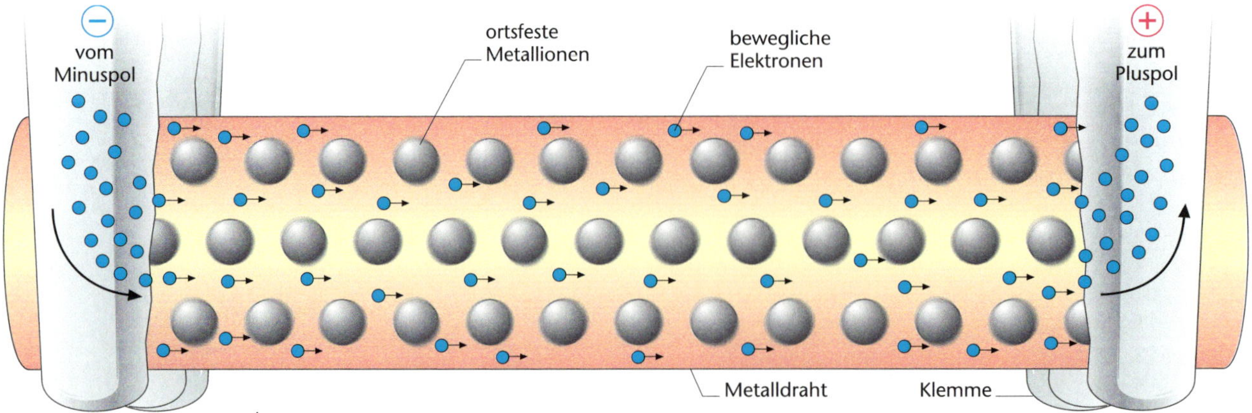

5 Elektronenfluss in einem Leiter

Versuche

1 Tauche zwei Nägel in ein Gefäß mit Wasser (▷ B 6). Verbinde die Nägel mit einer Lampe und einer Spannungsquelle. Anschließend gibst du ein wenig Salz in das Wasser.
Was kannst du beobachten?

2 Lade zwei Elektroskope unterschiedlich auf. Verbinde die beiden Elektroskope über eine Glimmlampe (▷ B 7).
Was beobachtest du?

3 Zwei Platten werden an eine Hochspannungsquelle angeschlossen. Zwischen die beiden Platten wird eine leitende Kugel gehängt (▷ B 8). Die Kugel wird angestoßen, sodass sie die negativ geladene Platte berührt. Erkläre deine Beobachtungen.

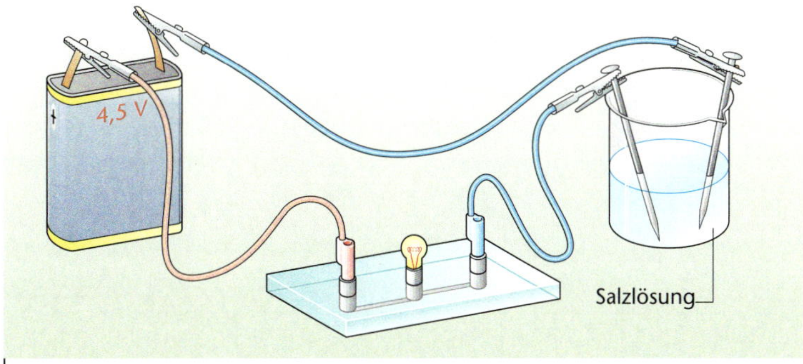

6 Auch in Flüssigkeiten können Ladungen wandern.

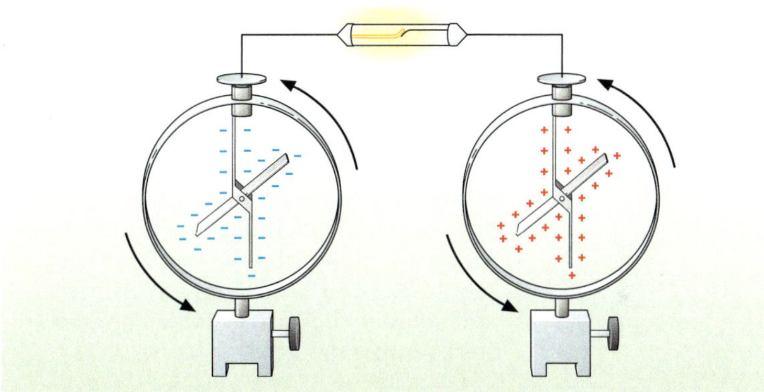

7 Beim Entladen gehen die Zeigerausschläge zurück.

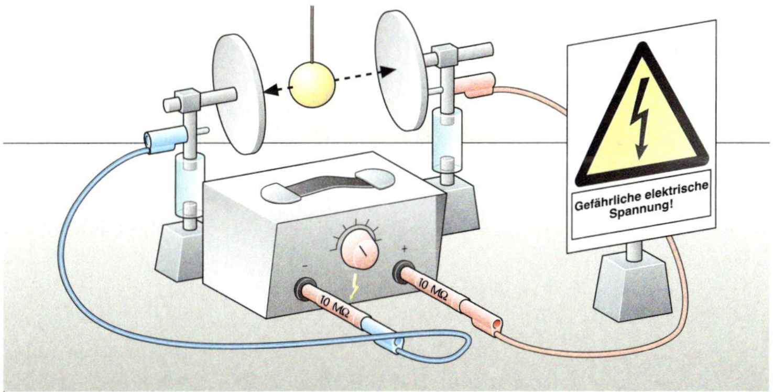

8 Eine Kugel pendelt zwischen den geladenen Platten.

Ladungen werden transportiert
Ein positiv und ein negativ geladenes Elektroskop werden miteinander über eine Glimmlampe verbunden (▷ V 2). Die Glimmlampe blitzt kurz auf und die Zeigerausschläge gehen zurück. Die unterschiedlichen Ladungen haben sich ausgeglichen. Waren beide Elektroskope gleich stark, aber entgegengesetzt geladen, dann geht der Zeigerausschlag komplett zurück. Wenn Elektronen fließen, werden Ladungen transportiert.

Elektronen transportieren negative elektrische Ladungen.

Auch in Versuch 3 werden Ladungen transportiert (▷ B 8). Die Kugel lädt sich an der negativ geladenen Platte auf. Anschließend entfernt sich die Kugel von der Platte, da sich gleich geladene Körper abstoßen. Gleichzeitig wird die Kugel von der positiv geladenen Platte angezogen, denn ungleich geladene Körper ziehen sich an. An der positiv geladenen Platte lädt sich die Kugel positiv auf und schwingt zurück zur negativ geladenen Platte.
Jetzt beginnt der Vorgang von neuem.

Geschwindigkeit des Stroms
In einem festen Leiter bewegen sich die Elektronen nur mit einer mittleren Geschwindigkeit von weniger als 1 mm/s in Richtung Pluspol. Müsste der Strom nicht einige Zeit benötigen, bis er z. B. zu einer Lampe gelangt?

Deine Erfahrung mit dem Strom zeigt etwas anderes: Sobald du den Schalter betätigst, leuchtet die Lampe.
Das liegt daran, dass sich die Elektronen in einem festen Leiter alle gleichzeitig bewegen, sodass sofort Elektronen durch die Lampe fließen.

Aufgabe

1 In den Bildern 1–3 sind unterschiedliche Ströme dargestellt.
Welche Gemeinsamkeiten haben diese Ströme? Worin unterscheiden sie sich?

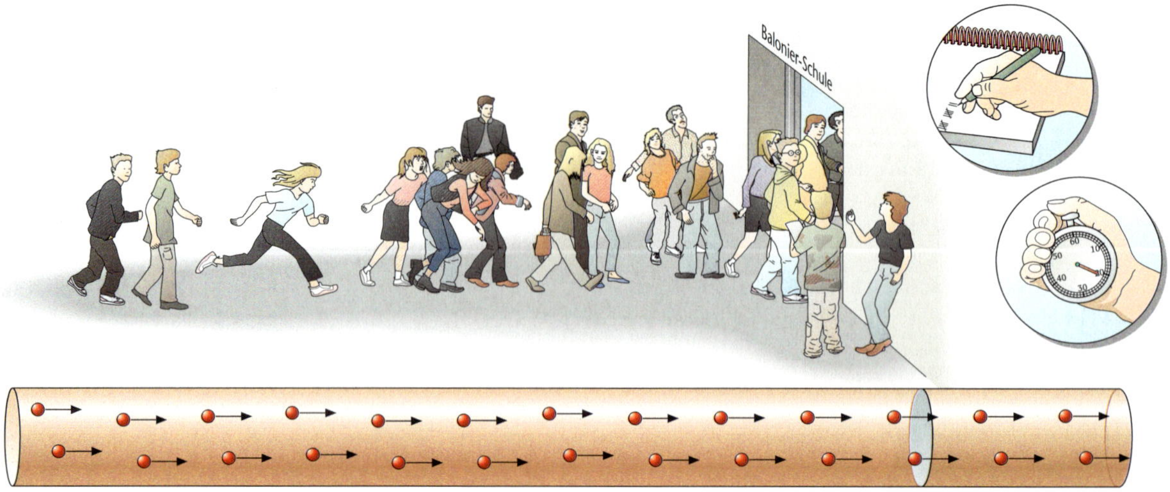

1 Messung der Stärke des Schülerstromes

Die Schülerstromstärke

Steffen und Karsten wollen die Stärke des Schülerstroms bestimmen, der am Ende der Pause in das Schulgebäude strömt. Als Messstelle wählen sie den Eingang der Schule. Karsten zählt die Schülerinnen und Schüler, die das Gebäude betreten; Steffen misst die Zeit.

Sie stellen fest, dass in 60 s 180 Personen das Gebäude betreten. Um daraus den „Schülerstrom" zu berechnen, müssen sie nur die Anzahl der eintretenden Personen durch die dafür benötigte Zeit teilen.

Die Schülerstromstärke beträgt in diesem Fall also drei Schüler pro Sekunde oder anders ausgedrückt: In einer Sekunde betreten drei Jugendliche das Schulgebäude.

Die elektrische Stromstärke

In festen Leitern transportieren Elektronen Ladungen. Um die elektrische Stromstärke angeben zu können, muss man die Anzahl der Elektronen messen, die in einer bestimmten Zeit an einer bestimmten Stelle vorbeifließen.

Die Einheit für die elektrische Stromstärke ist das Ampere, benannt nach dem französischen Physiker André Marie Ampère (1775–1836). Bei einer Stromstärke von einem Ampere (1 A) fließen pro Sekunde 6 000 000 000 000 000 000 (6 Trillionen) Elektronen an der Messstelle vorbei!

Als Formelzeichen für die Stromstärke wurde das *I* festgelegt.

> Die elektrische Stromstärke gibt an, wie viele Ladungen in einer bestimmten Zeit an einem Messpunkt vorbeifließen.
> Als Formelzeichen für die Stromstärke wurde das *I* vereinbart.
> Die elektrische Stromstärke misst man in der Einheit Ampere (A).

Eine kleinere Einheit ist z. B. 1 mA:
1 A = 1000 mA
1 mA = 0,001 A

2 Wird die Stromstärke zu groß, lässt sie sich nicht mehr durch einfaches Abzählen bestimmen.

Bestimmung der elektrischen Stromstärke
Elektronen sind einerseits sehr klein und andererseits sehr zahlreich, sodass eine Strommessung durch Zählen der einzelnen Elektronen zu aufwändig wäre.
Die elektrische Stromstärke kann man aber über die Wirkungen des Stroms bestimmen. Dies sind die Lichtwirkung, die Wärmewirkung, die magnetische Wirkung und die chemische Wirkung.

Je größer die Stromstärke,
- desto heller leuchtet eine Lampe (▷ V 1),
- desto stärker erwärmt (und dehnt) sich ein Draht (▷ V 2),
- desto stärker wird eine Kompassnadel aus der Ruhelage ausgelenkt (▷ V 3).

Anhand ihrer Wirkungen kannst du die Größe von Strömen vergleichen.

Aufgaben

1 Außer dem elektrischen Strom kennst du noch andere Arten von Strömen. Wie lässt sich deren Stärke bestimmen?

2 Karsten und Steffen haben eine Schülerstromstärke von drei Schülern pro Sekunde bestimmt. Wie lange dauert es, bis 750 Schülerinnen und Schüler die Schule betreten haben?

Versuche

1 Schließe ein Glühlämpchen nacheinander an Batterien verschiedener Baugrößen (1,5 V, 4,5 V etc.) an (▷ B 3). Kannst du unterschiedliche Stromstärken feststellen?

2 Baue einen dünnen Draht in einen Stromkreis mit einer Lampe ein (▷ B 4). Befestige ein kleines Wägestück am Draht. Schalte nacheinander verschiedene Lämpchen in den Stromkreis, verwende aber immer die gleiche Batterie. Durch welche Glühlampe fließt der größte Strom? Begründe!

3 Baue den Stromkreis aus Bild 5 auf. Ordne Spule und Kompass so an, dass die Kompassnadel bei geöffnetem Schalter senkrecht zur Spulenachse steht. Schalte nacheinander wieder verschiedene Lämpchen in den Stromkreis. Was stellst du fest?

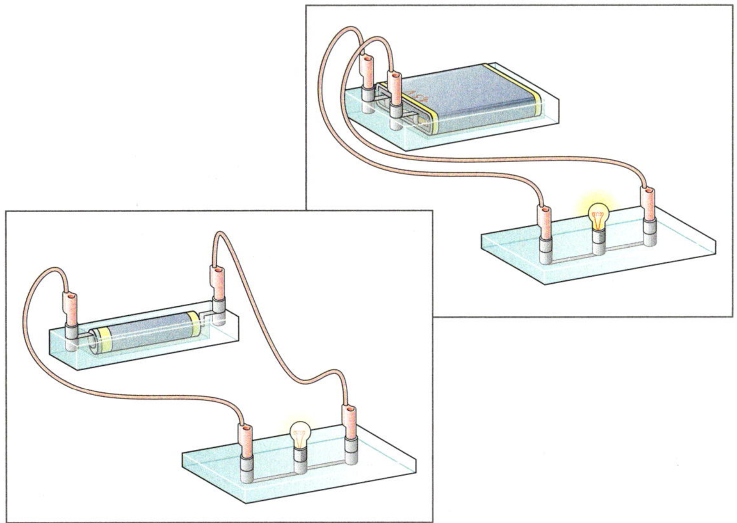
3 Versuchsaufbau zur Lichtwirkung

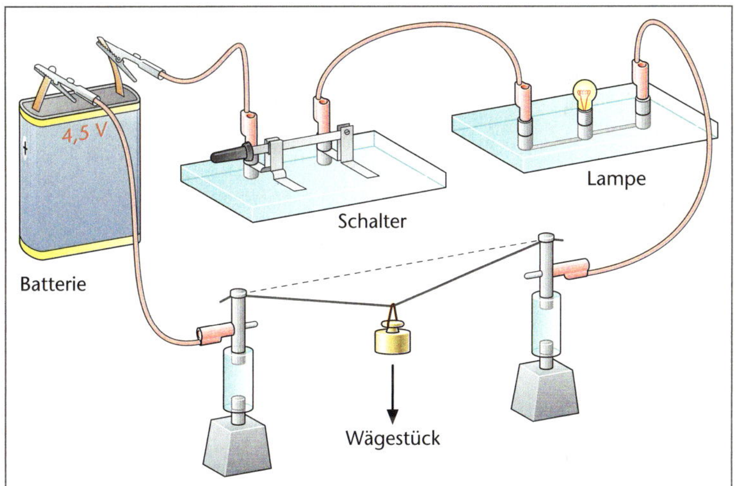

4 Versuchsaufbau zur Wärmewirkung

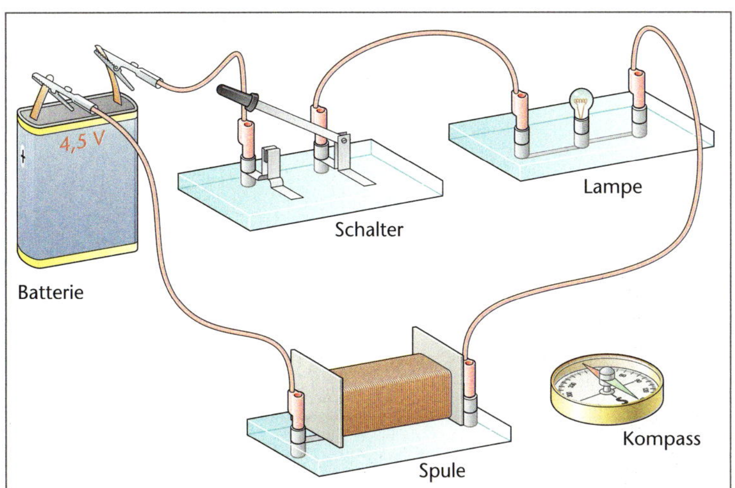

5 Versuchsaufbau zur magnetischen Wirkung

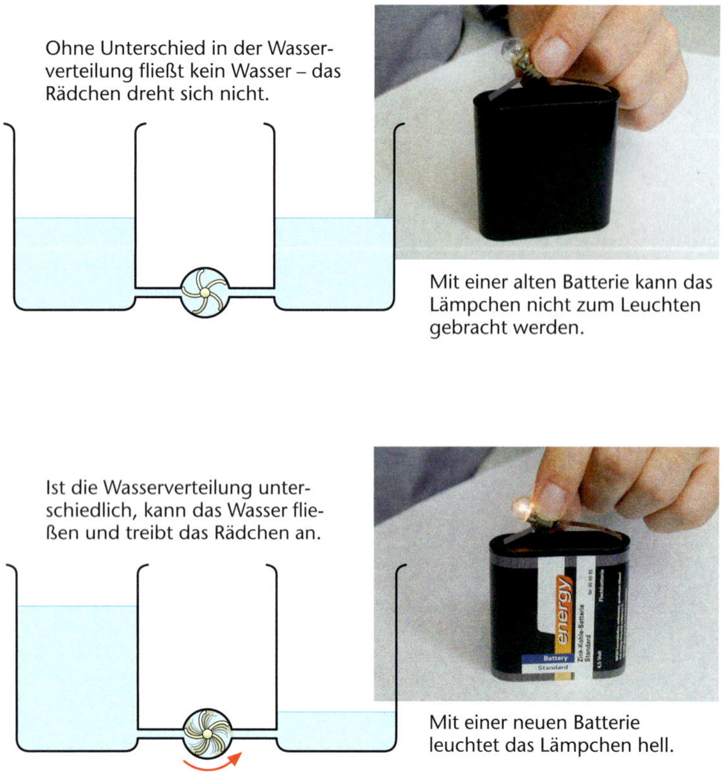

1 Erklärung der Funktion einer Batterie mithilfe des Wasserstrom-Modells

Was setzt die Elektronen in Bewegung?
Max schließt ein Lämpchen an eine Flachbatterie an. Er stellt fest, dass die Lampe nur schwach glimmt. Kurz darauf erlischt sie (▷ B 1, oben).
Max nimmt daraufhin eine neue Flachbatterie, jetzt leuchtet die Lampe wieder hell (▷ B 1, unten).

Welche Aufgabe übernimmt eine Batterie im Stromkreis?

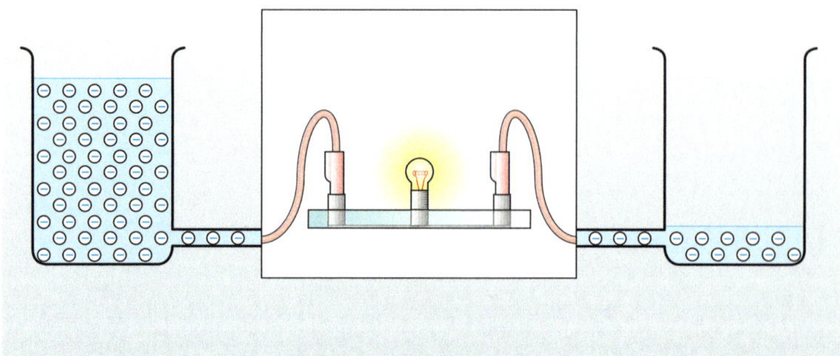

2 Der elektrische Stromfluss nach dem Modell des Wasserstroms

Ein Modell-Stromkreis
Mithilfe des Wasserstrom-Modells lässt sich die Funktion der Batterie erklären. Die Wasserrohre entsprechen den elektrischen Leitungen, das Wasserrad zeigt an, ob ein Wasserstrom fließt. Im elektrischen Stromkreis kann dazu eine Lampe dienen.

Das Wasserrad in Bild 1 oben kann sich nicht drehen, denn in beiden Gefäßen steht das Wasser gleich hoch.
Ist der Wasserstand jedoch in einem Gefäß höher als im anderen (▷ B 1, unten), fließen so lange Wasserteilchen durch die Leitungen, bis der Pegel in beiden Gefäßen den gleichen Stand erreicht hat.
Je größer der Unterschied in der Wasserverteilung ist, desto schneller fließt das Wasser durch die Leitungen hindurch und desto größer ist auch der Wasserstrom.

Die elektrische Spannung
Im elektrischen Stromkreis müssen Elektronen durch den Leiter getrieben werden. Damit dies möglich ist, benötigt man auf der einen Seite mehr Elektronen als auf der anderen Seite. Die Ladungsverteilung muss unterschiedlich sein. In der Physik bezeichnet man diesen Unterschied in der Ladungsverteilung als **elektrische Spannung**. Diese Spannung wird z. B. in einer Batterie erzeugt.

Die elektrische Spannung wird in der Einheit Volt (V) gemessen. Sie ist nach dem italienischen Physiker Alessandro Volta (1745–1827) benannt.
Größere Spannungen misst man in der Einheit kV (1 kV = 1 000 V), kleinere in der Einheit mV (1 mV = 0,001 V).
Als Formelzeichen für die Spannung wurde das *U* festgelegt.

Die Spannungsangabe ist wichtig
Jedes elektrische Gerät ist nur für eine bestimmte Spannung ausgelegt. Eine Haushaltsglühlampe kann beispielsweise nicht mit einer Flachbatterie betrieben werden, sie benötigt die (gefährliche) Haushaltsspannung von 230 V. Schließt man dagegen ein Lämpchen aus einer Taschenlampe (2,3 V) an eine 9-V-Blockbatterie an, wird es schnell durchbrennen.
Elektrische Geräte dürfen nur mit bestimmten, jeweils geeigneten Spannungen betrieben werden. Deshalb befindet sich auf allen Geräten ein Stempel oder ein Typenschild, auf dem diese Spannungen angegeben sind (▷ B 3).

Eine Spannung entsteht durch unterschiedliche Ladungsverteilungen. Spannung ist die Voraussetzung dafür, dass ein Strom fließt.
Die Einheit der Spannung ist das Volt (V), als Formelzeichen wurde das *U* festgelegt.

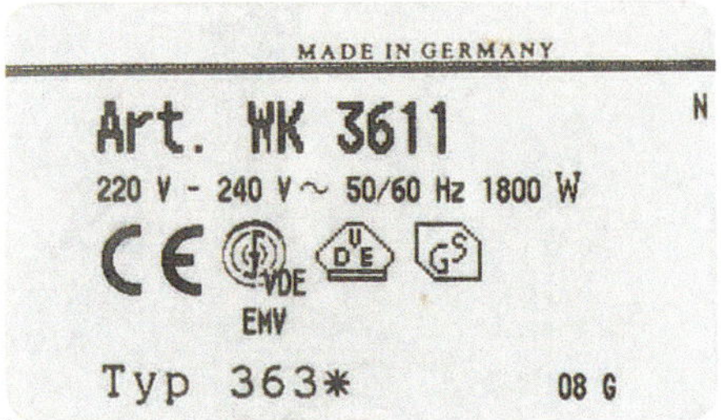

3 Typenschild eines Elektrogerätes

Was erzeugt den Stromfluss ...
Nach allem, was wir bislang gelernt haben, müssten sich die Unterschiede in der Ladungsverteilung schnell ausgleichen. An einer Batterie kann man eine Lampe aber stundenlang betreiben.

Im Fall des Wasserstromkreises lässt sich die Angleichung der Wasserstände in den Gefäßen verzögern, indem man auf einer Seite Wasser nachfüllt. Damit fließt weiter Wasser (▷B 4).
In einem elektrischen Stromkreis sorgt z. B. eine Batterie für eine unausgeglichene Ladungsverteilung. In einer Batterie laufen chemische Reaktionen ab, die an einem Pol der Batterie einen Elektronenüberschuss erzeugen. Zwischen den Polen der Batterie liegt also eine elektrische Spannung an.
Allerdings sind die chemischen Reaktionen irgendwann beendet. Der Ladungsunterschied an den Polen lässt sich nicht länger aufrechterhalten – die Batterie ist „leer“. Ein elektrisches Gerät kann man dann nicht mehr betreiben.

... und was erhält ihn aufrecht?
Um zu erreichen, dass ständig ein gleich bleibend starker Wasserstrom fließt, schaltet man besser eine Pumpe in den Wasserstromkreis (▷B 5). Sie pumpt die ankommenden Wasserteilchen in das Ausgangsgefäß zurück, sodass der Unterschied in der Wasserverteilung immer gleich bleibt.

In der Schule verwendest du anstelle einer Batterie häufig ein Gleichspannungsnetzgerät. Dieses übernimmt im elektrischen Stromkreis die Funktion der Pumpe. Über den Minuspol des Netzgerätes gelangen die Elektronen in den Leiter. Sie wandern durch den Stromkreis und bringen eine angeschlossene Lampe zum Leuchten. Die Elektronen erreichen dann den Pluspol. Im Netzgerät werden sie dann wieder zum Minuspol der Steckdose gepumpt.

Spannung und Stromstärke
Spannung und Stromstärke hängen zusammen. Je größer beispielsweise die an einem Motor anliegende Spannung ist, desto schneller dreht er sich (▷V 1). Bei einer größeren Spannung werden mehr Elektronen durch den Leiter getrieben und die Stromstärke nimmt zu.

Versuch

1 Schließe einen geeigneten Elektromotor an Batterien mit unterschiedlichen Spannungen an (z. B. 1,5 V, 3 V, 4,5 V). Erkläre deine Beobachtungen.

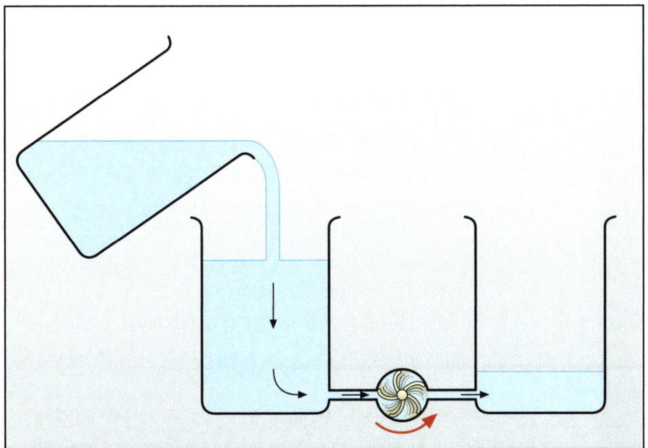
4 Das Nachfüllen verzögert die Angleichung der Wasserstände.

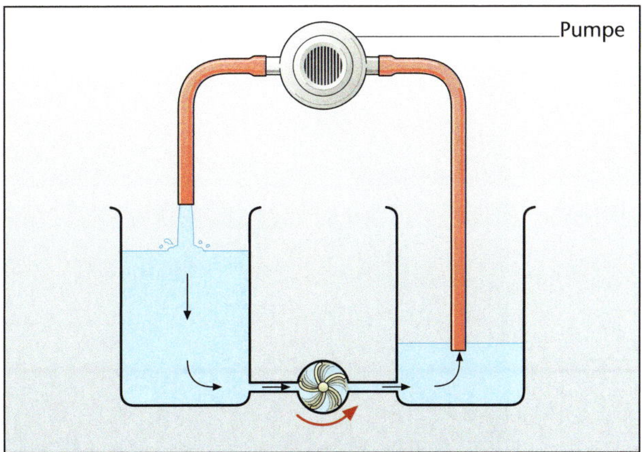

5 Die Pumpe erhält den Unterschied aufrecht.

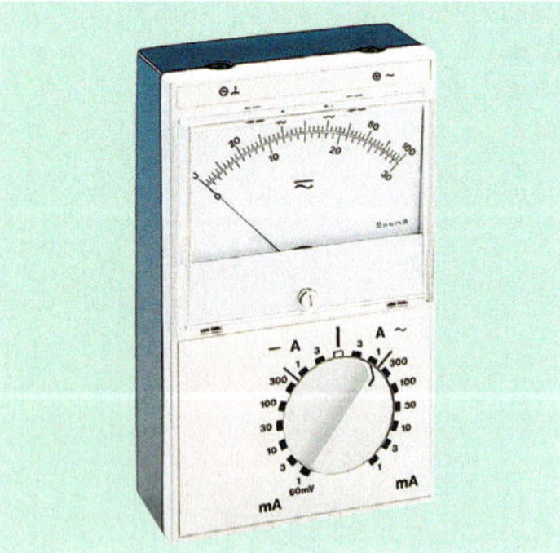

1 Modernes analoges Amperemeter

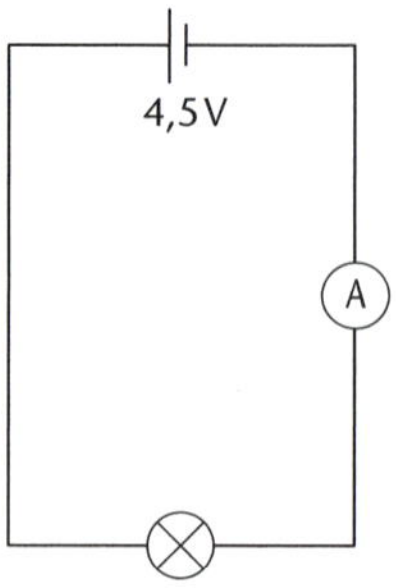

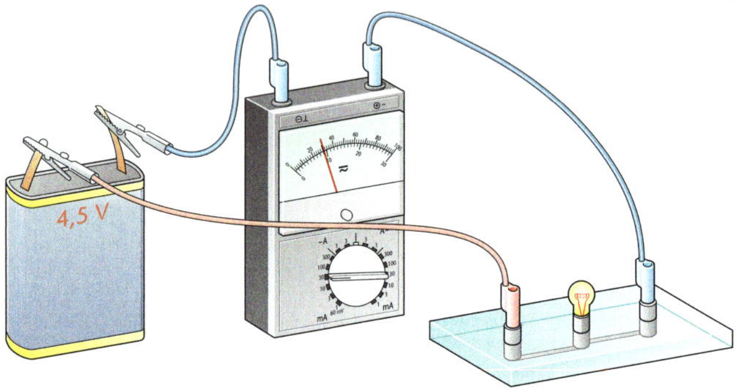

2 So wird das Amperemeter in den Stromkreis geschaltet.

Das Stromstärkemessgerät
Die elektrische Stromstärke misst man mit dem **Amperemeter.** Da man die Elektronen nicht einzeln zählen kann, nutzt man häufig die magnetische Wirkung des elektrischen Stroms aus, um ein genaues Stromstärkemessgerät zu bauen.

Bild 3 zeigt den Aufbau eines analogen Amperemeters: Fließt ein Strom durch die Spule, entsteht ein elektrischer Magnet. Zwischen diesem elektrischen Magnet und einem Dauermagnet wirken abstoßende Kräfte.
Am elektrischen Magnet ist eine Rückstellfeder befestigt. Je nach Stärke des Stroms schlägt der Zeiger unterschiedlich weit aus. Um unterschiedlich große Stromstärken genau ablesen zu können, lassen sich verschiedene Messbereiche einstellen (▷ B 1).

▶ Stromstärkemessgeräte müssen so in den Stromkreis geschaltet werden, dass der zu messende Strom durch sie hindurchfließt (Reihenschaltung) (▷ B 2).

Neben diesen Zeigermessgeräten werden oft digitale Strommessgeräte eingesetzt.

Aufgabe

1 Der Drehschalter eines Amperemeters steht auf dem Messbereich bis 300 mA. Der nächst kleinere Messbereich endet bei 100 mA.
Ab welcher Stromstärke darfst du in den nächst kleineren Messbereich umschalten?

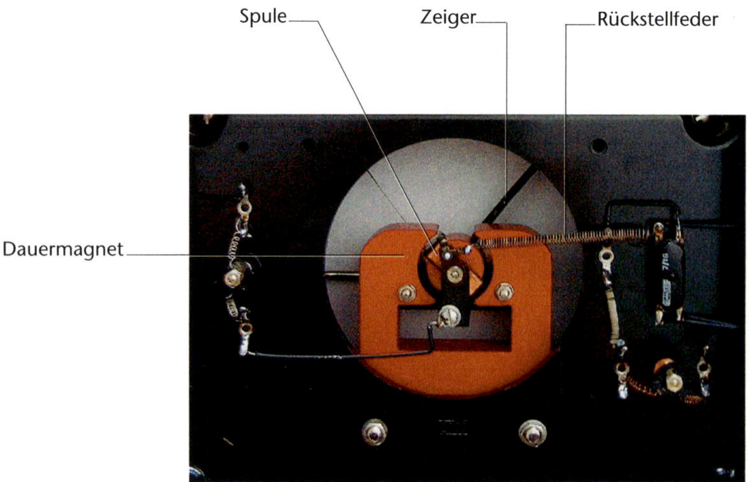

3 Blick ins Innere eines analogen Amperemeters

Schnittpunkt

Ein Messgerät für alle Fälle – das Mehrfachmessgerät

Mit den meisten gebräuchlichen Messgeräten – insbesondere mit den digitalen Geräten – kannst du sowohl Spannungen als auch Stromstärken messen (▷ B 1).
Wenn du ein solches Gerät verwendest, musst du dir vorher überlegen, ob du Spannungen oder Ströme messen willst.

- Willst du Stromstärken messen, muss das Gerät in Reihe in den Stromkreis geschaltet sein.
- Willst du Spannungen messen, muss das Gerät parallel zu dem Verbraucher geschaltet sein, an dem die Spannung bestimmt werden soll.
- Schließe das Messgerät polrichtig an.
- Stelle zunächst den größten Messbereich ein.
- Wechsle nur dann in den nächst kleineren Messbereich, wenn dessen Höchstwert nicht überschritten wird.

Das Spannungsmessgerät

Das **Voltmeter** ist ein Spannungsmessgerät. Damit misst du die Spannung, die an einer Batterie, einem Netzgerät oder einem Bauteil anliegt.
Ein analoges Voltmeter (▷B 1) ist ähnlich aufgebaut wie ein Amperemeter. Das genaue Ablesen unterschiedlich großer Spannungen erreicht man auch hier dadurch, dass man verschiedene Messbereiche einstellt (▷B 1).

Du darfst nur dann den nächst kleineren Messbereich einstellen, wenn der Spannungshöchstwert dieses nächst kleineren Messbereichs nicht überschritten wird. Das Voltmeter in Bild 2 zeigt eine Spannung von 4,5 V an. Du darfst jetzt bei diesem Messgerät auf keinen Fall in den Messbereich bis 0,6 V umschalten!

▶ Spannungsmessgeräte müssen immer parallel zu dem Gerät geschaltet werden, an dem die Spannung gemessen werden soll (▷B 1).

Voltmeter gibt es als Zeigerinstrumente oder als digitale Messgeräte.

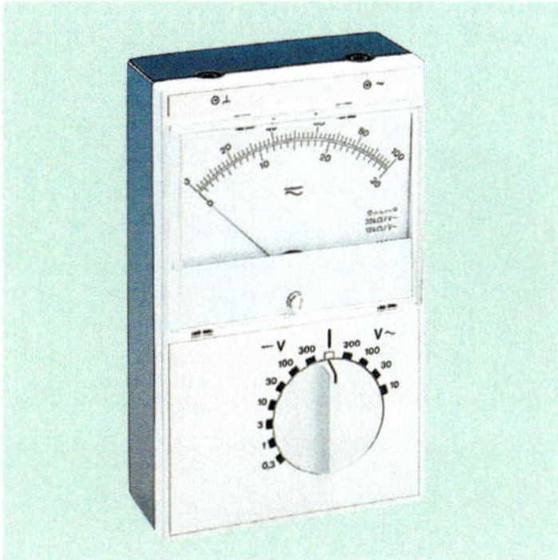

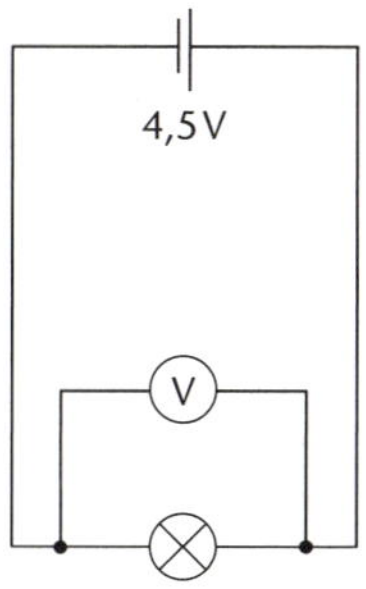

1 Modernes analoges Voltmeter

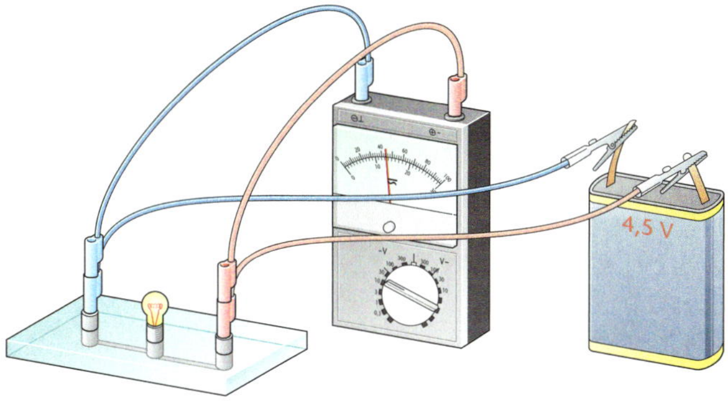

2 So wird das Voltmeter in den Stromkreis geschaltet.

1 Digitales Mehrfachmessgerät

Beachte: Die meisten Mehrfachmessgeräte haben jeweils einen eigenen Messbereich für Gleichspannungen und Gleichströme bzw. für Wechselspannungen und Wechselströme.

Achte außerdem darauf, dass du den richtigen Messbereich auswählst, sonst erhältst du falsche Messergebnisse.

Aufgabe

1 Ein Voltmeter zeigt einen Spannungswert von 25 mV an. Der Höchstwert des eingestellten Messbereichs beträgt 100 mV. Darfst du in den nächst kleineren Messbereich umschalten, wenn dessen Maximalwert 30 mV beträgt? Könnte das Umschalten sogar von Vorteil sein? Begründe!

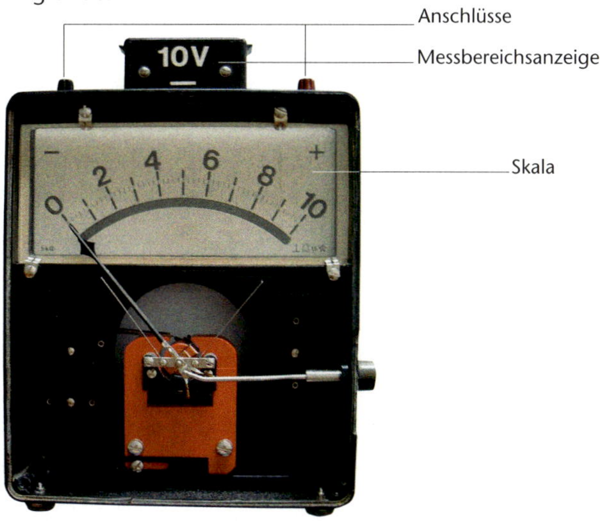

3 Älteres Voltmeter

Werkstatt

Ein Hitzdrahtamperemeter

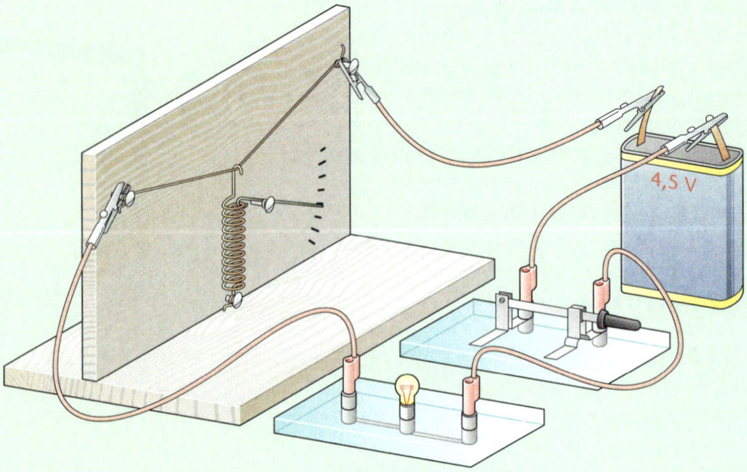

2 Hitzdrahtamperemeter im Stromkreis

Material

Dünner Kupferdraht, 2 Holzbretter (ca. DIN A4 groß), 4 kleine Holzschrauben, etwas Blumendraht (steif), 1 Feder (z. B. aus einem Kugelschreiber), 1 Schraubendreher, 1 Zange, 1 feiner Stift

Für die Versuche benötigst du außerdem: verschiedene Glühlampen, Glühlampenfassungen, 1 Batterie (4,5 V), Kabel, 4 Krokodilklemmen, 1 Schalter.

Bauanleitung

Drehe je eine kleine Schraube links und rechts außen in eines der beiden Holzbretter.
Wickle anschließend ein Ende des Kupferdrahts um die linke Schraube. Spanne den Kupferdraht zur rechten Schraube.

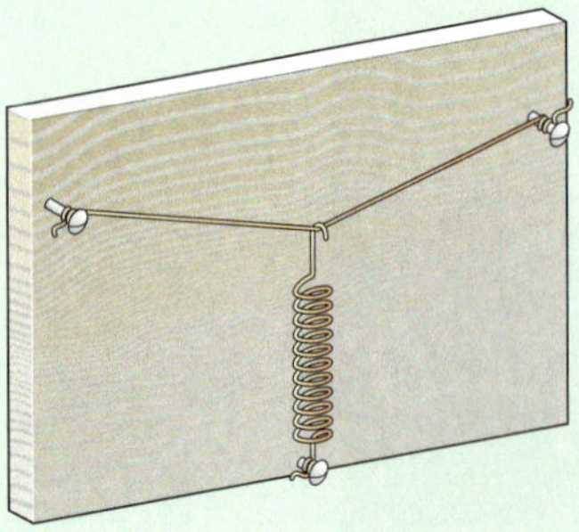

1 Befestigung von Draht und Feder

Hänge die Feder mittig in den Kupferdraht ein (▷ B 1). Ziehe die Feder auseinander und befestige das freie Ende mit einer Schraube an der unteren Kante des Holzbretts.

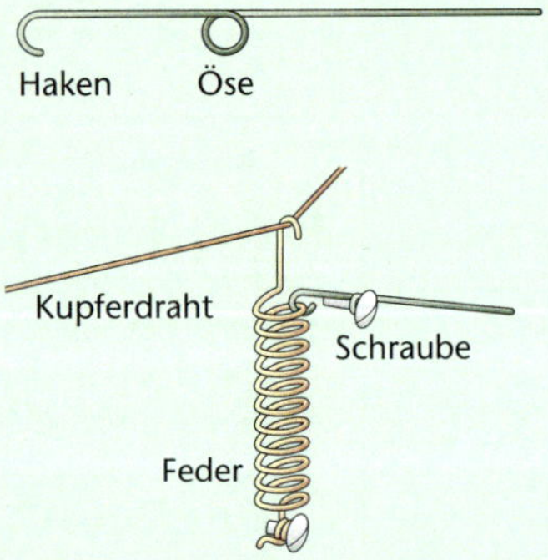

3 Herstellung und Befestigung des Zeigers

Forme den Blumendraht so wie in Bild 3 dargestellt zu einem Zeiger mit Haken und Öse. Hänge den Haken oben in die Feder ein. Befestige den Zeiger, indem du eine Schraube durch die Öse steckst und in das Holzbrett drehst. Befestige die Schraube so, dass der Zeiger sich gut bewegen lässt.

Klebe oder schraube das Holzbrett mittig auf das andere, sodass es stabil steht.

Markiere mit dem Stift die Nullstellung deines Messgerätes.

Funktionsweise

Mit deinem selbst gebauten Amperemeter kannst du nun einfache qualitative Messungen vornehmen.

Fließt ein Strom durch den Kupferdraht, wird dieser warm und dehnt sich aus. Weil sich die gespannte Feder nun zusammenziehen kann, bewegt sich der Zeiger nach oben.
Je größer der Strom ist, der durch den Draht fließt, desto größer ist die Erwärmung und desto stärker dehnt sich der Draht.
Entsprechend weiter schlägt auch der Zeiger aus.

Versuche

Baue zunächst die Schaltung wie in Bild 2 gezeigt auf.
Schließe den Stromkreis und markiere mit dem Stift, wie weit der Zeiger ausschlägt.
Wiederhole den Versuch mit verschiedenen Glühlampen.

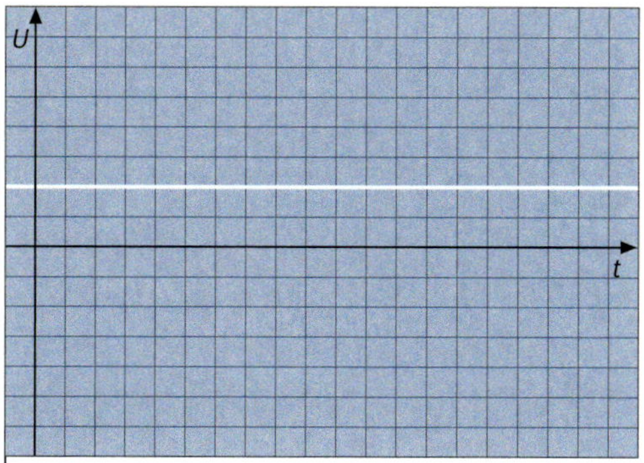

1 Gleichspannung am Oszilloskop

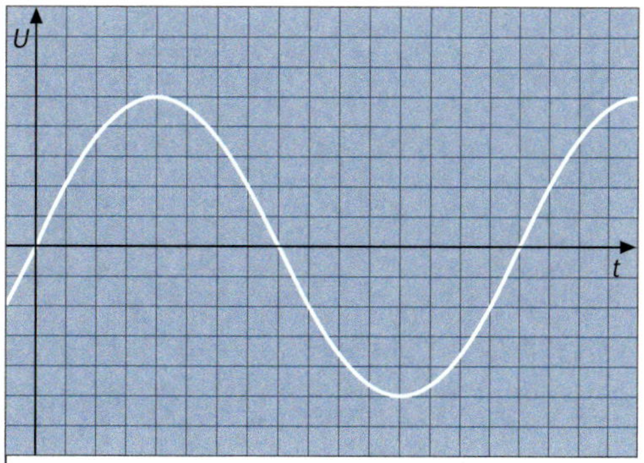

2 Wechselspannung am Oszilloskop

Gleichspannung und Gleichstrom
Schließt du ein Lämpchen an eine Batterie an, so fließt ein gleich bleibender Elektronenstrom im Stromkreis. Man bezeichnet diesen Strom als **Gleichstrom**. Mithilfe eines Oszilloskops kann man die Batteriespannung, die diesen Gleichstrom erzeugt, sichtbar machen (▷ B 1).
Du erkennst, dass sich die Spannung nicht verändert.

Eine zeitlich konstante Spannung bezeichnet man als **Gleichspannung**.

In einem Stromkreis mit einer Batterie als Spannungsquelle fließt der Strom nur in eine Richtung. Dies kannst du mithilfe einer Leuchtdiode nachweisen.
Schließe eine Leuchtdiode an eine 1,5-V-Batterie an (▷ V 1). Sie leuchtet nur auf, wenn du das längere Anschlussbeinchen mit dem Pluspol und das kürzere Beinchen mit dem Minuspol der Batterie verbindest. Vertauschst du die Pole, bleibt die Leuchtdiode dunkel.

Wechselspannung und Wechselstrom
Eine andere Beobachtung machst du, wenn du eine Leuchtdiode an eine 1,5-V-Wechselspannungsquelle anschließt. Die Leuchtdiode leuchtet unabhängig davon, wie du sie angeschlossen hast (▷ V 1c).
Wenn du die Wechselspannung mit einem Oszilloskop sichtbar machst, erkennst du den Unterschied zur Gleichspannung. Während eine Gleichspannungsquelle eine konstante Spannung erzeugt, ändert sich die von einer Wechselspannungsquelle erzeugte Spannung ständig (▷ B 2). Ist gerade noch der eine Pol der Spannungsquelle der Pluspol und der andere der Minuspol, ist es kurz darauf genau umgekehrt. Der Wechsel erfolgt aber nicht plötzlich, sondern die Spannung ändert sich wellenförmig (▷ B 2).

In einem Stromkreis führt ein Polwechsel an der Spannungsquelle dazu, dass auch der elektrische Strom seine Richtung wechselt. Geschieht das sehr schnell, kann das Auge dem Wechsel zwischen hell und dunkel nicht mehr folgen – die Diode scheint ständig zu leuchten.

Ein Strom, der seine Fließrichtung dauernd ändert, heißt **Wechselstrom**.

Zum Betrieb von Haushaltsgeräten wird eine Wechselspannung benötigt, bei der Pluspol und Minuspol 100 Mal pro Sekunde vertauscht werden.

Versuch

1 Für diesen Versuch benötigst du eine Leuchtdiode. Dieses empfindliche Bauteil sollte nur mit einer Spannung bis maximal 2,5 V betrieben werden.
a) Schließe eine Leuchtdiode so an eine 1,5-V-Batterie an, dass das längere Anschlussbeinchen mit dem Pluspol und das kürzere mit dem Minuspol der Batterie verbunden ist.
b) Schließe nun das längere Anschlussbeinchen an den Minuspol und das kürzere an den Pluspol an.
c) Betreibe die Leuchtdiode nun mit einer Wechselspannung von 1,5 V.

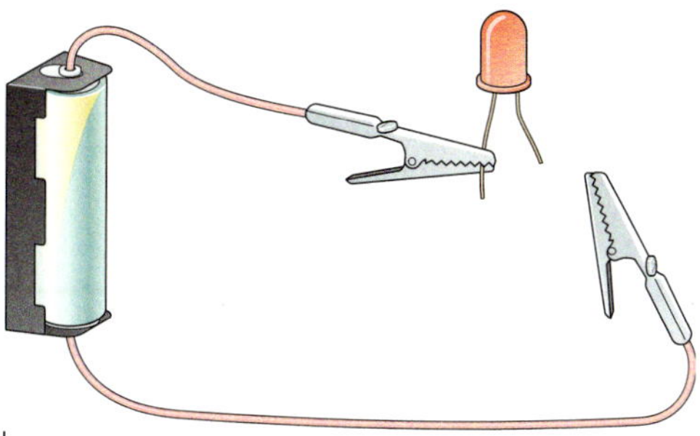

3 Leuchtdiode an einer Gleichspannungsquelle

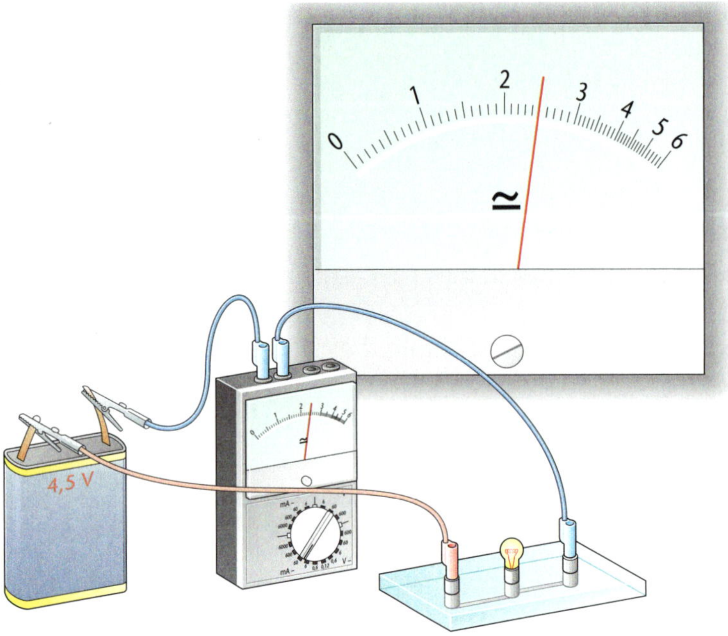

1 Schaltungsaufbau zur Messung der Stromstärke

Gerät	Stromstärke *I* in A
Lampe (25 W)	0,11
Lampe (60 W)	0,25
Lampe (100 W)	0,43
Bohrmaschine	0,68
Toaster	2,99
Monitor	0,08
Haartrockner	5,21
Computer	1,02

2 Zu Aufgabe 1

3 Messung des Stroms durch eine Bohrmaschine

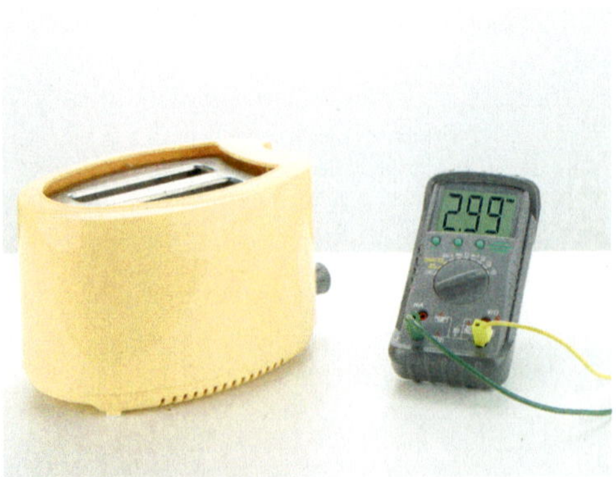

4 Messung des Stroms durch einen Toaster

Versuch

1 Baue einen elektrischen Stromkreis wie in Bild 1 gezeigt auf. Achte darauf, dass das Amperemeter in Reihe in den Stromkreis geschaltet ist.
a) Miss die Stromstärke. Benutze verschiedene Lämpchen und miss erneut. Lege eine Tabelle an.
b) Ändert sich die Stromstärke, wenn die Pole der Batterie vertauscht werden?
Achtung: Du musst auch die Anschlüsse am Messgerät ändern!

Stromstärkemessungen
Elektrische Geräte funktionieren nur dann, wenn ein Strom fließt.
Misst man den Stromfluss durch verschiedene Haushaltsgeräte wie Bohrmaschine, Toaster, Haartrockner und Computer, dann zeigt sich: Durch die verschiedenen Geräte fließen unterschiedlich starke Ströme (▷B 2, B 3, B 4).

Auch wenn einige Lampen aus Versuch 1 bei geschlossenem Stromkreis nicht oder nur ganz schwach leuchten, zeigt das Amperemeter an, dass ein Strom fließt. Allerdings reicht die Stromstärke nicht aus, um die Lampen hell zum Leuchten zu bringen. Auch durch ein Fahrradlämpchen muss ein großer Strom fließen, damit es entsprechend hell leuchtet.

Änderst du die Stromrichtung, indem du die Anschlüsse an der Batterie vertauschst (▷V 1b), stellst du fest: Die Stromstärke ist von der Stromrichtung unabhängig.

Jedes elektrische Gerät benötigt eine bestimmte Stromstärke, damit es richtig funktioniert.

Aufgaben

1 Vergleiche deine Messwerte aus Versuch 1 mit den Messwerten der Tabelle (▷B 2). Was stellst du fest?

2 An Jochens Fahrrad ist das Rücklicht defekt. Auf der Glühlampe steht die Angabe 450 mA. Warum sollte Jochen keine gleichartige Glühlampe mit der Aufschrift 50 mA für sein Rücklicht verwenden?

Spannungsmessung
Damit Elektronen überhaupt fließen können, muss eine Spannung vorhanden sein. Jede Spannungsquelle liefert eine bestimmte Spannung, unabhängig davon, ob der Stromkreis geschlossen ist oder nicht. Gleichzeitig benötigt aber jedes Gerät eine genau angepasste Spannung, damit es optimal funktioniert.

Würdest du z. B. einen Kassettenspieler mit einer zu geringen Spannung betreiben, würden die Kassetten nicht mit der richtigen Abspielgeschwindigkeit wiedergegeben werden. Eine Haushaltsglühlampe leuchtet deshalb auch nicht, wenn sie an eine Batterie angeschlossen wird. Eine zu hohe Spannung dagegen kann ein elektrisches Gerät dauerhaft beschädigen.

Jedes elektrische Gerät benötigt eine bestimmte Spannung, damit es richtig funktioniert.

Reihenschaltung von Batterien
Viele batteriebetriebene Geräte benötigen eine andere Spannung als eine Batterie liefern kann. In diesem Fall werden mehrere Batterien so in Reihe geschaltet, dass jeweils der Pluspol der einen Batterie mit dem Minuspol der anderen verbunden ist. Die Gesamtspannung ist dann die Summe der Einzelspannungen der Batterien (▷B2). In einer 4,5-V-Batterie sind z. B. drei Zellen zu je 1,5 V in Reihe geschaltet.

Bei der Reihenschaltung von Batterien ist die Gesamtspannung gleich der Summe der Einzelspannungen der Batterien.

2 1,5-V-Batterien in Reihenschaltung

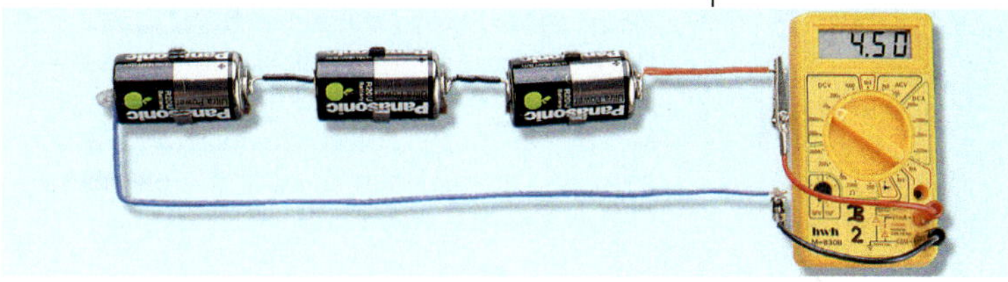

Versuche

1 Schließe ein Glühlämpchen nacheinander an verschiedene Batterien an. Miss die Spannungen der Batterien. Vergleiche deine Ergebnisse mit den Aufschriften auf den Batterien.

2 Nimm verschiedene Glühlampen und setze sie nacheinander in einen einfachen Stromkreis mit einer 4,5-V-Batterie ein. Ändert sich die Anzeige des Voltmeters, das die Spannung an der Lampe misst?

3 Baue wiederum einen einfachen Stromkreis auf. Verwende als Spannungsquelle ein regelbares Netzgerät. Bestimme die Spannung, ab der ein Glühlämpchen zu leuchten beginnt (▷B1).

4 Schließe nacheinander erst eine, dann zwei, danach drei und zum Schluss vier Monozellen so in Reihe, dass jeweils der Pluspol einer Batterie am Minuspol der anderen Batterie liegt (▷B2). Miss die Gesamtspannung.
Erkläre deine Beobachtungen. Was geschieht, wenn du eine Batterie falsch herum in den Stromkreis einsetzt?

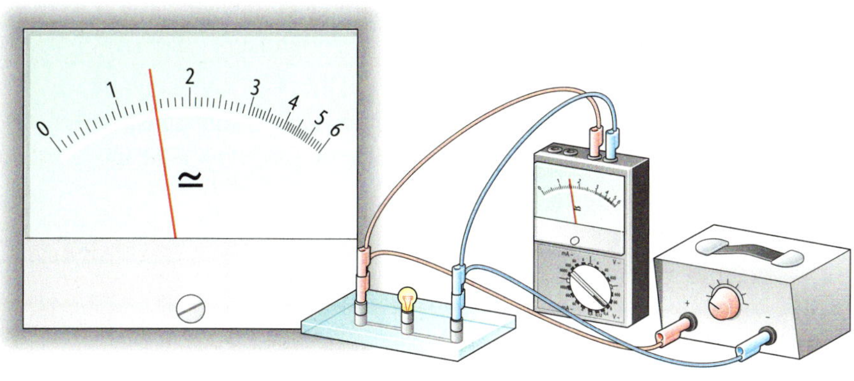

1 Schaltungsaufbau zur Messung der Spannung

1 Großstädte benötigen viel elektrische Energie.

U in V	**I_1** mA	**I_2** in mA
1		
2		
3		
4		
5		

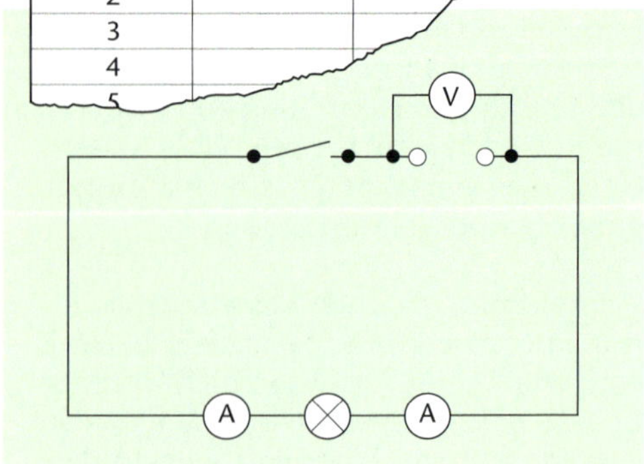

3 Schaltskizze zu Versuch 1

Kann man Strom verbrauchen?
Immer wieder kannst du in Zeitungsartikeln lesen, dass elektrische Geräte zu viel Strom verbrauchen. Ist das wahr? Mit deinen Kenntnissen über den elektrischen Strom kannst du das überprüfen.

Um festzustellen, ob der Strom tatsächlich verbraucht werden kann, musst du die elektrische Stromstärke vor und hinter dem Elektrogerät vergleichen. Dafür benötigst du zwei Stromstärkemessgeräte. Ein Messgerät muss vor das Elektrogerät, eines hinter das Gerät geschaltet sein (▷ V 1).

Im Versuch 1 wird überprüft, ob eine Lampe elektrischen Strom verbraucht. Sollte das so sein, müsste die Stromstärke hinter der Lampe geringer als vor der Lampe sein. Aber auch wenn du unterschiedliche Spannungen an den Stromkreis anlegst, erhältst du vor und hinter der Lampe immer den gleichen Stromstärkewert. Dieser Versuch zeigt: Elektrischer Strom wird nicht verbraucht!

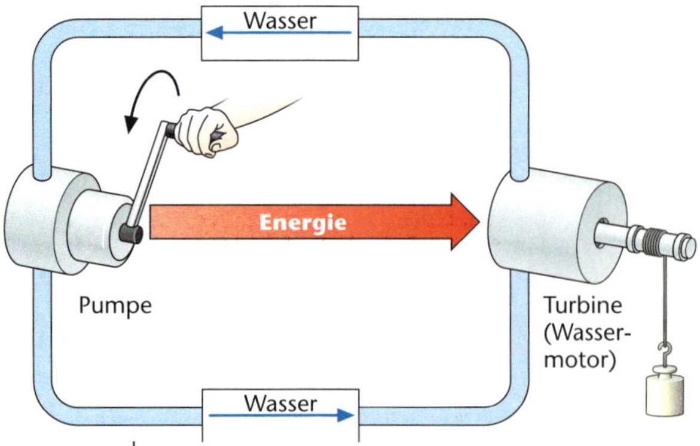

2 Das Wasserstrom-Modell eines Stromkreises

Versuch

1 Baue den Stromkreis aus Bild 3 auf. Stelle verschiedene Spannungen ein und miss die Stromstärken vor und hinter der Lampe. Wiederhole den Versuch mit anderen elektrischen Geräten.

Mit dem Wasserstrom-Modell aus Bild 2 kannst du dies auch erklären: Vor der Turbine befinden sich genauso viele Wasserteilchen wie dahinter. Die Wasserteilchen werden nicht verbraucht. Sie werden jedoch benötigt, damit die Turbine sich in Bewegung setzt. In ähnlicher Weise braucht man auch die Elektronen, damit die Lampe leuchtet.

Was ist mit „Stromverbrauch" gemeint?
Die Spannungsquelle gibt den Elektronen elektrische Energie mit, die sie zum Elektrogerät transportieren. Dort wird die elektrische Energie in andere Energieformen umgewandelt, in einer Lampe z. B. in Licht und Wärme. Was fälschlicherweise als „Stromverbrauch" bezeichnet wird, ist also tatsächlich die Umwandlung von elektrischer Energie in andere Formen der Energie.

Der elektrische Strom transportiert Energie von der Spannungsquelle zum Gerät. Der Strom wird nicht verbraucht.

Aufgabe

1 Suche in Zeitungen Beispiele für den physikalisch falschen Ausdruck „Stromverbrauch". Stelle die Aussagen richtig.

Die Stromstärke ist von der Spannung abhängig

Strom kann nur dann fließen, wenn eine Spannung vorhanden ist. Eine kleine Spannung bedingt eine kleine Stromstärke. Eine größere Spannung bewirkt eine größere Stromstärke (▷V1).
Du kannst dir das wie bei einem Bogen vorstellen (▷B1): Je stärker du den Bogen spannst, desto schneller fliegt der Pfeil. Für die Stromstärke ist neben der Spannung auch die Art der Glühlampe wichtig. So fließt trotz gleicher Spannung durch die Fahrradglühlampe (▷V 1a, V 1b) ein wesentlich höherer Strom als durch die 6-V-Lampe aus Versuch 1a.

Die Stromstärke ist von der Spannung und der Art der Glühlampe abhängig.

Du kannst die Spannung nicht nur an der Quelle, sondern auch an der Lampe messen. Bei geschlossenem Schalter wird an der Lampe der gleiche Spannungswert wie an der Spannungsquelle angezeigt (▷V 2).

1 Bogenschütze

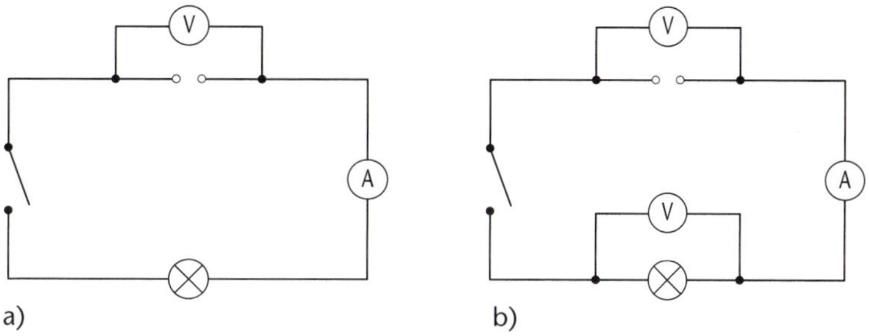

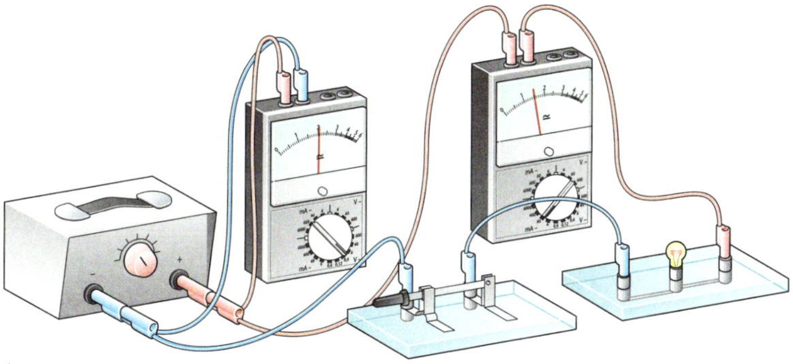

2 Versuchsaufbau und Schaltskizzen zu den Versuchen 1 und 2

Aufgabe

1 a) Erstelle aus deinen Messwerten zu Versuch 1 ein *U-I*-Diagramm. Trage an der x-Achse die Spannung und auf der y-Achse die Stromstärke ab.
b) Ermittle aus dem Diagramm, welche Ströme bei 2,2 V und 4,8 V fließen. Welche Spannungen liegen am Stromkreis an, wenn durch die Lampen ein Strom von 39 mA bzw. 100 mA fließt?

Versuche

1 Baue den Stromkreis aus Bild 2a) auf. Benutze ein 6-V-Lämpchen und als Spannungsquelle ein regelbares Netzgerät.
a) Erhöhe die Spannung in 0,5-V-Schritten bis 6 V und miss die Stromstärke. Lege eine Tabelle an.
b) Setze nun ein Fahrradlämpchen ein und wiederhole den Versuch. Erkennst du einen Zusammenhang zwischen Spannung und Stromstärke?

2 Baue erneut einen einfachen Stromkreis auf, schalte nun aber ein zweites Voltmeter parallel zur Lampe (▷B 2b). Welche Messwerte zeigen die Spannungsmessgeräte bei geöffnetem bzw. geschlossenem Schalter an?

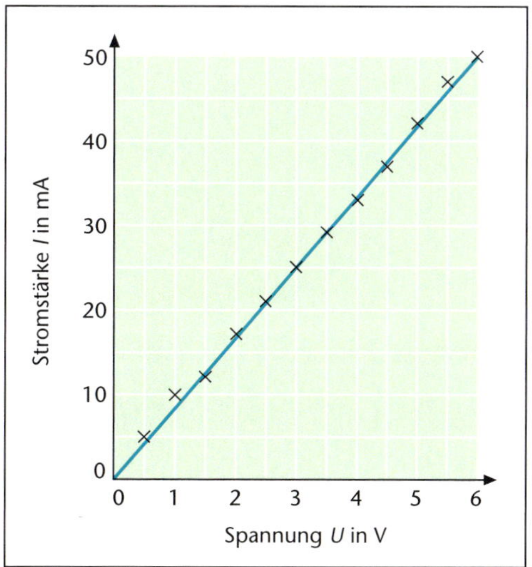

Spannung *U* in V	Stromstärke *I* in mA
0,5	5
1,0	10
1,5	12
2,0	17
2,5	21
3,0	25
3,5	29
4,0	33
4,5	37
5,0	42
5,5	47
6,0	50

3 Diagramm und Tabelle zu Versuch 1 bzw. zu Aufgabe 1

Versuch

1 Mit der Schaltung in Bild 1 kannst du die Stromstärke in den einzelnen Abschnitten der Parallelschaltung bestimmen. Miss die Gesamtstromstärke I_g sowie die beiden Teilstromstärken I_1 und I_2. Notiere die Messwerte in einer Tabelle. Kannst du eine Gesetzmäßigkeit formulieren?
Wie ändern sich deine Ergebnisse, wenn du an Stelle zweier gleicher Lämpchen zwei unterschiedliche verwendest?

1 Schaltskizze zu Versuch 1

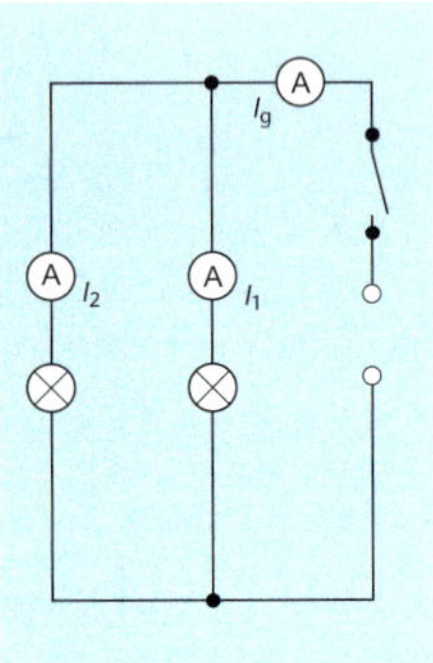

Die Stromstärke bei der Parallelschaltung

Sind elektrische Geräte parallel geschaltet, dann fließt der Strom zunächst durch eine gemeinsame Zuleitung bis zur Verzweigung. Dort teilt sich der Strom auf. Ein Teil fließt durch das Lämpchen 1, der andere durch das Lämpchen 2 (▷B4). Hinter den Lämpchen fließen die Ströme wieder zusammen und dann zurück zur Quelle.

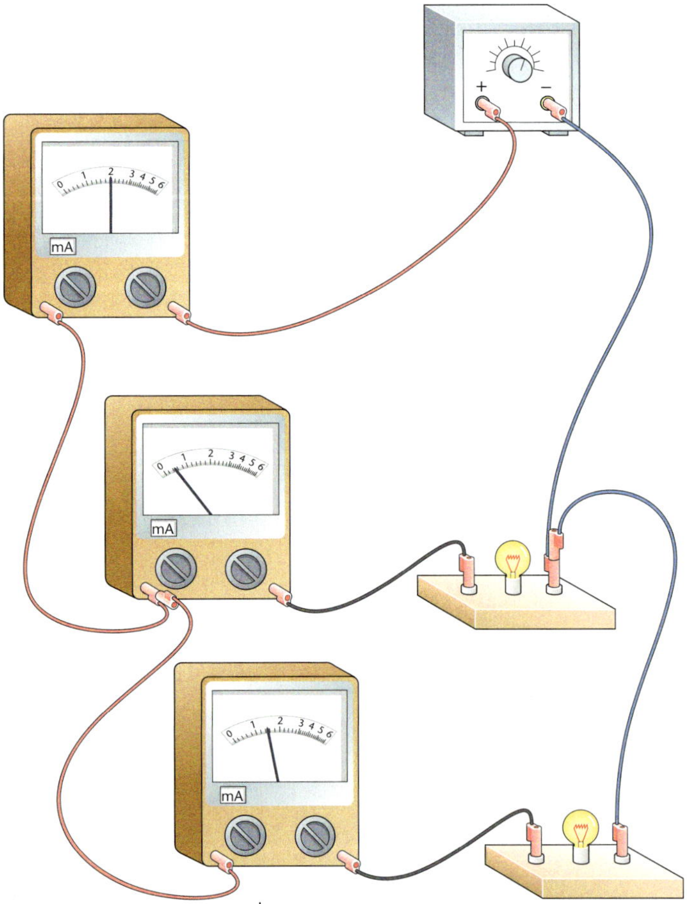

2 Zu Versuch 1

I_g in mA	I_1 in mA	I_2 in mA
80	40	40
200	160	40

3 Tabelle zu Versuch 1

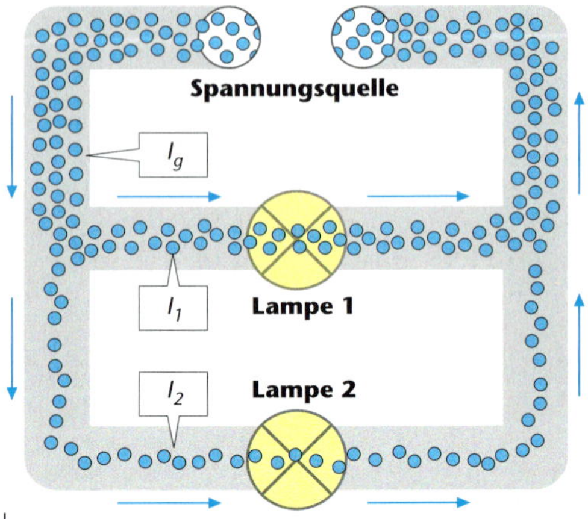

4 Fluss der Elektronen durch eine Parallelschaltung

Versuch 1 zeigt, wie sich die Gesamtstromstärke aufteilt: Durch jedes Lämpchen fließt ein bestimmter Strom. Die Teilströme addieren sich zum Gesamtstrom (▷B2).
Du kannst dir das etwa so vorstellen: Nach dem Pausenende strömen die Schülerinnen und Schüler in das Schulgebäude zurück. Vor den Türen teilt sich der gesamte Menschenstrom auf. Durch eine breite Tür können viele, durch eine schmale wenige Menschen eintreten. Hinter den Türen vereinigen sich beide Ströme wieder zu einem Gesamtstrom.

Bei der Parallelschaltung ist der Gesamtstrom genau so groß wie die Summe der Teilströme. Es gilt:
$I_g = I_1 + I_2 + I_3 + ...$

Die Mehrfachsteckdose

Auch bei der Mehrfachsteckdose sind alle Geräte parallel angeschlossen. Deshalb fließt durch jedes Gerät der Strom, den es benötigt. Zudem liegt an jedem parallel geschalteten Gerät die volle Haushaltsspannung von 230 V an.

Aufgabe

1 An eine Mehrfachsteckdose sind ein Computer (1 A), ein Monitor (750 mA), ein Drucker (0,12 A) und ein Scanner (120 mA) angeschlossen. Berechne die Gesamtstromstärke.

Die Stromstärke bei der Reihenschaltung
Anders als bei der Parallelschaltung ist die Stromstärke bei der Reihenschaltung im gesamten Stromkreis gleich groß (▷B 1; B 2). Daher werden dich die Messergebnisse der Versuche 1 und 2 nicht überraschen: Alle Messgeräte zeigen die gleiche Stromstärke an. Die Elektronen wandern erst durch das eine und dann durch das andere Lämpchen (▷B 4).
Benutzt man aber zwei unterschiedliche Lämpchen, dann leuchten die beiden unterschiedlich hell, obwohl durch sie der gleiche Strom fließt. Das Fahrradlämpchen leuchtet nur schwach, da die Stromstärke zu klein ist. Damit es hell leuchtet, müsste ein großer Strom durch das Fahrradlämpchen fließen.

Bei der Reihenschaltung von Lampen ist die Stromstärke überall im Stromkreis gleich groß.
$I_g = I_1 = I_2 = \dots$

Versuche

1 Baue einen Stromkreis nach der Schaltskizze in Bild 1 auf. Benutze zwei gleiche Glühlämpchen (z. B. 6 V/50 mA). Miss die Gesamtstromstärke I_g sowie die Stromstärken I_1 und I_2.
Welche Ergebnisse erwartest du?
Stimmen die Ergebnisse mit deinen Vermutungen überein?

2 Wiederhole den Versuch 1. Ersetze ein Glühlämpchen durch ein Fahrradlämpchen (z. B. 6 V/450 mA).
Wie verändert sich das Versuchsergebnis im Vergleich zu Versuch 1?
Setze anschließend die Fahrradlampe an die zweite Stelle und prüfe erneut.

3 Wiederhole die Versuche 1 und 2 auch mit einer Reihenschaltung von drei und noch mehr Lämpchen.

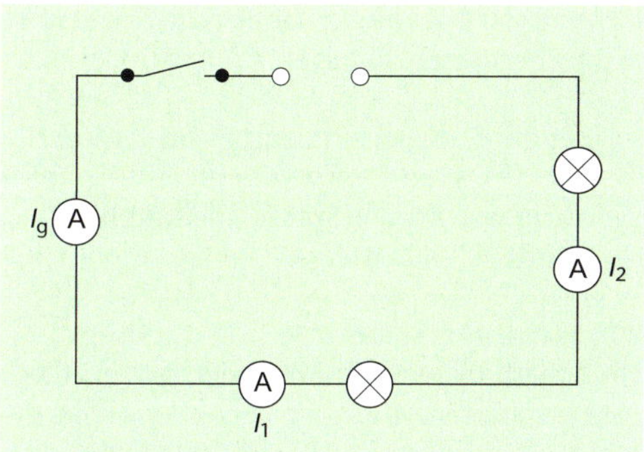

1 Schaltskizze zu den Versuchen 1 und 2

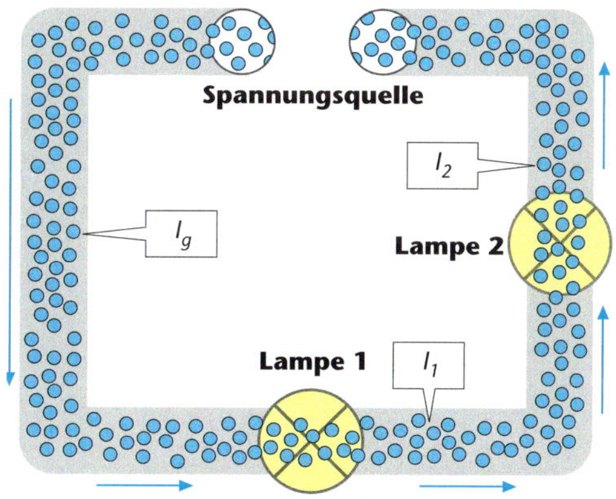

4 Fluss der Elektronen durch eine Reihenschaltung

I_g in mA	I_1 in mA	I_2 in mA
50	50	50

2 Tabelle zu Versuch 1

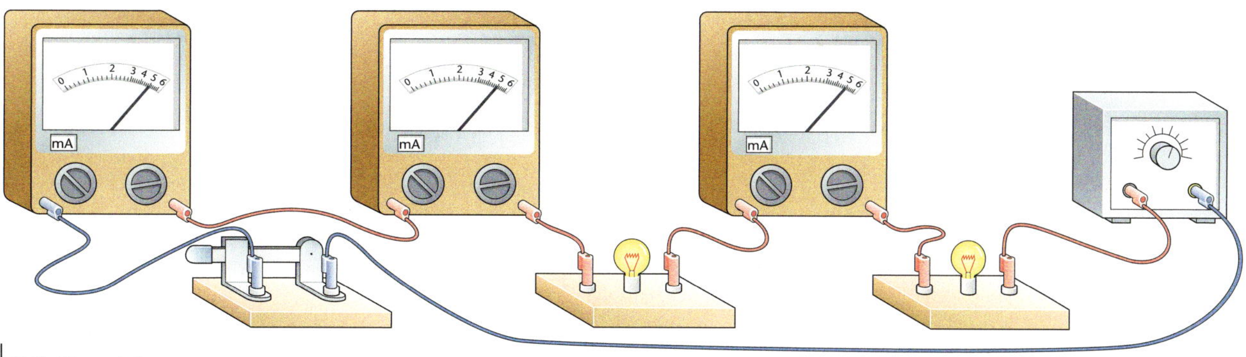

3 Zu Versuch 1

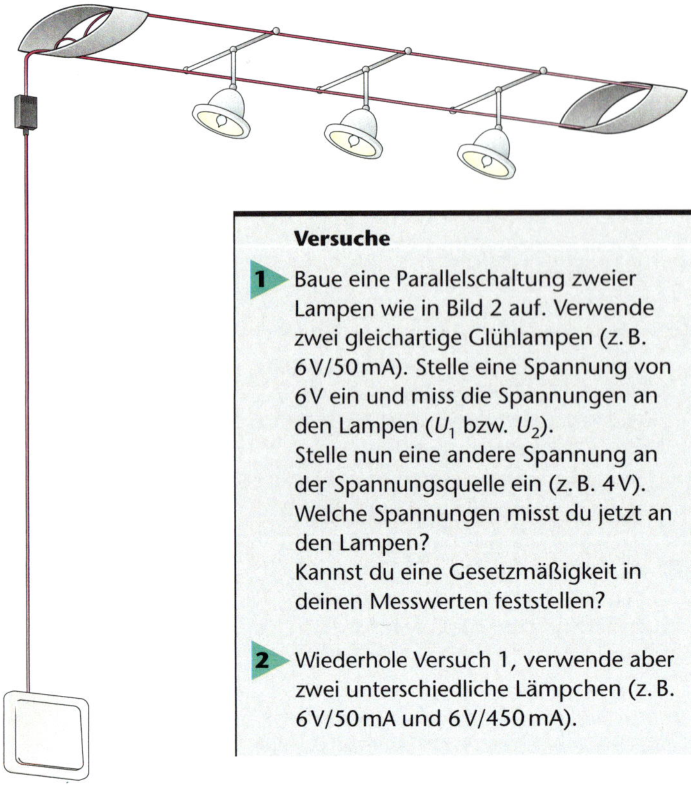

1 Lichtseilsysteme bestehen aus parallel geschalteten Lampen.

Versuche

1 Baue eine Parallelschaltung zweier Lampen wie in Bild 2 auf. Verwende zwei gleichartige Glühlampen (z. B. 6 V/50 mA). Stelle eine Spannung von 6 V ein und miss die Spannungen an den Lampen (U_1 bzw. U_2).
Stelle nun eine andere Spannung an der Spannungsquelle ein (z. B. 4 V). Welche Spannungen misst du jetzt an den Lampen?
Kannst du eine Gesetzmäßigkeit in deinen Messwerten feststellen?

2 Wiederhole Versuch 1, verwende aber zwei unterschiedliche Lämpchen (z. B. 6 V/50 mA und 6 V/450 mA).

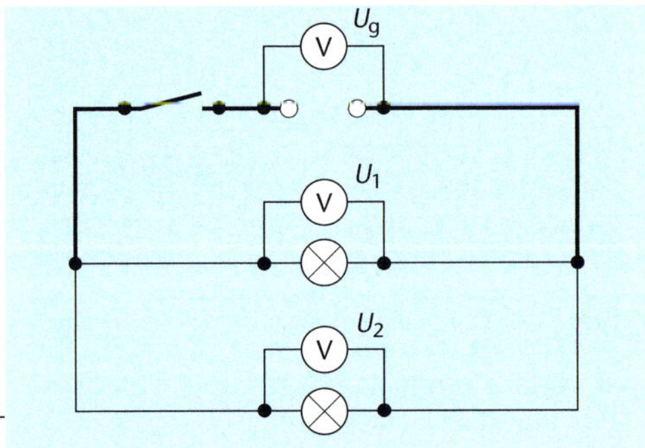

2 Schaltskizze zu Versuch 1

U_g in V	U_1 in V	U_2 in V
6	6	6
4	4	4

3 Tabelle zu Versuch 1

Die Parallelschaltung

Als Carla das Licht in ihrem Zimmer einschaltet, leuchten nur zwei der drei Lampen ihres Deckenstrahlers. Carla überlegt, wieso die beiden Lampen weiter leuchten, obwohl die dritte defekt ist.
Max weiß, dass Lampen parallel geschaltet werden können (▷ B 2). Bei der Parallelschaltung ist jede einzelne Lampe mit der Spannungsquelle verbunden, wobei alle Lampen ein Leiterstück (in Bild 2 dick gezeichnet) gemeinsam nutzen.
Ist eine Lampe defekt, bleibt der Stromkreis für die anderen Lampen trotzdem geschlossen und sie leuchten weiter.

Die Spannung bei der Parallelschaltung

Was aber passiert mit der Spannung an den Lampen, wenn eine Lampe ausfällt? Die Versuche 1 und 2 helfen dir bei der Erklärung: Bei einer Parallelschaltung liegt an jeder Lampe die gleiche Spannung wie an der Spannungsquelle an (▷ B 3). Die Elektronen werden also an allen Lampen von der gleichen Spannung angetrieben. Ist eine Lampe defekt, bleibt die Spannung an den anderen Lampen unverändert.

Bei der Parallelschaltung von Lampen liegt an jeder Lampe die gleiche Spannung wie an der Spannungsquelle an.
Es gilt: $U_g = U_1 = U_2 = \ldots$

Die Haushaltsschaltung

Im Haushalt werden alle elektrischen Geräte parallel zueinander betrieben. Dies gewährleistet, dass an allen Geräten die für sie notwendige Netzspannung von 230 V anliegt.

Aufgabe

1 Entwirf eine Schaltung für drei parallel geschaltete Lampen, die jeweils einzeln ein- bzw. ausgeschaltet werden können.

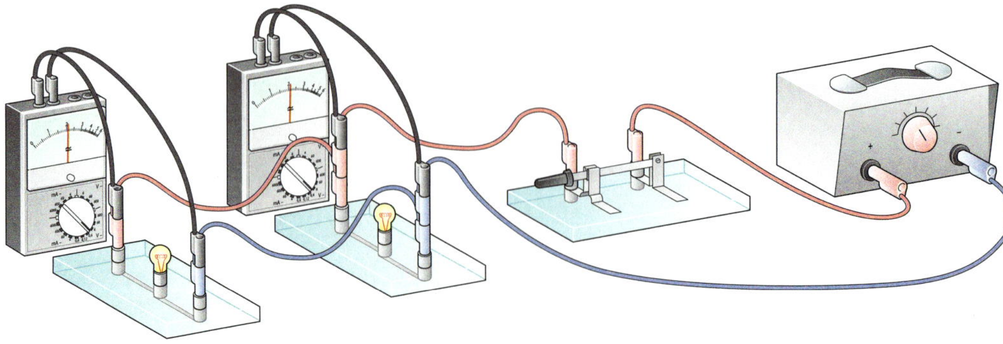

4 Versuchsaufbau zur Messung der Spannung an einer Parallelschaltung

Die Spannung bei der Reihenschaltung

Beim Auspacken der Weihnachtslichterkette fällt Max ein Lämpchen herunter und zerbricht. Als Max das Lämpchen ersetzen will, stellt er fest, dass auf dem Rand eine Spannung von 12 V angegeben ist. Spannungsquelle (230 V) und Lampe passen nicht zusammen. Wenn ein 12-V-Lämpchen direkt an die Haushaltsspannung von 230 V angeschlossen wird, dann geht es sofort kaputt.
Werden aber 20 Lämpchen zu je 12 V in Reihe geschaltet, kann die Lichterkette mit der Netzspannung betrieben werden. Durch jede Lampe werden die Elektronen dann mit einer Einzelspannung von ungefähr 12 V getrieben.

Schließt du zwei gleichartige Lämpchen in Reihe (▷ V 1), leuchten beide gleich hell. Die für jedes Lämpchen erforderliche Spannung liegt dann an, wenn die Spannung der Quelle genauso groß ist wie die Summe der Einzelspannungen (▷ B 3). Dasselbe gilt für Lämpchen, die zwar unterschiedliche Spannungen benötigen, durch die aber ein Strom gleicher Stärke fließen muss (▷ V 2b).
Auch im Versuch 2 ist die Gesamtspannung so groß wie die Summe der Spannungen an Lampe 1 und Lampe 2.

Bei der Reihenschaltung von Lampen ist die Gesamtspannung so groß wie die Summe der Einzelspannungen.
Es gilt: $U_g = U_1 + U_2 + \ldots$

Aufgabe

1 In einer Lichterkette liegen 30 (40, 80) gleichartige Lämpchen in Reihe an der Netzspannung an. Welche Betriebsspannung entfällt auf jede Lampe? Was würde passieren, wenn du eine Lampe durch eine andere mit größerer/kleinerer Spannung ersetzen würdest?

Versuche

1 Baue einen Stromkreis nach Bild 2 auf. Benutze zwei gleichartige Lämpchen (z. B. 6 V/50 mA).
a) Miss die Gesamtspannung U_g und die Teilspannungen U_1 und U_2 an den Lampen.
b) Stelle verschiedene Gesamtspannungen ein.
c) Lege eine Messtabelle an.
Welche Gesetzmäßigkeiten vermutest du?

2 Wiederhole den Versuch auch mit zwei unterschiedlichen Lämpchen, z. B.:
a) 6 V/450 mA und 6 V/50 mA;
b) 6 V/300 mA und 3,7 V/300 mA.
Welche Gesetzmäßigkeiten stellst du fest?

3 Wiederhole die Versuche 1 und 2 auch mit drei oder noch mehr in Reihe geschalteten Glühlämpchen.

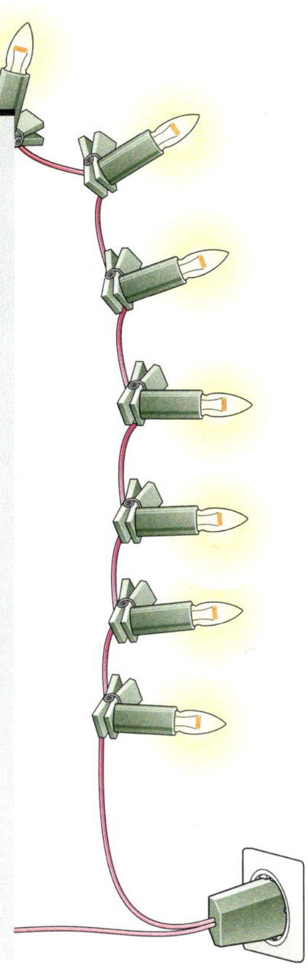

1 In einer Lichterkette sind viele Lampen in Reihe geschaltet.

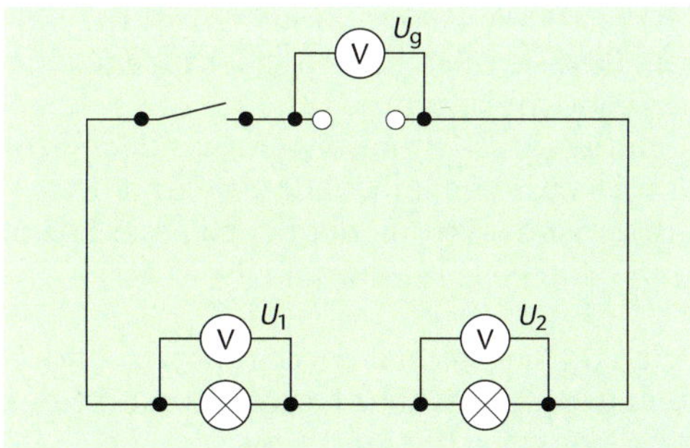

2 Schaltskizze zu Versuch 1

U_g in V	U_1 in V	U_2 in V
4	2	2
6	3	3

3 Tabelle zu Versuch 1

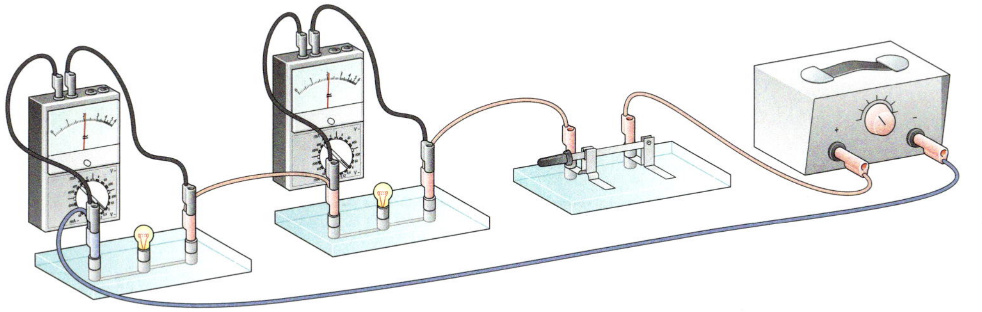

4 Versuchsaufbau zur Messung der Spannung an einer Reihenschaltung

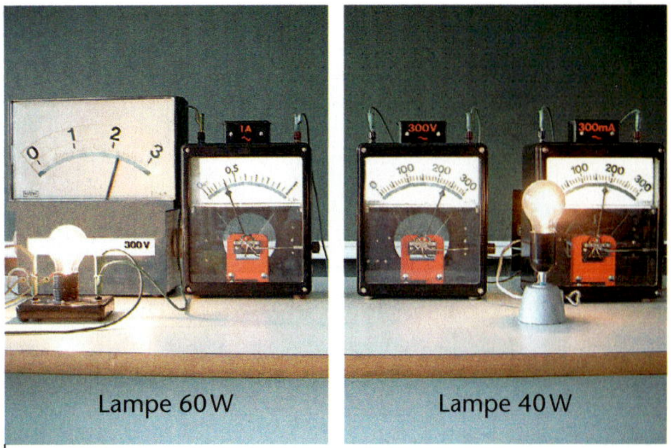

1 Die Spannungen sind gleich, die Ströme verschieden.

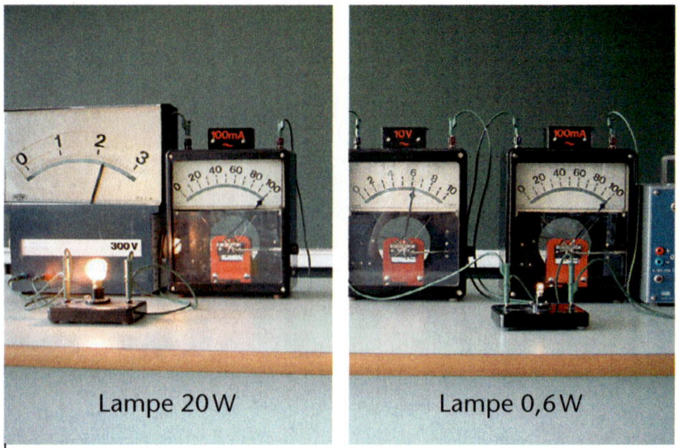

2 Die Ströme sind gleich groß, die Spannungen unterschiedlich.

Die elektrische Leistung
Als Tabeas Mutter die defekte Glühlampe im Zimmer ihrer Tochter gegen eine neue austauscht, leuchtet die neue Lampe das Zimmer nicht so hell aus wie die alte Lampe. Sie schaut sich den Aufdruck auf der Lampe genauer an. Auf der alten Glühlampe steht „100 W“ auf der neuen „40 W“. Als die Mutter eine neue 100-W-Glühlampe in die Fassung schraubt, wird das Zimmer so hell wie früher ausgeleuchtet. Die 40-W-Lampe hat eine geringere Leistung als die 100-W-Lampe. Du erkennst das daran, dass sie nicht so hell leuchtet wie eine 100-W-Glühlampe.
Je höher die Leistungsangabe auf der Glühlampe, desto heller leuchtet sie und desto größer ist der Strom, der bei gleicher Spannung durch sie hindurchfließt (▷ B 1).

Auch die Leistungen der Lampen in Bild 2 sind unterschiedlich, obwohl durch beide ein Strom gleicher Stärke fließt.
An der 25-W-Glühlampe liegt aber eine wesentlich größere Spannung an als an dem kleinen Experimentierlämpchen.
Die elektrische Leistung hängt also auch von der anliegenden Spannung ab.

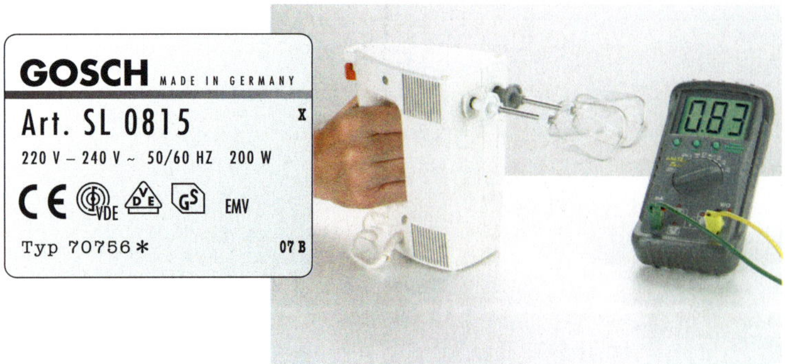

3 Messung der Stärke des Stroms durch einen Mixer

Die elektrische Leistung *P* hängt von der Spannung und der Stromstärke ab. Multiplizierst du Spannung und Stromstärke, erhältst du die Leistung der Glühlampe. Die elektrische Leistung wird in der Einheit Watt angegeben.

Die elektrische Leistung ist das Produkt aus Spannung und Stromstärke:
$P = U \cdot I$
Einheit: Watt (W)
1 W = 1 V · 1 A
1000 W = 1 kW

Die Einheit der Leistung ist nach dem schottischen Ingenieur James Watt (1736–1819) benannt.

Leistungsberechnungen
Welche Leistung hat ein Experimentierlämpchen, durch das bei einer Spannung von 6 V ein Strom von 100 mA fließt? Die Beispielrechnung in Bild 4 liefert dir das Ergebnis.

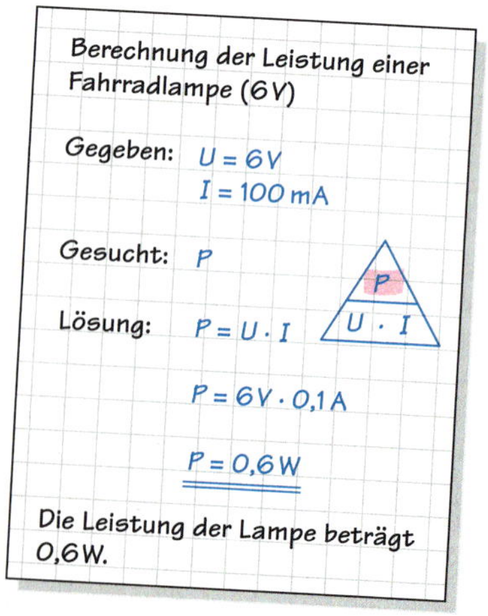

4 Berechnung der Leistung des Lämpchens

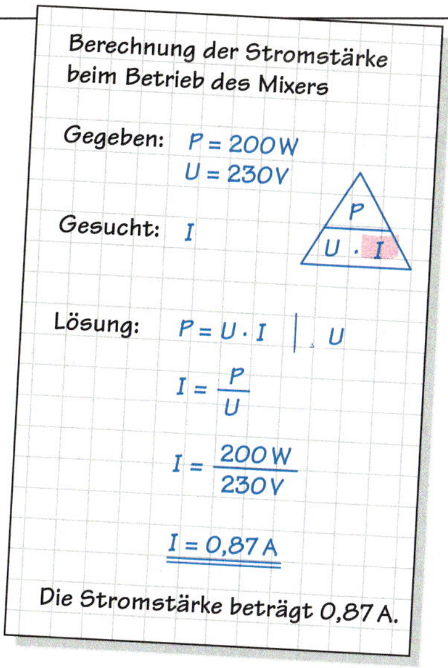

5 Berechnung des Stroms durch einen Mixer

Gerät	Spannung	Leistung
Taschenrechner	3 V	0,5 mW = 0,0005 W
Taschenlampe	3 V	0,9 W
Fahrradlampen	6 V	3 W
Rasierapparat	230 V	10 W
Autofernlicht	jew. 12 V	60 W
Farbfernseher	230 V	110 W
Haartrockner	30 V	600 W
Automotor-Anlasser	12 V	1000 W = 1,0 kW
Bügeleisen	230 V	1200 W = 1,2 kW
Waschmaschine	230 V	3500 W = 3,5 kW
Elektroherd, 4 Platten	230 V	7400 W = 7,4 kW
Elektrolokomotive	15 000 V	7000 kW
ICE, 2 Triebköpfe	15 000 V	9600 kW
Generator im Kraftwerk	27 000 V	700000 kW

6 Die elektrische Leistung verschiedener Geräte im Vergleich

Stromstärkeberechnungen
Auf allen elektrischen Haushaltsgeräten ist ein Typenschild angebracht (▷B 3), auf dem neben der vorgeschriebenen Betriebsspannung die Leistung des Geräts angegeben wird.
Ist die Leistung eines elektrischen Geräts bekannt und kennt man die Spannung, mit der es betrieben wird, kann man die Stromstärke berechnen.
Für einen Mixer mit einer Leistung von 200 W, der an die Haushaltsspannung von 230 V angeschlossen ist, ermittelst du die Stromstärke wie in Bild 5 gezeigt.

Die Rechnung ergibt, dass beim Betrieb des Mixers ein Strom von etwa 870 mA fließt. Die errechnete Stromstärke stimmt in etwa mit der gemessenen Stromstärke (▷B 3) überein.

Mechanische Leistung – elektrische Leistung
Die mechanische Leistung berechnet man mithilfe der Formel

$$P = \frac{W}{t}$$

Für elektrische und mechanische Leistungen gilt:

$$1\ \text{Watt}_{\text{mechanisch}} = 1\ \text{Watt}_{\text{elektrisch}}$$

Dies lässt sich am Beispiel eines Elektromotors verdeutlichen: Wenn ein Elektromotor eine Masse von 100 Gramm in 1 Sekunde um 1 Meter hebt und dabei eine Spannung von 1 Volt am Elektromotor anliegt, fließt (im Idealfall) ein Strom der Stärke 1 Ampere. Der Elektromotor nutzt elektrische Energie um mechanische Arbeit zu verrichten (▷B 7). Im Idealfall wird mit 1 J eingesetzter Energie 1 J an mechanischer Arbeit geleistet. Die Leistung gibt die Stärke des Energieflusses, also die Energie pro Zeiteinheit an:

$$P = \frac{W}{t} = \frac{E}{t}$$

Dabei gilt: $1\,\text{W} = 1\,\text{V} \cdot 1\,\text{A} = 1\frac{\text{J}}{\text{s}}$

Aufgabe

1 Berechne die Stromstärke für die rechts abgebildeten Glühlampen.

Leistung: 60 W
Spannung: 230 V

Leistung: 3 W
Spannung: 230 V

Leistung: 40 W
Spannung: 230 V

Leistung: 25 W
Spannung: 230 V

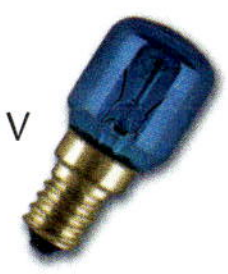

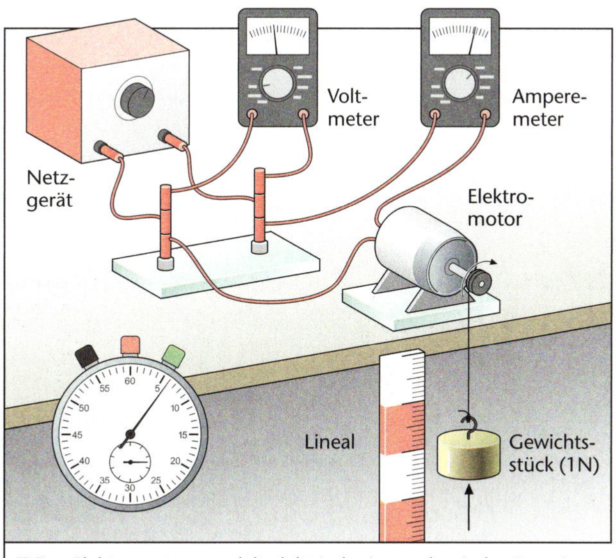

7 Der Elektromotor wandelt elektrische in mechanische Energie.

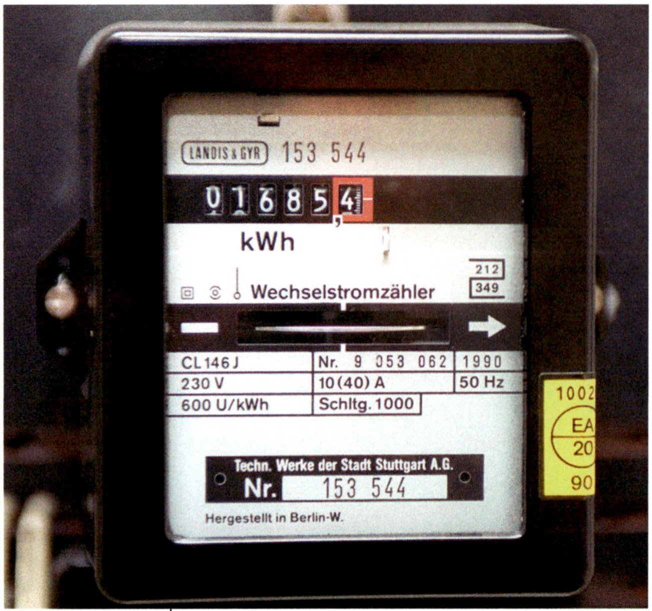

1 Der Stromzähler ist eigentlich ein Energiezähler.

Der elektrische Strom arbeitet für uns
Herr C. stöhnt über seine hohe Stromrechnung: „Im letzten Jahr haben wir zu viel Strom verbraucht. Jetzt muss ich auch noch Geld nachzahlen!" Mario erwidert: „Es ist nicht richtig, dass Strom verbraucht wird. Wir geben genauso viel Strom an das E-Werk ab, wie wir auch bezogen haben." Was bezahlen wir dann mit der Stromrechnung?

Viele elektrische Geräte helfen uns im Haushalt. Einige Beispiele:
- in einem Mixer werden Nahrungsmittel zerkleinert,
- mit einer Bohrmaschine bohren wir ein Loch in die Wand,
- mit einem Staubsauger wird der Teppich gereinigt,
- eine Lampe erhellt das dunkle Zimmer.

Wie viel elektrische Energie benötigt eine 60-W-Glühlampe, wenn sie 5 Minuten leuchtet?

Gegeben: $P = 60\,W$, $t = 300\,s$ Gesucht: E

Lösung: $E = P \cdot t$

$E = 60\,W \cdot 300\,s$

$E = 18000\,Ws = 18000\,J$

In 5 Minuten wurde eine elektrische Energie von 18000 Joule oder 18 Kilojoule umgesetzt.

2 Berechnung der Energie

Versuch

1 Schalte in deinem Haushalt möglichst viele Geräte aus und betrachte auf dem „Stromzähler" die Zählscheibe. Schalte nun einzelne Geräte (z. B. Föhn, Fernseher, Radio etc.) an und beobachte die Zählscheibe. Was stellst du fest?

In allen Fällen wird Arbeit verrichtet. Dafür wird elektrische Energie benötigt. Mit der Stromrechnung bezahlen wir die eingesetzte elektrische Energie, die uns mithilfe des Energieträgers elektrischer Strom geliefert wird.

Energie und Leistung
Die von den Elektrogeräten benötigte Energie stammt aus dem Versorgungsnetz. Die entnommene Energiemenge ist von der Leistung des Gerätes und der Betriebsdauer (also der Zeit) abhängig (▷ B 2):
- Je größer die Leistung eines elektrischen Geräts ist, desto mehr Energie wird pro Zeit benötigt.
- Je länger ein elektrisches Gerät in Betrieb ist, desto mehr Energie wird benötigt.

Die dem Versorgungsnetz entnommene elektrische Energie E ergibt sich aus dem Produkt der Leistung P und der Zeit t:
$E = P \cdot t$

Die Energieeinheit Kilowattstunde
Die Energieeinheiten Joule bzw. Wattsekunde sind für den elektrischen Alltag ungebräuchlich. Dauert z. B. der Waschvorgang einer Waschmaschine (3500 W) eine Stunde (3600 s), so wurde eine elektrische Energie von 12 600 000 Ws bezogen. Da die Zahlen sehr groß sind, hat man als Energieeinheit die Kilowattstunde (kWh) eingeführt. Die Waschmaschine hat also eine Energie von $3{,}5\,kW \cdot 1\,h = 3{,}5\,kWh$ umgesetzt. Es gilt:
$1\,kWh = 1000\,Wh = 3\,600\,000\,Ws$.
$1\,Ws = 1\,J$

Die elektrische Energie kostet Geld
Die elektrische Energie, die jeder Haushalt benötigt, muss bezahlt werden. Deshalb befindet sich in jedem Haushalt ein verplombter Energiezähler (▷ B 1).
Dieser Zähler misst, wie viel Energie dem Stromnetz entnommen wird. Im Prinzip

enlv Energie Leistungsverbund Rhein-Main

Empfänger Matthias Meier
Große Gasse 9
66723 Breitenbuch

Kundennummer 25506/70870
bitte stets angeben

Rechnungsdatum 12.04.2006

Zähler-Nr.	Abrechnungszeitraum von	bis	Tage	Zählerstand alt	neu	Verbrauch kWh	Arbeitspreis ct/kWh	Arbeitsbetrag Euro	Grundbetrag Euro	Nettobetrag Euro
720021	03.04.2005	31.08.2005	151	7769	8830	1061	10,39	110,26	32,80	143,10
	01.09.2005	31.12.2005	122	8830	9803	973	10,67	103,77	26,42	130,29
	01.01.2006	04.04.2006	93	9803	10681	878	11,15	97,91	20,22	118,12

Netto-Rechnungsbetrag Euro	Umsatzsteuer 16 % Euro	Brutto-Rechnungsbetrag Euro	Jahres-Abschlagsbetrag Euro	Restbetrag Euro	neuer monatlicher Abschlagsbetrag Euro	fällig erstmals am
391,50	62,64	454,14	394,71	59,43	37,85	05.05.2006

3 Stromrechnung

ist der Zähler ein Elektromotor mit einem Zählwerk. Schaltest du im Haushalt ein elektrisches Gerät ein, so dreht sich die silberne Scheibe. Die sich drehende Scheibe bewegt das Zählwerk. Am Zähler kann man die dem Versorgungsnetz entnommene Energie in Kilowattstunden ablesen. Bei Geräten mit einer großen Leistung (z. B. einer Waschmaschine) dreht sich die Scheibe schneller als bei Geräten mit geringer Leistung.

Aus der Stromrechnung (▷ B 3) kann man ebenfalls die dem Versorgungsnetz entnommene Energie ablesen. Pro Kilowattstunde muss man einen bestimmten Betrag bezahlen. Neben der Energie muss man auch noch einen Grundpreis z. B. für die Bereitstellung des Zählers und die Umsatzsteuer bezahlen.
Ein Vier-Personen-Haushalt benötigt im Jahr etwa 4800 kWh elektrische Energie.

Energiesparen

Die eingesetzte Energie wird oft nur unzureichend für den eigentlichen Zweck genutzt. Eine Leuchtstoffröhre gibt z. B. nur 15 % der aufgenommenen Energie in Form von Licht ab. Bei Energiesparlampen ist die Energieausnutzung besser. Aus diesem Grund leuchtet eine 7-W-Energiesparlampe etwa genauso hell wie eine 40-W-Lampe normaler Bauart, obwohl der Energieeinsatz deutlich geringer ist.

Nutzt man eine Waschmaschine richtig, kann man Energie und Geld sparen. So sollte man die Maschine immer komplett füllen. Und Kochwäsche wird bei 60 °C meist genauso sauber wie bei 95 °C.

Energieberechnung ohne Leistungsangabe

Auf den kleinen Experimentierlampen sind meist keine Leistungsangaben aufgedruckt, sondern nur die zulässigen Höchstwerte für Spannung und Strom (z. B. 6 V / 50 mA). Die elektrische Energie, die in 30 s in Licht und Wärme umgewandelt wird, kannst du aus diesen Angaben trotzdem berechnen.
Wie du dabei vorgehen musst, siehst du in Bild 4.

Wie viel Energie benötigt ein Experimentierlämpchen (6 V, 50 mA) in 30 Sekunden?

Gegeben: $U = 6\,V$
$I = 50\,mA = 0{,}05\,A$
$t = 30\,s$

Gesucht: E

Lösung: Es gilt $E = P \cdot t$ und $P = U \cdot I$

P kann durch $U \cdot I$ ersetzt werden.

$$E = U \cdot I \cdot t$$

$$E = 6\,V \cdot 0{,}05\,A \cdot 30\,s$$

$$\underline{\underline{E = 9\,V \cdot A \cdot s = 9\,J}}$$

Das Experimentierlämpchen setzt 9 J um.

4 Berechnung der Energie ohne Leistungsangabe

Aufgabe

1 Gib den in Bild 4 berechneten Energiewert von 9 J in der Einheit kWh an.

Die elektrische Leistung

1 Die Wattangabe

Bei vielen kleinen Lämpchen und Halogenlampen ist auf dem Sockel neben der Spannung auch noch die Leistung aufgedruckt. Du kannst überprüfen, ob diese Angaben stimmen.

Material

Spannungsquelle, Strommessgerät, Spannungsmessgerät, 3 Kabel, 2 Krokodilklemmen und Lampen (mit Fassung)

Versuchsanleitung

Baue den Stromkreis nach Bild 1 auf. Lege die auf der Lampe angegebene Spannung an und miss die Stromstärke. Lege eine Tabelle (▷ B 2) an und notiere deine Messergebnisse. Berechne die elektrische Leistung und vergleiche sie mit der aufgedruckten Leistungsangabe.

2 Ein rätselhaftes Versuchsergebnis

Material

Spannungsquelle, Strommessgerät, Spannungsmessgerät, 6 Kabel und 2 Lampen mit Fassung (6 V/0,6 W und 6 V/2,4 W).

Versuchsanleitung

Baue die Schaltung nach Bild 3 auf. Lege anschließend eine Spannung von 6 Volt an. Beobachte die Helligkeit der Lampen. Lege eine Tabelle (▷ B 4) an und schreibe deine Beobachtung auf. Versuche die Beobachtungen zu erklären. Miss dazu die Stromstärke im Stromkreis und die Spannung an jeder Lampe. Berechne aus den Daten die Leistung der Lampe und vergleiche sie mit der aufgedruckten Leistungsangabe.

Aufgabe

Ergänze folgende Sätze:
An der Lampe mit der kleinsten Wattangabe liegt … an. Der Strom durch die Lampen ist …
Ihre Leistung ist deshalb am …

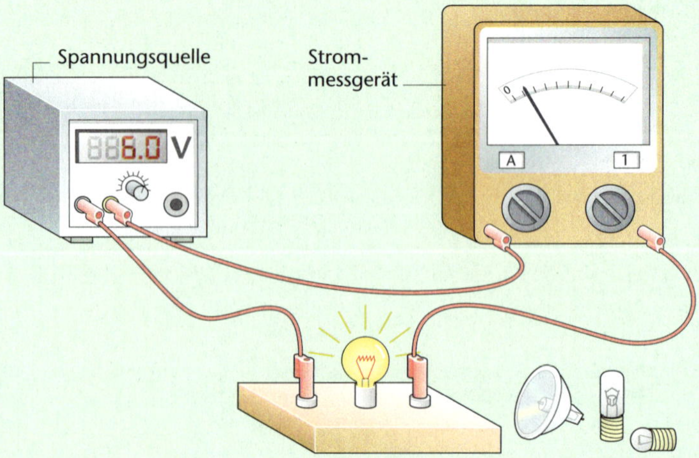

1 Zu Versuch 1

Lampe	angegebene Leistung	angelegte Spannung	gemessene Stromstärke	berechnete Leistung
6 V/0,6 W				
6 V/2,4 W				
6 V/3 W				
12 V/3 W				
12 V/10 W				
12 V/20 W				
12 V/30 W				

2 Überprüfung der Leistungsangabe von Lampen

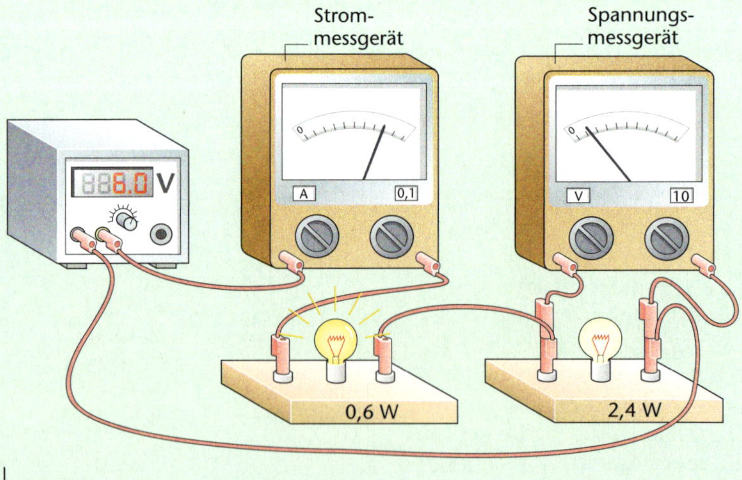

3 Zu Versuch 2

Lampe	Helligkeit der Lampe	Stromstärke	gemessene Spannung	berechnete Leistung
6 V/0,6 W				
6 V/2,4 W				

4 Zu Versuch 2

Energiesparen beim Kochen

Vielleicht hast du schon einmal das Sprichwort gehört: „Zu jedem Topf findet sich auch ein passender Deckel!"
Beim energiebewussten Kochen bekommt dieser Satz eine neue Bedeutung. Mit einem gut schließenden Deckel spart man Geld. Probiere es einmal aus.

Material
5 mal 500 g Kartoffeln (festkochend, ungeschält, etwa von gleicher Größe, nicht zu groß), einen Topf mit Deckel, eine Herdplatte und einen Energiezähler

Versuchsanleitung
Die Kartoffeln sollen unter verschiedenen Bedingungen mit Schale gegart werden (▷B 1). Notiere vor und nach jedem Versuch die Anzeige des Energiezählers.

a) Die Kartoffeln sind vollständig mit Wasser bedeckt und werden mit einem halbaufgelegten Deckel gekocht. Die Herdplatte bleibt während der Garzeit auf höchster Stufe eingeschaltet. Weil das Wasser verdampft, muss notfalls Wasser nachgegossen werden.

b) Die Kartoffeln sind vollständig mit Wasser bedeckt, werden aber mit einem gut schließenden Deckel gekocht. Sobald das Wasser siedet, wird auf die kleinste Heizstufe zurückgeschaltet.

c) Die Kartoffeln sind nur bis zur Hälfte mit Wasser bedeckt und werden sonst wie unter b) beschrieben gekocht.

d) Die unter c) beschriebene Wassermenge wird mit einem Wasserkocher zum Sieden gebracht und dann in den Topf mit den Kartoffeln gegossen. Der Energieumsatz des Wasserkochers muss in der Tabelle mitberücksichtigt werden. Weitere Vorgehensweise wie bei c).

e) Versuchsdurchführung wie bei c), nur wird ca. 5 Minuten vor Ende der Garzeit die Herdplatte ausgeschaltet und die Nachwärme genutzt.

Diskutiert am Ende der Versuchsreihe in der Klasse über das „richtige" Kochen. Als Grundlage dient die benötigte elektrische Energie. Stellt Kriterien für das Kochen mit dem geringsten Energieverbrauch auf. Was sich aus den gekochten Kartoffeln „zaubern" lässt, könnt ihr unten nachlesen.

a)

b)

d)

Kartoffelsalat nach schwäbischer Art

Zutaten:
500 g Kartoffeln,
1 Brühwürfel
1 kleine bis mittelgroße Zwiebel
Salz, Pfeffer
Essig und Öl

Zubereitung:
Die in der Schale gekochten Kartoffeln abpellen und in kleine Scheiben in eine Schüssel schneiden.
Etwas Salz (halber Teelöffel) und etwa 2–3 Esslöffel Essig über die Kartoffeln gießen und unterheben.
1 Brühwürfel (Fleischbrühe, klare Brühe) in ca. 125 ml Wasser auflösen und aufkochen lassen.
Die in kleine Würfel geschnittene Zwiebel für ca. 1/2 Minute in die kochende Brühe geben und anschließend alles über die Kartoffeln gießen und umrühren.
Nach ca. 10 Minuten nochmals umrühren und ca. 3–4 Esslöffel Öl unterheben.
Nach Bedarf nochmals mit Salz und Pfeffer abschmecken und mit gehacktem Schnittlauch dekorieren.
Guten Appetit!

1 Sicherungskasten

2 Kurzschlüsse können zu Bränden führen

3 Feinsicherung

Kurzschluss

Sebastians Eltern bekommen eine neue Küche. Als die Monteure die Dübellöcher für die Oberschränke bohren, springt plötzlich die Sicherung heraus. Was ist passiert?

Einer der Monteure hat versehentlich die Stromleitung angebohrt. Dabei wurde über den Metallbohrer ein Kontakt zwischen den Leitungen hergestellt. Nun konnte der Strom ungehindert von einem Pol der Spannungsquelle zum anderen fließen. Dies nennt man **Kurzschluss**.

Bei einem Kurzschluss fließt ein sehr großer Strom (▷ V 1). Weil die elektrischen Leitungen dabei sehr heiß werden, besteht die Gefahr eines Brandes (▷ B 2).

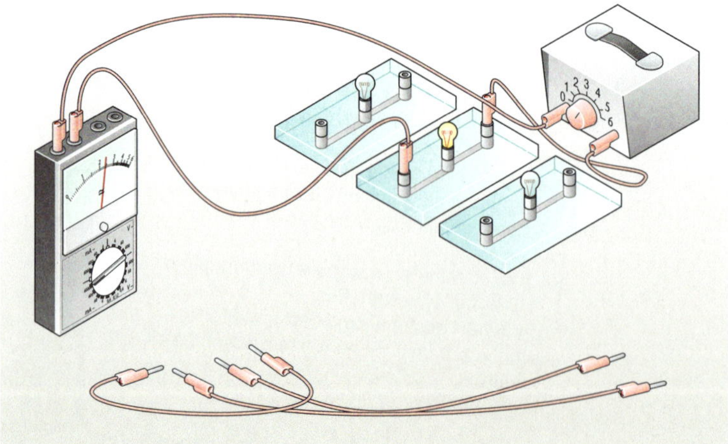

4 Schaltungsaufbau zu Versuch 2

Bei einem Kurzschluss fließt ein großer Strom ungehindert von einem Pol der Spannungsquelle zum anderen.

Überlast

Starke elektrische Ströme fließen aber nicht nur bei einem Kurzschluss. Schließt man viele Geräte parallel in einen Stromkreis, so erhöht sich die Gesamtstromstärke (▷ V 2). Wird der Strom sehr groß, spricht man von einer **Überlast**. Auch dabei kann ein Brand ausgelöst werden, wenn sich die elektrischen Leitungen zu stark erhitzen.

Bei einer Überlast fließt ein hoher Strom in der gemeinsamen Zuleitung der parallel geschalteten Geräte.

Die Sicherung

Sicherungen verhindern, dass bei einem Kurzschluss oder einer Überlast ein Brand entsteht. Sicherungen sind so konstruiert, dass sie den Stromkreis bei einer bestimmten Stromstärke unterbrechen. In vielen elektrischen Geräten findest du Feinsicherungen (▷ B 3). Sie bestehen aus einem dünnen Draht, der durch ein Glasröhrchen verläuft. Bei geringen Stromstärken ist der Draht kalt. Bei großen Stromstärken wird der Draht heiß. Überschreitet die Stromstärke einen bestimmten Wert, schmilzt der Draht und unterbricht so den Stromkreis.

Sicherungen unterbrechen den Stromkreis, wenn ein zu großer Strom fließt.

Du findest Sicherungen aber nicht nur in elektrischen Geräten, sondern auch im Sicherungskasten (▷ B 1). Hier werden meist Sicherungsautomaten eingesetzt. Diese Sicherungsautomaten unterbrechen mithilfe eines Elektromagneten oder eines Bimetallstreifens den Stromkreis für bestimmte Räume eines Hauses, wenn dort eine Überlast oder ein Kurzschluss vorliegt. Ist die Störung beseitigt, kann man an der Sicherung einen Hebel zurückstellen und den Stromkreis so wieder schließen.

Der menschliche Körper als elektrischer Leiter

Du hast sicherlich schon einmal die Pole einer Batterie angefasst, ohne dabei einen elektrischen Schlag zu bekommen. Du kennst aber auch die Warnung, dass es lebensgefährlich ist die Anschlüsse einer Steckdose zu berühren.

Wenn du aus einer Batterie, Kabeln, und einem Amperemeter einen Stromkreis aufbaust und den Strom durch deinen Körper fließen lässt, so zeigt das Amperemeter einen geringen Strom an (▷ B 5).
Der menschliche Körper ist ein (schlechter) Leiter. Wie stark der Strom durch den menschlichen Körper ist, hängt unter anderem von der anliegenden Spannung ab. Wird sie erhöht, vergrößert sich auch der Strom. Außerdem macht es einen Unterschied, ob die Haut trocken ist oder ob sie feucht ist und daher den Strom besser leitet.

Die Auswirkungen des elektrischen Stroms auf den menschlichen Körper hängen z. B. davon ab, wie groß der Strom ist, wie lange er fließt und welchen Weg er durch den Körper nimmt.

Welche Ströme sind gefährlich?
Geringe Ströme spürt man nicht. Wird die Stromstärke erhöht, nimmt man zunächst ein Kribbeln wahr. Ein zu großer Strom über 20 mA führt dazu, dass sich die Muskeln verkrampfen (▷ B 6). Dieser Krampf wird so stark, dass man den Stromleiter, den man angefasst hat, nicht mehr loslassen kann. Stärkere Ströme können Herzkammerflimmern auslösen. Diese Gefahr besteht vor allem dann, wenn der Strom auf dem Weg durch den Körper über das Herz fließt. Das Herz kann das Blut dann nicht mehr richtig durch den Körper pumpen. Ströme über 500 mA (0,5 A) sind tödlich!

Bei Spannungen unterhalb von 50 V fließen selbst unter ungünstigen Bedingungen selten zu große Ströme. Um im Unterricht jedes Risiko für die Schülerinnen und Schüler zu vermeiden, werden Schülerexperimente nur mit Spannungen bis 24 V ausgeführt.
Beachte: Experimentiere nie mit der Haushaltsspannung von 230 V!

Der Fehlerstromschutzschalter
Im Haushalt schützen Fehlerstromschutzschalter den Menschen vor Stromunfällen beim Umgang mit defekten elektrischen Geräten. Der Fehlerstromschutzschalter prüft, ob der Strom in der Hinleitung genau so groß ist wie in der Rückleitung. Unterscheiden sich die Ströme um einen bestimmten Wert (z. B. 30 mA), wird der Stromkreis innerhalb von Sekundenbruchteilen unterbrochen.

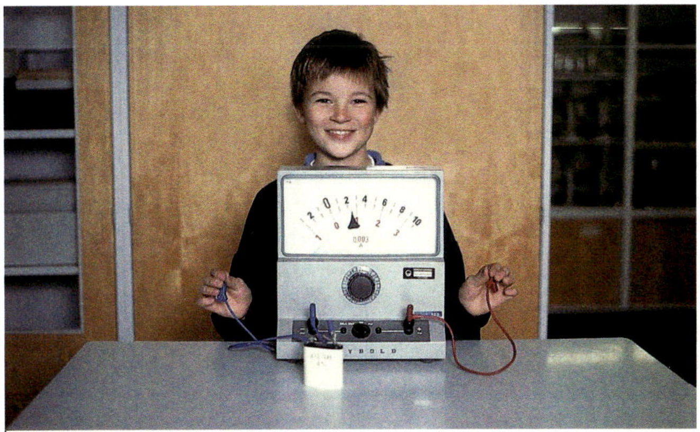

5 Auch der menschliche Körper leitet den Strom

Wenn man nun versehentlich eine stromführende Leitung berührt, so fließen in der Hin- und in der Rückleitung unterschiedlich große Ströme. Ein Fehlerschutzstromschalter registriert diesen Unterschied und löst einen Sicherungsschalter aus, der den Stromkreis unterbricht.

Muskelkontraktion	0,015 A
Loslassgrenze	ca. 0,02 A
Elektrische Armbanduhr	0,001 mA
Taschenrechner	0,2 mA
Taschenlampe	0,07–0,6 A
Haushaltsglühlampe	0,07–0,7 A
Bügeleisen, Tauchsieder	2–5 A
Autoscheinwerfer	ca. 5 A
Kochplatte, Elektroofen	2–10 A
Straßenbahnmotor	150 A
Elektrolokomotive	bis 500 A
Hochspannungsleitung	100–1000 A
Blitz	ca. 20 000 A

6 Stromstärken im Vergleich

Versuche

1 Baue einen einfachen Stromkreis mit Batterie, Lampe, Amperemeter und Kabeln auf. Bestimme die Stromstärke im Stromkreis.
Entferne anschließend die Lampe und lass den Strom ungehindert von einem Pol der Spannungsquelle durch das Amperemeter zum anderen Pol fließen.

2 Bestimme in einem Stromkreis mit Netzgerät und einer Lampe die Gesamtstromstärke (▷ B 4). Schließe weitere Lampen parallel zur ersten Lampe an. Wieso erhöht sich mit jedem Lämpchen die Gesamtstromstärke?

1 Nutzung der Windenergie

Elektrizitätswerke
In Elektrizitätswerken wird elektrische Energie zur Verfügung gestellt. Diese elektrische Energie entsteht durch Umwandlung aus anderen Energieformen, z. B. aus chemischer Energie, die in der Kohle gespeichert ist, aus Windenergie (▷ B 1) oder aus Wärme. In vielen Fällen erfolgt die Umwandlung mithilfe eines Generators, ähnlich einem riesigen Fahrraddynamo. Über Hochspannungsleitungen und Umsetzer wird die elektrische Energie bis an jedes einzelne Haus transportiert.

Hausanschluss
Jedes Haus besitzt einen Hausanschlusskasten (▷ B 3). Dort wird das Hauptkabel angeschlossen. Es besteht aus mindestens vier besonders dicken Leitungen (▷ B 2). Drei davon bilden die Hinleitungen (Phasen) für drei getrennte Stromkreise. Bei der vierten Leitung handelt es sich um die gemeinsame Rückleitung, den Nullleiter. Dieser ist über die Erdungsleitung mit dem Gebäude verbunden, man sagt er ist geerdet. Von der Erdungsleitung zweigt der Schutzleiter ab.

Im Hausanschlusskasten befinden sich die Hauptsicherungen für die einzelnen Stromkreise. Von dort führen die Hauptleitungen durch den Stromzähler zu den Sicherungskästen der Wohnungen (▷ B 2). Der Stromzähler müsste eigentlich „Energiezähler" heißen, da er misst, wie viel elektrische Energie in einem Haushalt umgesetzt wird.

Der Sicherungskasten
In den Sicherungskästen, die sich in jeder Wohnung finden, teilen sich die Hauptstromkreise in verschiedene Nebenstromkreise für die einzelnen Zimmer auf (▷ B 5). Jeder Nebenstromkreis besitzt eine Sicherung. Wird ein Gerät mit großen Strömen betrieben, wird es in der Regel nochmals gesondert abgesichert. So verfügen z. B. die Waschmaschine, der elektrische Trockner und die Spülmaschine über eine eigene Sicherung, der Elektroherd ist sogar dreifach abgesichert.

Der Trick mit dem dritten Kabel
Wenn du einem Elektriker beim Verlegen einer Steckdose zuschaust, wirst du feststellen, dass drei Kabel zur Steckdose führen: Das blaue Kabel ist der Nullleiter, das schwarze Kabel ist die Phase (▷ B 5). Phase und Nullleiter bilden im Stromkreis für ein elektrisches Gerät die Hin- und Rückleitung.
Phase und Nullleiter lassen sich an der Steckdose mithilfe eines Spannungsprüfers unterscheiden. Berührt man den Kontakt, der mit der Phase verbunden ist, leuchtet der Spannungsprüfer auf. Der Nullleiter ist an das Gebäude angeschlossen. Daher leuchtet der Spannungsprüfer beim Berühren des zugehörigen Kontaktes nicht auf. Geräte mit einem Flachstecker (Eurostecker) nutzen nur diese Hin- und Rückleitungen.

Bei dem gelb-grünen Kabel handelt es sich um den Schutzleiter. Er ist mit den beiden Außenbügeln der Steckdose verbunden. Elektrogeräte wie Waschmaschinen oder Bügeleisen benötigen diesen Schutzkontakt. Sie werden über Schutzkontaktstecker (Schukostecker) angeschlossen (▷ B 4) und sind dadurch geerdet. Auch Wasserleitungen, die Heizungsanlage und die Badewanne sind an diese Erdung angeschlossen.

Sicherungen bieten Schutz vor Unfällen durch einen Kurzschluss oder eine Über-

L = Phasenleiter
N = Nullleiter
PE = Schutzleiter

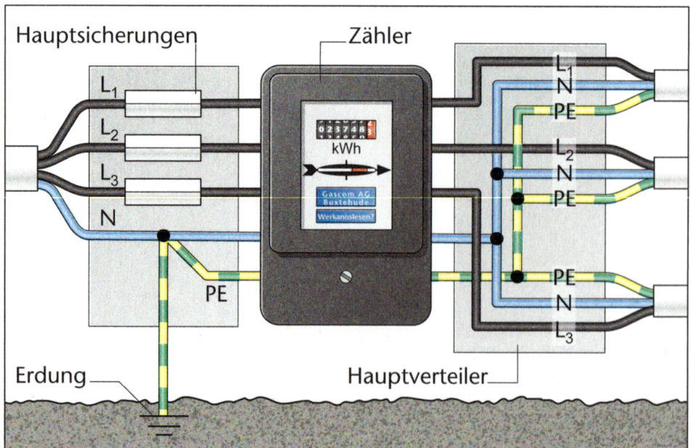

2 Schaltung des Hausanschlusskastens

3 Hausanschlusskasten

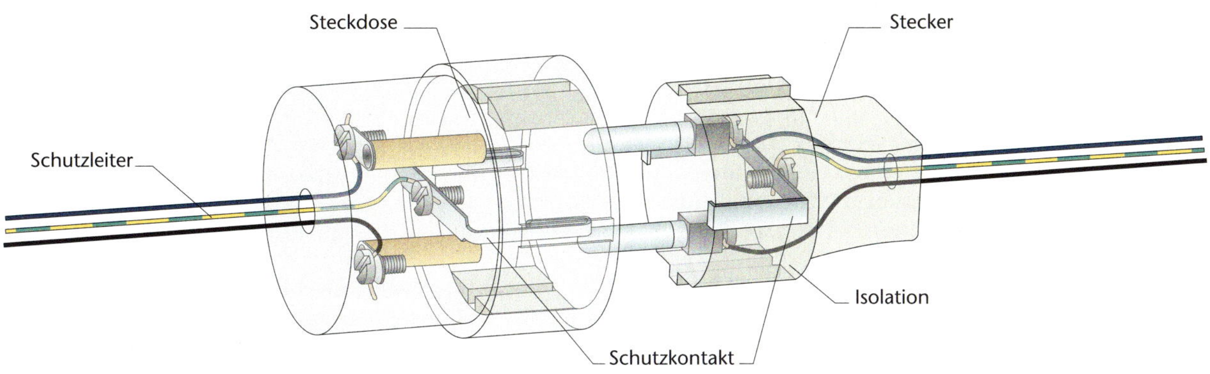

4 Schuko-Stecker und -Dose

last. Manchmal geht aber die Isolierung eines Kabels kaputt. Dann kann es passieren, dass das Gehäuse des Gerätes mit der Phase in Kontakt kommt. Falls das Gehäuse mit dem Schutzleiter verbunden ist, fließt der Strom über diesen Leiter ab. Es entsteht ein Kurzschluss, der die Sicherung auslöst.

Der Fehlerstromschutzschalter

Sicherungen und Schutzleiter sind aber wirkungslos, wenn eine Person direkt mit der Phasenleitung in Kontakt kommt. Der Strom fließt dann über die Hinleitung durch den Körper direkt in die Erde ab. Da kein Kurzschluss vorliegt, reagiert die Sicherung in diesem Fall nicht. Die Gefahr eines solchen Stromunfalls besteht z. B., wenn Kleinkinder mit Gegenständen in einer Steckdose herumstochern.
Fehlerstromschutzschalter können solche Unfälle mit möglicherweise tödlichem Ausgang verhindern. Sie registrieren Stromstärkeunterschiede zwischen der Phasen- und der Nullleitung.
Fließt der Strom direkt in die Erde ab, dann unterscheiden sich die Ströme zwischen Hin- und Rückleitung. Innerhalb von Sekundenbruchteilen wird der Fehlerstromschutzschalter ausgelöst und unterbricht den Stromkreis.
Den Fehlerstromschutzschalter findest du am Sicherungskasten.

Strom für das Wohnzimmer

Vom Sicherungskasten einer Wohnung, dem Hausanschlusskasten (▷ B 2) zweigt für jeden Nebenstromkreis ein mindestens dreiadriges Kabel (Phasen-, Null-, Schutzleiter) ab. Diese Kabel führen zu den Räumen, die elektrisch versorgt werden sollen (▷ B 5). Sie sind jeweils gesondert abgesichert. Bildet z. B. das Wohnzimmer einen eigenen Stromkreis, so findest du im Sicherungskasten eine Sicherung dafür. Die Stromkabel kannst du nicht sehen, sie sind unter Putz verlegt. Das Kabel für den Nebenstromkreis führt meistens zu einer Verteilerdose (▷ B 5). Sie liegt ebenfalls unter Putz. Hier beginnt die Aufteilung der Stromleitungen auf das Zimmer. Damit an jedem anzuschließenden Gerät die benötigte Spannung von 230 V anliegt, sind alle Steckdosen, Lampen etc. parallel geschaltet.

Die Schalter für die Deckenbeleuchtung müssen so in den Stromkreis geschaltet werden, dass der Schalter die Phasenleitung unterbricht. So wird sichergestellt, dass bei ausgeschalteter Beleuchtung ein Lampenwechsel gefahrlos möglich ist.

Aufgaben

1 In der Schule verfügt der Nawiraum über einen eigenen Sicherungskasten. Lass ihn dir von der Lehrkraft zeigen.

2 Baue mithilfe drei- bzw. fünfadriger Kabel, Batterie, Lampe und Verteilerdosen Modellstromkreise für
a) ein Zimmer,
b) einen Hausflur auf.

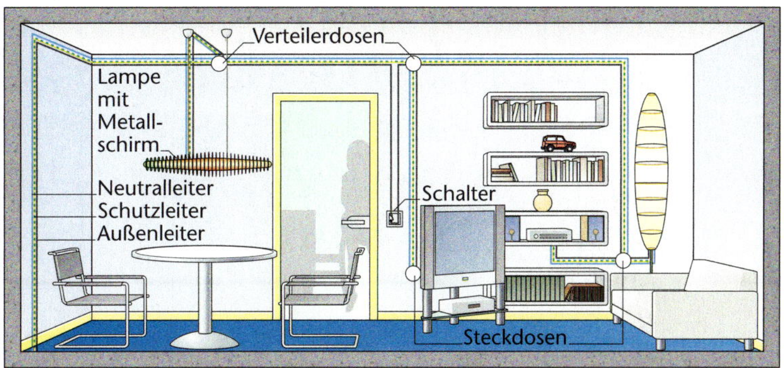

5 Beispiel für Nebenstromkreise

Schlusspunkt

Elektrischer Strom – elektrische Energie

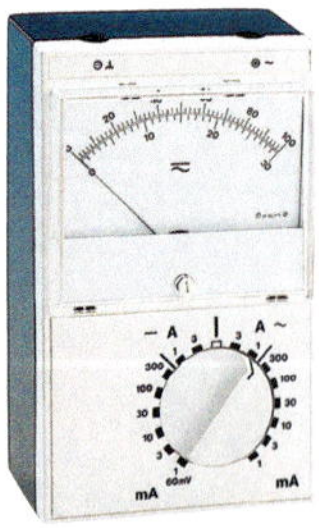

1 Amperemeter

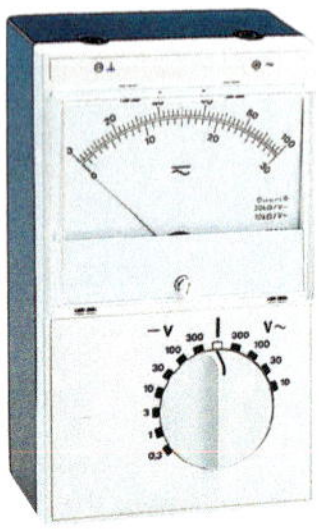

2 Voltmeter

3 Typenschild

Elektrischer Strom
In festen elektrischen Leitern fließen beim Anlegen einer Spannung Elektronen vom Minuspol der Spannungsquelle zu ihrem Pluspol.

Stromstärke
Mit der Stromstärke gibt man an, wie viele Ladungen in einer bestimmten Zeit an einem Messpunkt vorbeifließen.
Formelzeichen der Stromstärke: I
Einheit: 1 A (Ampere)

Stromstärkemessgeräte
Mit einem Amperemeter misst du die Stromstärke in einem Stromkreis.
Ein Amperemeter muss immer in Reihe in den Stromkreis geschaltet werden, sodass der Strom durch das Gerät fließen kann.

Spannung
Spannung ist die Voraussetzung für das Fließen von Strömen. Eine Spannung tritt auf, wenn ein Unterschied in der Ladungsverteilung vorliegt.
Formelzeichen der Spannung: U
Einheit: 1 V (Volt)

Spannungsmessgeräte
Spannungen misst man mit dem Voltmeter. Spannungsmessgeräte müssen immer parallel zu dem Gerät angeschlossen werden, an dem die Spannung gemessen werden soll.

Elektrische Stromkreise
Jedes elektrische Gerät benötigt eine bestimmte Spannung, damit es richtig funktioniert. Dieser Wert ist auf dem Gerät angegeben.

Die Stärke des Stroms, der in einem Stromkreis fließt, ist von der anliegenden Spannung abhängig.

In einem elektrischen Gerät werden die Elektronen nicht verbraucht. Ein elektrisches Gerät wandelt elektrische Energie in andere Energieformen um.

Parallelschaltung von Lampen
Bei der Parallelschaltung von Lampen liegt an jeder Lampe die gleiche Spannung wie an der Spannungsquelle an.
$U_g = U_1 = U_2$

Die Gesamtstromstärke ist genau so groß wie die Summe der Teilstromstärken.
$I_g = I_1 + I_2$

Im Haushalt werden die elektrischen Geräte parallel zueinander betrieben.

Reihenschaltung von Lampen
Bei der Reihenschaltung ist die Gesamtspannung so groß wie die Summe der Teilspannungen.
$U_g = U_1 + U_2$

Die Stromstärke ist bei der Reihenschaltung überall im Stromkreis gleich groß.
$I_g = I_1 = I_2$

Leistung
Auf Elektrogeräten wird neben der Spannung auch die Leistung des Gerätes angegeben. Die elektrische Leistung ist das Produkt aus Spannung und Stromstärke.
$P = U \cdot I$
Einheit: 1 W (Watt)
$1\,W = 1\,V \cdot A$

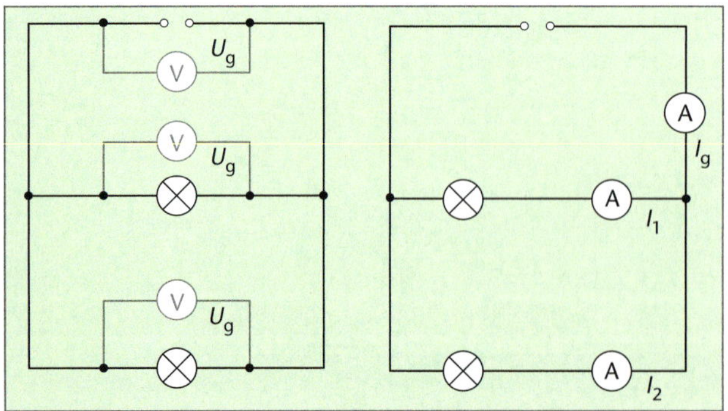

4 Messung von Spannung und Strom bei der Parallelschaltung

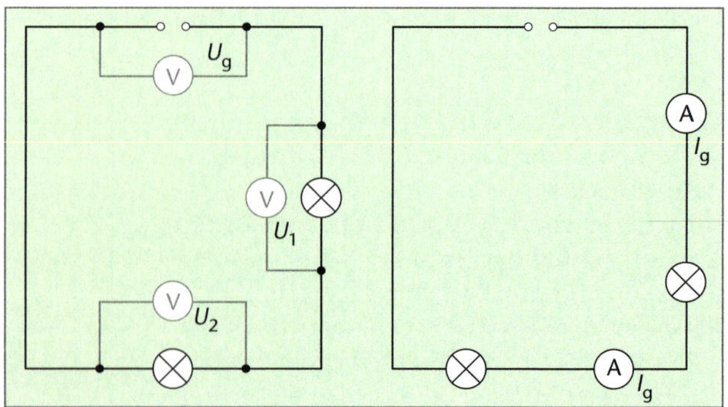

5 Messung von Spannung und Strom bei der Reihenschaltung

Energie und Leistung

In Elektrogeräten wird mit elektrischer Energie Arbeit verrichtet. Die elektrische Energie stammt aus dem Versorgungsnetz. Die entnommene Energiemenge ist das Produkt aus der Leistung des Gerätes und der Betriebsdauer (Zeit).
$E = P \cdot t$
Einheit: 1 J (Joule)

Anstelle der Energieeinheit Joule wird hier die Einheit Kilowattstunde verwendet.
1 kWh = 3 600 000 Ws

Sicherung, Kurzschluss und Überlast

Sicherungen unterbrechen den Stromkreis, wenn ein zu großer elektrischer Strom fließt.
Das kann vorkommen,
– wenn zu viele Elektrogeräte parallel angeschlossen sind; dann wird die Stromstärke in der gemeinsamen Leitung sehr groß (Überlast),
– wenn der elektrische Strom ungehindert von einem Pol der Spannungsquelle zum anderen fließen kann (Kurzschluss).

Aufgaben

1 Beschreibe den Aufbau einer Glühlampe.

2 Zeichne die Schaltskizzen in Bild 6 ab. Ergänze die fehlenden Schaltsymbole für Voltmeter und Amperemeter

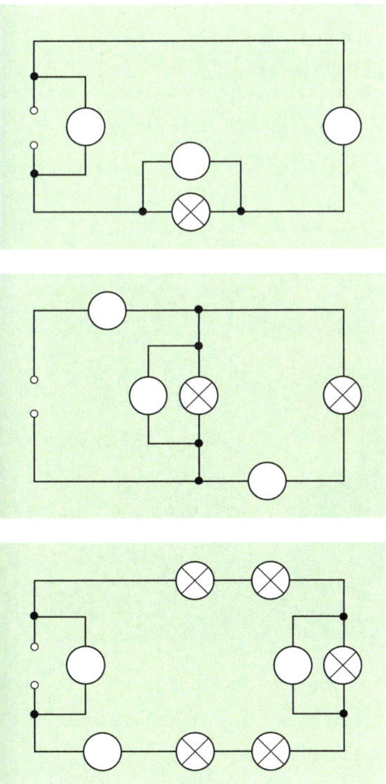

6 Zu Aufgabe 2

3 Bei einer Parallelschaltung zweier Lampen fließt ein Gesamtstrom von 420 mA. Durch eine Lampe fließen 0,27 A. Wie groß ist der Strom durch die andere Lampe?

4 Bei einer Weihnachtsbaumbeleuchtung sind 80 Lampen in Reihe geschaltet. Welche Spannung liegt an jeder Lampe an (Netzspannung: 230 V)?

5 Du hast zwei Glühlämpchen mit der Aufschrift 2,4 V / 85 mA und 3,8 V / 0,05 A. Welches Lämpchen hat die größere Leistung?

6 Ein Videorecorder hat im „Stand-by-Betrieb" eine Leistungsaufnahme von 6 W.
Wie viel Energie benötigt der Videorecorder in einem Jahr?
Wie teuer ist der Stand-by-Betrieb pro Jahr, wenn 1 kWh 0,12 € kostet?

7 Durch eine Waschmaschine fließt bei Betrieb ein Strom der Stärke 10,4 A.
Wie groß ist die Leistung der Waschmaschine (Haushaltsspannung: 230 V)?
Welche Energie wird umgesetzt, wenn der Waschvorgang 90 Minuten dauert?
Wie teuer ist der Waschvorgang, wenn 1 kWh 0,12 € kostet?

8 Welche elektrischen Größen kannst du einem Typenschild entnehmen?

9 Eine Batterie (U = 1,2 V) kann einen Strom von 80 mA für etwa 100 Stunden liefern.
Die Batterie kostet 1 €.
Wie teuer ist eine Kilowattstunde Batteriestrom?

10 Nenne sinnvolle Möglichkeiten, elektrische Energie einzusparen!

11 Eine Bohrmaschine mit einer Leistung von 650 W hat eine Energie von 0,11 kWh umgesetzt.
Wie lange war die Maschine in Betrieb (runde sinnvoll)?

12 Die drei Lampen in Bild 7 sind zusammengeschaltet. Die Schaltung ist in der Kiste versteckt.
Wird Lampe A herausgedreht, leuchten die Lampen B und C weiter. Dreht man Lampe B heraus, leuchtet nur noch Lampe A.
a) Überlege, wie die drei Lampen geschaltet sein müssen, damit diese Bedingungen erfüllt sind.
b) Fertige eine Schaltskizze zu deinen Überlegungen an.
c) Baue die Schaltung auf und überprüfe, ob sie funktioniert.
d) Gibt es eine Möglichkeit, Schalter so in den Stromkreis einzubauen, dass du jede Lampe einzeln ein- und ausschalten kannst? Begründe deine Antwort.

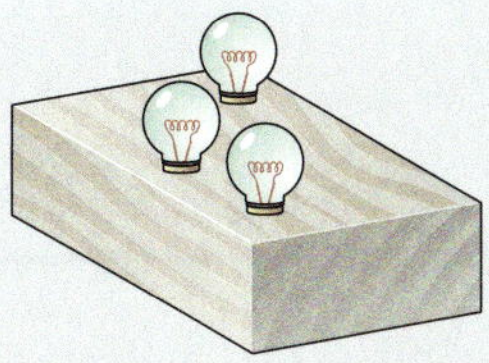

7 Verborgene Schaltung

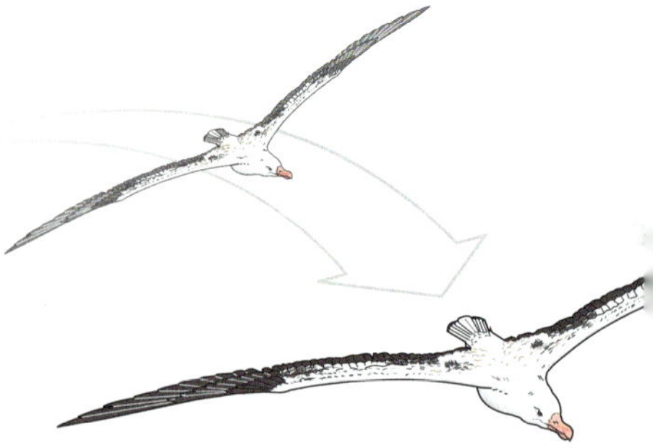

Bewegung
in Natur und Technik

*Fliegen, laufen, springen, rollen, radeln, fahren, rennen, drehen, schleichen …
Es gibt viele Möglichkeiten, sich zu bewegen.*

Schaue dich in deiner Umgebung um, überall bewegt sich etwas. Die Zahl der verschiedenen Bewegungen scheint dabei unermesslich groß zu sein. Doch so unterschiedlich diese Bewegungen auch sind, es gibt Gemeinsamkeiten zwischen ihnen. Welche das sind und welche Bedeutung sie haben, wirst du auf den nächsten Seiten erfahren.

Werkstatt

Die Wirkungen der Kraft

1 Kräftemessen am Expander

Material
Expander oder Latexband, Maßband

Versuchsanleitung
Ziehe ein Latexband mit deinen Händen so weit wie möglich in die Länge (▷ B 1). Bitte einen Mitschüler, diese Länge zu messen. Lasse auch andere Schülerinnen oder Schüler das Band dehnen. Miss jeweils die Länge und notiere alle Ergebnisse.
Kannst du sagen, wer die meiste Kraft in den Armen hat?

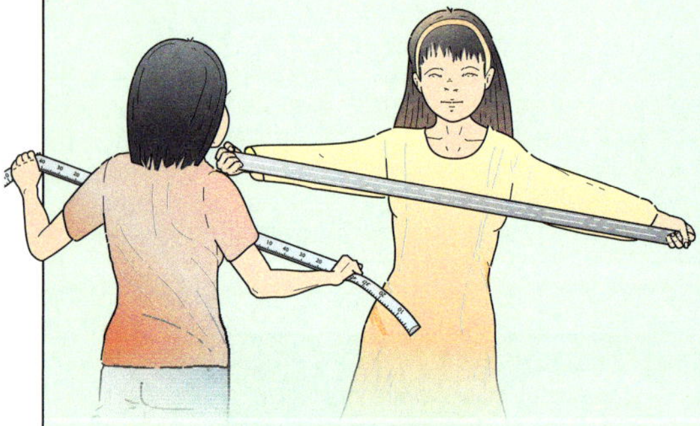

1 Wer kann das Latexband am stärksten dehnen?

2 Kraft und Bewegung

Material
Medizinball

Versuchsanleitung
Stoße einen Medizinball so an, dass er auf einem glatten, ebenen Boden eine möglichst große Geschwindigkeit bekommt.
Ein Mitschüler soll den Ball wieder abbremsen (▷ B 2). Tauscht die Rollen und wiederholt den Versuch. Beschreibe möglichst genau, wie sich die Geschwindigkeit des Balls beim Anstoßen und Abbremsen verändert.

2 Erst anstoßen, dann abbremsen

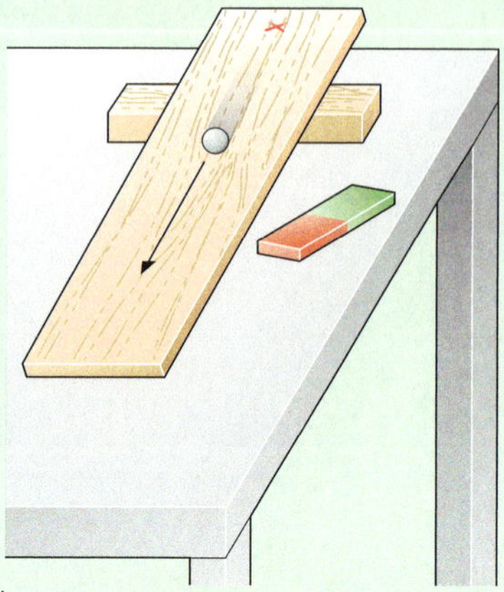

3 Zu Versuch 3

3 Eine Kugel auf Abwegen

Material
Brett (1 m × 40 cm), Stift, Unterlegholz, Stahlkugel, Stabmagnet

Versuchsanleitung
Lege ein Ende des Bretts auf das Unterlegholz. Markiere die Mitte des erhöhten Endes mit dem Stift. Lasse die Kugel von diesem Punkt aus das Brett hinab rollen. Richte die Neigung des Bretts so ein, dass du die Bewegung der Kugel gut beobachten kannst (▷ B 3). Zeichne den Weg der Kugel mit dem Stift auf das Brett.
Lege den Stabmagneten an verschiedene Stellen neben die Rolllinie und lasse die Kugel erneut hinabrollen. Ändere auch die Neigung des Brettes.
Notiere deine Beobachtungen.

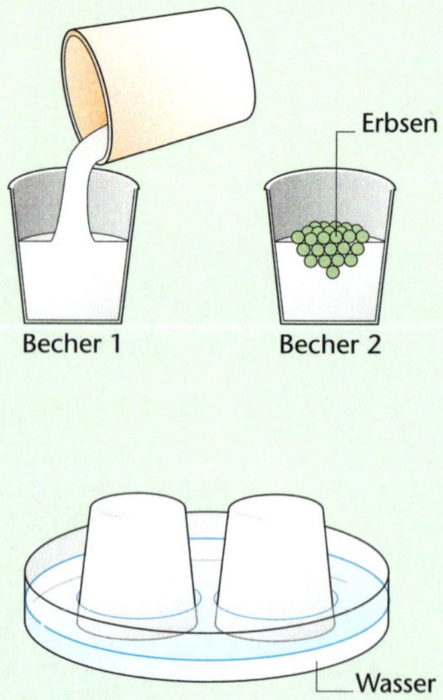

4 Zu Versuch 4

4 Sprengversuche mit Erbsen

Material
2 Jogurtbecher, Gipspulver, Plastikgefäß, Spatel, 2 Esslöffel getrocknete Erbsen

Versuchsanleitung
Rühre so viel Gips an, dass du damit beide Jogurtbecher füllen kannst. Fülle einen Becher randvoll mit Gipsbrei (▷ B 4). Befülle den anderen Becher zur Hälfte mit Gipsbrei und drücke eine Vertiefung hinein. Gib möglichst viele Erbsen in die Vertiefung (achte darauf, dass die Erbsen die Becherwand nicht berühren). Fülle den Becher nun ganz mit Gips. Lasse den Gips hart werden.
Nimm die beiden Gipsblöcke aus den Bechern und stelle sie in eine flache Schale mit Wasser (▷ B 4). Lasse sie bis zum nächsten Tag stehen. Notiere deine Beobachtungen und versuche, sie zu erklären.

Aufgaben
1. Versuche die Kräfte zu benennen, die in den Versuchen 1 bis 4 wirken. Finde weitere Arten von Kräften.
2. Kannst du eine Kraft sehen?
3. Woran erkennt man, ob eine Kraft wirkt? Fasse deine Beobachtungen zusammen.
4. Finde für jede der von dir genannten Kraftwirkungen weitere Beispiele.

Kräfte in der Natur

1 Vulkanausbruch

Kräfte im Inneren der Erde
Im Inneren der Erde wirken gewaltige Kräfte, die seit Milliarden von Jahren ganz langsame und meist unmerkliche Veränderungen des Erdaufbaus bewirken. Diese Veränderungen äußern sich z. B. durch Erdbeben: Sie entstehen, wenn die Platten der Erdkruste aneinander reiben.
An manchen Stellen gelangt zwischen den Platten flüssiges Gestein aus dem Erdinneren an die Oberfläche. Ein solcher Vulkanausbruch (▷ B 1) kann große Verwüstungen anrichten.

2 Flussbett

Kräfte des Wassers
Fließendes Wasser besitzt ausreichend große Kräfte, um ganz langsam auch hartes Gestein abzutragen. Täglich werden tausende von Kubikmetern Erde und Gestein durch Bäche und Flüsse ins Meer transportiert. Auf diese Weise hat das Wasser im Laufe von tausenden oder gar Millionen von Jahren tiefe Flusstäler in die Landschaft gegraben (▷ B 2).
Auch die Küstenregionen sind der Kraft des Wassers ständig ausgesetzt. Die Wellen des Meeres bearbeiten das Ufer, sie tragen aber auch Sand heran.

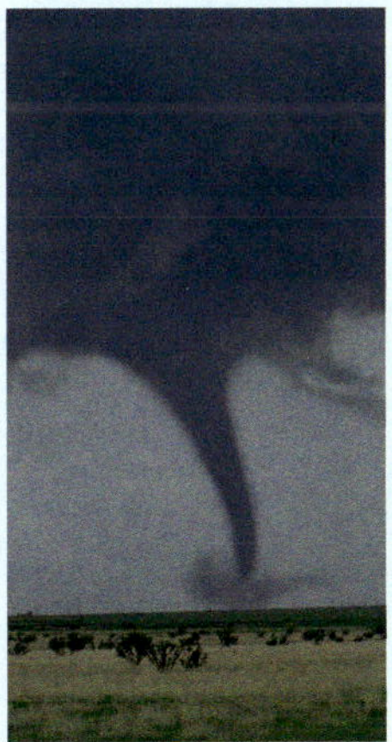

3 Tornado

Kräfte des Windes
In vielen Gegenden der Erde, vor allem in äquatornahen Bereichen, richten Taifune, Tornados (▷ B 3) und Hurrikans regelmäßig große Schäden an (▷ B 4). Aber auch bei uns entstehen gelegentlich Orkane, die Schornsteine zerstören, Häuser abdecken und Bäume entwurzeln.

Starke Tiere
Manche Tiere entwickeln verhältnismäßig große Kräfte. So kann der Hirschkäfer (▷ B 5) mehr als das 100fache seines Körpergewichtes tragen. Wäre ein Mensch genau so kräftig, dann könnte er einen 7,5 t schweren LKW anheben.

4 Zerstörungen durch einen Tornado

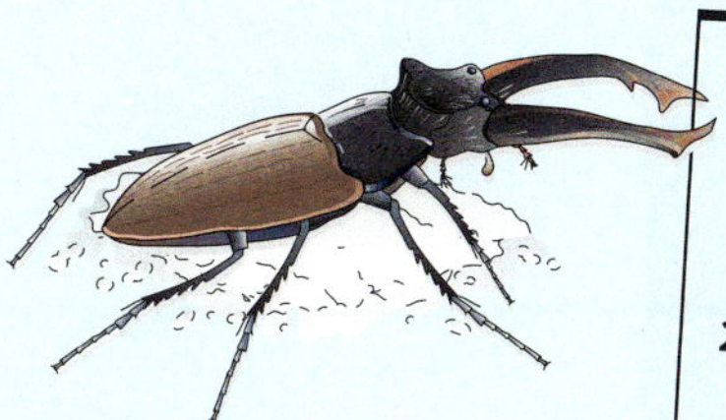

5 Hirschkäfer

Aufgaben

1 Erkundige dich, wann zuletzt in deiner Umgebung ein Orkan große Schäden anrichtete.

2 Sammle weitere Beispiele von Tieren und Pflanzen, die über bemerkenswerte Kräfte verfügen.

1 Markus friert garantiert nicht.

Woran erkennt man Kräfte?
Kräfte kannst du nicht sehen, du kannst sie nur an ihren Wirkungen erkennen. Diese Wirkungen nutzen wir ständig bei alltäglichen Vorgängen. Vielleicht fallen dir dazu ein paar Beispiele ein?

Kräfte verändern Geschwindigkeiten
Anja sitzt auf dem Schlitten (▷B1). Aber nur, wenn eine Kraft wirkt, bewegt sich der Schlitten auch. Ist der Schlitten schon in Bewegung, kann er durch eine Kraft schneller oder langsamer werden.
Auch beim Fahrradfahren musst du Kraft aufbringen, um deine Geschwindigkeit zu erhöhen: Du trittst kräftig in die Pedale. Möchtest du rasch zum Stillstand kommen, dann betätigst du die Bremsen. Auch dazu ist deine Muskelkraft nötig.

Kräfte ändern die Bewegungsrichtung
Beobachte einmal ein geschicktes Zuspiel beim Fußball aus physikalischer Sicht. Durch die Kraft, die beim Zuspiel auf den Ball einwirkt, wird seine Bewegungsrichtung geändert. Manchmal wird durch den Krafteinsatz des Fußballers die Bewegungsrichtung des Balls sogar ganz umgekehrt (▷B2).

2 Änderung der Bewegungsrichtung

Kräfte können Körper verformen
Mit der Muskelkraft deiner Hände kannst du einen Gummiball und eine Kugel aus Knetmasse verformen (▷B3). Sobald die Kraft nicht mehr wirkt, nimmt der Gummiball wieder seine ursprüngliche Form an. Er wurde **elastisch** verformt. Die Knetkugel behält dagegen ihre neue Form. Sie wurde **plastisch** verformt.

Kräfte erkennt man an ihren Wirkungen. Sie können Körper beschleunigen, abbremsen, ihre Bewegungsrichtung ändern oder die Körper verformen.

Arten von Kräften
Um Anjas Schlitten in Bewegung zu setzen, kann Markus ihn anschieben oder ziehen. Im ersten Fall wirkt eine **Schubkraft**, im zweiten Fall eine **Zugkraft**.

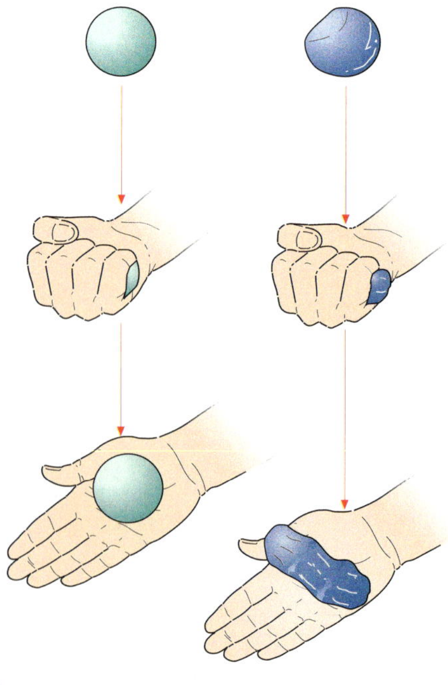

3 Elastische und plastische Verformung

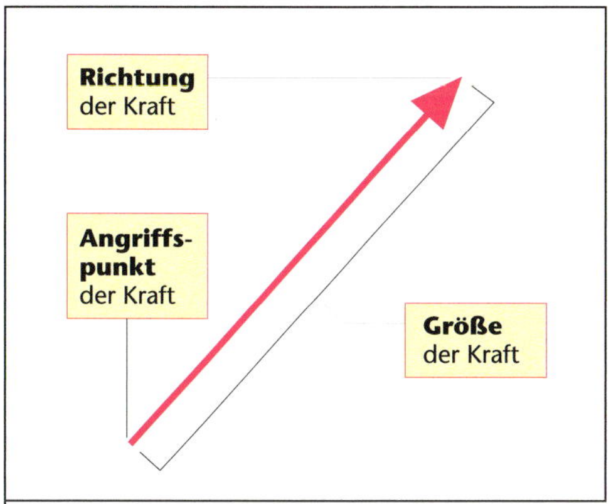

4 Kräfte werden durch einen Kraftpfeil dargestellt.

5 Die Speerwerferin übt auf den Speer eine Kraft aus. Der Pfeil zeigt Angriffspunkt, Richtung und Größe an.

Um den Schlitten anzuheben muss Markus ebenfalls Kraft aufwenden. Diese Kraft wird **Hubkraft** genannt. Weil Anja friert, reibt sie ihre Hände aneinander. Dabei wirkt eine **Reibungskraft** zwischen ihren Händen. Reibungskräfte spielen auch bei Bremsvorgängen eine Rolle. Du bringst dein Fahrrad zum Stehen, indem du die Bremse betätigst. Dabei wird der Bremsbelag gegen die Radfelge gedrückt. Durch den Kontakt zwischen Belag und Felge entsteht eine Reibungskraft, die die Bewegung des Rads verlangsamt.

Darstellung von Kräften

Bei einer Kraft kommt es nicht nur auf die Größe an. Wie du vom Fußballspielen weißt, ist auch die Richtung wichtig, in welche die Kraft wirkt.
Kräfte können mithilfe von Pfeilen dargestellt werden (▷B4). Der Pfeil beginnt im Angriffspunkt der Kraft. Seine Richtung gibt die Wirkrichtung der Kraft an, seine Länge ist ein Maß für ihre Größe. Um die Größe der Kraft angeben zu können, muss man allerdings jeweils einen Maßstab festlegen.

Ein Kraftpfeil gibt Angriffspunkt, Größe und Richtung einer Kraft an.

Deutung von Kraftpfeilen

Bild 5 zeigt an einem Beispiel, wie ein Kraftpfeil eingezeichnet wird. Die Kraft, die die Speerwerferin auf den Speer ausübt, ist durch einen roten Kraftpfeil dargestellt. Der Pfeil beginnt am Angriffspunkt der Kraft, nämlich der Hand der Werferin. Der Pfeil zeigt in die Richtung, in die der Speer fliegen soll. Die Größe der Kraft lässt sich im Foto allerdings nicht ablesen, da kein Maßstab festgelegt wurde.

Bild 6 zeigt zwei Fußballspieler, die den Ball auf unterschiedliche Weise weiterspielen. Der Kraftpfeil in Bild 6 oben ist kürzer als in Bild 6 unten. Auch Angriffspunkt und Wirkrichtung sind unterschiedlich. Versuche vorauszusagen, wie sich die beiden Bälle bewegen werden.

Aufgaben

1 Beschreibe bei verschiedenen Sportarten die Wirkung der dort auftretenden Kräfte.

2 Suche Wörter, in denen das Wort Kraft vorkommt. Sortiere die aus, die mit physikalischen Kräften nichts zu tun haben.

3 Du möchtest einen Schrank verschieben. Überlege, welchen Einfluss der Angriffspunkt der Kraft auf dein Vorhaben hat.

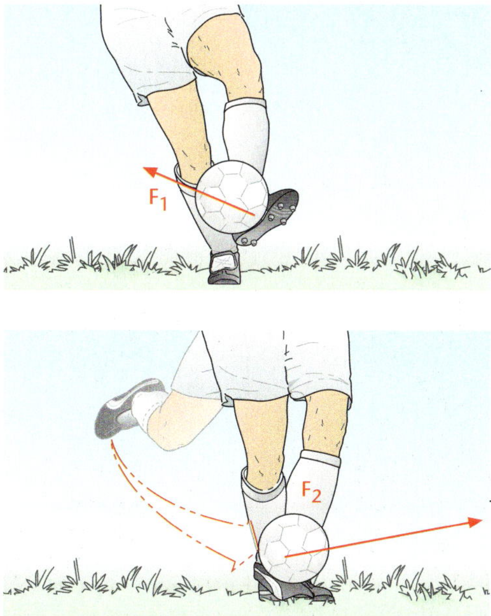

6 Unterschiedlich große Kräfte werden durch unterschiedlich lange Kraftpfeile dargestellt.

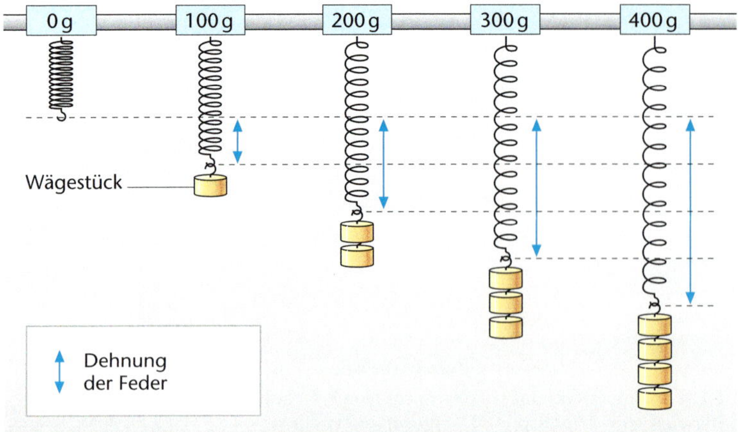

1 Je mehr Wägestücke, desto länger die Feder.

Versuch

1 Untersuche den Zusammenhang zwischen der wirkenden Kraft und der Dehnung der Feder.
Fertige zu deinen Experimenten ein Versuchsprotokoll an.
a) Baue den Versuch nach Bild 1 auf. Miss die Länge der Feder im unbelasteten Zustand.
b) An die Feder werden nun nacheinander 50 g, 100 g, 150 g, 200 g, 250 g, 300 g und 350 g angehängt. Miss jeweils die Dehnung der Feder.
c) Formuliere dein Ergebnis.

Federn dehnen sich

Wirkt auf eine Feder eine Kraft *F*, wird die Feder um die Strecke *s* gedehnt. Vergrößert man die Kraft, dehnt sich die Feder entsprechend stärker (▷ B 1; V 1). Diesen Zusammenhang kann man in einem *s*-*F*-Diagramm darstellen (▷ B 6). Den Zusammenhang zwischen Kraft und Dehnung fasste der englische Physiker Robert Hooke (1635 – 1703) in das nach ihm benannte **Hooke'sche Gesetz**:

Wird die Kraft verdoppelt, verdoppelt sich auch die Dehnung der Feder. Wird die Kraft verdreifacht, verdreifacht sich auch die Dehnung. Kraft *F* und Dehnung *s* sind proportional zueinander: $s \sim F$

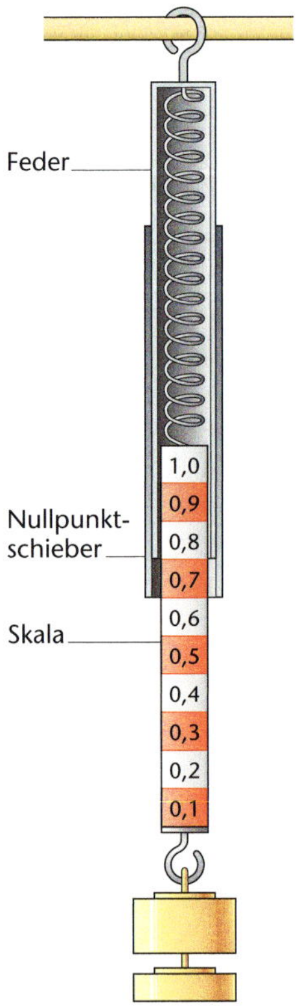

2 Aufbau eines Federkraftmessers

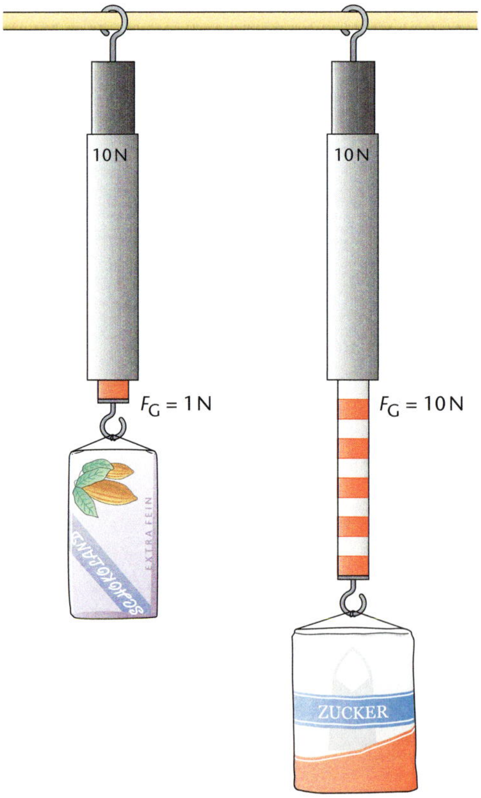

3 So kann man sich leicht merken, was die Kraft 1 N bzw. 10 N bedeutet.

Die Federhärte

Durch die gleiche Kraft werden verschiedene Federn unterschiedlich stark gedehnt. Federn, die weniger gedehnt werden bezeichnet man als „härter".

Messen von Kräften

Die gleichmäßige Dehnung von Federn wird für die Kraftmessung genutzt. Das Messgerät für die Kraft heißt **Federkraftmesser** (▷ B 2). Es besteht im Wesentlichen aus einer Feder, einer Skala und einem Nullpunktschieber. Wird ein Körper an den Kraftmesser gehängt, dehnt sich die Feder. Auf der Skala kann man die Größe der Kraft ablesen.

Formelzeichen und Einheit der Kraft

Das Formelzeichen für die **physikalische Größe Kraft** ist *F*. Die Einheit der Kraft ist das Newton (N). Sie wurde nach dem englischen Physiker Isaac Newton (1643 – 1727) benannt.
Eine Kraft von 1 N ist eine kleine Kraft. Hebst du einen Körper von 102 g an, z. B. eine Tafel Schokolade mit Verpackung, benötigst du eine Kraft von 1 N. Um eine 1-kg-Tüte Zucker zu halten, benötigst du schon eine Kraft von etwa 10 N (▷ B 3). Große Kräfte werden meist in der Einheit Kilonewton (kN) oder Meganewton (MN) angegeben. Es gilt:

$$1\,000\,\text{N} = 1\,\text{kN},$$
$$1\,000\,000\,\text{N} = 1\,000\,\text{kN} = 1\,\text{MN}.$$

Die Kraft kann mit einem Federkraftmesser gemessen werden. Die physikalische Größe Kraft hat das Formelzeichen F. Die Einheit der Kraft ist das Newton (N).

Umgang mit einem Federkraftmesser
Überlege schon vor einer Messung, wie groß die auftretenden Kräfte ungefähr sein könnten. Wähle dann den Federkraftmesser mit dem geeigneten Messbereich aus. Bevor du beginnst, musst du die Nullpunkteinstellung überprüfen. Ist der Kraftmesser unbelastet, muss die Skala genau auf null stehen (▷B4).
Achte darauf, dass beim Experimentieren die maximale Belastung nicht überschritten wird. Beim Messen ist es wichtig, den Kraftmesser genau waagerecht oder senkrecht zu halten und nicht zu verkanten. Zum Ablesen der Skala muss sich diese auf Augenhöhe befinden.

Versuche

1 Überprüfe mithilfe eines Federkraftmessers die Wägestücke aus den Schülerexperimenten. 100 g sollen 1 N entsprechen. Was stellst du fest?

2 Sammle unterschiedlich schwere Steine. Schätze mit welcher Kraft sie am Federkraftmesser ziehen könnten. Miss nun die Kraft. Vergleiche den geschätzten mit dem gemessenen Wert. Hast du gut geschätzt?

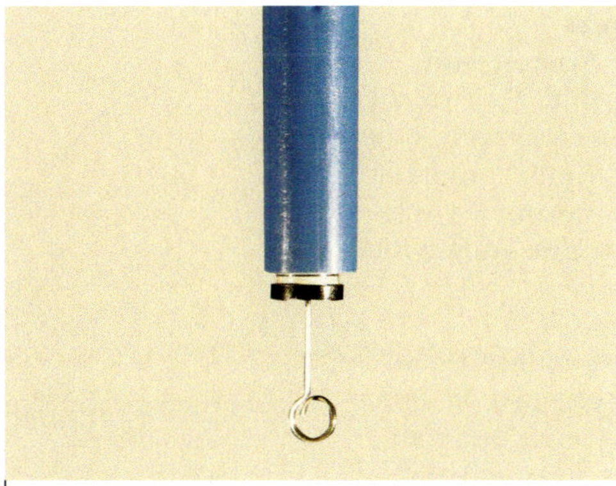

4 Federkraftmesser mit eingestelltem Nullpunkt

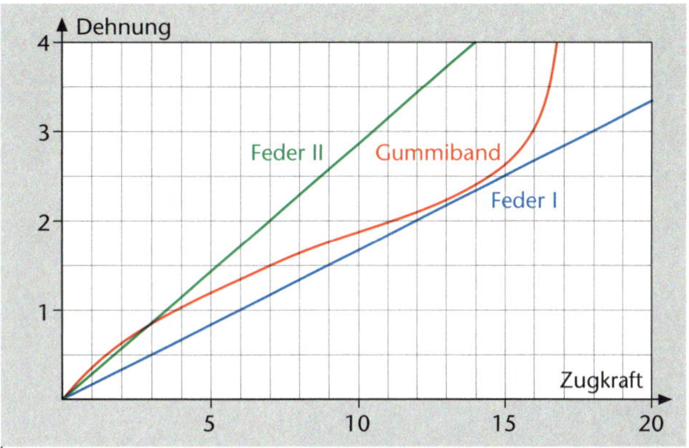

5 Eine Feder wird gleichmäßig gedehnt, ein Gummiband jedoch nicht.

Aufgabe

1 Bild 5 zeigt die Dehnung zweier Schraubenfedern und eines Gummibandes für zunehmende Zugkraft. Welche der beiden Federn ist härter?

Werkstatt

Baut euch einen Federkraftmesser

Material
Wägestücke (10 g, 50 g, 100 g), 1 Schraubenfeder, 3 Holzleisten, Nägel, 2 Schraubösen, Nägel

Versuchsanleitung
Baut den Federkraftmesser entsprechend der Zeichnung (▷B1) zusammen.
Lasst die Feder zunächst unbelastet und kennzeichnet den Nullpunkt.

Die weitere Skaleneinteilung nehmt ihr mit den Wägestücken vor.
Dabei gilt Folgendes: 100 g entsprechen etwa einer Kraft von 1 N. Also entsprechen 200 g etwa einer Kraft von 2 N usw.

Habt ihr so die Skala festgelegt, könnt ihr nun die Kraft messen, mit der ein beliebiger Körper am Federkraftmesser zieht. Achtet aber darauf, dass ihr eure Feder nicht überlastet, sonst wird sie unbrauchbar.

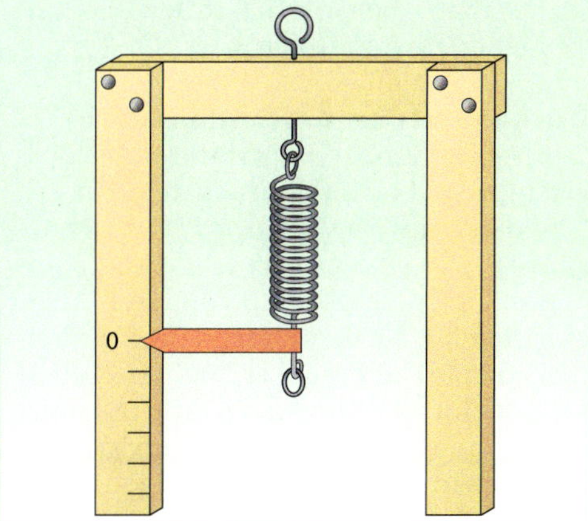

1 Selbst gebauter Federkraftmesser

Isaac Newton und der Apfel
Über den Physiker Isaac Newton wird folgende Geschichte erzählt: Als Zwanzigjähriger soll er im Garten seiner Eltern beobachtet haben, wie ein Apfel vom Baum fiel. Newton fragte sich, warum der Apfel nach unten und nicht in eine andere Richtung fällt.

Alle Körper ziehen sich gegenseitig an
Newton nahm zunächst an, dass die Erde eine Kraft besäße, die andere Körper anzieht. Später erkannte er, dass sich alle Körper gegenseitig anziehen. Er nannte diese Anziehungskraft **Gravitationskraft** (lat. gravis: schwer). Allerdings sind diese Kräfte sehr klein und Newton konnte sie nicht nachweisen.

Die Größe der Gravitationskraft wird an einem Beispiel deutlich. Betrachte Bild 1. Die Anziehungskraft zwischen zwei großen Schiffen, die im Abstand von 100 m aneinander vorbei fahren, ist nur etwa so groß wie die Anziehungskraft zwischen einer vollen Getränkekiste und der Erde.

1 Zwischen den Schiffen wirkt eine Anziehungskraft.

▶ Alle Körper ziehen sich gegenseitig an. Die Kraft, die zwischen ihnen wirkt, heißt Gravitationskraft.

Der Nachweis der Gravitationskraft
Der Nachweis der Gravitationskraft gelang erst über 100 Jahre später dem Chemiker und Physiker Henry Cavendish (1731 – 1810). Dazu brachte er zwei große Metallkugeln im Abstand von etwa 2 m zueinander an. An den Enden eines ähnlich langen Stabs befestigte er zwei wesentlich kleinere Kugeln. Der Stab wurde mit einer gewissen Auslenkung gegenüber den großen Kugeln an einem Draht aufgehängt (▷ B 3). Der Versuch zeigte, dass sich die kleinen Kugeln tatsächlich langsam auf die großen zu bewegten.

2 Die Gravitationskraft ist zum Erdmittelpunkt gerichtet.

Die Gewichtskraft
Wie Newtons Apfel fällt jeder Körper, den man loslässt, nach unten. Dabei bewegt er sich auf den Mittelpunkt der Erde zu (▷ B 2). Hindert man den Körper daran, herunterzufallen, drückt er auf die Unterlage, denn die Gravitationskraft wirkt weiterhin. Die Kraft, mit der ein Körper „drückt", bezeichnet man als **Gewichtskraft**.

▶ Die Gravitationskraft, die zwischen einem Körper und der Erde wirkt, wird als Gewichtskraft bezeichnet.

Das Gravitationsfeld
Die Gravitationskräfte, die zwischen zwei Körpern wirken, sind auch abhängig von der Entfernung der Körper zueinander. Sie werden mit zunehmendem Abstand geringer, verschwinden aber nie ganz. Den Bereich um einen Körper, in dem die Gravitationskraft wirkt, bezeichnet man als **Gravitationsfeld**.

4 Henry Cavendish

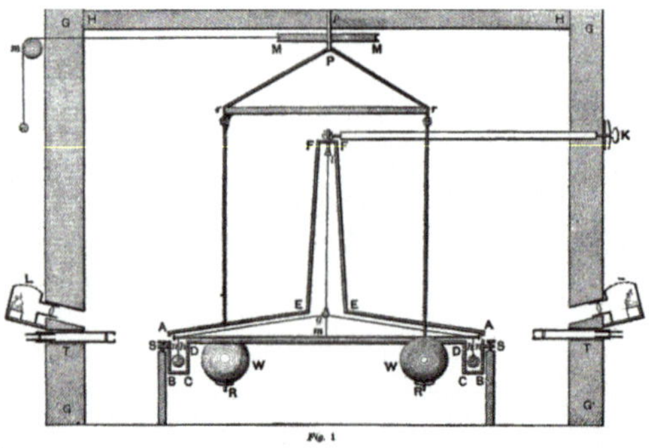

3 Gravitationswaage von Henry Cavendish

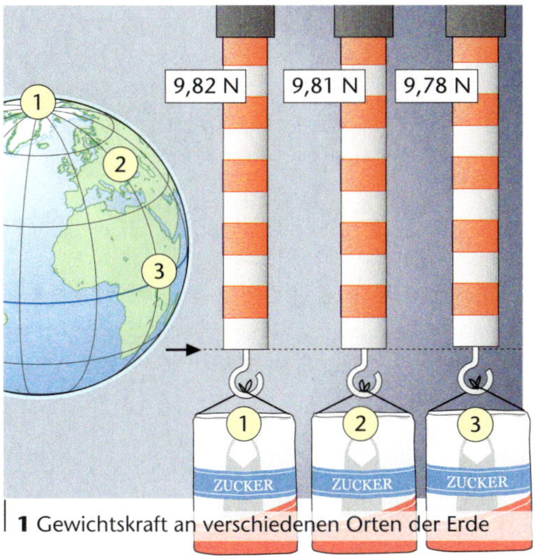

1 Gewichtskraft an verschiedenen Orten der Erde

Die Gewichtskraft auf der Erde
Misst man die Gewichtskraft einer 1-kg-Packung Zucker an verschiedenen Orten der Erde, erhält man ein erstaunliches Ergebnis: Die Gewichtskraft der Zuckertüte ist nicht an allen Orten der Erde gleich groß (▷B1). Die größte Kraft erzeugt sie am Pol, die kleinste am Äquator.
Grund dafür ist, dass die Erde keine exakte Kugelform hat. Außerdem muss man berücksichtigen, dass die Gewichtskraft mit zunehmendem Abstand zum Erdmittelpunkt kleiner wird. Da die Erde an den Polen etwas abgeflacht ist, befindet man sich dort näher am Erdmittelpunkt als am Äquator.

Die Unterschiede in der Gewichtskraft sind recht klein. Deshalb rechnen wir für einen Körper mit 1 kg mit einem Näherungswert von 10 N.

Auf dem Mond ist alles leichter
Was würde ein Astronaut feststellen, wenn er die Zuckertüte und einen Kraftmesser mit zum Mond nähme? Seine Messung ergäbe eine Gewichtskraft von etwa 1,6 N (▷B2). Das ist 1/6 des Werts, den man auf der Erde misst.

Etwas bleibt überall gleich
Angenommen, der Astronaut nimmt anstelle des Kraftmessers eine Balkenwaage und einen Wägesatz mit zum Mond. Was würde ein Wägeversuch jetzt ergeben?
In diesem Fall würde der Astronaut beim Abwiegen keinen Unterschied zum Ergebnis auf der Erde feststellen.

Auf dem Mond haben sowohl der Zucker als auch die Wägestücke nur noch 1/6 ihrer irdischen Gewichtskraft. Also bringen dort dieselben Wägestücke die Waage ins Gleichgewicht.
Die Eigenschaft eines Körpers, die unabhängig vom Ort der Messung gleich bleibt, ist die **Masse**. Das physikalische Formelzeichen der Masse ist *m*, ihre Einheit ist das Kilogramm (kg).

▶ Die Masse ist eine unveränderliche Eigenschaft eines Körpers. Sie verursacht seine Gewichtskraft. Die Einheit der Masse ist das Kilogramm.

Die Gewichtskraft auf anderen Himmelskörpern
Bild 2 zeigt, welche Gewichtskraft 1 kg Zucker auf verschiedenen Himmelskörpern erzeugen würde. Die Gewichtskraft der Zuckertüte ist umso größer, je größer die Masse des Himmelskörpers ist, auf dem sie gemessen wird.

▶ Die Gewichtskraft eines Körpers ist umso größer
- je mehr Masse er hat,
- je größer die Masse des Himmelskörpers ist, auf dem gemessen wird,
- je näher sich der Körper am Mittelpunkt des Himmelskörpers befindet.

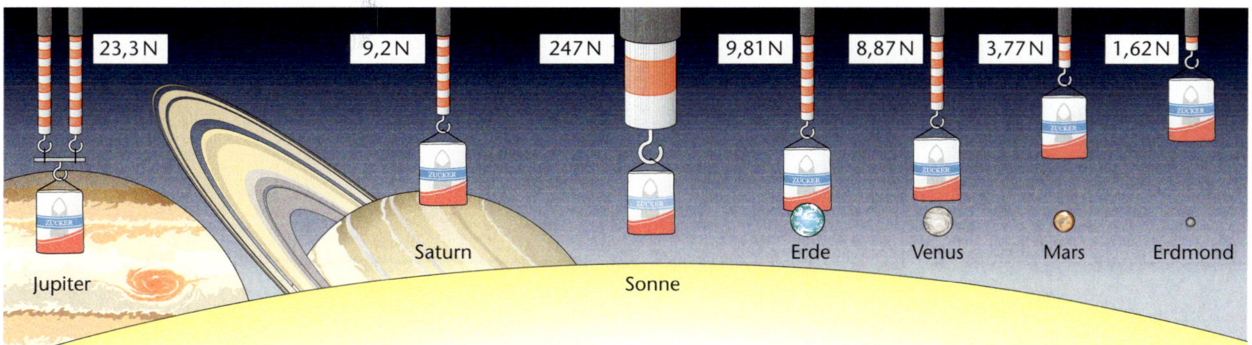

2 Gewichtskraft einer Tüte Zucker auf verschiedenen Himmelskörpern

Leicht oder schwer – eine Frage der Dichte

Die Dichte – eine Stoffeigenschaft

Ein Würfel mit der Kantenlänge von 1 cm hat ein Volumen von 1 cm^3. Bestimmt man die Massen verschiedener Kubikzentimeter-Würfel, stellt man Unterschiede fest (▷ V 1; B 1). Ein Bleiwürfel ist schwerer als ein Aluminiumwürfel. Beide haben unterschiedlich große Massen, aber das gleiche Volumen. Die Eigenschaft, in der sich Aluminium und Blei unterscheiden, ist ihre **Dichte** ρ (sprich „rho").
Die Dichte ist der Quotient aus der Masse und dem Volumen eines Stoffes. Sie ist eine messbare, charakteristische Stoffeigenschaft. Die Einheit der Dichte ist Gramm pro Kubikzentimeter (g/cm^3).

Die Dichte ρ ist eine charakteristische, messbare Stoffeigenschaft.

$$\text{Dichte} = \frac{\text{Masse}}{\text{Volumen}}; \qquad \rho = \frac{m}{V}$$

$$\text{Einheit: } \frac{\text{g}}{\text{cm}^3}$$

Dichtebestimmung von Flüssigkeiten

An einem Messzylinder kann man das Volumen einer Flüssigkeitsmenge direkt ablesen. Dabei ist 1 ml Flüssigkeit gleich einem Volumen von 1 cm^3. Durch Wiegen bestimmt man die Masse der Flüssigkeitsmenge und berechnet aus Masse und Volumen die Dichte des Stoffes (▷ V 3).

Dichtebestimmung von Feststoffen

In der Regel liegen die Stoffe nicht als Kubikzentimeter-Würfel vor. Es gibt Platten, eckige und runde Stangen oder ganz unregelmäßig geformte Körper.
Die Bestimmung der Masse ist auch bei unregelmäßigen Körpern einfach.

1 Gleich große Würfel aus verschiedenen Stoffen sind unterschiedlich schwer.

Schwieriger ist es allerdings, ihr Volumen zu ermitteln. Hier kannst du z. B. die Methode der Wasserverdrängung einsetzen (▷ V 2; B 2). Dazu füllst du einen Standzylinder mit Wasser und liest das Volumen ab. Gib nun den zu untersuchenden Körper dazu und miss das Volumen erneut. Das gesuchte Volumen ergibt sich aus der Differenz der beiden Messwerte. Aus Masse und Volumen kannst du nun die Stoffdichte bestimmen.

Versuche

1 Bestimme die Masse einiger Kubikzentimeter-Würfel und gib jeweils die Dichte der Stoffe an.

2 Bestimme für einen unregelmäßig geformten Gegenstand (z. B. einen Stein) die Masse und das Volumen durch Wasserverdrängung (▷ B 2). Berechne daraus die Dichte des Stoffs.

3 Bestimme die Masse eines Messzylinders (25 ml) und fülle anschließend 10 ml Wasser ein. Berechne die Dichte von Wasser.

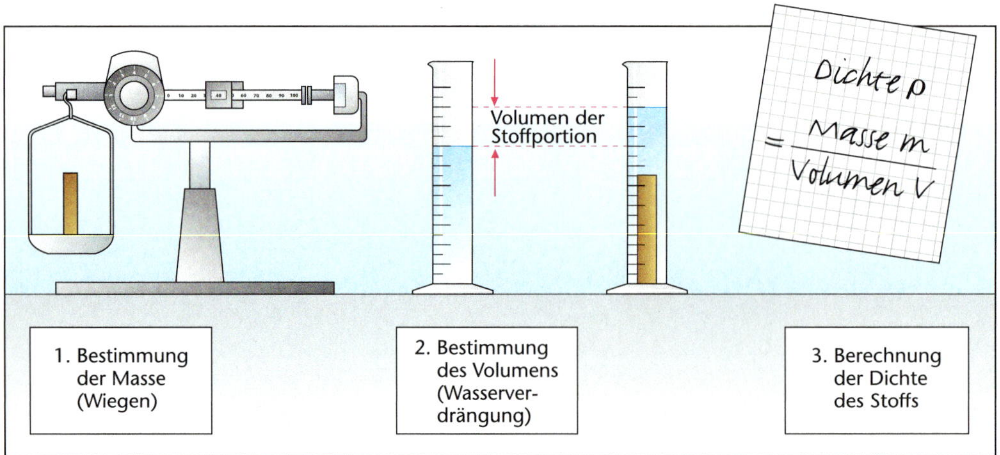

2 Bestimmung der Dichte von Feststoffen

Stoff	**Dichte** ρ in g/cm^3
Holz	ca. 0,80
Wasser	1,00
Aluminium	2,70
Zink	7,14
Eisen	7,87
Kupfer	8,90
Blei	11,40
Gold	19,32

3 Dichte einiger Stoffe

Wir bestimmen die Dichte

1 Die Dichte von Kupfer

Material

Kupferwürfel (1 cm^3), Waage, quadratische Kupfersäule (ca. 6 cm × 1 cm × 1 cm)

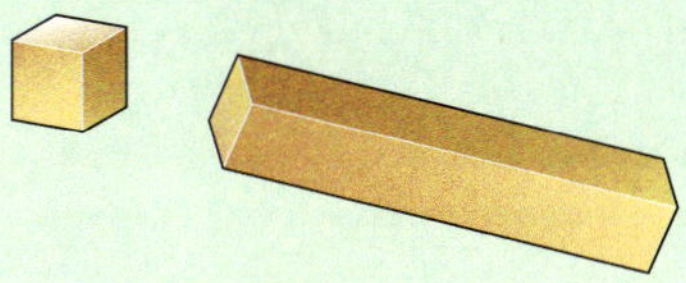

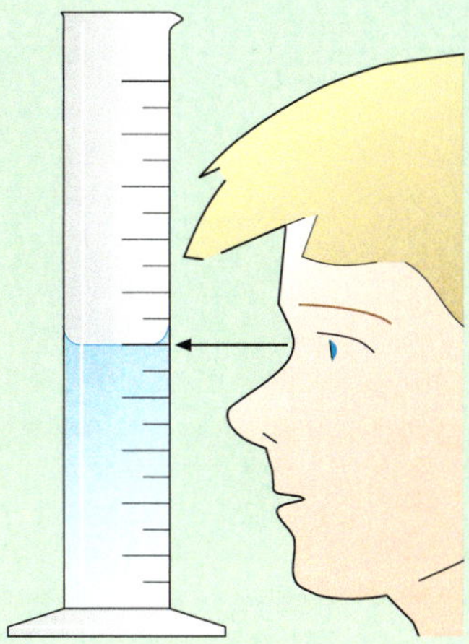

2 Ablesen des Wasserstandes

Versuchsanleitung

a) Wiege den Kupferwürfel (▷ B 1). Berechne die Dichte des Kupferwürfels, indem du die Masse des Würfels durch sein Volumen teilst.

b) Wiege danach die Kupfersäule. Berechne das Volumen und die Dichte der quadratischen Säule. Vergleiche die Dichte des Kupferwürfels mit der Dichte der Kupfersäule.

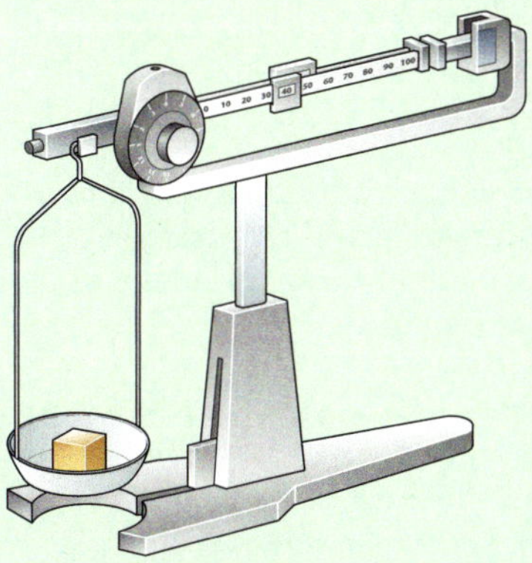

1 Bestimmung der Masse

2 Die Dichte von Murmeln

Material

10 Tonmurmeln (Durchmesser ca. 1,4 cm), Waage, Messzylinder (50 ml), Wasser, Handtuch

Versuchsanleitung

a) Wiege drei Murmeln und notiere ihre Masse.

b) Bestimme danach das Volumen der drei Murmeln. Fülle dazu 20 ml Wasser in den Messzylinder.

Um den Wasserstand richtig ablesen zu können, musst du den Messzylinder auf den Tisch stellen. Sieh nun waagerecht auf den Wasserrand. Entscheidend für die Wasserhöhe ist die tiefste Stelle des Wasserspiegels (▷ B 2).

Gib nun die drei Murmeln in den mit Wasser gefüllten Messzylinder und lies den neuen Wasserstand ab. Das Volumen der drei Murmeln entspricht der Differenz der beiden Volumina (▷ B 3).

c) Berechne aus der Masse und dem Volumen die Dichte der Tonmurmeln.

d) Trockne alle Murmeln mit dem Handtuch ab. Wiederhole den Versuch nun mit fünf und mit zehn Murmeln. Berechne aus den Messwerten jeweils ihre Dichte. Notiere und vergleiche die Ergebnisse der einzelnen Versuche.

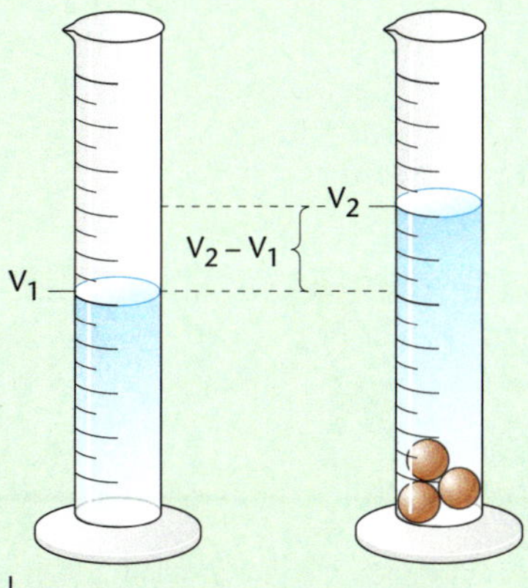

3 Volumenmessung durch Wasserverdrängung

3 Die Dichte von Plastilin

Material

Etwa 15 g Plastilin (Knete), Waage, Messzylinder (50 ml), Wasser, Handtuch

Versuchsanleitung

Forme aus dem Plastilin einen großen und einen kleinen Körper. Achte darauf, dass die Körper in den Messzylinder passen. Bestimme ihre Masse und ihr Volumen wie in Versuch 2 angegeben. Berechne ihre Dichte aus den Messwerten und notiere die Ergebnisse.

Vergleiche die Dichtewerte.

Aufgabe

Erstelle ein Masse-Volumen-Diagramm: Zeichne dazu auf Millimeterpapier ein Koordinatensystem. Trage auf der Rechtsachse das Volumen V (1 cm ≙ 1 cm^3) und auf der Hochachse die Masse m (1 cm ≙ 4 g) ab (▷ B 4).

Trage dann alle Messergebnisse der Versuche ein. Wähle für jeden Stoff eine bestimmte Farbe und verbinde die Messwerte gleicher Farbe mit einer Linie.

Welche Linien ergeben sich?

Wohin führen die Linien, wenn man sie nach unten verlängert?

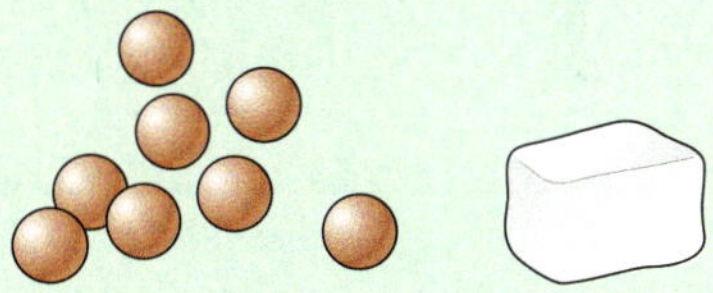

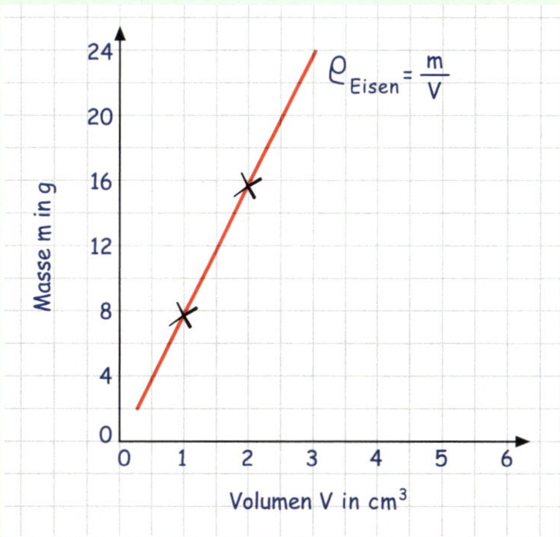

4 Masse-Volumen-Diagramm

1 Der Luftdruck im Reifen wird erhöht.

2 Der Taucher atmet Druckluft.

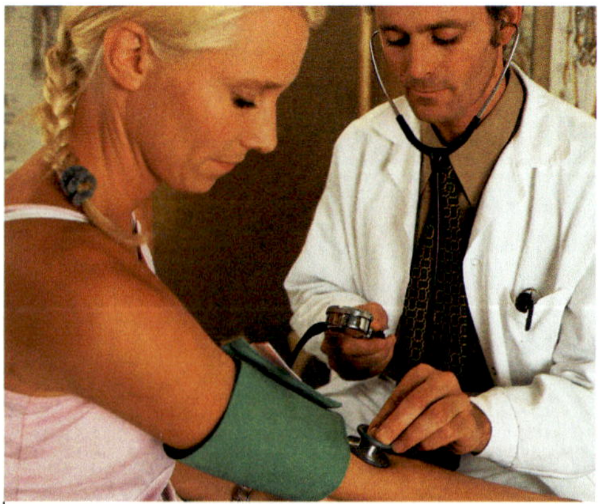

3 Der Blutdruck wird gemessen.

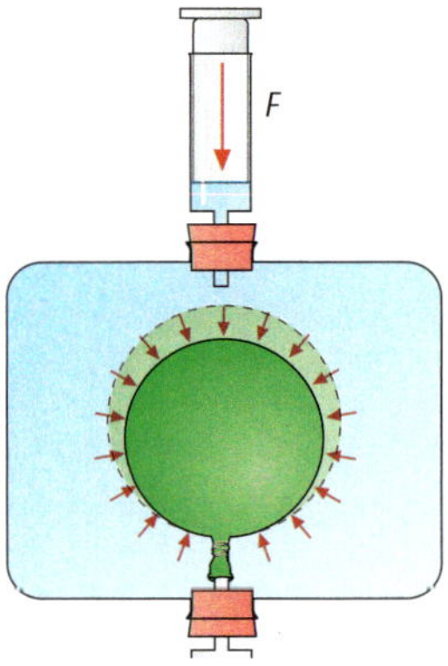

4 Ein Luftballon unter Druck

Ein besonderer Zustand
Sieh dir die Bilder 1, 2, 3 und 5 an. Alle dargestellten Situationen haben mit Druck zu tun: In Bild 1 wird der Luftdruck im Reifen erhöht, in Bild 5 geht es um den Wasserdruck, der Taucher in Bild 2 atmet Druckluft und in Bild 3 wird der Blutdruck gemessen.
Doch was ist eigentlich gemeint, wenn von Druck gesprochen wird?

Befindet sich eine Flüssigkeit in einem Gefäß, dann kann man versuchen sie zusammenzupressen. Dazu braucht man einen Kolben, der genau in die Öffnung des Gefäßes passt. Übt man eine Kraft auf den Kolben aus, dann wird ein aufgeblasener Luftballon im Inneren der Flüssigkeit kleiner (▷ B 4). Das zeigt, dass die Flüssigkeit von allen Seiten Kräfte auf die Luftballonoberfläche ausübt.

Es kommt bei dem Versuch mit dem Luftballon nicht darauf an, wo er sich innerhalb der Flüssigkeit befindet. Das Zusammenpressen der Flüssigkeit wirkt sich an allen Stellen aus. Diesen Zustand bezeichnet man als Druck p.

Druck kennzeichnet den Zustand einer Flüssigkeit oder eines Gases, der durch das Zusammenpressen entsteht.

Die physikalische Größe Druck
In Bild 4 übt die Flüssigkeit eine Kraft auf die Oberfläche des Luftballons aus, dadurch wird er kleiner. Wird die Flüssigkeit stärker zusammengepresst, also der Druck erhöht, dann schrumpft der Ballon noch mehr. Ob der Druck groß oder klein ist, zeigt sich daher an der Größe des Ballons. Um die Stärke des Drucks zu berechnen, bildet man den Quotienten aus der Kraft und der Fläche, auf die die Kraft wirkt.

$$\text{Druck} = \frac{\text{Kraft}}{\text{Fläche}}$$

$$p = \frac{F}{A}$$

Das Formelzeichen für den Druck ist p. Als Einheit wurde das Pascal (Pa) festgelegt. Sie wurde nach dem Physiker BLAISE PASCAL (1623–1662) benannt.

$1\,\text{Pa} = 1\,\text{N/m}^2$

Ist der Druck viel größer als 1 Pa, wird er in Hekto- oder Kilopascal angegeben:
1 hPa = 100 Pa
1 kPa = 1000 Pa
Beim Wetterdienst verwendet man für den Druck die Einheit 1 bar (1 bar = 100 000 Pa).

5 Wo bleibt das Wasser?

Gase unter Druck
Versuche einmal, die Luft in einer Luftpumpe zusammenzudrücken. Halte dazu das Ventil vorn zu und drücke den Kolben in den Zylinder. Du wirst merken, dass dir das bis etwa zur Hälfte des Zylinders gelingt. Das Volumen der Luft wird so verkleinert.

Das Volumen von Gasen, also auch das von Luft, lässt sich durch Zusammenpressen verkleinern. Man sagt, Gase sind komprimierbar.
Auf diese Weise ist es z. B. möglich, eine größere Menge Luft in der Pressluftflasche eines Tauchers zu transportieren. Die Luft steht dabei unter einem hohen Druck. Auch in einen Ball wird Luft gepresst. Nur wenn der richtige Druck im Ball herrscht, lässt sich ordentlich mit ihm spielen.

Druck im Wasser
Fülle Wasser in einen Kolbenprober (▷ B 6) und versuche wie bei der Luftpumpe, den Kolben in den Zylinder zu drücken. Obwohl der Druck im Wasser steigt, ist es kaum möglich, das Wasser zusammenzupressen. Wasser und andere Flüssigkeiten sind fast nicht komprimierbar. Das kannst du z. B. beobachten, wenn dir eine Ärztin eine Spritze gibt. Der Impfstoff wird nicht erst in der Spritze zusammengepresst, sondern sofort injiziert.
Die Bremsanlage im Auto funktioniert ebenfalls nach diesem Prinzip. Der Druck wird zwar erhöht, die Bremsflüssigkeit aber fast nicht komprimiert. Tritt man auf das Bremspedal, wird in der Bremsflüssigkeit ein großer Druck erzeugt. Dadurch werden die Bremsbeläge auf die Bremsscheiben gedrückt.

▶ Gase sind komprimierbar. Flüssigkeiten sind fast nicht komprimierbar.

Auf und nicht im Schnee
Übt ein Körper z. B. durch seine Gewichtskraft einen Druck auf eine Unterlage aus, dann spricht man vom Auflagedruck. Bei einer weichen Unterlage ist das gut erkennbar, der Körper sinkt ein.
Im Schnee oder im Schlamm auf einer Baustelle will man das Einsinken vermeiden. Deshalb besitzen schwere Fahrzeuge breite Reifen oder Ketten. Die Gewichtskraft wird auf eine größere Fläche verteilt und der Auflagedruck nimmt ab.

Druck über und unter Wasser
Nicht nur feste Körper drücken mit ihrer Gewichtskraft auf eine Unterlage. Auch die Lufthülle der Erde hat eine Gewichtskraft, mit der sie auf die Erdoberfläche drückt. So beträgt die Gewichtskraft von 1 m^3 Luft immerhin 12,9 N. Stelle dir vor, wie schwer die Luftmassen sind, die insgesamt auf uns „lasten“.
Durch ihre Gewichtskraft drückt die Lufthülle aber nicht nur auf den Erdboden. Auch die unteren Luftschichten werden von den oberen zusammengepresst. So entsteht in Bodennähe der Luftdruck. Er beträgt etwa 1013 hPa. Wir bemerken den Druck der Luft normalerweise nicht, weil der Mensch an diesen Druck angepasst ist. Das ist im Wasser anders. Auch hier drücken die oberen Wasserschichten mit ihrer Gewichtskraft auf die unteren. Tauchst du im Wasser nach unten, spürst du schon in geringer Tiefe die Druckänderung.

Aufgaben

1 Erkläre die Funktionsweise einer Wasserspritzpistole.

2 Dunlop erfand 1889 den Luftreifen. Warum füllte er seinen Reifen mit Luft und nicht mit Wasser?

3 Es gibt verschiedene Möglichkeiten, den Druck in einem Luftballon zu erhöhen. Beschreibe zwei Möglichkeiten. Was passiert, wenn der Druck zu groß ist?

4 Warum wäre es lebensgefährlich, wenn sich in der Bremsanlage eines Autos neben der Bremsflüssigkeit noch Luft befinden würde?

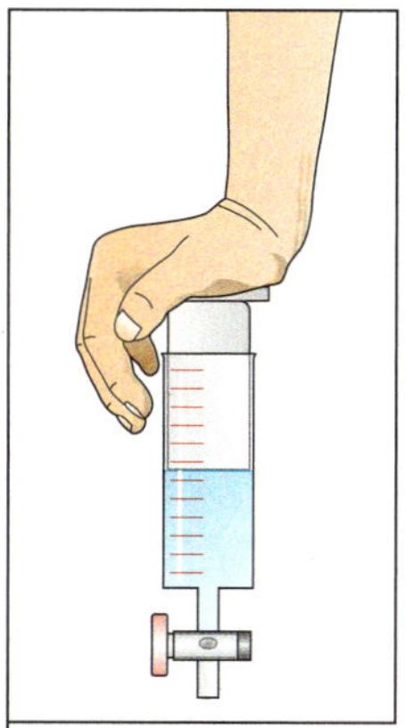

6 Wasser ist fast nicht komprimierbar.

1 Abtauchen in eine andere Welt

2 Das Tauchboot „Trieste“ 1960

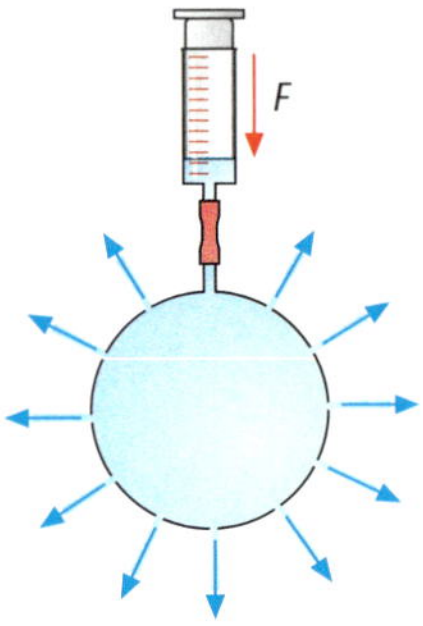

3 Es spritzt in alle Richtungen!

Beobachtungen beim Tauchen
Wenn du im Schwimmbad tauchst, wird mit zunehmender Tiefe das Wasser – und damit auch dein Körper – immer stärker zusammengedrückt. Das empfindliche Trommelfell im Ohr registriert dies, du empfindest einen „Druck auf den Ohren“.

Das Experiment mit der Spritzkugel (▷B3) zeigt, dass der Druck in alle Richtungen gleich stark wirkt. Der Taucher spürt also einen Druck auf den ganzen Körper. Dieser Druck wird **Schweredruck** oder auch **hydrostatischer Druck** genannt.

Schweredruck in Flüssigkeiten
Betrachte 1 m³ oder umgerechnet 1000 l Wasser (▷B4). Diese 1000 l haben eine Masse von 1000 kg, also eine Gewichtskraft von 10000 N. Ohne Berücksichtigung des Luftdrucks bestimmt diese Gewichtskraft den Zustand des Wassers in einem Meter Tiefe. Der Druck aufgrund dieser Gewichtskraft beträgt 10000 Pa. In zwei Metern Tiefe ist der Druck doppelt so groß, er beträgt 20 kPa. So nimmt im Wasser der Schweredruck mit jedem weiteren Meter um 10 kPa zu (▷B5).

Die Ursache des Schweredruckes in einer Flüssigkeit ist die Gewichtskraft der Flüssigkeit. Mit zunehmender Tiefe wird der Schweredruck immer größer.

Verschiedene Flüssigkeiten
Der Schweredruck ist auch von der jeweiligen Flüssigkeit abhängig. So ist z. B. ein Liter Quecksilber schwerer als ein Liter Wasser. Ein Liter Benzin dagegen ist leichter als die gleiche Menge Wasser.

Ein 12 cm dicker Stahlmantel!
Weil der Schweredruck mit zunehmender Tiefe immer größer wird, müssen U-Boote sehr stabil gebaut sein.
Als der Forscher Jacques Piccard im Januar 1960 im Marianengraben (östlich der Philippinen) bis in eine Tiefe von 10916 Metern tauchte, war das nur mit einer speziellen Tauchkugel möglich (▷B2). Der Schweredruck in dieser Tiefe beträgt über 1 Million Pascal! Um diesem Druck standhalten zu können, besaß die „Trieste“ eine 12 cm dicke Stahlwand und Panzerglasfenster.

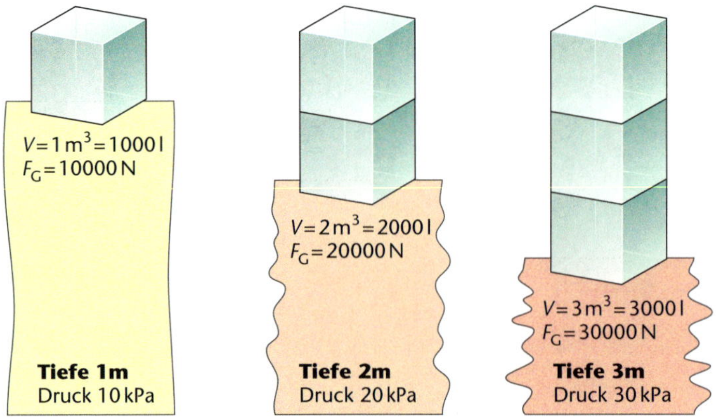

4 Je tiefer, desto größer der Schweredruck

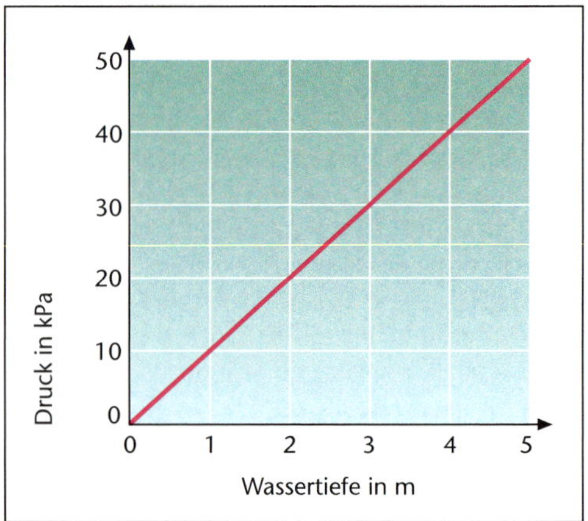

5 Tiefe-Druck-Diagramm

Wasser unter Druck

1 Eine einfache Drucksonde

Mit diesem Gerät kannst du den Schweredruck in verschiedenen Tiefen nachweisen.

Material

Luftballon, farbiges Wasser (z. B. mit Ostereierfarbe eingefärbt), Glasrohr oder Trinkhalm, Faden, 1-l-Milchflasche, Kochsalz

Versuchsanleitung

a) Fülle den Luftballon mit farbigem Wasser. Achte darauf, dass der gefüllte Luftballon noch durch die Flaschenöffnung passt. Stecke das Glasrohr (oder den Trinkhalm) in den Luftballon und binde den Ballon fest zu. Das ist unsere Drucksonde. Fülle die Milchflasche mit Wasser (▷ B 1). Tauche nun die Drucksonde langsam immer tiefer in die Milchflasche. Was beobachtest du im Glasrohr bzw. Trinkhalm? Erkläre deine Beobachtung!

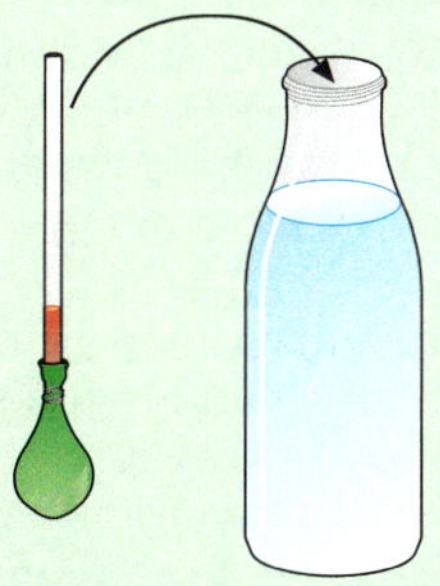

1 Drucksonde

b) Fülle nun etwa 6 Esslöffel Salz in die Milchflasche und rühre gut um, bis sich das Salz aufgelöst hat. So entsteht eine konzentrierte Salzlösung. Wiederhole den ersten Versuch. Beobachte und vergleiche! Gibt es Unterschiede? Begründe deine Aussage.

c) Wenn du ein langes Glasrohr (oder einen längeren Trinkhalm) und ein höheres Gefäß benutzt, kannst du den Schweredruck auch in größeren Tiefen nachweisen.

d) Was passiert, wenn du beim Eintauchen der Drucksonde die Öffnung des Glasrohrs (bzw. des Trinkhalms) zuhältst und erst dann öffnest, wenn die Sonde ganz tief im Wasser ist?

2 Achtung – es spritzt!

Material

Gefrierbeutel, Wasser, Nadel

Versuchsanleitung

Diesen Versuch solltest du über einem Waschbecken durchführen!

2 Eine rundherum nasse Angelegenheit

Fülle den Beutel mit Wasser und halte ihn oben zu. Es sollte kaum noch Luft im Beutel sein. Halte den Beutel im Waschbecken vollständig unter Wasser und stich mit einer Nadel an verschiedenen Stellen Löcher hinein. Hole nun den Beutel aus dem Wasser. Was beobachtest du (▷ B 2)?
Nach einer Weile lässt der „Zauber" nach. Wie erreichst du, dass es wieder richtig losgeht?

3 Eine präparierte Flasche

Material

1,5-l-Plastikflasche, Wasser, Nadel, die in einem Korken steckt, Kerze

Versuchsanleitung

a) Stich in die Flasche genau übereinander im Abstand von 5 bis 10 cm mehrere Löcher (▷ B 3). Beachte: Die Löcher dürfen nicht zu klein sein. Wenn du die Spitze der Nadel in einer Kerzenflamme heiß machst, geht es besser. Vorsicht, verbrenne dich nicht, fass immer am Korken an!

3 Der Schweredruck ist unten am größten.

b) Tauche die vorbereitete Flasche so in das mit Wasser gefüllte Waschbecken, dass sich die Flasche ebenfalls vollständig füllt.

c) Hole nun die Flasche aus dem Wasser. Was beobachtest du? Erkläre deine Beobachtung mit deinem Wissen über den Druck!
Zusatzaufgabe: Berechne den Schweredruck in der Flasche in verschiedenen Höhen!

4 Ein selbst gebauter Springbrunnen

Material

0,5-l-Plastikflasche, Wasser, Knete, langer Trinkhalm

Versuchsanleitung

Fülle die Plastikflasche etwa zu einem Drittel mit Wasser. Der Trinkhalm muss fast bis zum Flaschenboden reichen. Befestige ihn mit Knete im Flaschenhals (▷ B 4). Die Öffnung musst du dabei gut abdichten. Später darf keine Luft am Trinkhalm vorbei entweichen.
Drücke nun kräftig auf die Plastikflasche. Erkläre deine Beobachtung!

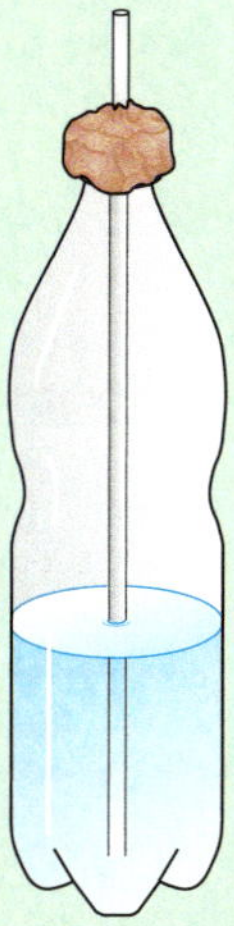

4 Ein Flaschen-Springbrunnen

1 Hier wirken Auftriebskräfte.

Geheimnisvolle Kräfte

Sicher hast du im Schwimmbad auch schon einmal festgestellt, dass du dich im Wasser viel „leichter" fühlst (▷ B 1).
Du kannst die Kräfte messen, die auf einen Körper in der Luft und im Wasser wirken (▷ B 3). Dazu befestigst du einen Körper, z. B. einen Stein, an einem Kraftmesser und notierst die angezeigte Gewichtskraft. Tauchst du nun diesen Stein vollständig ins Wasser, zeigt der Kraftmesser weniger an. Es wirkt demnach im Wasser eine Kraft auf den Stein, die der Gewichtskraft entgegen gerichtet ist. Diese Kraft nennt man **Auftriebskraft F_A**.

Auf jeden Körper im Wasser wirkt eine Auftriebskraft F_A. Sie ist immer nach oben gerichtet.

Erstaunliches

Nimm nun einen kleinen Bleiwürfel, der dieselbe Masse hat wie der Stein. Sein Volumen ist viel kleiner als das Volumen des Steins. Wenn du diesen Würfel ins Wasser tauchst, wirst du feststellen, dass die Auftriebskraft kleiner ist. Also hängt die Auftriebskraft nicht von der Gewichtskraft, sondern vom Volumen des eingetauchten Körpers ab. Dies entdeckte der Naturforscher ARCHIMEDES (287–212 v. Chr.).

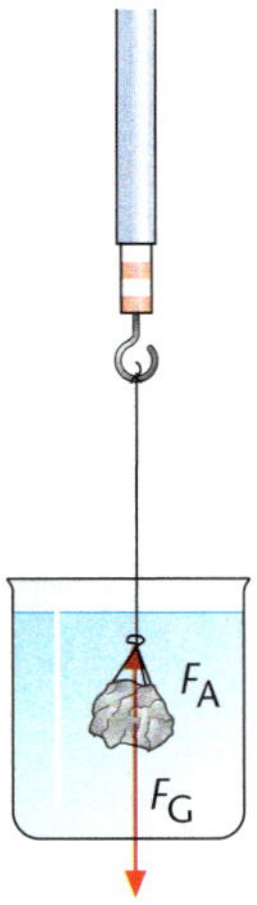

3 Die Auftriebskraft F_A wirkt nach oben.

Archimedes experimentierte

Um die Ursache der Auftriebskraft zu erforschen, führte ARCHIMEDES weitere Experimente durch. Dabei stellte er fest, dass die Auftriebskraft so groß ist wie die Gewichtskraft des Wassers, das ein Körper beim Eintauchen in ein Gefäß verdrängt. Diese Entdeckung heißt **archimedisches Gesetz**.

Die Auftriebskraft, die auf einen Körper im Wasser wirkt, ist genauso groß wie die Gewichtskraft der vom Körper verdrängten Flüssigkeit.

Sinken – Schweben – Steigen – Schwimmen

Wenn ein Körper vollständig in Wasser eintaucht, dann wirken immer zwei Kräfte: Nach unten wirkt die Gewichtskraft

Aufgabe

1 Schlage die Dichten von Blei, Holz und Öl nach. Gib an, welcher dieser Stoffe in Wasser sinkt, schwebt, steigt oder schwimmt.

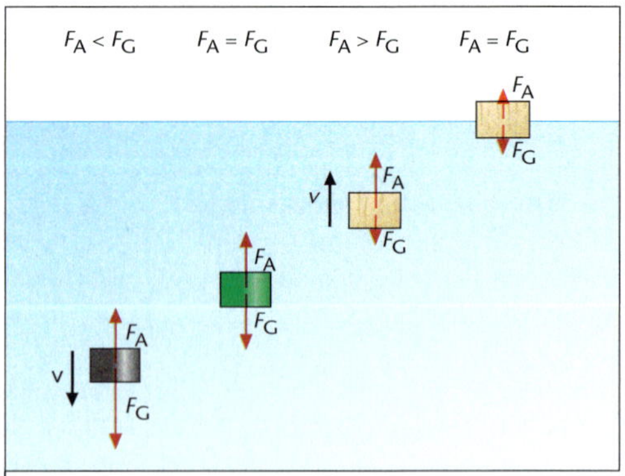

2 Sinken, schweben, steigen und schwimmen

F_G des Körpers, nach oben die Auftriebskraft F_A.
Ist die nach unten gerichtete Gewichtskraft größer, sinkt der Körper. Sind beide Kräfte gleich groß, so schwebt der Körper immer in der gleichen Tiefe. Ist dagegen die nach oben gerichtete Auftriebskraft größer, dann steigt der Körper. Er taucht aus dem Wasser auf, bis er so weit herausragt, dass die Auftriebskraft genauso groß ist wie die Gewichtskraft. Der Körper schwimmt (▷ B 2).

Auftrieb und Dichte

Ob ein Würfel in Wasser sinkt, schwebt, steigt oder schwimmt, kann man auch an seiner Dichte feststellen. Würfel aus Stoffen, deren Dichte größer ist als die von Wasser, sinken ab. Ist die Dichte des Stoffes gleich der Dichte von Wasser, schwebt der Würfel, ist sie kleiner, steigt er auf.

Warum aber schwimmen dann Schiffe aus Eisen, obwohl die Dichte von Eisen fast 8-mal so groß wie die von Wasser ist?
Der Schiffskörper besteht nicht vollständig aus Eisen, sondern enthält mit Luft gefüllte Hohlräume. Dadurch wird das Volumen sehr groß und die mittlere Dichte des Schiffes kleiner als die Dichte des Wassers.

Versuch

1 a) Gib ein Ei in ein wassergefülltes Becherglas. Wie verhält sich das Ei? Gib nun portionsweise Salz ins Wasser und rühre jedesmal gut um. Schaffst du es, gerade so viel Salz zuzugeben, dass das Ei schwebt?
b) Was passiert, wenn du nun weiter Salz ins Wasser gibst? Beschreibe deine Beobachtung und versuche, sie zu erklären.

Sinken – Steigen – Schweben

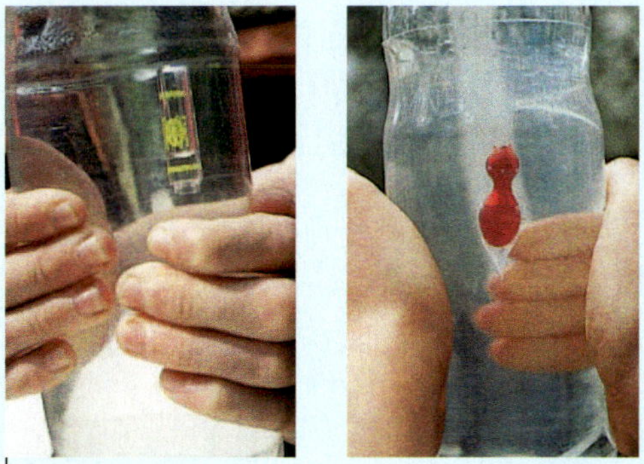

2 Cartesische Taucher

Fische sinken und steigen
Fische ändern ihr Volumen mithilfe der Schwimmblase (▷ B 1). Vergrößert sich die Schwimmblase, dann wird das Volumen des Fisches größer und es wirkt eine größere Auftriebskraft. Der Fisch steigt im Wasser nach oben. Lässt er Gas aus der Schwimmblase ab, verringert sich sein Volumen und der Fisch sinkt im Wasser nach unten.

U-Boote
Auch U-Boote können sinken, schweben und steigen. Im Gegensatz zu den Fischen ändert ein U-Boot zum Auf- und Abtauchen nicht sein Volumen, sondern seine Gewichtskraft.
An den ersten U-Booten waren Ballastkörper befestigt, die abgeworfen wurden, wenn das Boot aufsteigen sollte. Moderne U-Boote besitzen Ballastkammern (▷ B 3), die sich in der Außenwand des Bootes befinden. Soll das U-Boot abtauchen, wird Meerwasser in die Ballastkammern gelassen. Die Gewichtskraft des U-Bootes wird größer als die Auftriebskraft. Um Auftauchen zu können (also zu steigen), wird das Wasser mithilfe von Pressluft wieder aus den Ballastkammern herausgedrückt.

Der cartesische Taucher
Dieser Tauchkörper (▷ B 2) wurde nach dem französischen Forscher René Descartes benannt. Mit diesem Gerät kann man das Sinken, Schweben und Steigen gut demonstrieren.
In dem unten offenen Körper befindet sich Luft. Drückt man die wassergefüllte Flasche zusammen, wird auch die Luft im Körper auf ein kleineres Volumen zusammengepresst. Die Auftriebskraft nimmt ab während die Gewichtskraft gleich bleibt, sodass der cartesische Taucher sinkt.

Schwimmen im Luftmeer
Auch in Luft und anderen Gasen erfahren Körper eine Auftriebskraft. Dies nutzt man bei Ballons und Luftschiffen. Sie werden mit heißer Luft oder mit Gasen gefüllt, deren Dichte kleiner ist als die der umgebenden kühlen Luft.
Wie bei Schiffen, die im Meer kreuzen, ist auch bei Ballons und Luftschiffen die mittlere Dichte des gesamten Gefährts ausschlaggebend.
Während das Steigen und Sinken beim Heißluftballon über den Brenner gesteuert werden kann, erfolgt es bei manchen Luftschiffen über das Ablassen oder Nachfüllen des Füllgases.

1 Fische haben eine Schwimmblase.

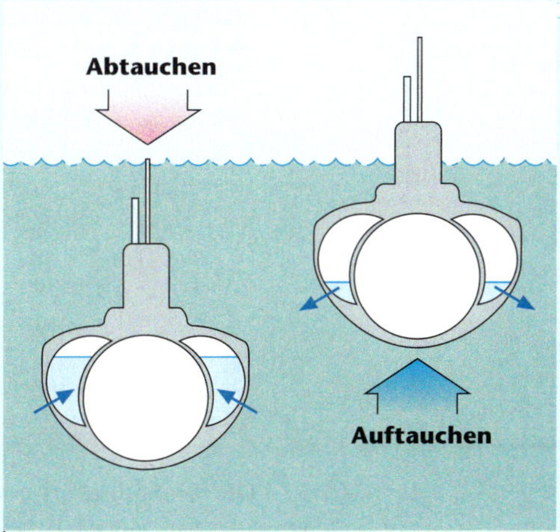

3 U-Boote haben Ballastkammern.

1 Radfahrer an einem autofreien Sonntag

Aufgabe

1 Unterscheide die Bewegungen der Radfahrerinnen und Radfahrer in Bild 1 nach ihrer Richtung. Beschreibe genau, welche Bewegungen ausgeführt werden.

Viele unterschiedliche Bewegungen
Betrachte die Radfahrerinnen und Radfahrer in Bild 1. Die einen fahren langsam, die anderen schnell. Kommen sie an eine Kreuzung, halten sie an. Danach werden sie wieder zügig losfahren.
Manche werden den kürzesten Weg nehmen, um an ihr Ziel zu gelangen, andere radeln auch mal einen Umweg. Aber es wird mit Sicherheit nicht immer nur geradeaus gehen.

Alle diese **Bewegungen** sind sehr unterschiedlich. Trotzdem reicht zu ihrer Beschreibung die Angabe von Fahrtrichtung und Geschwindigkeit.
In der Physik macht man sich diese Erkenntnis zunutze:

Die Bewegung eines Körpers wird durch die Angabe von Richtung und Geschwindigkeit beschrieben.

Die Richtung einer Bewegung
In welche Richtungen können die Radfahrerinnen und Radfahrer fahren? Es gibt gerade Strecken, Rechts- und Linkskurven, den Kreisverkehr usw.
Ändert eine Radfahrerin oder ein Radfahrer die Fahrtrichtung nicht, geht es immer geradeaus. In der Physik wird das als eine **geradlinige Bewegung** bezeichnet.

Bei einer geradlinigen Bewegung behält ein Körper die Richtung seiner Bewegung bei.

Radfahrerinnen oder Radfahrer, die sich im Kreisverkehr oder in einer Kurve befinden, ändern ihre Fahrtrichtung. Die zugehörige Bewegung wird Kurvenfahrt genannt. Wenn aus einer Kurvenfahrt eine Fahrt im Kreis wird, bezeichnet man die Bewegung als **Kreisbewegung**.

Ändert ein Körper die Richtung seiner Bewegung, so bewegt er sich entlang einer Kurve. Eine Bewegung im Kreis nennt man Kreisbewegung.

Die Geschwindigkeit einer Bewegung
Ein Bus im Stadtverkehr muss seine Geschwindigkeit ständig ändern. Schaltet die Ampel auf Grün, muss der Bus anfahren (▷ B 2, oben), d. h., er wird immer schneller. Der Bus führt eine **beschleunigte Bewegung** aus. Anschließend fährt er mit gleich bleibender Geschwindigkeit weiter (▷ B 2, Mitte).

2 Im Straßenverkehr muss immer wieder die Geschwindigkeit geändert werden.

In diesem Fall liegt eine **gleichförmige Bewegung** vor.

An der nächsten Haltestelle muss der Bus abbremsen (▷ B 2, unten). Er wird langsamer. Die Geschwindigkeit des Busses nimmt ab, bis er zum Stillstand kommt. Solche Bremsvorgänge bezeichnet man in der Physik als **verzögerte Bewegung**.

Bei einer gleichförmigen Bewegung hat ein Körper immer die gleiche Geschwindigkeit.

Wird ein Körper immer schneller, führt er eine beschleunigte Bewegung aus. Wird er immer langsamer, handelt es sich um eine verzögerte Bewegung.

Auf dem Nürburgring

Der Nürburgring ist eine Rennstrecke mit vielen Kurven und Engstellen. Die Piloten sind ständig gezwungen ihre Fahrweise zu ändern. Am Start kann man eine geradlinige, beschleunigte Bewegung der Formel-1-Rennwagen beobachten.

Vor der ersten Kurve müssen die Fahrer bremsen. Die Formel-1-Rennwagen führen eine verzögerte Bewegung aus. Danach wird die Richtung der Bewegung verändert – es folgt eine Kurvenfahrt. Nach der ersten Kurve kommt eine lange Gerade, auf der die Fahrer ihre Wagen wieder beschleunigen können. Sie erreichen auf diesem Streckenabschnitt Geschwindigkeiten von bis zu 260 km/h! Um sicher und gefahrlos durch die anschließende Kurve zu kommen, müssen die Formel-1-Rennwagen stark abgebremst werden. Sie führen also wieder eine verzögerte Bewegung aus. Eine gleichförmige Bewegung ist auf dem Nürburgring nur kurzzeitig auf längeren geraden Streckenabschnitten möglich.
Die Fahrt des Rennwagens auf der Rennstrecke setzt sich also aus verschiedenen Bewegungen zusammen.

1 Eine Sprinterin am Start

2 Carolin läuft, so schnell es geht.

Wer ist schneller?
Toni und Robert kommen nach Hause. Toni prahlt: „Stell dir vor, ich bin heute im Sportunterricht beim Sprint nur 8,2 Sekunden gelaufen! Hab ich mich angestrengt, um das zu schaffen. Und du langsame Schnecke brauchst ganze 11,2 Sekunden!"
Robert kann es nicht fassen, sein kleiner Bruder gibt ganz schön an. Er rechtfertigt sich: „Dafür bin ich immerhin 75 Meter gelaufen und du nur 50 Meter. Du holst mich noch lange nicht ein, kleines Brüderchen!"
Welcher der beiden ist wirklich schneller?

Die Geschwindigkeit
Um eine Aussage darüber zu machen, wie schnell ein Körper ist, gibt man seine Geschwindigkeit an. Wie die Größe Geschwindigkeit berechnet wird und wie damit die Frage beantwortet werden kann, ob Toni oder Robert schneller gelaufen ist, das erfährst du im Folgenden.

Ein 50-Meter-Lauf
So wie Toni wollen auch wir einen 50-Meter-Lauf durchführen. Dazu messen wir fünf Mal 10 Meter ab.
An der Strecke stellt sich alle 10 Meter eine Schülerin oder ein Schüler auf, um die Zeit zu messen.
Carolin ist Sportlerin und läuft unsere „50-Meter-Teststrecke" (▷ B 2).
Folgende Messwerte ergeben sich:

Messpunkt	s in m	t in s
1	10	2,0
2	20	3,8
3	30	5,7
4	40	7,2
5	50	9,3

Die Auswertung der Messwerte
Sieh dir die Ergebnisse einmal genauer an. Je länger der Weg ist, den Carolin zurücklegt, desto mehr Zeit braucht sie dafür. Die ersten 10 Meter läuft sie in 2,0 Sekunden. Für 20 Meter, also die doppelte Strecke, werden 3,8 Sekunden gemessen. Das ist auch fast das Doppelte von 2,0 Sekunden. Für 30 Meter, die dreifache Strecke, benötigt Carolin 5,7 Sekunden. Das ist ungefähr die dreifache Zeit wie für die ersten 10 Meter. Es besteht also ein enger Zusammenhang zwischen Weg und Zeit.

Wer war schneller, Toni oder Carolin?
Da beide eine gleich lange Strecke gelaufen sind, ist der Vergleich einfach. Toni lief die 50 Meter in 8,2 Sekunden, Carolin brauchte für dieselbe Strecke 9,3 Sekunden. Toni ist schneller. Er ist also mit der größeren Geschwindigkeit gelaufen.

Wer war schneller, Toni oder Robert?
Toni und Robert sind unterschiedlich lange Strecken gelaufen. Deshalb ist der Vergleich hier nicht so einfach.
Du kannst aber nachrechnen, wie weit die beiden in jeweils einer Sekunde gelaufen sind.
Toni lief in 8,2 Sekunden 50 Meter. Also schaffte er in einer Sekunde etwa den achten Teil der Strecke. Du rechnest: $50:8{,}2 \approx 6$. Toni lief also ca. 6 Meter in einer Sekunde.
Robert lief in 11,2 Sekunden 75 Meter. Er legte in einer Sekunde etwa den elften Teil seiner Strecke zurück. Du rechnest: $75:11{,}2 \approx 7$. Robert lief also ca. 7 Meter in einer Sekunde.

Vergleichst du die Strecken, die jeder in einer Sekunde gelaufen ist, kannst du unsere Frage beantworten: Robert ist schneller gelaufen als Toni.

Die Berechnung der Geschwindigkeit
Du hast in unserem Beispiel eine Möglichkeit gefunden, auch bei verschieden langen Wegen abzuschätzen, wer die größere Geschwindigkeit erreicht hat.

Das Vorgehen aus unserem Beispiel lässt sich verallgemeinern. Um die Geschwindigkeit von bewegten Körpern zu vergleichen, betrachtet man immer den Weg, den ein Körper in einer Sekunde zurückgelegt hat.

Da bei einer gleichförmigen Bewegung die Geschwindigkeit des Körpers immer gleich ist, gilt: Je länger der Weg, den ein Körper in einer Sekunde zurücklegt, desto größer ist seine Geschwindigkeit.

Willst du die Geschwindigkeit genau berechnen, musst du den jeweils zurückgelegten Weg durch die dafür benötigte Zeit dividieren.

▶ Bei einer gleichförmigen Bewegung ist die Geschwindigkeit der Quotient aus dem zurückgelegten Weg und der dafür benötigten Zeit.

Du kannst diese Aussage auch durch eine Formel beschreiben:

▶ $$\text{Geschwindigkeit} = \frac{\text{Weg}}{\text{Zeit}}$$

$$v = \frac{s}{t}$$

Die Einheit der Geschwindigkeit
Du weißt nun, dass die Geschwindigkeit der Quotient aus Weg und Zeit ist. Die physikalische Größe Geschwindigkeit benötigt noch eine Einheit.
Entsprechend der Berechnung der Geschwindigkeit erhältst du die zugehörige Einheit als Quotient aus den Einheiten von Weg und Zeit:

$1\,\frac{\text{m}}{\text{s}}$ (lies: ein Meter pro Sekunde)

Häufig verwendet wird auch die Einheit

$1\,\frac{\text{km}}{\text{h}}$ (lies: ein Kilometer pro Stunde)

Du kannst diese Einheiten leicht ineinander umrechnen:

$$1\,\frac{\text{m}}{\text{s}} = \frac{3\,600\,\text{m}}{3\,600\,\text{s}} = \frac{3{,}6\,\text{km}}{1\,\text{h}} = 3{,}6\,\frac{\text{km}}{\text{h}}$$

und

$$1\,\frac{\text{km}}{\text{h}} = \frac{1\,000\,\text{m}}{3\,600\,\text{s}} = \frac{1\,\text{m}}{3{,}6\,\text{s}} = \frac{1}{3{,}6}\,\frac{\text{m}}{\text{s}}$$

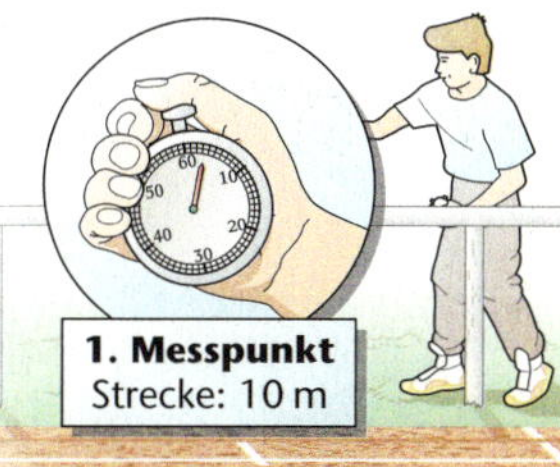

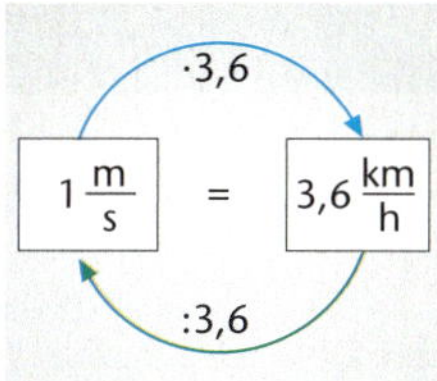

Bei den Olympischen Sommerspielen 2000 in Sidney fuhr der deutsche Radsportler Robert Bartko eine Strecke von 4000 Metern in 4 Minuten und 18 Sekunden.
Berechne seine Geschwindigkeit.

Gegeben: $s = 4000\text{ m}$
$t = 4\text{ min }18\text{ s} = 258\text{ s}$

Gesucht: v

Lösung: $v = \frac{s}{t}$

$v = \frac{4000\text{ m}}{258\text{ s}}$

$v \approx 15{,}5\,\frac{\text{m}}{\text{s}}$

Antwort:
Der Radsportler erreichte bei diesem Wettkampf eine Geschwindigkeit von 15,5 m/s bzw. 55,8 km/h.

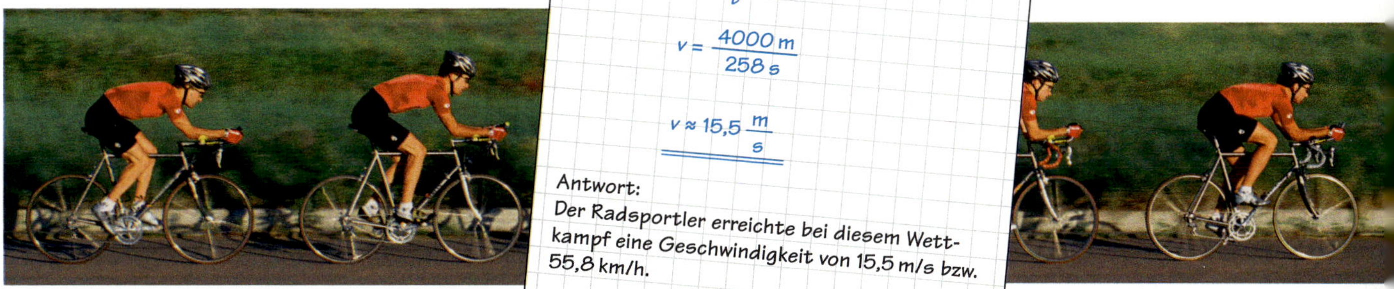

Aufgaben

1 Ein Motorrad durchfährt eine Teststrecke von 700 Metern in einer Zeit von 28 Sekunden. Berechne seine Geschwindigkeit.

2 Brieftauben können erstaunliche Geschwindigkeiten erreichen. Messungen zeigten, dass einzelne Tiere eine Strecke von 11 Kilometern in 500 Sekunden geflogen sind. Berechne die Geschwindigkeit der Tauben.

3 Kira setzt ein Papierschiffchen in das strömende Wasser eines Bachs. Das Schiffchen benötigt 1 Minute und 23 Sekunden für eine nahezu gerade Strecke von 150 Metern. Welche Fließgeschwindigkeit hat der Bach?

Hilfen beim Lösen naturwissenschaftlicher Aufgaben

Im Nawi-Unterricht wirst du auf Aufgaben treffen, die du mithilfe einer Formel lösen musst. Manchmal sind die Aufgaben aber so gestellt, dass sich die zugehörige Formel nicht direkt anwenden lässt. Die folgenden Seiten zeigen dir, wie du dann vorgehen kannst.

Endlich Ferien!
Am ersten Ferientag, morgens um 6 Uhr, startet Familie Klingen aus Duisburg in den Urlaub. Ihr Ziel ist der Wörthersee in Kärnten (Österreich).

Mit welcher Durchschnittsgeschwindigkeit wurden die 424 km zwischen Duisburg und Stuttgart zurückgelegt?

Gegeben: $s = 424\,km$
$t = 4\,h$

Gesucht: v

Lösung: $v = \frac{s}{t}$

$v = \frac{424\,km}{4\,h}$

$v \approx 106\,\frac{km}{h}$

Die Durchschnittsgeschwindigkeit betrug 106 km/h.

Vater, Mutter und die beiden Kinder Christa und Michael fahren zunächst nur bis Stuttgart, wo die Großeltern wohnen.
Für die 424 km von Duisburg bis Stuttgart braucht Familie Klingen 4 Stunden.

Michael hat gerade in der Schule gelernt, wie man die Geschwindigkeit berechnet:

$$v = \frac{s}{t}$$

Er kann seinem Opa also erzählen: „Wir sind durchschnittlich 106 km/h schnell gefahren."

Ein Problem – mehrere Lösungswege
Am nächsten Tag fährt Familie Klingen von Stuttgart aus weiter nach Kärnten. Sie erreicht ihren Urlaubsort nach 7 Stunden. Michael erzählt seinem österreichischen Freund Toni: „Unterwegs gab es mehrere Staus, sodass wir durchschnittlich nur mit 98 km/h fahren konnten." Toni will nun berechnen, wie weit die Familie Klingen gefahren ist.

Auch Toni kennt aus der Schule die Formel zur Berechnung der Geschwindigkeit. Er kann sie aber nicht benutzen, denn die Geschwindigkeit ist bereits bekannt: $v = 98\,km/h$.
Gesucht ist aber die Länge der gefahrenen Strecke s. Wie kann Toni diese Aufgabe lösen? Du lernst jetzt einige Verfahren kennen, die du immer wieder zum Lösen ähnlicher Aufgaben benutzen kannst.

A. Die Tabelle
Die Fahrzeit beträgt 7 Stunden. Die Durchschnittsgeschwindigkeit betrug 98 km/h, d. h. pro Stunde hat das Auto eine Strecke von 98 km zurückgelegt. Das führt zu folgender Tabelle:

Fahrzeit	zurückgelegte Strecke
1 h	98 km
2 h	196 km
3 h	294 km
4 h	392 km
5 h	490 km
6 h	588 km
7 h	686 km

Lösung: Familie Klingen ist an diesem Tag eine Strecke von 686 km gefahren.

Du kannst dir sicher vorstellen, dass dieses Verfahren bei großen Zahlen umständlich ist, die Tabelle wird dann sehr lang. Die nächste Lösung kürzt den Weg ab.

B. Zweisatz / Dreisatz
Die Durchschnittsgeschwindigkeit beträgt 98 km/h. Das bedeutet, dass das Fahrzeug in einer Stunde eine Strecke von 98 km zurückgelegt hat.
In 7 Stunden fährt es demnach 7-mal so weit:

98 km x 7 = 686 km

Auch auf diesem Weg kommt man also zum richtigen Ergebnis: Die gefahrene Strecke ist 686 km lang.

C. Das Rechendreieck
Im Nawi-Unterricht gibt es zum Lösen solcher Aufgaben ein sehr schönes Hilfsmittel, das Rechendreieck. Du schreibst dazu die bekannte Formel für die Geschwindigkeit in ein geteiltes Dreieck.

Übertrage in das Dreieck zuerst die rechte Seite der Formel (s/t). Der Trennstrich im Dreieck entspricht dabei dem Bruchstrich. Trage nun die Größe auf der linken Seite (v) in das verbleibende Feld ein.

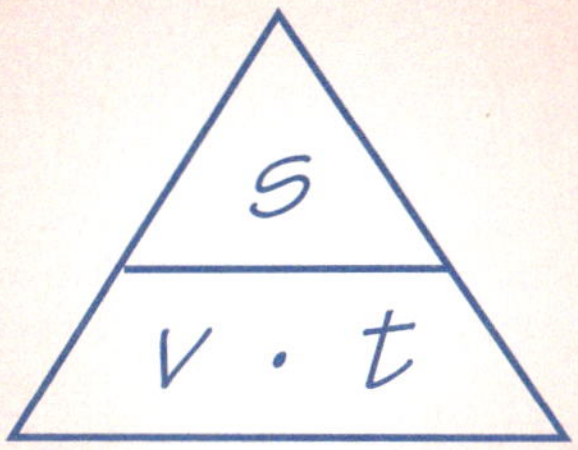

Im nächsten Schritt überlegst du dir, welche der drei Größen aus dem Dreieck gesucht ist. In unserem Beispiel ist es die Strecke s. Halte die gesuchte Größe im Dreieck zu.

Nun bleibt sichtbar, wie du rechnen musst:

$s = v \cdot t$
$s = 98\,\text{km/h} \cdot 7\,\text{h}$
$s = 686\,\text{km}$

Die zurückgelegte Strecke ist 686 km lang.
Mit dem Rechendreieck kannst du nicht nur s berechnen, sondern selbstverständlich auch t und v.

Beispiel-Aufgabe
Auf der Rückreise der Familie Klingen gibt es keine Staus. Deshalb liegt die Durchschnittsgeschwindigkeit bei 115 km/h.
Da der Umweg über Stuttgart entfällt, ist die Fahrstrecke nur 1 035 km lang.

Wie lange hat die Familie Klingen für die Rückfahrt gebraucht?

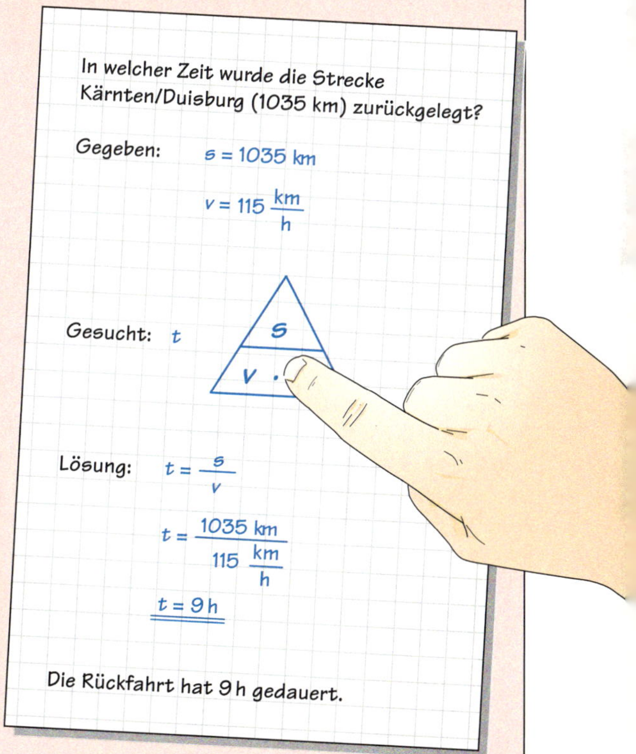

Schnittpunkt

Geschwindigkeiten in Natur und Technik

1 Gepard und Gazelle

	Zeit	Geschwindigkeit
Marathon (Männer)		
1900 (40,260 km)	2:59:45 h	13,3 km/h
2000 (42,195 km)	2:10:11 h	19,4 km/h
800-m-Lauf (Frauen)		
1928	2:16,80 min	20,9 km/h
2000	1:56,15 min	24,8 km/h
3 000-m-Eisschnelllauf (Frauen) 2001	4:03,87 min	44,3 km/h
Ski-Abfahrtslauf (Männer) 1994	1:45,75 min	102,2 km/h

2 Sportliche Spitzenleistungen

Räuber und Beute

In der Tierwelt hängt das Überleben oft von der Schnelligkeit des einzelnen Tiers ab. Geparden müssen schnell sein, um erfolgreich jagen zu können (▷ B 1). Aber Gazellen sind für Geparden nur schwer erreichbar, weil sie fast ebenso schnell und zudem sehr wendig sind.

Für Zugvögel ist es wichtig, in einer möglichst kurzen Zeit aus ihren Winterquartieren in Afrika ins Brutgebiet zu fliegen. Meistens sieht man einem Tier schon am Körperbau an, ob es schnell laufen, fliegen oder schwimmen kann. Es gibt Tiere, die ganz unglaubliche Geschwindigkeiten erreichen können. Ein Laufkäfer legt in einer Sekunde 20 Zentimeter zurück, das ist das Zwanzigfache seiner eigenen Körperlänge.

Schneller, höher, weiter

Bei vielen Sportarten geht es darum, wer der oder die Schnellste ist (▷ B 2). Der Amerikaner Thomas Burke siegte im Jahr 1896 bei den ersten Olympischen Spielen der Neuzeit im 100-Meter-Lauf mit einer Zeit von 12,0 Sekunden. In Sydney im Jahr 2000 gewann Maurice Greene (USA) mit nur 9,87 Sekunden. Das entspricht einer Geschwindigkeit von etwa 36 km/h. Das sind 6 km/h mehr als vor 100 Jahren. Besonders hohe Geschwindigkeiten erreichen Wintersportler, beim Bobfahren liegt sie inzwischen bei ca. 140 km/h.

Wie schnell ist ein Regentropfen?

Bei Sprühregen bemerkst du nur ganz feine Wassertröpfchen, beim sommerlichen Landregen sind die Tropfen schon größer und auch schneller. Am schnellsten sind die Regentropfen bei Platzregen.

Sprühregen	ca. 0,5 m/s
Landregen	ca. 2 – 3 m/s
Platzregen	ca. 6 – 7 m/s

3 Welche Strecke wird in einer Sekunde bzw. Stunde zurückgelegt?

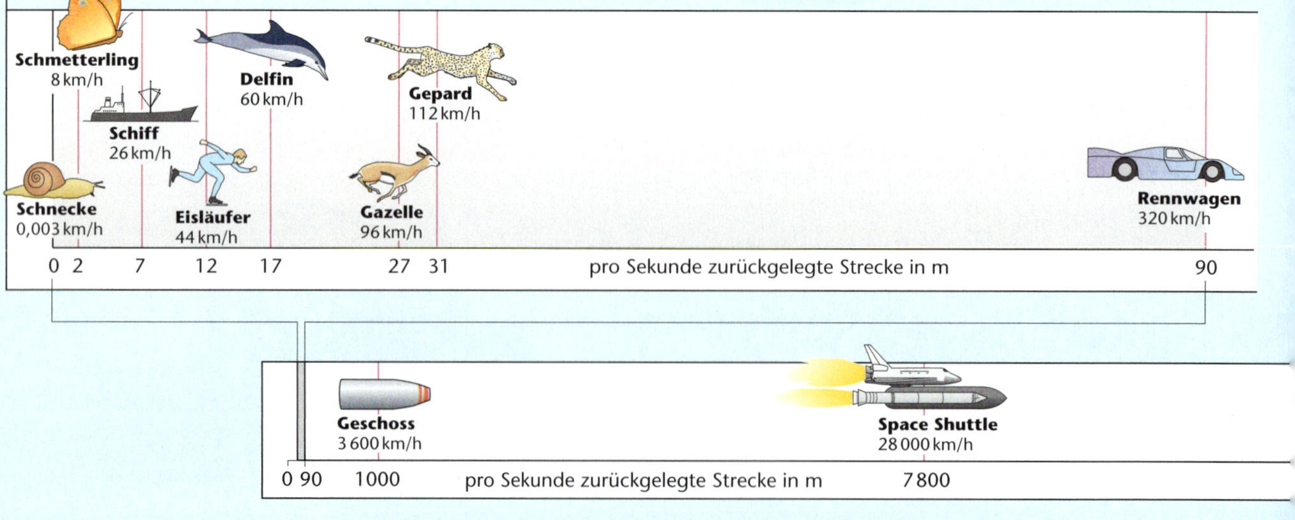

Windstärke	Windgeschwindigkeit	Bezeichnung
2	6 – 11 $\frac{\text{km}}{\text{h}}$	leichte Brise 
4	20 – 28 $\frac{\text{km}}{\text{h}}$	mäßiger Wind 
6	39 – 49 $\frac{\text{km}}{\text{h}}$	starker Wind 
8	62 – 74 $\frac{\text{km}}{\text{h}}$	stürmischer Wind 
10	89 – 102 $\frac{\text{km}}{\text{h}}$	schwerer Sturm 
12	über 118 $\frac{\text{km}}{\text{h}}$	Orkan 

4 Beaufort-Skala

Windstärken

Um Wind genau zu beschreiben, müssen seine Richtung und seine Stärke angegeben werden. Der britische Admiral Sir Francis Beaufort (1774–1857) hat sich dazu 1805 eine Skala ausgedacht (▷ B 4). Dabei bedeutet die Stärke 0 absolute Windstille. Die höchste Stärke legte Beaufort mit 12 fest. Das ist dann schon ein Orkan.

„Und sie bewegt sich doch!"

Dieser Ausspruch soll von Galileo Galilei stammen. Unsere Erde bewegt sich tatsächlich immer. Sie dreht sich um sich selbst und um die Sonne. Mit einer Geschwindigkeit von etwa 108 000 km/h (▷ B 3) schafft sie es, sich auf ihrer Bahn in 365,25 Tagen um die Sonne zu bewegen. Fliegt ein Raumschiff um die Erde, bewegt es sich in einer Sekunde 8 km weit. Die bis jetzt größte bekannte Geschwindigkeit hat das Licht mit 300 000 km/s. Auch die Funksignale von den Nachrichtensatelliten haben Lichtgeschwindigkeit.

Geschwindigkeit in Knoten

Die Seefahrer benutzten früher ein Log (▷ B 5) – ein Brett, das an einer langen Leine hing. Die Leine war in regelmäßigen Abständen mit Knoten versehen. Wurde das Log über Bord des fahrenden Schiffes geworfen, blieb das Brett auf dem Wasser zurück und der Messende zählte nun die Knoten, die in einer bestimmten Zeit durch seine Hand liefen.

Auch heute noch wird die Geschwindigkeit von Schiffen in Knoten angegeben:

1 Knoten = 1 Seemeile pro Stunde

1 Seemeile (1 sm) = 1 852 Meter

Ein Fang- und Verarbeitungsschiff der Hochseefischer erreicht etwa 14 Knoten.

$14\,\text{sm/h} = 14 \cdot 1\,852\,\text{m/h} = 25\,928\,\text{m/h}$

Das sind 25,9 km/h.

5 Seefahrer mit Log

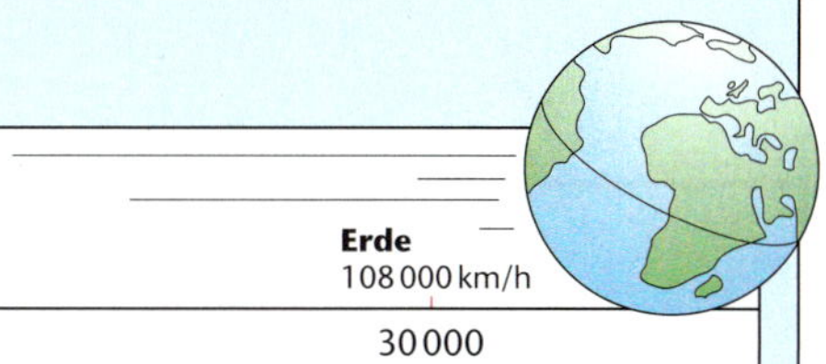

1 Gleichförmige Bewegung

2 Beschleunigte Bewegung

4 Verzögerte Bewegung

Das Zeit-Weg-Diagramm

Die Bewegung eines Körpers lässt sich auch zeichnerisch darstellen. Dazu trägt man die aufgenommenen Messwerte in ein Zeit-Weg-Diagramm ein.

Auf der waagerechten Achse des Diagramms wird die Zeit abgetragen, auf der senkrechten Achse trägt man den Weg ab. Nun werden die Punkte miteinander verbunden. Zeichnest du das Zeit-Weg-Diagramm einer gleichförmigen Bewegung, so erhältst du eine ansteigende Gerade (▷B 3).

Bestimmung der Geschwindigkeit aus dem Diagramm

Das Motorrad hat eine größere Geschwindigkeit als der PKW. Die Gerade im Diagramm verläuft deshalb steiler. Mithilfe des Diagramms kannst du nun die Geschwindigkeit z. B. des Motorrads bestimmen. Suche dir dazu aus dem Diagramm einen Zeitpunkt heraus und lies den zurückgelegten Weg ab. Zur Zeit $t = 5{,}3$ Sekunden hat das Motorrad beispielsweise 100 Meter zurückgelegt. Aus den beiden Werten kannst du nun die Geschwindigkeit wie in Bild 5 gezeigt berechnen.

Momentan- und Durchschnittsgeschwindigkeit

Beim Autofahren ist es besonders wichtig, immer zu wissen wie schnell man ist. Der Tachometer gibt die **Momentangeschwindigkeit** des Fahrzeugs an, also die Geschwindigkeit, die es in einem bestimmten Moment hat.

Ein Fahrzeug fährt selbst auf der Autobahn nicht immer gleich schnell. Mal muss es z. B. wegen eines LKW bremsen, dann beschleunigt es wieder. Für eine solche zusammengesetzte Bewegung lässt sich nur eine durchschnittliche Geschwindigkeit berechnen. Sie ist gleich dem Quotienten des gesamten zurückgelegten Weges und der dafür benötigten Zeit. Man bezeichnet sie als **Durchschnittsgeschwindigkeit**. Mit dem Rechenbeispiel in Bild 5 bestimmst du ebenfalls die Durchschnittsgeschwindigkeit des Motorrads.

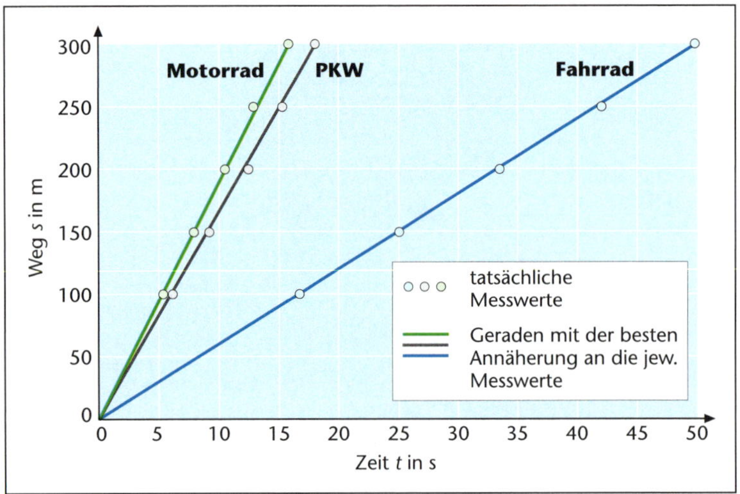

3 Zeit-Weg-Diagramm für eine gleichförmige Bewegung

Berechne die Durchschnittsgeschwindigkeit des Motorrads.

Gegeben: $s = 100\,m$
$t = 5{,}3\,s$

Gesucht: v

Lösung: $v = \frac{s}{t}$

$v = \frac{100\,m}{5{,}3\,s}$

$v \approx 18{,}9\,\frac{m}{s}$

Das Motorrad hat eine Durchschnittsgeschwindigkeit von 18,9 m/s bzw. 68,0 km/h.

5 Berechnung der Durchschnittsgeschwindigkeit

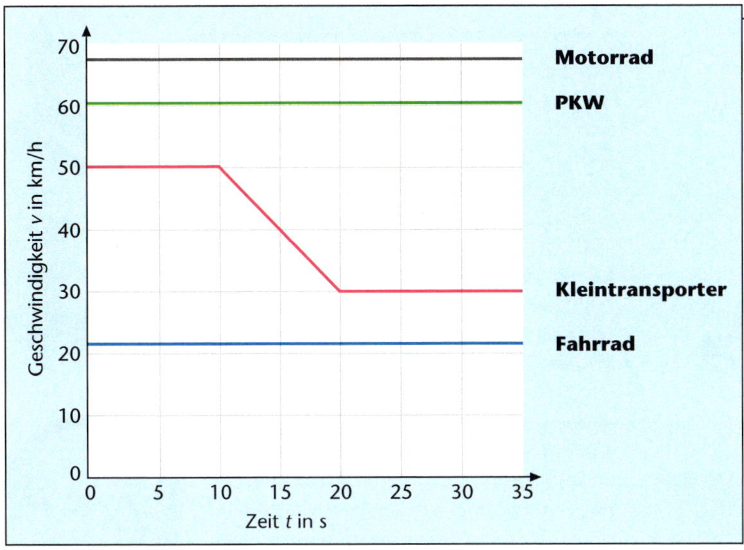

5 Zeit-Geschwindigkeit-Diagramm

6 Bremsender Kleintransporter

Zeit und Geschwindigkeit im Diagramm

So wie man den Zusammenhang von Weg und Zeit in einem Diagramm darstellen kann, ist es auch möglich, den Zusammenhang von Geschwindigkeit und Zeit darzustellen. Dann spricht man von einem Zeit-Geschwindigkeit-Diagramm (*t*-*v*-Diagramm). Auf der senkrechten Achse wird die Geschwindigkeit abgetragen (▷B 5). Bei der gleichförmigen Bewegung ist die Geschwindigkeit immer gleich. Es entsteht im Diagramm also eine Gerade, die waagerecht verläuft.

Wenn sich die Geschwindigkeit ändert, spricht man von einer ungleichförmigen Bewegung. Das ist im Diagramm am Beispiel eines Kleintransporters dargestellt (▷B 5). Er hat am Anfang eine konstante Geschwindigkeit. Nach 10 Sekunden beginnt der Bremsvorgang (▷B 5). 5 Sekunden später hat der Kleintransporter nur noch eine Geschwindigkeit von 40 km/h. Nach weiteren 5 Sekunden hat das Fahrzeug eine Geschwindigkeit von 30 km/h. Jetzt endet der Bremsvorgang und das Fahrzeug fährt gleichförmig mit einer Geschwindigkeit von 30 km/h weiter.

Das Zeit-Weg-Diagramm stellt den Zusammenhang zwischen den Größen Zeit und Weg dar.

Das Zeit-Geschwindigkeit-Diagramm stellt den Zusammenhang zwischen den Größen Zeit und Geschwindigkeit dar.

Aufgaben

1 Der schnellste Orca-Wal wurde 1958 im östlichen Pazifik beobachtet. Er legte eine Strecke von 350 Metern in 22,7 s zurück. Berechne seine Geschwindigkeit und gib sie in zwei verschiedenen Einheiten an.

2 Der Geschwindigkeitsrekord bei Pferderennen liegt bei 69,62 km/h und wurde 1945 von dem Pferd „Big Racket" in Mexico City gelaufen.
a) Welche Strecke legte dieses Pferd in den gemessenen 20,8 s zurück?
b) Wie könnte das Zeit-Geschwindigkeit-Diagramm für ein Pferd bei einem Rennen aussehen?

3 Bei einem Langstreckenläufer wurden Zeit und Weg gemessen. Zeichne zu den Messwerten in der Tabelle (▷B 7) das Zeit-Weg-Diagramm.

4 Im Bild 8 ist siehst du das *t*-*v*-Diagramm für einen ICE. Beschreibe den Bewegungsablauf mit eigenen Worten.

t in s	*s* in m
30	135
60	270
90	400
120	540
150	670

7 Zu Aufgabe 3

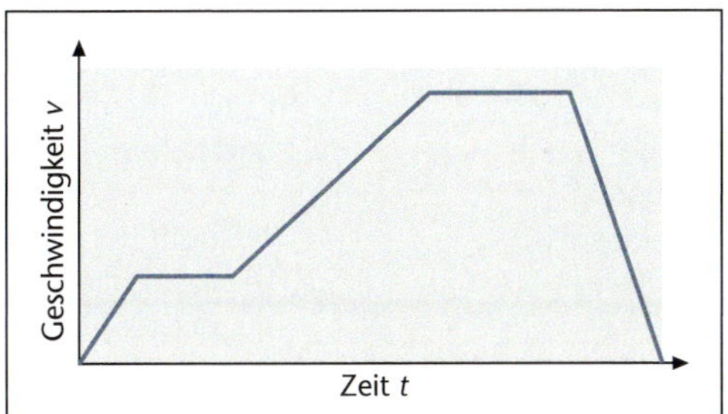

8 Zeit-Geschwindigkeit-Diagramm für einen ICE

Alles in Bewegung

Vom „Gehen, Laufen, Flattern …“

Es gibt viele Möglichkeiten, sich fortzubewegen: Man kann gehen, gleiten, rennen, humpeln… Wer findet die meisten Fortbewegungsarten heraus?

Schnelle Roller

Selbst Anfänger können mit Inline-Skates leicht eine Geschwindigkeit von 20 km/h erreichen. Daher ist es sehr wichtig, die Fahrtechniken sicher zu beherrschen. Vor allem das richtige Abbremsen verringert den Anhalteweg und vermindert das Verletzungsrisiko deutlich.

- Sind Skater schneller als Radfahrer? Begründet eure Überlegungen.
- Welche Fahrtechniken gibt es, und welche Sicherheitsmaßnahmen sind nötig, um Verletzungen zu vermeiden?
- In eurer Umgebung gibt es bestimmt einen Verein, in dem man Inline-Skating trainieren kann. Informiert euch und erstellt ein Plakat mit allem Wissenswerten zu dieser Sportart.

Ein Zylinder und knapp 1 PS

Mit der Patentschrift Nr. 37435 ließ sich Karl Benz ein „Fahrzeug mit Gasmotorenbetrieb“ schützen. Am 3. Juli 1886 fuhr er mit seinem Patent-Motorwagen durch Mannheim.

1909 stellte der Amerikaner Henry Ford bereits die ersten „Fließband-Autos“ her. Den ersten deutschen „Volkswagen“ konstruierte Ferdinand Porsche im Jahr 1934.

- Wie entwickelte sich die Technik weiter? Wählt eine Automarke aus und verfolgt deren Geschichte. Präsentiert das Ergebnis eurer Nachforschungen mithilfe eines Zeitstrahls, den ihr z. B. auf eine Tapetenrolle malt.
- Welche Geschwindigkeiten erreichte man damals, welche heute?

Bei Experten nachgefragt

Viele Autofahrer ärgern sich über die Geschwindigkeitskontrollen der Polizei. Doch Ärger und Missverständnisse lassen sich vermeiden, wenn man sich informiert. Du hast sicher eine Menge Fragen zum Thema „Geschwindigkeiten im Straßenverkehr“.

- Organisiert ein Expertengespräch. Ladet einen Polizeibeamten dazu ein und befragt ihn.
- Findet heraus, warum Geschwindigkeitskontrollen nötig sind. Wo werden sie meistens durchgeführt?
- Informiert euch darüber, wie ein „Blitzer“ funktioniert.

Bahn oder Auto?

Es gibt überzeugte Autofahrer, aber auch Menschen, die lieber mit der Bahn fahren.

● Was ist besser? Bildet zwei Gruppen und sucht für jedes Transportmittel jeweils Vor- und Nachteile. Führt eine Pro-Contra-Debatte über diese Frage!

Die schlaue Scheibe

LKW und Busse sind mit Fahrtenschreibern ausgerüstet. Weißt du warum?

● Notiere alle Informationen, die du auf dieser Scheibe ablesen kannst.

● Wäre es auch sinnvoll, jeden PKW mit einem Fahrtenschreiber auszurüsten? Was meinst du?

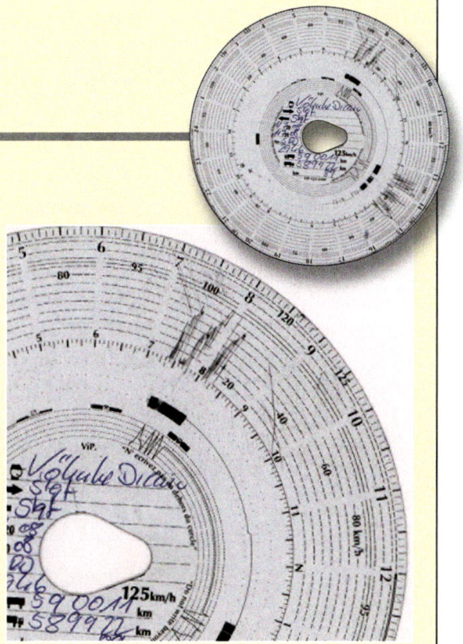

Käfer, Ente, Draht-Esel & Co.

Ob beim Einkauf, im Urlaub oder in der Freizeit – einen Alltag ohne Auto oder Fahrrad können wir uns kaum noch vorstellen. Stell dir vor, du müsstest alles zu Fuß erledigen.

● Heute gibt es viele Verkehrsmittel, an Land, auf dem Wasser oder auch in der Luft. Erstellt mithilfe der Mind-Mapping-Technik eine Übersicht über alle Verkehrsmittel und deren Geschwindigkeiten.

Ein lustiges Rennen

Es gilt, eine Strecke von 10 Metern auf alle möglichen Arten zu überwinden. Man könnte z. B. auf einem Bein hüpfen oder auf einem Skateboard sitzend rollen. Ihr habt bestimmt noch viele weitere Ideen.

● Berechnet für jeden Teilnehmer bzw. jedes Paar die durchschnittliche Geschwindigkeit.

Beschleunigung bei Fahrzeugen
In Autotests und Autoprospekten findest du manchmal die Angabe: „Von null auf hundert in 10 Sekunden". Das heißt, der Wagen beschleunigt aus dem Stand in 10 Sekunden auf eine Geschwindigkeit von 100 km/h.
Wird das Fahrzeug dabei gleichmäßig beschleunigt, nimmt die Geschwindigkeit in jeder Sekunde um 10 km/h zu. Der Wagen hat also nach 1 Sekunde eine Geschwindigkeit von 10 km/h erreicht, nach 2 Sekunden 20 km/h usw.

Bei einer beschleunigten Bewegung ändert sich die Momentangeschwindigkeit.

Für die gleichmäßig beschleunigte Bewegung aus dem Stand gilt:

Beschleunigung

$$= \frac{\text{Momentangeschwindigkeit}}{\text{Beschleunigungszeit}}$$

$$a = \frac{v}{t}$$

Die Einheit der Beschleunigung ist m/s^2 (lies: Meter pro Sekunde im Quadrat).

Das Rechenbeispiel in Bild 2 verdeutlicht die Zusammenhänge nochmals.

1 Beschleunigende Rennwagen

Nach 2 Sekunden beträgt die Geschwindigkeit $4\,\frac{m}{s}$. Wie groß ist die Beschleunigung?

Gegeben: $v = 4\,\frac{m}{s}$ Gesucht: a

$t = 2\,s$

Lösung: $a = \frac{v}{t}$

$a = \frac{4\,\frac{m}{s}}{2\,s}$

$a = 2\,\frac{m}{s^2}$

Die Beschleunigung beträgt $2\,m/s^2$.

2 Berechnung der Beschleunigung

Bei einer Beschleunigung von $a = 2\,m/s^2$ aus dem Stillstand ergibt sich nach 5 Sekunden eine Endgeschwindigkeit von:

$v = 2\,\frac{m}{s^2} \cdot 5\,s$

$v = 10\,\frac{m}{s}$.

Das Zeit-Geschwindigkeit-Diagramm
Die Momentangeschwindigkeit kannst du mit der Formel $v = a \cdot t$ berechnen.

In der Tabelle (▷ B 3) sind für die Beschleunigung aus Bild 2 einige berechnete Momentangeschwindigkeiten dargestellt. Diese Werte werden in ein Zeit-Geschwindigkeit-Diagramm übertragen (▷ B 4).
Du erhältst eine ansteigende Gerade.

t in s	*v* in m/s
0	0
1	2
2	4
3	6
4	8

3 Momentangeschwindigkeiten

Das Zeit-Geschwindigkeit-Gesetz der gleichmäßig beschleunigten Bewegung lautet:

Bei der gleichmäßig beschleunigten Bewegung ist die Geschwindigkeit das Produkt aus Beschleunigung und Zeit.

$v = a \cdot t$

Das Zeit-Weg-Diagramm
In Bild 7 lassen wir einen Gleiter auf einer Luftkissenbahn mehrmals aus dem Stand beschleunigen. Die Strecke, die der Gleiter zurücklegt, verlängern wir von Mal zu Mal jeweils um 0,1 m. Die benötigte Zeit für die einzelnen Strecken wird mit einer Stoppuhr gemessen und in einer Tabelle notiert (▷ B 6).

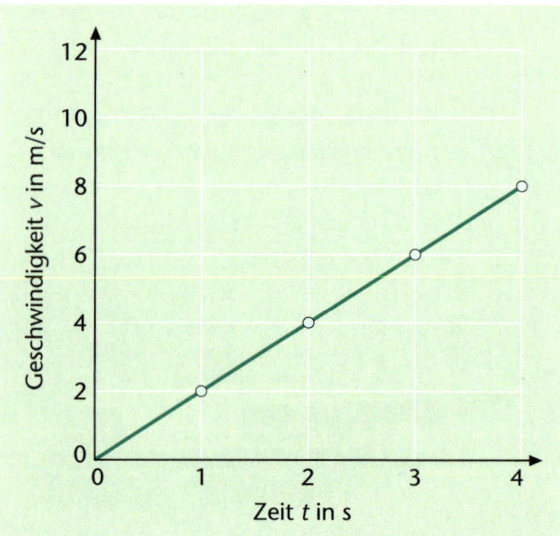

4 *t*-*v*-Diagramm (Zeit-Geschwindigkeit-Diagramm)

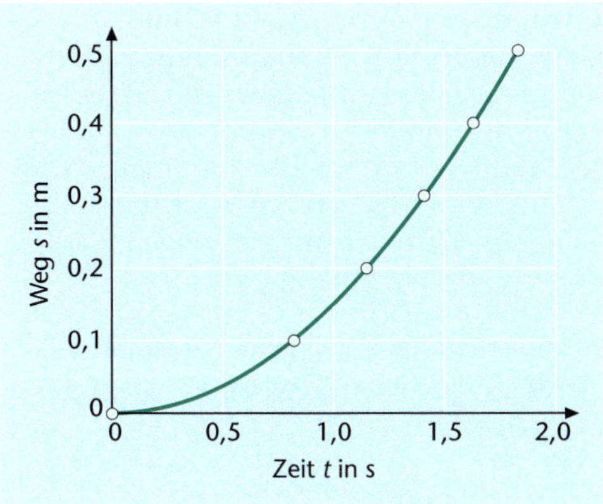

5 *t-s*-Diagramm (Zeit-Weg-Diagramm)

Die Werte aus der Tabelle übertragen wir in ein *t-s*-Diagramm. Die Verbindung der einzelnen Punkte ergibt eine Halbparabel (▷B 5).

s in m	*t* in s
0	0
0,1	0,82
0,2	1,15
0,3	1,41
0,4	1,63
0,5	1,83

6 Messwerte

Einfacher als anhand der Messwerte kann man aus der Parabelform folgenden Zusammenhang ablesen:
Bei einer gleichmäßig beschleunigten Bewegung ist nach der doppelten Zeit der zurückgelegte Weg viermal so groß, nach der dreifachen Zeit ist er neunmal so groß usw.

Aufgaben

1 Ein Auto wird mit $a = 3{,}5\,\text{m/s}^2$ beschleunigt.
a) Erstelle eine Zeit-Geschwindigkeit-Tabelle.
b) Zeichne anhand der Tabellenwerte aus Aufgabenteil a) ein Zeit-Geschwindigkeit-Diagramm.

2 Ein Fahrzeug hat eine Beschleunigung von $a = 2{,}75\,\text{m/s}^2$.
Berechne den jeweils aus dem Stillstand zurückgelegten Weg nach 2, 4 und 8 Sekunden.

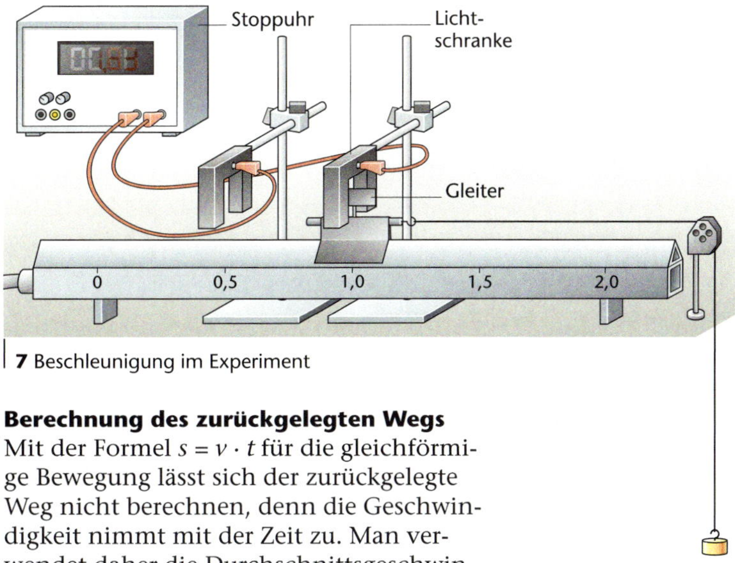

7 Beschleunigung im Experiment

Berechnung des zurückgelegten Wegs
Mit der Formel $s = v \cdot t$ für die gleichförmige Bewegung lässt sich der zurückgelegte Weg nicht berechnen, denn die Geschwindigkeit nimmt mit der Zeit zu. Man verwendet daher die Durchschnittsgeschwindigkeit v_D.

Die Durchschnittsgeschwindigkeit v_D erhält man, indem man die Anfangsgeschwindigkeit v_A und die Endgeschwindigkeit v_E addiert und durch zwei dividiert:

$$v_A = 0\,\frac{\text{m}}{\text{s}}$$

$$v_D = \frac{v_A + v_E}{2}$$

$$v_D = \frac{0 + v_E}{2}$$

Die Endgeschwindigkeit lässt sich mit $v_E = a \cdot t$ berechnen.

Um den zurückgelegten Weg bei der beschleunigten Bewegung zu berechnen, setzt man zunächst $v_E = a \cdot t$ in die Gleichung für v_D ein:

$$v_D = \frac{1}{2} \cdot a \cdot t$$

Setzt man diesen Term in die Gleichung $s = v \cdot t$ ein, so erhält man:

$$s = \frac{1}{2} \cdot a \cdot t^2$$

Das Zeit-Weg-Gesetz der gleichmäßig beschleunigten Bewegung lautet:

Bei einer gleichmäßig beschleunigten Bewegung ist der zurückgelegte Weg proportional zum Quadrat der Zeit.

$$s = \frac{1}{2} \cdot a \cdot t^2$$

v_A = Anfangsgeschwindigkeit
v_D = Durchschnittsgeschwindigkeit
v_E = Endgeschwindigkeit

1 Freier Fall beim Springen

Immer schneller!
Wenn du von der dritten Stufe einer Treppe nach unten springst, dann kannst du den Aufprall noch gut abfedern. Mit zunehmender Höhe wird dir das aber immer schwerer gelingen (▷ B 1). Die Aufprallgeschwindigkeit wird immer größer.
Das kannst du auch an den unterschiedlichen Verformungen einer Knetkugel sehen, die aus unterschiedlichen Höhen nach unten fällt (▷ V 1).

Die Fallbewegung eines Körpers aufgrund der Erdanziehung ist eine beschleunigte Bewegung. Sie wird als **freier Fall** bezeichnet.

▶ Wenn für die Fallbewegung eines Körpers nur seine Gewichtskraft verantwortlich ist, dann wird dies als freier Fall bezeichnet.

Freier Fall
Lässt du eine Eisenkugel los, so fällt sie aufgrund ihrer Gewichtskraft beschleunigt. Die Geschwindigkeit der Kugel wird immer größer.
Misst du in einem Fallversuch die Fallstrecke der Kugel und die dafür benötigte Zeit, dann erkennst du: Bei doppelter Fallzeit ist der Fallweg viermal so groß, bei dreifacher Fallzeit ist der Fallweg neunmal so groß usw. (▷ V 2a).
Auch für den freien Fall gilt das Zeit-Weg-Gesetz der beschleunigten Bewegung:

$$s = \frac{1}{2} \cdot a \cdot t^2$$

Löst du die Gleichung nach a auf, dann erhältst du:

$$a = \frac{2 \cdot s}{t^2}$$

Wenn du die Wertepaare aus Bild 5 für die gemessenen Fallstrecken und die Fallzeiten in die Gleichung für a einsetzt, dann ergibt sich ein Wert von ungefähr 10. Dieser Wert wird Erdbeschleunigung genannt und mit dem Buchstaben g abgekürzt. Genauere Untersuchungen zeigen, dass dieser Wert ortsabhängig ist.

▶ Die Erdbeschleunigung beträgt etwa $10\,\mathrm{m/s^2}$ und wird mit dem Buchstaben g abgekürzt.

Kaum zu glauben!
Von der gleichmäßig beschleunigten Bewegung kennst du das Geschwindigkeit-Zeit-Gesetz $v = a \cdot t$.
Wenn die Beschleunigung a durch die Erdbeschleunigung g ersetzt wird, erhältst du die Gleichung $v = g \cdot t$.
Das würde aber bedeuten, dass die Fallgeschwindigkeit eines Körpers nur von der Zeit abhängt und nicht, wie du vielleicht geglaubt hast, von seiner Masse.

Feder und Kugel auf gleicher Höhe
In einer Glasröhre (▷ B 2) befinden sich eine Eisenkugel und eine Feder. Hältst du die Röhre senkrecht, dann fallen die Gegenstände nach unten. Die Kugel fällt voran und die Feder gleitet langsam hinterher. Die Beobachtung entspricht deiner Alltagserfahrung. Nach $v = g \cdot t$ müssten die Kugel und die Feder aber gleichzeitig am Boden der Röhre ankommen.
Die unterschiedlichen Fallzeiten haben ihre Ursache im Luftwiderstand. Die Feder wird von der Luft stärker abgebremst als die Kugel. Wird die Luft aus der Glasröhre abgepumpt und der Versuch wiederholt, fallen beide Gegenstände gleich schnell.

▶ Im luftleeren Raum fallen alle Körper gleich schnell.

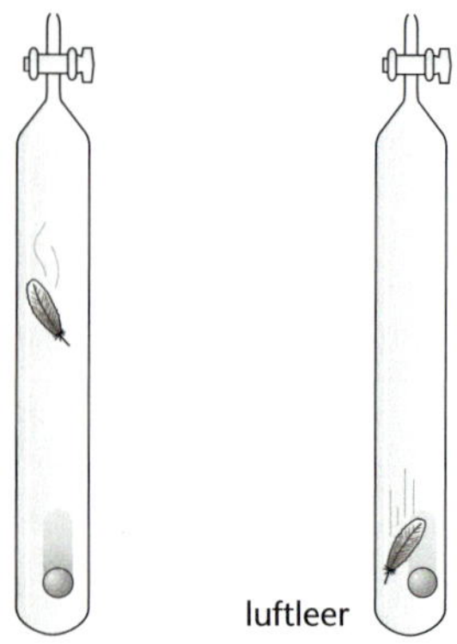

2 Fallröhren-Versuch

4 Fallschirmspringer

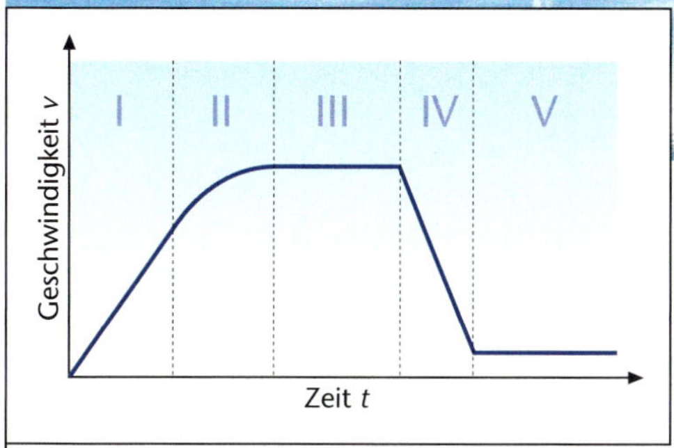

3 *t-v*-Diagramm für Fallschirmspringer

Runter kommen sie alle

Fallschirmspringer lassen sich im Flugzeug auf einige tausend Meter Höhe bringen und springen dann ab.

In den ersten Sekunden nimmt die Geschwindigkeit des Fallschirmspringers zu. Er wird beschleunigt (▷B3, Abschnitt I). Mit zunehmender Geschwindigkeit wird die Reibungskraft der Luft aber immer größer (▷B3, Abschnitt II). Nach einigen Sekunden ist diese Reibungskraft genauso groß wie die Gewichtskraft des Springers. Er fällt dann mit einer konstanten Geschwindigkeit von ungefähr 55 m/s, das sind rund 200 km/h, nach unten (▷B3, Abschnitt III). Beim Öffnen des Fallschirms wird der Springer plötzlich abgebremst (▷B3, Abschnitt IV). Anschließend gleitet er mit etwa 4 m/s zur Erde (▷B3, Abschnitt V).

Aufgaben

1 Warum erhöht sich die Geschwindigkeit des Fallschirmspringers bei geschlossenem Fallschirm nicht auf 450 km/h?

2 Eine Eisenkugel fällt auf der Erde und auf dem Mond aus 10 m Höhe zu Boden. Wo trifft die Kugel mit einer größeren Geschwindigkeit auf dem Boden auf? Begründe deine Antwort.
Berücksichtige dabei die unterschiedlichen Bedingungen auf dem Mond und der Erde.

Versuche

1 Lasse eine Knetkugel aus unterschiedlichen Höhen zu Boden fallen. Vergleiche die Verformung der Knetkugel.

2 Untersuche den Zusammenhang zwischen Fallstrecke und Fallzeit einer Eisenkugel.
Baue den Versuch nach Bild 6 auf.
Die Eisenkugel wird von dem Elektromagneten gehalten. Wird der Schalter betätigt, dann fällt die Kugel nach unten und die Stoppuhr wird gestartet. Trifft die Kugel unten auf, wird die Uhr gestoppt.
a) Lies die Fallzeit an der Stoppuhr ab und miss die Fallstrecke. Trage die Werte in eine Tabelle ein.
Führe den Versuch für verschiedene Fallstrecken durch.
b) Zeichne ein Zeit-Weg-Diagramm für die gemessenen Werte. Berechne nach der Formel $a = 2 \cdot s/t^2$ für die entsprechenden Fallstrecken und Fallzeiten den Wert für die Beschleunigung *a*.
c) Welches Ergebnis kannst du formulieren?

Versuchsergebnisse für die Fallzeit

s in m	*t* in s	*g* in m/s²
0,20	0,20	10
0,40	0,29	9,51
0,60	0,35	9,80
0,80	0,40	10
1,00	0,45	9,88

5 Zu Versuch 2

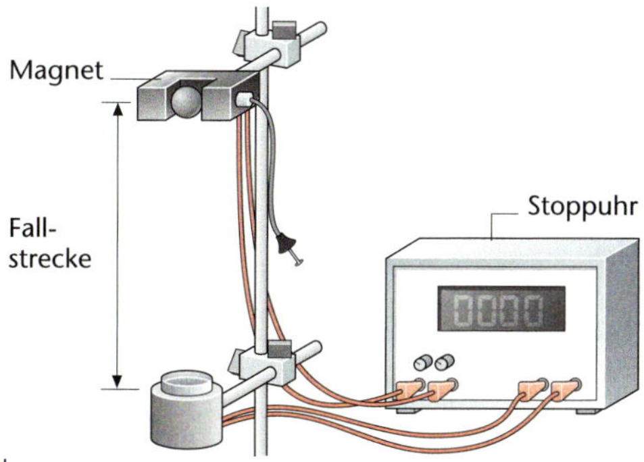

6 Zu Versuch 2

Sir Isaac Newton

Professor mit 27 Jahren

ISAAC NEWTON (▷ B 1) wurde am 4. Januar 1643 in einem kleinen englischen Dorf in der Nähe von Lincolnshire geboren. Er war ein intelligenter Schüler am Gymnasium und studierte später am Trinity College, das zur Universität Cambridge gehörte (▷ B 4). Für die Physik und die Mathematik interessierte er sich besonders. 1665 kehrte er in sein Heimatdorf zurück, da in Cambridge die Pest ausgebrochen war. Er studierte zu Hause weiter. Besonders intensiv beschäftigte er sich mit den Arbeiten des deutschen Astronomen JOHANNES KEPLER (1571–1630), des italienischen Naturforschers GALILEO GALILEI (1564–1642) und des englischen Wissenschaftlers ROBERT BOYLE (1627–1691). Im Jahre 1667 kam er nach Cambridge zurück und übernahm bald darauf mit nur 27 Jahren als Professor den Lehrstuhl für Mathematik und Naturwissenschaften.

1 ISAAC NEWTON

NEWTON als Wissenschaftler

NEWTON fand durch seine intensiven Forschungen viel Neues und Aufsehenerregendes heraus. In der Mathematik entdeckte er eine neue Rechenmethode. Für seine Experimente mit Licht baute er ein neues Gerät, das Spiegelteleskop (▷ B 3). Er veröffentlichte seine Forschungsergebnisse und erlangte zunehmend Anerkennung bei seinen Kollegen. NEWTON studierte die Bewegung von Körpern und Planeten und die dabei wirkenden Kräfte. So entdeckte er u. a. auch die Gravitationskraft und stellte drei Bewegungsgesetze auf, die er physikalisch und mathematisch genau begründen konnte. Wir lernen sie noch heute so, wie er sie in seinem Buch „Principia" (Grundprinzipien) aufgeschrieben hat.

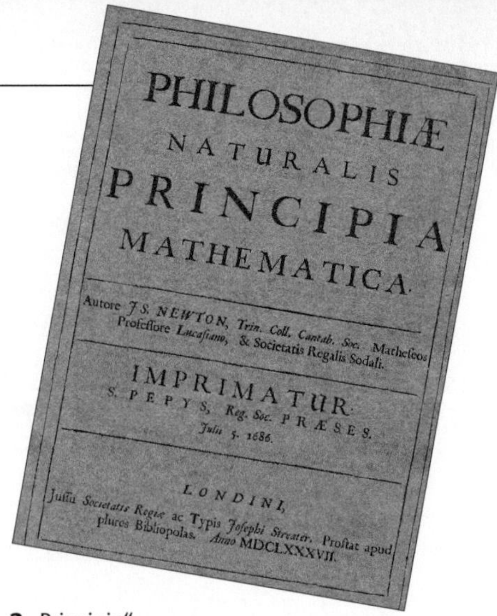

PHILOSOPHIÆ
NATURALIS
PRINCIPIA
MATHEMATICA.

Autore J. S. NEWTON, Trin. Coll. Cantab. Soc. Matheseos Professore Lucasiano, & Societatis Regalis Sodali.

IMPRIMATUR.
S. PEPYS, Reg. Soc. PRÆSES.
Julii 5. 1686.

LONDINI,
Jussu Societatis Regiæ ac Typis Josephi Streater. Prostat apud plures Bibliopolas. Anno MDCLXXXVII.

2 „Principia"

Sir ISAAC

Nach seinem 50. Geburtstag lebte NEWTON sehr zurückgezogen und wandte sich mehr alchimistischen, religiösen und politischen Problemen zu. Er wurde ein sehr strenger Münzmeister an der Königlichen Münze und Präsident der Königlich Britischen Akademie der Naturwissenschaften, der „Royal Society".
1705 erhob die Königin NEWTON als ersten Wissenschaftler in den Adelsstand. Jetzt durfte er sich „Sir ISAAC" nennen.

Mit fortschreitendem Alter verschlechterte sich sein Gesundheitszustand. ISAAC NEWTON verstarb am 31. März 1727.

3 Spiegelteleskop

4 Trinity-College

Werkstatt

Die Kugel rollt

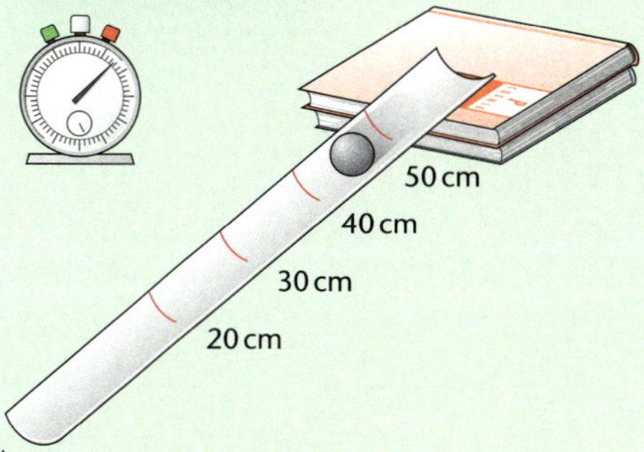

1 Versuchsaufbau

Eine Kugel, die eine schiefe Ebene hinab rollt (▷ B 1), führt eine gleichmäßig beschleunigte Bewegung aus.

Material
Stahlkugel (Ø 1 – 2 cm), Ablaufrinne (ca. 30 – 60 cm lang), Stoppuhr, Lineal, Unterlegmaterial (z. B. Bücher)

Versuchsaufbau
Trage mit einem Stift von einem Ende der Rinne Markierungen im Abstand von 20 cm, 30 cm, 40 cm, 50 cm und 60 cm ab. Unterlege das andere Ende der Rinne mit den Büchern, sodass es ca. 3 cm höher liegt.

Versuchsanleitung
Setze die Kugel bei den verschiedenen Markierungen in die Rinne. Beginne bei 20 cm. Eine Mitschülerin oder ein Mitschüler stoppt die Zeit bis zum Auftreffen der Kugel auf der Tischoberfläche.

Führe jeweils 10 Versuche durch und berechne die Durchschnittszeit. Wiederhole den Versuch dann mit den anderen Strecken.

Versuchsauswertung
Trage die Messwerte in ein Zeit-Weg-Diagramm ein.

Aufgaben
1. Variiere bei dem Versuch verschiedene Größen und miss die jeweiligen Zeiten.
Was stellst du fest?

2. Wie verhalten sich Strecke und Zeit mathematisch zueinander?

Schnittpunkt

Der beschleunigte Mensch

Kennst du die Lügengeschichten des „Baron von Münchhausen" (1720–1797)? Der Baron war Rittmeister in einem russischen Regiment und nahm an mehreren Feldzügen teil. Noch zu Lebzeiten erzählte er unglaubliche Geschichten über die Abenteuer, die er scheinbar erlebt hatte. Eine davon handelte von seinem Ritt auf einer fliegenden Kanonenkugel (▷ B 1).

1 Münchhausens Ritt auf der Kanonenkugel

2 Die menschliche Kanonenkugel

Was damals phantasievolle Prahlerei war, wurde Jahre später in abgeänderter Form Wirklichkeit.
Dem Zirkusartisten EMANUEL ZACCHINI gelang im Jahr 1940, beschleunigt von einer Kanone (▷ B 2), ein Flug über drei Riesenräder hinweg. Er legte dabei eine horizontale Strecke von 69 m zurück und landete dann in einem aufgespannten Netz.

Wo aber liegen die Grenzen der menschlichen Belastbarkeit für Beschleunigungen? Damit der Mensch den Weltraum erforschen kann, sind Flüge ins Weltall notwendig. Die bemannte internationale Raumstation ISS umkreist die Erde in einer Höhe von ungefähr 400 Kilometer mit einer Geschwindigkeit von ca. 28 000 km/h. Die Astronauten müssen auf diese Geschwindigkeit beschleunigt werden.

Aus Untersuchungen mit Tieren weiß man, dass lebende Organismen große Beschleunigungen unbeschadet überstehen können, wenn diese von kurzer Dauer sind.
Einen Start erleben die Astronauten (▷ B 3) so, als würde ein PKW innerhalb einer Sekunde aus dem Stillstand auf 106 km/h beschleunigen. Die Astronauten erfahren während dieser Beschleunigung die dreifache Gewichtskraft.
Piloten von Kampfflugzeugen müssen die achtfache Gewichtskraft aushalten.

3 Astronaut

1 Bremsende PKW

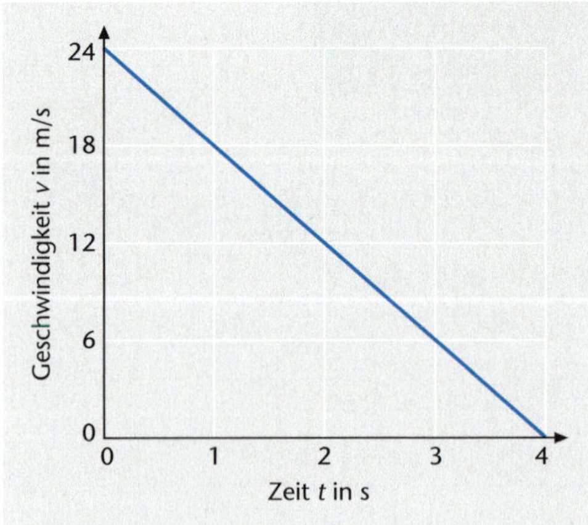

2 *t*-*v*-Diagramm einer gleichmäßig verzögerten Bewegung

Auf die Bremse treten

In der Stadt wird der Verkehr an vielen Kreuzungen durch Ampeln geregelt. Schaltet eine Ampel auf Rot, tritt der Fahrer auf die Bremse. Der Wagen wird langsamer (▷ B 1). In der Physik spricht man von einer verzögerten Bewegung.
Ist die Verzögerung gleichmäßig, dann nimmt die Geschwindigkeit in jeder Sekunde um den gleichen Betrag ab.

t = Zeit
s_B = Bremsweg
v_A = Anfangsgeschwindigkeit
a_B = Bremsverzögerung

Im Bild 2 ist das *t*-*v*-Diagramm einer gleichmäßig verzögerten Bewegung dargestellt. Das Fahrzeug hat eine Anfangsgeschwindigkeit von 24 m/s und kommt nach 4 Sekunden zum Stillstand. In jeder Sekunde nimmt die Geschwindigkeit also um 6 m/s ab.

Verzögerte Bewegung – rückwärts gesehen

Nimmst du einen Bremsvorgang mit einer Kamera auf und spielst die Aufnahme rückwärts ab, siehst du eine beschleunigte Bewegung. Liest du das Diagramm von rechts nach links, wird aus der gleichmäßig verzögerten Bewegung eine gleichmäßig beschleunigte Bewegung.

▶ Die gleichmäßig verzögerte Bewegung ist die Umkehrung der gleichmäßig beschleunigten Bewegung.

Die Verzögerung a_B gibt an, wie stark ein Fahrzeug abgebremst wird. Für die gleichmäßig verzögerte Bewegung gelten die gleichen Formeln wie für die gleichmäßig beschleunigte Bewegung.

Wie lang ist der Bremsweg?

Für den Bremsweg spielt auch die Dauer des Bremsvorganges eine Rolle.
Es gilt die Formel:

$$t = \frac{v_A}{a_B}$$

v ist die Geschwindigkeit, die das Fahrzeug vor dem Bremsvorgang hat und a_B ist die Verzögerung.

Setzt man in die Formel $s = \frac{1}{2} \cdot a \cdot t^2$ für t den Ausdruck $\frac{v_A}{a_B}$ ein, so erhält man

$$s_B = \frac{1}{2} \cdot a_B \cdot \left(\frac{v_A}{a_B}\right)^2$$

$$s_B = \frac{1}{2} \cdot a_B \cdot \frac{v_A{}^2}{a_B{}^2}$$

$$s_B = \frac{v_A{}^2}{2 \cdot a_B}$$

Betrachtest du die Formel zur Berechnung des Bremswegs, dann erkennst du, dass die Länge des Bremswegs von der Anfangsgeschwindigkeit und der Verzögerung abhängt.

▶ Der Bremsweg einer gleichmäßig verzögerten Bewegung lässt sich mit folgender Formel berechnen:

$$s_B = \frac{v_A{}^2}{2 \cdot a_B}$$

Verschiedene Bremswege

In der Tabelle (▷ B 5) sind für einige Geschwindigkeiten die Bremswege auf trockenem Asphalt angegeben.
Die Werte aus der Tabelle in Bild 6 können in einem Geschwindigkeit-Weg-Diagramm dargestellt (▷ B 4) werden.

Ein Auto fährt mit einer Geschwindigkeit von 10 m/s. Wie lang ist der Bremsweg, wenn die Verzögerung 7 m/s² beträgt?

Gegeben: $v_A = 10\,\frac{m}{s}$

$a_B = 7\,\frac{m}{s^2}$

Gesucht: s_B

Lösung: $s_B = \frac{{v_A}^2}{2 \cdot a_B}$

$s_B = \frac{(10\,\frac{m}{s})^2}{2 \cdot 7\,\frac{m}{s^2}}$

$s_B = 7{,}14\,m$

Der Bremsweg beträgt 7,14 m.

3 Berechnungsbeispiel zur verzögerten Bewegung

Die doppelte Ausgangsgeschwindigkeit ergibt bei konstanter Verzögerung den vierfachen Bremsweg, die dreifache Anfangsgeschwindigkeit den neunfachen Bremsweg usw.

Der Bremsweg ist proportional zum Quadrat der Geschwindigkeit.

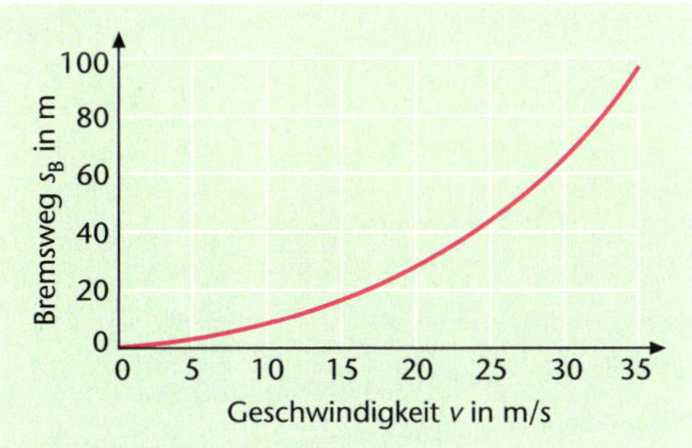

4 *v-s*-Diagramm einer gleichmäßig verzögerten Bewegung

v_A in m/s	s_B in m
10	7,14
15	16,07
20	28,57
25	44,64
30	64,29
35	87,5

5 Bremswege auf trockenem Asphalt

Schnittpunkt

Sicherheitsabstand im Straßenverkehr

Punkte für zu kleinen Abstand

Viele Unfälle ließen sich vermeiden, wenn Autofahrer den Bremsweg ihres Fahrzeugs besser einschätzen könnten. Daher ist der Sicherheitsabstand zum vorausfahrenden Fahrzeug sehr wichtig. Er muss so groß sein, dass das Fahrzeug auch dann noch rechtzeitig zum Stillstand kommt, wenn der Vordermann plötzlich stark abbremst. Wer den Sicherheitsabstand nicht einhält, der riskiert ein Bußgeld und Punkte in der „Flensburger Kartei“.

Die physikalische Formel für den Bremsweg ist viel zu schwierig, als dass sie im Straßenverkehr angewendet werden könnte. Deshalb kommen so genannte „Faustregeln“ zur Anwendung.

1 Auffahrunfall

Faustregel für den Bremsweg

Die Faustregel für den Bremsweg lautet:

$$s_B = \frac{v^2}{100}$$

Ein Rechenbeispiel verdeutlicht diese Faustregel. Hat ein Fahrzeug eine Geschwindigkeit von 60 km/h, beträgt sein Bremsweg nach der Faustformel ungefähr:

$$s_B = \frac{60^2}{100} = 36\,m$$

Wie kann der Fahrer einen Abstand von 36 m abschätzen? Eine gute Orientierungshilfe bieten die Leitpfosten am Fahrbahnrand. Sie sind an Autobahnen im Abstand von 50 m und an Landstraßen im Abstand von 25 m aufgestellt.

Faustregel für den Sicherheitsabstand

„Halber Tacho“ ist eine weitere leicht anwendbare Faustregel. Wer mit Tempo 120 km/h fährt muss einen Abstand von 60 Meter einhalten.

Beide Faustregeln sind nur grobe Abschätzungen, die weder Witterungs- und noch Straßenverhältnisse berücksichtigen.

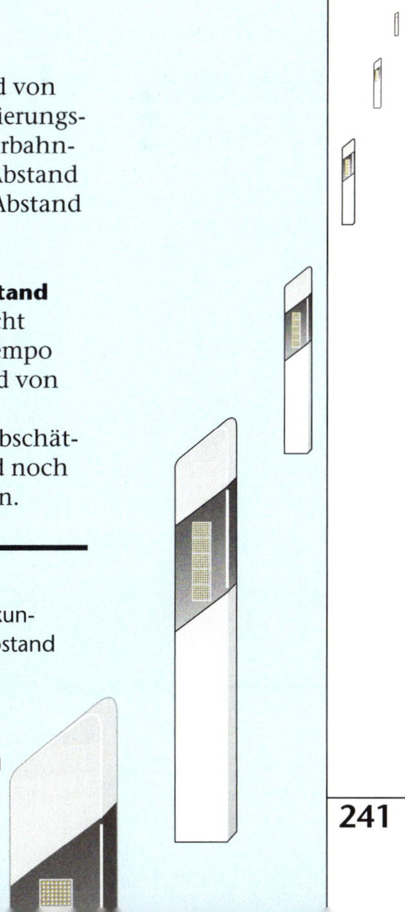

Aufgaben

1 Recherchiere, was mit der „2-Sekunden-Regel“ für den Sicherheitsabstand gemeint ist.

2 Mit welcher Verzögerung wird in der Faustformel zur Abschätzung des Bremswegs „gerechnet“?

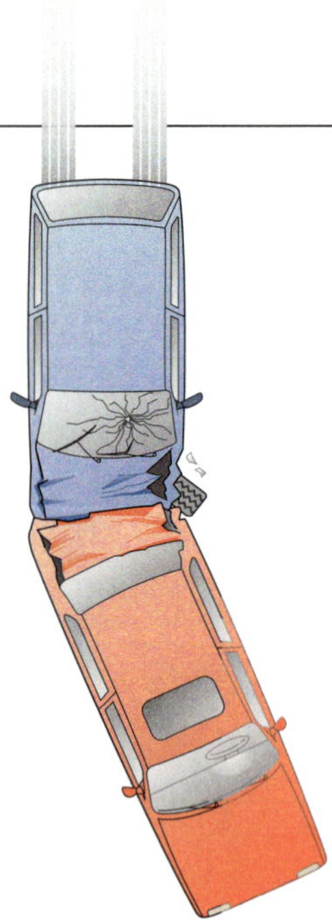

Hörgenuss mit schlimmen Folgen

„Auffahrunfall auf der A3 zwischen Frankfurt und Würzburg. Am letzten Wochenende ereignete sich auf der A3 zwischen den Anschlussstellen Hanau und Seligenstadt ein Auffahrunfall. An den beteiligten Fahrzeugen entstand erheblicher Sachschaden. Verursacht wurde der Unfall von einem Autofahrer, der nach Angaben der Polizei nur eine CD aus dem Handschuhfach holen wollte. Sein Abstand zum Vordermann habe ungefähr 50 bis 60 Meter betragen.“ So begann kürzlich ein Zeitungsbericht. Warum hat der Abstand zum Vordermann nicht ausgereicht als dieser plötzlich abbremste?

War der Fahrer bei einer Geschwindigkeit von 130 km/h nur 2 Sekunden lang abgelenkt, dann hat das Fahrzeug in dieser Zeit 72 m zurückgelegt, ohne dass der Fahrer auf die Gefahrensituation reagieren und bremsen konnte.

Anhalteweg ist nicht gleich Bremsweg

Der Anhalteweg gliedert sich in drei Teilwege auf: den Reaktionsweg, den Ansprechweg und den Bremsweg (▷ B 2). Nach dem Erkennen der Gefahrensituation vergeht die so genannte „Schrecksekunde“. Diese Zeit beträgt in der Regel 0,7 Sekunden. Medikamente, Alkohol und andere Drogen, Stress, aber auch ein allzu fröhlicher Gemütszustand beim Fahren können die Reaktionszeit wesentlich erhöhen. Laute Musik z. B. kann die Reaktionszeit um 0,2 Sekunden verlängern. Wer unter dem Einfluss von Drogen am Steuer angetroffen wird, verliert seinen Führerschein.

Während der Reaktionszeit fährt das Auto mit gleich bleibender Geschwindigkeit weiter. Dann tritt der Fahrer auf die Bremse. Bevor jedoch die Bremswirkung eintritt, muss sich der Druck in den Bremsleitungen aufbauen. Diese Ansprechzeit beträgt ca. 0,3 Sekunden. Erst jetzt setzt

Welchen Anhalteweg hat ein PKW bei einer Geschwindigkeit von 130 km/h?

Die Reaktionszeit des Fahrers ist 0,7 Sekunden.

Die Ansprechzeit der Bremsen ist 0,3 Sekunden.

Bei trockenem Asphalt beträgt die Bremsverzögerung ca. 7 m/s²

Gesucht: Anhalteweg s

$$s = \underbrace{(\text{Reaktionsweg} + \text{Ansprechweg})}_{s_1} + \underbrace{\text{Bremsweg}}_{s_2}$$

$$s = s_1 + s_2$$

Lösung: a) Bestimmung von s_1

$$s_1 = v \cdot t$$

$$s_1 = 36{,}1\,\frac{m}{s} \cdot (0{,}7 + 0{,}3)\,s$$

$$s_1 = 36{,}1\,m$$

b) Bestimmung von s_2

$$s_2 = \frac{v^2}{2 \cdot a_B}$$

$$s_2 = \frac{(36{,}1\,m/s)^2}{2 \cdot 7\,m/s^2}$$

$$s_2 \approx 93{,}1\,m$$

c) Bestimmung von s

$$s = s_1 + s_2$$

$$s = 129{,}2\,m$$

Antwort: Der Anhalteweg beträgt 129,2 m.

1 Beispielrechnung zum Anhalteweg

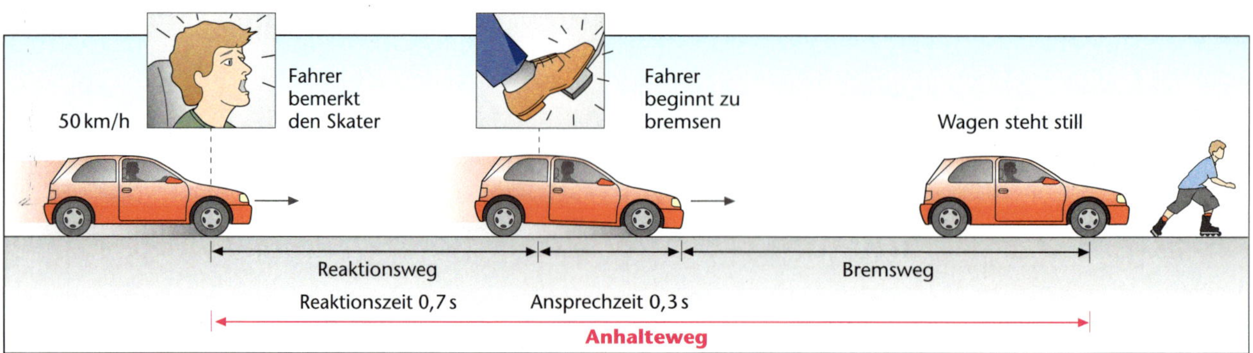

2 Anhalteweg

die Bremswirkung ein und der Wagen wird gleichmäßig verzögert. Bis zum Stillstand des Wagens legt er den Bremsweg zurück.

Anhalteweg =
Reaktionsweg + Ansprechweg + Bremsweg

Ein Beispiel zur Berechnung des Anhaltewegs siehst du in Bild 1.

Möglichst schnell langsam werden
Moderne Fahrzeuge besitzen **Scheibenbremsen** (▷B 6). Bei der Scheibenbremse werden zwei Bremsbacken gegen die Seiten der Bremsscheibe gedrückt. Dadurch wird das Rad abgebremst. Die Reifen müssen diese Bremskraft auf die Straße übertragen. Wie gut ein Reifen auf der Straße haftet, hängt von verschiedenen Faktoren ab. Zum einen sind das Gummimischung, Profil und Luftdruck des Reifens. Aber auch die Fahrbahnbeschaffenheit hat einen entscheidenden Einfluss auf die Länge des Bremswegs. Je glatter die Fahrbahn ist, desto geringer ist die erreichbare Verzögerung.

Auf Granit- und Kopfsteinpflaster werden geringere Verzögerungswerte als auf Asphalt erreicht. Insbesondere eine nasse Fahrbahnoberfläche setzt die Verzögerung herab (▷B 3). Der Bremsweg verlängert sich dann erheblich. Auch bei einer Fahrt auf Straßenbahnschienen und frischem Laub verringern sich die Verzögerungswerte.

Verzögerungswerte auf Asphalt in m/s^2	
trocken	ca. 8
nass	ca. 5
Schnee	ca. 2
Eis	ca. 1

3 Witterungseinfluss

Die Verzögerung hängt aber auch von der Bremsanlage eines Fahrzeuges ab. Ein Wagen mit technisch aufwendiger Bremsanlage kann auf trockenem Asphalt einen Verzögerungswert von ca. 11 m/s^2 erreichen.

Unter 7 °C sind Winterreifen ein Muss
Sommerreifen verlieren bereits ab einer Temperatur von unter 7 °C an Haftung. Deshalb ist es besonders in der kalten Jahreszeit wichtig, das Auto mit Winterreifen auszurüsten. Der Bremsweg auf verschneiten Fahrbahnen verkürzt sich dadurch deutlich (▷B 4).

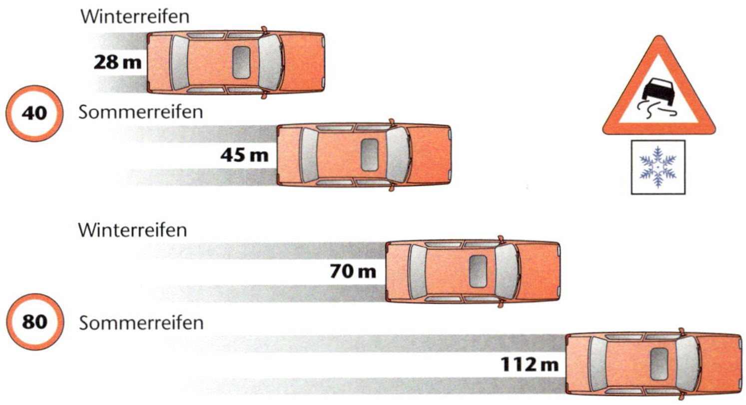

4 Unterschiedliche Bremswege von Sommer- und Winterreifen

Bremsverzögerung beim Fahrrad
Beim Fahrrad wird die Bremswirkung über die Felgenbremse (▷B 5) oder die Rücktrittbremse erreicht. Es gibt aber auch schon Fahrräder, die über Scheibenbremsen verfügen. Fahrräder müssen mit zwei voneinander unabhängig wirkenden Bremsvorrichtungen ausgestattet sein. Auf trockener Fahrbahn muss eine mittlere Bremsverzögerung von 4 m/s^2 bei einer Ausgangsgeschwindigkeit von 20 km/h erreicht werden.

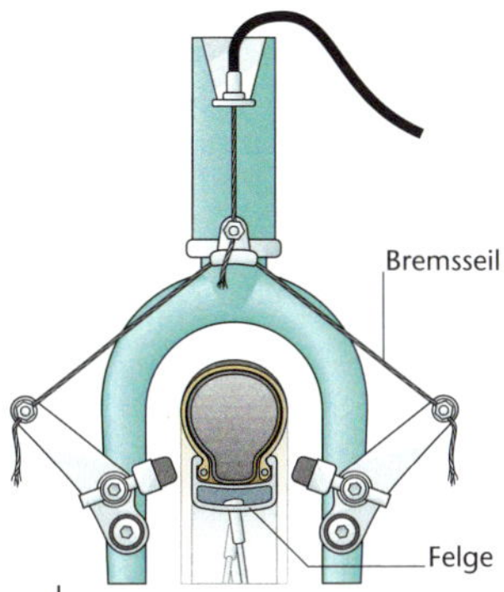

5 Felgenbremse

Züge
Züge mit ihrer großen Masse erreichen mit den Stahlrädern auf Schienen nur einen Verzögerungswert von ca. 0,5 bis 1,2 m/s^2.

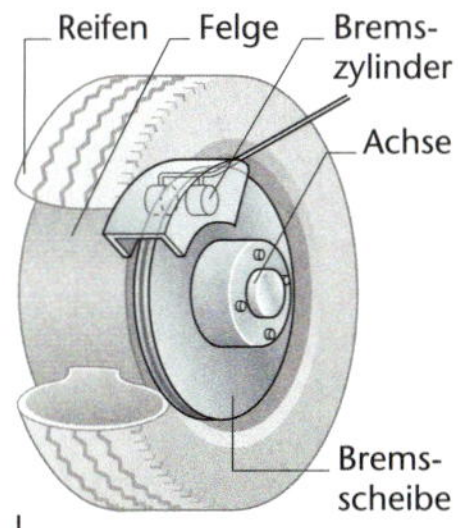

6 Scheibenbremse

Aufgaben

1 Nach der StVO darf man bei Nebel mit einer Sichtweite von 50 Meter nicht schneller als 50 km/h fahren.
Erkläre diese Vorgabe.

2 Bei einem Unfall wurde eine Radfahrerin von einem Auto angefahren. Der Sachverständige wies darauf hin, dass die Bremsspur erst 31 m hinter der Unfallstelle begann.
Mithilfe der Geschwindigkeit, die der Autofahrer im Augenblick der Kollision hatte (85 km/h), lässt sich die Reaktionszeit des Fahrers berechnen.
Welche Reaktionszeit hatte der Fahrer?

3 Welchen Bremsweg benötigt ein Zug, um ausgehend von einer Geschwindigkeit von 100 km/h zum Stehen zu kommen?

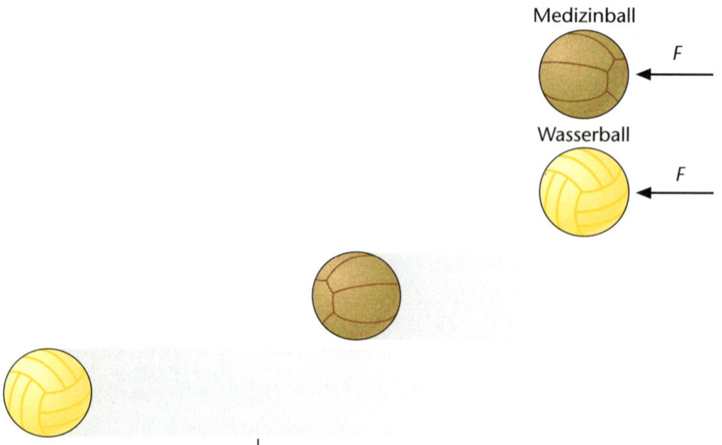

1 Trägheit im Versuch

Newtons Gesetze
Der englische Naturforscher Isaac Newton (1643–1727) war an vielen alltäglichen Phänomenen interessiert. Es wird berichtet, dass er einmal im Garten saß und beobachtete, wie ein Apfel vom Baum fiel. Er fragte sich: Warum fällt ein Körper immer nach unten? Welche Kräfte wirken dabei? Er untersuchte viele Beobachtungen mit einfachen Experimenten. Seine Ergebnisse veröffentlichte er 1687 in seinem Buch „Principia“. Darin beschreibt er u. a. drei grundlegende Gesetze der Mechanik, die man heute wegen ihrer großen Bedeutung die Grundgesetze der Mechanik nennt. Das erste Gesetz ist das **Wechselwirkungsprinzip**:

Zu jeder Kraft gibt es eine Gegenkraft. Beide Kräfte sind gleich groß, greifen an verschiedenen Körpern an und sind entgegengesetzt gerichtet.

Körper sind träge
Stelle dir vor, ein Medizinball und ein Wasserball liegen nebeneinander (▷ B 1). Beide sind gleich groß, haben aber unterschiedliche Massen. Solange keine Kraft auf die Bälle wirkt, bleiben sie ruhig liegen. Werden sie angestoßen, bewegen sie sich.

Ein Körper in Ruhe bewegt sich nur dann, wenn eine Kraft auf ihn wirkt.

Nun werden der Medizinball und der Wasserball in Bewegung versetzt. Welcher Ball bewegt sich bei gleicher Krafteinwirkung schneller? Ganz klar: der Wasserball. Der Ball mit der größeren Masse ist langsamer. Man sagt, er hat die größere Trägheit.

Jeder Körper hat die Eigenschaft, sich einer Bewegungsänderung zu widersetzen. Diese Eigenschaft nennt man Trägheit.

Je größer die Masse, desto träger ist der Körper.

Bewegte Körper
Auch wenn sich ein Körper gleichförmig bewegt, wird er diesen Bewegungszustand nicht „freiwillig“ ändern.
Was muss passieren, damit der Körper schneller oder langsamer wird? Auch dazu muss eine Kraft auf ihn einwirken. Um z. B. ein Auto abzubremsen, ist eine Bremskraft erforderlich. Sie wird durch das Bremspedal auf die Räder übertragen und bewirkt eine Verzögerung des Fahrzeugs. Beim Beschleunigen wirkt die Kraft des Motors auf die Räder.
Diesen Zusammenhang beschreibt das **Trägheitsgesetz**:

Ein Körper verharrt in Ruhe oder bleibt in geradliniger, gleichförmiger Bewegung, solange keine Kraft auf ihn einwirkt.

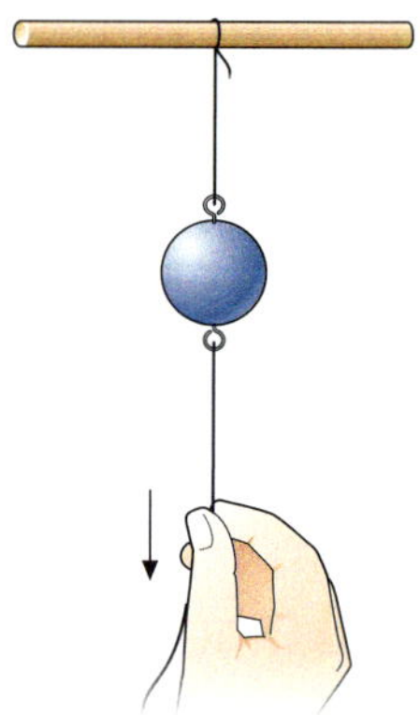

2 Zu Versuch 1

Versuch

1 Hänge eine Kugel an einem Faden auf. Befestige unten an der Kugel einen zweiten Faden (▷ B 2).
a) Ziehe nun vorsichtig an dem unteren Faden. Welcher Faden reißt – der obere oder der untere?

b) Ziehe nun ruckartig am unteren Faden. Welcher Faden reißt – der obere oder der untere?
Erkläre die unterschiedlichen Versuchsergebnisse.

Sicherheitssysteme

Aktive und passive Sicherheit
Unter den aktiven Sicherheitselementen eines Autos versteht man die Bestandteile des Fahrzeugs, mit denen das Fahren sicherer wird. Dazu gehören Scheinwerfer mit besserer Lichtausbeute, Bremssysteme, die elektronische Stabilitätshilfe usw.
Bei Unfällen vermindern passive Sicherheitselemente die Verletzungen der Fahrzeuginsassen. Dazu gehören die sichere Fahrgastzelle, Airbags, Sicherheitsgurte und Kopfstützen. Schutzanzüge und Sturzhelm mindern bei Motorradfahrern das Verletzungsrisiko.

Elektronische Stabilitätshilfe
Ein Computer wertet beim Fahren die Fahrzeuggeschwindigkeit, die Lenkradbewegung und die Querbeschleunigung des Fahrzeuges aus. Wird eine Schleudergefahr des Wagens erkannt, greift die elektronische Stabilitätshilfe ein. Eines oder mehrere Räder des Fahrzeugs werden blitzschnell abgebremst und bei Bedarf wird zusätzlich die Motorleistung gedrosselt. So soll ein instabiler Fahrzustand vermieden werden.

1 Mit ABS bleibt ein PKW lenkfähig

Antiblockiersystem (ABS)
Beim Druck auf das Bremspedal werden die Bremsbacken gegen die Bremsscheibe gedrückt und das Rad wird abgebremst. Bei Fahrzeugen ohne ABS kann es zum Blockieren der Räder kommen. Der Wagen bricht aus seiner Spur aus und ist nicht mehr lenkfähig. Egal welche Stellung die Räder haben, das Auto rutscht geradeaus.
Das ABS verfügt über Drehzahlsensoren in den Rädern. Diese erkennen eine Blockiergefahr. Ein Steuergerät gibt Befehl an die Stellventile, so viel Druck aus dem Bremskreis abzulassen, dass keine Blockiergefahr mehr besteht. Das Auto bleibt spurstabil und lenkfähig (▷ B 1).
Wer mit einem Antiblockiersystem bremst darf keine Wunder erwarten. Entgegen weit verbreiteter Meinung führt das ABS nicht zur Verringerung des Bremsweges.

2 Knautschzone

Knautschzonen
Autos verfügen über Knautschzonen, die sich bei einem Aufprall verformen und dabei Beschleunigungsenergie umwandeln.
Die Fahrgastzelle bleibt so stabil und bietet größtmöglichen Schutz für die Fahrzeuginsassen (▷ B 2).

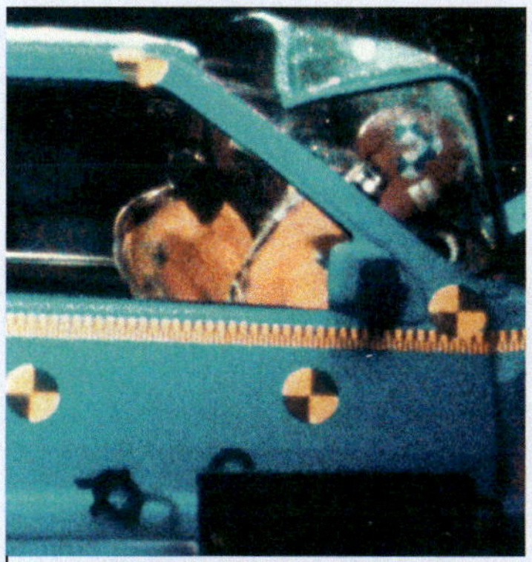

3 Aufprall ohne Sicherheitsgurt

Sicherheitsgurt mit Gurtstraffer
Fahrzeuginsassen, die nicht angegurtet sind, können bei Unfällen gegen die Windschutzscheibe geschleudert werden (▷ B 3). Tödliche Verletzungen sind dann oft die Folge. Der Gurtstraffer zieht bei einem Aufprall den Gurt an den Körper. Dadurch hat der Sicherheitsgurt eine größere Wirkung. Seit 1976 gilt in Deutschland die Anschnallpflicht.

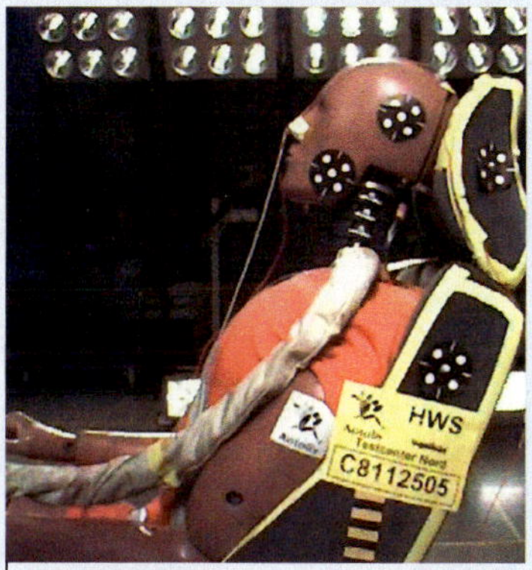

4 Kopfstützen

Kopfstützen
Kopfstützen sind nicht zum Anlehnen und Ausruhen da. Richtig eingestellt, sollen sie bei einem Auffahrunfall verhindern, dass der Kopf nach hinten geschleudert wird und Verletzungen an den Halswirbeln entstehen (▷ B 4).

5 Mehr Sicherheit mit Airbag

Airbag
Luftkissen im Armaturenbrett, in der äußeren Sitzlehnenseite und im Dachhimmel blasen sich bei einem Unfall in Bruchteilen von Sekunden auf und vermindern das Verletzungsrisiko (▷ B 5).

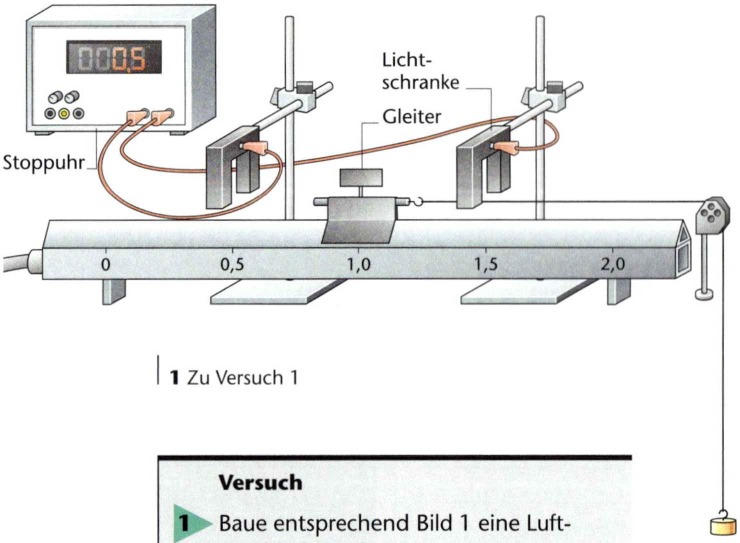

1 Zu Versuch 1

Versuch

1 Baue entsprechend Bild 1 eine Luftkissenbahn auf.
a) Miss eine Strecke von einem Meter ab. Erhöhe die am Faden wirkende Kraft um jeweils 0,05 N und miss die Zeit, in der der Gleiter den Weg zurücklegt. Berechne aus den Ergebnissen die Beschleunigung nach $a = 2\,s/t^2$.
b) Halte nun die wirkende Kraft konstant und erhöhe die Masse des Gleiters.
c) Protokolliere beide Messungen und formuliere zu jedem Experiment das Ergebnis.

Beschleunigung und Kraft

Das Trägheitsgesetz besagt, dass ein Körper seinen Bewegungszustand ändert, wenn eine Kraft auf ihn einwirkt.
Welche Größen bestimmen, wie groß die Kraft sein muss?
Ein Auto, das sehr schnell hohe Geschwindigkeiten erreicht, also eine große Beschleunigung hat, braucht einen starken Motor. Daher könnte man vermuten, dass die Beschleunigung umso größer ist, je größer die wirkende Kraft ist.

In Versuch 1a bleibt die Masse des Körpers immer gleich, aber die wirkende Kraft wird verändert. Um den Einfluss der Reibung so gering wie möglich zu halten, wird das Experiment mit einer Luftkissenbahn durchgeführt.
Der Gleiter auf dem Luftkissen hat eine Masse von 200 g. Am Gleiter ist ein Faden befestigt, der über eine Rolle geführt wird und an dessen Ende man Massestücke einhängt. Nun legt man eine Strecke von z. B. einem Meter fest und misst die Zeit, die der Körper benötigt, um diese Strecke zurückzulegen.
Aus den gemessenen Zeiten und der zurückgelegten Strecke kannst du die Beschleunigung berechnen (▷ B 2).

F	s	t	$a = 2s/t^2$
0,05 N	1 m	4,1 s	0,12 m/s²
0,10 N	1 m	2,8 s	0,26 m/s²
0,15 N	1 m	2,3 s	0,38 m/s²

2 Messergebnisse zu Versuch 1a

Die berechneten Werte werden zur Auswertung in einem Kraft-Beschleunigung-Diagramm dargestellt (▷ B 3). Du erkennst, dass bei zunehmender Kraft auch die Beschleunigung zunimmt. Die ansteigende Gerade im F-a-Diagramm zeigt, dass beide Größen zueinander proportional sind.

Je größer die Kraft ist, desto größer ist auch die Beschleunigung des Körpers.
Es gilt: $a \sim F$

Masse und Beschleunigung

Beobachtet man das Anfahren eines Autos einmal mit und einmal ohne Anhänger, dann kann man vermuten, dass bei größerer Masse des Autos die Beschleunigung kleiner ist.
In Versuch 1b wird dieser Zusammenhang untersucht. Dazu wird die Masse des Gleiters vergrößert, während man die Kraft, die den Körper beschleunigt, konstant hält ($F = 0{,}2$ N).
In Bild 4 siehst du die aufgenommenen Messwerte. Sie können in einem Masse-Beschleunigung-Diagramm dargestellt werden (▷ B 5).

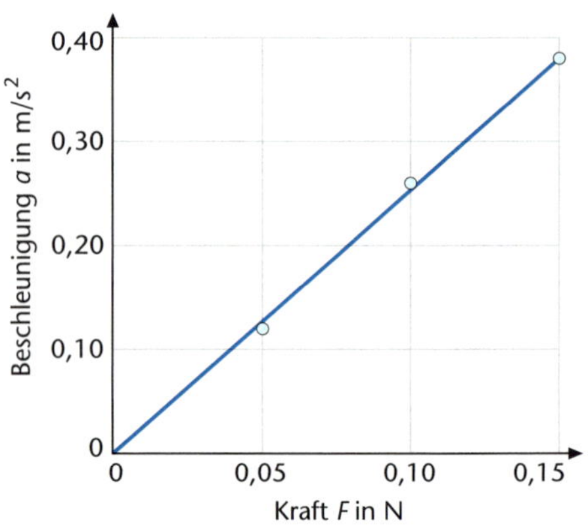

3 Kraft-Beschleunigung-Diagramm

Anhand der Messwerte erkennst du, dass bei einer Verdopplung der Masse die Beschleunigung halbiert wird. Das bedeutet, dass Masse und Beschleunigung umgekehrt proportional zueinander sind. Das Diagramm ergibt keine Gerade, sondern eine abfallende Kurve.

Aufgrund der Zusammenhänge zwischen Beschleunigung, Kraft und Masse kann die Beschleunigung berechnet werden, indem man die Kraft durch die Masse dividiert.

Je größer die Masse des Körpers ist, desto kleiner ist die Beschleunigung.
Es gilt: $a \sim 1/m$

Die Beschleunigung ist der Quotient aus Kraft und Masse.

$$a = \frac{F}{m}$$

Newton'sches Grundgesetz
Newton formulierte diese Zusammenhänge zwischen Kraft, Masse und Beschleunigung in seinem dritten Gesetz, dem Newton'schen Grundgesetz:

Wirkt auf einen Körper eine Kraft, so wird er beschleunigt. Die Kraft ist das Produkt aus Masse und Beschleunigung: $F = m \cdot a$.

m	s	t	$a = 2s/t^2$
100 g	1 m	1,4 s	1,02 m/s²
200 g	1 m	2,0 s	0,50 m/s²
400 g	1 m	2,8 s	0,26 m/s²

4 Messwerte zu Versuch 1b

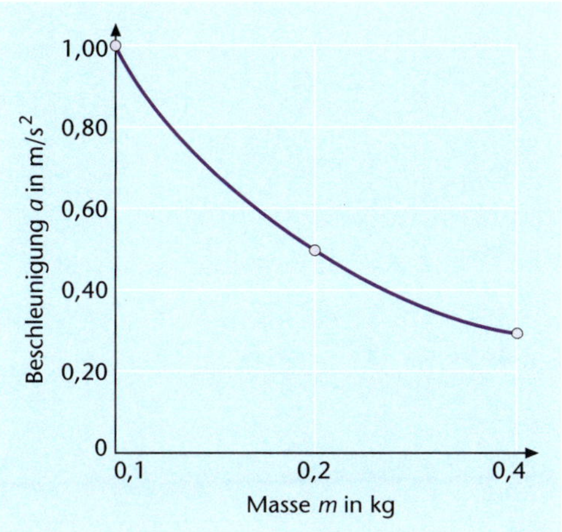

5 Masse-Beschleunigung-Diagramm

Die Einheit der Kraft
Die Einheit der Kraft ist das Newton. Eine Kraft von 1 Newton braucht man, um einen Körper mit der Masse 1 kg mit 1 m/s² zu beschleunigen. Die Einheit Newton setzt sich aus den Einheiten von Masse und Beschleunigung zusammen.

$$1\,\text{N} = \frac{1\,\text{kg} \cdot 1\,\text{m}}{1\,\text{s}^2}$$

Kleine Fahrschule
Gerade beim Überholen (▷ B 6) ist eine ausreichende Beschleunigung nötig. Je größer die Masse des Fahrzeugs ist, desto geringer ist seine Beschleunigung. Es ist also schon ein Unterschied, ob in einem PKW nur der Fahrer oder die ganze Familie sitzt. Im zweiten Falle kann das Auto weniger stark beschleunigen und braucht eine längere Überholstrecke.

6 Überholvorgang

Aufgaben

1 a) Ein PKW hat eine Masse von 1237 kg (einschl. 75 kg Fahrergewicht) und eine Beschleunigung von 2,2 m/s². Mit welcher Kraft wird das Auto beschleunigt?

b) In dem Fahrzeug können noch vier weitere Personen mitfahren. Berechne die Kraft, die der Motor für die gleiche Beschleunigung aufbringen muss, wenn das Auto voll besetzt ist. Alle Insassen sollen eine Masse von 75 kg haben.

2 „Der Lack muss ab!", meinte der Motorsportchef. Beim Eifel-Grand-Prix 1934 wog der neue Mercedes Rennwagen exakt 1 kg zu viel! Der Lack wurde abgekratzt bis die Aluminiumschicht darunter sichtbar wurde. Jetzt stimmte die Masse und seitdem nennt man die Rennwagen „Silberpfeile". Warum gibt es auch heute noch Vorschriften für die Masse eines Rennwagens?

7 Silberpfeil

1 Energieumwandlung

Energieerhaltung
Energie kann nicht entstehen oder verschwinden. Man kann Energie aber übertragen oder sie von einer Form in eine andere umwandeln.
Woher nimmt ein Fahrzeug die Energie zum Fahren und was wird aus der Energie, wenn das Fahrzeug wieder stillsteht?

Energieumwandlungen
Die beim Beschleunigen eines Fahrzeugs verrichtete Arbeit nennt man Beschleunigungsarbeit (▷ B 1). Dafür benötigt das Fahrzeug Energie. Benzin- oder dieselbetriebene Fahrzeuge wandeln die chemische Energie des Kraftstoffs in kinetische Energie (Bewegungsenergie) um. Außerdem braucht ein Fahrzeug ständig chemische Energie, um mit konstanter Geschwindigkeit fahren zu können, denn zur Überwindung der Reibung wird Energie benötigt. Viele Autos sind heute so konstruiert, dass die Luftreibung beim Fahren möglichst gering ist. Das verringert den Kraftstoffverbrauch.

Energie beim Bremsen
Was passiert mit der kinetischen Energie beim Bremsen? Sobald der Fahrer des Autos auf das Bremspedal tritt, werden starke Reibungskräfte ausgeübt und das Fahrzeug kommt zum Stehen. An den Bremsscheiben und den Rädern entsteht Wärme (▷ B 2). Die kinetische Energie wird demnach in Wärme umgewandelt. Diese thermische Energie wird an die Umgebung abgegeben und ist für uns nicht mehr nutzbar.

Auf in die Berge
Wird chemische Energie des Treibstoffs dazu genutzt, mit dem Fahrzeug einen Berg hochzufahren, dann wird am Fahrzeug auch Hubarbeit verrichtet. Die chemische Energie wird in kinetische Energie und Höhenenergie umgewandelt.

Fährt man einen Berg hinunter, wird die Höhenenergie wieder in kinetische Energie umgewandelt. Vom Radfahren weißt du, dass man bergab schneller wird. Also muss man bremsen. Ein Teil der Höhenenergie wird dabei also in thermische Energie umgewandelt.

2 Glühende Bremsscheiben

▶ Bei einem Auto wird chemische Energie in kinetische und thermische Energie sowie Höhenenergie umgewandelt.

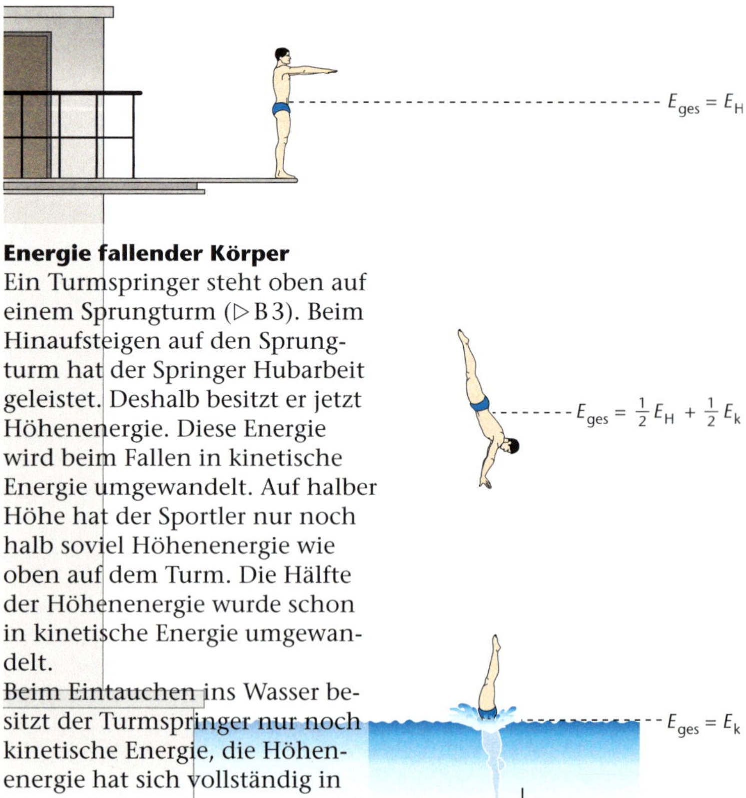

3 Turmspringer

Energie fallender Körper
Ein Turmspringer steht oben auf einem Sprungturm (▷ B 3). Beim Hinaufsteigen auf den Sprungturm hat der Springer Hubarbeit geleistet. Deshalb besitzt er jetzt Höhenenergie. Diese Energie wird beim Fallen in kinetische Energie umgewandelt. Auf halber Höhe hat der Sportler nur noch halb soviel Höhenenergie wie oben auf dem Turm. Die Hälfte der Höhenenergie wurde schon in kinetische Energie umgewandelt.
Beim Eintauchen ins Wasser besitzt der Turmspringer nur noch kinetische Energie, die Höhenenergie hat sich vollständig in kinetische Energie umgewandelt.

Schlusspunkt

Bewegung in Natur und Technik

Die Kraft
Die Kraft gibt an, wie stark zwei Körper aufeinander einwirken.
Formelzeichen: F
Einheit: Newton (N)
Messgerät: Federkraftmesser (▷ B 2)

Die Wirkung einer Kraft
Kräfte kann man an ihren Wirkungen ekennen. Kräfte können Körper beschleunigen, verzögern, ihre Bewegungsrichtung ändern oder Körper verformen.

Die Dichte
Die Dichte ρ gibt an, welche Masse m (in Gramm) 1 cm^2 eines Stoffes hat.
Dichte = Masse : Volumen; ρ = m : V;
Einheit der Dichte: g : cm^2

Bewegungen
Betrachtet man die Geschwindigkeit bei verschiedenen Bewegungsabläufen, dann kann man drei Bewegungsarten unterscheiden: die gleichförmige Bewegung, die beschleunigte Bewegung und die verzögerte Bewegung.

Die Geschwindigkeit
Die Geschwindigkeit gibt an, welchen Weg ein Körper in einer bestimmten Zeit zurücklegt.
Formelzeichen: v
Einheit: 1 m/s oder 1 km/h
Messgerät: Tachometer
Berechnung:
Geschwindigkeit = Weg : Zeit; $v = s : t$

Der Anhalteweg
Der Anhalteweg (▷ B 3) eines Fahrzeugs setzt sich aus drei Teilstrecken zusammen: Anhalteweg = Reaktionsweg + Ansprechweg + Bremsweg

Trägheit
Jeder Körper hat die Eigenschaft, sich einer Bewegungsänderung zu widersetzen. Diese Eigenschaft nennt man Trägheit. Je größer die Masse, desto träger ist der Körper.

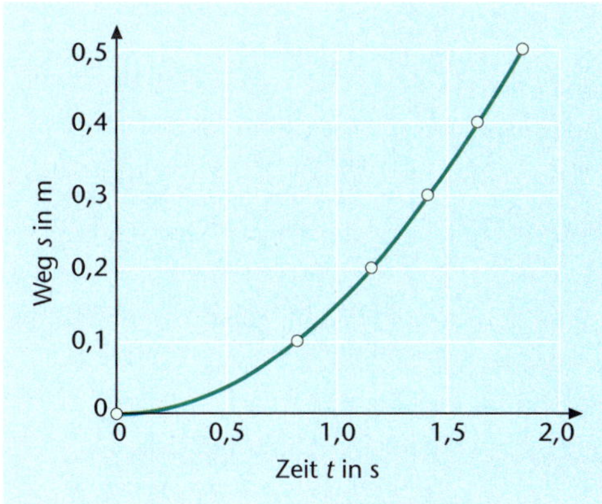

1 *t-s*-Diagramm der beschleunigten Bewegung

Die Beschleunigung
Die Beschleunigung gibt an, in welcher Zeit sich die Momentangeschwindigkeit eines Körpers ändert.
Formelzeichen: a
Einheit: 1 m/s^2
Berechnung:
Beschleunigung = Momentangeschwindigkeit : Beschleunigungszeit
$a = v : t$

Diagramme
Bewegungen kann man in Diagrammen grafisch darstellen.
Im Zeit-Weg-Diagramm (*t-s*-Diagramm) wird z. B. der Zusammenhang zwischen den Größen Zeit und Weg dargestellt (▷ B 1).

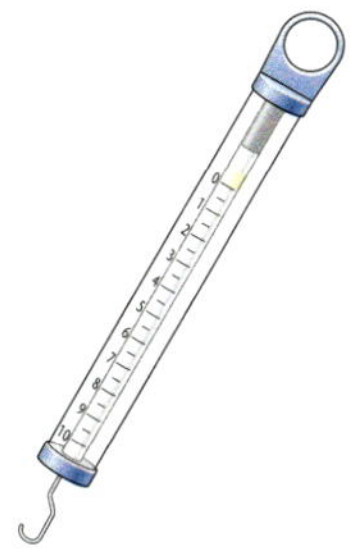

2 Federkraftmesser

Die 3 Grundgesetze der Mechanik
Wechselwirkungsprinzip: Zu jeder Kraft gibt es eine Gegenkraft. Beide Kräfte sind gleich groß, aber einander entgegengerichtet. Die Kräfte greifen an verschiedenen Körpern an.
Trägheitsgesetz: Ein Körper verharrt in Ruhe oder bleibt in geradliniger, gleichförmiger Bewegung, solange keine Kraft ihn wirkt.
Newton'sches Grundgesetz: Wirkt auf einen Körper eine Kraft, so wird er beschleunigt.
Es gilt: $F = m \cdot a$

3 Anhalteweg

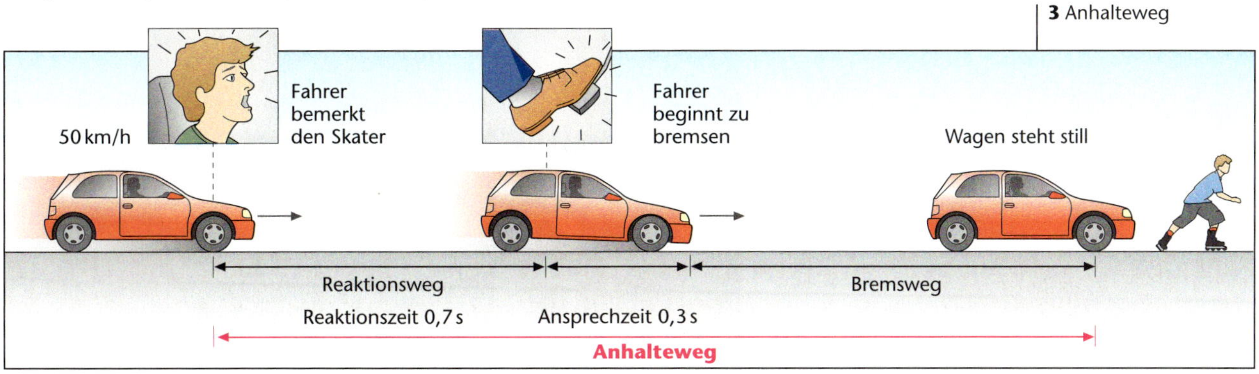

Aufgaben

1 Nenne Beispiele, bei denen Kräfte wirken und
a) der Körper verformt wird,
b) der Körper beschleunigt oder verzögert wird,
c) der Körper seine Bewegung und seine Form ändert.

2 Wind und Wasser können mit großen Kräften wirken (▷ B 4). Nenne Beispiele für Bewegungs- oder Formänderungen, die durch diese „Naturgewalten" hervorgerufen wurden.

4 Zu Aufgabe 2: Sturmschaden

3 Wie groß ist jeweils die Gewichtskraft, wenn Körper folgende Massen haben: 35 kg, 300 g, 4 t, 70 g, 6,5 kg?

4 Erkläre anhand einer Skizze den Aufbau und die Wirkungsweise eines Federkraftmessers.

5 a) Bestimme deine Gewichtskraft auf der Erde.
b) Welche Gewichtskraft hättest du auf anderen Planeten?
c) Stell dir vor, man würde die Masse und die Gewichtskraft eines Steines auf der Erde und auf dem Mond bestimmen. Was würde man feststellen?

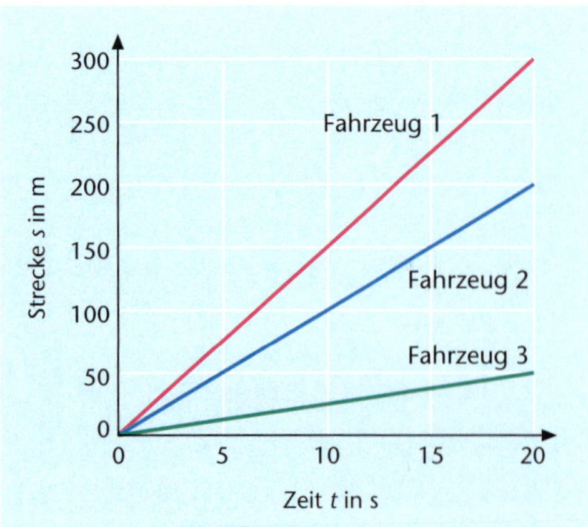

5 Zu Aufgabe 9

6 Ermittle die Gewichtskraft verschiedener Euro-Münzen.

Stoff	Dichte
	ρ in g/cm³
Holz	ca. 0,80
Wasser	1,00
Aluminium	2,70
Zink	7,14
Eisen	7,87
Kupfer	8,90
Blei	11,40
Gold	19,32

6 Zu Aufgabe 7 und 8

7 Ein Würfel mit einer Kantenlänge von 8 cm besteht aus
a) Eisen
b) Gold
Vergleiche ihre Massen.

8 Ein Würfel mit einer Kantenlänge von 12 cm hat eine Masse von etwa 4 666 g. Aus welchem Material besteht er?

9 Ein Flugzeug fliegt in 3 Stunden von Leipzig nach Alexandria. Die Strecke beträgt 2 670 km. Berechne die Durchschnittsgeschwindigkeit.

10 Die Wuppertaler Schwebebahn (▷ B 7) benötigt für 13,3 km eine Fahrzeit von 30 Minuten.
Berechne ihre Durchschnittsgeschwindigkeit.

11 Ein ICE fährt um 13.32 Uhr in Düsseldorf ab und kommt um 14.20 Uhr in Dortmund an. Die Fahrstrecke beträgt 79 km. Berechne die Durchschnittsgeschwindigkeit des ICE.

12 Ein Auto fährt mit einer Geschwindigkeit von 130 km/h auf der Autobahn. Sind die folgenden Aussagen richtig oder falsch?
a) Das Auto fährt etwa 36 Meter in einer Sekunde.
b) Das Auto fährt 65 Kilometer in 30 Minuten.
c) Das Auto fährt 320 Kilometer in 2 Stunden und 30 Minuten.
d) Das Auto fährt mehr als 2 Kilometer in einer Minute.

13 Das Zeit-Weg-Diagramm in Bild 5 beschreibt die Bewegung von drei verschiedenen Fahrzeugen.
a) Lies im Diagramm ab, wie weit diese Fahrzeuge in 5 s, in 12 s und in 20 s gefahren sind.
b) Berechne die Geschwindigkeit jedes Fahrzeugs.

14 An verschiedenen Punkten einer Seilbahnstrecke wurden die Zeiten gemessen (▷ B 8), die die Kabine der Seilbahn bis da-

7 Zu Aufgabe 10

hin brauchte. Zeichne mithilfe dieser Messwerte ein Zeit-Weg-Diagramm und berechne die Geschwindigkeit der Seilbahn in Kilometer pro Stunde.

Weg in m	Zeit in s
75	25
100	33
225	75
450	150
650	217

8 Zu Aufgabe 14

15 Ein Körper bewegt sich geradlinig. Es ergeben sich folgende Messwerte:

Zeit in s	Strecke in m
0	0
2	3
4	12
6	27
8	48

Um welche Bewegungsart könnte es sich handeln? Begründe deine Antwort auf drei Arten: mithilfe der Messwerte, aber ohne zu rechnen, mithilfe einer Formel und mit einer Zeichnung.

16 Um die Tiefe eines Schachts näherungsweise zu bestimmen, lässt man einen kleinen Stein hinunterfallen. Die Fallzeit beträgt 2 Sekunden. Wie tief ist der Schacht ungefähr?

17 Ein Fahrzeug fährt mit einer Geschwindigkeit von 30 km/h durch eine Ortschaft. Plötzlich läuft 10 m vor dem Auto ein Kind auf die Straße.
a) Beschreibe den Anhalteweg mit den drei Teilwegen.
b) Wie groß sind Reaktionsweg und Ansprechweg zusammen, wenn dafür eine Zeit von 1,5 s angenommen wird?
c) Wie lang ist der Bremsweg des Autos bei einer Verzögerung von 5,4 m/s²?
d) Berechne den Anhalteweg für dieses Fahrzeug mit einer Geschwindigkeit von 50 km/h.

18 In Bild 9 siehst du das Zeit-Geschwindigkeit-Diagramm für die Fahrt einer Regionalbahn. Beschreibe den Bewegungsablauf der Bahn.

19 Bereite einen Vortrag zum Thema Anhalteweg vor. Überlege, wodurch der Anhalteweg eines Fahrzeugs beeinflusst wird. Welche Faustregeln gibt es für den Sicherheitsabstand und den Bremsweg?

20 In dem Prospekt für ein neues Fahrzeugmodell steht: „Beschleunigung von 0 auf 100 km/h in 10,9 Sekunden". Was bedeutet diese Angabe? Berechne die Beschleunigung für den PKW in m/s². Informiere dich über die Beschleunigungen anderer Fahrzeuge.

21 Eine Faustregel für den Sicherheitsabstand eines Autos zum vorausfahrenden Wagen ist „Halber Tacho".
a) Was bedeutet das, wenn jemand mit 130 km/h auf der Autobahn fährt?
b) Warum kann diese Faustregel nur eine sehr grobe Abschätzung sein?

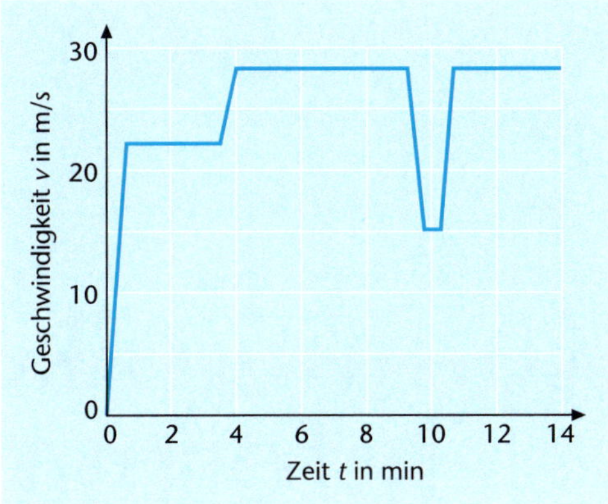

9 Zu Aufgabe 18

Welche Faktoren werden dabei nicht berücksichtigt?

22 Welche Faktoren können die Reaktionszeit eines Autofahrers erheblich verlängern?

23 Bei Unfällen im Straßenverkehr werden von der Polizei meistens die Längen der Bremsspuren gemessen. Was können Sachverständige aus der Länge der Bremsspur bestimmen?

24 Worauf muss der Fahrer eines Autos achten, wenn der Wagen mit 4 Personen besetzt ist und zusätzlich mit Urlaubsgepäck beladen ist? Erkläre!

25 Bei einer Testfahrt wurden während der Startphase bei einem Fahrzeug folgende Werte gemessen:

a) Zeichne mithilfe dieser Messwerte ein Zeit-Geschwindigkeit-Diagramm.

b) Berechne die Beschleunigung des Fahrzeugs.

c) Welchen Weg hat das Fahrzeug, vom Startpunkt aus gemessen, bei jeder Zeitmessung zurückgelegt?

d) Stelle mithilfe dieser errechneten Weglängen die Bewegung in einem Zeit-Weg-Diagramm dar.

Zeit in s	Geschwindigkeit in km/h
0	0
2	11
4	22
10	56
15	81
20	108

Kommunikation und Informationsverarbeitung

Wir leben im Kommunikationszeitalter. Was ehemals Telegramme, Telefon, Funk und Fernsehen als Wegbereiter geleistet haben, übernimmt jetzt federführend das world wide web.

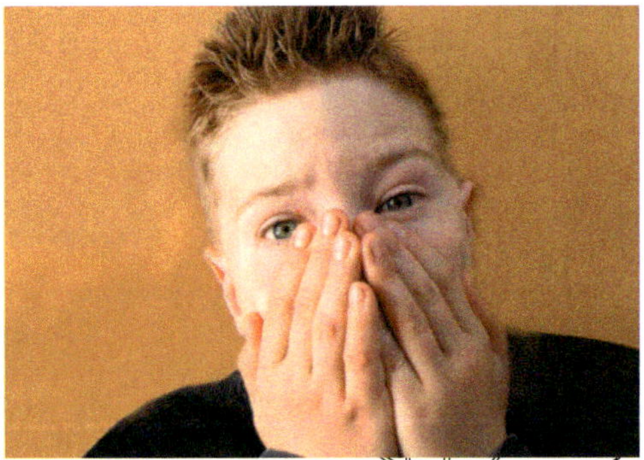

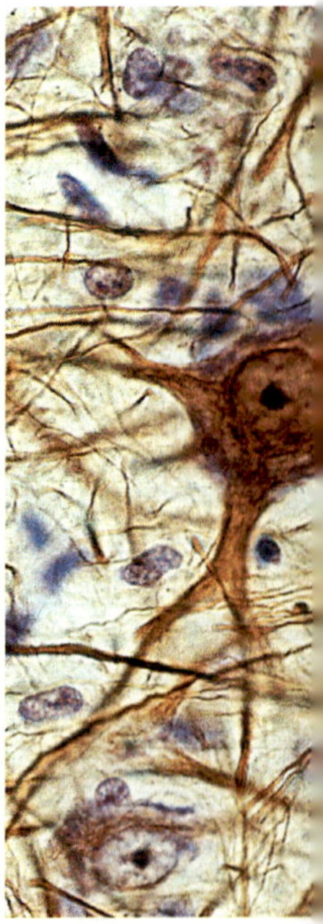

Der Ursprung des Wortes Kommunikation stammt aus dem Lateinischen und bedeutet „mitteilen, teilnehmen lassen, vereinigen". Dabei wird deutlich, dass in eine Kommunikation immer mehrere Partner eingebunden sind. Kommunikation ist unerlässlich in der Verständigung von Gruppen oder in Gemeinschaften.

Kommunikation ist nicht nur zwischen Menschen zu beobachten, auch im Tier- und Pflanzenreich findet sie statt. Selbst die Organe deines Körpers stehen über Hormon- und Nervensystem untereinander in Verbindung, damit die Körperfunktionen angemessen aufeinander abgestimmt werden können. Dies ist eine Form von körpereigener Kommunikation innerhalb des Organismus.

Inhalt der Kommunikation ist immer der Austausch von Botschaften oder Signalen, die als Informationen bezeichnet werden. Diese müssen verarbeitet und verstanden werden, damit eine passende Antwort erfolgen kann. Bei der Wahrnehmung von diesen Informationen aus der Umgebung spielen Sinneszellen eine wichtige Rolle.

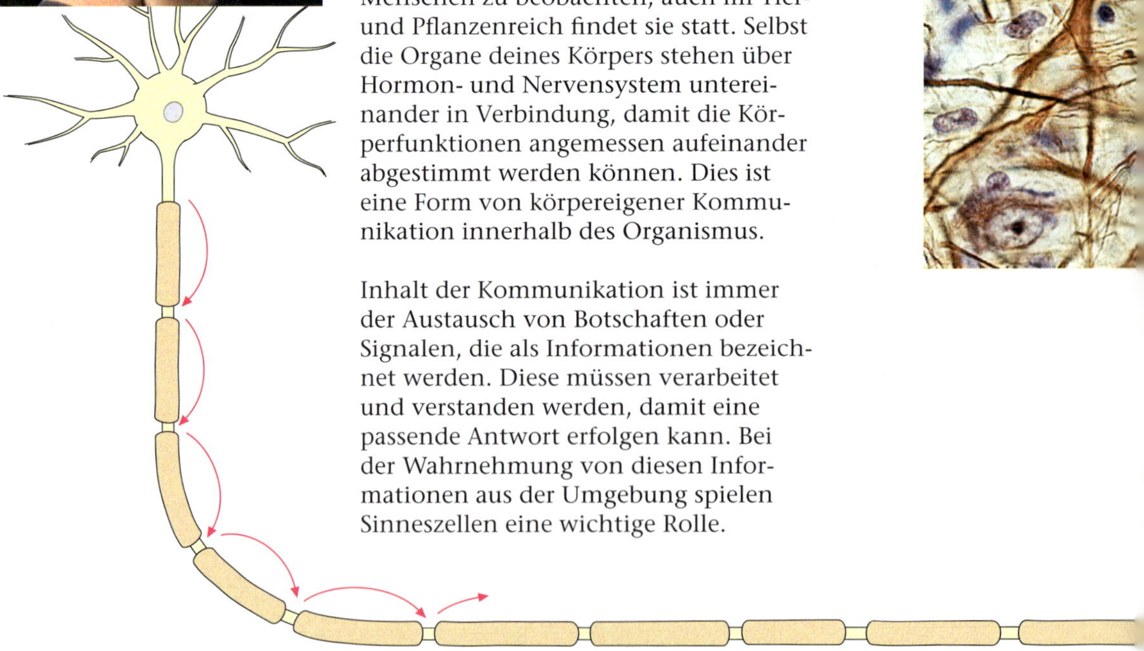

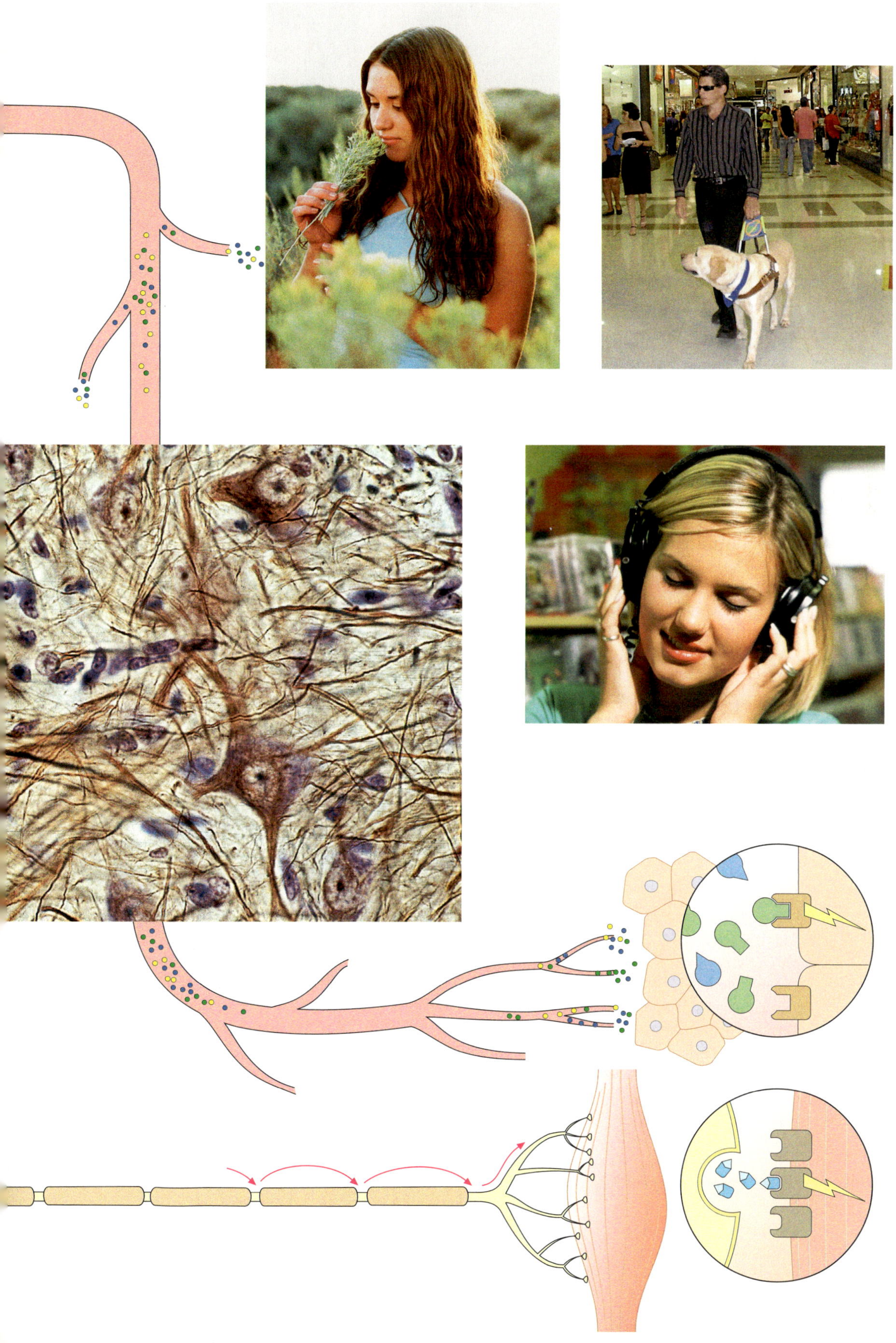

1 Auch der Geruch ist entscheidend.

2 Auch Gesichtsmimik dient der Verständigung.

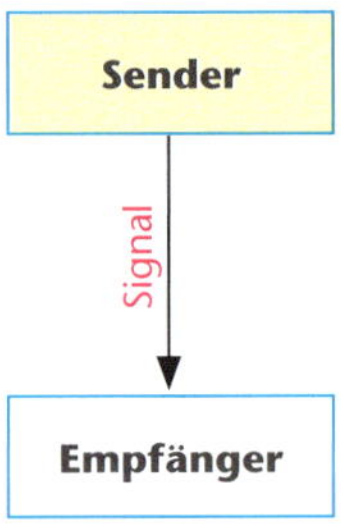

Was ist Kommunikation?
Stell dir vor, du siehst in einiger Entfernung einen Klassenkameraden. Durch Rufen, Winken und Lächeln machst du auf dich aufmerksam. Dein Mitschüler erwidert diese **Signale** und gibt dir damit zu verstehen, dass er dich erkannt hat und sich über die Begegnung freut. Zunächst bist du der **Sender** und dein Mitschüler der **Empfänger** der Signale. Durch das Erwidern des Grußes wird dein Mitschüler zum Sender und du bist der Empfänger seiner Signale. Damit habt ihr euch verständigt. Man bezeichnet diese Art der Verständigung als **Kommunikation**. Menschen verwenden Sprache als häufiges Kommunikationsmittel. Kommunikation findet aber ebenso durch Gesten, Mimik und Verhalten als **Körpersprache** statt. Zur Kommunikation sind mindestens zwei Personen notwendig.

Unbewusste Verständigung
Beobachtest du die Rede eines Politikers, kannst du feststellen, dass er seine Aussagen durch ausladende **Gesten** untermauert. Diese Unterstützung des Gesagten kann man gezielt trainieren. Wenn du dich mit einem Mitschüler unterhältst, versuchst du unbewusst, deine Aussage mit Körpersprache zu verdeutlichen. Wissenschaftler gehen davon aus, dass beim Menschen sogar die Wahl eines Sexualpartners von unbewusster Verständigung gelenkt wird. **Körperformen** und **Körpergerüche** (▷ B 1) sollen dafür entscheidend sein, welcher Mensch uns angenehm und attraktiv erscheint, ohne dass ein Wort gewechselt werden muss.

Kommunikation im Tierreich
Im Zoo kannst du beobachten, dass Affen nicht nur über **Gestik**, sondern ebenso über eine ausdrucksstarke **Gesichtsmimik** (▷ B 2) verfügen. Durch die Kombination aus festgelegten Lauten, gezielter Mimik und Gestik wird eine komplexe Verständigung in der Gruppe möglich.

Bei Delfinen und anderen Walarten ist eine Verständigung über weite Strecken durch **knackende Laute** sowie **Pfeifgeräusche** belegbar.

Singvogelarten weisen durch **Gesänge** auf ihr Revier hin oder werben um Geschlechtspartner. Andere Vogelarten setzen durch farbenprächtige und auffällige Befiederung **optische Signale** zur Kommunikation mit Artgenossen ein.
Der Haushund als bester Freund des Menschen markiert sein Revier mit **Urinmarken** und erfasst die Duftstoffe in den Ausscheidungen seiner Artgenossen. Zwischen Hund und Mensch kann man auch eine Verständigung beobachten, die über die Art hinausgeht. Allerdings besteht bei dieser eingeschränkten Form der Kommunikation die Gefahr, dass Signale oftmals missverstanden werden.

Aufgaben

1 Verfolge eine Fernsehdiskussion ohne Ton. Versuche, die Stimmung der einzelnen Gesprächspartner einzuschätzen.

2 Beobachte die Körpersprache bei aufgeregten Personen. Welche Veränderungen kannst du gegenüber Menschen in entspannten Situationen feststellen? Beschreibe.

3 Überbringe deinem Mitschüler eine freudige Nachricht. Versuche, dabei einen traurigen Gesichtsausdruck zu mimen.

Planspiel: Ein Sendemast auf unserer Schule?

Die Finanzsituation deiner Stadt hat sich durch eine Verminderung der Steuereinnahmen dramatisch verschlechtert. Die Stadt versucht daher zu sparen und neue Einnahmequellen zu erschließen. Die Anfrage eines Mobilfunkbetreibers nach Errichtung eines Sendemastes auf einer Schule soll in einer Bürgerversammlung diskutiert werden. Das eingenommene Geld könnte zum Teil der Schule für neue zusätzliche Projekte zur Verfügung gestellt werden.

Diese für die Bewohner der Stadt und die Schüler der Schule sehr wichtige Versammlung muss von allen Teilnehmern besonders sorgfältig vorbereitet werden. Es gibt viele Argumente, die für die Errichtung der Anlage sprechen, aber auch solche dagegen.

In einem **Planspiel** sollen die Argumente erarbeitet, formuliert und in einer fiktiven Sitzung ausgetauscht und zur Abstimmung gebracht werden.

A. Festlegung und Verteilung der Rollen
Es wird festgelegt, welche Rollen zu besetzen sind. Es bieten sich z. B. folgende Rollen an:
- Bürgermeister,
- Stadträte,
- Vertreter des Mobilfunkbetreibers,
- sachkundige Bürger,
- Vertreter von Umweltschutzverbänden,
- Vertreter der Kirchen,
- Vertreter des Jugendgemeinderats,
- Vertreter der Schule.

Die Schülerinnen und Schüler, die keine Rolle erhalten, bilden in der Sitzung die interessierten Bürger. Es ist auch möglich, mehrere Sitzungen durchzuführen, bei denen die Rollen dann getauscht werden.

B. Vorbereitung der Sitzung
Alle Teilnehmer bereiten sich intensiv auf die entscheidende Sitzung vor. Das gilt auch für die interessierten Bürger, die auf der Sitzung kritische Fragen stellen und Anregungen geben sollen. Als Informations- und Vorbereitungsquellen können z. B. genutzt werden:
- fachkundige Personen, z. B. auch Lehrerinnen und Lehrer unterschiedlicher Fächer
- Tageszeitungen
- Firmenprospekte
- Internetseiten unterschiedlicher Firmen
- Politiker/Vertreter der Stadt

C. Durchführung der Sitzung
Jede Gruppe bzw. jeder Interessensvertreter kann zunächst einmal die Argumente für oder gegen den Sendemast vortragen. Dazu bestimmt jede Gruppe einen Gruppensprecher. In einem weiteren Schritt können die interessierten Bürger dann Fragen stellen. Es muss darauf geachtet werden, dass eine Person die Sitzung leitet und dass während der Sitzung ein Protokoll geschrieben wird.

D. Abstimmung
Nachdem alle Argumente ausgetauscht worden sind, soll in einer Abstimmung entschieden werden, ob die Anlage gebaut werden soll oder nicht. Vorher muss natürlich geklärt werden, wer überhaupt an der Abstimmung teilnehmen darf.

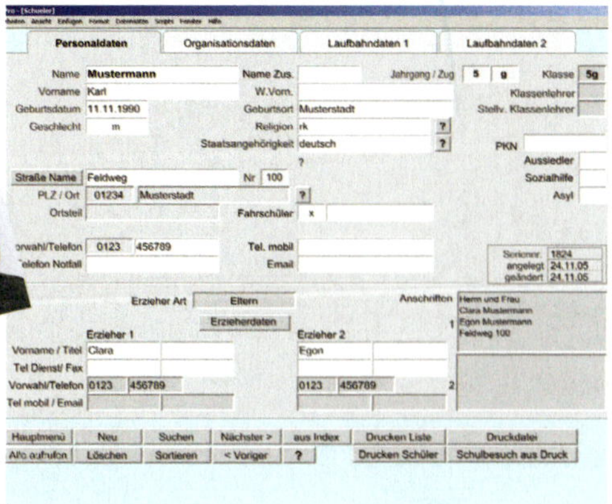

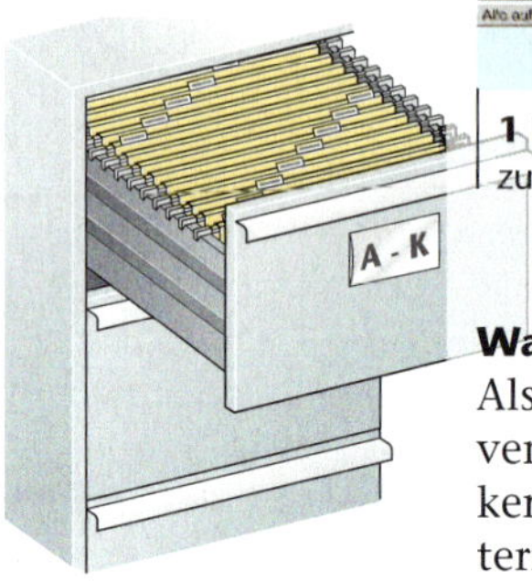

1 In der Schülerkartei finden sich Daten zu jedem Schüler.

3 Eine aufwändige Möglichkeit, Daten zu speichern – der Lektriever.

Was sind Daten?
Als Sarah sich im Sportunterricht am Fuß verletzt, ruft die Schulsekretärin den Krankenwagen. Außerdem muss sie Sarahs Eltern benachrichtigen und schlägt dazu in der Schülerkartei nach.
In dieser Kartei sind neben dem Namen und der Adresse auch die Telefonnummern vermerkt, unter denen man im Notfall die Eltern erreichen kann (▷ B1).

Die Eintragungen in der Schülerkartei bezeichnet man als Daten. Diese Daten sind das Rohmaterial, das noch weiter verarbeitet werden muss, damit man daraus Informationen gewinnen kann.

Auch in der Physik werden Daten gesammelt. Es werden z. B. Spannungen gemessen und Beobachtungen notiert. Ein Messwert allein enthält aber zunächst noch keine Informationen. Erst wenn du diesen Messwert mit anderen Daten vergleichst, gewinnst du Informationen.

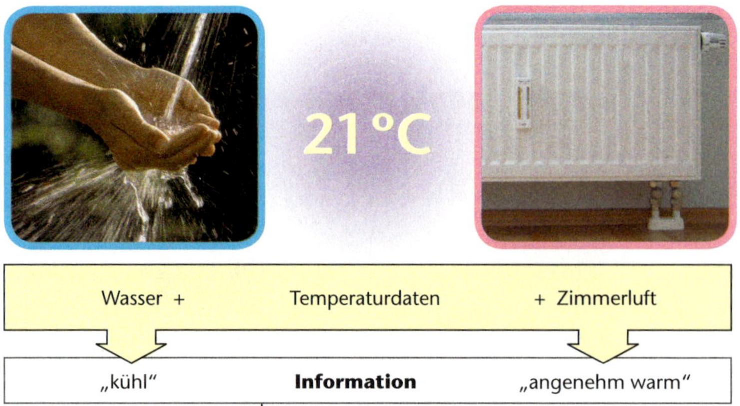

2 Erst im Bezug zu anderen Daten werden Messwerte aussagekräftig.

Hast du z. B. eine Raumtemperatur von 21 °C gemessen, so wirst du sie als angenehm empfinden. Wasser dieser Temperatur hingegen empfindest du als kühl.
Der Temperaturwert von 21 °C sagt noch nichts aus. Erst wenn du den Messwert in Beziehung zu anderen Daten setzt, gewinnst du daraus Informationen (▷ B2).

Daten sind Werte, die man aus Befragungen, Statistiken, Beobachtungen, Messungen etc. gewinnt.

Datenspeicherung
Aber nicht nur in der Schule werden Daten über dich gesammelt. Auch das Einwohnermeldeamt verfügt über deine Adresse, dein Geburtsdatum etc.
Deinem Hausarzt liegen neben deiner Adresse Informationen zu deiner Krankengeschichte vor. Beim Arzt gibt Sarah ihre Krankenkassenkarte ab. Auf dieser Karte sind ebenfalls wichtige Daten von Sarah abgespeichert.

Vielleicht besitzt du eine eigene E-Mail-Adresse. Als du sie festgelegt hast, musstest du Daten zu deiner Person weitergeben. Außerdem musstest du ein Passwort angeben, damit nur du deine E-Mails lesen kannst.

Daten können auf verschiedenen Medien gespeichert werden. So nutzten die Menschen aus der Steinzeit Wände, Ägypter verwendeten Steintafeln, um darauf Daten festzuhalten.
Heutzutage dienen neben den Karteikarten auch Bücher, Filme, Festplatten, CDs und DVDs zur Speicherung von Daten.

Versuch

1 Unter einer Glasglocke, die mit einer Vakuumpumpe verbunden ist, wird ein geschlossener Stromkreis mit einer Klingel aufgebaut.
Anschließend pumpt man die Luft aus der Glocke.
Beschreibe deine Beobachtungen.

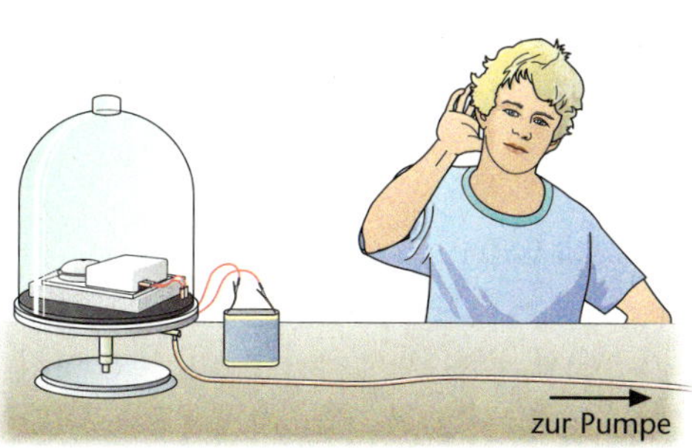

5 Bei der Übertragung akustischer Daten dient die Luft als Kanal.

Datenaustausch
Wenn du eine E-Mail an einen Freund verschickst, übermittelst du ihm Daten. Diesen Datenaustausch nennt man **Kommunikation**.
Für die Übermittlung von Daten benötigt man einen Sender, einen Empfänger und einen Kanal. Der Sender gibt die Daten aus, der Empfänger nimmt die Daten an. Ihre Übertragung erfolgt über den Kanal.

Versuch 1 zeigt, dass zur Übertragung von Tönen die Luft als Kanal benötigt wird (▷ B 5). Das Klingeln unter der Glasglocke kannst du nur hören, wenn die Glocke mit Luft gefüllt ist. Pumpt man die Luft aus der Glocke ab, vernimmst du das Klingeln nicht mehr.

Das Übertragen von Daten nennt man Kommunikation.
Ihr Grundprinzip lautet: Ein Sender schickt Daten über einen Kanal zu einem Empfänger.

Erfolgt die Kommunikation nur in eine Richtung vom Sender zum Empfänger, so spricht man von einer Ein-Wege-Kommunikation.

Kann der Empfänger Rückmeldungen an den Sender geben, so handelt es sich um eine Zwei-Wege-Kommunikation.

Datenwandler
Möchtest du über große Entfernungen hinweg kommunizieren, reicht der Kanal „Luft“ häufig nicht aus, um deine Daten an den Empfänger zu übermitteln. Hier bietet sich das Telefon an. Damit kannst du über große Entfernungen hinweg Daten austauschen.
Die vom Sender ausgegebenen akustischen Daten werden zunächst von einem Mikrofon in elektrische Signale umgewandelt. Die Datenübertragung erfolgt über eine Leitung. Ein Lautsprecher wandelt die Signale wieder in Töne zurück, die der Empfänger hören kann (▷ B4). Mikrofon und Lautsprecher bezeichnet man als Wandler.

6 Mögliche Folgen der Ein-Wege-Kommunikation

Aufgaben

1 In welchen der folgenden Beispiele finden Ein-Wege- bzw. Zwei-Wege-Kommunikation statt?
Zeitung lesen, Radio hören, chatten, ein Referat halten …
Finde weitere Beispiele, wo Daten erfasst werden.

2 Indianer konnten über große Entfernungen kommunizieren. Wie war das möglich?

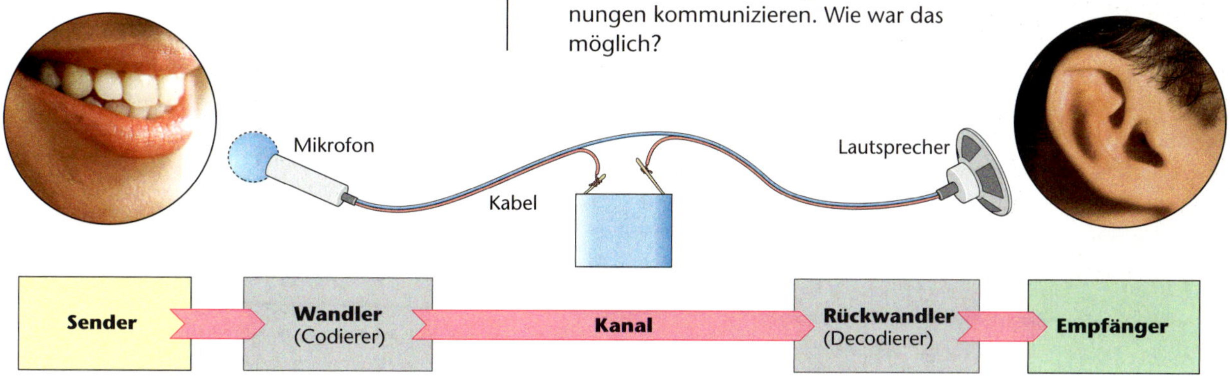

4 Um Daten über weite Entfernungen zu übertragen, werden diese häufig umgewandelt.

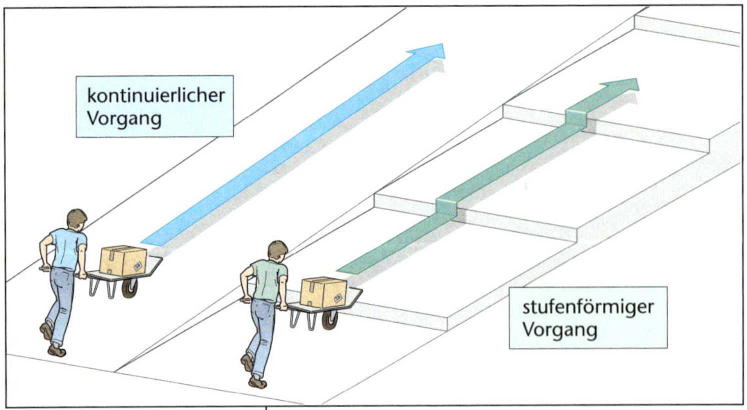

1 Zwei Möglichkeiten, eine Kiste bergauf zu transportieren

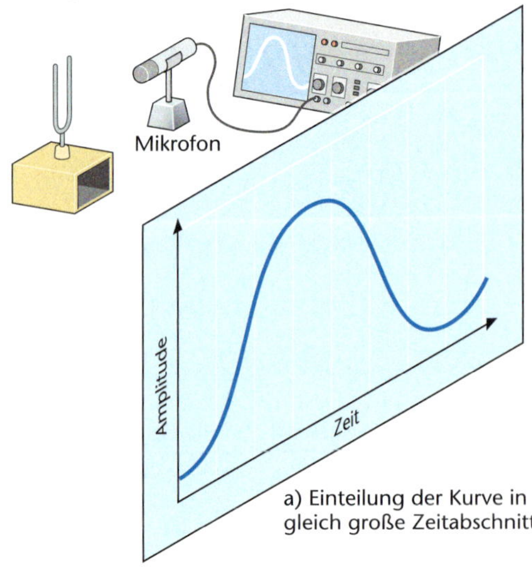

3 Digitalisierung eines analogen Signals

Kontinuierlich oder stufenweise

Um eine Kiste mithilfe einer Sackkarre zu einem höher gelegenen Punkt zu transportieren, stehen dir verschiedene Möglichkeiten zur Verfügung:
Du kannst die Kiste eine schiefe Ebene hinaufschieben (▷ B 1). Einen solchen kontinuierlichen Vorgang bezeichnet man auch als analogen Vorgang.
Du kannst die Kiste aber auch über eine Treppe nach oben befördern. Dann wird die Sackkarre Stufe um Stufe hinaufbewegt. Einen solchen schrittweise ablaufenden Vorgang bezeichnet man als digitalen Vorgang.

Nach den beschriebenen Prinzipien arbeiten auch analoge und digitale Messgeräte.

▶ Kontinuierlich (stufenlos) ablaufende Vorgänge bezeichnet man als analoge Vorgänge, laufen sie stufenförmig ab, spricht man von digitalen Vorgängen.

2 Zu Versuch 2

Aus analog wird digital

Wenn du eine Stimmgabel anschlägst, hörst du einen Ton (▷ V 1, B 1). Am Oszilloskop wird eine kontinuierliche Kurve sichtbar (▷ B 3a).
Diese analoge Tondarstellung kann digitalisiert werden. Unterteilt man die Kurve in gleich große Zeitabstände, so kann man für jeden Zeitpunkt einen bestimmten (Spannungs-)Wert angeben. Diese Daten werden abgegriffen und als Zahl dargestellt (▷ B 3b). Die analoge Tonkurve wird in eine digitale Kurve umgewandelt.
Wählt man die Zeitabschnitte klein genug, so kann man einen Unterschied zwischen einem analogen und einem digitalen Vorgang nicht mehr unterscheiden.

Geräte, die analoge Werte in digitale Werte umwandeln können nennt man **Analog-Digital-Wandler**.

Versuche

1 Ein Mikrofon wird an ein Oszilloskop angeschlossen. Vor dem Mikrofon stellt man eine Stimmgabel auf. Nun wird die Stimmgabel angeschlagen (▷ B 3).

2 Ein Potentiometer wird über einen Analog-Digital-Wandler an den Computer angeschlossen (▷ B 2). Beobachte die Anzeige auf dem Bildschirm, wenn der Widerstandswert am Potentiometer geändert wird.

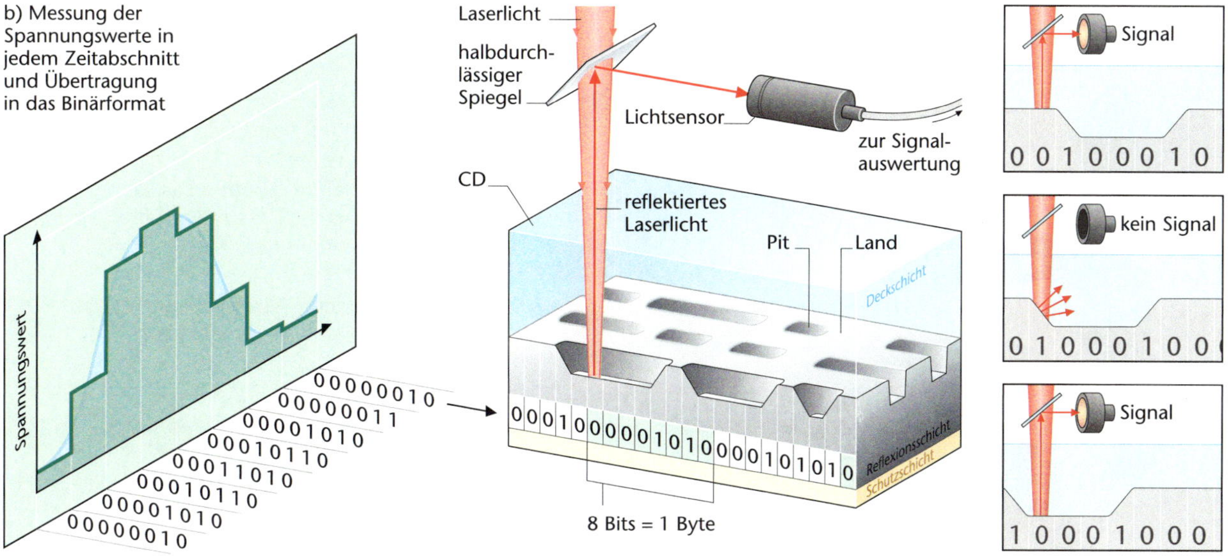

4 Auf einer CD sind Daten in digitaler Form gespeichert.

Die kleinste Datenmenge

Arne und Leon wohnen in gegenüberliegenden Häusern. Will der eine dem anderen mitteilen, dass er zu Hause ist, hängt er ein weißes Blatt Papier ins Fenster. So können sich die Jungen gegenseitig genau zwei Zustände übermitteln: „Ich bin zu Hause“ bzw. „Ich bin nicht zu Hause“.

Eine Information, die zwei Zustände umfasst, bezeichnet man als **Bit**. Ein Bit ist die kleinste übertragbare Datenmenge. Es hat stets zwei Zustände, z. B. ein oder aus, Papier vorhanden oder nicht vorhanden, schwarz oder weiß ...

Ein Bit ist die kleinste Datenmenge, die übertragen werden kann. Ein Bit kann genau zwei Zustände haben.

Das Binärformat

Auf einer CD sind z. B. Musikdaten digital gespeichert. Bei starker Vergrößerung erkennt man auf der Oberfläche eine Struktur (▷ B 4). Dabei handelt es sich um Vertiefungen (Pits) im Bereich von Mikrometern, die durch ebene Bereiche (Lands) getrennt sind (▷ B 5). Erkennt der Lesekopf beim Auslesen der CD einen Wechsel zwischen Pit und Land, registriert er dies als „1“. Tritt kein Wechsel auf, registriert der Lesekopf eine „0“ (▷ B 4, rechts).

Eine solche Darstellung nennt man **Binärformat**. Es besteht immer nur aus zwei Zuständen (bi = zwei).

5 Datenspuren auf einer CD

Das Binärformat kennt nur zwei Zustände, wie z. B. einen Wechsel oder keinen Wechsel zwischen Pit und Land.

Computer müssen viele Informationen verarbeiten: Buchstaben, Zahlen, Bilder, Musik usw. Deshalb werden alle Daten in ein Format gebracht, das der Computer interpretieren kann – das Binärsystem. Dabei werden nur die Ziffern 0 und 1 verwendet, durch deren Kombinationen Buchstaben, Zahlen usw. dargestellt werden können. Das Binärsystem ist für die Datenverarbeitung am Computer gut geeignet. Jede 0 bedeutet „Strom aus“, jede 1 bedeutet „Strom ein“. So werden Zahlen und Buchstaben als Abfolge von elektrischen Signalen dargestellt.

Allerdings wäre es unübersichtlich, nur mit Bits zu arbeiten. Daher fasst man 8 Bits zu einem Byte zusammen.

Mit einem Byte lassen sich insgesamt 256 (= 2^8) verschiedene Zustände ausgeben.

Darstellung im Binärformat

15 = 00001111
B = 01000010
! = 00100001

Versuch

1 a) Entferne aus einem alten Telefon das Mikrofon und die Hörkapsel (Lautsprecher). Schalte Mikrofon und Lautsprecher in Reihe zu einer 4,5-V-Batterie. Halte die Hörkapsel an dein Ohr und lasse eine Mitschülerin bzw. einen Mitschüler in das Mikrofon sprechen.
b) Zeichne eine Schaltskizze für eine einfache Telefonanlage.

Das Telefon

Eines der wichtigsten Hilfsmittel zur Übertragung von Daten ist das Telefon.
Es besteht im Wesentlichen aus einem Mikrofon und einem Lautsprecher, die in Reihe geschaltet an eine Spannungsquelle angeschlossen sind (▷ V1, B1).
Das Mikrofon wandelt die akustischen Signale in elektrische Signale um. Der Lautsprecher wandelt die elektrischen Signale wieder in Töne zurück.

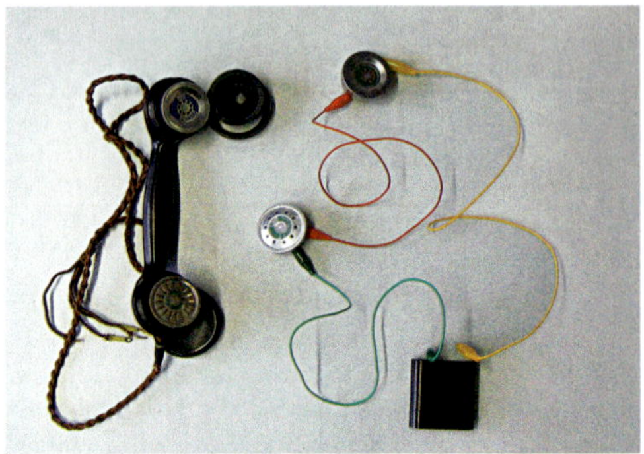

2 Zu Versuch 1

Das Mikrofon

Das Tauchspulenmikrofon beruht auf dem physikalischen Prinzip der Induktion. Bei dieser Art von Mikrofon ragt eine Spule, die fest mit einer Membran verbunden ist, in einen Magneten.
Sprichst du in das Mikrofon, beginnt die Membran zu schwingen und setzt dabei die Spule in Bewegung. Durch den Magneten wird in der Spule eine Spannung induziert, sodass ein Strom fließen kann.

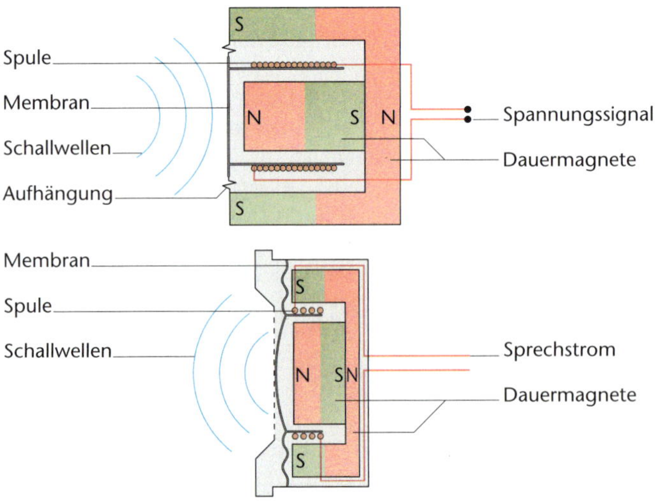

1 Funktionsweise eines Tauchspulenmikrofons (oben) und eines Lautsprechers (unten)

Der Lautsprecher

Der Lautsprecher ist im Prinzip die Umkehrung des Tauchspulenmikrofons. Wird die Stromstärke im Stromkreis geändert, ändert sich das Magnetfeld der Spule. Dies führt dazu, dass auf die Spule im Spalt des Magneten Kräfte wirken. Die Spule und die mit ihr verbundene Membran beginnen sich zu bewegen.

Wenn du in das Mikrofon sprichst, führen kleine Stromstärkeänderungen im Lautsprecher dazu, dass die Membran zu schwingen beginnt. Die elektrischen Signale werden in Töne zurückgewandelt.

Mikrofon und Lautsprecher sind Datenwandler. Das Mikrofon wandelt Töne in elektrische Signale, der Lautsprecher elektrische Signale in Töne.

Mehrfache Datenwandlung

Manchmal werden elektrische Signale mehrfach gewandelt. Mit einem Handy kannst du drahtlos telefonieren. Damit dies möglich ist, werden mithilfe des Mikrofons die Sprachdaten zunächst in elektrische Signale umgewandelt. Diese werden anschließend in Funksignale umgesetzt, die ausgesendet werden können. Der Empfänger wandelt die empfangenen Funksignale zurück in akustische Signale.

Computerbegriffe

BASIC
BASIC ist eine Programmiersprache. Der Name steht für **B**eginners **A**ll-Purpose **S**ymbolic **I**nstruction **C**ode (symbolische Allzweck-Befehlssprache für Anfänger). BASIC wurde in den 60er Jahren erfunden und seitdem ständig weiterentwickelt.

Betriebssystem
Im Betriebssystem sind alle für den Betrieb des Computers grundlegenden Systemprogramme zusammengefasst. Das Betriebssystem sorgt dafür, dass angeschlossene Geräte wie Drucker, Tastatur etc. mit dem Computer verwendet werden können.

Bit
Ein Bit ist die kleinste Dateneinheit. Es kann die Zustände 0 oder 1 haben.

bps
Die Geschwindigkeit von Datenübertragungen gibt man in Bits pro Sekunde, abgekürzt bps, an.

Byte
8 Bits werden zu einem Byte zusammengefasst. Ein Byte kann 256 verschiedene Zustände haben. Ein Kilobyte (KByte bzw. KB) umfasst 1024 Byte, 1 Megabyte (MByte bzw. MB) 1024 KByte, also 1048576 Byte.

Chip
Dieser Computerbaustein aus Silicium steuert bestimmte elektrische Vorgänge im Computer.

Computer
Computer stammt vom lateinischen computare, „rechnen", ab. Heute sind unter diesem Begriff alle programmgesteuerten Rechnersysteme zusammengefasst.

DFÜ
DFÜ ist die Abkürzung für **D**aten**f**ern**ü**bertragung. Wenn du z. B. über das Internet Daten austauschen möchtest, sind verschiedene Computer über DFÜ miteinander verbunden.

DOS
DOS steht für **D**isk **O**peration **S**ystem (Disketten-Betriebssystem). DOS war eines der ersten Betriebssysteme für Computer.

DSL
Die Abkürzung steht für **D**igital **S**ubscriber **L**ine und bezeichnet verschiedene Verfahren, um Daten mit einer hohen Übertragungsrate über die Kupferleitungen des Telefonnetzes zu übermitteln.

EDV
Abkürzung für **e**lektronische **D**aten**v**erarbeitung

Festplatte
Die Festplatte ist ein magnetisches Speichermedium.

Formatierung
Damit Daten auf einem Speichermedium übertragen werden können, muss das Medium für den Gebrauch mit dem Computer vorbereitet werden. Diesen Vorgang bezeichnet man als Formatieren.

Grafikkarte
Eine Steckkarte im Computer, die die Kommunikation zwischen Bildschirm und Computer steuert.

Hardware
Unter diesem Begriff sind alle mechanischen und elektronischen Bauteile eines Computersystems zusammengefasst.

Mikroprozessor
Zentraler Baustein im Computer zur Steuerung und Verarbeitung von Daten

1 Modem

Modem
Gerät zur Übertragung von Daten über die Telefonleitung (▷ B 1)

Netzwerk
In einem Netzwerk sind alle Computer zusammengefasst, die miteinander Daten austauschen können.

Pascal
Programmiersprache, die nach dem französischen Mathematiker BLAISE PASCAL (1623–1662) benannt wurde

Programm
Als Programm bezeichnet man eine Abfolge von Befehlen an den Computer. Programme erstellt man mithilfe einer Programmiersprache, die die Steueranweisungen in für den Computer verständliche Befehle übersetzt.

RAM
Es gibt in einem Computer zwei Speichertypen: das RAM und das ROM. RAM steht für **R**andom **A**ccess **M**emory. Es bezeichnet einen Speicher, aus dem Daten ausgelesen und in dem Daten abgelegt werden können.
Lädt man z. B. ein Programm oder einen Text, werden die Daten im RAM des Computers abgelegt. Mit dem Ausschalten des Computers gehen die Daten aus dem RAM verloren.

ROM
Abkürzung für **R**ead **O**nly **M**emory. Dieser Speicher kann nur ausgelesen werden.

Software
Alle Programme sind unter dem Begriff Software zusammengefasst (▷ B 2).

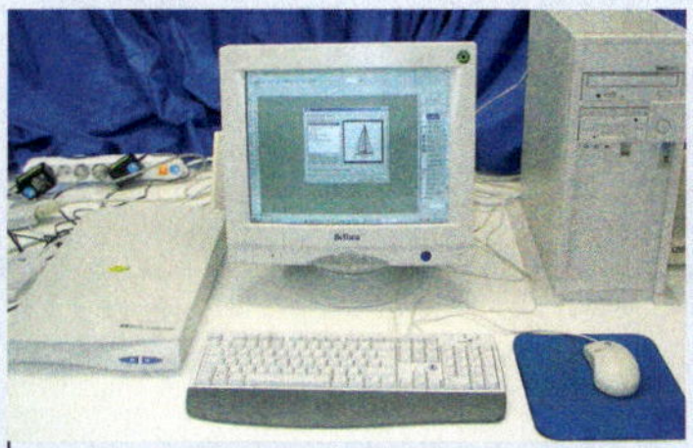

2 Software zum Scannen

1 EDISONS Phonograph erlaubte es erstmals, Töne zu speichern.

Der Mensch speichert Daten

Wenn du ein Referat über ein physikalisches Thema schreiben sollst, informierst du dich sicher in deinem Physikbuch darüber. Vielleicht suchst du auch weitergehende Informationen in anderen Büchern, die du dir in der Bibliothek ausgeliehen hast. Ganz sicher findest du auch Informationen im Internet.
Die Informationen, die du für dein Referat benötigst, sind als Daten gespeichert. Durch z. B. das Ausleihen der Bücher transportierst du diese Daten.

Daten sind meist in Form von Bildern, Texten, Tönen oder Filmen auf Datenträgern gespeichert.
Eine einfache Datenspeicherung ist z. B. eine Höhlenmalerei. Die dort gezeigten Abbildungen enthalten Daten, die Rückschlüsse auf das Leben in früherer Zeit zulassen. Als Datenträger dienen die Felswände.

Man speichert Daten, um sie später noch einmal verwenden oder sie anderen zur Verfügung stellen zu können.

Die Aufzeichnung und Wiedergabe von Tönen

Viele Menschen hören sehr gerne Musik. Wie die gesprochenen Nachrichten kann man sie überall über das Radio empfangen. Vielleicht besitzt auch du ein transportables Gerät, wie z. B. einen Discman oder einen MP3-Player, mit dem du an jedem Ort deine aktuellen Lieblingslieder abspielen kannst.
THOMAS ALVA EDISON gelang es im Jahr 1877, den ersten funktionsfähigen Phonographen zu bauen (▷B 1). Das Gerät bestand im Wesentlichen aus einer mit Stanniolpapier umwickelten Walze und einer Nadel, die auf das Papier drückte. Die Nadel war über eine Membran mit einem Schalltrichter verbunden. Sprach man in den Trichter hinein und drehte gleichzeitig die Walze, ritzte die Nadel das Stanniolpapier ein. Auf diese Weise ließen sich Schallschwingungen aufzeichnen.

Die Wiedergabe funktionierte genau umgekehrt: Bewegte sich die Nadel durch die Rille, versetzte sie die Membran des Trichters in Schwingungen – die aufgenommenen Töne wurden hörbar (▷V 1, V 2).
Der Erfinder EMILE BERLINER stellte 1887 den Plattenphonographen vor. Bei diesem Gerät dienten (Schall-)Platten als Speicher. Nach diesem Prinzip funktionieren noch die heutigen Plattenspieler. Auf jeder Seite einer Langspielplatte sind etwa 30 Minuten Musik gespeichert.

2 Verschiedene Speichermedien

Die CD
Die Einführung der CD (Compact Disc) als Datenträger für Musikdaten verdrängte die Schallplatte fast vollständig. Bei der CD werden die Musikinformationen mithilfe eines Laserstrahls ausgelesen.
Die CD besteht aus einem dünnen Kunststoffträger, der einseitig mit einer Aluminiumschicht bedampft ist. Die Aluminiumschicht ist wiederum mit einer schützenden Lackschicht versehen.
Auf der unteren Seite der CD sind die Daten gespeichert, es handelt sich dabei um Vertiefungen in der Kunststoffschicht.
Im Gegensatz zur Schallplatte liegen die Daten auf der CD in digitaler Form vor.

Auf einer normalen Audio-CD lassen sich bis zu 74 Minuten Musik unterbringen, dies entspricht einer Datenmenge von 650 MByte. Es gibt auch CDs, die bis zu 800 MByte Daten (etwa 90 Minuten Musik) aufnehmen können.

Auf einer CD kann man nicht nur Musikdaten speichern. Auch für den Computer nutzt man dieses Medium zur Aufnahme von Daten aller Art. Fast alle Computerprogramme sind so umfangreich, dass sie nicht mehr auf eine Diskette passen. Stattdessen verwendet man eine CD.

DVD
DVD steht für die Abkürzung **D**igital **V**ersatile **D**isc und bedeutet übersetzt „digitale vielseitige Scheibe".
Eine DVD ist ähnlich aufgebaut wie eine CD. Sie hat ebenfalls einen Durchmesser von ca. 12 cm, allerdings sind die Daten auf einer DVD erheblich dichter gespeichert. Jede Seite der DVD besitzt je zwei beschreibbare Schichten, sodass der Datenumfang einer DVD bis zu 17 GByte betragen kann. Diese Datenmenge entspricht bis zu 35 Stunden Musik oder bis zu 8 Stunden Video. DVD-Abspielgeräte und -Recorder ersetzen mittlerweile den Videorecorder.

Disketten und Festplatten
Disketten und Festplatten funktionieren nach dem gleichen Prinzip. Sie bestehen aus einer mit magnetisierbarem Material beschichten Scheibe. Eine Festplatte besitzt zudem einen Schreib-/Lesekopf. Der Schreib-/Lesekopf ist ein Elektromagnet. Schreibt man Daten auf eine Festplatte oder Diskette, so wird die Scheibe stellenweise vom Schreib-/Lesekopf magnetisiert.

Das Auslesen der Daten erfolgt auf umgekehrte Weise. Die magnetisierten Teilchen erzeugen im Schreib-/Lesekopf induktive Spannungsstöße. Der Kopf ist beweglich, sodass die Stellen, an denen sich die Daten befinden, innerhalb kürzester Zeit gefunden werden können. Eine Diskette fasst etwa 1,44 MByte an Daten.

Bei einer Festplatte sind mehrere Scheiben übereinander angebracht (▷ B 3). Oberhalb und unterhalb jeder Scheibe sitzt ein beweglicher Schreib-/Lesekopf.
Je nach Größe und Anzahl der Scheiben kann eine Festplatte unterschiedliche Datenmengen speichern – eine Kapazität von 200 GByte ist heute keine Seltenheit mehr.

Versuche

1 Schlage eine Stimmgabel an, an der eine Schreibnadel befestigt ist, und ziehe sie über eine berußte Glasplatte.

2 Für diesen Versuch benötigst du eine Schallplatte, einen Drehteller, eine Nähnadel, ein etwa DIN A5 großes, steifes Stück Papier und Klebestreifen. Verwende für diesen Versuch keinesfalls eine wertvolle Schallplatte!
Befestige die Nadel (die Spitze zeigt nach außen) mithilfe der Klebstreifen am Papier (▷ B 4). Lege die Schallplatte auf den Drehteller und lasse sie rotieren. Halte das Papier am Rand fest und setze die Nähnadel in die Rille der Schallplatte.

4 Zu Versuch 2

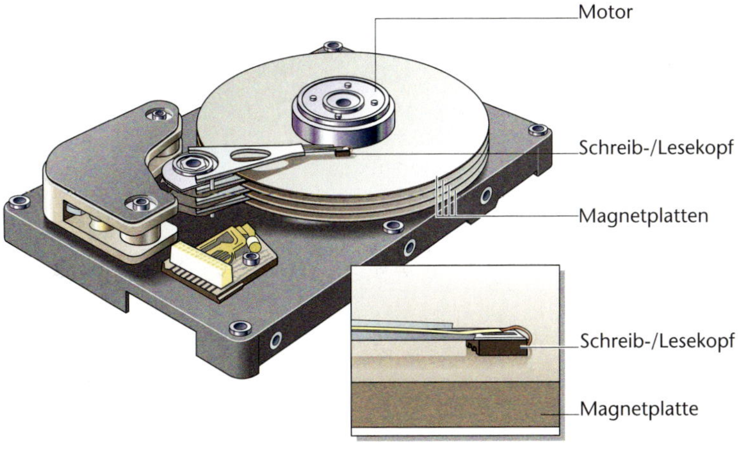

3 Aufbau einer Festplatte

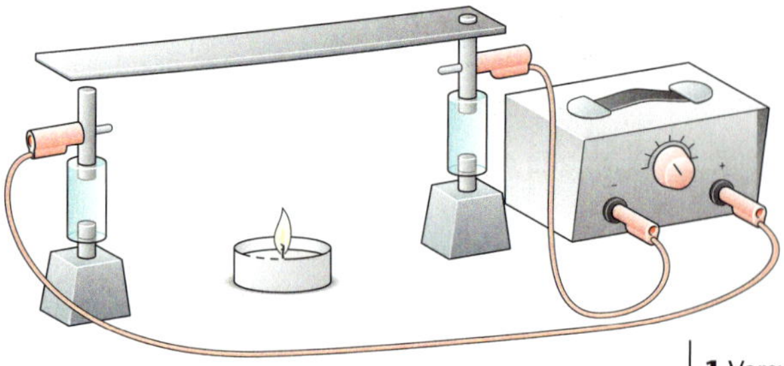

1 Versuchsaufbau zu Versuch 2

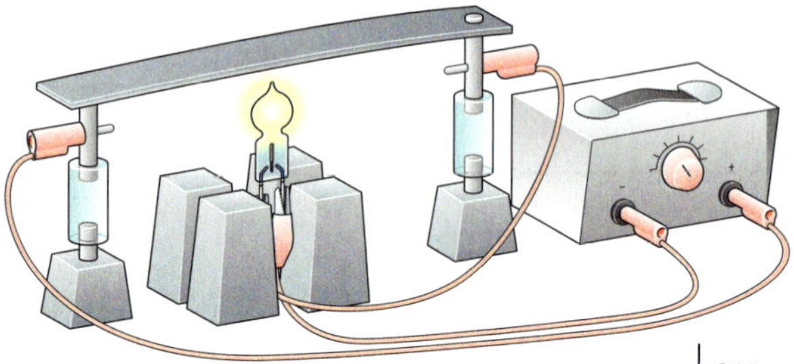

2 Versuchsaufbau zu Versuch 3

Versuche

1 a) Befestige einen Bimetallstreifen an einem Stativ. Stelle ein brennendes Teelicht unter den Streifen. Was beobachtest du?
Blase das Teelicht anschließend aus. Was kannst du jetzt feststellen?
b) Besprühe den Bimetallstreifen mit Kühlspray (Vorsicht, nicht in die Augen sprühen!). Beobachte und erkläre.

2 a) Spanne einen Bimetallstreifen so ein, dass er sich bei Erwärmung nach oben biegt (▷ B1). Baue einen Stromkreis so auf, dass er sich schließt, wenn das Bimetall erwärmt wird. Was geschieht, wenn du eine brennende Kerze unter den Bimetallstreifen stellst?
b) Verändere den Stromkreis so, dass der Stromkreis unterbrochen wird, wenn das Bimetall erwärmt wird.

3 Für diesen Versuch benötigst du einen Bimetallstreifen, der sich schon bei kleinen Temperaturunterschieden deutlich verbiegt, sowie eine Halogenlampe (z. B. 12 V, 10 W), die sehr viel Wärme erzeugt.
Schließe Lampe, Bimetall und Spannungsquelle in Reihe. Befestige den Bimetallstreifen in geringem Abstand über der Lampe. Der Stromkreis soll unterbrochen werden, wenn sich der Bimetallstreifen erwärmt. Beobachte und erkläre!

Das Bimetall
Bimetalle kennst du bereits aus der Wärmelehre. Ein Bimetall besteht aus zwei verschiedenen, fest miteinander verbundenen Metallen. Bei Erwärmung des Bimetalls dehnen sich die beiden Metalle unterschiedlich stark aus, das Bimetall verbiegt sich.
Ähnliches kannst du beim Abkühlen beobachten, hier ziehen sich die Metalle unterschiedlich stark zusammen, sodass sich das Bimetall ebenfalls verbiegt.

Messen mit dem Bimetall
Mit einem Bimetallthermometer kann man Temperaturwerte bestimmen (▷ B3). Das Bestimmen von Werten bezeichnet man als Messen.

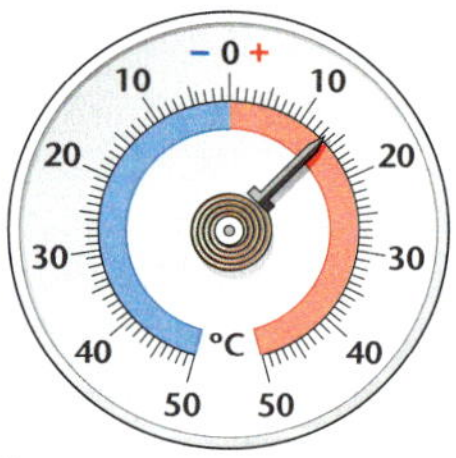

3 Bimetallthermometer

Das Bimetall-Thermometer besteht aus einem spiralförmig gewickelten Bimetallstreifen, an dem ein Zeiger befestigt ist, und einer Temperaturskala.
Erhöht sich die Temperatur, verbiegt sich das Bimetall. Der Zeiger bewegt sich so lange, bis die Temperatur des Bimetalls mit der Umgebungstemperatur übereinstimmt.
Sinkt die Temperatur, ziehen sich die beiden Metalle unterschiedlich stark zusammen. Jetzt kannst du auf dem Thermometer eine niedrigere Temperatur ablesen.

Beim Messen werden die Werte einer physikalischen Größe ermittelt.

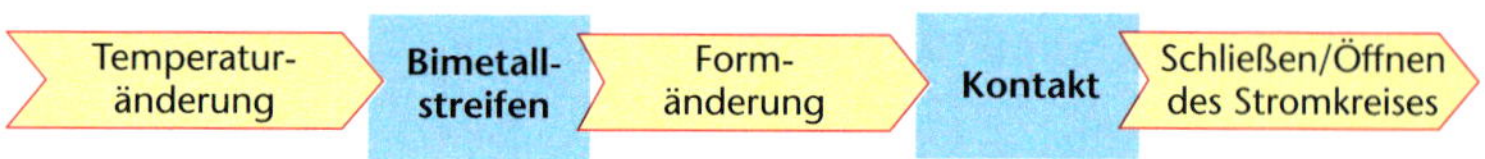

4 Steuerstrecke am Beispiel eines Bimetallschalters

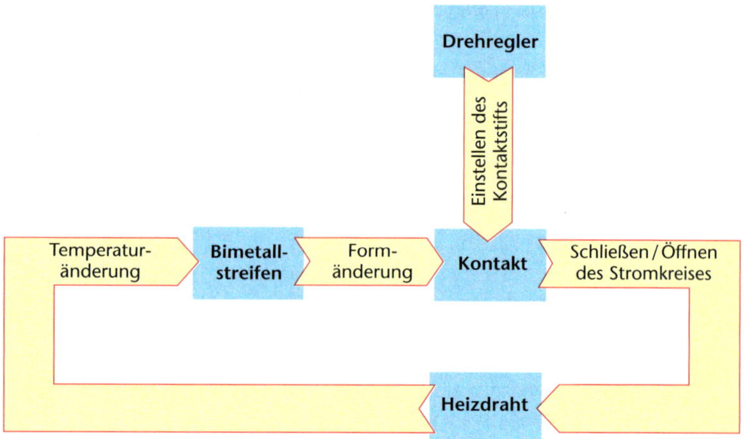

5 Regelkreis am Beispiel eines Bimetallschalters in einem Bügeleisen

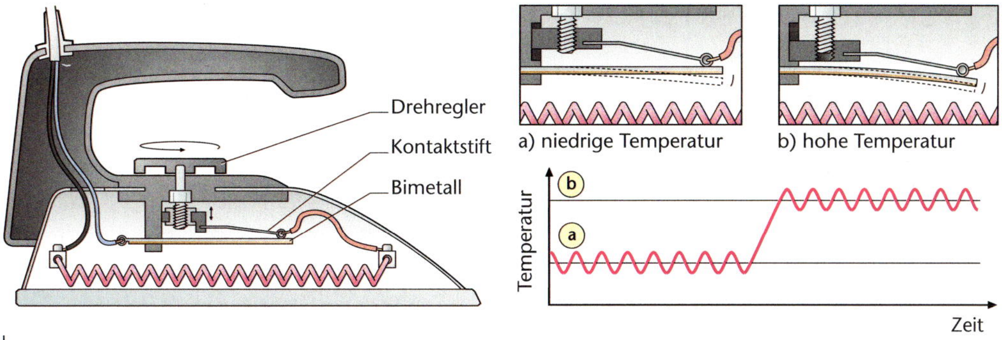

6 Temperaturregelung bei einem Bügeleisen

Steuern mit dem Bimetall
Mit einem Bimetall lässt sich ein Stromkreis auch ein- bzw. ausschalten (▷V 2, ▷B 4).
In Versuch 2a bewirkt eine Temperaturerhöhung, dass sich das Bimetall verbiegt und einen Kontakt schließt. Nun fließt Strom. Das Bimetall löst einen Schaltvorgang aus. Dies bezeichnet man als **Steuerung**.

Du kannst das Bimetall auch so in den Stromkreis bauen, dass es den Stromkreis unterbricht (▷V 2b).

Das Auslösen eines Schaltvorgangs mithilfe empfangener Daten bezeichnet man als Steuerung.

In vielen Geräten wird die Steuerung mithilfe festgelegter Programme ausgeführt. Dies ist z. B. der Fall, wenn du an einer Fußgängerampel den Anforderungsknopf betätigst.

Regeln mit dem Bimetall
Damit die Wäsche beim Bügeln nicht versengt, besitzt ein Bügeleisen eine Temperaturreglung. Sobald die eingestellte Temperatur erreicht ist, schaltet sich das Bügeleisen ab.

Der Temperaturregler ist mit einem Bimetall verbunden (▷B 6). Über den Temperaturregler stellt man ein, wie weit sich das Bimetall biegen muss, bis es den Kontakt unterbricht.
Solange sich Bimetall und Kontaktstift berühren, ist der Stromkreis geschlossen, das Bügeleisen erwärmt sich. Ist die gewünschte Temperatur erreicht, hat sich das Bimetall so weit gebogen, dass es vom Kontaktstift abhebt. Der Stromkreis ist nun unterbrochen.

Jetzt kühlt sich das Bügeleisen langsam ab. Mit sinkender Temperatur biegt sich das Bimetall zurück und kommt wieder mit dem Kontaktstift in Berührung. Der Stromkreis wird dadurch geschlossen, und das Bügeleisen erwärmt sich erneut.

Mit dem Bimetall lässt sich die Temperatur des Bügeleisens **regeln**. Die Erwärmung des Bügeleisens hat eine Rückwirkung auf das Bimetall (▷B 5). Die Temperatur wird am Bimetall festgestellt und an einen gewünschten Wert angeglichen.

Regeln ist ein Vorgang, bei dem empfangene Daten mit einem vorgegebenen Wert verglichen werden. Bei einer Abweichung werden die empfangenen Daten an die vorgegebenen Daten angeglichen.

7 Der Heizungsthermostat regelt die Temperatur.

Aufgaben

1 Finde weitere Beispiele für das Messen, Steuern und Regeln.

2 In alten Heizungsthermostaten wurden früher Bimetallschalter verwendet (▷B 7). Beschreibe, wie ein solcher Thermostat funktioniert.

1 Der Sonnenstand dient den Bienen zur Orientierung.

Licht steuert viele Vorgänge

Der Lebensrhythmus vieler Lebewesen wird durch das Licht beeinflusst (▷ B 1). Viele Blüten öffnen sich mit der aufgehenden Sonne und schließen sich bei Einbruch der Dunkelheit wieder. Licht reguliert außerdem die Schlaf- und Wachzustände bei Mensch und Tier und steuert Wachstumsvorgänge.
Die Lichtverhältnisse beeinflussen auch unseren Alltag: Wird es dunkel, geht z. B. die Straßenbeleuchtung an und die Rollläden an den Fenstern schließen sich. Beim Fotografieren müssen die Belichtungszeiten eingestellt werden, damit das Bild nicht zu hell oder zu dunkel erscheint.

Man kann diese Abläufe von Hand steuern – indem man den Lichtschalter betätigt und den Rollladen herunterlässt. Immer häufiger werden solche Steuerungen aber von elektronischen Bauteilen übernommen.

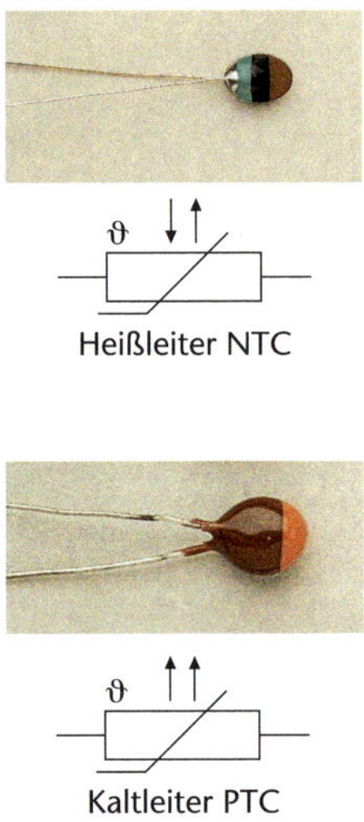

2 Heißleiter und Kaltleiter

Ein Widerstand reagiert auf Licht

Der Fotowiderstand ist ein solches lichtempfindliches Bauteil (▷ B 3). Oftmals findest du dafür auch die Bezeichnung LDR (engl.: light dependend resistor).
Der LDR besteht aus Cadmiumsulfid, dessen Widerstandswert durch das auftreffende Licht eingestellt wird.
Bei Dunkelheit ist der LDR praktisch ein Isolator. Je mehr Licht auf den Fotowiderstand trifft, desto besser leitet er den elektrischen Strom.

▶ Der Fotowiderstand (LDR) ist ein lichtabhängiger Widerstand. Je mehr Licht auf den LDR fällt, desto kleiner ist sein Widerstandswert.

Der LDR eignet sich für Anwendungen, bei denen ein Vorgang automatisch bei einer bestimmten Helligkeit eingeleitet werden soll. So wird beispielsweise der Einschaltzeitpunkt der Straßenbeleuchtung mit LDRs geregelt.

Wärme regelt den Widerstandswert

Bei den meisten Metallen wird der Widerstandswert größer, wenn die Temperatur des Metalls zunimmt. Sie werden auch als **Kaltleiter** bezeichnet, weil sie den elektrischen Strom bei niedriger Temperatur am besten leiten. Kaltleiter (▷ B 2) bezeichnet man auch als PTC-Widerstände (engl.: positive temperature coefficient). Kaltleiter dienen z. B. als Überlastungsschutz für Motoren in Türöffnern oder Rollladenhebern.

Es gibt jedoch auch Stoffe, bei denen sich der gegenteilige Effekt zeigt: Je höher die Temperatur ist, desto besser leiten sie den elektrischen Strom. Diese Eigenschaft besitzen Bauteile, die **Heißleiter** genannt werden (▷ B 2). Man bezeichnet sie auch als NTC-Widerstände (engl.: negative temperature coefficient). Heißleiter setzt man z. B. in Heizungsanlagen zur Steuerung ein.

▶ Kaltleiter (PTC-Widerstand) und Heißleiter (NTC-Widerstand) sind temperaturabhängige Widerstände.

3 Fotowiderstand

4 Der Widerstandswert hängt von der Helligkeit ab.

Werkstatt

Variable Widerstände im Test

Material
Fotowiderstand (LDR), Heißleiter (NTC, 10 kOhm), Kaltleiter (PTC), Widerstandsmessgerät, Kabel, starke Taschenlampe, Bechergläser, Thermometer, schwarze Pappe, Wasser

1 Lichtabhängiger Widerstand

Versuchsanleitung
Schließe einen Fotowiderstand an das Messgerät an. Richte das Licht der Taschenlampe auf den LDR. Halte die Pappe so über den Fotowiderstand, dass er völlig, zur Hälfte und gar nicht abgedeckt wird. Bestimme jeweils den Widerstandswert des Bauteils.

2 Temperaturabhängiger Widerstand

Versuchsanleitung
a) Fülle etwas kaltes Wasser in ein Becherglas und miss die Wassertemperatur. Schließe den Heißleiter an das Widerstandsmessgerät an, stecke ihn in ein Reagenzglas und stelle dieses ins Wasser. Bestimme nach einigen Minuten den Widerstandswert des Heißleiters (▷ B 1). Gieße nun nach und nach heißes Wasser ins Becherglas. Miss jeweils die Wassertemperatur und den Widerstandswert des Heißleiters.

b) Wiederhole den Versuch mit einem Kaltleiter.

Aufgabe
Trage die Messwerte zu den Versuchen in eine Tabelle ein und notiere deine Beobachtungen. Erstelle für den Heiß- und den Kaltleiter je ein Diagramm und formuliere ein Versuchsergebnis.

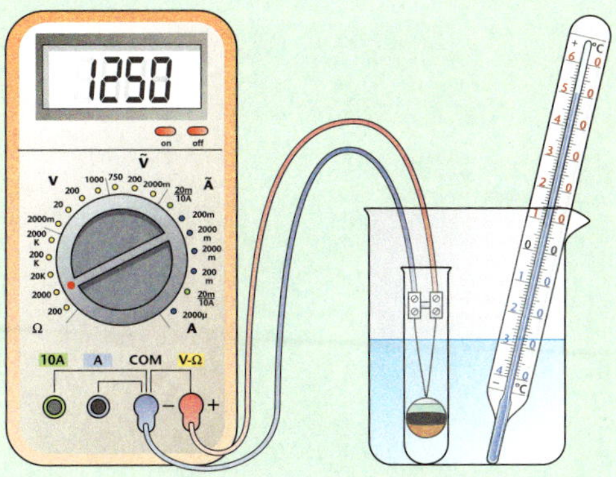

1 Zu Versuch 2

Schnittpunkt

Lichtsensoren in der Natur

1 Sonnenblumen drehen sich mit der Sonne

Ausrichtung zur Sonne
Keine andere physikalische Größe beeinflusst die Lebensvorgänge in der Natur so sehr wie das Licht. Deshalb hat die Natur viele Lebewesen und Pflanzen mit „Lichtsensoren“ ausgestattet.
Ein Musterbeispiel dafür sind die Sonnenblumen (▷ B 1). Als junge Pflanze wenden Sie ihre Blütenköpfe zur Sonne und folgen ihr ein wenig. Die Lichtsensoren in der Pflanze sorgen dafür, dass sie stets die maximale Sonneneinstrahlung für die Fotosynthese bekommt.

Lichtsensor Auge
Auch die Pupillen deiner Augen reagieren auf unterschiedliche Lichtverhältnisse: Ist es sehr hell, so ist die Pupille sehr klein. Ist es sehr dunkel, so hast du eine große Pupille.

Ohne Augen sehen?
Schlangensterne (▷ B 2) sind mit den Seesternen verwandte Meeresbewohner. Sie besitzen zwar keine Augen, können aber trotzdem Licht und Schatten wahrnehmen. Ihre „Lichtsensoren“ sind über die Körperoberfläche verteilt: Schlangensterne sind mit Tausenden winziger Kalkspat-Kristalle bedeckt, die wie Linsen wirken und das Licht auf darunter liegende Nervenzellen lenken.

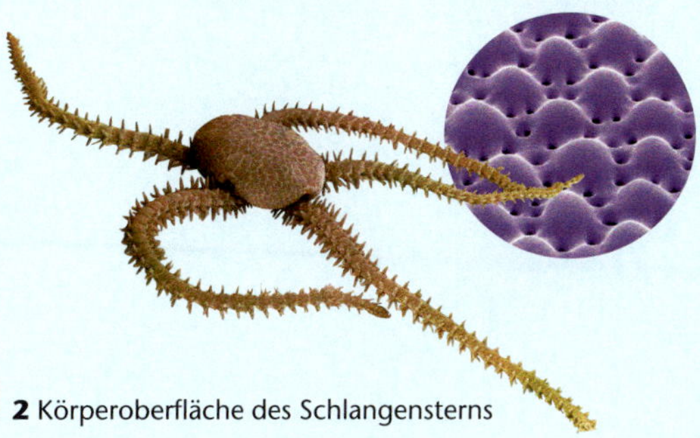

2 Körperoberfläche des Schlangensterns

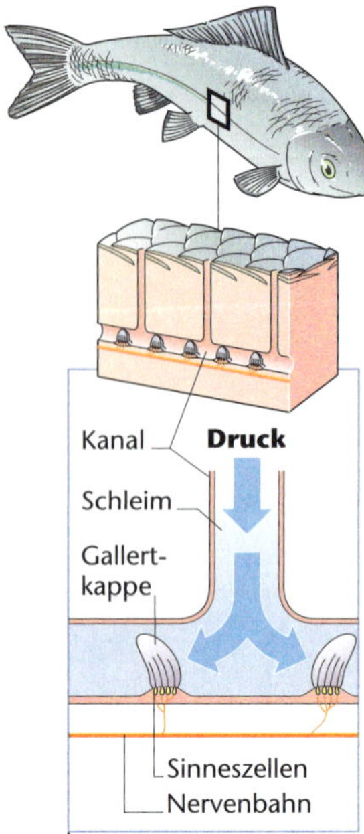

1 Seitenlinienorgan des Fisches

An jeder Seite ist eine wichtige Linie

Nur bei wasserlebenden Amphibien und Fischen findet man **Seitenlinienorgane**. Sie werden so genannt, weil winzige Poren, die von Kopf bis Schwanz aneinander gereiht sind, an den Körperseiten je eine Linie bilden. Die Poren führen zu einem Kanal, in den Sinneszellen mit Gallertkappen hineinragen (▷ B 1).

Verändert die Wasserströmung die Lage der Gallertkappen, wird durch die Wasserbewegung ein Feind oder ein Beutetier wahrgenommen. Selbst blinde Aquarienfische kehren kurz vor der Aquarienwand um, da sie die Veränderung der Wasserbewegung bemerken.

Elektrische Orientierung

Bei nachtaktiven Fischen in trüben und stark turbulenten Flüssen sind die Augen und Seitenlinienorgane nicht effektiv genug. Daher gibt es bei einigen Süßwasserfischarten in Südamerika und Afrika einen **elektrischen Sinn** (▷ B 2).

Organe, die in der Schwanzregion sitzen, erzeugen ein schwaches elektrisches Feld. Die Schwanzspitze ist gegenüber dem Kopfende negativ geladen. Gelangen Gegenstände mit anderer Leitfähigkeit als Wasser in das elektrische Feld, werden die Feldlinien abgelenkt. Elektrorezeptoren an der Körperoberfläche registrieren dies. Der elektrische Sinn ist sehr leistungsstark, sogar 2 mm dünne Glasstäbe werden wahrgenommen. Neben der Orientierung dient dieser Sinn auch der Kommunikation, z. B. beim Werben um Weibchen und beim Drohen oder Unterwerfen.

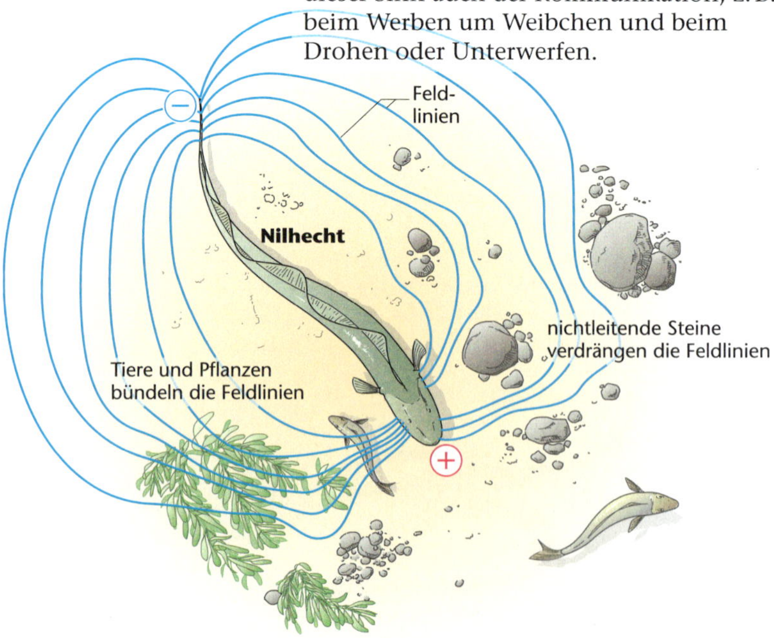

2 Ferntastsinn des Nilhechts

Die Supernasen

Während der Mensch über den Lichtsinn die meisten Informationen aus der Umgebung aufnimmt, ist bei Raubtieren und ihren möglichen Beutetieren oft der Geruchssinn der so genannte **Leitsinn**, z. B. bei Hunden, Kaninchen und Rehen. Auch der exzellente Geruchssinn von Schweinen wird genutzt. Normalerweise durchwühlen sie den Boden nach allem Fressbaren. Und da besonders wertvolle Speisepilze, die Schwarzen und Weißen Trüffel, in Frankreich und Italien in der obersten Bodenschicht wachsen, hat man Schweine zu Spezialisten – zu Trüffelschweinen – ausgebildet. Die Trüffelschweine finden die begehrten, sehr teuren Pilze (▷ B 3). Doch ihre Besitzer müssen aufpassen, dass die Schweine die Trüffel nicht sofort auffressen.

Es gibt auch Menschen, die nach jahrelangem Üben 2 000 bis 3 000 Gerüche auseinanderhalten können. Diese weltweit nur etwa 200 Parfümeure mischen verschiedene Duftstoffe und kreieren so neue Parfüms (▷ B 4).

3 Schwein auf der Suche nach Trüffel

4 Parfümeur bei der Geruchsprobe

5 Greifvögel sehen aus weiter Entfernung scharf.

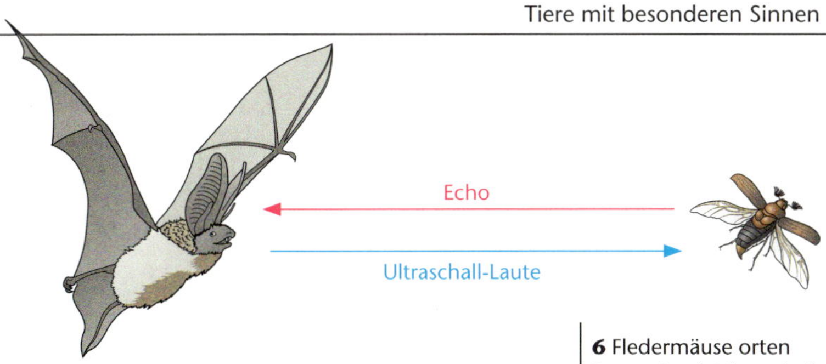

6 Fledermäuse orten Beute durch Ultraschall.

Mit „Adleraugen" ausgestattet
Jemandem, der auch aus großer Entfernung kleine Dinge scharf sehen kann, werden „Adleraugen" nachgesagt.
Die Augen der Greifvögel sind denen aller anderen Lebewesen an Sehschärfe überlegen. Bei ihnen ist die Dichte der Zapfen im Gelben Fleck sehr hoch. Während beim Menschen dort knapp 285 000 Zapfen zu finden sind, sitzen bei Greifvögeln 1 Million Zapfen dicht gedrängt im Gelben Fleck.
Bei Falken gibt es eine Besonderheit: Bevor sie die Maus weit unter sich auf dem Feld sehen, entdecken sie schon die Spuren ihres Beutetieres. Der Mäuse-Urin ist kräftig ultraviolett gefärbt und Falken können mit einem vierten Zapfentyp Ultraviolett erkennen.

Zugvögel fliegen auch nachts
Um die Erde herum befindet sich ein Magnetfeld, das manche Tiere für ihre Orientierung nutzen können. Bei einigen Vögeln vermutet man ein **magnetisches Sinnesorgan** im Kopf. Überwiegend orientieren sich Vögel am Stand der Sonne. Doch nachts und bei bedecktem Himmel finden z. B. manche Zugvögel mithilfe des Erdmagnetfelds auch ihren Weg.
Bei Brieftauben fand man heraus, dass sie bei bedecktem Himmel den Heimweg nicht finden, wenn sie einen Stabmagneten auf dem Rücken tragen.
Der magnetische Sinn wird durch diesen Magneten gestört.

Die Nutzung des Schalls in Perfektion
Die Hörbereiche mancher Tiere weisen extreme Obergrenzen auf. Hunde hören Töne bis 135 kHz, noch höhere Frequenzen nehmen Delfine (200 kHz) und einige Nachtschmetterlinge (240 kHz) wahr.
Doch Fledermäuse sind die perfekten Nutzer des Schalls, sie „sehen" mit den Ohren. Manche Arten registrieren Ultraschall-Frequenzen bis 400 kHz.
Da Fledermäuse nachtaktiv sind, müssen sie ohne Licht Insekten jagen und Hindernisse erkennen. Sie erzeugen Ultraschalllaute, deren Schallwellen z. B. von Hindernissen reflektiert werden. Dem Echo, das die Fledermaus hört, kann sie Informationen über Lage, Größe, Oberfläche und Entfernung des Hindernis entnehmen.

Wärme sehen
Klapperschlangen verfügen über zwei **Grubenorgane**, die jeweils zwischen Auge und Nasenöffnung liegen. In jedem Grubenorgan befindet sich ein dünnes, stark durchblutetes Häutchen, das viele freie Nervenendigungen enthält. Eine Temperaturänderung von nur 0,003 °C reicht aus, um die Nervenendigungen zu erregen. So ist die Klapperschlange in der Lage, eine 70 cm entfernte Maus, die nur 10 °C wärmer ist als die Umgebung, durch ihre Wärmestrahlung zu finden und zu fressen. Die Richtung, in der sich die Maus befindet, stellt die Schlange so fest: Ihre Grubenorgane sind eingesenkt und die Wärmestrahlung reizt nur einen Teil des Grubenorgans (▷ B 7).

7 Grubenorgan der Klapperschlange

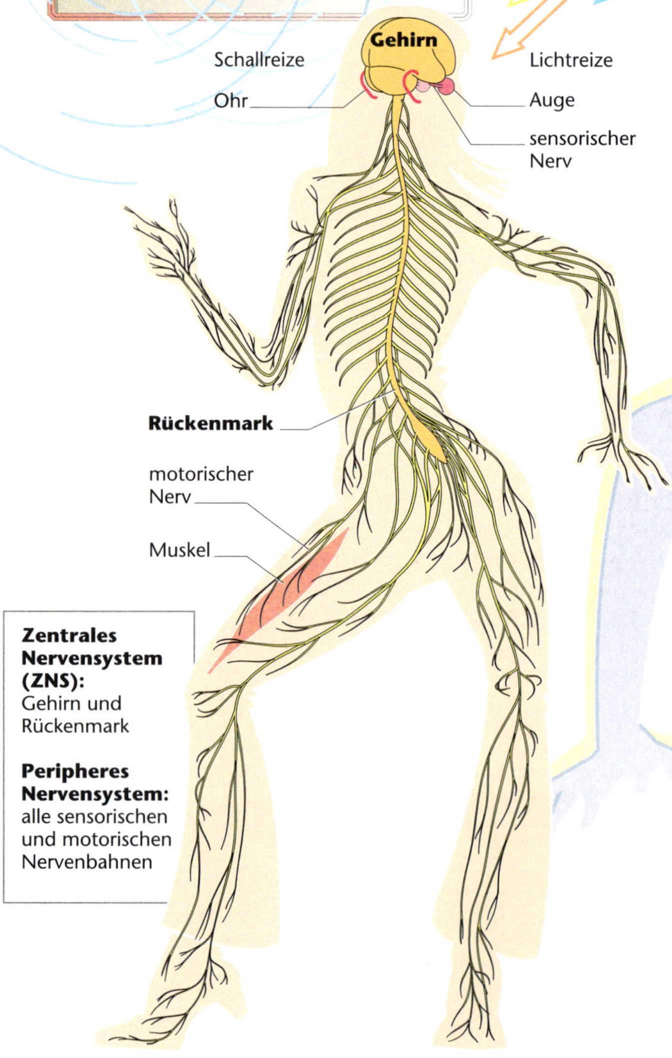

1 Zentrales und peripheres Nervensystem

Tanz mit dem Nervensystem
Ein Junge und ein Mädchen tanzen zur Musik einer Live-Show. Sie bewegen sich rhythmisch zum Takt der Musik und der Lichter. Die Melodie und die Texte rufen besondere Stimmungen in ihnen hervor, die sie im Tanz durch ihre Bewegungen ausdrücken. Wie kommt es zum Einklang der Gefühle und Bewegungen der Tanzenden mit Musik und Songs?
Was auf den ersten Blick selbstverständlich erscheint, beruht auf komplexen Funktionen des Nervensystems.

Informationen werden aufgenommen
Licht- und Schallreize werden in den Augen und Ohren zu Nervenerregungen umgewandelt. Diese werden über Seh- und Hörnerven zum Gehirn weitergeleitet. Das Gehirn erhält aber auch Informationen über die Bewegungen des Körpers. Das geschieht über Erregungen aus dem Gleichgewichtsorgan im Innenohr und von Sinneszellen, die die Stellung der Gelenke messen. Alle eingehenden Informationen erreichen das Gehirn über Sinnesnerven, die man als **sensorische Nerven** bezeichnet. Die Nervenerregungen aus dem Körper gelangen über das Rückenmark zum Gehirn.

Informationen werden verarbeitet
Das Gehirn analysiert die eingehenden Informationen. Dort werden Helligkeit, Farbe und Bewegung von Lichtreizen wahrgenommen. Bei Schallereignissen unterscheidet das Gehirn Lautstärke, Tonhöhe und Rhythmus. Die Sinneswahrnehmungen erregen aber auch Teile des Gehirns, in denen Gefühle entstehen.

Aus Informationen werden Befehle
Lassen Wahrnehmungen und Gefühle den Wunsch entstehen zu tanzen, dann erreicht die Erregung Bewegungszentren im Gehirn. Von dort werden Befehle ans Rückenmark gesendet, wo **motorische Nerven** die Skelettmuskulatur steuern.

Gehirn und Rückenmark bilden zusammen das **Zentralnervensystem.** Die sensorischen und motorischen Nerven gehören zum **peripheren Nervensystem** (▷ B 1).

▶ Erregungen aus den Sinnesorganen erreichen über sensorische Nerven das Gehirn. Das Gehirn steuert über motorische Nerven die Skelettmuskulatur.

Aufgaben von Nervenzellen

Das Nervensystem besteht aus vielen Milliarden Nervenzellen. Sie dienen der Aufnahme und der Weiterleitung von Informationen in Form elektrischer Erregungen. Die meisten Nervenzellen weisen einen ähnlichen Bau auf (▷ B 1).

Bau und Funktion von Nervenzellen

Nervenzellen nehmen die Erregung von Sinneszellen oder anderen Nervenzellen mithilfe spezieller Fortsätze, den **Dendriten**, auf.
Im **Zellkörper** der Nervenzelle befinden sich Zellkern und Zellorganellen. Die Zellkörper verschiedener Nervenzelltypen sind unterschiedlich groß. Manche haben einen Durchmesser von nur 5 µm und sind damit etwa so klein wie eine rote Blutzelle, andere sind mit einer Größe von 250 µm deutlich dicker als ein menschliches Haar.
Die meisten Nervenzellen leiten die Erregung mit einem dünnen Fortsatz, dem **Axon**, weiter. Axone sind beim Menschen nur etwa 1 bis 20 µm dick. Das Axon kann verzweigt sein und so die Erregung auf mehrere andere Nervenzellen gleichzeitig übertragen. Nerven sind Bündel von Axonen.

Vielfalt in Bau und Funktion

So verschieden wie die Aufgaben von Nervenzellen sind, so unterschiedlich ist ihr Aufbau. Im Gehirn, wo sehr viele Informationen verarbeitet werden, gibt es Zellen, die bis zu 100 000 Kontakte mit anderen Nervenzellen besitzen. Sie haben dazu stark verzweigte Dendriten (▷ B 1).
Die Axone, die Befehle von motorischen Nervenzellen im Rückenmark zur Fußmuskulatur weiterleiten, können über 1 m lang sein.
Sinneszellen sind spezialisierte Nervenzellen. Sie wandeln in den Sinnesorganen Reize in elektrische Erregungen um. Die Haarsinneszellen im Innenohr besitzen kein eigenes Axon. Ihre Erregung wird von sensorischen Nervenzellen aufgenommen und zum Gehirn weitergeleitet. Bei diesen gehen Dendrit und Axon direkt ineinander über. Der Zellkörper zweigt dann seitlich davon ab.

▶ Nervenzellen bestehen aus Dendriten, dem Zellkörper und einem Axon. Je nach Funktion gibt es starke Abwandlungen dieses Grundbauplans.

Aufgaben

1 Nenne wichtige Funktionen des Nervensystems.

2 Beschreibe den Aufbau einer Nervenzelle und die Funktion der einzelnen Teile.

1 Nervenzelle

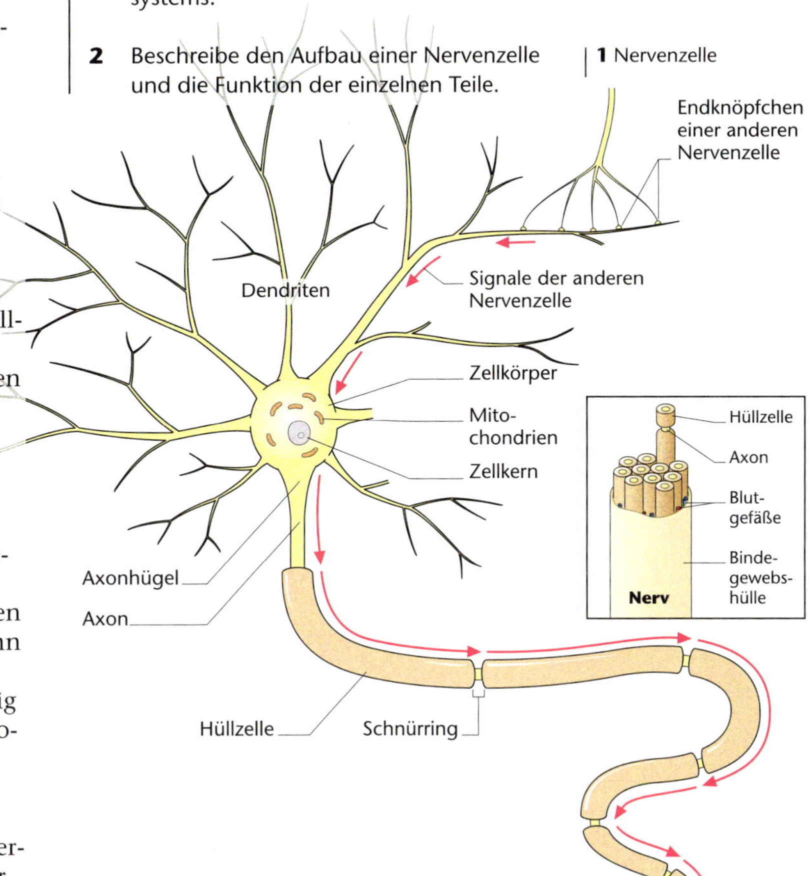

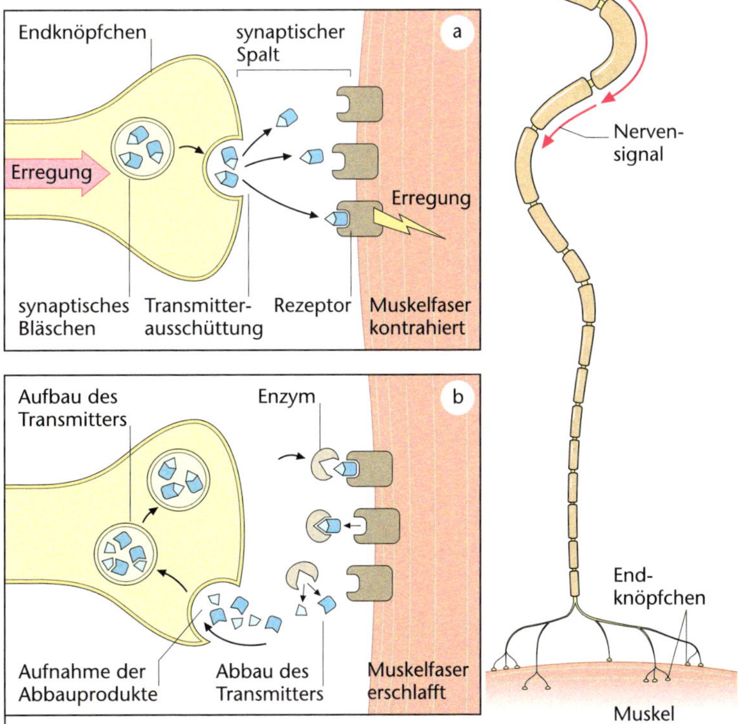

2 Bau und Funktion einer Synapse

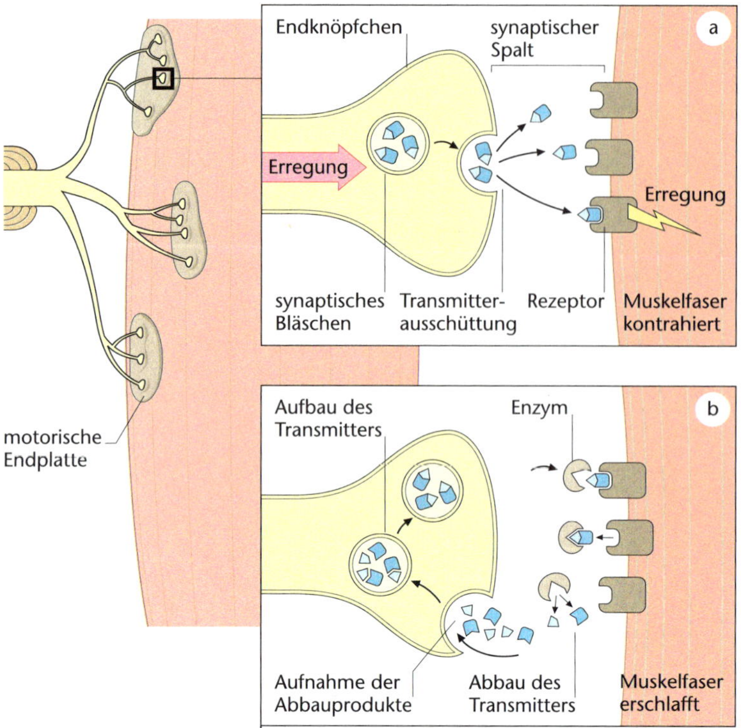

1 Erregungsübertragung an Synapsen

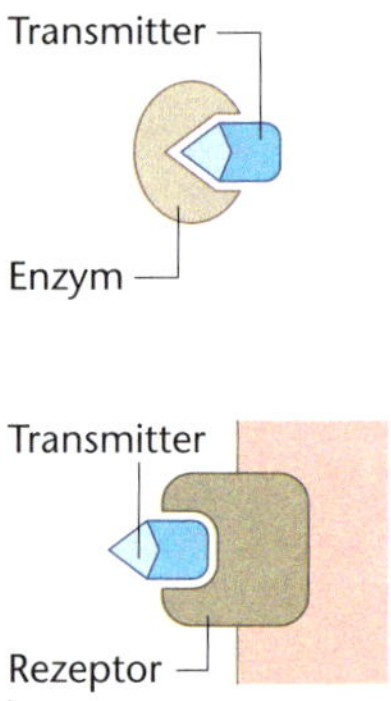

2 Das Schlüssel-Schloss-Prinzip

3 Der Chemiker EMIL FISCHER formulierte 1894 das Schlüssel-Schloss-Prinzip.

Nerven stehen unter Strom
Informationen werden im Nervensystem in Form von elektrischen Erregungen weitergeleitet. Dazu müssen diese von einer Sinnes- oder Nervenzelle an eine andere Nervenzelle weitergegeben werden. Das geschieht an besonderen Kontaktstellen, den **Synapsen**. Die Erregungsübertragung von einer Nervenzelle auf eine Muskelzelle verläuft über eine besondere Synapse, die **motorische Endplatte** (▷ B 1).

Aufbau einer Synapse
Das Axon einer Nervenzelle bildet an den Enden seiner Verzweigungen kleine Verdickungen, die **synaptischen Endknöpfchen**. Diese liegen dicht an der benachbarten Nervenzelle an, sodass beide Zellen nur durch einen winzigen Spalt, den **synaptischen Spalt**, getrennt sind.

Funktion einer Synapse
Läuft über das Axon einer Nervenzelle eine elektrische Erregung zur Synapse, werden aus den Endknöpfchen Überträgerstoffe, die **Transmitter**, in den synaptischen Spalt ausgeschüttet. Wegen der geringen Entfernung gelangen die Transmitter sehr rasch zur benachbarten Zelle. Dort binden sie sich an Strukturen auf der Oberfläche der Membran, die **Rezeptoren**. Dadurch wird nun die zweite Zelle erregt. Danach werden die Transmitter wieder von den Rezeptoren entfernt und abgebaut. Dies geschieht durch spezielle Eiweiße, die diese chemische Reaktion steuern und als **Enzyme** bezeichnet werden (▷ B 1).

Das Schlüssel-Schloss-Prinzip
Die Anbindung des Transmitters an den Rezeptor erfolgt **spezifisch**, d. h. die Form, Größe und Beschaffenheit des Transmitterstoffes muss genau zur Struktur des Rezeptors passen, damit eine Erregungsübertragung ausgelöst wird. Der Abbau des Transmitters durch das Enzym folgt ebenfalls diesem **„Schlüssel-Schloss-Prinzip"** (▷ B 2). Auch dabei müssen sich die Strukturen gegenseitig ergänzen – wie der Schlüssel, der lediglich in einem bestimmten Schloss sperrt. Dieses Prinzip wurde 1894 erstmalig von EMIL FISCHER (1852–1909) für chemische Abläufe formuliert (▷ B 3). Substanzen oder Gegenstücke mit abweichenden Strukturen können sich nicht verknüpfen und lösen keine weitere biologische Funktion aus.

Verbindung lahm gelegt
Manche Medikamente blockieren die **Rezeptoren** von Synapsen und verhindern dadurch die Erregungsübertragung. Das nutzt man bei Operationen, bei denen so die Schmerzleitung unterbrochen wird. Andere Medikamente unterbrechen an den motorischen Endplatten die Erregungsübertragung auf Muskelzellen. Viele Drogen beeinflussen die synaptische Übertragung im **Gehirn**. Morphium hat z. B. die gleiche Wirkung wie hirneigene Stoffe, die die Schmerzleitung dämpfen. Drogen wie Alkohol steigern die **Transmitter-Ausschüttung** in Gehirnregionen, in denen angenehme Empfindungen entstehen. Bei diesen Drogen besteht hohe Suchtgefahr.

▶ Synapsen sind Kontaktstellen, die der Erregungsübertragung zwischen Sinnes-, Nerven- und Muskelzellen mithilfe von Transmittern dienen. Medikamente und und Drogen stören die natürliche Funktion der Synapse.

Aufgaben

1. Beschreibe den Vorgang der Erregungsübertragung an einer Synapse.
2. Warum müssen Patienten bei Operationen unter Narkose künstlich beatmet werden?

Lexikon

Synapsengifte

Giftstoffe, die an den Stellen der Erregungsübertragung Wirkung zeigen, werden als Synapsengifte bezeichnet. Prinzipiell kann man sie nach ihrer Wirkungsweise untergliedern. Entweder wird die Freisetzung des Transmitters beeinflusst oder der Abbau der Transmitterstoffe wird gestört. Andere Gifte lagern sich anstelle des eigentlichen Transmitterstoffes an die Rezeptoren auf der Membran der Nachbarzelle an.

Vor allem zu Kriegszeiten wurden Giftgase entwickelt, die als sogenannte **Nervenkampfstoffe** eingesetzt werden sollten.
Das Nervengas **Tabun** wurde im Zweiten Weltkrieg für die deutsche Wehrmacht in Fliegerbomben und Granaten abgefüllt, kam allerdings nie zu Einsatz. Nach Kriegsende wurden diese Waffen im Meer versenkt und gefährden heute in den rostenden Behältern Fischbestände und die Umwelt in der Ostsee sowie in Teilen der Nordsee. Einen Schutz gegen Tabun gibt es kaum, da das Gas über die Atemwege und die Haut aufgenommen wird. Das Gift zeigt seine Wirkung dadurch, dass es den Abbau des Transmitters unterbindet. Körperfunktionen können in der Folge nicht mehr kontrolliert werden und der Tod tritt durch Atemlähmung ein. Im Vergiftungsfall kann hier Atropin als Gegengift und Notfallmedikament wirksam werden, indem es den Rezeptor belegt und damit die Wirkung des Transmitters aufhebt.

Besonders bekannt sind die **Pfeilgifte** der Indianer im südamerikanischen Amazonasgebiet.
Diese werden als Curare bezeichnet und bestehen hauptsächlich aus Pflanzenauszügen verschiedenster Lianenarten. Indiostämme benutzen eigene Rezepturen zur Herstellung des Giftes, das auf die Spitze der Jagdspeere oder auf die Blasrohrpfeile aufgebracht wird. Die Wirkungsorte des Giftes sind wiederum die Transmitterrezeptoren. Diese werden besetzt, ohne dass eine Aktivierung stattfindet.

Die **Schwarze Witwe** gehört zu den Webspinnen. Die Weibchen sind lediglich 10 bis 15 mm groß, die Männchen erreichen etwa die halbe Körpergröße.
Der Name zeugt von der Eigenart des Weibchens, das Männchen nach der Paarung durch Biss zu verletzen oder gar zu töten. Diese auf dem amerikanischen Kontinent vorkommende Spinnenart verfügt über ein hochwirksames Gift, das auch für den Menschen gefährlich ist. Die Giftwirkung beruht auf der unkontrollierten Transmitterausschüttung der synaptischen Bläschen.

Die Tabakpflanze gehört auch zu den gifthaltigen Nachtschattengewächsen. Das giftige **Nikotin** wird

in Pflanzenwurzeln gebildet und in die Blätter transportiert; es schützt die Pflanze vor Fraßinsekten. Nikotin aktiviert die Rezeptoren auf der Oberfläche der Nachbarzelle anstelle des eigentlichen Transmitters. Übermäßige Mengen an Nikotin können zu Herzstillstand und Atemlähmung führen.

Die **Tollkirsche** gehört zur Familie der Nachtschattengewächse und gedeiht an sonnigen Waldrändern von Laub- sowie Laubmischwäldern. Sie benötigt kalkhaltige, humusreiche Böden und ist fast in gesamt Europa verbreitet.
Zusätzlich zu den Wurzeln, der Sprossachse und den Blättern enthalten auch die süßlich schmeckenden Früchte beträchtliche Giftmengen.
Der bekannteste Giftstoff der Tollkirsche ist das **Atropin**, das vorrangig auf die Synapsen der Herzmuskulatur, der inneren Organe und der Augen wirkt. Atropin hemmt die Signalübertragung an die Nachbarzelle durch Blockade der Transmitterrezeptoren. Bereits im Altertum war die Giftwirkung der Tollkirsche bekannt, sodass sogar Morde damit begangen wurden. In medizinischen Mengen eingesetzt, kann Atropin als Gegenmittel bei Giftgasunfällen im Notfall Leben retten, da es eine Steigerung der Herzfrequenz bewirkt.

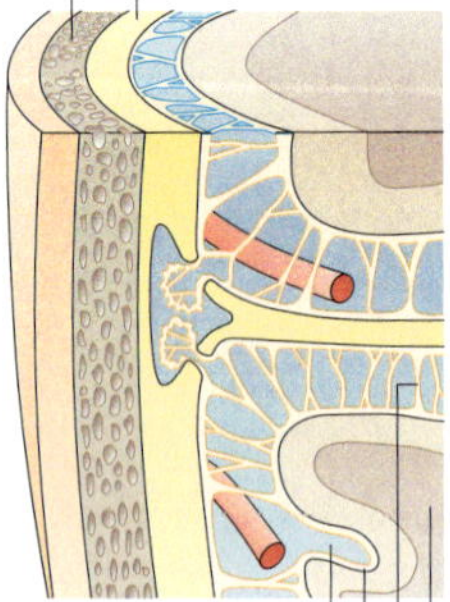

1 Stoßgedämpfte Lagerung des Gehirns

In der Antike hielt der Gelehrte ARISTOTELES (384–322 v. Chr.) das Gehirn für nichts weiter als „eine Einrichtung, um die Hitze des Herzens abzukühlen". Heute wissen wir, dass das ca. 1,4 kg schwere Organ die Schaltzentrale unseres Körpers ist.

Wertvolles ist gut geschützt

Das **Gehirn** liegt gut geschützt innerhalb des Schädelknochens und ist zusätzlich von drei Häuten umgeben (▷ B 1). Direkt am Knochen liegt die **harte Hirnhaut** an. Sie ist mit der **Spinnwebshaut** verwachsen. In dieser Hautschicht befindet sich auch der **Liquor**, eine Flüssigkeit, die das Gehirn vor allem vor Stößen und Erschütterungen schützt. Direkt über dem Gehirn liegt die **weiche Hirnhaut**, die zahlreiche Blutgefäße enthält. Der Bedarf des Gehirns an Sauerstoff und Energie ist riesig. Pro Minute fließt daher ca. 1 Liter Blut durch das Organ. Eine Unterbrechung der Blutversorgung für einen kurzen Zeitraum kann bereits zu schweren Schäden führen.

Zwei Hälften – ein Großhirn

Beim Menschen macht das **Großhirn** 80 bis 90 Prozent des gesamten Hirnvolumens aus. Die beiden Großhirnhälften sind über einen dicken Nervenstrang, den **Balken**, miteinander verbunden. Der äußere Bereich des Großhirns ist die gräulich gefärbte **Großhirnrinde**. Diese **graue Substanz** besteht aus den Zellkörpern von Nervenzellen. Im darunter liegenden **Mark** verlaufen die weiß erscheinenden Axone (▷ B 2).
Vergleicht man die Leistungsfähigkeit des menschlichen Gehirns mit der anderer Säugetiere, so liegen die Unterschiede im Großhirn begründet. Mit ihm planen, denken und erinnern wir. Weshalb das menschliche Gehirn so leistungsfähig ist, ist nicht völlig geklärt. An der Masse kann es nicht liegen, denn beispielsweise ist das Gehirn eines Elefanten mit etwa 5 kg deutlich schwerer (▷ B 4). Auch bezogen auf das Körpergewicht gibt es Tiere, die ein größeres Gehirn besitzen als der Mensch.

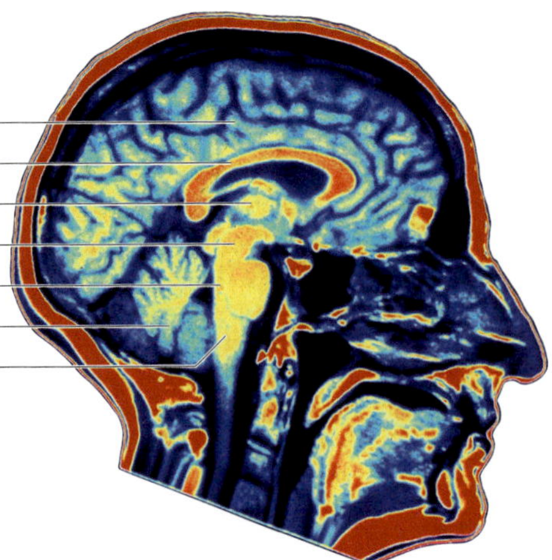

2 Ein Computertomogramm ermöglicht den Blick ins Gehirn.

3 Ohne unser Gehirn ginge das alles nicht.

Eine Erklärung ist, dass das menschliche Gehirn trotz des niedrigeren Gewichts ca. eine Milliarde mehr Nervenzellen enthält als z. B. das Gehirn eines Elefanten. Außerdem weist das menschliche Gehirn eine deutlich höhere Verarbeitungsgeschwindigkeit der ankommenden Signale auf.

Das Kleinhirn kontrolliert Bewegungen

Versuchst du das erste Mal in deinem Leben zu jonglieren, so ist das richtig Arbeit für dein Großhirn. Ständig muss es denken und planen und trotzdem fallen die Bälle zu Boden. Nach einiger Zeit des Übens gelingt das Jonglieren aber immer besser und bald sogar automatisch: das **Kleinhirn** (▷ B 2) koordiniert jetzt die Bewegungen. Zudem überwacht dieser Hirnteil auch das Gleichgewicht.

Zwischenhirn und Mittelhirn

Gefühle, wie z. B. Freude oder Angst, entstehen im Zwischenhirn. Dieser Hirnbereich wirkt auch als Filter für die von den Sinnesorganen kommenden Informationen. Unwichtiges wird nicht zum Großhirn weitergeleitet.

Das **Mittelhirn** ist eine Umschaltstelle im Gehirn. Hier treffen Nervenfasern, die von den Sinnesorganen kommen, mit Nerven zusammen, die zum Großhirn bzw. zu den Muskeln führen.

Stammhirn
Das Stammhirn bilden Zwischenhirn, Mittelhirn, Brücke und verlängertes Mark. Das verlängerte Mark steuert alle automatisch ablaufenden Funktionen wie Herzschlag, Atmung oder Stoffwechsel. An das verlängerte Mark schließt das Rückenmark an.

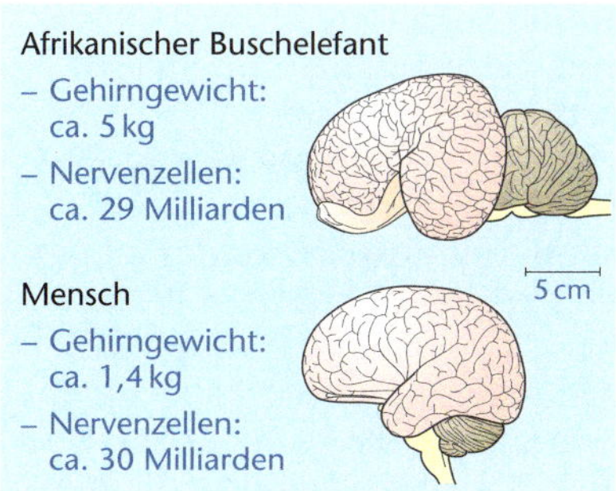

4 Manchmal ist weniger mehr

Aufgaben

1. Erkläre mithilfe des Textes, weshalb nach einem Unfall manche Personen nicht ansprechbar sind, die übrigen Körperfunktionen aber normal ablaufen.
2. Ordne mithilfe der Abbildung 2 den einzelnen Hirnbereichen ihre Aufgaben zu.

Werkstatt

Sezieren eines Schweinehirns

Bei der Schlachtung wird das Gehirn des Schweins längs aufgeschnitten. Dabei ist der Schnitt nicht immer so exakt, dass beide Hirnhälften vollständig sind. Drehe das Gehirn so, dass du auf die Außenseite blickst (▷ B 2).

Material
Für die Versuche 1–4 werden folgende Materialien benötigt: Schweinehirnhälften, Sezierschalen oder Schneidbrettchen aus Plastik, Skalpelle oder scharfe Messer, Einweghandschuhe, Nadeln

1 Wie ist die Oberfläche beschaffen?

Aufgabe
a) Betrachte und beschreibe die Oberfläche des Gehirns.
b) Versuche, mit der Nadel ein Blutgefäß von der Oberfläche abzuziehen. Was fällt dir auf? Beschreibe.

2 Betrachtung der Außenseite

Aufgabe
a) Fertige von der Außenseite der Hirnhälfte eine Bleistiftskizze in deinem Biologieheft an.
b) Ergänze in deiner Zeichnung die fehlenden Gehirnteile mithilfe der Abbildung 2.
c) Beschrifte deine Zeichnung. Kennzeichne die Teile mit einem Sternchen, die du am Original nicht finden konntest.

3 Betrachtung der Innenseite

Aufgabe
a) Fertige von der Innenseite eine Bleistiftskizze in deinem Biologieheft an.
b) Ergänze in deiner Zeichnung die fehlenden Gehirnteile mithilfe der Abbildung 3.
c) Beschrifte deine Zeichnung. Kennzeichne die Teile mit einem Sternchen, die du am Original nicht finden konntest.

4 Bau des Großhirns

Aufgabe
a) Schneide mit dem Skalpell das Großhirn im Bereich der Schnittebene S in Bild 3 durch.
b) Beschreibe, wie das Großhirn aufgebaut ist.

5 Vergleich mit dem menschlichen Gehirn

Die Gehirne von Säugetieren ähneln sich in vielerlei Hinsicht. Es gibt aber auch einige wesentliche Unterschiede.

Aufgabe
a) Benenne die einzelnen Bereiche (a–e) des menschlichen Gehirns (▷ B 1).
b) Vergleiche die einzelnen Regionen. Wie unterscheidet sich das Gehirn des Menschen vom Schweinegehirn? Achte u. a. auf die Größe und die Faltungen.

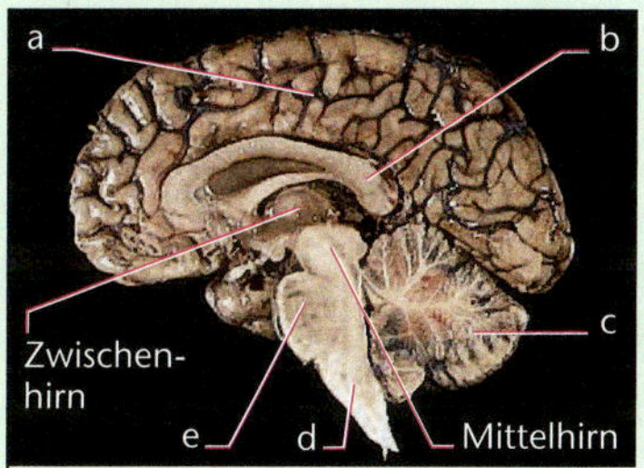

1 Zu Versuch 5

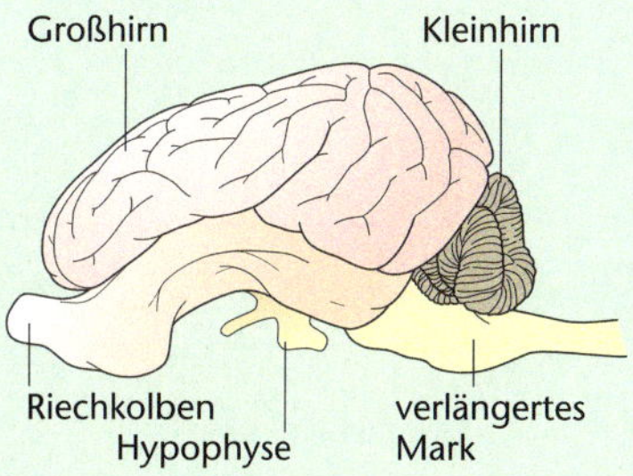

2 Zu Versuch 2

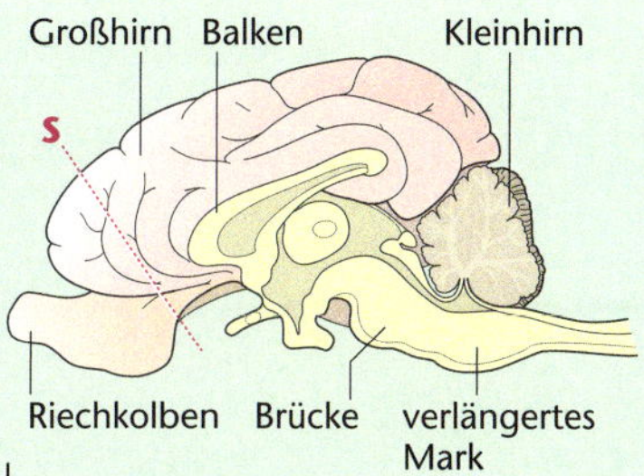

3 Zu Versuch 3

Ein Unfall als Glücksfall für die Gehirnforschung

PHINEAS GAGE (1823 – 1860) arbeitete als Vorarbeiter für eine amerikanische Eisenbahnfirma, als ihm bei Sprengungsarbeiten eine 1,10 m lange und 3 cm dicke Eisenstange von unten nach oben durch den Kopf schoss (▷ B 1). Das Erstaunliche: GAGE blieb während und nach dem Unfall bei Bewusstsein und konnte sich danach genau an den Unfallhergang erinnern. Auch nach Wochen waren seine Intelligenz, seine Wahrnehmungsfähigkeit und sein Gedächtnis noch völlig intakt. Doch etwas war anders: Der bis dahin freundliche Vorarbeiter verhielt sich launisch, aggressiv und unorganisiert. Schließlich wurde er entlassen und verdiente sein Geld als Zirkusattraktion.

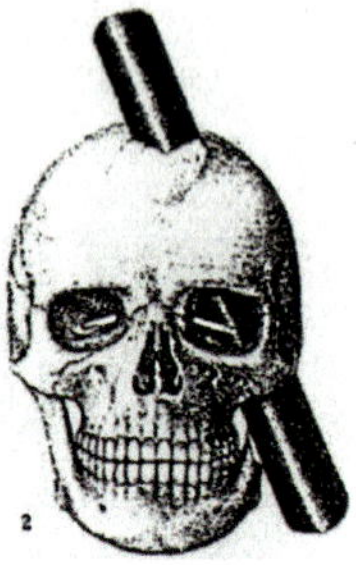

1 Der Kopf von P. GAGE nach dem Unfall

Die Ursache liegt in der Arbeitsteilung des Gehirns

Bei verschiedenen Tätigkeiten sind unterschiedliche Bereiche unseres Gehirns betroffen. Die Eisenstange hatte bei PHINEAS GAGE einen Teil der Großhirnrinde zerstört, der eng mit dem **Limbischen System** zusammenarbeitet (▷ B 2). Gemeinsam übernehmen die beiden Bereiche wichtige Funktion bei der Entstehung und Verarbeitung von **Emotionen**. Durch Schäden an diesem Bereich ist die emotionale Veränderung von P. GAGE zu erklären.

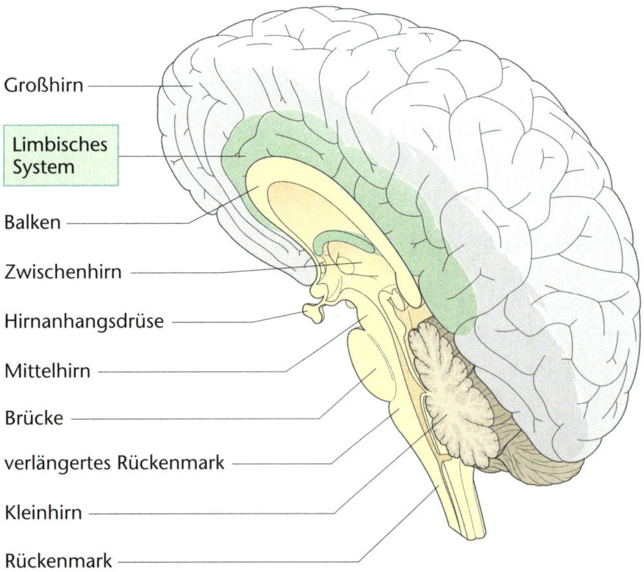

2 Querschnitt durch das Gehirns

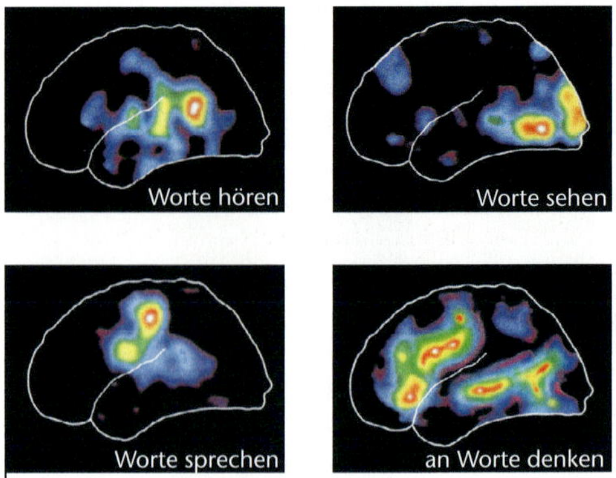

3 Gehirnaktivität bei unterschiedlichen Tätigkeiten

Die Untersuchungen von Paul Broca

Der französische Arzt PAUL BROCA (1824 – 1880) untersuchte das Gehirn eines Verstorbenen, der zu Lebzeiten die Fähigkeit zu sprechen verloren hatte. BROCA entdeckte dabei, dass sich das Großhirn im Bereich der linken Schläfe krankhaft verändert hatte. Er vermutete, dass in diesem Bereich das **Sprachzentrum** läge (▷ B 3).

Moderne Methoden geben Aufschluss

Mithilfe moderner Technik ließ sich diese Vermutung bestätigen. Mittlerweile besitzen wir eine genaue Vorstellung davon, welche Bereiche des Großhirns bei welcher Tätigkeit aktiv sind (▷ B 3).

Einzelne Aufgaben lassen sich bestimmten Bereichen, den sogenannten **Rindenfeldern**, zuordnen:

- **Sensorische Felder** verarbeiten die von den Sinnesorganen ankommenden Informationen.
- **Motorische Felder** steuern unsere Muskeln.
- **Gedanken-** und **Antriebsfelder** dienen dem Erinnern und Denken.

Die rechte Körperhälfte wird dabei durch die Felder gesteuert, die in der linken Hirnhälfte liegen. Für die linke Körperhälfte ist die rechte Großhirnrinde zuständig.

Aufgabe

1 Manche Menschen können nicht mehr sprechen, sind aber in der Lage Worte zu hören bzw. zu sehen.
a) Begründe dieses Phänomen mithilfe von (▷ B 3).

b) „An Worte denken" zeigt eine Besonderheit. Beschreibe.

Sinne und Gehirn arbeiten zusammen
Reize werden durch die Sinnesorgane aufgenommen und als elektrische Nervenimpulse an das Gehirn weitergeleitet. Die ankommenden Informationen werden zusammengefasst und mit bereits vorhandenen Gedächtnisinhalten verglichen. Erst im Gehirn entsteht aus den elektrischen Nervenimpulsen das, was wir als Sinneseindruck bezeichnen.

Wie sehr unsere Wahrnehmung durch unsere Vorerfahrungen beeinflusst werden, wird am Bild der lächelnden Mona Lisa (▷B 2) offensichtlich. Betrachtet man die beiden Bilder so, wie sie im Buch abgedruckt sind, stellt man kaum Unterschiede zwischen den beiden Frauen fest. Unser Gehirn ist diese „auf dem Kopf stehende" Betrachtungsweise von Gesichtern nicht gewohnt. Dreht man das Buch jedoch um 180 Grad, so kann das Gehirn die Unterschiede deutlich erkennen.

Unsere Wahrnehmung ist also nicht fehlerfrei. Optische Täuschungen machen uns dies deutlich. Dabei werden wir aber nicht von unseren Augen, sondern von unserem Gehirn in die Irre geführt.

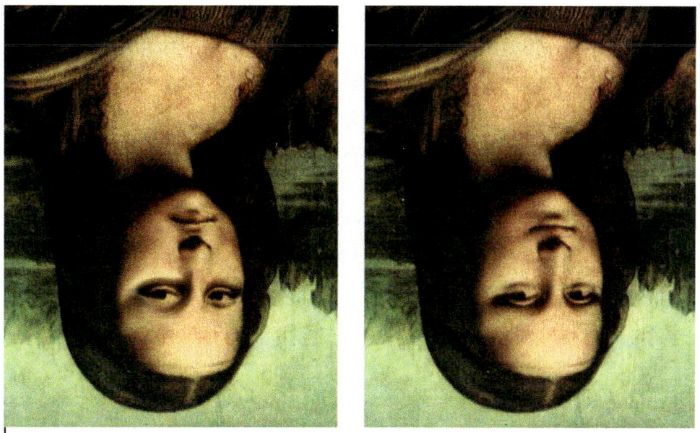

2 Mona Lisa

Aufgaben

1 Betrachte die Abbildungen in (▷B 1). Beschreibe jeweils, was du siehst und was in Wirklichkeit dargestellt ist.

2 Schreibe das Wort „gelb" mit grünem Buntstift, „blau" mit rotem Buntstift, „gelb" mit blauem Buntstift und so weiter, bis 20 Farbwörter untereinander stehen.
Schau auf die Wörter und nenne schnell die Farben, nicht das Wort.
Was stellst du fest?

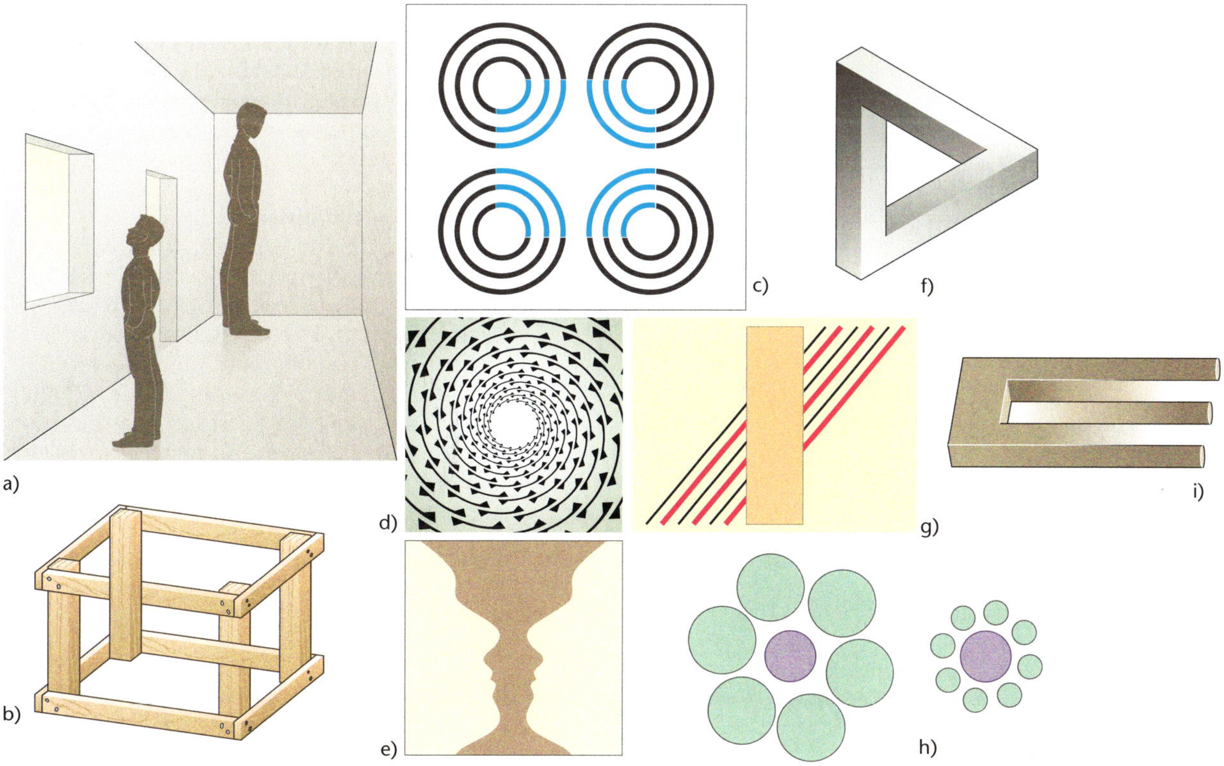

1 Täuschungen der Wahrnehmung

Auch das Rückenmark verarbeitet Reize
Wenn du im Sommer barfuß auf einen spitzen Stein trittst, knickt dir unwillkürlich das Bein ein, sodass dein Fuss entlastet wird. Dies ist ein Schutzreflex, der die Fußsohle vor Verletzungen bewahren soll. Dabei kannst du gut beobachten, dass dir der Vorgang erst bewusst wird, wenn der **Reflex** schon abgelaufen ist. Das liegt daran, dass er bereits im Rückenmark ausgelöst und gesteuert wird. Danach erst werden Schmerzreiz und Bewegung des Beins ans Gehirn gemeldet. Das Rückenmark stellt also nicht nur eine Verbindung zwischen peripheren Nerven und Gehirn dar, sondern ist auch eine eigene Steuerzentrale.

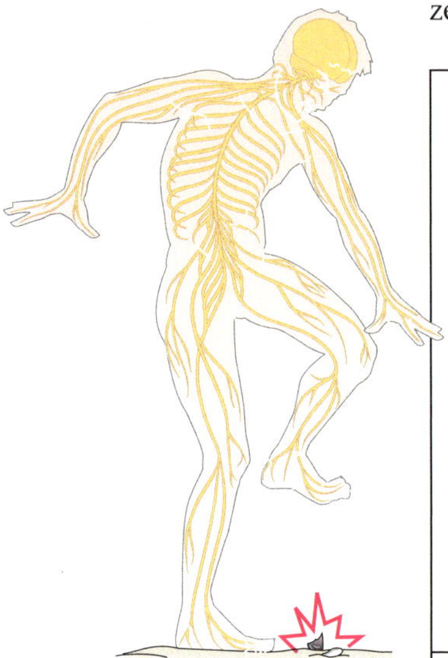

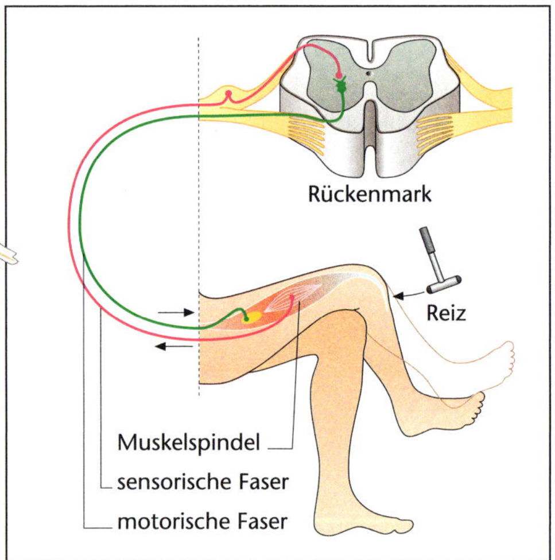

1 Kniesehnen-Reflex

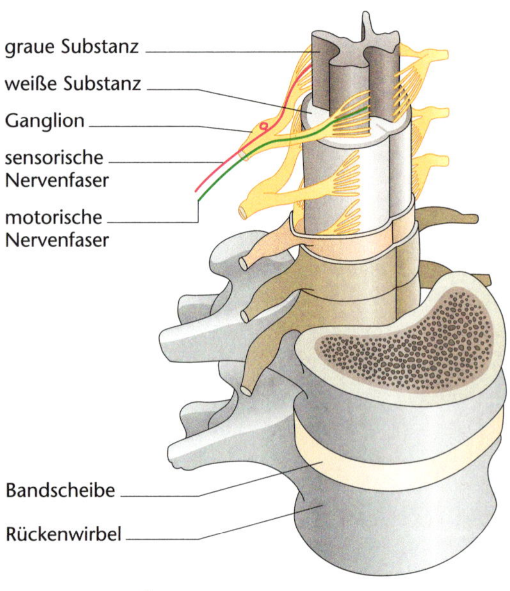

2 Aufbau des Rückenmarks

Wenn es schnell gehen muss
Reflexe sind dadurch gekennzeichnet, dass sie sehr schnell und immer nach dem gleichen Muster ablaufen. Sie sind willentlich kaum zu beeinflussen. Zu den vom Rückenmark gesteuerten Reflexen gehört neben dem Kniesehnen-Reflex (▷ B 1) auch das Zurückziehen der Hand von einer heißen Herdplatte. Daneben gibt es noch weitere Schutzreflexe, wie den Husten- und den Lidschlussreflex. Diese werden von Nerven gesteuert, die direkt aus dem Gehirn kommen. Schutzreflexe sind angeboren.

Schalten und leiten
Das **Rückenmark** liegt als fingerdicker Strang im Kanal der Wirbelsäule. Im Querschnitt kann man zwei Bereiche unterscheiden. In der Mitte liegt die schmetterlingsförmige graue Substanz. Darin befinden sich die Zellkörper von sensorischen und motorischen Nervenzellen, von denen viele auch für die Reflexsteuerung zuständig sind. Außen um die **graue Substanz** herum erkennt man die **weiße Substanz**. In ihr verlaufen zahlreiche Nervenfasern, die Axone von sensorischen und motorischen Nervenzellen. Sie dienen der Erregungsleitung zwischen Körper und Gehirn.

Das Rückenmark besteht aus grauer und weißer Substanz. Es dient der Erregungsleitung zwischen Körper und Gehirn sowie der Steuerung von Reflexen.

Querschnittslähmung
Wird durch eine Verletzung der Wirbelsäule das Rückenmark beschädigt, kann die Verbindung zum Gehirn unterbrochen werden. Die Verletzten können dann die Muskeln nicht mehr bewegen, die vom Teil des Rückenmarks unterhalb der Verletzung gesteuert werden. Sie sind querschnittsgelähmt. In neuesten wissenschaftlichen Studien wird versucht, die zerstörten Verbindungen zu ersetzen.

Aufgabe

1 a) Nenne die Kennzeichen eines Reflexes.

b) Wenn ein Torwart beim Fußball sehr schnell reagiert, sagt man, er habe gute Reflexe. Ist diese Aussage neurobiologisch korrekt? Begründe.

Allzeit bereit
Vor einem sportlichen Wettkampf oder wenn du vor der Klasse ein Referat halten musst, bist du vielleicht besonders aufgeregt. Dann merkst du, dass dein Puls schneller geht, deine Hände zu schwitzen beginnen und dein Mund trocken wird. Dies sind normale Reaktionen des Körpers auf eine aufregende oder als bedrohlich wahrgenommene Situation. Das **Zentralnervensystem** versetzt dabei deinen Körper in einen Alarmzustand, damit er die erforderliche körperliche Leistung für eine passende Reaktion bereitstellt. Tiere würden in einer als bedrohlich empfundenen Situation angreifen oder flüchten.

Der Autopilot übernimmt
Hat das Gehirn eine Situation wahrgenommen, in der Leistung abgerufen werden muss, geht alles Weitere automatisch. Zentren im Stammhirn steuern über Nerven, die aus dem Stammhirn und dem Rückenmark entspringen, die Funktion der inneren Organe. Herz und Kreislauf werden aktiviert, die Muskeln werden besser durchblutet und die Schweißdrüsen verstärken die Sekretion. Gleichzeitig wird die Aktivität der Verdauungsorgane gedrosselt. Die steuernden Stammhirnzentren und die zugehörigen Nerven werden als **vegetatives** oder auch **autonomes Nervensystem** bezeichnet, weil es von selbst aktiv wird.
Im Unterschied dazu wird die Skelettmuskulatur über Nerven des **somatischen Nervensystems** direkt von der Großhirnrinde gesteuert, wodurch es unserer willentlichen Kontrolle unterliegt.

Die ungleichen „Brüder"
Die Nerven des vegetativen Nervensystems, die den Organismus auf eine Belastungssituation einstellen, fasst man unter dem Namen **Sympathikus** zusammen. In Phasen der Ruhe und Regeneration dagegen werden andere Teile des vegetativen Nervensystems aktiv. Diese Nerven fasst man man unter dem Namen **Parasympathikus** zusammen. Unter seinem Einfluss werden die Aktivität von Herz und Kreislauf gesenkt und gleichzeitig die Organe des Verdauungssystems angeregt, um neue Energie aufzunehmen und im Körper zu speichern.
Sympathikus und Parasympathikus sind also Gegenspieler. Die meisten inneren Organe werden von ihnen gegensätzlich beeinflusst.

Das vegetative Nervensystem passt über Sympathikus und Parasympathikus die Aktivität der inneren Organe an den momentanen Bedarf des Organismus an.

Aufgaben

1 Nenne die jeweiligen Funktionen von Sympathikus und Parasympathikus.

2 Gib Beispiele für Situationen aus deinem Alltag, in denen deine inneren Organe vom Sympathikus gesteuert werden.

3 Informiere dich im Internet über den Harnblasenreflex. Erkläre den Unterschied in der Steuerung der Blasenfunktion zwischen Babies und Erwachsenen.

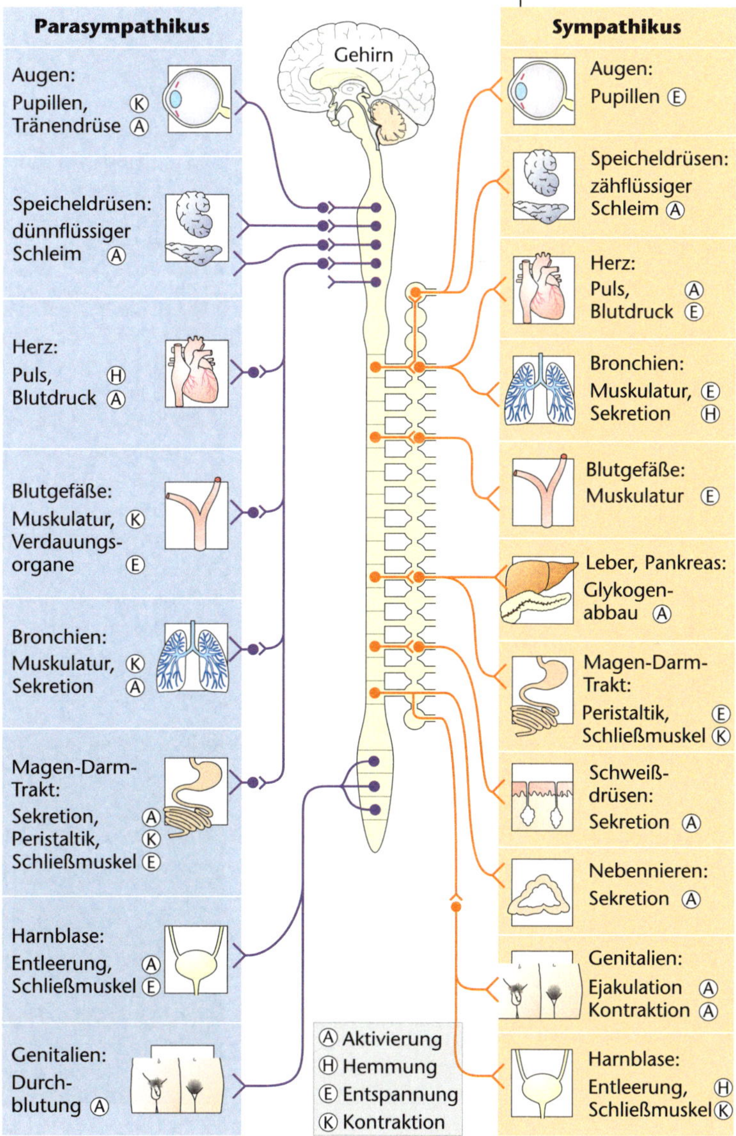

1 Sympathicus und Parasympathicus

1 Ein Plakat und seine Folgen

Mit den Sinnen durch die Welt
Ständig nimmt ein Lebewesen mithilfe seiner Sinnesorgane Reize aus der Umwelt auf. Einige dieser **Reize** können dazu führen, dass das Lebewesen mit einer bestimmten **Reaktion** reagiert und eine entsprechende Verhaltensweise zeigt. Bei dem oben beschriebenen Unfall sind es optische Reize, die bei den Autofahrern dazu führen, dass diese unaufmerksam werden. Die Folge davon ist hier ein Massenunfall.

Ein Fisch sieht „Rot"
Der niederländische Biologe NIKOLAAS TINBERGEN (1907–1988) hielt in seinem Aquarium auf dem Fensterbrett Stichlinge. Das sind kleine Fische, die in unseren heimischen Gewässern leben. Der Bauch der Männchen färbt sich in Laichzeit intensiv rot.

Eines Tages bemerkte der Forscher, dass die Stichlinge jedes Mal sehr unruhig und aggressiv wurden, wenn ein rotes Postauto vorbeifuhr. Um herauszufinden, was die Ursache für dieses Verhalten sein könnte, führte er einen Versuch durch: Der Forscher bastelte verschiedene Nachbildungen von Stichlingen, so genannte **Attrappen** (▷ B 2), und bewegte diese vor dem Aquarium hin und her. Er stellte fest, dass nur jene Attrappen, die an der Unterseite rot gefärbt waren, bei den Stichlingen dieselbe Reaktion auslösten wie ein Postauto.

Anscheinend betrachteten die Fische diese Attrappen als fremde Männchen und Eindringlinge in ihr Revier. Die rote Farbe war ein entscheidendes Merkmal.

Wichtige Reize – die Schlüsselreize
Reize, die bei Tieren eine ganz bestimmte Verhaltensweise hervorrufen, werden **Schlüsselreize** genannt.
Die Antworten auf die Schlüsselreize erfolgen ganz gezielt. Verhaltensforscher vermuteten deshalb, dass es im Gehirn der Tiere einen Mechanismus geben muss, der die eintreffenden Informationen filtert. Da Reiz und Reaktion vom Tier nicht erlernt werden müssen, sondern angeboren sind, bezeichnen die Biologen diesen Mechanismus als **angeborenen Auslösemechanismus** (AAM). Er entscheidet darüber, ob ein Reiz als Schlüsselreiz wirkt oder unbeantwortet bleibt.

▶ Außenreize werden durch einen angeborenen Auslösemechanismus zu Schlüsselreizen. Diese lösen bei Tieren bestimmte Verhaltensweisen aus.

Schlüsselreize dienen der Arterhaltung
Füttert eine Amsel ihre Jungen, so merken die Nestlinge die Ankunft des Alt-

2 Stichlingmännchen reagiert auf Attrappen.

vogels an der Erschütterung des Nestes. Dieser Schlüsselreiz lässt sie „sperren", das heißt, sie reißen die Schnäbel weit auf (▷ B 3).
Beim Sperren wird das auffällig orangerot gefärbte Innere des Rachens sichtbar. Dieses Farbsignal ist für die Altvögel der Schlüsselreiz, den mitgebrachten Regenwurm in den Rachen des Nestlings zu schieben.
Wenn ein Jungvogel aber zu schwach ist, um zu sperren, stirbt er. Er wird von den Altvögeln nicht mehr gefüttert. Der Altvogel frisst das Futter entweder selbst oder steckt es einem anderen sperrenden Jungvogel in den Schnabel.
Dieses scheinbar grausame Verhalten der Eltern ist angeboren und biologisch sinnvoll, weil es arterhaltend ist. Für den Fortbestand der Vogelart ist es nämlich besser, wenn nur wenige, aber kräftige und lebenstüchtige Jungvögel groß werden.

Stimmung für Reize
Die Schlüsselreize wirken nicht immer. Bei dem Tier muss eine innere Bereitschaft zum Handeln vorhanden sein. Diese **Handlungsbereitschaft** hängt von äußeren oder inneren Faktoren ab. Je höher die Handlungsbereitschaft eines Tieres ist, umso heftiger reagiert es auf Reize.
Eine Amsel würde nur in der Brutzeit einem sperrendem Jungen den Wurm in den Rachen stecken, außerhalb dieses Zeitraums wäre das Sperren nutzlos.
Die Stichlinge bei Tinbergens Versuchen zeigten das aggressive Verhalten ausschließlich in der Fortpflanzungszeit. In dieser Zeit sind die Bäuche der Männchen rot gefärbt und nur dann werden andere Männchen als Konkurrenten um die Weibchen angesehen.

Die Forschung geht weiter
Durch weitere Beobachtungen wurde erkannt, dass ein Schlüsselreiz nicht nur auf ein bestimmtes Merkmal festgelegt ist. Meist besteht er aus einer Kombination unterschiedlicher Merkmale.
Auch die Reaktion des Tieres auf einen Schlüsselreiz kann vielfältiger sein als vermutet. Zeigt ein Stichlingsmännchen seinem Rivalen den roten Bauch, so löst das nicht unbedingt automatisch das Angriffsverhalten aus. Unter bestimmten Bedingungen kann es auch dazu führen, dass der Gegner den Bereich des Männchens fluchtartig verlässt.

3 Der Schlüsselreiz lässt Nestlinge „sperren".

Schlüsselreize dienen der Arterhaltung. Bei dem Tier muss eine innere Bereitschaft zum Handeln vorhanden sein.

Aufgaben

1 Einige bodenbrütende Vögel legen braungesprenkelte Eier. Liegt eines dieser Eier einmal außerhalb des Nestes, so rollt der Vogel das Ei zurück ins Nest (▷ B 4).
Bei einem Attrappen-Versuch werden zwei Eier neben das Nest gelegt; ein Ei aus dem Nest und eine weiße Attrappe. Bei diesem Versuch beobachtet man, dass der Altvogel bevorzugt die weiße Ei-Attrappe ins Nest zurückrollt.
a) Wie kannst du dieses Verhalten des Vogels erklären?
b) Wieso sind die arteigenen Eier dieser Vögel trotzdem braun gesprenkelt?

4 Vogel rollt ein Ei zurück ins Nest.

2 Plane einen Versuch, mit dem du das Sperren von Jungvögeln auslösen kannst.

3 Welche Schlüsselreize lösen bei gefangenen Larven der Großlibelle das Beutefangverhalten aus? Plane eine Versuchsreihe mit Futtertieren und Attrappen.

5 Larve der Großlibelle mit ausgefahrener Fangmaske

4 Bei der Balz vieler Tiere haben Schlüsselreize eine besondere Bedeutung.
a) Nenne einige besonders interessante Beispiele von Schlüsselreizen bei der Balz.
b) Welchen Sinn haben diese Schlüsselreize?

5 Erkläre das merkwürdige Verhalten von männlichen Amseln, die manchmal die gelbblühenden Blumen im Parkrasen angreifen.
Begründe, warum dieses Verhalten nur im Frühjahr zu beobachten ist?

1 Bedingter und unbedingter Reflex

Reize bewirken Reaktionen
Der russische Naturwissenschaftler **Iwan Pawlow** (1849–1936) beschäftigte sich mit Fragen der Verdauung. Er untersuchte unter anderem den Speichelfluss bei Hunden. Pawlow beobachtete, dass jedes Mal, wenn ein Hund sein Futter sah, der Speichel stärker floss. Auf den **Reiz** „Futter" antwortet der Körper des Hundes mit einem Reflex – dem „Speichelfluss". Da der Reflex hier auf jeden Fall dem Reiz folgt, spricht man von einem **„unbedingten" Reflex**. Ein Reflex ist die einfachste Antwort auf einen Reiz. Ein Reflex ist nicht steuerbar, er läuft immer gleich ab und ist eine angeborene Verhaltensweise.

2 Makaken waschen Kartoffeln.

Auch neue Reize zeigen Wirkung
Läutete Pawlow mit einer Glocke, zeigte der Hund keine Reaktion. Der Glockenton war ein neutraler Reiz, da er keinen Speichelfluss auslöst. Kombinierte Pawlow den neutralen Reiz „Glocke" mit dem unbedingten Reiz „Futter", stellte er wieder Speichelfluss fest. Nach einiger Zeit bemerkte Pawlow sogar, dass nun allein das Glockensignal ausreichte, um Speichelfluss auszulösen.
Aus dem neutralen Reiz „Glocke" wurde ein so genannter bedingter Reiz. Der Speichelfluss wurde zu einem erworbenen oder bedingten Reflex. Die Hunde hatten aufgrund einer gemachten Erfahrung gelernt. Dieser Lernvorgang wird als **Konditionierung** bezeichnet.

Auf bestimmte Reize antworten Lebewesen mit angeborenen Reflexen. Durch Erfahrungen können ursprünglich neutrale Reize einen bedingten Reflex auslösen.

Der Stadtfuchs
Ein Fuchsbau mitten in der Stadt? Ein ungewöhnlicher Anblick. Denn in der Regel flüchten wilde Füchse, sobald sich ein Mensch nähert. Die „Stadtfüchse" haben jedoch gelernt, dass die Stadtmenschen keine Gefahr für sie bedeuten. Sie haben sich im Laufe der Zeit an die Anwesenheit der Menschen **gewöhnt** und dadurch ihr Verhalten geändert.

Haben sich Tiere an Reize, die für sie bedeutungslos sind, gewöhnt, bleibt eine Reaktion aus.

„Wie ein Großer!"
Mit zittrigen Händen nimmt der 3-jährige Tim die Mineralwasserflasche und gießt davon etwas in sein Glas. Kein Tropfen geht daneben. „Wie ein Großer", lobt ihn seine Mutter. Durch intensives Beobachten und **Nachahmen** gelingt es Kindern, aber auch Erwachsenen, sich Verhaltensweisen anderer anzueignen.

Nachahmer gibt's überall!
Sprechende Papageien oder Stare, die Laute imitieren, kennt jeder, aber auch bei anderen Tierarten lernen Tiere durch Nachahmung. In Japan wurde bei einer bestimmten Kolonie von Makaken beobachtet, wie ein junges Weibchen schmutzige Süßkartoffeln im Meer wusch. Erst danach hat sie die Kartoffeln gefressen. Die anderen Affen ahmten dieses Verhalten nach und im Laufe der Zeit reinigten alle Affen der Gruppe die Kartoffeln vor dem Fressen (▷B 2).

Spielen bringt's
Spielerisch üben junge Katzen das Anschleichen und Greifen der Beute. Sie üben und perfektionieren dabei Bewegungen, die für ihr weiteres Leben von praktischer Bedeutung sind. Das **Spielverhalten** ist deshalb häufig bei Jungtieren zu beobachten.

Durch das Nachahmen von beobachtetem Verhalten verändern Tiere und Menschen ihr eigenes Verhalten, sie lernen. Häufig wird das Erlernte durch Spielen weiter eingeübt.

3 Blaumeise beim „Milchklau"

Traditionen werden weitergegeben
In England wurde viele Jahre lang Milch in Flaschen direkt an die Haustüren der Kunden verteilt. Blaumeisen gelang es, den Aluminiumverschluss der Flaschen zu öffnen, um so an den Rahm auf der Milch zu kommen (▷B3). Dieses Verhalten der Vögel war zunächst nur auf wenige Orte begrenzt, breitete sich jedoch mit der Zeit immer weiter aus. Auch die Nachkommen der Vögel konnten die Flaschen öffnen, diese Verhaltensweise wurde wohl von Generation zu Generation weitergegeben. Man spricht von **Tradition**. Im Unterschied zur Vererbung von Merkmalen erfolgt die Weitergabe der Information durch Tradition nicht auf genetischem Weg, sondern durch Lernen.

Werden erlernte Verhaltensweisen auch an folgende Generationen weitergegeben, spricht man von Tradition.

Am Anfang stand die „Box"
Um das Lernverhalten bei Labortieren zu untersuchen, entwickelte BURRHUS F. SKINNER (1904–1990) einen speziellen Käfig, der mit verschiedenen Tasten ausgerüstet war – die so genannte **„Skinner-Box"** . Wenn ein Versuchstier darin zufällig eine bestimmte Taste berührte, wurde es mit Futter belohnt (▷B5). SKINNER beobachtete, dass das Tier zunächst nur durch **Versuch und Irrtum** zu Futter gelangte. Nach einiger Zeit berührte das Versuchstier gezielt die Futtertaste. Man spricht dabei vom **Lernen am Erfolg**.

5 Skinner-Box

Forscher variierten die Experimente mit der „Skinner-Box" und ließen die Tiere immer kompliziertere Aufgaben bewältigen. Das Ergebnis war meist ähnlich: Eine anfangs zufällige Verhaltensweise wurde durch eine gezielte Tätigkeit (lat.: opera) der Versuchstiere abgelöst. Man spricht deshalb von der **operanten Konditionierung**. Die Ausführung dieser Handlung wurde dabei durch die **Belohnung**, das Futter, gefördert. Erwünschtes Verhalten kann durch die Belohnung mit Futter oder mit lobenden Gesten gefördert werden. Es ist jedoch auch möglich, Tieren durch **Bestrafung** „falsche" Verhaltensweisen abzugewöhnen. So wird einigen Dompteuren vorgeworfen, vor allem die Methoden der Bestrafung mit Schlägen oder Elektroschocks einzusetzten, um die Tiere gefügig zu machen.

Durch Versuch und Irrtum lernen Tiere bestimmte Verhaltensweisen.
Eine Belohnung führt zum verstärkten Auftreten dieses Verhaltens.

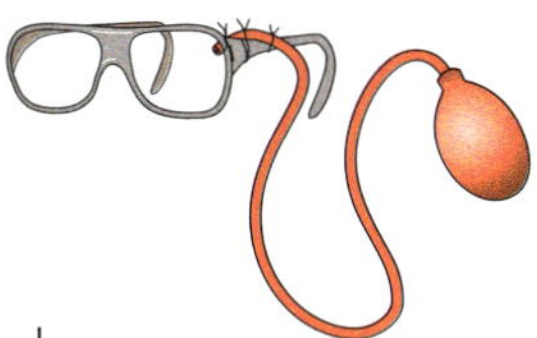
4 Zu Versuch 1

Aufgaben

1 Manche Rehe besuchen regelmäßig ganz bestimmte Plätze, an denen sie fressen.
a) Welchen Grund könnte dies haben?
b) Könnte dieses Verhalten für die Tiere auch nachteilig werden? Begründe.

2 Bestehende Gewohnheiten werden von den Eltern an die Kinder weitergegeben. Neuerungen lernen Eltern oft von ihren Kindern. Suche Beispiele aus deinem Alltag, bei denen dies zutrifft!

3 Suche ein Beispiel aus dem Schulalltag, bei dem eine Belohnung eine bestimmte Handlung verstärkt.

4 Informiere dich genau über das Leben von TINBERGEN, PAWLOW und SKINNER und präsentiere dein Ergebnis.

Versuch

1 Führt den Versuch in Partnerarbeit durch.
a) Ein Partner setzt sich eine Lidschlussbrille auf, der andere pustet mithilfe des Gummiballs Luft gegen die Augen. Beobachtet dabei die Augenlider. Erklärt eure Beobachtung.
b) Nun wird zeitgleich zum Luftstrom mit einer Pfeife gepfiffen. Wiederholt diesen Versuch einige Male. Was beobachtet ihr jetzt?
c) Abschließend wird nur noch kurz gepfiffen, ohne Luft in die Brille zu blasen. Was könnt ihr diesmal beobachten? Erklärt.
d) Vergleiche den Lidschluss-Reflex mit den Versuchen PAWLOWS.

1 Lernen im Unterricht

Menschen lernen von klein auf

Schon ungeborene Kinder reagieren im Mutterleib auf Reize. In Versuchen konnte gezeigt werden, dass sie schon tasten, riechen, schmecken und hören können. Ungeborene Kinder machen also erste Erfahrungen mit ihrer Umwelt – sie lernen. Bei uns Menschen findet das Lernen ein Leben lang statt. Bis zum Tod setzen wir uns mit der Umwelt auseinander, wobei bei uns Menschen dieselben Lernformen zu finden sind wie bei den Tieren. So lernen auch wir Menschen häufig durch **Versuch und Irrtum**, wenn es beispielsweise darum geht, ohne Bedienungsanleitung die Funktionen eines neuen Handys kennen zu lernen.

Die typische Lernform der Menschen ist das „**Lernen durch Einsicht**". Im Unterschied zu den meisten anderen Lebewesen sind Menschen in der Lage, planvoll zu handeln. Nur sie können die Folgen ihres Handelns abschätzen und somit für die Zukunft planen.

Welchem Lerntyp gehöre ich an?

Um diese Frage beantworten zu können, solltest du dich über einen längeren Zeitraum selbst beobachten. Am besten probierst die verschiedenen Lernwege aus. Dabei kannst du erkennen, welche Form des Lernens dir am besten liegt.
Natürlich ist die Form des Lernens auch vom Lernstoff abhängig.
Auch wenn du einen bestimmten Weg bevorzugst, solltest du die anderen Möglichkeiten ausprobieren und anwenden. Lasse dich nicht von anderen beeinflussen.

Menschen lernen ihr Leben lang. Neben den Augen sind vor allem die Ohren und die Hände an der Informationsaufnahme beteiligt.

Lernen ist manchmal nicht einfach

Bei einigen Versuchen mit der „Skinner-Box" wurden die Tiere bei einem falschen Verhalten bestraft. Vermutlich kennst du ähnliche Situationen aus deinem Schulalltag. Auch hier gibt es Situationen, bei denen durch **Angst** vor Versagen oder mit Strafandrohungen der Lernerfolg erhöht werden kann.
Allerdings besitzt diese Möglichkeit einen großen Nachteil. Vielleicht hast du dies schon selbst erlebt. Vor der Prüfung wusstest du noch alle Vokabeln, aber jetzt hast du einen „Black-out". Du weißt nichts mehr. Denn Angst blockiert. Und nicht nur Angst, auch andere Faktoren können sich negativ auf das Lernen auswirken. Hierzu zählen Stress, Zeitdruck und Lärm, aber auch Kopfschmerzen oder Übelkeit. Unter diesen Bedingungen ist ein erfolgreiches Lernen nicht möglich.

Lernen kann auch Spaß machen

Ähnlich wie bei einer Tier-Dressur sollten sich auch Menschen beim Lernen belohnen. Diese **Belohnung** kann zum Beispiel in Form von Freizeit erfolgen. Aber auch der Erfolg, der sich nach dem Lernen einstellt, ist eine Belohnung. Voraussetzung für erfolgreiches Lernen ist das richtige Organisieren. Hilfreich ist dabei ein genauer Zeitplan und eine entspannte Arbeitsatmosphäre. Ein „Patentrezept" gibt es allerdings nicht. Jeder Lernende muss jedoch selbst für sich entscheiden, welche Faktoren das eigene Lernen fördern.

Um erfolgreich zu lernen ist eine positive Lernumgebung wichtig. Die muss jeder Lernende für sich selbst entdecken. Angst und Stress sind auf jeden Fall störend für den Lernerfolg.

Aufgabe

1 Überlege dir, welche Bedingungen für deinen persönlichen Lernerfolg positiv und negativ sind. Erstelle eine Liste. Versuche dir deine Lernumgebung so zu gestalten, dass sie deinen Lernerfolg fördert.

Strategie

Lernen in der Gruppe macht Spaß!

1 Gruppenarbeit ist im Berufsleben besonders wichtig.

In der Gruppe geht's leichter

Anjas Mutter arbeitet im Kindergarten in einem Arbeitsteam, Fabians Vater in einer Montagegruppe. Stefanies Bruder gehört zur Bedienungsmannschaft einer Kantine. An fast allen Arbeitsplätzen in Industrie, Wirtschaft und Verwaltung ist für die Bewältigung moderner Aufgaben und zur Durchführung von Projekten Zusammenarbeit gefragt. Das ist auch in der Schule so.
Daher ist es wichtig, dass du Teamarbeit oder Gruppenarbeit übst.
In der Gruppe lernst du, selbst aktiv zu sein, du kannst gemeinsam mit anderen arbeiten, diskutieren, entscheiden und Probleme lösen.

A. Wie stellt ihr eure Gruppen zusammen?

Bei der Gruppenbildung sollten nicht immer nur Sympathie und Freundschaft entscheiden. Effektiv lernt ihr zusammen, wenn Jungen und Mädchen, leistungsstarke und leistungsschwächere Schülerinnen und Schüler zusammenarbeiten. Die, die schon etwas vom Stoff verstehen und andere, die noch gar keine Ahnung haben, sollten sich zusammentun.
Die Gruppe sollte drei, maximal vier Mitglieder haben, sonst können nicht alle gleich gut mitarbeiten.

2 Gruppenarbeit im Watt

B. Kennst du das „Ich – Du – Wir – Prinzip"?

a) Zuerst machst du dich eigenständig mit der Fragestellung vertraut, überlegst, was du schon zum Thema weißt und versuchst, eigene Schritte in Richtung auf die Lösung zu gehen. Nimm dir Zeit, lasse dich nicht hetzen. Das ist die „Ich-Phase".

b) Um Fortschritte zu machen, tauscht du dich mit einem Partner aus, ergänzt seine Ideen, versuchst zu verstehen, was sie oder er über die Fragestellung oder das Problem denkt.
Damit arbeitet ihr als Partner an der Lösung weiter. Das ist die „Du-Phase".

c) Zum Schluss überlegt die ganze Gruppe, was jeder schon weiß und wie ein gemeinsames Ergebnis erarbeitet werden kann. Das ist die „Wir-Phase".

C. Gruppenarbeit – so wird's gemacht:

- In der Gruppe kann man im Klassenzimmer und draußen arbeiten. Ein Plakat gemeinsam zu erstellen, macht viel mehr Spaß. Im Freien könnt ihr in Gruppen Tiere und Pflanzen sammeln und bestimmen, Proben entnehmen und eure Beobachtungen zusammentragen.
- Verteilt die Arbeiten gerecht. Es kann nicht sein, dass nur die Mädchen schreiben und die Jungen die Versuche machen.
- Sprecht während der Gruppenarbeit immer wieder darüber, ob alle mit ihrer Aufgabe zufrieden sind.
- Denkt beim Arbeiten auch daran, wie ihr eure Ergebnisse später präsentieren wollt.
- Vielleicht haben deine Lehrerin oder dein Lehrer Beobachtungsaufgaben zu eurem eigenen Verhalten und zur eigenen Leistung im Team gegeben.
  Sprecht darüber in der Gruppe: Wer arbeitet besonders gut? Wer muss noch etwas mehr leisten? Wer stört den Arbeitsbetrieb?

Mind-Mapping – die andere Art sich Notizen zu machen

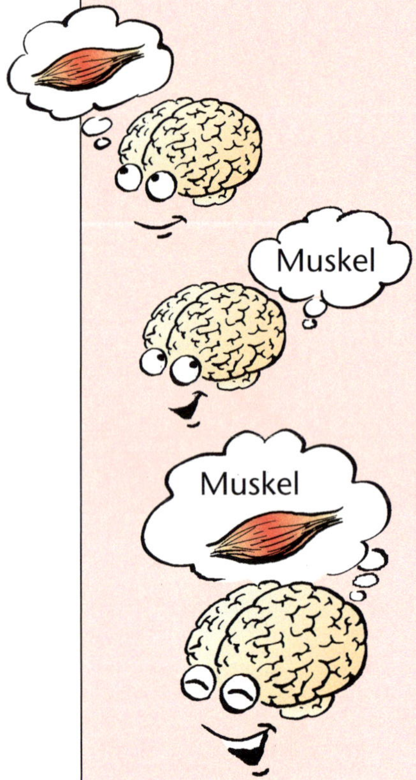

Wissenswertes über dein Gehirn

Dein Großhirn besteht aus zwei Hälften, einer linken und einer rechten. Gehirnforscher haben nachgewiesen, dass – je nach Tätigkeit – mehr die rechte oder die linke Hälfte aktiv ist.
Bei den meisten Menschen ist die linke Hälfte eher für die Sprache zuständig, für Lesen und Schreiben. In der rechten Hirnhälfte werden eher Bilder und grafische Strukturen verarbeitet. Hier werden komplexe Zusammenhänge erfasst.

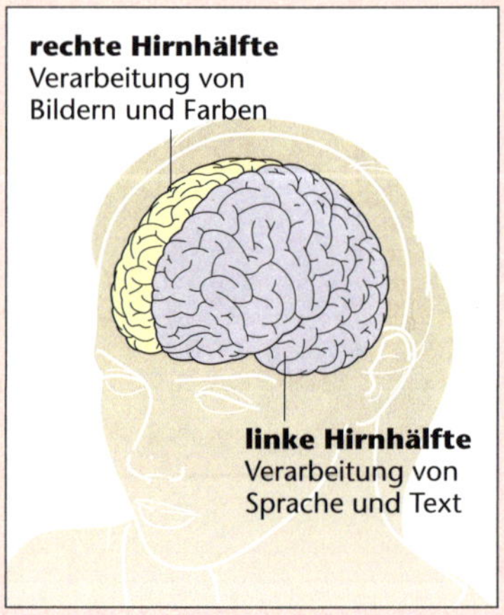

So wie du beim Training immer alle Muskeln – rechts und links in deinem Körper – trainierst, solltest du auch beide Hirnhälften nutzen. Das hilft dir beim Denken und Lernen.

Was bedeutet das für deine Lerntechnik?

Wenn du dir Notizen machst – schön geordnet untereinander – arbeitet verstärkt deine linke Gehirnhälfte.
Wenn du etwas zeichnest, Bilder malst oder Farben benutzt, ist die rechte Seite deines Gehirns aktiver. Beide Hirnhälften sollten beim Lernen aktiv sein.

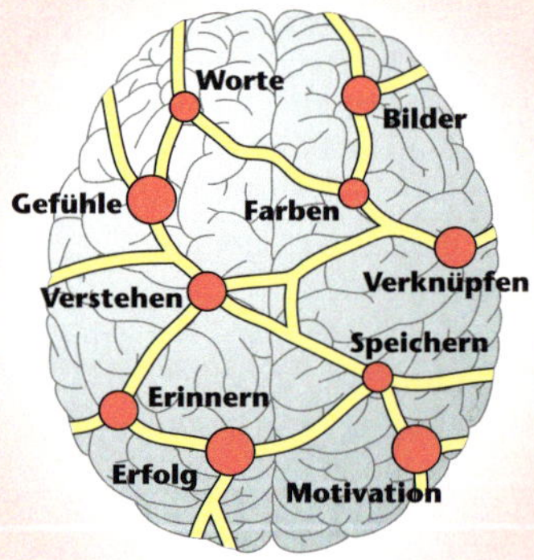

Die Mind-Mapping-Technik

Der Engländer Tony Buzan (geb. 1942) entwickelte 1971 eine Notiz- und Merktechnik und nannte sie Mind-Mapping. Dahinter verbirgt sich eine Arbeitsmethode, die dein Gehirn in Topform bringen kann.

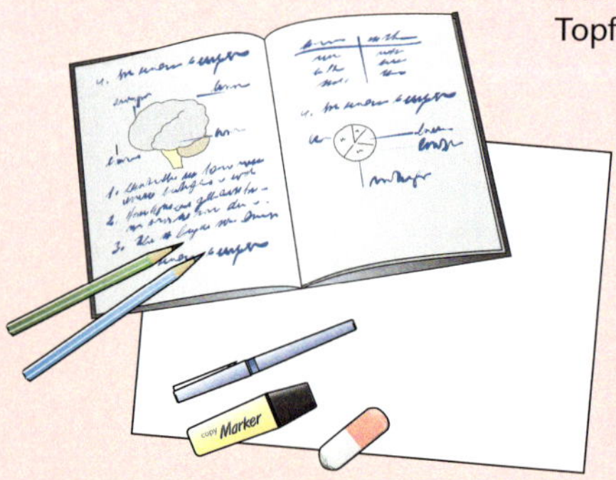

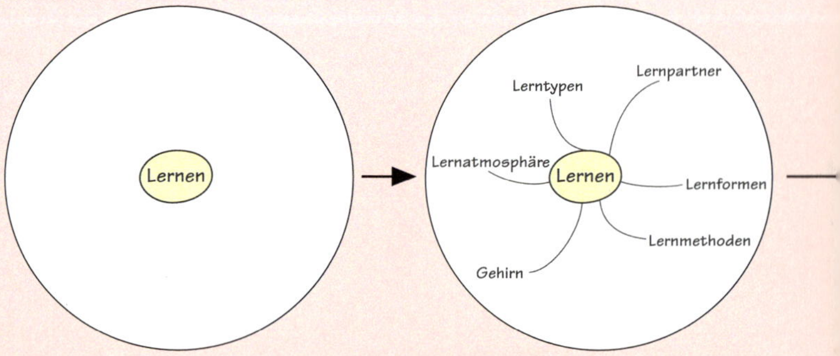

Das brauchst du für deine Mind-Map:

- Leere Blätter ohne Linien und Karos
- Verschiedene Stifte, wie Bleistift, Buntstifte und Textmarker in unterschiedlichen Farben
- Dein Biologie-Buch und dein Heft mit den Notizen aus dem Unterricht

Und so wird's gemacht:

1. Lege das Papier quer. Schreibe das Thema oder den zentralen Begriff, um den es geht – Buzan nannte ihn „Keyword", das heißt „Schlüsselwort" – in die Mitte. Rahme den Begriff ein. Male, wenn genug Platz vorhanden ist, ein Bild dazu. Ein Bild, so lautet ein alter Spruch, sagt mehr als 1000 Worte und hilft dir später, dich besser zu erinnern.

2. Betrachte dann das Thema und dein gemaltes Bild und zeichne anschließend, ausgehend vom Schlüsselbegriff, Hauptäste ein, auf die du Oberbegriffe zum Thema schreibst. Dabei helfen dir die Überschriften oder dick gedruckte Begriffe in deinem Biologiebuch.

Mind-Maps – vielseitig einsetzbar
Mit Mind-Maps kannst du leichter lernen. Klebe deine „Gehirn-Karte" in deinem Heft gleich hinter das Thema, das du im Unterricht behandelt hast. Vor der Prüfung oder der Klassenarbeit schaue auf deine Mind-Map und rede – am besten laut – über das Thema. Gehe dabei auf jedes Schlüsselwort ein. Fällt dir nichts ein, schaue noch einmal im Heft oder Biologiebuch nach.

Wenn du ein Referat halten sollst, hilft dir eine Mind-Map, einen Überblick über das Thema zu gewinnen.

Mind-Maps können auch eingesetzt werden, wenn ihr eine Ausstellung plant, eine Exkursion vorbereitet oder eine Klassenfahrt durchführen wollt. Hier könnt ihr mit einer Mind-Map eure Ideen sammeln.

Aufgaben

1 Erstelle eine Mind-Map zum Thema „Auge".

2 Suche im Internet nach Mind-Map-Programmen. In welchen Bereichen werden sie verwendet?

3 Erstelle eine Mind-Map zum Thema „Gehirn".

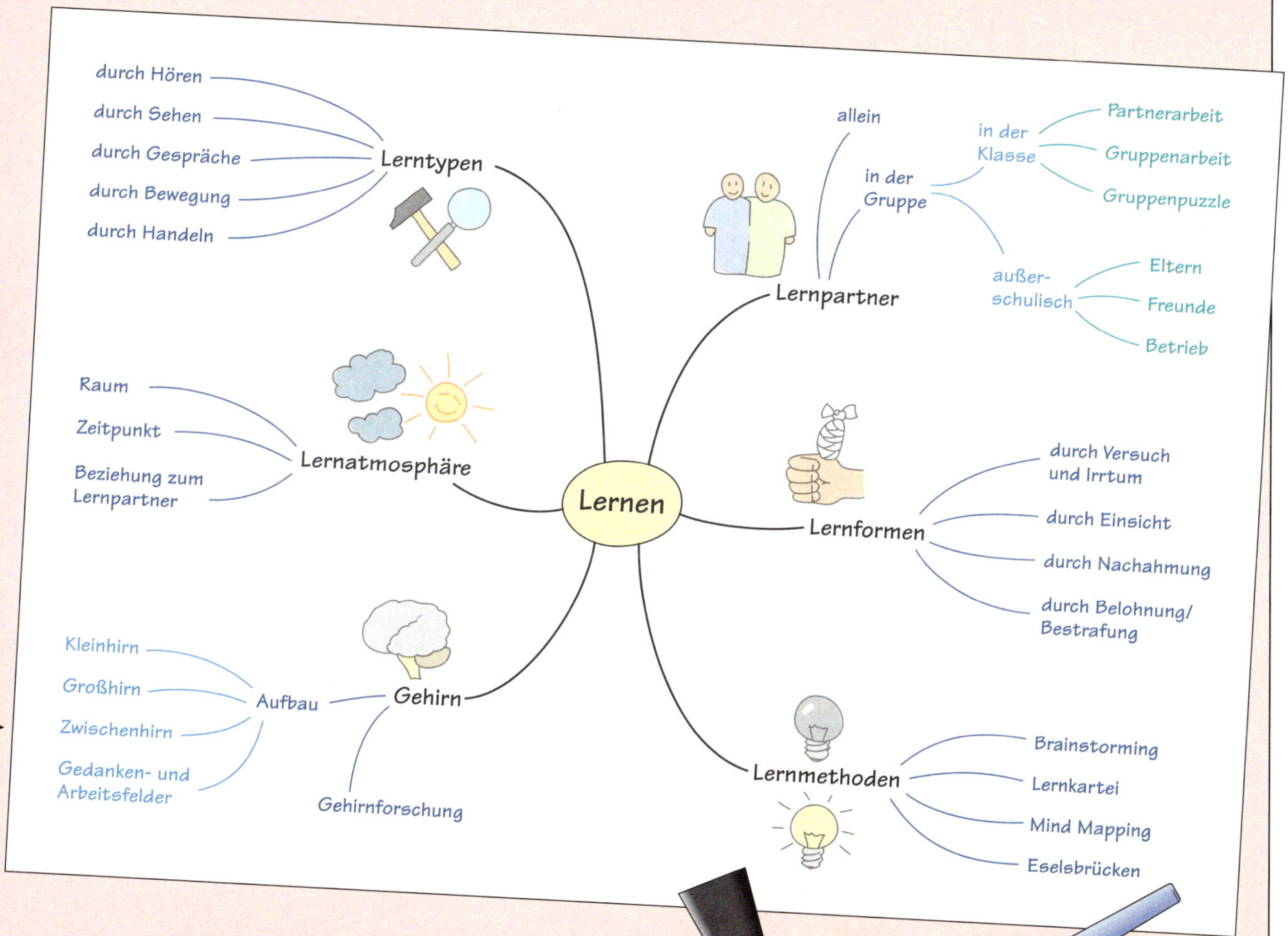

3. Die Hauptäste bekommen dann so viele Nebenäste, wie dir Begriffe zum Oberbegriff einfallen. Füge, wann immer es passt, Bilder in deine Mind-Map ein. Sie helfen, deine rechte Hirnhälfte zu aktivieren. Schreibe die Wörter in Druckbuchstaben auf die Äste und vergiss nicht, Farben einzusetzen.

1 Den Wärmehaushalt regulieren Hormone.

Flüssige Rohrpost
Wenn im Spätherbst die Temperaturen fallen, empfinden wir die ungewohnte Kälte als besonders unangenehm, weil sich unser Körper noch nicht darauf eingestellt hat. Er muss mehr Wärme produzieren, um nicht auszukühlen. Die Schilddrüse schüttet dazu einen chemischen Botenstoff aus, der über das Blut alle Zellen des Körpers erreicht. Der Botenstoff dringt in die Zellen ein und erhöht ihren Stoffwechsel. Diese erzeugen dabei mehr Wärme, wodurch die Körpertemperatur ansteigt. Botenstoffe, die über das Blut zu ihrem Wirkungsort gelangen, nennt man **Hormone**. Das Hormon der Schilddrüse heißt Thyroxin. Bei Kindern beeinflusst es außer der Körpertemperatur auch noch das Wachstum und die Entwicklung.

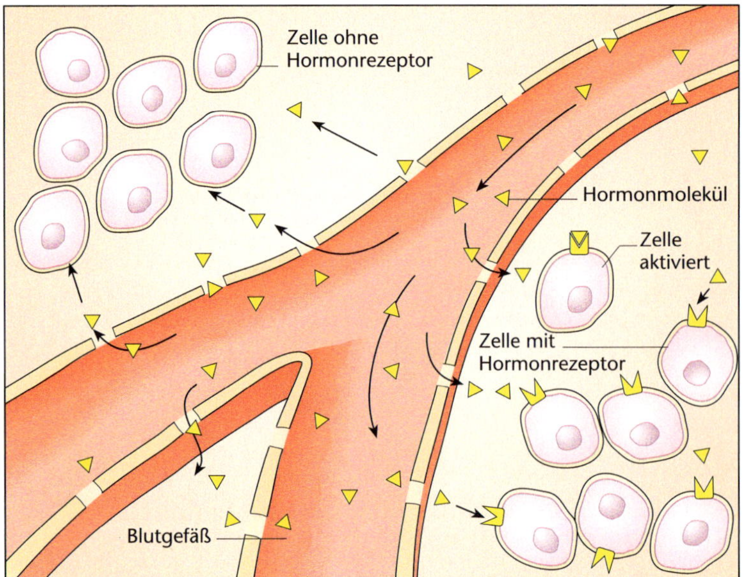

2 Hormone werden über das Blut transportiert.

Eine Flut von wichtigen Botschaften
Viele Funktionen des Körpers werden durch Hormone geregelt (▷B 1). Die Bauchspeicheldrüse produziert das Hormon Insulin, das dafür sorgt, dass die Zellen des Körpers Glucose aus dem Blut aufnehmen.
Die Nebennieren sind Drüsen, die auf den Nieren sitzen und das Hormon Noradrenalin abgeben. Dieses bewirkt, dass die Leberzellen Glucose als Energiespender freisetzen. Außerdem erhöht es die Durchblutung der Muskulatur und es steigert die Herztätigkeit. Es versetzt den Körper also in Leistungsbereitschaft und unterstützt dadurch die Wirkung des Sympathikus. Hoden und Eierstöcke produzieren Sexualhormone, die die geschlechtliche Entwicklung bestimmen.

Sender und Empfänger
Wenn die Nebennieren Noradrenalin ausschütten, verteilen sich die Moleküle dieses Hormons über das Blut im ganzen Körper. Damit die Leberzellen oder Muskelzellen auf das Hormon reagieren, muss dieses an spezielle Moleküle auf der Oberfläche der Zellen binden.
Solche Moleküle nennt man Rezeptoren. Für die unterschiedlichen Hormone gibt es verschiedene Typen von **Rezeptoren**. Hormon und Rezeptor passen jeweils zusammen wie Schlüssel und Schloss.

Andere Hormone, wie das Thyroxin der Schilddrüse, können direkt in die Zellen des Körpers eindringen und dort ihre Wirkung entfalten.

▶ Hormone sind Botenstoffe, die in speziellen Drüsen gebildet und über die Blutbahn im Körper verteilt werden. Sie greifen in den Stoffwechsel der Zellen ein.

Das richtige Maß
Alle Hormone wirken schon in geringsten Mengen. In den 5 l Blut eines Erwachsenen befinden sich nur Bruchteile eines Milligramms davon.
Zu hohe Konzentrationen im Blut sind genauso schädlich wie zu geringe und verursachen Krankheiten.
So führt eine zu hohe Konzentration des Wachstumshormons Somatotropin bei Kindern zu Riesenwuchs, eine zu geringe dagegen zu Zwergenwuchs. Wie wird aber dafür gesorgt, dass jedes Hormon immer in der richtigen Konzentration vorliegt?

Das Gehirn ist der Boss

Das Gehirn sorgt mit einer kleinen, erbsengroße Drüse dafür, dass die Hormondrüsen im Körper zur richtigen Zeit die richtige Menge an Hormonen ausschütten. Die Hirnanhangsdrüse oder Hypophyse gibt dazu winzige Mengen von stimulierenden Hormonen ins Blut ab (▷B3). Jedes von diesen Steuerungshormonen ist auf eine bestimmte Drüse im Körper spezialisiert und regt sie zur Hormonproduktion an. Daneben produziert die Hirnanhangsdrüse auch Hormone mit direkter Wirkung auf die Organe (▷B3). Das Gehirn steuert die verschiedenen Körperfunktionen also nicht nur über Nerven, sondern auch über Hormone im Blut.

Messen und Regeln

Nervenzellen im Zwischenhirn messen die Konzentration der verschiedenen Hormone im Blut. Übersteigt ein Hormon eine bestimmte Konzentration, veranlasst das Zwischenhirn die Hypophyse weniger von dem zugehörigen Steuerungshormon auszuschütten.
Dadurch produziert die entsprechende Drüse weniger von ihrem Hormon. Fällt dessen Konzentration zu stark ab, schüttet das Gehirn mehr von dem Steuerungshormon aus. Dieser Mechanismus regelt die Hormonkonzentration im Blut, es liegt ein Regelkreis vor (▷B4).

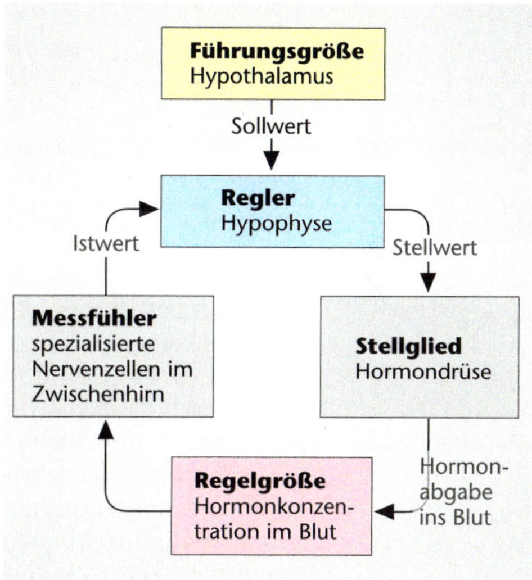

4 Regelkreis der Hormonkonzentration

3 Funktion verschiedener Hormondrüsen

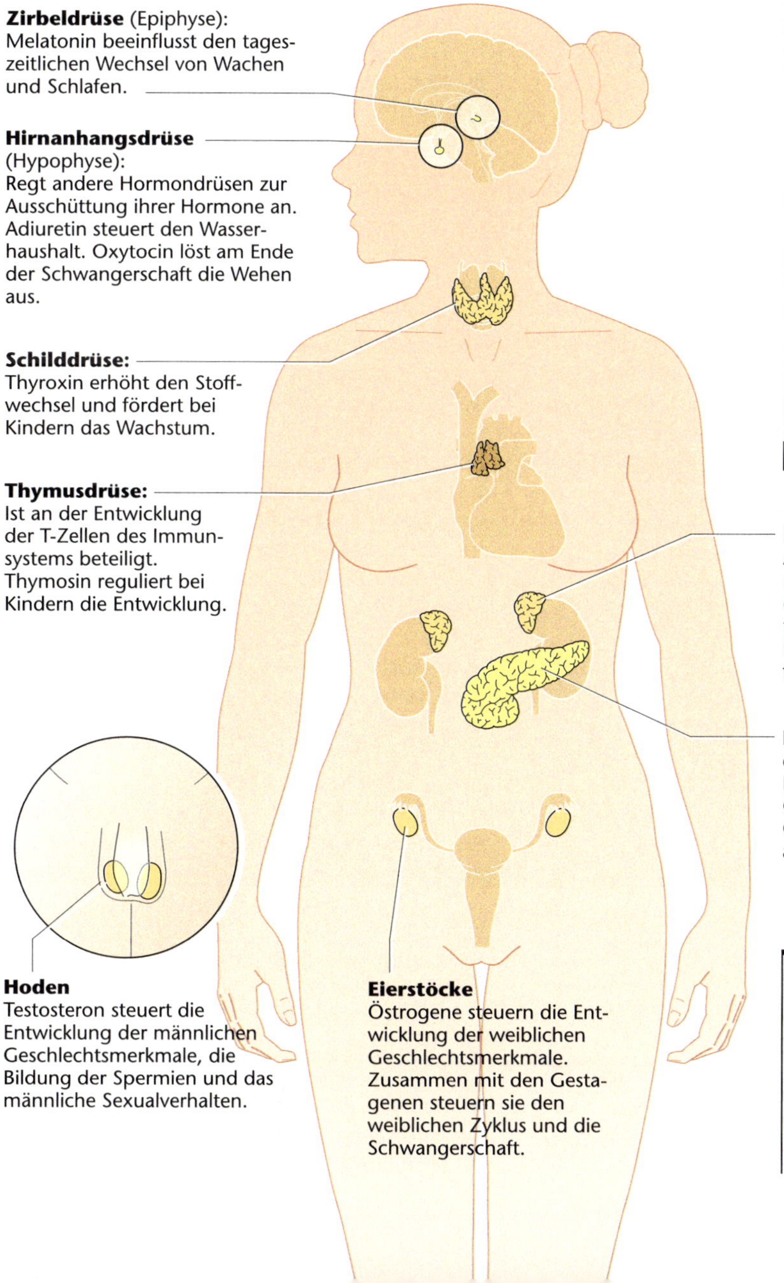

Aufgabe

1 a) Nenne fünf Hormondrüsen des Körpers. Welche Wirkung haben die von ihnen ausgeschütteten Hormone?

b) Wie beeinflusst das Gehirn ihre jeweilige Konzentration im Blut?

Ein bitterer Anfang

Eigentlich fing alles ganz harmlos an. Torben hatte andauernd großen Durst und trank entsprechend viel. Deswegen musste er sehr oft zur Toilette. Außerdem fühlte er sich oft müde und schlapp. Als er jedoch auch noch ständig hungrig war und abnahm, obwohl er immer mehr aß, ging seine Mutter mit ihm zum Arzt. Nach einer Blutuntersuchung stand die Diagnose fest: Diabetes mellitus. Torben ist zuckerkrank.

Seitdem muss Torben genau aufpassen, welche Nahrungsmittel er isst. Er muss auch darauf achten, seine Mahlzeiten sehr regelmäßig zu sich zu nehmen. Das Schlimmste war für ihn am Anfang aber, dass er sich mehrmals täglich einen Tropfen Blut abnehmen und Insulin spritzen muss.

Der süße Saft

Mit der Nahrung nehmen wir Glucose auf. Über das Blut gelangt sie schnell zu den Muskeln und Organen. Essen wir längere Zeit nichts, ist im Blut nicht mehr ausreichend Glucose enthalten. Wir werden hungrig und wollen wieder etwas essen. Gleichzeitg greift der Körper auf seine Glucosereserven zurück. Die befinden sich vor allem in der Leber in Form des Glykogens. Durch Abbau des Glykogens und durch Nahrungsaufnahme steigt der Glucosegehalt im Blut wieder an.

Wenn der Harn honigsüß wird

Der Zucker gehört also ins Blut. Wieso kann jemand dann zuckerkrank sein? Menschen, die an **Diabetes mellitus** erkrankt sind, haben zu viel Zucker im Blut, weil er von den Zellen des Körpers nicht mehr in ausreichender Menge aufgenommen wird. Die Muskeln, das Gehirn und alle Organe werden dadurch mit zu wenig Glucose versorgt. Zuckerkranke, die nicht behandelt werden, fühlen sich daher oft hungrig, schwach und müde. Sie können sogar bewusstlos werden, weil die Nervenzellen im Gehirn keinen anderen Nährstoff verarbeiten können. Zugleich können die Nieren die große Menge an Glucose im Blut nicht mehr zurückhalten. Sie scheiden den Zucker mit dem Harn aus. Diabetes mellitus heißt so viel wie „honigsüßer Harndurchfluss". Außerdem lagert sich Zucker in den Blutgefäßen und den inneren Organen ab und schädigt sie dadurch.

1 Harnzuckerteststreifen, Urinstreifen

Nur ein kleines Molekül

Bei Gesunden sorgt das Hormon Insulin dafür, dass die Glucose aus dem Blut in die Zellen gelangt. Bindet Insulin an den passenden Rezeptor einer Zelle, nimmt diese Glucose aus dem Blut auf.

Es gibt zwei Zuckerkrankheiten

Menschen, die zuckerkrank sind, besitzen entweder zu wenig Insulin oder zu wenig Rezeptoren für Insulin auf den Zellen ihrer Muskeln und Organe. Im ersten Fall produziert die Bauchspeicheldrüse zu wenig von dem Hormon. Diese Form der Krankheit wird **Diabetes mellitus Typ I** genannt. Sie ist zum Teil erblich bedingt und tritt häufig schon im Kindes- und Jugendalter auf. Daher nennt man sie auch „Jugenddiabetes".

Die zweite Form der Zuckerkrankheit heißt **Diabetes mellitus Typ II**. Ursache kann ein altersbedingter Abbau der Insulinrezeptoren auf den Zellen des Körpers sein. Man nennt diese Krankheit daher auch „Altersdiabetes". Daneben kann sie aber auch durch jahrelanges übermäßiges Essen entstehen. Befindet sich andauernd ein Überangebot von Glucose im Blut, produziert die Bauchspeicheldrüse ständig große Mengen Insulin. Auf Dauer führt das bei den Zellen des Körpers aber dazu, dass sie ihre Rezeptoren für Insulin abbauen. Dadurch wird dann zu wenig Glucose aus dem Blut aufgenommen und der Blutzucker ist erhöht. Weil sich immer mehr Kinder und Jugendliche falsch ernähren, sind auch sie zunehmend von der Krankheit betroffen.

Eine krankhaft erhöhte Konzentration von Glucose im Blut nennt man Diabetes mellitus. Neben erblicher Veranlagung ist oft auch falsche Ernährung eine Ursache.

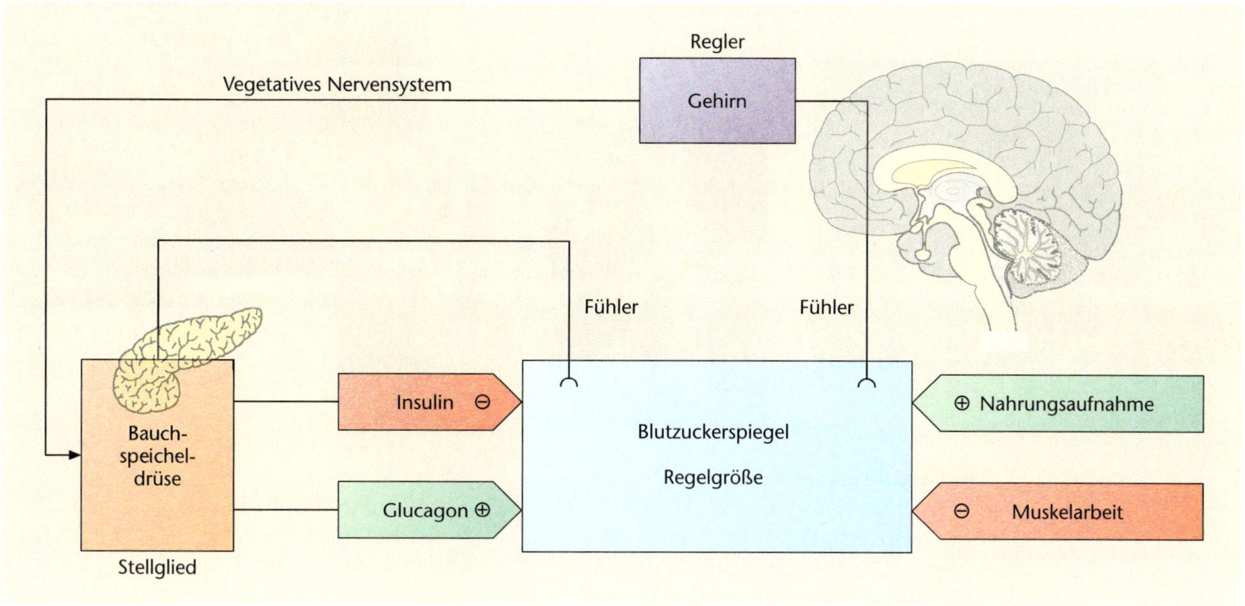

2 Regulation des Blutzuckerspiegels

Die Regulation des Blutzuckerspiegels
Der Körper des Gesunden hält die Glucosekonzentration im Blut zwischen 0,6 und 1,1 g/l konstant. Steigt der Blutzuckerspiegel nach der Nahrungsaufnahme an, schütten die Zellen in der Bauchspeicheldrüse **Insulin** aus. Sinkt der Blutzuckergehalt nach einer körperlichen Anstrengung ab, schüttet die Bauchspeicheldrüse ein anderes Hormon aus, das **Glucagon**. Im Gegensatz zum Insulin veranlasst es die Leberzellen, Glykogen abzubauen und Glucose ins Blut abzugeben. Für die Messung des Blutzuckergehalts verfügen die Zellen der Bauchspeicheldrüse über spezielle Glucoserezeptoren. Auch das Gehirn misst so den Blutzucker. Über das vegetative Nervensystem reguliert es zusätzlich die Tätigkeit der Bauchspeicheldrüse, zum Beispiel, um den Muskeln für eine bevorstehende Anstrengung Glucose bereit zu stellen.

Aufgaben

1 Erkläre, warum sich Zuckerkranke trotz einer hohen Glucosekonzentration im Blut oft schlapp fühlen.

2 In Apotheken gibt es Teststreifen, die man in den Harn hält. Wieso kann man damit eine Zuckerkrankheit nachweisen?

3 Warum kann die Bezeichnung „Altersdiabetes" irreführend sein?

Kein süßes Ende

Eine Zeit lang hielt sich Torben an alle Vorschriften, die ihm der Arzt mitgegeben hatte. Dann aber begann er wieder öfter mal zu naschen, ließ Mahlzeiten ausfallen und hatte immer weniger Lust, sich ständig mit einer Nadel zu pieksen. Bis zu dem Tag, als Torben von seiner Mutter bewusstlos auf dem Fußboden gefunden wurde. Er kam ins Krankenhaus.
Seitdem hält er sich an alle Spielregeln, mit denen ein Zuckerkranker leben muss. Torben ist jetzt 15 Jahre alt, geht zur Schule und treibt Sport wie seine Freunde auch.

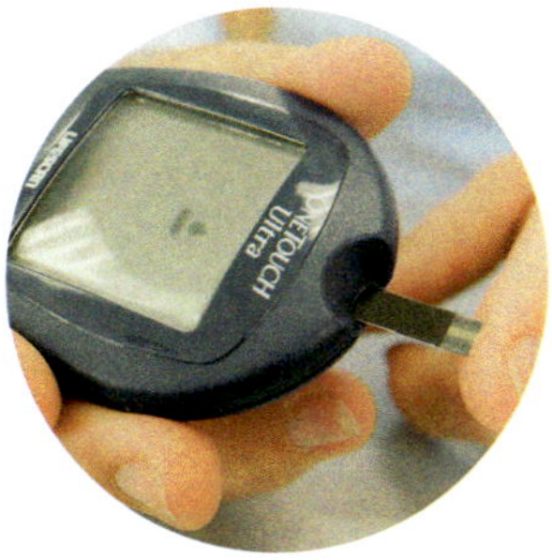

1 Drei Schulfreunde: Luca (links), Anna (Mitte) und Jannis (rechts)

Drei Schulfreunde

Seit gestern liegt Luca mit Fieber im Bett. Er hat Husten, Hals- und Kopfschmerzen, seine Nase läuft. Ein paar Tage wird es noch dauern, bis dieser grippale Infekt überstanden ist.

Anna hat zwei Hobbies: Tanzen und ausgefallene Outfits. Ihre Kleidung muss sie bei guter Beleuchtung aussuchen. Dann kann sie Hell und Dunkel voneinander unterscheiden, aber Umrisse nimmt sie nur schemenhaft wahr. Anna kann nicht normal sehen.
Deshalb ist sie in ungewohnter Umgebung unsicher und bittet manchmal fremde Leute um Hilfe. Einige haben dann großes Mitleid, Anna mag das nicht. Ihr geht es prima.

Jannis sitzt neuerdings oft allein in seinem Zimmer und grübelt, ob sich seine Eltern auch seinetwegen trennen wollen. Dann bekommt er oft Bauchschmerzen. In der Schule wird er immer schlechter. Nicht einmal das Leichtathletiktraining macht Jannis noch Spaß. Früher war ihm keine Übung zu anstrengend und er war gern mit seinen Freunden beim Training. Doch nun hat Jannis zu nichts mehr Lust.

Gesund oder krank?

Gesund zu sein ist ein ganz persönliches Gefühl. Wie Anna kann man sich trotz großer Beeinträchtigungen gesund fühlen. Sie schafft es, ihr Leben zu meistern. Anna kommt mit sich und ihrer Umgebung gut zurecht. Zur Umgebung gehören neben den Freunden und der Familie auch die Schule und die Lebensbedingungen.

Luca und Jannis geht es nicht gut. Luca wird bald wieder gesund sein und sich wohl fühlen. Jannis weiß zwar nicht, ob er richtig krank ist, er fühlt sich aber sehr schlecht.

Sich gesund oder krank zu fühlen, ist manchmal ein ganz persönlicher Eindruck.

2 So sieht Anna ihre Umgebung.

Aufgaben

1 a) Vergleiche die Situationen von Luca und Jannis.
b) Wer ist gesund, wer ist krank? Begründe.

2 Überlege dir eine Geschichte, in der die Begriffe „gesund“, „krank“, „behindert“, „Spaß“, „traurig“, „Freunde“ und „Eltern“ vorkommen.
Schreibe die Geschichte auf.

3 a) Stelle dir vor, Anna wäre in deiner Klasse. Schreibe auf, welche Schwierigkeiten Anna hätte.
b) Sammelt zu zweit Ideen, wie ihr Anna helfen könntet.
Tragt eure Ideen der Klasse vor.

Eine typische Kinderkrankheit
Erste Krankheitsanzeichen sind ein feuerroter Rachen, hohes Fieber, Kopfschmerz, Erbrechen und Schluckschmerz. Man fühlt sich sehr matt. Bald bildet sich ein Hautausschlag und die Zunge ist entzündet. Man nennt dieses Symptom **Himbeerzunge** (▷ B 1). Es ist ein deutliches Anzeichen für **Scharlach**. Da Scharlach meist im Kindesalter auftritt, spricht man von einer **Kinderkrankheit**.
Die Erreger dieser Krankheit sind Bakterien (▷ B 2). Sie sind auch in winzigen Tröpfchen der Ausatemluft von Erkrankten enthalten. Atmet ein anderer Mensch diese Tröpfchen ein, kann er sich mit dem Bakterium angestecken. Mediziner sprechen von einer **Infektion**, bei Scharlach wegen des Ansteckungsweges von einer **Tröpfcheninfektion**.

Der Zeitraum von der Ansteckung bis zum Auftreten der ersten Krankheitsanzeichen, der Symptome, heißt **Inkubationszeit**. Sie beträgt bei Scharlach 3–4 Tage. In dieser Zeit vermehrt sich der Erreger in der Rachenschleimhaut.

Nach etwa acht Tagen geht der Hautausschlag zurück und das Fieber sinkt. Die Krankheitssymptome klingen ab und die Erkrankung lässt nach. Dieser Zeitraum bis zum Gesundwerden wird **Rekonvaleszenz** genannt.

▶ Scharlach ist eine bakterielle Infektionskrankheit, die zu den typischen Kinderkrankheiten gehört.

Besonders wirksam – Penicillin
Weil andere Medikamente nicht helfen, wird Scharlach mit **Penicillin** behandelt. Dadurch wird die Dauer der Krankheit verkürzt und die Symptome werden abgeschwächt. Ein Stoff, der Bakterien abtötet oder ihre Vermehrung verhindert, heißt **Antibiotikum**. Hierzu zählt das Penicillin. Es gibt unterschiedliche Penicillin-Varianten gegen verschiedene bakterielle Erkrankungen. Antibiotika werden beispielsweise gegen Entzündungen der Atemwege wie Bronchitis verordnet. Natürlich haben Antibiotika auch Nebenwirkungen: Sie zerstören z. B. auch nützliche Bakterien im Darm. Antibiotika dürfen nur unter ärztlicher Kontrolle eingenommen werden.

▶ Antibiotika töten Bakterien oder stoppen ihre Vermehrung.

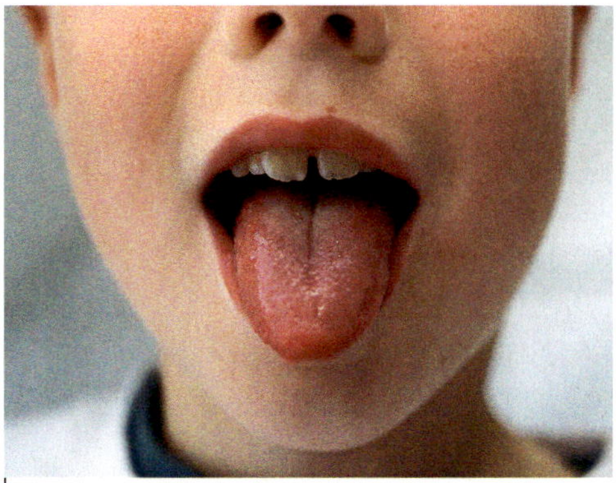

1 Typisch Scharlach, die Himbeerzunge

2 Erreger von Scharlach

Aufgaben

1. Beschreibe den Verlauf der Kinderkrankheit Scharlach.
2. Erkläre die Begriffe Infektion, Inkubationszeit und Rekonvaleszenz mit eigenen Worten.
3. Was ist Penicillin und wie wirkt es?

Schnittpunkt

Schimmelpilze im Kampf gegen Bakterien?

1 ALEXANDER FLEMING

Eine zufällige Entdeckung
1928 experimentierte ALEXANDER FLEMING (1881–1955) mit Bakterienkulturen. Als er vergessene Kulturen nach einigen Wochen zufällig wiederfand, fiel ihm etwas auf: Dort, wo Schimmelpilz wuchs, hatte sich die Bakterienkultur nicht ausgebreitet. Um den Schimmelpilz herum gab es einen bakterienfreien Bereich, einen so genannten Hemmhof (▷ B 2).
FLEMING schloss daraus, dass dieser Penicillium notatum (▷ B 3) genannte Schimmelpilz einen Stoff freisetzt, der die Vermehrung der Bakterien verhindert. Nach dem Pilz nannte FLEMING den Stoff **Penicillin**. Damit war das erste Antibiotikum entdeckt.

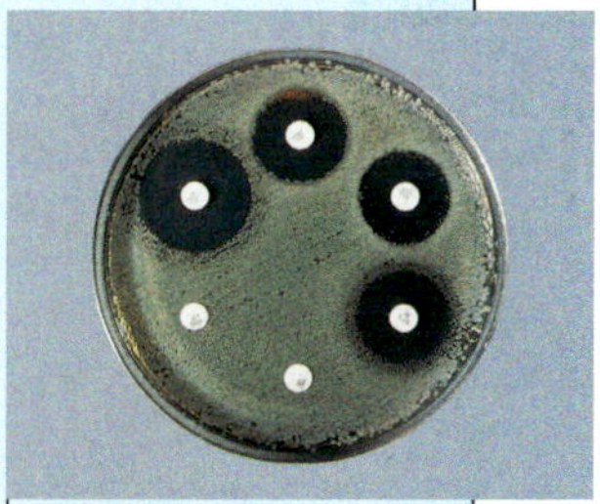

2 Penicillin verhindert die Ausbreitung von Bakterien.

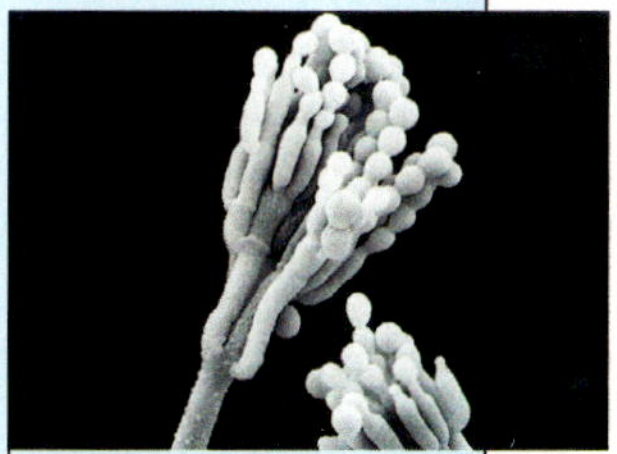

3 Schimmelpilz: Penicillium notatum

Bakterielle Erkrankungen

Alle auf dieser Seite vorgestellten Krankheiten sind sehr gefährlich. Daher muss in jedem Fall ein Arzt oder eine Ärztin aufgesucht werden, wenn der Verdacht auf eine dieser Erkrankungen vorliegt!

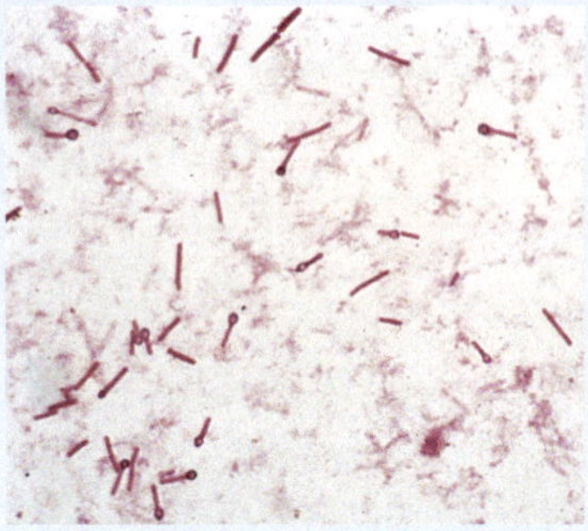

Tetanus entsteht, wenn mit Erde oder Schmutz ganz bestimmte Bakterien in eine Wunde gelangen. Diese Bakterien geben einen Stoff ab, der nach 4–14 Tagen zu starken Muskelkrämpfen führt. Im deutschen Namen **Wundstarrkrampf** finden sich entscheidende Merkmale der Krankheit wieder. Unbehandelt führen die Krämpfe in kürzester Zeit zum Tod.

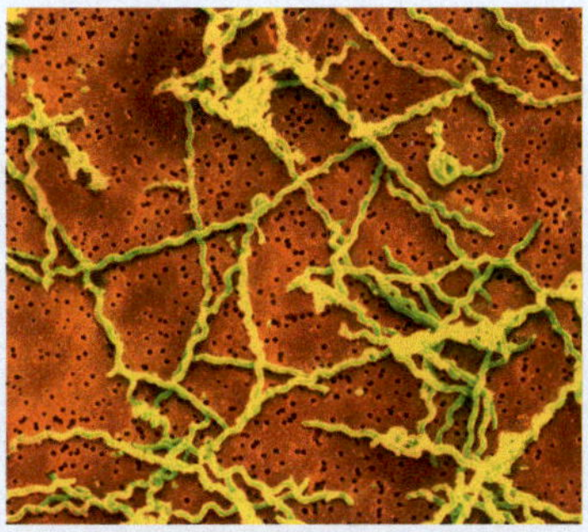

Die **Syphilis** oder **Lues** oder **Harter Schanker** ist eine meldepflichtige Krankheit. Sie wird durch Geschlechtsverkehr übertragen. Die Infektion erfolgt über kleinste Hautverletzungen. Ein rötlicher Knoten an der Infektionsstelle verschwindet nach wenigen Wochen.

Zwei bis drei Monate später zeigen sich Symptome wie Hautausschlag, Kopfschmerzen, Fieber und Müdigkeit. Spätestens jetzt muss eine Behandlung mit Penicillin erfolgen. Geschieht das nicht, werden Organe im ganzen Körper angegriffen und die Krankheit endet tödlich. Vor einer Infektion schützt die Verwendung von Kondomen.

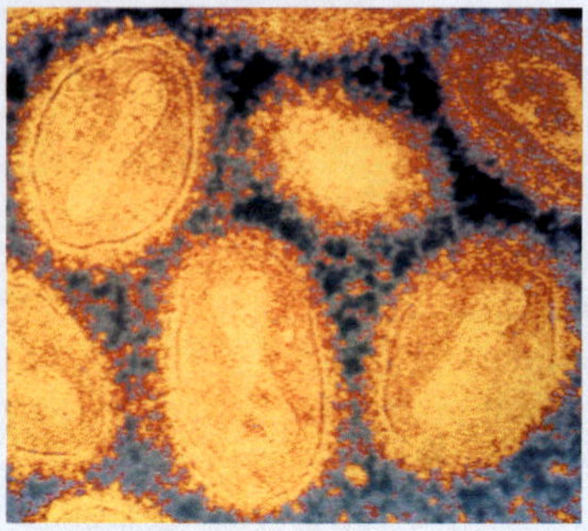

An **Keuchhusten** erkranken meist Säuglinge und Kinder. Die Ansteckung erfolgt über Tröpfcheninfektion. Ein bis zwei Wochen später kommt es zu keuchendem, krampfartigem Husten mit Erbrechen. Die nächtlichen Hustenanfälle können zum Ersticken führen.
Ursache des Keuchhustens ist eine bakteriell hervorgerufene Entzündung der Atemwege. Keuchhusten ist in den ersten sechs Wochen extrem ansteckend und daher meldepflichtig.

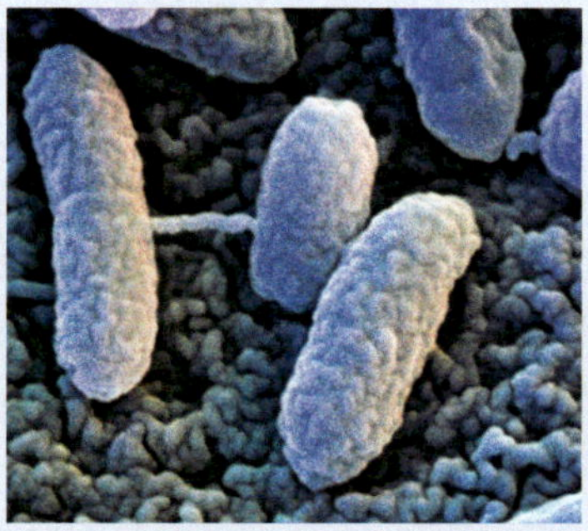

Wird mit Geflügel oder Eiern nicht hygienisch umgegangen und werden sie dann verzehrt, kann es zur **Lebensmittelvergiftung** durch **Salmonellen** kommen. Dabei gibt es über 1600 verschiedene Bakterienarten, die eine solche Lebensmittelvergiftung hervorrufen können.

Die nach 20–24 Stunden auftretenden Symptome sind Erbrechen und wässriger Durchfall. Sie halten ein bis zwei Tage an. Wegen des Flüssigkeitsverlustes muss viel getrunken werden. Gefährlich wird diese Krankheit für Kinder, alte und abwehrgeschwächte Menschen. Sie ist meldepflichtig, d.h. das Auftreten der Krankheit muss dem Gesundheitsamt gemeldet werden.
Durch vollständiges Garen von Eiern, Geflügel und ihren Produkten kann man die Infektion vermeiden.

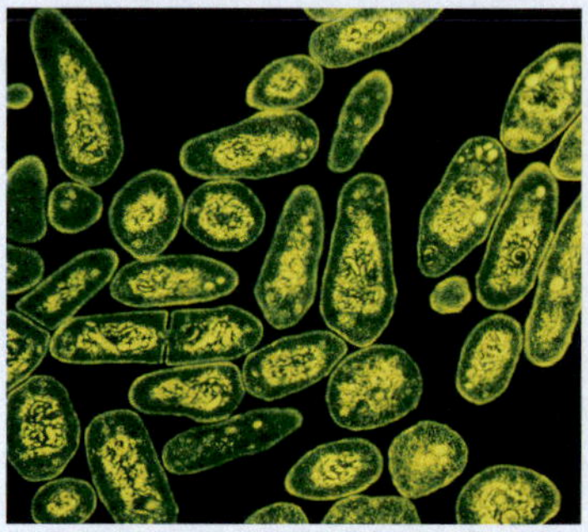

Eine der häufigsten Infektionskrankheiten der Lunge ist Tbc, die **Tuberkulose**. Weltweit sterben pro Jahr mehr als 2 Millionen Menschen an der in Deutschland meldepflichtigen Erkrankung. Früher wurde diese Krankheit Schwindsucht genannt und war noch viel stärker verbreitet.
Der Erreger wird durch Tröpfcheninfektion übertragen und befällt die Lunge. Nach vier bis sechs Wochen Inkubationszeit wird das Lungengewebe zerstört. Zusätzlich treten Fieber, Schwäche, Husten mit blutigem Auswurf und Gewichtsabnahme auf. Auch alle anderen Organe können durch Streuung der Bakterien geschädigt werden.

Tuberkulose kann auch heute nur schwer behandelt werden. Es wird ein Antibiotika enthaltendes Medikament verordnet.
Da meist dort Tuberkulose auftritt, wo viele Menschen auf engem Raum unter schlechten hygienischen Bedingungen leben, ist Hygiene eine gute Vorbeugung.

Viruserkrankungen

An **Kinderlähmung** können auch Erwachsene erkranken. Sie wird von Polioviren hervorgerufen. Erkrankte leiden an Kopf-, Rücken- und Gliederschmerzen und schwitzen stark. Bald darauf setzen Lähmungen ein. In schweren Fällen muss künstlich beatmet werden. Die Rekonvaleszenz dauert bis zu zwei Jahre. Oft bleiben Veränderungen an Skelett und Gelenken zurück.

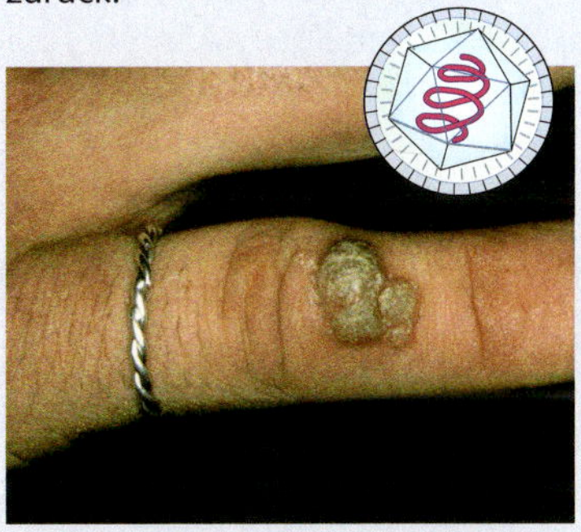

Viren sind auch für die Bildung von **Warzen** verantwortlich. Sie bewirken nach einer Inkubationszeit von sechs Wochen bis zwanzig Monaten ein unnormales Wuchern von Hautzellen. Oft heilen Warzen von selbst ab.

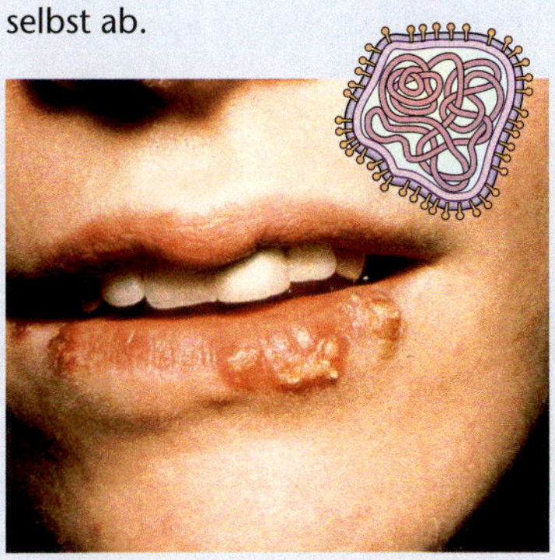

Auch die mit klarer Flüssigkeit gefüllten **Lippen-Herpesbläschen** sind das Werk von Viren. Sie befinden sich nach einer Erstinfektion dauerhaft und ohne Symptome in Nervenzellen. Signale wie Fieber, UV-Licht oder Stress reaktivieren das Virus. Nach Kribbeln und Stechen an den Lippen oder auch Naseneingängen bilden sich Herpesbläschen. Sie trocknen ab und verheilen in ca. 10 Tagen narbenlos. Medikamente verkürzen das Abheilen.

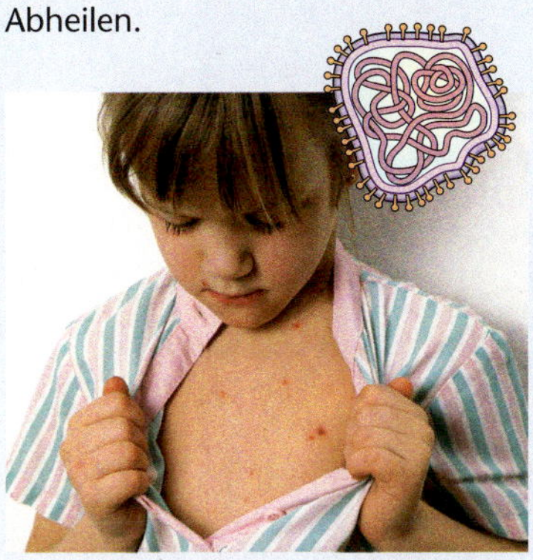

Windpocken werden meist durch Tröpfcheninfektion übertragen. Von der Infektion bis zum Ausbruch dieser Kinderkrankheit vergehen 10–21 Tage. Infizierte sind schon in den letzten 3–4 Tagen der Inkubationszeit und den fünf folgenden Tagen ansteckend. Typische Symptome sind leichtes Fieber und rote stecknadelkopfgroße Hautflecken, aus denen sich in wenigen Stunden Bläschen entwickeln, die später verschorfen und abheilen. Der Ausschlag ist zuerst am Kopf sichtbar, breitet sich aber über Rumpf und Extremitäten aus. Nur wenn wegen des starken Juckreizes gekratzt wird, bilden sich Narben. Die Krankheit dauert eine Woche und nach 2–3 Wochen sind alle Hautveränderungen abgeheilt. Hat man die Windpocken überstanden, erkrankt man daran nicht wieder.

Hepatitis B ist eine Leberentzündung und meldepflichtig. Das Virus wird mit dem Blut weitergegeben und ist hoch infektiös, d. h. schon geringste Konzentrationen führen zu einer Infektion. Die Inkubationszeit beträgt 40–160 Tage. Die Lebertätigkeit wird gestört, es tritt Gelbsucht auf. Einige Menschen überwinden die Krankheit in vier Monaten völlig, andere erleiden ein Leberversagen oder die Leber arbeitet nur noch eingeschränkt. Bei 30 % der Patienten ist die Behandlung erfolgreich. Vorbeugen kann man durch Impfen.

Auch das **Masern**-Virus wird über Tröpfcheninfektion übertragen. Nach 10–14 Tagen Inkubationszeit treten Husten, Schnupfen und leichtes Fieber auf. Nach weiteren vier Tagen zeigt sich am Hals und hinter den Ohren ein Hautausschlag, der sich über den ganzen Körper ausbreitet. Dieses Stadium der typischen Kinderkrankheit dauert 3–4 Tage. In der folgenden Rekonvaleszenz schuppt die Haut ab. Masern sind 1–2 Tage vor dem Auftreten der ersten Symptome bis zur kompletten Ausbreitung des Hautausschlags hoch ansteckend.

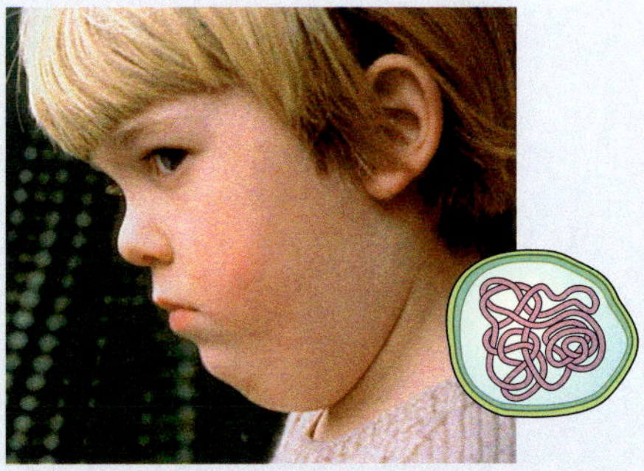

Mumps ist eine Kinderkrankheit, bei der es neben Fieber und Kopf- und Gliederschmerzen zum Anschwellen meist beider Ohrspeicheldrüsen kommt. Nach 5–8 Tagen sinkt das Fieber und die schmerzhafte Schwellung geht zurück. Die Inkubationszeit beträgt 12–35 Tage. Infizierte übertragen das Mumps-Virus schon 4 Tage vor bis 7 Tage nach Beginn der Krankheitsanzeichen durch Tröpfchen- oder Schmierinfektion.

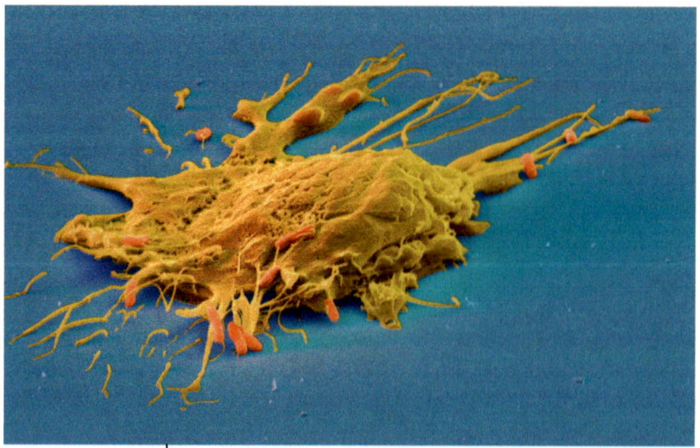

1 Fresszelle (gelb) attackiert Bakterien (rot).

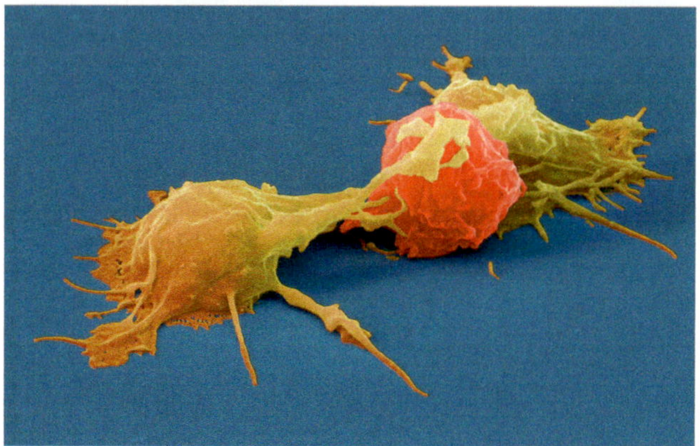

2 Fresszellen (gelb) attackieren Krebszelle (rot).

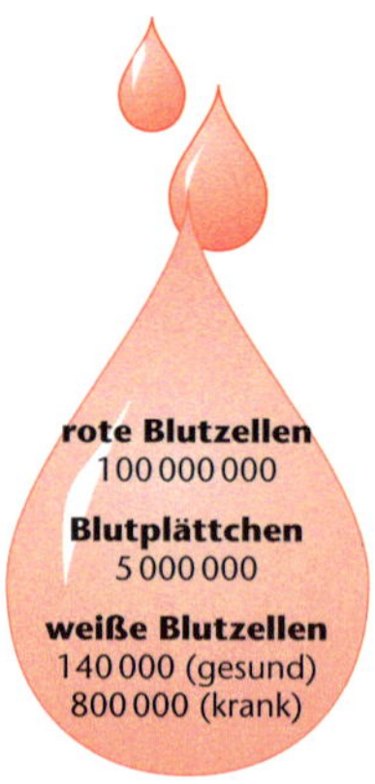

3 Ein Tropfen Blut enthält ...

In ständiger Abwehr
Obwohl dein Körper ständig einer Vielzahl von Krankheitserregern ausgesetzt ist, wirst du trotzdem nur manchmal krank. Der Körper setzt den Erregern nämlich viele Barrieren: Die Schleimhäute bilden abwehrenden Schleim, Tränenflüssigkeit wirkt keimtötend, der Magensaft enthält Salzsäure und die Haut bildet eine Bakterien abwehrende Schicht, den Säureschutzmantel. Hin und wieder gelingt es jedoch einigen Krankheitserregern, diese Barrieren zu überwinden und in den Körper zu gelangen.

Von Fressern, Killern und Helfern
In deinem Körper sind die **weißen Blutzellen** für die Abwehr zuständig. Mit dem Blut oder der Lymphflüssigkeit können sie an jede Stelle im Körper gelangen. Es gibt verschiedene weiße Blutzellen, die unterschiedliche Aufgaben erfüllen. Dringen zum Beispiel einzelne Krankheitserreger in den Körper ein, werden sie von so genannten **Fresszellen** erkannt und „gefressen" (▷ B 1 und 2). Ist aber eine sehr große Zahl von Erregern in den Körper vorgedrungen, können sie von den Fresszellen allein nicht bekämpft werden. Dann gelingt es den Erregern, sich im Körper zu vermehren. Die Fresszellen informieren aber **T-Helferzellen** über bestimmte Merkmale der Erreger. Die T-Helferzellen setzen daraufhin zwei Abwehrmechanismen in Gang:
- Zum einen regen sie **Plasmazellen** zur Bildung ganz spezieller Eiweiße an, die man **Antikörper** nennt. Diese Antikörper binden sich gezielt an die Erreger und machen sie dadurch unschädlich.
- Zum anderen werden **Killerzellen** angeregt, nach infizierten Zellen zu suchen und diese abzutöten.

Die Antikörper-Erreger-Klümpchen und die abgetöteten infizierten Zellen können schließlich von den Fresszellen beseitigt werden.

Während der Immunreaktion werden **Gedächtniszellen** gebildet. Diese speichern Informationen über die Eigenschaften des bekämpften Erregers. Wird der Körper zu einem späteren Zeitpunkt erneut durch den gleichen Erreger befallen, können sofort sehr viele passende Antikörper gebildet werden. Damit kann der Krankheitserreger sehr rasch bekämpft werden, bevor es ihm gelingt, sich im Körper stark zu vermehren. Deshalb erkrankt der Mensch meist nicht noch einmal an dieser Krankheit, er ist **immun** gegen den Erreger geworden.
Ist der Erreger jedoch ein Virus, versagt die Abwehr über die Gedächtniszellen oft. Das Virus-Erbmaterial verändert sich sehr schnell. Dadurch entstehen rasch zahlreiche neue Varianten des Virus, die von den Gedächtniszellen nicht wiedererkannt werden können. Weil die schnelle Abwehr über die Gedächtniszellen überlistet wird, können Viruserkrankungen, wie z. B. die Echte Grippe, immer wieder sehr gefährlich werden.

▶ Verschiedene weiße Blutzellen bewirken die Abwehr von Krankheitserregern. Nach überstandenen Erkrankungen ist der Mensch gegen diesen speziellen Erreger oft immun.

Vorbeugung hilft
Das Immunsystem kann in seinem täglichen Abwehrkampf unterstützt werden durch ausreichend Schlaf und Erholung sowie eine ausgewogene Ernährung und

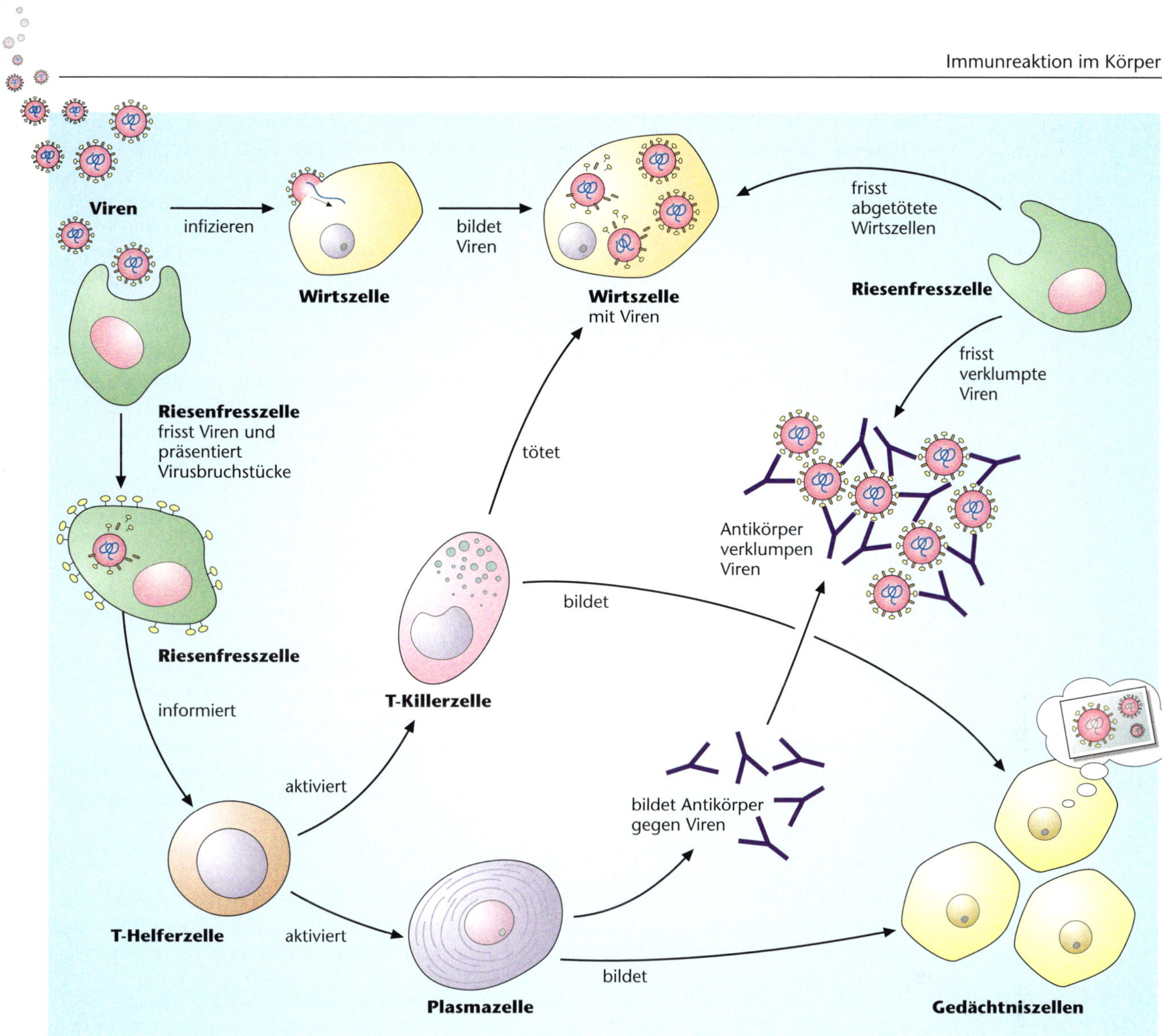

4 Immunreaktion, Schema

Sport. Die Krankheitsabwehr funktioniert auch besser, wenn man glücklich und zufrieden ist.

Eine gesunde Lebensweise stärkt das Immunsystem und beugt so Krankheiten vor.

5 Sport und gesunde Ernährung sind wichtig.

Aufgaben

1 Beschreibe die Immunreaktion deines Körpers, wenn er von Krankheitserregern befallen wird.

2 Überlege, welche Bedeutung Fieber bei Erkrankungen haben könnte. Tipp: Denke dabei auch an chemische Reaktionen.

3 a) Wie stärkst du dein Immunsystem?
b) Nenne weitere Möglichkeiten, mit denen du einer Immunschwäche vorbeugen kannst.

Was verbirgt sich hinter den Abkürzungen?
Sicherlich hast du schon oft von AIDS oder HIV gehört. Doch was verbirgt sich wirklich hinter diesen beiden Abkürzungen?

AIDS, das **A**quired **I**mmune **D**eficiency **S**yndrome (engl.) beschreibt das erworbene Immunschwächesyndrom, während HIV das **H**uman **I**mmunodeficiency **V**irus, das menschliche Immunschwäche-Virus meint.
Es handelt sich also um ein Virus, welches das menschliche Immunsystem entscheidend schwächt.

Auch das HI-Virus braucht Wirtszellen
Um sich vermehren zu können, benötigt das HI-Virus, wie übrigens alle Viren, einen Wirt. Die Wirtszelle, welche das HI-Virus nutzt, ist die T-Helferzelle. Diese Zelle, die zu den weißen Blutzellen zählt, gehört zum Abwehrsystem des Menschen. Normalerweise spielen T-Helferzellen bei der Immunreaktion eine wichtige Rolle: Sie aktivieren Plasmazellen dazu, Antikörper zu bilden.

Gut versteckt im Abwehrsystem
Um sich in der T-Helferzelle vermehren zu können, besitzt das HI-Virus einen raffinierten Mechanismus, der es ihm ermöglicht, seine Erbinformation in die Erbinformation der T-Helferzelle einzubauen. Nun produziert die Helferzelle ausschließlich HI-Viren und kann sich selber durch Zellteilung nicht weiter vermehren. Dadurch kann sich das Virus ungestört im Inneren der T-Helferzelle vermehren. Da es sich innerhalb dieser Zelle befindet, kann es vom menschlichen Abwehrsystem von außen nicht erkannt werden.
Reicht der Platz zur weiteren Vermehrung in einer T-Helferzelle nicht mehr aus, verlassen die HI-Viren die Wirtszelle und befallen neue Helferzellen.

HI-Viren vermehren sich nur in T-Helferzellen. Für das menschliche Abwehrsystem sind sie dadurch nicht zu erkennen und können von unserem Immunsystem nicht bekämpft werden.

Die Körperabwehr geht zugrunde
Im Laufe von einigen Jahren werden so viele T-Helferzellen befallen, dass der menschliche Organismus nicht mehr über genügend Abwehrzellen verfügt, um sich gegen Krankheitserreger wehren zu können.
Die betroffenen Patienten sterben dann häufig an Krankheiten, die für den gesunden Körper kein Problem sind, beispielsweise der grippale Infekt oder ein einfacher Pilzbefall.

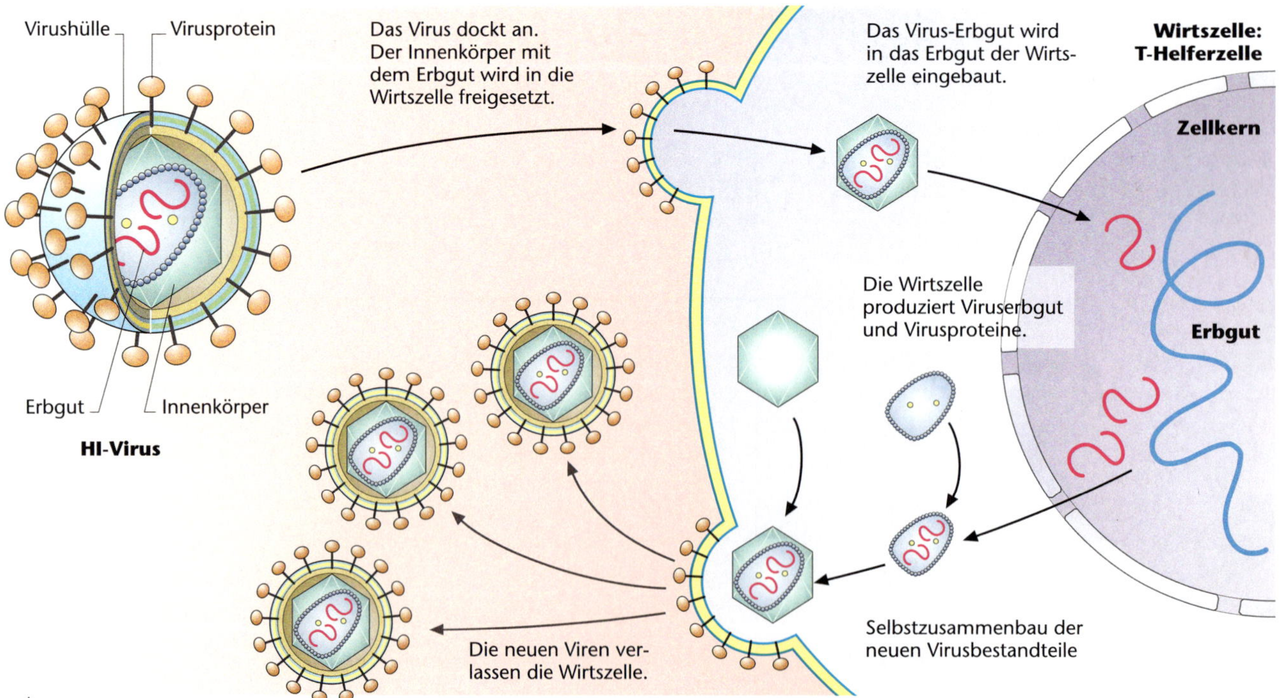

1 Vermehrung des HI-Virus in der T-Helferzelle

HIV oder AIDS – eine Begriffsbestimmung
Immer wieder kommt es vor, dass die beiden Begriffe durcheinander gebracht werden: Die HIV-Infektion läuft in fünf Phasen ab. Erst wenn ein Patient das letzte Stadium erreicht hat, sprechen Mediziner von AIDS.

In den ersten vier Stadien spricht man von **HIV-positiv**, das bedeutet, dass das Virus im Blut des Patienten nachgewiesen werden konnte.

Unnötige Angst?
Tom hat einen guten Freund, Jakob, in seiner Clique, dessen Bruder an HIV erkrankt ist. Mediziner sagen, er ist HIV-positiv. Immer wenn Tom bei Jakob zu Besuch ist, hat er Angst sich anzustecken.

Er traut sich nicht mehr bei Jakob zu essen oder sich im Bad die Hände abzutrocknen. Tom befürchtet, dass er sich durch das gemeinsame Essbesteck oder durch gemeinsam benutzte Handtücher anstecken könnte. Früher hat Jakobs Bruder Tom Nachhilfe in Mathe gegeben, auch dieses Angebot nimmt Tom nicht mehr an.

Dabei ist Toms Angst vollkommen falsch. Denn HI-Viren können nicht durch Geschirr, Handtücher, Bettwäsche oder normalen Körperkontakt übertragen werden.

Du kannst also einem HIV-positiven Menschen ruhig die Hand geben oder ihn in den Arm nehmen!

Hier ist Vorsicht geboten!
Doch weißt du, wo du wirklich aufpassen musst? Gefährlich ist vor allem der ungeschützte Geschlechtsverkehr. Deshalb solltest du als junger Mann immer ein Kondom benutzen. Als junge Frau musst du darauf achten, dass dein Partner immer ein Kondom benutzt, wenn ihr zusammen schlafen wollt.

Aber es gibt auch andere gefährliche Situationen: So dürfen Drogenabhängige niemals untereinander die Injektionsnadeln austauschen.

Auch wenn du beispielsweise einmal im Krankenhaus ein Praktikum machst, musst du dir immer Schutzhandschuhe anziehen, wenn du Blut- oder Urinproben transportierst.

2 Aktionen, die auf die Gefahr von AIDS aufmerksam machen.

In letzter Zeit haben Wissenschaftler festgestellt, dass auch Tränen- und Speichelflüssigkeit eine ganz geringe Anzahl von Viren enthalten können. Aber ob diese geringe Erregermenge ausreicht, um eine Infektion auslösen zu können, ist noch nicht erforscht.

Wenn du die oben genannten Vorsichtsmaßnahmen beachtest, kann dir nichts passieren!

> Beim Geschlechtsverkehr kannst du dich durch die Benutzung eines Kondoms vor der Ansteckung durch HI-Viren und andere sexuell übertragbare Krankheiten schützen.

Aufgaben

1 Erkläre, worin sich eine HIV-Infektion von einer Infektion mit Masern-Viren unterscheidet.

2 Nenne Situationen, in denen du dich mit HIV infizieren könntest. Wie kannst du dich schützen?

3 Plant eine Exkursion zur Aidshilfe. Informiert euch im Internet über die nächstgelegene Kontaktstelle.

1 EDWARD JENNER

Impfen – die Idee ist schon alt!

Ende des 18. Jahrhunderts waren die Pocken eine der häufigsten Todesursachen. Damals machte EDWARD JENNER (1749–1823) eine Beobachtung:
Viele Bauern, die vorher an harmlosen Kuhpocken erkrankt waren, bekamen nie die echten Pocken, eine oft tödlich verlaufende Krankheit. Und die wenigen Menschen, die die echten Pocken überlebt hatten, erkrankten daran kein zweites Mal.
JENNER hatte eine Idee: Er infizierte einen Jungen mit Kuhpocken. Einige Wochen später übertrug er Erreger der echten Pocken auf den Jungen.
Wie vermutet, erkrankte der Junge nicht an dieser gefährlichen Krankheit. Er war **immun** geworden.

Künstliche Immunisierung

JENNERS Methode wird heute weltweit mit Erfolg angewandt. Abgeschwächte Erreger, sie sind den echten sehr ähnlich, werden ins Blut gespritzt. Dadurch setzt die normale Immunreaktion ein. Antikörper werden gebildet und Gedächtniszellen ermöglichen später ein schnelles Abwehren des sehr ähnlichen, echten Krankheitserregers. Die Gedächtniszellen bleiben oft bis ans Lebensende im Körper, gegen manche Erreger muss aber in regelmäßigen Abständen erneut geimpft werden.

Der geimpfte Mensch ist immun. Bei dieser Schutzimpfung bildet der Mensch die Antikörper selbst, es ist eine **aktive Immunisierung** (▷ B 2).

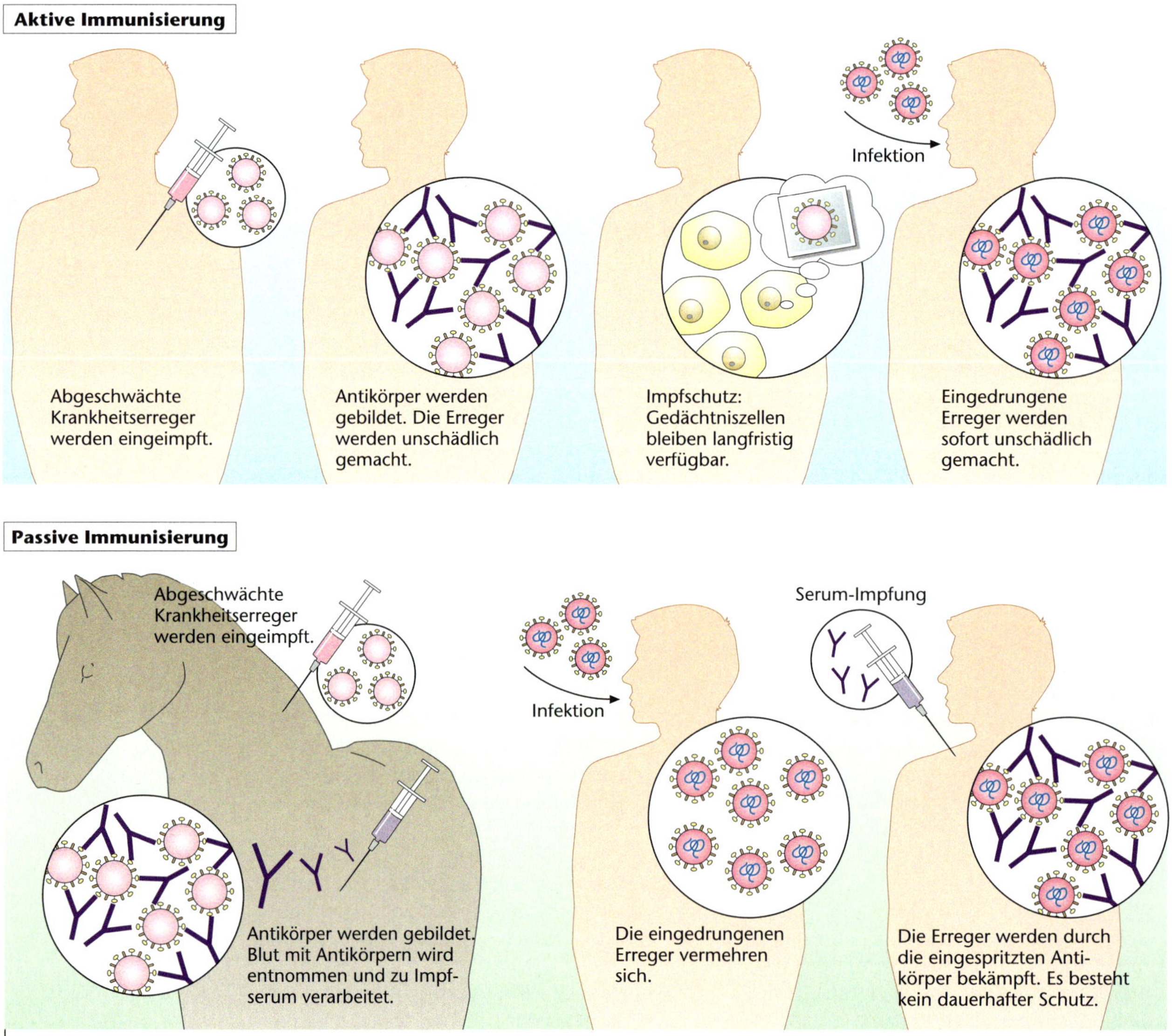

2 Zwei Möglichkeiten, einen Impfschutz zu erhalten

Auch für Menschen, die keine Schutzimpfung erhielten und erkranken, gibt es eine Impfmöglichkeit. Ihnen werden passende Antikörper gespritzt, die den Erreger unschädlich machen und so die Krankheit heilen können. Diese Heilimpfung bietet nur für kurze Zeit Schutz. Das Immunsystem ist nicht aktiv geworden, es hat keine Gedächtniszellen gebildet. Deshalb heißt diese Impfung **passive Immunisierung**.

Die benötigten Antikörper werden von Tieren, z. B. Pferden gebildet, die zuvor aktiv immunisiert wurden. Das Blut dieser Tiere wird entnommen und zu Impfstoffen verarbeitet, die die gewünschten Antikörper enthalten.

Die aktive Immunisierung bietet langfristigen Schutz. Die passive Immunisierung schützt nur sehr kurzfristig.

Es piekt nur ein bisschen

Weltweit sind viele Krankheiten, wie z. B. Kinderlähmung und Pocken durch Schutzimpfungen stark zurückgegangen.
Auch Diphtherie, bei der es zu Herzkomplikationen kommen kann, und Tetanus treten kaum noch auf.
Da die Gefahr einer Erkrankung inzwischen gering ist, macht sich eine „Impfmüdigkeit" breit. Viele Eltern lassen ihre Kinder nicht mehr impfen. Es entsteht eine so genannte **Impflücke**, die die Ausbreitung von Erregern begünstigt.
So können wieder Fälle von Kinderlähmung auftreten.

Um den sicheren Impfschutz zu erleichtern, gibt es mittlerweile Kombinationsimpfstoffe. Mit nur einmaligem Spritzen erreicht man die Immunität gegen sechs Krankheiten.

Aus einem Impfplan (▷ B 3) oder beim Hausarzt kannst du erfahren, wann welche Impfung sinnvoll ist. Ist die Immunisierung erfolgt, wird sie in deinen Impfpass (▷ B 4) eingetragen.

In wenigen Fällen hat eine Impfung mit abgeschwächten Erregern Erkrankungen verursacht. Nach Impfungen gegen Kinderlähmung gab es solche **Impfschäden**. Da diese Fälle aber sehr selten auftreten und die Gefahr, ohne Impfung an Kinderlähmung zu erkranken, viel größer ist, sollte sich jeder Mensch impfen lassen. Alle Menschen sollten unbedingt auch gegen **Tetanus** geimpft sein. Eine Infektion kann schon erfolgen, wenn in kleine alltägliche Verletzungen, wie etwa Kratzer, Erde oder Schmutz gelangt. Es wäre unverantwortlich, nicht gegen diese tödliche Krankheit geimpft zu sein.
Welche Impfungen genau für den Einzelnen ratsam sind, sollte mit dem Hausarzt oder der Hausärztin besprochen werden.

Impfstoff	**Lebensmonat**				**Lebensjahr**			
	2	3	4	12	2	4	14	ab 18
Diphtherie, Tetanus, Keuchhusten	●	●	●	●				
Diphtherie, Tetanus						●	●	●
Keuchhusten							●	
Hämophilus influenza B	●	●	●	●				
Kinderlähmung	●	●	●	●			●	
Hepatitis B	●	●	●	●				
Masern, Mumps, Röteln				●	●			
Grippe								●
Pneumokokken								●

3 Impfplan, Ausschnitt

Impfungen sind ein sinnvoller Schutz vor Infektionskrankheiten.

Eine gute Reisevorbereitung

Wer Urlaub in tropischen Ländern machen möchte, sollte sich lange vorher über mögliche Krankheitsrisiken informieren. Gegen einige Tropenkrankheiten ist eine Schutzimpfung angebracht, manchmal sogar vorgeschrieben. Da eine Immunisierung mehrere Impfungen umfassen kann, ist ein „Last-Minute"-Impfschutz nicht immer möglich.

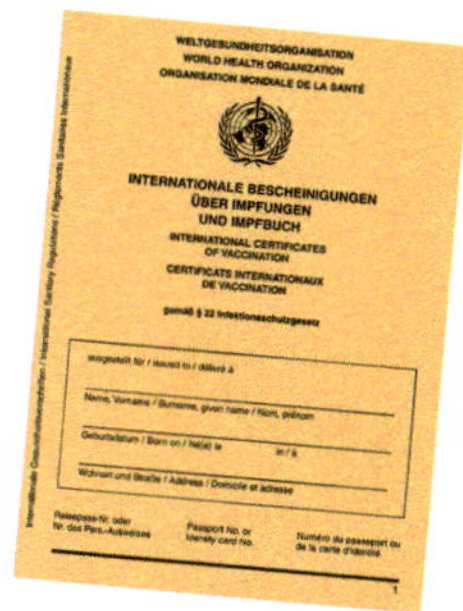

4 Impfpass

Aufgaben

1 Erläutere mithilfe von Abbildung 2 die beiden Formen der Immunisierung.

2 a) Informiere dich über die Krankheit Diphtherie.
b) Schreibe dazu einen Steckbrief.

3 a) Vergleiche deinen Impfpass mit den Vorgaben des Impfplans in Bild 3.
b) Bist du ausreichend geschützt?

4 Jenner infizierte ein Kind, um seine Vermutung zu überprüfen.
Diskutiert in der Gruppe, ob dieses Vorgehen verantwortungsvoll war.

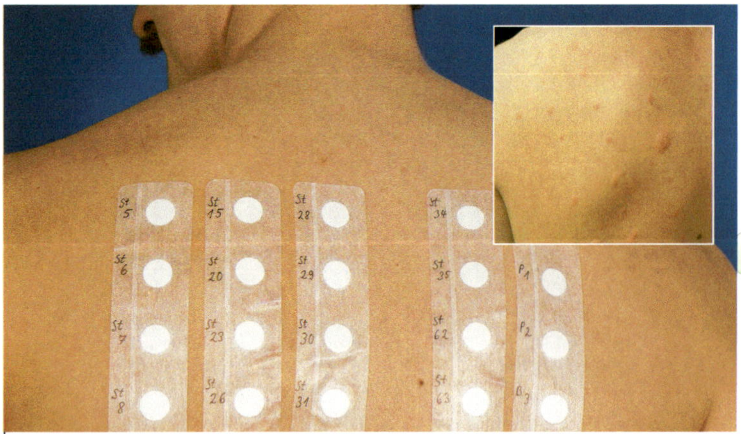

1 Allergietest, Testergebnis rechts

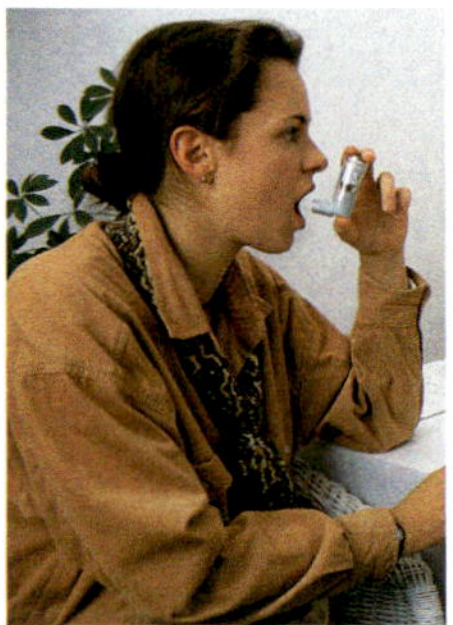

2 Gebrauch eines Inhalators bei allergischem Asthma

Hatschi!
Paul musste schon wieder niesen, das fünfte Mal hintereinander. Außerdem ist er müde, die Nase läuft und sein Kopf tut weh. Und die Augen erst! Sie sind gerötet, jucken und tränen. Paul vermutet eine Erkältung, aber irgendwie ist es anders. Und gerade heute passiert das – am ersten schönen Tag im Frühling.

Ein paar Tage später erfährt Paul beim Arzt, dass er unter **Heuschnupfen** leidet. Bei einem Test wurde die Haut eingeritzt und dabei mehrere Testflüssigkeiten in die Haut eingebracht (▷ B 1). Anhand von Rötungen und kleinen Schwellungen stellte der Arzt fest, dass Paul besonders auf Hasel- und Birkenpollen reagiert.

Da immer mehr Leute von Heuschnupfen betroffen sind, gibt es in den Medien täglich Pollenflugvorhersagen. Aus Pollenflugkalendern (▷ B 4) kann man ablesen, wie lange die Belastung durch bestimmte Pollen etwa andauern wird.

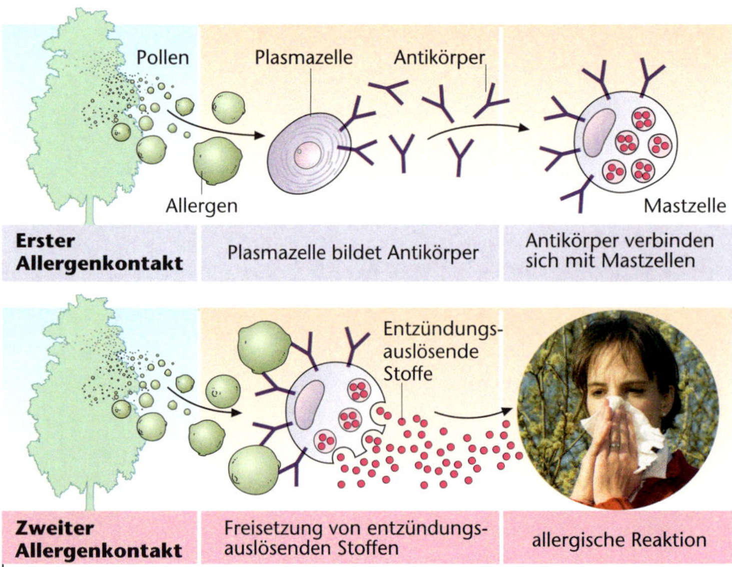

3 Allergische Reaktion

Das Immunsystem rastet aus
In Pauls Körper werden harmlose Pollen wie Krankheitserreger behandelt und bekämpft. Eine solche Überreaktion des Immunsystems auf Stoffe aus der Umwelt heißt **Allergie**. Allergieauslöser werden als **Allergene** bezeichnet. Diese Stoffe gelangen über die Atemluft, die Nahrung oder durch den direkten Kontakt in den Körper. Theoretisch könnten alle körperfremden Stoffe Allergien hervorrufen.
Manche Leute leiden zusätzlich an Atemnot, weil sich Luftröhre und Bronchien verengen. Diese gefährliche Reaktion wird **allergisches Asthma** genannt. Linderung kann ein Medikament bringen, das inhaliert, also eingeatmet wird (▷ B 2).

Allergische Reaktion
Beim ersten Kontakt mit dem Allergen (hier: Pollen) bilden die Plasmazellen Antikörper.
Ein Teil dieser Antikörper bindet an die Allergene (Pollen), ein Teil heftet sich jedoch auch an so genannte Mastzellen. Diese enthalten Stoffe, die eine Entzündung auslösen. Es hat eine Sensibilisierung stattgefunden. Beim zweiten Einatmen der Pollen werden diese über die Antikörper an die Mastzellen gebunden. Die Mastzellen setzen nun ihre entzündungsauslösenden Stoffe frei, wodurch es zur Schleimhautschwellung und den weiteren Heuschnupfensymptomen kommt (▷ B 3). Diese Bekämpfung des eigentlich harmlosen Allergens bezeichnet man als **allergische Reaktion**.

▶ Allergien sind Überreaktionen des Immunsystems auf harmlose Stoffe aus der Umwelt.

Es gibt viele Allergene
Die Reaktionen auf Allergene können vielfältig sein.
Bei **Lebensmittelallergien** treten Durchfall und Erbrechen, Hautausschlag, Gesichtsschwellung und Atemnot auf. Auslöser können z. B. Milch und Milchprodukte, Zitrusfrüchte, Erdbeeren, Hülsenfrüchte, Tomaten oder Nüsse sein.
Zu **Insektengiftallergien** kommt es nach Bienen- oder Wespenstichen. Sie führen zu Schwellungen, Hautausschlägen, Übelkeit, Erbrechen und Schüttelfrost. Atem-

not und Kreislaufkollaps können lebensbedrohlich werden.
Auch Luftschadstoffe und Arzneimittel, z. B. Penicillin, können als Allergene verschiedene Symptome hervorrufen.

Katzen, Milben und Co

An den Haaren von Haustieren trocknen Rückstände von Speichel, Urin und Kot an. Diese Rückstände können Auslöser der **Tierhaarallergie** sein. Reaktionen sind neben tränenden Augen, Niesreiz und laufender Nase auch verengte Bronchien, wodurch die Atmung erschwert ist.

Auch Kot von mikroskopisch kleinen Milben, die im Hausstaub leben, ist ein Allergen. Die Milben kommen hauptsächlich in Decken, Kissen, Teppichen und Polstermöbeln vor. Das Allergen wird eingeatmet. Diese **Hausstauballergie** äußert sich in allergischem Schnupfen und Asthma.

Eine allergische Entzündung der Haut, die **Kontaktdermatitis**, tritt nur an den Körperstellen auf, die direkten Kontakt mit dem Allergen haben. Die Haut rötet sich und juckt. Kosmetika, Reinigungsmittel und Metalle (z. B. Nickel) können diese Reaktion bewirken.

Viele Stoffe aus unserer Umwelt wirken Allergie auslösend.

Umgang mit Allergien

Damit die allergische Reaktion verhindert wird, kann das Allergen gemieden werden. Hausstauballergiker müssen dafür sorgen, dass Milben schlechte Lebensbedingungen vorfinden. Sie säubern die Räume häufiger, verzichten auf Teppiche und benutzen Decken und Kissen, die so heiß gewaschen werden können, dass Milben dabei absterben. Für Kissen, Bettdecken und Matratzen gibt es spezielle Überzüge, die so kleine Poren haben, dass der Milbenkot nicht hindurchpasst.

Doch nicht jedes Allergen kann gemieden werden. Manchmal schwächen Medikamente die allergische Reaktion ab. Bei Insektengiftallergien kann die starke Sensibilität manchmal durch eine schrittweise Gewöhnung an das Allergen, eine **Desensibilisierung**, teilweise rückgängig gemacht werden. Auch die eiweißarme Ernährung oder das Einstechen von Nadeln an vorgegebenen Körperstellen, die **Akupunktur**, können einige Allergiesymptome lindern.

Nicht allein die Allergene verursachen die allergische Reaktion. Oft kommen mit starken Belastungen, schlechten Ernährungsgewohnheiten und schwierigen Lebenssituationen weitere Faktoren dazu. Daher solltest du auf gute Ernährung, ausreichende Entspannung und ein zufriedenes, ausgeglichenes Leben viel Wert legen.

Mit Allergien kann man oft leichter umgehen, indem man Allergene meidet, spezielle Medikamente nutzt und gesund lebt.

Tierhaare

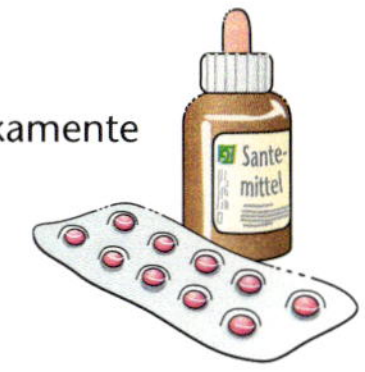

Medikamente

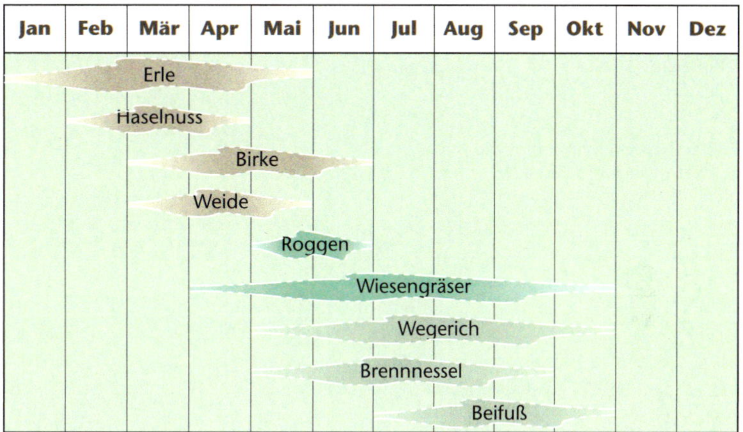

4 Pollenflugkalender

Aufgaben

1 a) Beschreibe die Symptome der Pollenallergie.
b) Bei welchen anderen Allergien können ähnliche Symptome auftreten?

2 a) Führe bei deinen Freunden und Bekannten eine Umfrage durch:
– Welche Allergien treten bei ihnen auf?
– In welchem Alter trat die allergische Reaktion zum ersten Mal auf?
– Wie gehen sie mit der Allergie um?
b) Fasse die Antworten in einer Tabelle zusammen.

3 Nina trägt schon lange am liebsten Jeans. Seit einer Woche hat sie dort, wo der Metallknopf sitzt, eine Kontaktdermatitis. Allergien treten also plötzlich auf. Wie kannst du das erklären?

4 Überlege dir, weshalb ein Wespenstich bei den meisten Menschen nur zu einer Schwellung und Rötung an der Einstichstelle, bei manchen jedoch zu einem lebensbedrohlichen Kreislaufkollaps führt.

Blütenpollen
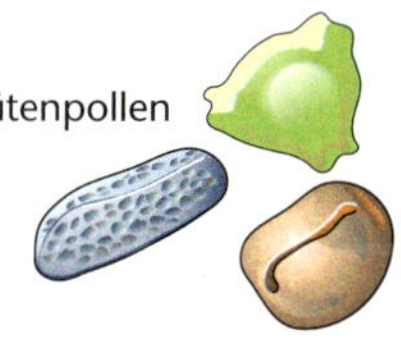

Metalle

Bienen- und Wespengift

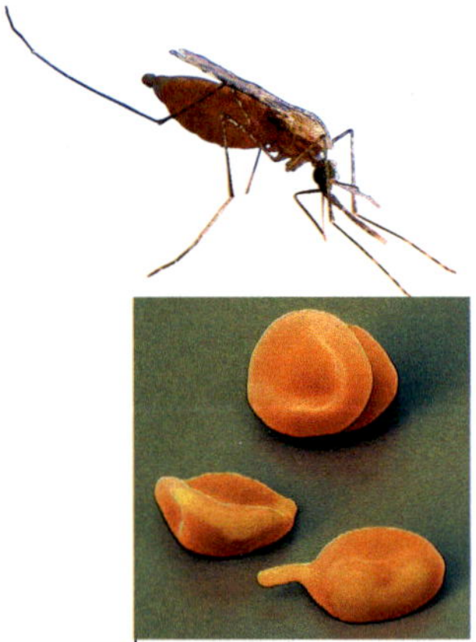

1 Anophelesmücke, Malariaerreger in roter Blutzelle

Ungewollte Mitbringsel
Verreist man in entferntere Gebiete der Erde, kann es passieren, dass man auch gefährliche Krankheitserreger mit nach Hause bringt.
Jedes Jahr wird bei mehreren hundert zurückgekehrten deutschen Urlaubern **Malaria** festgestellt. Weltweit erkranken jedes Jahr etwa 300–500 Millionen Menschen, 1,5–2,7 Millionen sterben an dieser Krankheit.

Ein Mückenstich genügt
Der Malariaerreger **Plasmodium** ist ein Einzeller und gelangt durch den Stich einer **Anophelesmücke** (▷ B 1) ins menschliche Blut.

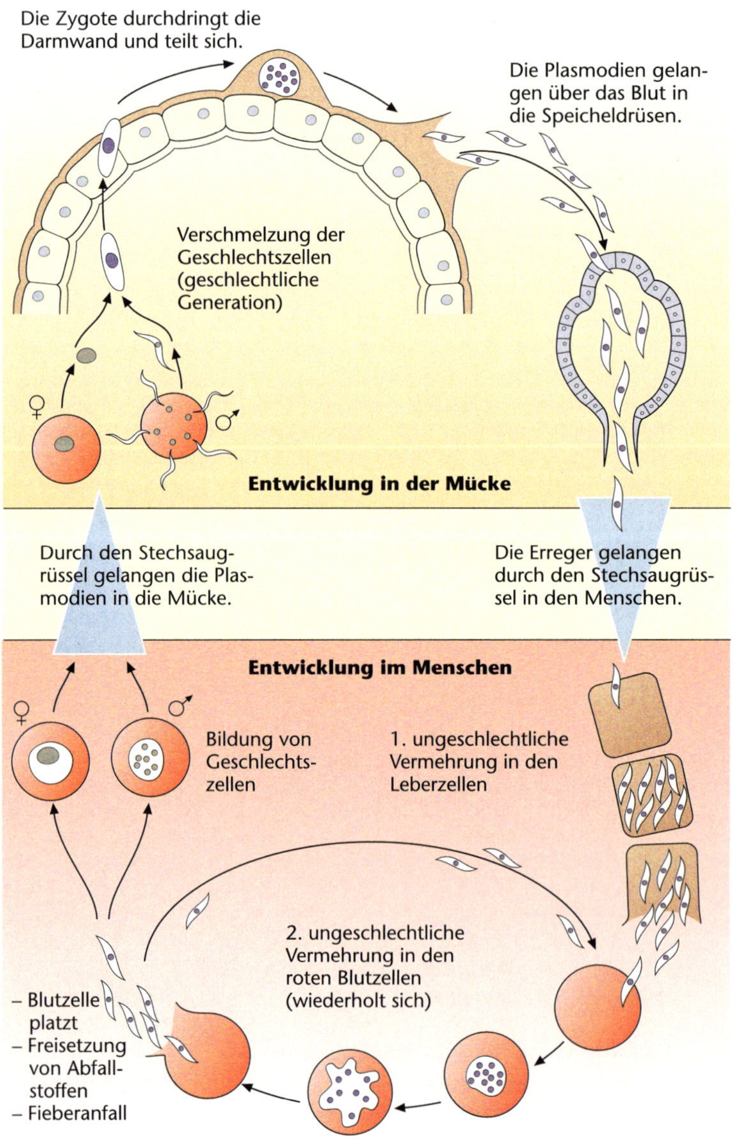

2 Entwicklungszyklus der Malaria

Plasmodien vermehren sich in der Leber und danach in den roten Blutzellen (▷ B 1 und B 2) durch Zellteilung, also ungeschlechtlich. Dadurch platzen die roten Blutzellen auf.
Dabei werden Abfallprodukte freigesetzt, die zu starkem Fieber, Schüttelfrost und Schweißausbrüchen führen.
Diese Fieberanfälle treten bei der häufigsten Malariaform alle zwei Tage auf.

Wird ein Malaria-Infizierter wieder von einer Anophelesmücke gestochen, gelangen Plasmodien mit dem Blut in die Mücke. Dort vermehren sich die Plasmodien geschlechtlich. Beim nächsten Blutsaugen können die neu gebildeten Plasmodien wieder einen Menschen infizieren.

Malaria vermeiden
Da Anophelesmücken meist nachts oder in der Dämmerung stechen, sollte man dann lange Kleidung tragen und unter einem Moskitonetz schlafen. Die Haut kann auch zusätzlich mit einem Insektenabwehrmittel eingerieben werden.
Schon vor Reisebeginn kann man vorbeugend Medikamente gegen den Malariaerreger einnehmen, die das Erkrankungsrisiko verringern.

Malaria ist eine weit verbreitete Infektionskrankheit, deren Erreger beim Stich der Anophelesmücke übertragen wird.

Aufgaben

1 a) Informiere dich über die Lebensansprüche der Anophelesmücke.
b) Auch in Deutschland kam es früher zu Malariainfektionen. Welche Bedingungen mussten damals vorhanden gewesen sein? Begründe.

2 a) Beschreibe den Verlauf von Malaria mithilfe von Abbildung 2.
b) Malaria wird auch Wechselfieber genannt. Erläutere.

3 a) Informiere dich im Internet, für welche Fernreiseziele eine Malariavorbeugung empfohlen wird.
b) Zeichne oder kopiere eine Weltkarte und trage diese Gebiete in deine Karte ein.
c) Finde heraus, welche Gemeinsamkeiten die eingezeichneten Gebiete haben.

Andere Länder – andere Krankheiten

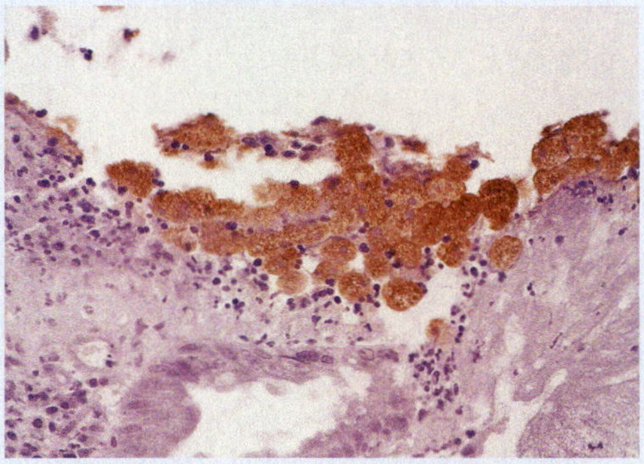

Die **Amöbenruhr** ist weltweit verbreitet, tritt aber hauptsächlich in den warmen Gebieten der Erde auf. Von den ca. 500 Millionen Infizierten erkranken mehr als 10 % nach einer Inkubationszeit von einem Tag bis vier Wochen.

Der Erreger ist ein Einzeller. Er gelangt mit verunreinigtem Wasser oder ungewaschenem Obst in den Darm des Menschen und schädigt Darmwand und Leber. Starke Bauchkrämpfe und blutiger Durchfall sind erste Symptome. Die meisten Infizierten erkranken nicht und zeigen keine Symptome. Trotzdem scheiden sie den Erreger in großen Mengen aus. Nur Hygiene kann vor Amöbenruhr schützen.

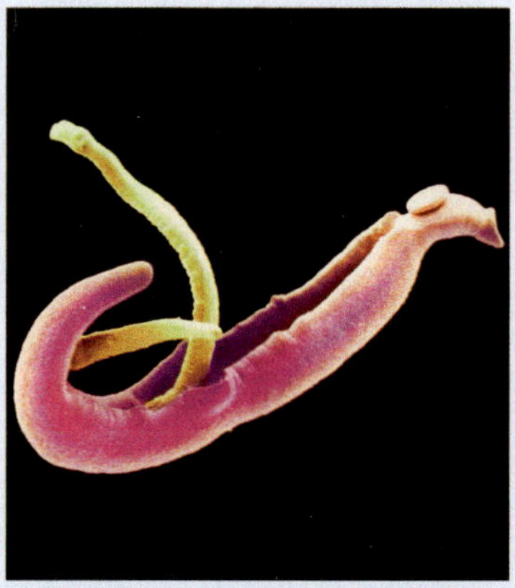

Etwa 200 Millionen Menschen sind weltweit an **Bilharziose** erkrankt. In Wasserschnecken der warmen Tropen- und Subtropengewässer lebt der Erreger, der Pärchenegel. Sein Name rührt daher, dass die Weibchen von den Männchen getragen werden.

Beim Arbeiten auf dem Reisfeld oder beim Baden im Fluss gelangen die Larven dieses Egels in die Haut des Menschen.

In den nächsten zwei Tagen entzündet sich die Eintrittsstelle. Die Egellarven treten in die Blutgefäße von Darm oder Blase über und entwickeln sich dort zu geschlechtsreifen Saugwürmern. Spätere Symptome wie Fieber, Gliederschmerzen und juckende Quaddeln treten 3–12 Wochen nach dem Befall auf.
Mit Kot oder Urin scheidet der Mensch Pärchenegeleier aus, die die Wasserschnecken aufnehmen. In ihnen entwickeln sich wiederum Egellarven.

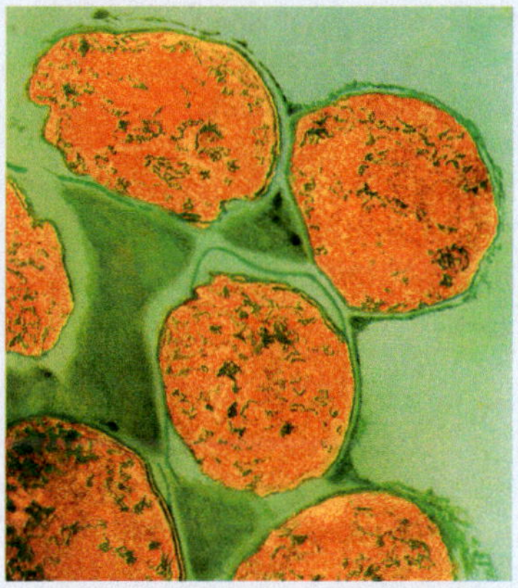

Nach der Infektion mit dem Erregerbakterium dauert es meist 2–5 Jahre oder noch länger, bis **Lepra** ausbricht. Übertragen wird das Bakterium mit dem Nasensekret oder der Muttermilch erkrankter Frauen. Weltweit sind 12 Millionen Menschen erkrankt, jedes Jahr gibt es ca. 700 000 neue Fälle.

Erfolgt die Infektion bei gutem Zustand des Abwehrsystems, sind Hautveränderungen, Lähmungen, Schmerzunempfindlichkeit und Muskelschwund die Folge. Lepra kann dann mit Medikamenten geheilt werden. Bei Abwehrschwäche, die durch schlechte Lebensbedingungen und unzureichende Ernährung hervorgerufen wird, kommt es zu schweren Verstümmelungen.
Lepra muss dann unbedingt im frühen Stadium behandelt werden.
Eine Isolierung der Erkrankten ist nicht nötig. Früher wurden die Erkrankten, die „Aussätzigen", aus Furcht vor Ansteckung aus den Dörfern und Städten verbannt.

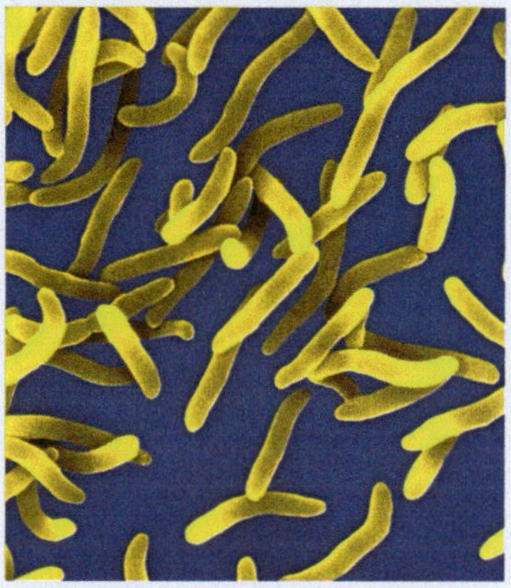

Vorwiegend in Asien, aber auch in Afrika und Lateinamerika sterben jedes Jahr etwa 2,5 Millionen Menschen an **Cholera.** Wenige Stunden bis fünf Tage nach der Infektion mit dem Erregerbakterium treten massive wässrige Durchfälle und Erbrechen auf. Unbehandelt führt Cholera bei bis zu 70 % der Erkrankten zum Tod.

Das Cholera-Bakterium wurde 1883 von Robert Koch identifiziert. Es gelangt vor allem mit Trinkwasser oder rohem Fisch in den menschlichen Dünndarm und gibt dort ein Gift frei. Dies führt zu starkem Durchfall, der wiederum einen extremen Verlust an Flüssigkeit und Mineralstoffen mit sich bringt. Cholera-Patienten können innerhalb eines Tages 20 l Wasser verlieren! Der hohe Flüssigkeitsverlust kann zu Krämpfen, Kollaps, Herzrhythmusstörungen und zum Koma führen.
Bei Verdacht einer Cholera-Infektion werden Betroffene sofort isoliert. Eine Schutzimpfung gegen Cholera ist möglich.

Eine ganze Palette steht zur Auswahl
Immer, wenn du dich richtig krank fühlst, solltest du einen Arzt oder eine Ärztin aufsuchen. Sie können entscheiden, was dir am besten helfen wird.
Es gibt unterschiedliche Möglichkeiten, Krankheiten zu heilen oder ihre Symptome zu lindern. Daher benötigen Ärzte und Heilpraktiker umfassende Informationen über ihre Patienten.

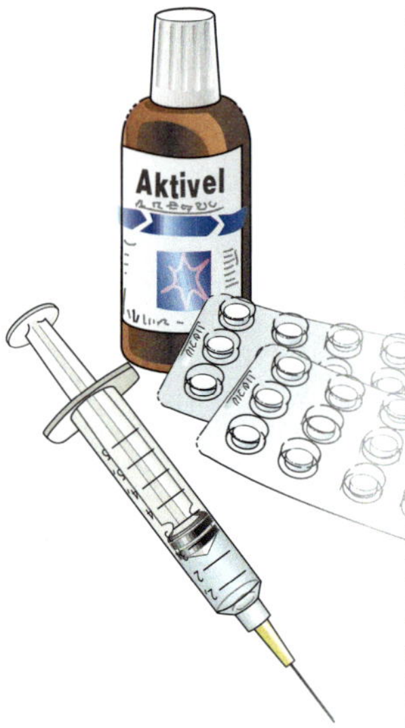

Synthetische Mittel
Diese Heilmittel werden künstlich hergestellt. Viele **synthetische Medikamente** müssen verschrieben werden, sie sind nur in Apotheken erhältlich. Diese Medikamente enthalten zum Teil pflanzliche Bestandteile. Auch einige natürliche Heilmittel erhält man nur auf Rezept. Dosierung, Art und Dauer der Einnahme werden durch Ärzte genau erläutert.

In jeder Medikamentenschachtel befindet sich ein **Beipackzettel**, auf dem Hinweise zur Einnahme und zu Neben- und Wechselwirkungen mit anderen Medikamenten zu finden sind. Antibiotika müssen z. B. komplett aufgebraucht werden.
Diese Hinweise musst du vor der Einnahme des Medikaments unbedingt lesen. Falls du sie nicht verstehst, frage deine Eltern oder die Fachleute in der Apotheke oder Arztpraxis.

Medikamente müssen trocken und kühl aufbewahrt werden. Ist das Verfallsdatum überschritten, kannst du sie in der Apotheke abgeben, Medikamente werden dort fachgerecht entsorgt.

Heilpflanzen
Mit **Heilpflanzen** und anderen Stoffen aus der Natur unterstützte der Mensch schon immer seine Gesundheit und linderte oder heilte damit verschiedene Krankheiten. Salbei hilft zum Beispiel als Dampfbad oder Tee bei Halsschmerzen und Erkältungen. Fencheltee fördert die Verdauung und befreit von Blähungen, außerdem lindert er Bronchitis und Husten.
Kamille wirkt entzündungshemmend und wird bei Erkrankungen im Magen-Darm-Bereich als Tee getrunken.
So können Hausmittel manche Tablette überflüssig machen. Bei dauerhafter Anwendung könnte es aber zu unerwünschten Nebenwirkungen kommen. Daher muss man sich vorher in der Apotheke informieren.

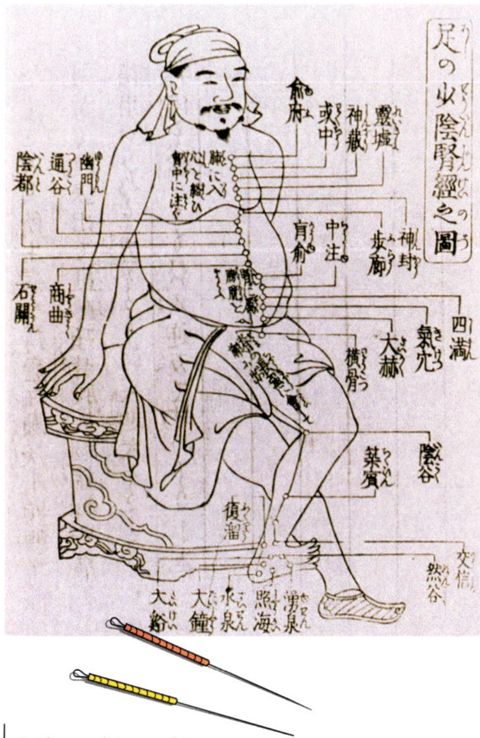

1 Akupunkturpunkte

Homöopathische Mittel
Eine weitere Heilmöglichkeit ist die **Homöopathie**. Die Grundidee der Homöopathie, Gleiches mit Gleichem zu heilen, geht auf Samuel Hahnemann (1755–1843) zurück. Als Heilmittel werden die krankheitsverursachenden Stoffe in sehr starker Verdünnung eingesetzt und für jeden Patienten ganz speziell zusammengestellt.

Akupunktur
Diese asiatische Heilmethode ist uralt. Es gibt ganz bestimmte Körperstellen, so genannte Akupunkturpunkte (▷ B 1), die in direktem Zusammenhang mit dem Funktionieren von Organen stehen. Werden Nadeln in die Akupunkturpunkte gestochen, kann es gelingen, dass die Organe wieder normal arbeiten. Es wird noch erforscht, warum diese Methode Erfolg haben kann.
Hilfreich ist **Akupunktur** bei Magen-Darm-Problemen, Schmerzen, Entzündungen, Allergien, Asthma, Augen- und Rachenerkrankungen.

▶ Mit synthetischen Mitteln, Hausmitteln, Homöopathie und Akupunktur stehen sehr verschiedene Heilmethoden zur Verfügung. Manchmal können Nebenwirkungen auftreten.

Ich weiß selbst, was mir hilft

Immer mehr Medikamente, zu denen auch Schlaf-, Abführ-, Aufputschmittel und Schmerztabletten gehören, können ohne Rezept in der Apotheke gekauft werden. Erfolgt die Einnahme ohne ärztliche Kontrolle, können sie deiner Gesundheit schaden. Von manchen Medikamenten kannst du sogar süchtig werden.
Deshalb solltest du dir Medikamente nie selbst „verordnen“. Nur ein Spezialist kann entscheiden, welche Heilmethode am meisten Erfolg verspricht.
Bei vielen Krankheiten helfen auch einfache Hausmittel oder veränderte Lebensgewohnheiten. Verbessert sich die Situation nicht, musst du unbedingt einen Arzt oder eine Ärztin aufsuchen.

▶ Die unkontrollierte Anwendung von Medikamenten kann der Gesundheit schaden.

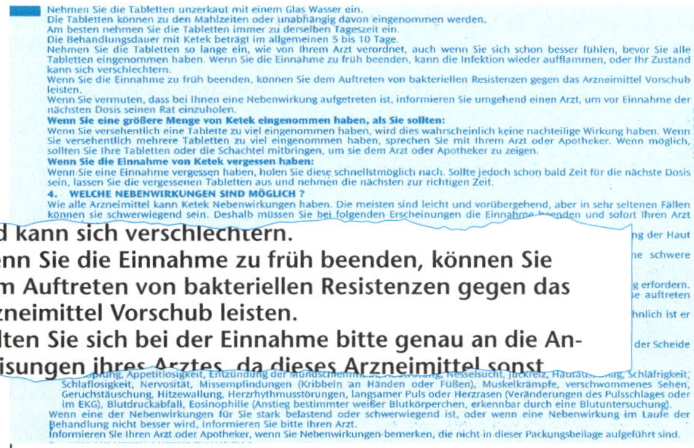

Nehmen Sie die Tabletten unzerkaut mit einem Glas Wasser ein.
Die Tabletten können zu den Mahlzeiten oder unabhängig davon eingenommen werden.
Am besten nehmen Sie die Tabletten immer zu derselben Tageszeit ein.
Die Behandlungsdauer mit Ketek beträgt im allgemeinen 5 bis 10 Tage.
Nehmen Sie die Tabletten so lange ein, wie von Ihrem Arzt verordnet, auch wenn Sie sich schon besser fühlen, bevor Sie alle Tabletten eingenommen haben. Wenn Sie die Einnahme zu früh beenden, kann die Infektion wieder aufflammen, oder Ihr Zustand kann sich verschlechtern.
Wenn Sie die Einnahme zu früh beenden, können Sie dem Auftreten von bakteriellen Resistenzen gegen das Arzneimittel Vorschub leisten.
Wenn Sie vermuten, dass bei Ihnen eine Nebenwirkung aufgetreten ist, informieren Sie umgehend einen Arzt, um vor Einnahme der nächsten Dosis seinen Rat einzuholen.

Wenn Sie eine größere Menge von Ketek eingenommen haben, als Sie sollten:
Wenn Sie versehentlich eine Tablette zu viel eingenommen haben, wird dies wahrscheinlich keine nachteilige Wirkung haben. Wenn Sie versehentlich mehrere Tabletten zu viel eingenommen haben, sprechen Sie mit Ihrem Arzt oder Apotheker. Wenn möglich, sollten Sie Ihre Tabletten oder die Schachtel mitbringen, um sie dem Arzt oder Apotheker zu zeigen.

Wenn Sie die Einnahme von Ketek vergessen haben:
Wenn Sie eine Einnahme vergessen haben, holen Sie diese schnellstmöglich nach. Sollte jedoch schon bald Zeit für die nächste Dosis sein, lassen Sie die vergessenen Tabletten aus und nehmen die nächsten zur richtigen Zeit.

4. WELCHE NEBENWIRKUNGEN SIND MÖGLICH ?
Wie alle Arzneimittel kann Ketek Nebenwirkungen haben. Die meisten sind leicht und vorübergehend, aber in sehr seltenen Fällen können sie schwerwiegend sein. Deshalb müssen Sie bei folgenden Erscheinungen die Einnahme beenden und sofort Ihren Arzt

bild kann sich verschlechtern.
Wenn Sie die Einnahme zu früh beenden, können Sie dem Auftreten von bakteriellen Resistenzen gegen das Arzneimittel Vorschub leisten.
Halten Sie sich bei der Einnahme bitte genau an die Anweisungen ihres Arztes, da dieses Arzneimittel sonst

Schlaflosigkeit, Nervosität, Missempfindungen (Kribbeln an Händen oder Füßen), Muskelkrämpfe, verschwommenes Sehen, Geruchstäuschung, Hitzewallung, Herzrhythmusstörungen, langsamer Puls oder Herzrasen (Veränderungen des Pulsschlages oder im EKG), Blutdruckabfall, Eosinophilie (Anstieg bestimmter weißer Blutkörperchen, erkennbar durch eine Blutuntersuchung).
Wenn eine der Nebenwirkungen für Sie stark belastend oder schwerwiegend ist, oder wenn eine Nebenwirkung im Laufe der Behandlung nicht besser wird, informieren Sie bitte Ihren Arzt.
Informieren Sie Ihren Arzt oder Apotheker, wenn Sie Nebenwirkungen bemerken, die nicht in dieser Packungsbeilage aufgeführt sind.

2 Beipackzettel eines Antibiotikums

Aufgaben

1 Nenne einige Krankheiten, bei denen Hausmittel allein nicht helfen.

2 Lies den Ausschnitt des Beipackzettels eines Antibiotikums. Was ist bei der Einnahme unbedingt zu beachten? Begründe deine Antwort.

3 Stelle dir vor, eine Klassenkameradin hat oft Kopfschmerzen und nimmt dann meist eine Schmerztablette.
a) Welche Vor- und Nachteile hat das? Diskutiert darüber in der Klasse. Befragt auch einen Experten dazu.
b) Es gibt andere Möglichkeiten als die Einnahme von Tabletten. Welche fallen dir ein?

4 Erstelle eine Kräutertee-Kartei. Entnimm die benötigten Informationen dem Internet oder Büchern.
Du kannst auch einen Apotheker oder eine Apothekerin befragen.
a) Welche Pflanzen kann man für Kräutertees verwenden?
b) Wie wird dieser Tee zubereitet?
c) Welche Wirkung hat er?
d) Erstelle mithilfe deiner Kartei eine zusätzliche Liste, in der du mögliche Beschwerden alphabetisch auflistest und das entsprechende Hausmittel zuordnest.

Werkstatt

Ein Rezept für Ringelblumensalbe

Ringelblumen-Salbe unterstützt die Heilung bei Schnittwunden, kleinen Verbrennungen und wunden Stellen. Sie wird auch bei Prellungen und Zerrungen angewendet.

Material

60 g getrocknete Ringelblumen (aus der Apotheke oder dem Drogeriemarkt), 200 g Vaseline, Topf, dünnes Tuch, Salbengefäß

Versuchsanleitung

Erwärme die Vaseline im Wasserbad, bis sie flüssig ist, und gib dann die Ringelblumen dazu. Lasse diese Mischung etwa 10 Minuten kochen. Rühre dabei ab und zu um.
Gieße die Mischung durch das dünne Tuch in das Salbengefäß. Drücke die Ringelblumen kräftig aus, damit die enthaltene Flüssigkeit nicht verloren geht. Verschließe nach dem Abkühlen der Mischung das Salbengefäß.
Verbrauche die Salbe schnell, sonst wird sie ranzig.

Bevor es zu spät ist

So viele verschiedene Krankheiten es gibt, so viele Chancen hast du auch, dafür zu sorgen, möglichst gar nicht krank zu werden – gesund sein ist das Ziel.

Aufgabe

1 Schau dir die verschiedenen Tipps zur Vorbeugung an.
Wie beugst du Krankheiten vor?

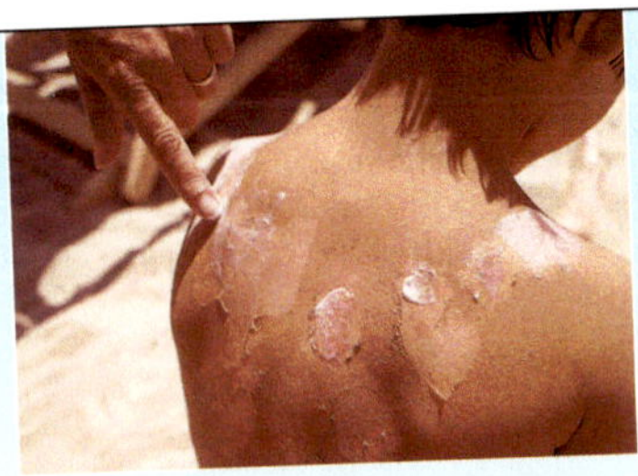

Viele schädliche Umwelteinflüsse kann man vermeiden. Vor zu viel Sonne sollten wir uns schützen, um nicht an Krebs zu erkranken. Filzstifte und Kleber gibt es auch ohne giftige Lösemittel. Und schimmelige Lebensmittel muss man komplett wegwerfen, da sie Krebs auslösen können.

Ohne **Hygiene** haben Krankheitserreger ein leichtes Spiel. Vor dem Essen und nach dem Gang zur Toilette muss man sich die Hände waschen. Obst sollte immer gewaschen werden und in vielen Urlaubsländern darf nur abgekochtes Wasser getrunken werden.

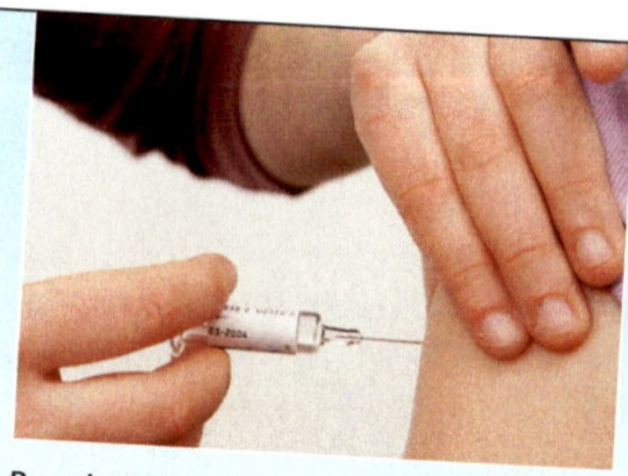

Regelmäßige **Schutzimpfungen** laut Impfkalender können uns vor schweren Erkrankungen wie Kinderlähmung, Keuchhusten und Tetanus bewahren.

Bewegung muss unbedingt sein. nicht nur die Muskulatur, auch das Herz-Kreislaufsystem wird dadurch gestärkt und vor Krankheiten geschützt.

Eine **kalte Dusche** härtet ab. Man sollte erst warm duschen und dann kalt nachduschen. So wird das Immunsystem in Schwung gehalten.

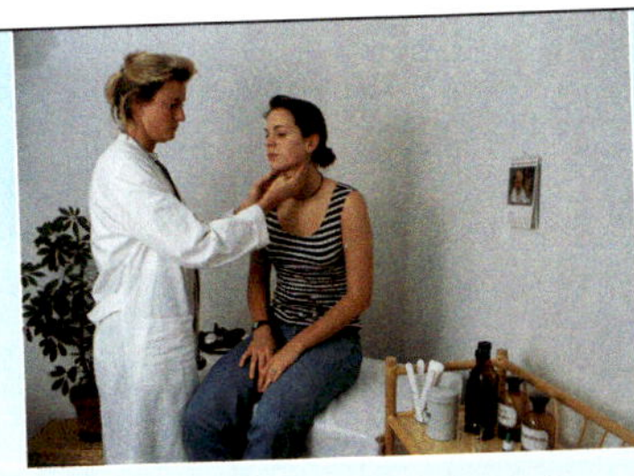

Untersuchungen durch Ärzte dienen auch der Früherkennung von Krankheiten. Viele Krankeiten sind umso besser oder nur dann zu heilen, wenn sie früh genug erkannt werden.

Gesunde Ernährung ist entscheidend, damit unser Immunsystem richtig funktioniert und damit wir nicht übergewichtig werden.

Entspannen hilft gegen Disstress. Erholungspausen sind wichtig, wenn wir wieder leistungsfähig sein wollen.

Nicht ein einziger Tag sollte ohne **Lachen und Spaß** vergehen. Auch das stärkt unser Immunsystem und es macht das Leben gleich viel schöner.

Schlusspunkt

Kommunikation und Informationsverarbeitung

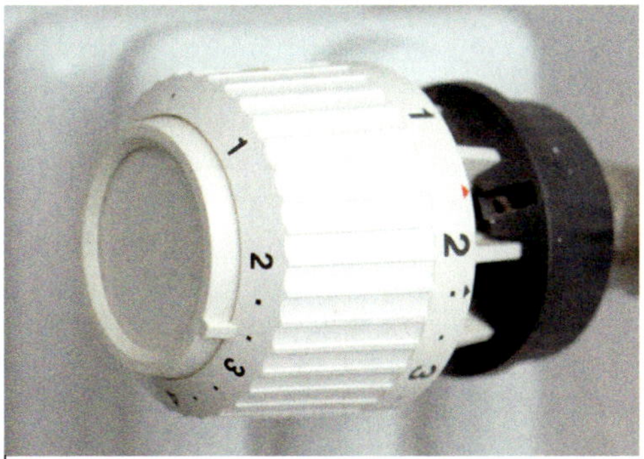

1 Der Heizungsthermostat regelt die Temperatur.

Daten
Daten sind Werte, die man aus Messungen, Beobachtungen usw. gewinnt. Setzt man diese Daten in Beziehung zu gespeicherten Daten, gewinnt man Informationen.

Analog und digital
Ein Vorgang heißt analog, wenn er kontinuierlich abläuft. Wenn er schrittweise verläuft, nennt man ihn digital.

Datenspeicherung
Um Daten dauerhaft aufzubewahren, müssen sie gespeichert werden.
Es gibt unterschiedliche Medien, auf denen Daten gespeichert werden können.

Messen, steuern, regeln
Messen heißt Feststellen von Daten. Steuern ist das Auslösen eines Schaltvorganges mit Hilfe empfangener Daten. Regeln ist ein Vorgang, bei dem empfangene Daten mit einem vorgegebenen Wert verglichen werden. Bei Abweichungen werden die empfangenen Daten an die vorgegebenen angeglichen.

Informationsverarbeitung
Erregungen aus den Sinnesorganen erreichen über sensorische Nerven das Gehirn. Dort werden die Sinneswahrnehmungen verarbeitet.
Über motorische Nerven steuert das Gehirn die Skelettmuskulatur. Die Synapsen sind Kontaktstellen, die der Erregungsübertragung zwischen Sinnes-, Nerven- und Muskelzellen dienen. Das Rückenmark dient der Erregungsleitung zwischen Körper und Gehirn sowie der Steuerung von Reflexen.

Reize und Reaktionen
Außenreize werden durch einen angeborenen Auslösemechanismus zu Schlüsselreizen.
Diese lösen bei Tieren bestimmte Verhaltensweisen aus. Schlüsselreize dienen der Arterhaltung. Bei dem Lebewesen muss aber eine innere Bereitschaft zum Handeln vorhanden sein.

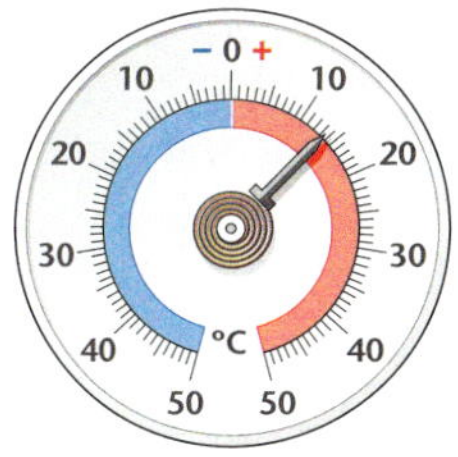

3 Bimetallthermometer

Durch Lernen verändert sich das Verhalten
Jede Erfahrung mit der Umwelt, die eine länger bestehende Verhaltensänderung ergibt, wird als „Lernen" bezeichnet.
Es gibt viele Formen des Lernens. Lernen durch Versuch und Irrtum oder durch einsichtiges Verhalten sind typische Lernformen des Menschen.

Immunreaktion im Körper
Fresszellen, T-Helferzellen, Plasmazellen, Killerzellen und Gedächtniszellen sorgen für die Abwehr von Krankheitserregern. Diese weißen Blutzellen bewirken, dass Antikörper gebildet werden. Deshalb kann nach überstandenen Erkrankungen für den speziellen Erreger teilweise Immunität bestehen.

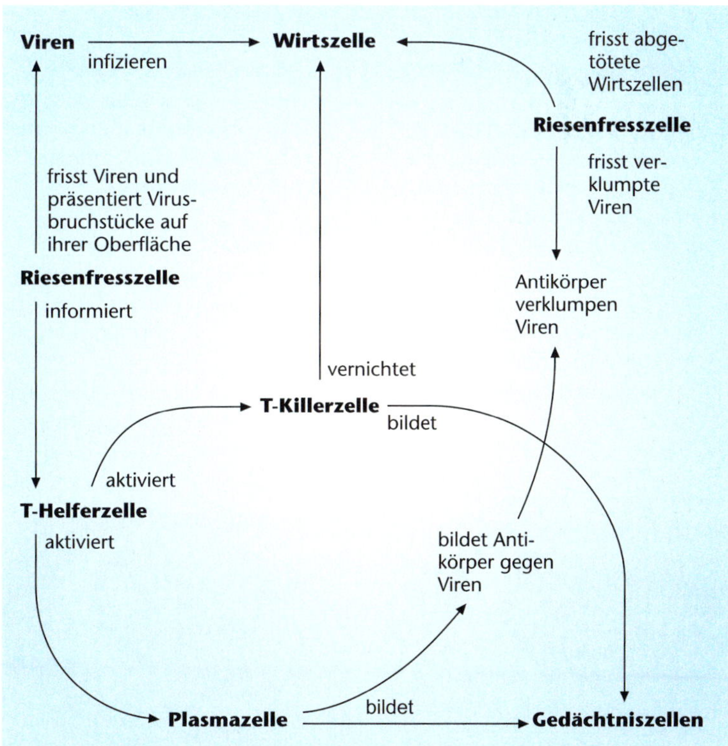

2 Immunreaktion, Schema

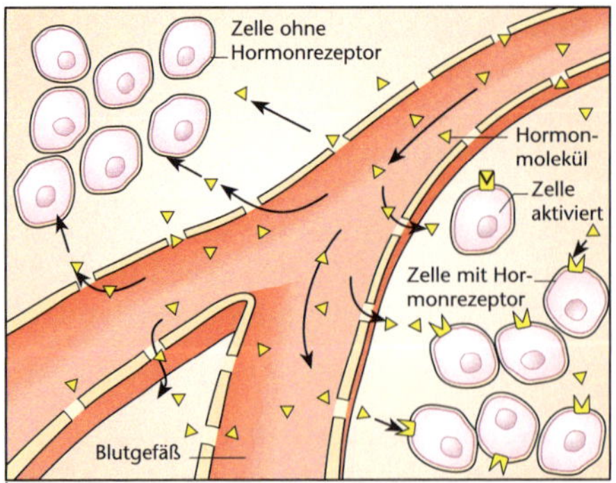

4 Hormone

5 Mögliche Allergene

Hormone

Hormone sind Botenstoffe, die in speziellen Drüsen gebildet werden und über die Blutbahn im Körper verteilt werden. Die Ausschüttung von Hormonen wird vom Gehirn gesteuert. Sie wirken bereits in geringsten Mengen und beeinflussen den Zellstoffwechsel. Insulin reguliert den Blutzuckerspiegel. Bei Diabetes mellitus ist dieser krankhaft erhöht. Dadurch werden die inneren Organe geschädigt.

AIDS

Das HI-Virus wird vor allem durch Sexual- und Blutkontakt übertragen. Einmal in einem menschlichen Organismus eingebunden, benutzt es als Wirt zur weiteren Vermehrung die T-Helferzelle.

Impfen

Die passive Immunisierung ist eine Heilimpfung und wirkt kurzfristig.
Die aktive Immunisierung ist eine Schutzimpfung. Die vom Geimpften gebildeten Antikörper verbleiben meist langfristig im Blut.
Gegen viele Erreger sind Schutzimpfungen möglich und ratsam. Erkrankungen wie Kinderlähmung und Diphtherie sind dadurch stark zurückgegangen.

Allergien

Allergien sind Überreaktionen des Immunsystems. Allergene sind beispielsweise Pollen oder Tierhaare.
Sie können u. a. Schnupfen, Atemnot und Hautausschläge hervorrufen.

Aufgaben

1 Welche Daten können wir auf einer DVD speichern? Nenne Beispiele.

2 Welche Datenmengen (in Megabyte) könnte man theoretisch auf einer Schallplatte, einer Kassette, einer einer Videokassette speichern?

3 Wie hat man vor hundert Jahren Daten gespeichert? Konnte man schon vor mehreren tausend Jahren Daten speichern? Erkläre ausführlich!

4 Auch das menschliche Auge empfängt Daten. Erkläre das ausführlich. Welchen Vorgang stellt Bild 6 dar?

5 a) Eine DIN-A4-Seite fasst etwa 4 000 Zeichen. Wie viele Textseiten könnte man auf den verschiedenen Datenträgern (▷ B 7) abspeichern?

b) Erstelle am Computer mit einem Textverarbeitungsprogramm einen Text über eine DIN-A4-Seite und speichere ihn.
Vergleiche die Größe der Datei mit der Anzahl der getippten Buchstaben.

6 Es gibt Uhren mit analoger und mit digitaler Anzeige. Erkläre den Unterschied.

7 Auch Messgeräte können digitale oder analoge Anzeigen haben. Vergleiche (▷ B 8). Gibt es Vor- oder Nachteile? Wenn ja, welche?

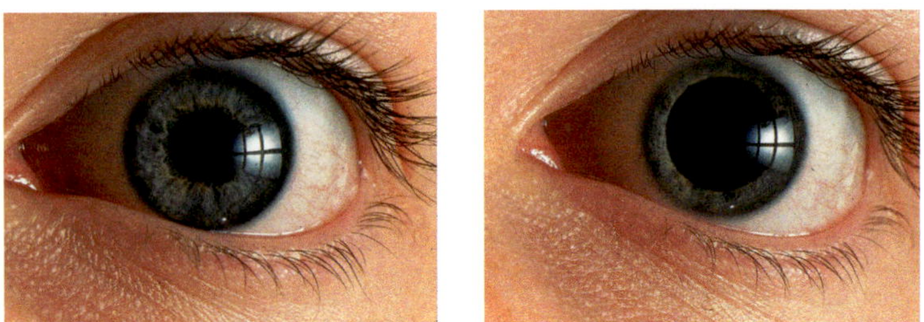

6 Die Pupille kann ihre Größe ändern.

Datenträger	Speicherkapazität
Diskette	1,44 Megabyte
Festplatte	unterschiedliche Kapazitäten, z. B. 200 Gigabyte
Compact Disc	650 Megabyte
DVD *single-sided/ simple-layer	4,7 Gigabyte
DVD *single-sided/ double-layer	8,5 Gigabyte
DVD double-sided/ double-layer	17 Gigabyte

7 Zu Aufgabe 5

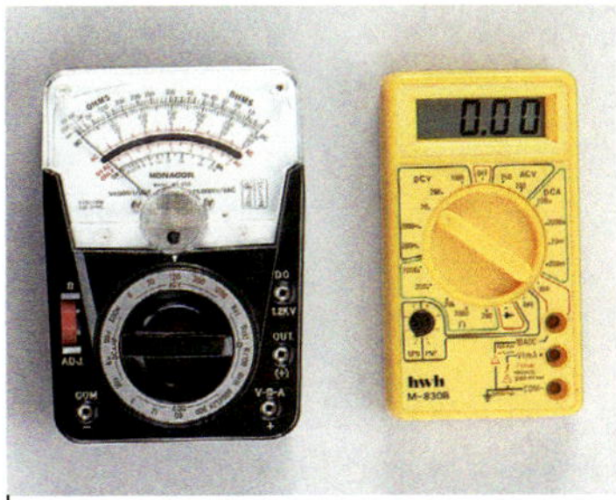

8 Zu Aufgabe 7

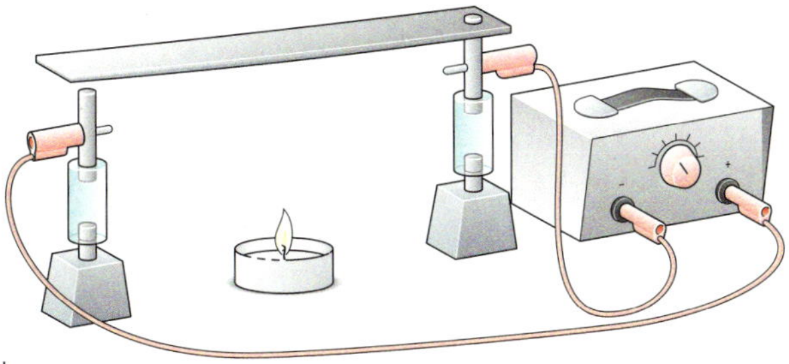

9 Zu Aufgabe 10

8 Man unterscheidet Ein-Wege- und Zwei-Wege-Kommunikation. Nenne für jede Art mindestens vier Beispiele.

9 Finde mindestens zehn Beispiele, wo Daten erfasst werden.

10 Fertige eine Tabelle an mit den Spalten

Messen	Steuern	Regeln

Trage folgende Vorgänge in die richtige Spalte ein und ergänze um je zwei weitere Beispiele:
- Die Sonne scheint. Wir schwitzen.
- Junge Sonnenblumen drehen sich mit der Sonne.
- Wir lesen die Uhrzeit ab.
- Beim Bügeln schaltet das Bügeleisen sich automatisch immer wieder an und aus.
- Das Bimetall im Stromkreis (▷ B 9) wird erwärmt.

11 Beschreibe am Beispiel eines Korbwurfs beim Basketball den Weg von einer Sinneswahrnehmung über die Verarbeitung im Gehirn bis zur Steuerung des Verhaltens.

12 Manche Tiere verfügen über Sinnesorgane, mit denen der Mensch nicht ausgestattet ist. Informiere dich aus verschiedenen Quellen und referiere deine Ergebnisse.

13 Toni sagt: „Schon ungeborene Kinder lernen."
Clara entgegnet: „Richtiges Lernen beginnt erst in der Schule." Wer hat Recht?
Begründe deine Antwort.

14 Erkläre die verschiedenen Formen des Lernens jeweils anhand eines Beispiels.

15 Viele Kinder beginnen bereits zu weinen, wenn sie nur den weißen Kittel einer Ärztin oder eines Arztes sehen.
Erkläre dieses Verhalten, indem du die Begriffe „Reiz", „Reaktion", „Erfahrung" und „Lernen" verwendest.

16 „Eine Infektion ist eine Krankheit." Überprüfe, ob dieser Satz richtig ist.
Begründe deine Antwort.

17 „Vorbeugen ist besser als Heilen." Welche Möglichkeiten kennst du, mit denen man Krankheiten vorbeugen kann?

18 Vergleiche in einer Tabelle die aktive mit der passiven Immunisierung.

19 Das Impfen ist umstritten.
a) Informiere dich über die verschiedenen Standpunkte von Medizinern.
Erläutere den Konflikt und äußere deine Meinung dazu.
b) Bildet eine Pro- und eine Contra-Gruppe und diskutiert die verschiedenen Standpunkte. Benützt Fachbegriffe.
c) Kann es sinnvoll sein, Jungen gegen Röteln zu impfen? Begründe.

Mediziner stellen immer häufiger Lücken im Impfschutz bei Kindern fest. Nur etwa 90 % der Kinder sind mit dem empfohlenen Impfschutz versorgt. Befürworter und Kritiker von Impfungen führen heftige Auseinandersetzungen über den Sinn von Vorsorgeimpfungen im Kindesalter.

Als Argumente der Befürworter werden vor allem angeführt:
- **Nur frühzeitige Impfungen schützen bestmöglich vor gefährlichen Krankheiten.**
- **Die Umgebung der geimpften Person ist vor Ansteckung geschützt.**
- **Durch Impfungen können z. B. Epidemien verhindert werden.**
- **Jede Impfung bietet maximalen Schutz bei meist geringem Risiko.**
- **Nur in seltenen Fällen kommt es zu schweren Nebenwirkungen.**
- **Impfstoffe gehören zu den sichersten Arzneimitteln, da sie ständig kontrolliert werden.**

Die Gegner von systematischen Impfungen bei Kindern führen dagegen ins Feld:
- **Geimpft wird auch gegen vergleichsweise harmlose Kinderkrankheiten, die ein gesundes Kind ohne jede Schwierigkeit, oftmals sogar ohne Symptome, durchlebt.**
- **Impfungen können schwere Nebenwirkungen, wie z. B. allergische Reaktionen verursachen.**
- **Kinderkrankheiten sind zwar unangenehm, aber bei gesunden Kindern nicht gefährlich.**
- **Geimpfte Kinder sind nicht gesünder als ungeimpfte.**
- **Eine Unterdrückung von Krankheiten kann in Folge zu einer Zunahme chronischer Erkrankungen führen.**
- **Erlebte Kinderkrankheiten schützen meist vor schweren Erkrankungen im Erwachsenenalter.**

Die Erde im Weltall

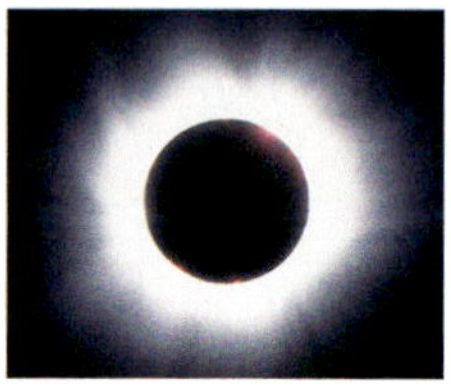

Schon immer waren die Menschen von den Vorgängen und Erscheinungen am Himmel fasziniert. Vieles konnte man sich früher nicht erklären, inzwischen ermöglichen uns verschiedene Instrumente die Erkundung des Weltalls.

Die Sonne ist für uns der wichtigste Himmelskörper. Sie liefert uns Licht und Wärme. Ohne sie gäbe es kein Leben auf der Erde. Sie bestimmt unseren Alltag.

In einer klaren Nacht kannst du schon mit bloßen Augen viele Sterne betrachten. Fernrohre und Teleskope erlauben es uns, mehr über den Mond, die Planeten und andere Himmelskörper zu erfahren.

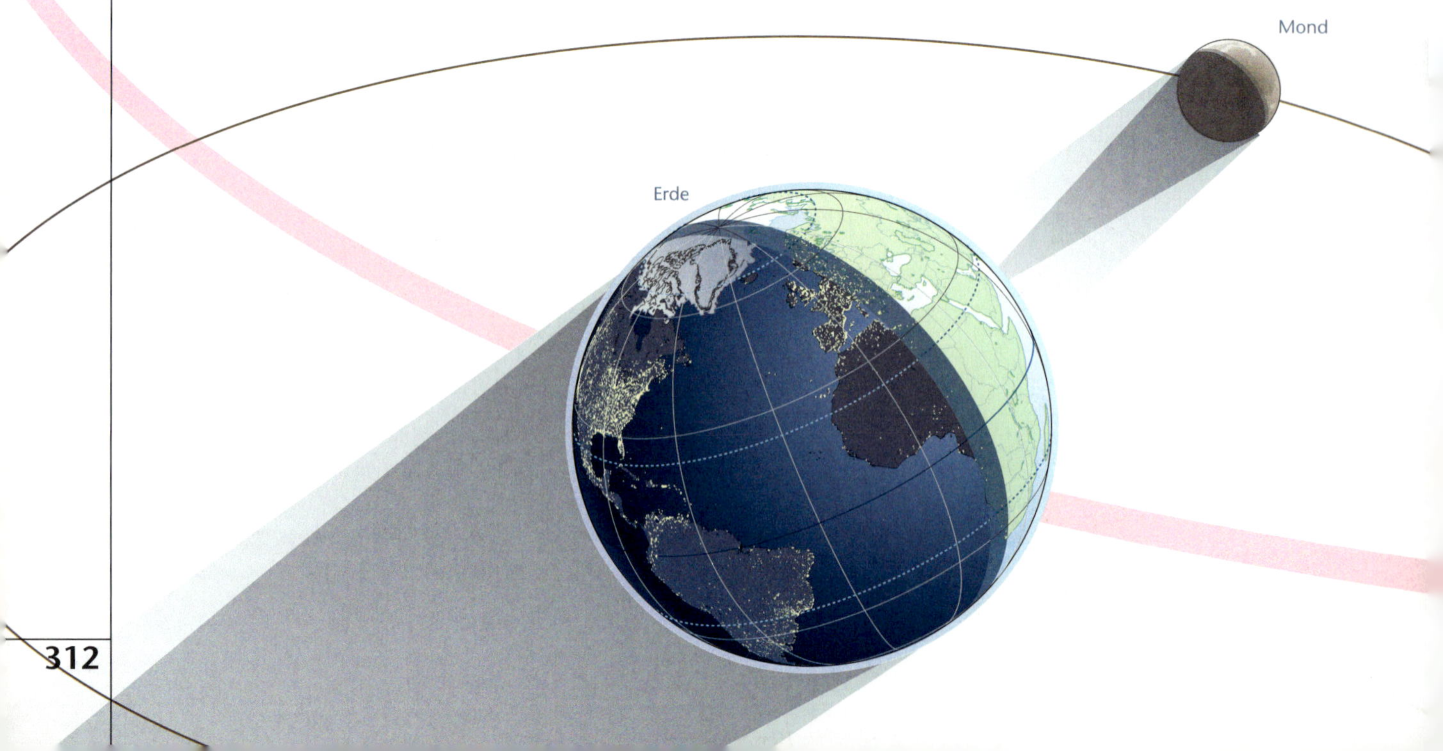

Merkur
Sonne

1 Der Mond

Die auffälligsten Himmelskörper, die du von der Erde aus sehen kannst, sind die **Sonne** und der **Mond** (▷ B 1). Während die Sonne nur am Tag zu sehen ist, steht der Mond meist nachts gut sichtbar am Himmel. Manchmal kannst du ihn aber auch tagsüber sehen.

Unsere Sonne ist ein Stern

Für uns ist die Sonne einzigartig. Dennoch ist sie nur einer von unzähligen Himmelskörpern des Weltalls. Sie ist ein riesiger glühender Gasball ohne feste Hülle (▷ B 3). In ihrem Inneren herrschen Temperaturen von mehr als 16 000 000 °C, an der Oberfläche ist sie immer noch fast 7000 °C heiß. Die Sonne gehört zu den Sternen, weil sie selbst Licht erzeugt.
Mit ihrem Durchmesser von 1,4 Millionen Kilometern ist die Sonne ein mittelgroßer Stern. Verglichen mit der Erde ist ihre Größe aber nahezu unvorstellbar: Sie ist 1,3-Millionen-mal größer als die Erde.

Unser Sonnensystem

Die Sonne bildet das Zentrum unseres **Sonnensystems** (▷ B 2) mit seinen acht **Planeten**. Die Planeten wandern auf fast kreisförmigen Bahnen um die Sonne. Diese Bahnen liegen, mit kleinen Abweichungen, in einer Ebene. Die Planeten sind viel kleiner als die Sonne und leuchten nicht selbst. Sie sind nur zu sehen, weil sie von der Sonne angestrahlt werden.

2 Unser Sonnensystem im Überblick

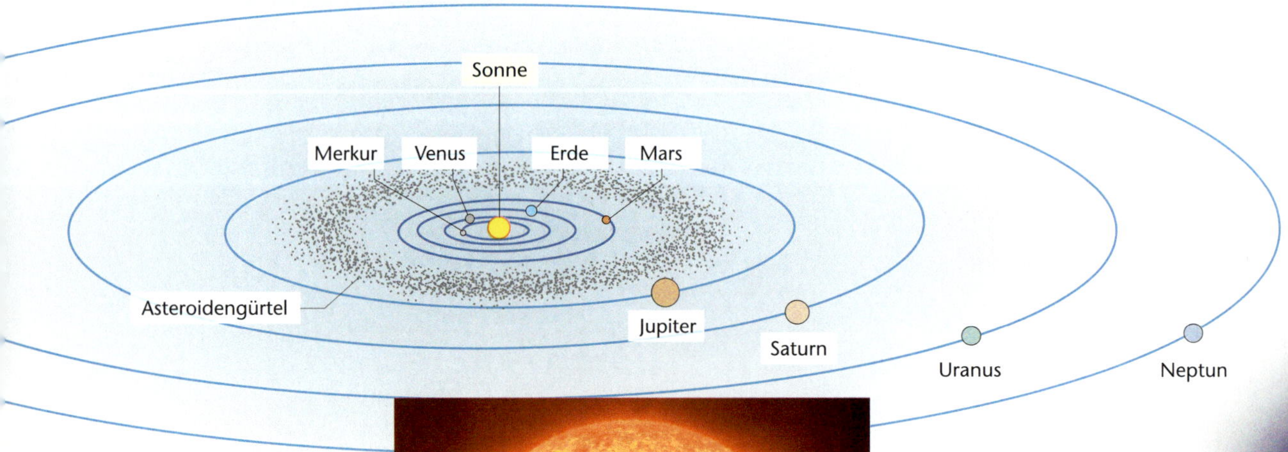

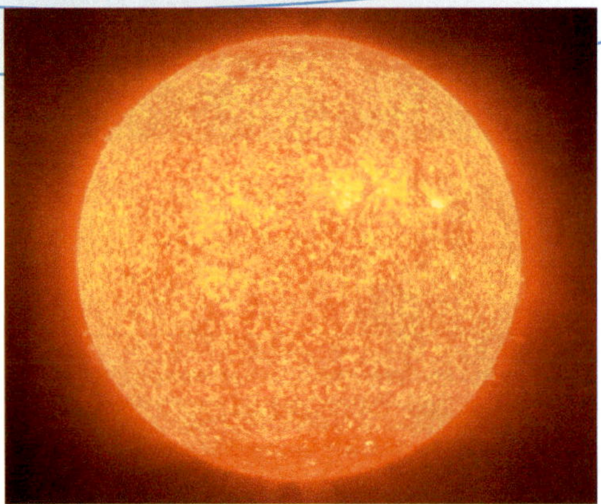
3 Die Sonne – Mittelpunkt unseres Sonnensystems

Die Milchstraße

Unser Sonnensystem ist selbst Teil einer noch größeren Ansammlung von Sternen. Eine solche Sternenfamilie nennt man **Galaxie**. Alle Sterne, die wir am Nachthimmel sehen können, gehören zu unserer Galaxie, der **Milchstraße** (▷ B 4). Sie besteht aus mehreren hundert Milliarden Sternen, die in einer flachen Spirale angeordnet sind. Aufgrund ihrer Form werden solche Galaxien auch als **Spiralnebel** bezeichnet. Unser Sonnensystem befindet sich am Rand der Milchstraße (▷ B 5) in einer Entfernung vom Zentrum, die sich in Kilometern nur schwer angeben lässt. Neben der Milchstraße gibt es im Weltraum mindestens noch 100 Milliarden weitere Galaxien.

Entfernungen im Weltraum

Die Entfernungen im Weltall sind so groß, dass Kilometerangaben zu unlesbar großen Zahlen führen würden. Deshalb wird in der Astronomie als Längeneinheit das **Lichtjahr** (Lj) verwendet. Ein Lichtjahr ist die Strecke, die ein Lichtstrahl in einem Jahr zurücklegt.
In einer Sekunde legt das Licht eine Strecke von 300 000 Kilometern zurück. Nun kannst du leicht berechnen, wie lang die Strecke ist, die das Licht in einer Minute, einer Stunde, an einem Tag und in einem Jahr zurücklegt.

▶ Das Lichtjahr (Lj) ist eine astronomische Längeneinheit. Ein Lichtjahr ist die Strecke, die ein Lichtstrahl in einem Jahr zurücklegt.

Die Milchstraße hat einen Durchmesser von etwa 100 000 Lichtjahren (▷ B 5). Die Sonne ist etwa 30 000 Lichtjahre vom Zentrum der Milchstraße entfernt.

Aufgaben

1 Wie lange benötigt das Licht für die 150 Mio. km von der Sonne zur Erde und für die 384 000 km vom Mond zur Erde?

2 Berechne den Abstand der Sonne vom Zentrum der Milchstraße in Kilometern.

3 Informiere dich über weitere Galaxien. Wähle einen Schwerpunkt zum Thema und berichte deiner Klasse darüber.

4 Die Milchstraße von der Erde aus gesehen

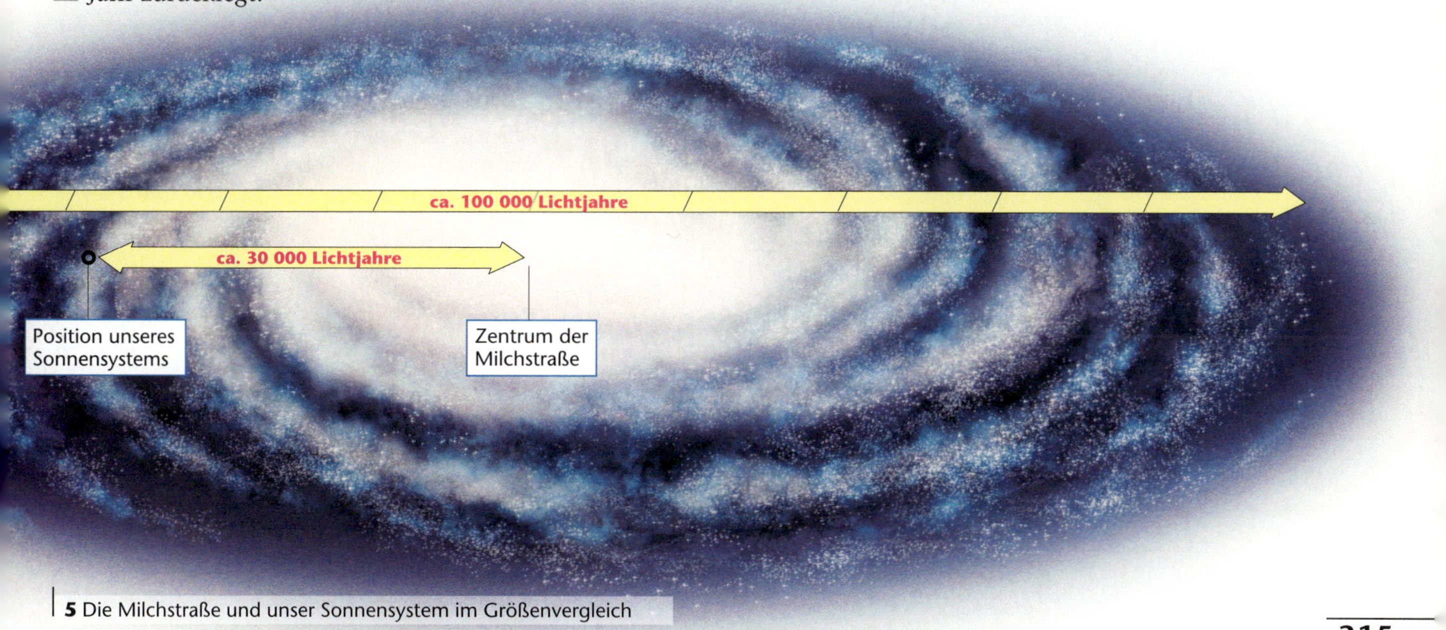

5 Die Milchstraße und unser Sonnensystem im Größenvergleich

Die Erforschung der Planeten
Als es noch keine Raumfahrt gab, konnte man die Planeten nur mithilfe von Fernrohren erforschen. Aus der Farbe des Lichts, das sie zurückstrahlten, konnte man auf die Zusammensetzung der Atmosphäre oder der Oberfläche der Planeten schließen.
Heute schickt man unbemannte Flugkörper, so genannte Raumsonden, zu den Planeten. Sie fliegen an einem Planeten vorbei oder umkreisen ihn eine Zeit lang. Dabei machen sie Fotos und sammeln Daten, die zur Erde gesendet werden.

1 Die Raumsonde Mars-Express

Marsmissionen
Im Sommer 2003 nutzten die amerikanische Weltraumbehörde NASA und die europäische Weltraumagentur ESA eine selten günstige Konstellation von Mars und Erde zur Erkundung unseres Nachbarplaneten (▷ B 3). Die beiden Planeten, deren Abstand bis zu 400 Millionen Kilometer betragen kann, sollten sich im August auf etwa 56 Millionen Kilometer annähern. Die Raumfahrtbehörden entsandten Sonden (▷ B 1), die nach etwa sechs Monaten die Umlaufbahn des Mars erreichten. Die Fotos, die aus der Umlaufbahn aufgenommen und zur Erde geschickt wurden, lieferten erste Hinweise darauf, dass es auf dem Mars einmal Wasser in größeren Mengen gegeben hat.

2 Landung der Marssonde Phoenix

Es gelang außerdem, auf dem Mars die beiden Roboter Spirit (▷ B 2) und Opportunity abzusetzen. Die mit Kameras und anderen Geräten ausgestatteten Roboter lieferten Aufnahmen der Planetenoberfläche und Ergebnisse von Bodenuntersuchungen.

Die sonnennahen Planeten
Die sonnennahen Planeten Merkur, Venus, Erde und Mars sind einander recht ähnlich. Sie haben eine feste Kruste und einen heißen metallischen Kern. Bis auf den Merkur sind alle Planeten von einer Gashülle – einer Atmosphäre – umgeben. Diese unterscheidet sich jedoch von Planet zu Planet stark.
So besteht die Gashülle der Venus fast nur aus Kohlenstoffdioxid. Außerdem ist der Atmosphärendruck etwa 90-mal so groß wie auf der Erde. Der Mars besitzt eine ebenfalls überwiegend aus Kohlenstoffdioxid bestehende Atmosphäre, die aber im Vergleich zur Erdatmosphäre sehr dünn ist.
Die Atmosphäre der Erde enthält vorwiegend Stickstoff und den lebensnotwendigen Sauerstoff. Für das Leben auf unserem Planeten hat die Atmosphäre aber weitere wichtige Funktionen: Sie schützt uns vor schädlichen Strahlen und Gesteinsbrocken aus dem Weltraum und trägt dazu bei, die von der Sonne empfangene Energie zu speichern. Eine Besonderheit der Erde besteht darin, dass sie der einzige Planet ist, dessen Oberfläche zum größten Teil aus Wasser besteht.

3 Die acht Planeten unseres Sonnensystems

Die großen Planeten
Die nächsten vier, weiter von der Sonne entfernten Planeten sind Jupiter, Saturn, Uranus und Neptun.
Sie sind viel größer als die Erde und anders aufgebaut. Sie besitzen einen kleinen festen Kern, den eine flüssige Hülle einschließt. Die äußerste Schicht bildet eine gigantische Gashülle.
Alle vier Planeten sind von Ringen umgeben. Diese bestehen aus einer Unzahl kleiner Gesteins- und Eisbrocken mit Durchmessern von einigen Zentimetern bis zu einigen Metern, die um den Planeten kreisen.
Die Ringe des Saturn (▷B3) sind von der Erde aus am besten zu erkennen.

Jeder der vier großen Planeten wird von mehreren Monden umrundet.
Die meisten Begleiter hat der Jupiter, 63 sind bisher bekannt.
Der größte Teil der Monde besteht aus Gestein und Eis (▷B4).

Pluto – Planet oder nicht?
Bis ins Jahr 2006 galt Pluto als neunter und kleinster Planet. Doch heute zählt man ihn nur noch zu den Zwergplaneten. Der Grund war, dass man seit dem Jahr 2003 zahlreiche große Brocken außerhalb der Bahn des Pluto entdeckt hatte, die ebenfalls die Sonne umkreisen und von denen einige größer als der Pluto sind. Pluto wird deshalb nicht mehr zu den Planeten gezählt. Aber mit der neuen Bezeichnung „Zwergplanet“ sind viele Wissenschaftler nicht einverstanden. Deshalb können wir damit rechnen, dass der Pluto weiter im Gespräch bleiben wird.

Aufgaben

1 Stelle eine Liste der letzten Weltraummissionen zur Erforschung der Planeten zusammen.

2 Erkundige dich über den aktuellen Stand der Marsforschung und berichte darüber.

Planet	**Durchmesser** (in km)	**mittlere Entfernung von der Sonne** (in Mio. km)	**mittlere Temperatur an der Oberfläche** (in °C)	**Dauer eines Umlaufs um die Sonne**	**Anzahl der Monde**
Merkur	4878	58	−180 bis +450	88 Tage	
Venus	12104	108	+480	225 Tage	
Erde	12742	150	+15	365 Tage	1
Mars	6780	228	−170 bis 0	1 Jahr 322 Tage	2
Jupiter	139822	778	−150	11 Jahre 315 Tage	mind. 63
Saturn	116464	1428	−190	29 Jahre 153 Tage	mind. 60
Uranus	50724	2873	−220	83 Jahre 274 Tage	mind. 27
Neptun	49248	4502	−216	163 Jahre 255 Tage	mind. 13

4 Die Planeten unseres Sonnensystems in Zahlen

Schnittpunkt

Verschiedene Weltbilder

1 Die Erde als Scheibe

2 Geozentrisches Weltbild

Alte Weltbilder
Eine der frühesten Vorstellungen von der Erde ging davon aus, dass sie eine Scheibe sein müsste (▷ B 1). Über dieser Scheibe wölbte sich der Himmel, an dem viele Sterne und Himmelskörper angeheftet waren. Unter der Erdscheibe sollte sich die Hölle befinden. Da die Sonne auf und unter ging und sich auch die Lage der Sternbilder änderte, ging man davon aus, dass sich das Himmelsgewölbe drehen konnte.

Ägypter und Babylonier beobachteten schon vor 3 000 Jahren die Sterne, die Sonne und den Mond. Sie wandten ihr Wissen vor allem in der Landwirtschaft und in der Schifffahrt an. „Der Sirius glänzt am Himmel, und der Nil tritt aus seinen Ufern", steht an einem ägyptischen Tempel. Das verhieß für die Bauern Wasser auf den Feldern und eine gute Ernte. Deshalb war dieser „Kalender des Himmels" für sie so wichtig.

Das geozentrische Weltbild
Die griechischen Astronomen erkannten, dass die Erde eine Kugel ist. Bei ihrem geozentrischen Weltbild steht die Erde im Mittelpunkt (griech. geos: Erde). Sie waren der Meinung, dass sich alle Planeten und Sterne auf Kreisbahnen um die Erde bewegen. Einer der größten Astronomen der Antike, Hipparch (ca. 190–125 v. Chr.), beobachtete den Sternenhimmel sehr genau und erstellte daraus sogar schon einen Sternenkatalog, in dem er 1022 Sterne beschrieb.

Der Gelehrte Ptolemäus (ca. 90–160 v. Chr.) fasste alle bis dahin gefundenen Erkenntnisse der Astronomie in seinem Werk „Almagest" zusammen. Deshalb wird das geozentrische Weltbild auch ptolemäisches Weltbild genannt. Es hatte 14 Jahrhunderte Gültigkeit.

Beim geozentrischen Weltbild ruht die Erde im Mittelpunkt des Weltalls und alle anderen Himmelskörper bewegen sich auf Kreisbahnen um die Erde.

3 Nicolaus Kopernikus

Nicolaus Kopernikus
Der polnische Mathematiker und Astronom Kopernikus (1473–1543; ▷ B 3) hatte ganz neue Ideen.
Seine Vorstellungen von einem Weltbild beschrieb er in seinem 1543 erschienenen Buch „Über die Umdrehungen der Himmelssphären".
Er kam zu dem Ergebnis, dass nicht die Erde, sondern die Sonne im Mittelpunkt unseres Weltalls stehen müsse (▷ B 4). Deshalb nennt man das kopernikanische Weltbild auch heliozentrisches Weltbild (griech. helios: Sonne). Alle Planeten, also auch die Erde, bewegen sich um die Sonne. Der Mond bewegt sich kreisförmig um die Erde. Kopernikus ging, wie Ptolemäus, von kreisförmigen Bahnen um die Sonne aus.

4 Heliozentrisches Weltbild

Konflikt der Kirche

Kopernikus hatte Angst vor der Verfolgung durch die Kirche, weil seine Erkenntnisse nicht mit der kirchlichen Lehre übereinstimmten. Deshalb wurde sein Buch erst veröffentlicht, als er schon im Sterben lag. Etwa 70 Jahre später verteidigte der Italiener Giordano Bruno das heliozentrische Weltbild öffentlich. Die römische Kirche trat mit aller Macht für das von ihr propagierte geozentrische Weltbild ein. Sie stempelte die neuen Ideen von Kopernikus und Bruno als ketzerisch und absurd ab. Der Vatikan war der Meinung, dass sich die Wissenschaft ihren Lehren unterzuordnen hätte. Giordano Bruno wurde 1600 auf dem Scheiterhaufen verbrannt.

Keplersche Gesetze

Der Württemberger Johannes Kepler (1571–1630; ▷ B 6) arbeitete zu Beginn des 17. Jahrhunderts als Assistent des Astronomen Tycho Brahe (1546–1601). Kepler formulierte bis 1618 insgesamt drei Gesetze über die Bewegung der Planeten und bestätigte damit das heliozentrische Weltbild, allerdings nicht mit Kreisbahnen.

Das erste keplersche Gesetz besagt, dass sich alle Planeten, also auch die Erde, auf elliptischen Bahnen um die Sonne bewegen. Die Sonne steht in einem Brennpunkt der Ellipse (▷ B 5). Das bedeutet also z. B. für die Erde, dass sie nicht immer den gleichen Abstand zur Sonne hat.

Auf ihrer Umlaufbahn sind die Planeten mal nah an der Sonne, mal weiter weg. Im zweiten Gesetz erklärte Kepler, dass sich die Planeten in Sonnennähe schneller und in Sonnenferne langsamer bewegen.

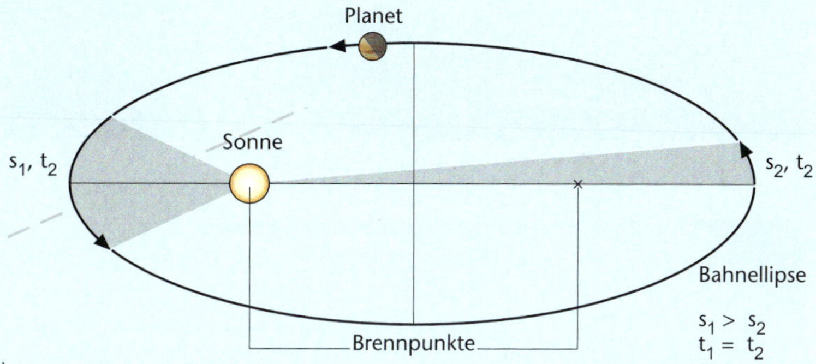

5 Bahn der Erde nach Kepler

Die Erde hat z. B. im Sommer in Sonnenferne eine Geschwindigkeit von etwa 8 055 km/h und im Winter, in Sonnennähe, eine Geschwindigkeit von etwa 8 333 km/h.

Im dritten keplerschen Gesetz wird der Zusammenhang zwischen der Entfernung eines Planeten von der Sonne und seiner Umlaufzeit beschrieben.

6 Johannes Kepler

Newton und das Gravitationsgesetz

1621 erkannte Kepler die Ursache der Planetenbewegung – eine von der Sonne ausgehende Kraft.
Isaac Newton erforschte diese Kräfte weiter und nannte sie Gravitationskräfte (Anziehungskräfte). 1687 formulierte er das Gravitationsgesetz. Er erkannte, dass zwischen allen Körpern anziehende Kräfte wirken. Die Größe dieser Gravitationskraft ist abhängig von der Masse der beiden Planeten und ihrem Abstand. Da Newton diese Abhängigkeiten erkannte, fand er sogar eine Formel, mit der sich die Gravitationskraft berechnen ließ.

Beim heliozentrischen Weltbild befindet sich die Sonne im Mittelpunkt des Weltalls und alle Himmelskörper bewegen sich auf elliptischen Bahnen um die Sonne.

1 Mond über einer Stadt

Der Mond ist eine kalte Gesteinskugel. Die Temperatur auf seiner Oberfläche schwankt je nach Sonneneinstrahlung zwischen 130 °C und –140 °C.
Die Mondoberfläche ist von unzähligen großen und kleinen Kratern übersät. Sie stammen von Meteoriteneinschlägen, denn anders als die Erde hat der Mond keine Atmosphäre, die ihn vor den Gesteinsbrocken aus dem All schützt (▷ B 2).

2 Mondoberfläche

Ein Steckbrief des Mondes
Unser nächster Nachbar, der Mond, ist der größte, am Nachthimmel sichtbare Himmelskörper. In Wirklichkeit ist er mit einem Durchmesser von 3 476 km das kleinste aller für uns sichtbaren Gestirne. Der Mond umrundet die Erde in einer mittleren Entfernung von 384 000 km. Die Anziehungskräfte zwischen Erde und Mond halten ihn auf seiner Bahn, die um etwa 5° gegen die Umlaufbahn der Erde um die Sonne geneigt ist.
Ein Umlauf des Mondes um die Erde dauert knapp 28 Tage. Dabei wendet er der Erde immer dieselbe Seite zu. Das heißt, dass sich der Mond in dieser Zeit auch einmal um seine Achse dreht. Ein Mondtag und eine Mondnacht dauern also jeweils knapp 14 Erdentage und -nächte.

Die Mondphasen
Wir sehen den Mond nur, weil er das Sonnenlicht reflektiert, er leuchtet nicht selbst. Daher erkennen wir auch nur den Teil, der von der Sonne angestrahlt wird. Bild 3 zeigt dir, wie die Mondphasen entstehen. Steht der Mond zwischen Erde und Sonne, sehen wir ihn nicht, es ist **Neumond**. Befindet sich die Erde zwischen Sonne und Mond, sehen wir die ganze uns zugewandte Seite, es ist **Vollmond**. In der Zeit dazwischen nimmt der Mond zu oder ab, am Himmel ist dann nur ein Teil von ihm zu sehen.

Aufgaben

1 Beobachte die verschiedenen Phasen des Mondes mit dem Fernglas. Erstelle jeweils eine Zeichnung des Mondes und notiere das Beobachtungsdatum.

2 Überlege, wie du mithilfe eines Diaprojektors, einer Styroporkugel und eines Drehstuhls die Entstehung der Mondphasen im Modell nachstellen kannst.

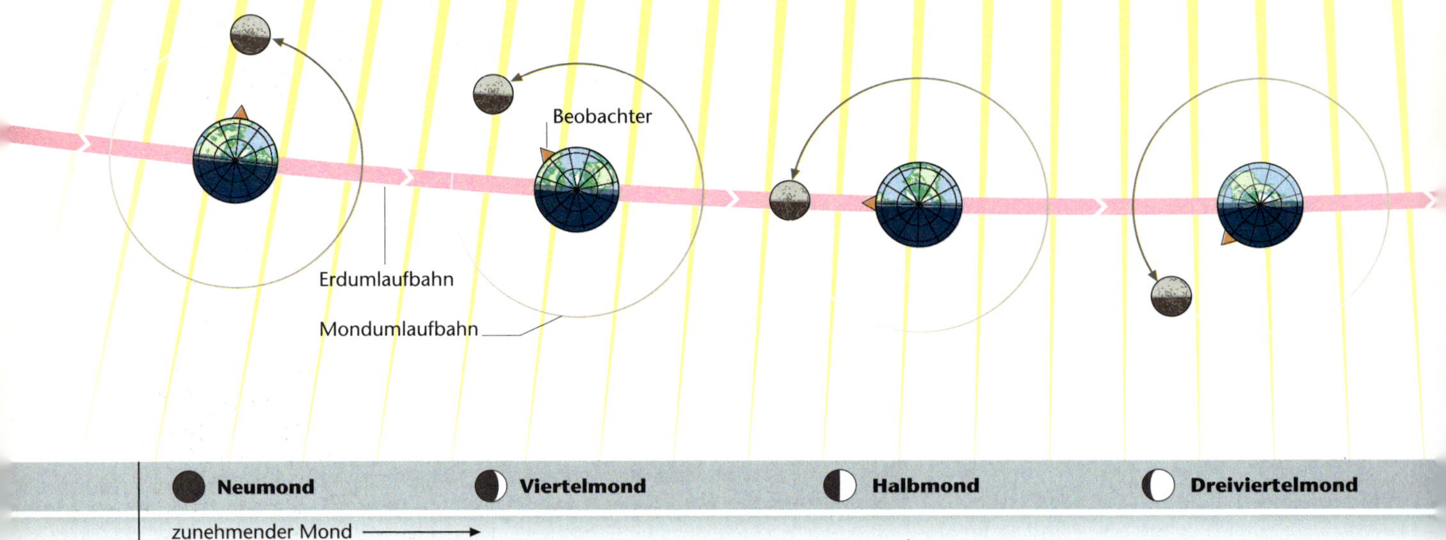

3 Entstehung der Mondphasen

3 Ebbe

4 Flut

Einflüsse des Mondes
An den Küsten der Weltmeere steigt und fällt der Wasserspiegel zweimal am Tag. Diese Erscheinungen nennt man Ebbe und Flut oder auch **Gezeiten**. Verursacht werden sie durch das Zusammenwirken der Anziehungskräfte zwischen Erde, Sonne und Mond. Außerdem nehmen auch Kräfte Einfluss, die durch die Bewegungen der Himmelskörper entstehen.
Den größten Einfluss hat der Mond. Seine Gravitationskraft zieht die Wassermassen in den Meeren an, sodass auf der mondzugewandten Seite der Erde ein Flutberg entsteht. Aufgrund der Erdrotation wandert dieser Flutberg in östliche Richtung.

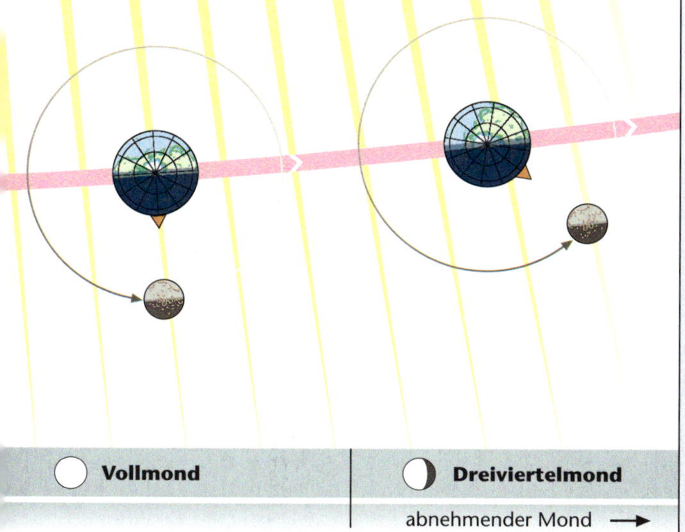

Lexikon

Blick in den Himmel

Fixsterne sind sehr weit entfernte Sonnen. Es gibt unzählige von ihnen. Sie heißen so, weil sie ihre Lage zueinander aus unserer Sicht nicht verändern.

Die **Kometen** sind Himmelskörper aus Gestein, Eis sowie gefrorenem Ammoniak und Methan. Ihre Durchmesser betragen bis zu mehrere Kilometer. Kometen besitzen eine Gashülle. Gelangen sie in die Nähe der Sonne, dann kann ein hell leuchtender Schweif entstehen. Er ist stets von der Sonne abgewandt und erreicht zum Teil eine Länge von mehreren Millionen Kilometer.

Um die Sonne kreisen große Mengen von Gestein, vom Staubkorn bis zum Brocken. Man bezeichnet sie als **Meteoride**. Viele davon kreuzen die Bahn der Erde. Beim Durchqueren der Erdatmosphäre verglühen die meisten dieser Gesteine. Dabei erzeugen sie einen hellen, für wenige Sekunden sichtbaren Lichtstreifen. Diese Lichterscheinungen heißen **Meteore** oder Sternschnuppen. In seltenen Fällen gelangen große Gesteinsbrocken bis zur Erdoberfläche. Beim Einschlag eines solchen **Meteoriten** bleibt ein Krater zurück.

Der **Orionnebel** liegt im Sternbild Orion und besteht überwiegend aus Staub und Gas. In seinem Inneren befinden sich etwa 300 meist lichtschwache Sterne, außerdem entstehen dort gerade neue Sterne. Er ist etwa 1500 Lichtjahre von uns entfernt und hat einen Durchmesser von 30 Lichtjahren. Der Orionnebel ist vor allem im Winter gut zu beobachten.

Ein **Planetarium** besteht aus einem Gebäude mit einer großen Kuppel. Mit einem Projektor wird ein Großteil der sichtbaren Fixsterne auf die Innenfläche der Kuppel projiziert. Kleine Projektoren erzeugen die Bilder der Sonne, des Mondes und der Planeten. So kann die Veränderung des Nachthimmels im Zeitraffer für verschiedene Zeiträume dargestellt werden. Im Planetarium können wir auch den Nachthimmel der Südhalbkugel der Erde kennen lernen.

1 Nachthimmel

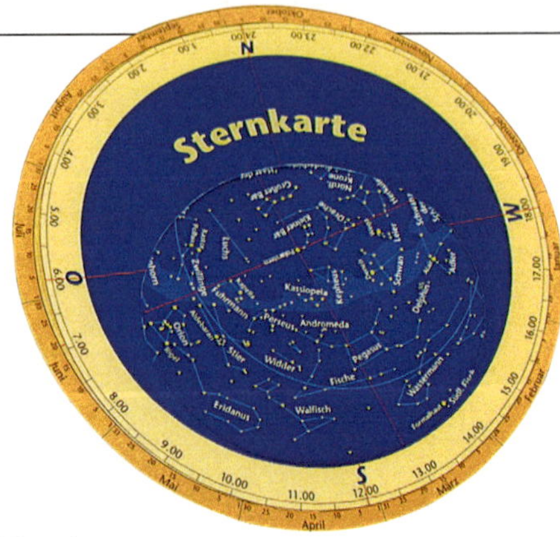

3 Sternkarte

Entdeckungen am Nachthimmel
Wenn du in einer klaren Nacht einmal den Himmel betrachtest, dann siehst du neben dem Mond noch unzählige Sterne (▷B 1). Fast alle Sterne sind Fixsterne. Sie heißen so, weil sie ihre Lage zueinander praktisch nicht verändern. Wir können ihre Entfernung zu uns nicht abschätzen. Sterne, die dicht beieinander zu liegen scheinen, können in Wirklichkeit sehr weit voneinander entfernt sein.
Manchmal sind neben den Sternen auch einige der Planeten zu sehen. Sie durchwandern den Nachthimmel, weil sie sich wie die Erde um die Sonne bewegen.
Durch die Eigendrehung der Erde bedingt scheint der gesamte Sternenhimmel von Ost nach West über uns hinweg zu wandern.

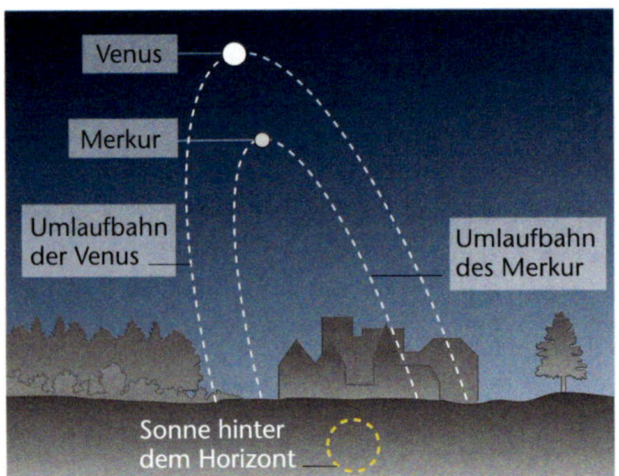

2 Die Bahnen von Venus und Mars am Nachthimmel

Planeten am Nachthimmel
Unser Nachbarplanet Venus ist der hellste Himmelskörper am Himmel. Er ist für dich leicht zu finden. Die Venus bewegt sich in geringerem Abstand um die Sonne als die Erde und ist oft in der Nähe der aufgehenden oder untergehenden Sonne zu finden (▷B 2). Aus diesem Grund bezeichnet man die Venus auch als Morgenstern oder Abendstern. Saturn und Jupiter sind, wenn sie am Nachthimmel erscheinen, die ganze Nacht über zu sehen. Bei guten Bedingungen kann man auch den Merkur beobachten. Die anderen Planeten sind nur schwer zu erkennen, sie sind zu klein oder zu weit entfernt.

Die Sternbilder
Um sich unter den Sternen besser zurechtzufinden, begannen die Menschen schon sehr früh, Gruppen von besonders hellen Sternen zu Bildern zusammenzufassen (▷B 3). Die ersten Sternbilder wurden von den Babyloniern und den Griechen im 6. bis 3. Jahrhundert v. Chr. festgelegt. Die zwölf Tierkreiszeichen sind schon seit dieser Zeit bekannt.

Aufgaben

1 Erkundige dich bei einer Sternwarte oder auf einer Astronomie-Seite im Internet, wann und wo gerade Planeten zu sehen sind. Suche mit bloßem Auge und mit einem Fernglas nach ihnen (befestige das Fernglas möglichst auf einem Stativ).

2 Es gibt drehbare Sternkarten, bei denen du Tag und Uhrzeit deiner Himmelsbeobachtung einstellen kannst. Versuche zu verschiedenen Jahres- und Nachtzeiten möglichst viele Sternbilder zu erkennen.

3 Sieh dir den südlichen Sternenhimmel im Planetarium an.

Strategie

Besuch einer Sternwarte

Eure Lehrerin hat euch den Auftrag gegeben, den Besuch einer Sternwarte vorzubereiten.

Heute Nachmittag trifft sich eure Planungsgruppe zum ersten Mal. Notiert euch die wichtigsten Punkte, um eine Übersicht über die anstehenden Arbeiten zu bekommen.

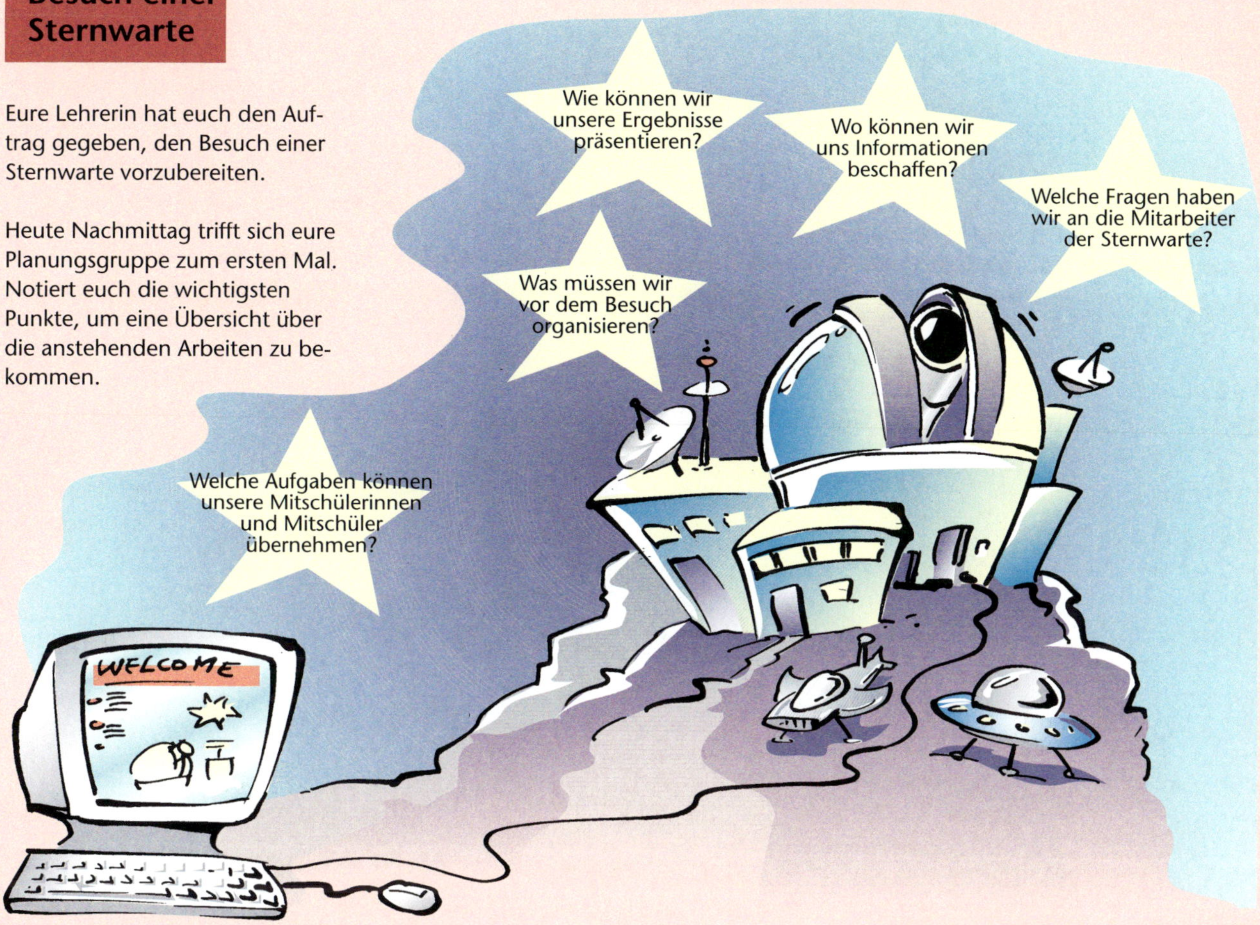

Ein vorbereitender Besuch der Sternwarte ist sinnvoll. Ruft die Mitarbeiterin oder den Mitarbeiter vorher an und vereinbart einen Termin. Bis dahin könnt ihr Fragen sammeln. Erstellt dafür am besten eine Liste (▷ B 1).

Organisatorisches	Inhaltliches
– Wie groß darf die Gruppe maximal sein?	– Welche Sterne sehen wir in diesem Monat?
– Sollen wir eigene Ferngläser mitbringen?	– Können wir die ISS sehen?
– Gibt es außer dem Teleskop noch eine Ausstellung?	– Was sind Sternhaufen, Spiralnebel, Sonnenflecken und Mondphasen?
– Lohnt sich der Besuch auch bei schlechtem Wetter?	– Wie lautet der Titel des Programms?

1 Vorbereitung des Besuchs einer Sternwarte

Ihr könnt auch ein Arbeitsblatt für die Klasse entwerfen. Zeigt es, wenn es fertig ist, noch einmal eurer Lehrerin oder eurem Lehrer oder den für die Führung Verantwortlichen.

Eure Schulkameraden oder eure Eltern interessieren sich sicher auch für das, was ihr beim Besuch der Sternwarte erlebt habt. Gestaltet eine kleine Ausstellung mit Bildern, Broschüren und Berichten. Die Mitarbeiter der Sternwarte unterstützen euch sicher gern dabei.

Werkstatt

Bau einer drehbaren Sternkarte

Material

Schere, Papier, fester Karton, durchsichtige Folie, Klebstoff

Bauanleitung

a) Kopiere die Grundscheibe und die Deckscheibe und schneide beides aus.

b) Schneide aus der Deckscheibe die weiße ovale Fläche aus und hinterklebe das Loch mit einer durchsichtigen Folie. Ergänze auf der Folie die N/S- und die O/W-Achse.

c) Klebe die Grundscheibe auf festen Karton.

d) Lege die Scheiben so aufeinander, dass die Schnittpunkte der Achsen übereinstimmen. Befestige die Scheiben in der Mitte drehbar miteinander.

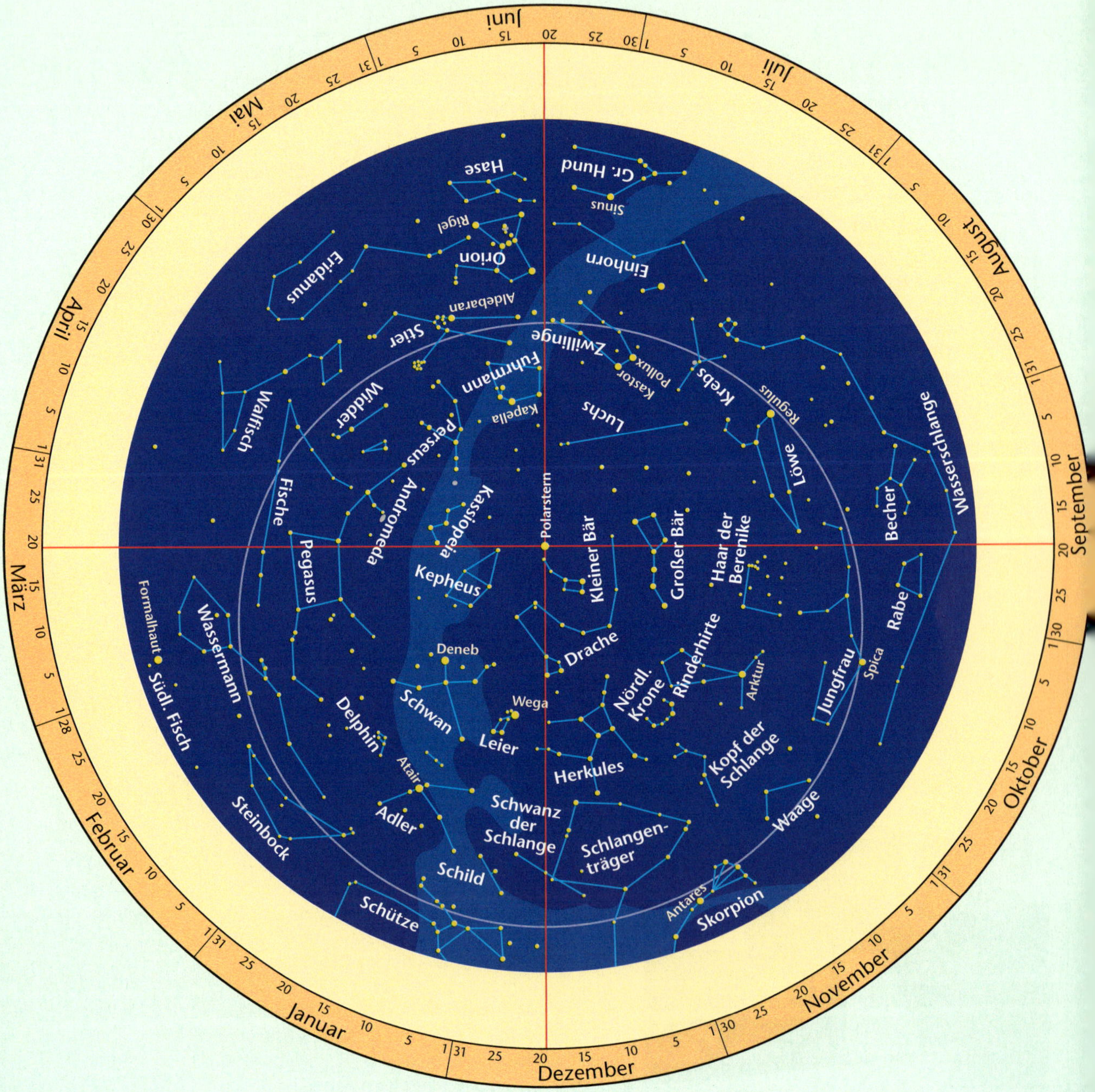

Benutzung der Karte
Auf der Grundscheibe ist der gesamte nördliche Sternenhimmel zu sehen. Am Rand befindet sich ein Kalender. Durch die Deckscheibe wird der zu einem bestimmten Zeitpunkt sichtbare Teil des Himmels eingegrenzt.

a) Halte die Karte immer so, dass die Himmelsrichtung, in die du schaust, nach unten zeigt.

b) Drehe die Scheiben so lange, bis die gewünschte Uhrzeit und das Datum übereinander stehen. Im Sichtfenster wird nun der aktuelle Sternenhimmel angezeigt.

c) Um den Aufgang eines Sternbildes zu bestimmen, drehst du die Deckscheibe so weit, bis das gewünschte Sternzeichen im Osten sichtbar ist. Auf dem Rand der Sternscheibe kannst du nun Datum und Uhrzeit ablesen.

Beispiel: Am 20. August geht der Orion um 2.00 Uhr auf, am 20. Juli um 4.00 Uhr usw.

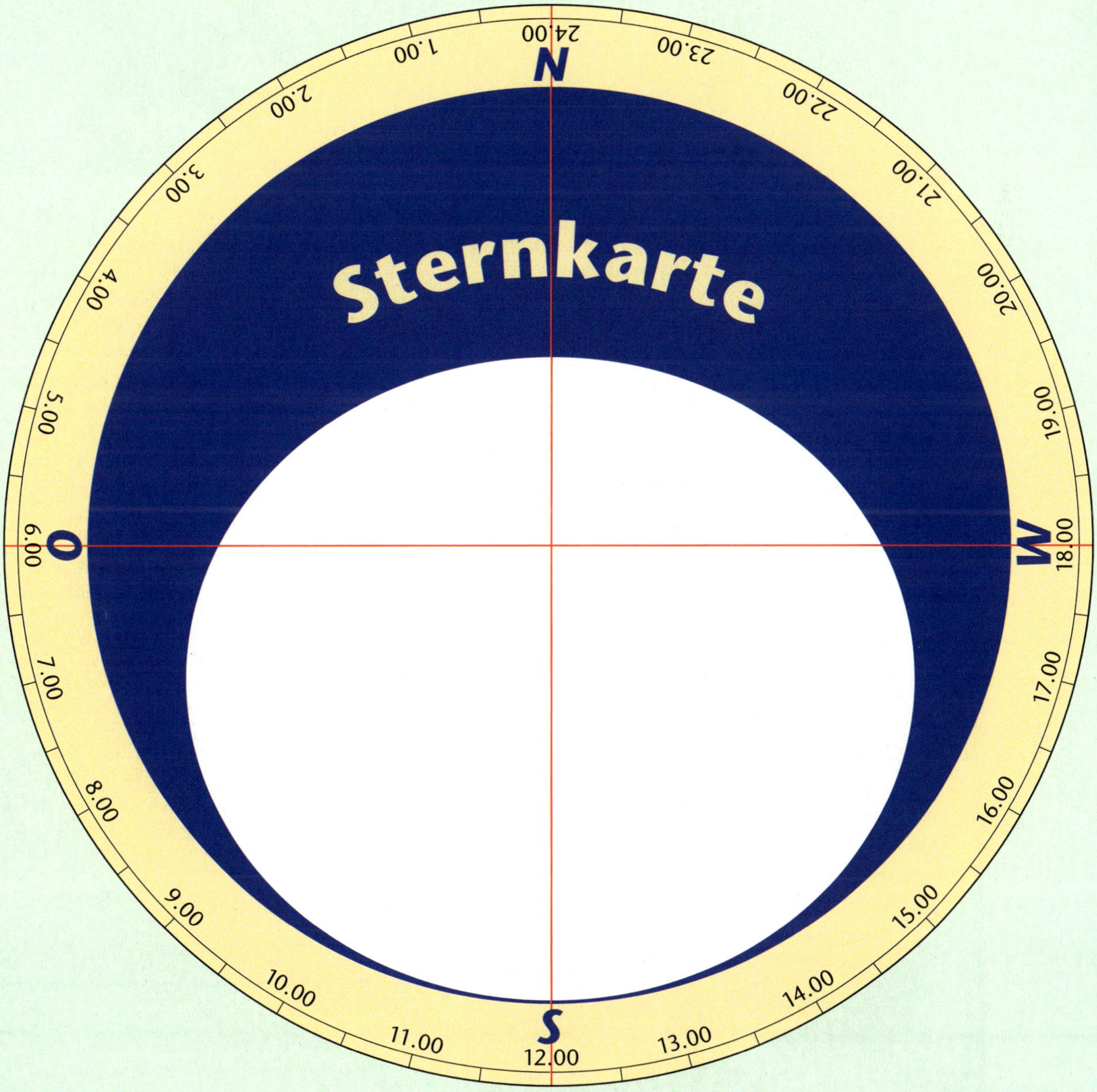

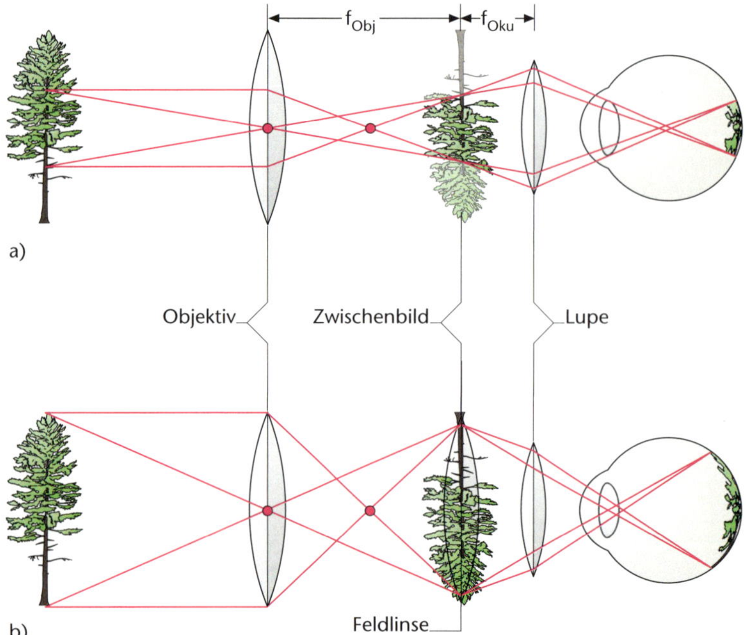

1 Abbildung mit einem einfachen Fernrohr und mit einem Fernrohr mit Feldlinse

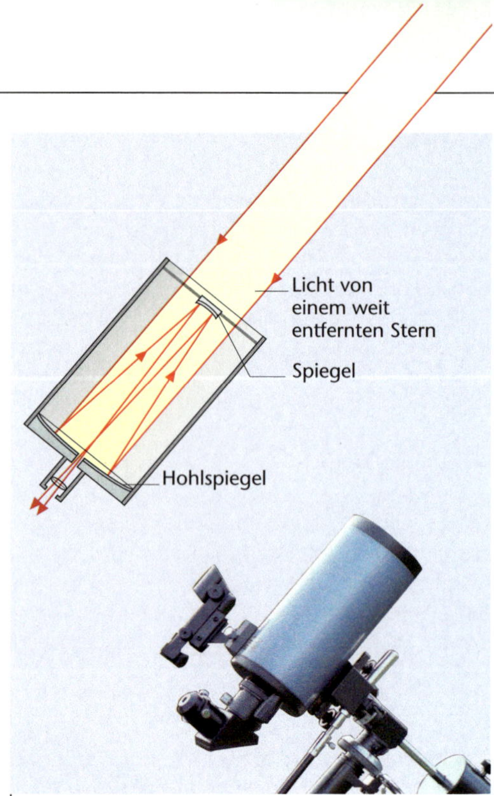

3 Spiegelteleskop

Das Fernrohr
Das einfachste Fernrohr besteht aus zwei Sammellinsen. Die vordere Linse, das **Objektiv**, erzeugt in der Brennebene ein umgekehrtes Zwischenbild des weit entfernten Gegenstandes. Dieses Bild kannst du mit der zweiten Linse, die als Lupe wirkt, vergrößert betrachten (▷ B 1a). Eine Sammellinse, die an der Position des Zwischenbildes eingesetzt wird (▷ B 1b), lenkt mehr Lichtstrahlen durch die Lupe und bildet einen größeren Bereich ab. Sie heißt **Feldlinse**. Lupe und Feldlinse bilden zusammen das **Okular**.

2 Historisches Fernrohr

Durch die Vergrößerung des Fernrohrs scheint es, als würde der betrachtete Gegenstand näher zu uns herangeholt. Je größer die Brennweite des Objektivs ist, desto stärker ist die Vergrößerung und desto länger ist auch das Fernrohr. Bei den meisten Fernrohren bestehen sowohl das Objektiv als auch das Okular aus mehreren Linsen. Die zusätzlichen Linsen dienen der Verbesserung der Bildqualität.

Der Astronom JOHANNES KEPLER (1571–1630) beschrieb als erster solch ein zweilinsiges Fernrohr und zeichnete auch den Strahlengang. Diese Fernrohre heißen deshalb auch keplersche Fernrohre.

Das Spiegelteleskop
Um das schwache Licht weit entfernter Sterne einfangen zu können, braucht man Objektive mit großem Durchmesser. Es ist aber nicht möglich, große Linsenobjektive herzustellen. Deshalb verwendet man als Objektiv einen großen Hohlspiegel (▷ B 3). Das vom Hohlspiegel gebündelte Licht wird durch einen kleinen Spiegel zum Okular gelenkt.

Aufgabe

1 Informiere dich über den Astronomen JOHANNES KEPLER. Welche wichtigen Entdeckungen sind auf ihn zurückzuführen? Berichte deiner Klasse in einem Referat.

Werkstatt

Wir bauen Ferngläser

Material
Optische Bank, Sammellinsen (Brennweiten 8 cm, 10 cm, 30 cm), Zerstreuungslinse (Brennweite 10 cm), transparenter Schirm, zwei unterschiedliche Kerzen

Versuchsanleitung
a) Montiere auf der optischen Bank die Sammellinse mit 30 cm Brennweite als Objektiv und den transparenten Schirm. Ändere den Abstand zwischen Linse und Schirm, bis zwei etwa 2 m entfernt aufgestellte Kerzen deutlich auf dem Schirm abgebildet werden (▷ B 1). Betrachte das Bild von hinten durch die Sammellinse mit 10 cm Brennweite. Verschiebe die Linse so, dass du wie durch eine Lupe ein deutliches Bild siehst. Entferne den Schirm und sieh dabei durch die Lupe. Richte dein „Fernglas" auf andere Gegenstände. Die Scharfeinstellung erfolgt jeweils durch Veränderung des Linsenabstandes.

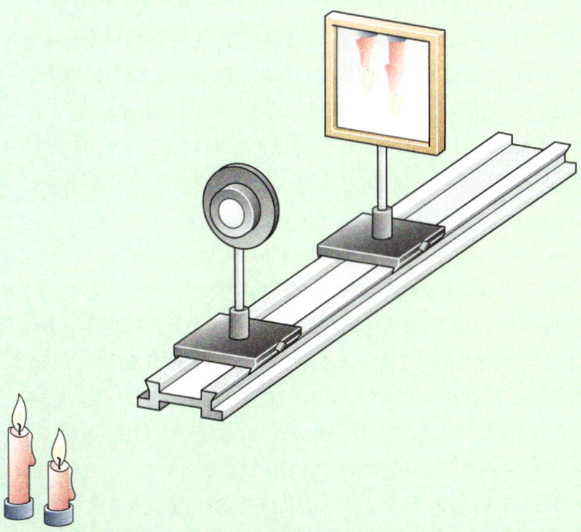

b) Wiederhole den Versuch. Ersetze jedoch den Schirm durch eine Sammellinse mit 8 cm Brennweite. Was hat sich verändert?

c) Stelle die optische Bank nur mit dem Objektiv etwa 2 m von den Kerzen entfernt auf. Schiebe von hinten eine Zerstreuungslinse mit 10 cm Brennweite so weit in Richtung Objektiv, bis du ein deutliches Bild siehst.

d) Wiederhole alle Versuche mit Linsen anderer Brennweite. Was ändert sich?

Lexikon

Für jeden Zweck das richtige Fernrohr

Das **Prismenfernglas,** auch Feldstecher genannt, besteht aus zwei identischen Fernrohren. Im Strahlengang des Lichtes befinden sich je zwei spiegelnde Prismen. Durch die viermalige Reflexion werden die Lichtwege „zusammengefaltet", außerdem wird das Bild um 180° gedreht, es erscheint also aufrecht.

Das **astronomische Fernrohr** besteht aus einem Objektiv zur Bilderzeugung und einem Okular zur vergrößerten Betrachtung dieses Bildes. Das Bild steht Kopf. Das **Fernrohr** muss auf einem stabilen Stativ stehen, weil selbst bei leichtem Wackeln kein Stern zu sehen ist.

Das **Theaterglas** hat als Objektiv eine Sammellinse und als Okular eine Zerstreuungslinse, die sich innerhalb der Brennweite des Objektivs befindet. Man sieht, wie bei der Lupe, die Gegenstände aufrecht.

Spiegelteleskope werden wegen ihrer riesigen Objektive zur Beobachtung von Sternen verwendet, weil damit auch sehr lichtschwache Sterne gesehen werden können. Damit der Stern aufgrund der Erdrotation nicht gleich wieder aus dem Blickfeld verschwindet, wird das Teleskop durch eine computergesteuerte Mechanik langsam gedreht.

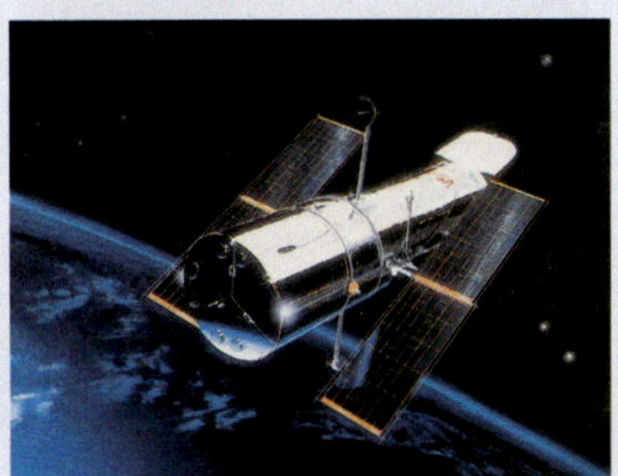

Luftbewegungen und Staub stören die Beobachtung der Sterne von der Erde aus. Deshalb brachten ESA und NASA 1990 das Hubble-**Weltraumteleskop** mit einem Spiegeldurchmesser von 2,40 m mit einer Raumfähre in eine etwa 600 km hohe Umlaufbahn. Damit kann man viel weiter ins Weltall sehen als von der Erde aus.

Schnittpunkt

Die internationale Raumstation ISS

1 JURI GAGARIN

Der Traum vom Leben im Weltall

Seit JURI GAGARIN im Jahr 1961 als erster Mensch in einem Raumschiff die Erde umkreiste, schien der Traum vom Leben im Weltall in greifbare Nähe gerückt zu sein. Zunächst wetteiferten Amerikaner und Russen um die Führung bei der Eroberung des Weltraumes. Wegen der gigantischen Kosten einigten sich die USA, die Europäische Union, Kanada, Japan, Russland und Brasilien, gemeinsam eine Weltraumstation zu bauen und zu nutzen.

Der Bau der ISS

Das erste Modul der „International Space Station" wurde mit einer russischen Rakete 1998 in eine 400 km hohe Umlaufbahn geschossen. 40 Raketen- oder Shuttleflüge werden nötig sein, bis die Station fertig ist. Im Jahr 2000 zog die erste Langzeitbesatzung ein. Nach Fertigstellung sollen bis zu sieben Personen in der Raumstation arbeiten, die dann aus sechs Laborkomplexen, zwei Versorgungsmodulen und zwei Wohnkomplexen bestehen wird. Die Raumstation ist so konstruiert, dass ein Routinebetrieb bis etwa 2013 möglich ist.

2 Arbeiten im Labormodul

3 Der erste Weltraumtourist

Die Aufgaben der Raumstation

Die Wissenschaftler sollen in der Raumstation vor allem Experimente durchführen, für die Schwerelosigkeit notwendig ist. In der Schwerelosigkeit lassen sich z. B. reinere Kristalle züchten als auf der Erde. Auch die Medizin nutzt die besonderen Bedingungen: Wenn Muskeln und Knochen nicht belastet werden, bilden sie sich zurück und werden schwächer. In der Raumstation können Geräte erprobt werden, die dem entgegenwirken.

Forschung für die Industrie

Die Forschungsaufgaben werden zwischen den beteiligten Ländern abgestimmt. Neben staatlichen Forschungsinstituten können auch private Firmen gegen Bezahlung Forschungsaufträge erteilen. Für Deutschland werden diese Dinge durch das Deutsche Zentrum für Luft- und Raumfahrt in Köln koordiniert.

Wohnen in der Raumstation

In der Raumstation können sich die Bewohner in normaler Kleidung aufhalten. Die Luft hat fast die gleiche Zusammensetzung wie auf der Erde. Der Luftdruck liegt bei 1 bar und die Temperatur schwankt um 22 °C. Die Fortbewegung in den Räumen muss gut geübt sein. Ein kleiner Schubs gegen die Wand und schon schwebt man durch den Rückstoß in die entgegengesetzte Richtung.

Steckbrief der ISS

Länge	80 m
Spannweite	108 m
Nutzbarer Innenraum	1200 m³
Solarzellenfläche	4500 m²
Erdumrundung	90 min
Geschwindigkeit	29000 km/h

4 Die internationale Raumstation ISS

Essen und Trinken
Die Speisen werden als gefriergetrocknete Portionen von der Erde mitgebracht (▷ B 5), mit Wasser versetzt und in der Mikrowelle gewärmt. Die Astronauten müssen sie allerdings aus dem Beutel saugen. Damit verhindert man, dass Tropfen austreten, die eines der vielen Geräte verschmutzen könnten.

Die tägliche Hygiene
Selbst einfache Dinge wie die Benutzung der Toilette haben in der Raumstation ihre Tücken. Ohne Schwerkraft fließt nichts von selbst ab. Deshalb muss alles gründlich abgesaugt werden.

Was macht man nach der Arbeit?
Die Forscher können auch eine bestimmte Menge persönlicher Dinge zur Station mitnehmen. Sie können z. B. lesen, CDs hören oder per Videotelefon mit ihren Angehörigen telefonieren. In den Schlafkojen müssen sich die Raumfahrer anschnallen (▷ B 7), damit sie nicht davonschweben.

Wer macht den Hausputz?
Wasser kann in der Schwerelosigkeit zum Putzen nicht benutzt werden. Verwendet werden ein besonderer Staubsauger und Tücher, die mit einem Desinfektionsmittel getränkt sind.

Gesundheitsgefahren
In der ersten Zeit in der Raumstation leiden die meisten Raumfahrer unter der so genannten Raumkrankheit. Sie äußert sich ähnlich wie die Seekrankheit durch Kopfschmerz, Schwindel, Übelkeit und Erbrechen. Grund ist das Fehlen der Schwerkraft, was das Gleichgewichtsorgan im Innenohr irritiert.
Bei längerem Aufenthalt in der Schwerelosigkeit werden die Knochen brüchig und die Muskelmasse nimmt ab. Um dem entgegenzuwirken, müssen die Astronauten täglich zwei bis drei Stunden an verschiedenen Geräten trainieren (▷ B 6).

Der Raumanzug
Für Außenarbeiten müssen die Astronauten einen Raumanzug tragen (▷ B 8), denn draußen gibt es keine Luft. Der Raumanzug muss deshalb absolut luftdicht sein. Der Rucksack enthält Atemluft und ein Kühlsystem zum Abführen der Körperwärme, denn der Anzug ist so gut isoliert, dass er keinen Wärmeaustausch zulässt.

8 Astronaut bei der Arbeit

Aufgaben

1 Suche im Internet Links mit dem Suchbegriff „Raumstation ISS“. Dort findest du weitere Informationen.

2 Schau auf der Internetseite der NASA nach, wo sich die Raumstation gerade befindet.

5 Essen und Trinken

6 Fitnessprogramm

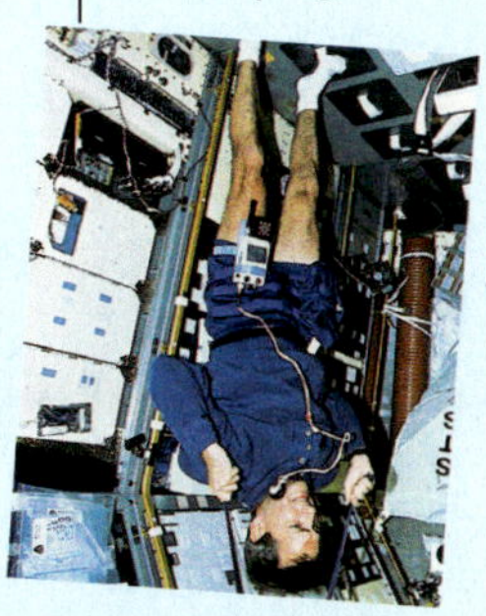

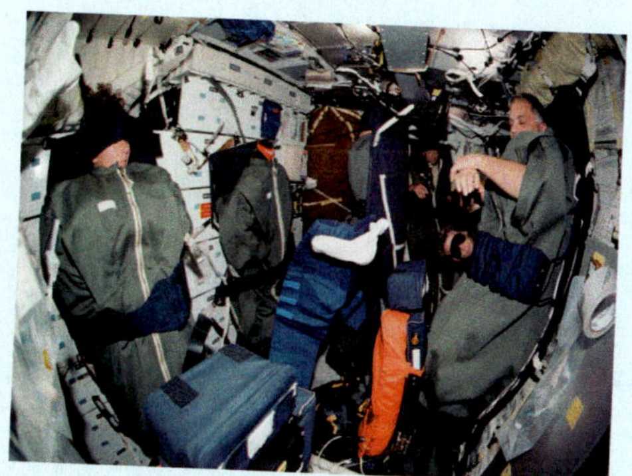

7 Schlafen auf der ISS

Die Erde im Weltall

1 Unsere Galaxie – die Milchstraße

Das Weltall

Das Weltall besteht aus vielen Milliarden Galaxien. Eine davon ist unsere Milchstraße (▷ B 1). Sie hat einen Durchmesser von 100 000 Lichtjahren. Die Milchstraße umfasst mehrere hundert Milliarden Sterne, darunter unsere Sonne.

Das Sonnensystem

Um unsere Sonne kreisen Planeten (▷ B 2). Einer davon ist unsere Erde. Die meisten Planeten werden von einem oder mehreren Monden umrundet, unsere Erde hat nur einen, der Jupiter mindestens 63.

Weltbilder

Eine der frühesten Vorstellungen von der Erde ging davon aus, dass sie eine Scheibe sei, über die sich ein drehbares Himmelsgewölbe spannte. Der Gelehrte Ptolemäus fasste die Erkenntnisse griechischer Astronomen zum **geozentrischen Weltbild** zusammen: Demnach ruht die Erde im Mittelpunkt des Weltalls und alle anderen Himmelskörper bewegen sich um sie herum.

Das **heliozentrische Weltbild**, das auf Kopernikus, Kepler und Galilei zurückgeht, stellt die Sonne in den Mittelpunkt der Welt: Die Planeten bewegen sich auf elliptischen Bahnen um die Sonne.

Der Mond

Der Mond ist der nächste Nachbar der Erde. Er umrundet sie innerhalb von etwa 28 Tagen in einer mittleren Entfernung von 384 000 km.
Anders als die Erde besitzt der Mond keine Atmosphäre, daher ist seine Oberfläche von Kratern übersät. Die Temperatur auf der Mondoberfläche schwankt zwischen 130 °C und –140 °C.

Beim Umlauf des Mondes erkennen wir immer nur einen Teil der von der Sonne beleuchteten Hälfte. Für einen Beobachter auf der Erde durchläuft der Mond verschiedene Phasen: Neumond, zunehmender Mond, Vollmond, abnehmender Mond.

Finsternisse

Bei der Mondfinsternis befindet sich der Mond im Erdschatten.
Bei der Sonnenfinsternis wirft der Mond seinen Schatten auf die Erde.

2 Unser Sonnensystem

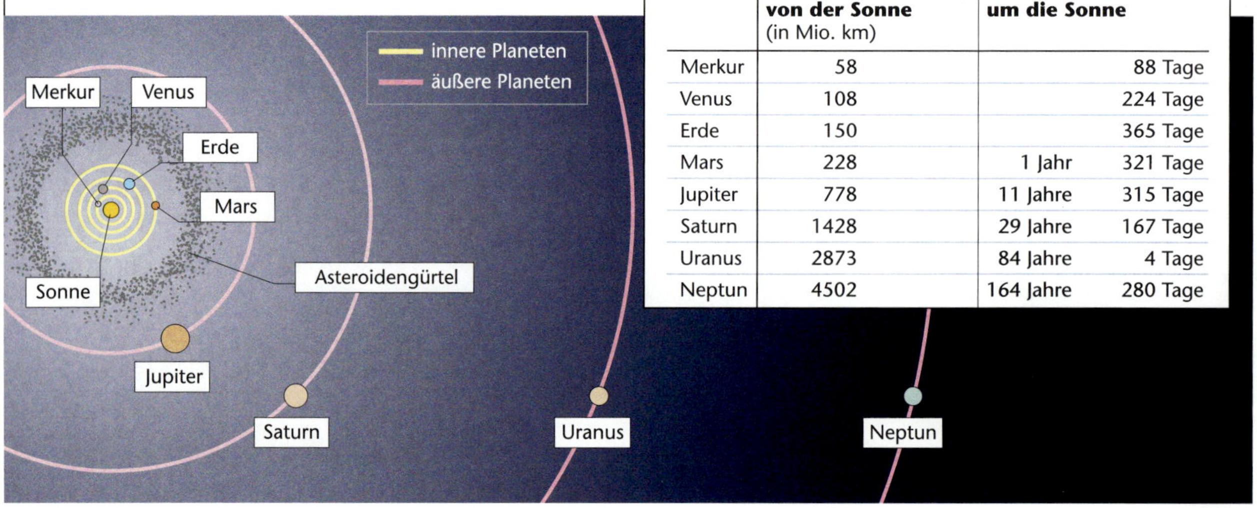

Planet	Mittlere Entfernung von der Sonne (in Mio. km)	Dauer eines Umlaufs um die Sonne	
Merkur	58		88 Tage
Venus	108		224 Tage
Erde	150		365 Tage
Mars	228	1 Jahr	321 Tage
Jupiter	778	11 Jahre	315 Tage
Saturn	1428	29 Jahre	167 Tage
Uranus	2873	84 Jahre	4 Tage
Neptun	4502	164 Jahre	280 Tage

Fernrohre
Einfache Fernrohre bestehen aus zwei Sammellinsen (▷ B 3). Die vordere Linse ist das Objektiv. Sie erzeugt ein umgekehrtes Zwischenbild. Die zweite Linse dient als Lupe, mit der man das Zwischenbild vergrößert betrachten kann.

Bei modernen Fernrohren bestehen sowohl das Objektiv als auch das Okular aus mehreren Linsen. Damit erreicht man eine bessere Bildqualität.

Die Raumstation ISS
Seit 1998 umkreist das erste Modul der Raumstation ISS in 400 km Höhe die Erde. Seit 2000 arbeiten ständig mehrere Astronauten an Forschungsaufträgen sowie am Ausbau der Station.

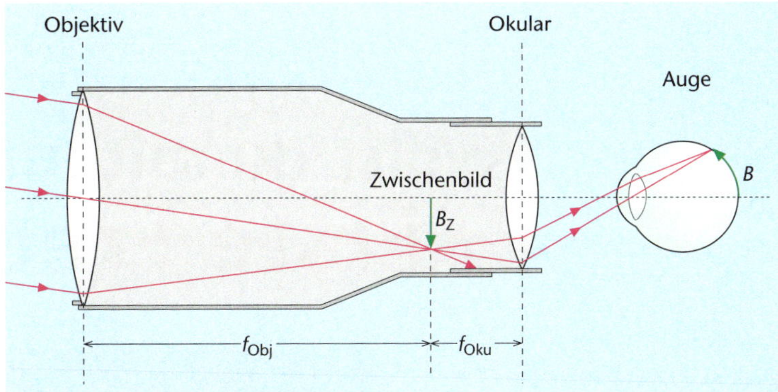

3 Strahlengang beim Fernrohr

Aufgaben

4 Zu Aufgabe 6

1 Licht legt in einer Sekunde eine Strecke von 300 000 km zurück. Berechne, welche Strecke das Licht in einer Minute, einer Stunde, an einem Tag und in einem Jahr zurücklegt.

2 Wie lange ist das Licht von der Sonne bis zu uns unterwegs? Die Sonne ist 150 Millionen km von der Erde entfernt.

3 Um eine Vorstellung von den Größen und Entfernungen im Weltall zu bekommen, verkleinern wir das Sonnensystem: An die Startlinie einer 100-m-Laufbahn legen wir eine Kugel mit 1 m Durchmesser – die Sonne. Welche Größe hat die Erde, die am Ziel der Laufbahn liegt?

4 Heute beobachtet man Sterne und Galaxien kaum noch mit Fernrohren, sondern mit modernen Spiegelteleskopen, zu denen auch das Hubble-Teleskop gehört.
a) Welche Unterschiede bestehen zwischen einem Fernrohr und einem Teleskop?
b) Welche Aufgabe hat der nach innen gewölbte Spiegel?

5 Im Gegensatz zum Mond besitzt die Erde eine Atmosphäre. Informiere dich, welche Bedeutung die Atmosphäre für das Leben auf der Erde hat.

6 Erkläre mithilfe einer Zeichnung, wie die Mondphasen (▷ B 4) entstehen.

7 Erkläre mithilfe von Zeichnungen, wie Sonnen- und Mondfinsternisse entstehen. Welches Ereignis kann von mehr Menschen beobachtet werden, die Sonnen- oder die Mondfinsternis? Begründe deine Antwort.

8 Suche mit einer Suchmaschine die Homepage der Europäischen Weltraumagentur ESA. Informiere dich dort über die aktuellen Weltraummissionen.

9 Suche im Internet nach Informationen über die Internationale Weltraumstation ISS. Erstelle eine Übersicht über den zeitlichen Ablauf ihres Aufbaus und über die wichtigsten Forschungsvorhaben.

10 Viele Sternbilder eignen sich zur Orientierung am Himmel.
a) Finde mit einer Sternkarte heraus, wie die beiden abgebildeten Sternbilder (▷ B 5) heißen.
b) Der Polarstern steht genau über dem Nordpol. Wie findest du ihn nachts ohne Kompass?
c) Was sind eigentlich Sterne? Gehören Sonne und Mond auch dazu?

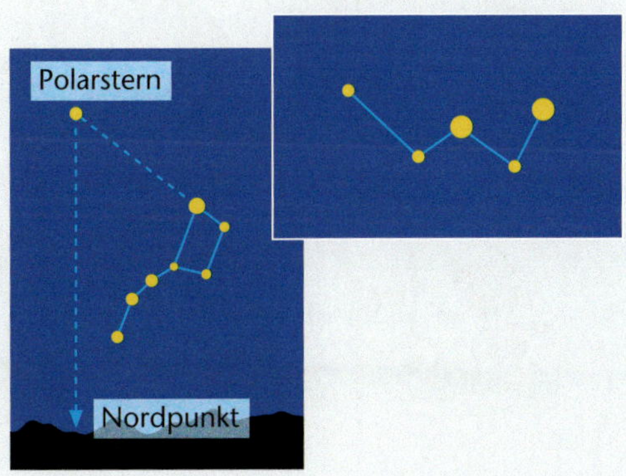

Willst du mit mir gehen …?
Erste Freundschaften

Schmetterlinge im Bauch? Verliebtsein ist wunderbar! Manchmal kann es aber auch ganz schön aufregend sein.

Tarek sitzt da wie auf Kohlen: Er wartet auf einen Anruf von Kim. Sie wollte mit ihm ins Kino gehen. Eigentlich hat er aber versprochen, seinen großen Bruder Erik am Bahnhof abzuholen. Erik hat erzählt, dass er am letzten Wochenende das erste Mal mit seiner Freundin geschlafen hat. Tarek will Erik dazu ausquetschen, er will wissen, wo Erik Kondome gekauft hat oder wie die beiden sonst verhütet haben.

Neulich in der Pause hat Tarek aufgeschnappt, wie Kim zu ihrer Freundin meinte, die Jungs könnten ruhig auch Verantwortung übernehmen …
Ganz schön anstrengend alles!

So sind wir doch nicht!
Mike, Tina, Benjamin und Tarek schauen im Deutschunterricht Zeitschriften mit Werbeanzeigen an. Zuhause sollen sie einen Aufsatz schreiben, in welcher Werbung sie sich wiederfinden. „So ein Blödsinn“, lacht Tina, „Von euch dreien hat doch keiner solche Muskeln“. „Du hast ja allen Grund uns anzumachen“, spottet Benjamin zurück, „Wo ist denn deine Werbebräune? Außerdem finde ich es bescheuert, dass Männer für Frauen in der Werbung immer irgendwelche Kartons schleppen müssen und die Mädels hocken gelangweilt herum und trinken Cappuccino. Was soll dieser ganze Werbeblödsinn, kein Mensch ist doch so wie diese Typen dargestellt werden!“

Müssen Männer immer stark und Frauen stets schön sein?
Sicherlich hast du auch schon mal gesehen, dass in der Werbung ein besonderes Rollenbild für Frauen und Männer aufgezeichnet wird. Aber bestimmt hast du in deiner Umwelt auch schon erkannt, dass dieses Rollenbild so gut wie nie zutrifft.

Du allein bestimmst, wer du bist
Wie möchtest du sein? Was ist dir wichtig? Diese Dinge darfst du allein entscheiden. Nur Menschen, die nicht richtig nachdenken und unsicher sind, machen immer nur das, was ihnen die Mode und andere Menschen vorschreiben. Du bist wichtig! Du bestimmst, wie du deine Stärken und Schwächen einsetzt. Nur so kannst du zu dir selbst finden und glücklich werden.

Jeder Mensch hat eine eigene Persönlichkeit. Menschen können selber entscheiden, was sie machen und wie sie wirken wollen.

Aufgabe

1 Schaut euch Werbungen an: Welches Männer- und Frauenbild wird in der Werbung deutlich?
Diskutiert darüber in der Klasse.

Willst du mit mir gehen?
Hanna weiß nicht, wie sie es anfangen soll. Seit zwei Wochen gefällt ihr ein Junge, den sie immer an der Bushaltestelle sieht. Weil sie unsicher ist, wie sie ihn kennen lernen kann, schickt sie eine E-Mail an ihre beste Freundin:

Hallo Jenny,
ist dir auch dieser Junge an der Bushalte „Neutorstr." aufgefallen? Ich finde ihn total süß und habe rausbekommen, dass er Ben heißt und auf die Dollinger-Realschule geht. Jedes Mal, wenn wir uns sehen, schauen wir uns nur an – ich trau mich einfach nicht ihn anzusprechen. Das Blöde ist, dass es ihm genauso zu gehen scheint wie mir!!! Was soll ich nur machen? Hast du nicht einen Tipp? Wie war das bei dir und Tim? Ihr habt euch doch auf der Schülerdisco kennen gelernt – hast du ihn angesprochen oder er dich? Wenn ja, was hast du gesagt? Ich bin völlig durcheinander, mir fällt wirklich nichts ein! Mail schnell zurück mit einer grandiosen Idee!
Deine Hanna :-)

Sieht sie nicht super aus?
Ben ist verunsichert. Ab und an sieht er an seiner Bushaltestelle ein Mädchen, das ihm unheimlich gut gefällt. Er hat schon ein paar Mal gehört, wie ihre Freundinnen sie rufen. Hanna heißt sie. Der Name lässt ein Kribbeln in seinem Körper entstehen. Sie ist immer total cool angezogen und hat ganz braune Augen, die ihm so sehr gefallen.
Wie soll er sie nur ansprechen?

Das erste Mal verliebt
Geschafft! Als Hanna letzten Samstag auf der Schulparty war, hat Ben Getränke verkauft. Vor lauter Ablenkung hat er ihren Bananensaft mit Cola gemixt und so sind sie ins Gespräch gekommen. Später haben sie zusammen getanzt. Dabei hat Ben seine Wange ganz eng an Hannas gedrückt, das war richtig schön!
Hanna hat kaum noch die Musik gehört, sie war einfach in Bens Armen versunken. Um zehn hat Ben Hanna nach Hause gebracht. Vor ihrer Haustür wollte keiner die Hand des anderen loslassen. Dann hat sich Hanna ganz schnell vorgebeugt und Ben einen Kuss auf die Wange gehaucht, bevor sie in ihren Hausflur gelaufen ist.

Beide konnten in dieser Nacht lange nicht einschlafen, weil sie aneinander denken mussten.

Eine neue Liebe
In der Pubertät verändern sich auch deine Gefühle. Hast du bisher nur deine Eltern oder Geschwister lieb gehabt, so kommt jetzt eine andere Art der Zuneigung hinzu. Die Liebe zu einem dir anfangs fremden Menschen. Du beginnst für ein Mädchen oder einen Jungen zu schwärmen, der andere Körper interessiert dich und du möchtest wiedergeliebt werden. Diese Gefühle sind oft sehr verwirrend. Anfangs bist du unsicher und weißt nicht, wie du diesen Jungen oder dieses Mädchen kennen lernen sollst. Wichtig ist, dass du ehrlich bist und mit dem anderen Menschen zu reden versuchst. Wenn dich ein Mädchen oder ein Junge anspricht, dann lache sie oder ihn nicht aus. Denk daran, was du empfinden würdest, wenn du ausgelacht wirst!

Aufgaben

1 Du findest ein Mädchen oder einen Jungen interessant. Welche Möglichkeiten kennst du, sie oder ihn anzusprechen?

2 Mit welchen Worten kannst du einen Menschen, in den du verliebt bist, beschreiben? Schreibe einen Liebesbrief.

Wir oder sie?

Heute will Hanna Ben abholen, um mit ihm ins Kino zu gehen. Als sie Ben trifft, fragt er ganz komisch: „Hast du nicht Lust auf was anderes?“ Hanna ist enttäuscht. „Was soll das jetzt?!“, fragt sie. Sie weiß nicht, dass Ben Ärger mit seinen Freunden hat, weil er nicht mit ihnen ins Kino geht, um den neuen Science-Fiction-Film anzuschauen. Aber Ben hat nur Geld für einen Kinobesuch und außerdem macht sich seine Clique sowieso schon lustig über das Getue mit Hanna. Sollte er mal mit Hanna reden?

Sprich über deine Probleme!

Ben fällt ein Stein vom Herzen. Er hat ihr gesagt, dass er hin- und hergerissen ist. Hanna hat das verstanden und akzeptiert, dass er mit seinen Freunden ins Kino gegangen ist. Dafür machen sie und Ben am Freitag einen Stadtbummel, auf den Ben erst keine Lust gehabt hatte.

Miteinander reden schafft Probleme aus der Welt. Wenn du nur tust, was dein Partner verlangt, wirst du bald unzufrieden und die Beziehung wird langweilig. Beide Menschen in einer Partnerschaft haben eigene Wünsche und Vorstellungen. Du musst darüber mit deinem Partner oder deiner Partnerin reden und deine Ansichten erklären. Meistens findet ihr dann einen Mittelweg, den beide gehen können.

▶ In einer Partnerschaft ist es wichtig, über alles miteinander zu reden. Du darfst dich nicht verstellen, nur um deinem Partner zu gefallen.

Das ist mir zu viel

Ben und Hanna kuscheln auf Hannas Sofa Das ist unheimlich schön! Trotzdem ist Ben nervös. Er hat Angst, dass Hannas Mutter hereinkommen könnte. Deshalb hört er auch nicht so genau zu, als Hanna mit ihm redet. Sie möchte, dass Ben mehr für sie da ist. „Das war ja in Ordnung, dass du mit Mike und Tarek neulich ohne mich ins Kino gegangen bist. Aber musst du auch noch die gesamten Osterferien mit denen auf die Fußballfreizeit fahren? Liebst du mich nicht mehr?“ Ben fühlt sich genervt. Immer sagt Hanna zu ihm, dass er mehr Zeit für sie haben soll.
Ihm wird die ganze Beziehung langsam zu eng. Als Hanna auch noch sagt, dass er sich entscheiden soll, ist es passiert. Er hat ihr gesagt, dass ihm auch seine Freunde viel bedeuten, dass er mit ihnen lachen und Witze machen kann.
Darauf hat Hanna Schluss gemacht und sie haben sich beide beschimpft.

Ben ist wütend nach Hause gefahren. Doch am nächsten Tag hat er sich wieder etwas beruhigt und ruft Hanna an. Auch ihr tut es Leid. Beide merken jedoch, dass ihre Liebe nicht mehr so richtig da ist, dass beide etwas anderes wollen. Ben fragt Hanna: „Können wir trotzdem Freunde bleiben und uns noch manchmal sehen?“

▶ Eine Trennung tut weh. Trotzdem ist es schön, wenn man hinterher noch miteinander reden kann.

Aufgaben

1 Schreibt ein Rollenspiel, in dem sich zwei Partner wegen eines Interessenkonflikts auseinandersetzen. Wie kann diese Auseinandersetzung fair ablaufen?

2 Warum gehört zu vielen Beziehungen eine Trennung dazu?

3 Nimm die drei Comics auf dieser Seite zum Anlass, eine Trennungsgeschichte zu schreiben.

1 „Selbstbefriedigung soll schädlich sein? Das ist doch Blödsinn!“

2 „Es ist doch angenehm und ganz normal, den eigenen Körper zu entdecken.“

Selbstbefriedigung – kein Thema?
Für die Generationen vor dir, besonders für deine Großeltern, war das Thema Selbstbefriedigung noch ein absolutes Tabu. Gerade als Mädchen sprach man nicht darüber und es wurde erwartet, dass man sich auch nicht selbst befriedigte. Über die Sprüche von damals: „Hände gehören über die Bettdecke“ oder „Bei der Selbstbefriedigung läuft dein Gehirn aus.“ wirst du heute sicher nur lachen. Vielen Jungen und Mädchen haben diese Verbote aber Angst und ein schlechtes Gewissen gemacht.

Sich selbst zu befriedigen, wird auch **onanieren** oder **masturbieren** genannt. Menschen streicheln sich dabei an verschiedenen Körperstellen, die für sie selbst eine angenehme Erregung auslösen. Meist sind es die Geschlechtsorgane, die berührt werden. Aber auch andere Regionen des Körpers, die so genannten **erogenen Zonen**, können, wenn sie berührt werden, einem Mann oder einer Frau helfen, einen Orgasmus zu bekommen.
Als erogene Zonen werden beispielsweise die Brustwarzen, die Ohrläppchen oder auch die Innenseiten der Oberschenkel beschrieben. An diesen Körperstellen verlaufen sehr viele Nerven an der Hautoberfläche. Deshalb empfinden viele Menschen Berührungen dort als sehr angenehm.

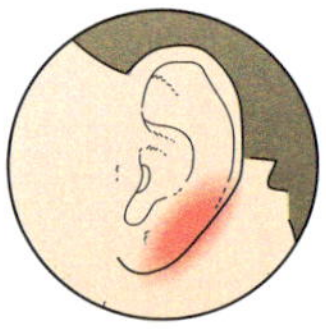

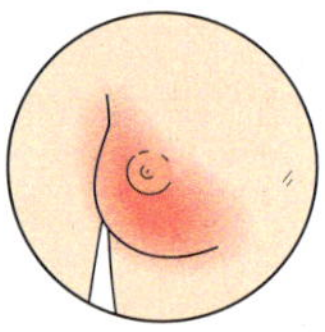

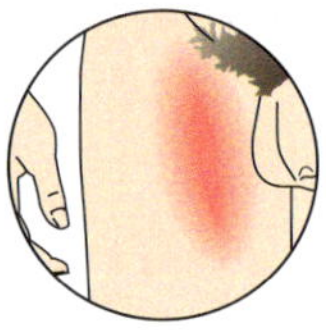

Onanieren ist nicht schädlich
Die Schüler der 8. Klasse müssen schmunzeln, sie haben in alten Aufklärungsbüchern geblättert und gelesen, dass Onanieren schädlich und ungesund sei. Durch Informationsmaterial wissen sie, dass diese Aussagen falsch sind. Sie haben bestätigt gefunden, was beide eigentlich schon längst wussten: Wenn sich Menschen selber befriedigen, können sie dabei ihren eigenen Körper entdecken. Sie finden heraus, welche Berührungen ihnen gefallen und welche sie nicht mögen. Deshalb können sie später ihrem Partner oder ihrer Partnerin sagen, welche Berührungen für sie selbst angenehm sind.

Es ist wichtig, dass beide Partner rücksichtsvoll miteinander umgehen.

Sich selbst zu befriedigen, ist ein normales Erlebnis. Es hilft Frauen und Männern zu entdecken, welche Berührungen ihnen gefallen.

Aufgabe

1 Kennst du noch andere alte Vorurteile in der Sexualität, die früher von Menschen geglaubt wurden?

3 Schüler lesen Informationsmaterial.

Willst du mit mir schlafen?
Anne und Mike sind schon ein halbes Jahr zusammen. Sie verbringen viel Freizeit gemeinsam. Sie mögen es, miteinander zu reden, ins Kino zu gehen oder einfach nur zusammen durch einen Park zu laufen. Anne liebt es auch, mit Mike zu kuscheln. Sie küssen sich dann beide sehr intensiv und streicheln dabei den Körper des anderen. Doch in letzter Zeit wollen beide einfach mehr. Sie möchten zusammen schlafen. Deswegen gehen sie beide morgen zusammen zu Annes Frauenärztin, um mit ihr zu besprechen, wie sie beide eine Schwangerschaft verhüten können. Anne ist froh, dass Mike mitkommen will. Er hat zu ihr gesagt, dass Verhütung doch auch Männersache ist; er findet es altmodisch, dass sich immer nur die Frau darum kümmern muss.

Anne und Mike wissen beide, dass sie noch viel zu jung sind, um für ein Baby Verantwortung übernehmen zu können.

Wenn ein Mann und eine Frau zusammen Geschlechtsverkehr haben, spricht man von **Heterosexualität**. Hierbei ist es wichtig, dass beide Partner den Wunsch haben, miteinander zu schlafen.

Über Verhütung müssen beide Partner miteinander sprechen, denn schließlich tragen sie gemeinsam die Verantwortung.

Hilfe, bin ich nicht normal?
Viele Jungen reden in ihrer Clique über Mädchen. Wie toll es ist, sie zu küssen. Niko hat erzählt, dass er seine Freundin sogar schon an der Brust gestreichelt und dabei eine Erektion bekommen hat.
Jan hat bei diesen Erzählungen gemerkt, dass er Mädchen gar nicht ansprechend findet. Wenn er aber an seinen Klassenkameraden Tim denkt, bekommt Jan Herzklopfen – und Angst. Er kennt die ganzen Schwulenwitze, die in der Clique erzählt werden. Er hat auch schon gehört, dass Schwule kranke Typen sind. Jan weiß nicht mehr, was er machen soll. Mit wem könnte er bloß reden?

Haben zwei Männer miteinander sexuellen Verkehr, spricht man von **Homosexualität**. Derselbe Begriff wird auch für die gleichgeschlechtliche Beziehung unter Frauen verwendet.

1 Junges Paar bei einer Frauenärztin

2 Verliebt

Jans Angst, krank zu sein, ist unbegründet. Homosexualität ist eine normale Form der sexuellen Orientierung. Viele Schwierigkeiten, die Homosexuelle mit sich selbst, miteinander und ihrer Umgebung haben, liegen darin, dass ihre Umwelt sie als „nicht normal" ansieht. Das kannst du anders machen, indem du ihr Fühlen und Verhalten nicht verurteilst, sondern so siehst, wie es ist: eine der vielen Möglichkeiten, liebevoll miteinander umzugehen.

Man weiß übrigens heute, dass jeder Mensch eine Mischung von hetero- und homosexuellen Neigungen in sich trägt.

3 Verliebt

Aufgaben

1 Beide Partner tragen gemeinsam die Verantwortung, richtig zu verhüten. Erkläre diesen Satz.

2 „Meistens sind es die Mädchen, die Angst vor dem Geschlechtsverkehr haben." Stimmt diese Aussage? Schreibe hierzu deine Meinung auf.

3 a) Wo kann Jan Informationen über Homosexualität finden?
b) Entwerft ein Plakat zum Thema Homosexualität.
Achtet darauf, dass ihr sensibel und sachlich mit dem Thema umgeht.

4 Sollen Lesben und Schwule ihre Neigungen in der Öffentlichkeit verstecken? Diskutiert darüber in der Klasse.

4 Verliebt

Winzige Mengen, große Wirkung

Ob Stimmbruch oder Wachstum der Brüste, Bartwuchs oder erste Menstruation – diese Veränderungen, die in der Pubertät auftreten, werden durch winzige Mengen von chemischen Stoffen ausgelöst. Sie heißen **Hormone** und werden in den Hormondrüsen gebildet. Überall im menschlichen Körper beeinflussen sie biologische Vorgänge. Sie steuern unser Verhalten und unsere Gefühle.
Hormone lösen aber nicht nur die Pubertät aus, sondern bestimmen auch viele weitere Funktionen des Körpers.

In der **Zirbeldrüse** wird **Melatonin** produziert, ein Hormon, das die „innere Uhr" des Menschen, also Wachen und Schlafen, steuert.

Die **Nebennieren** sind Drüsen, die auf den Nieren sitzen und Hormone abgeben, die als „Stresshormone" bezeichnet werden.

1 Hormondrüsen des Menschen

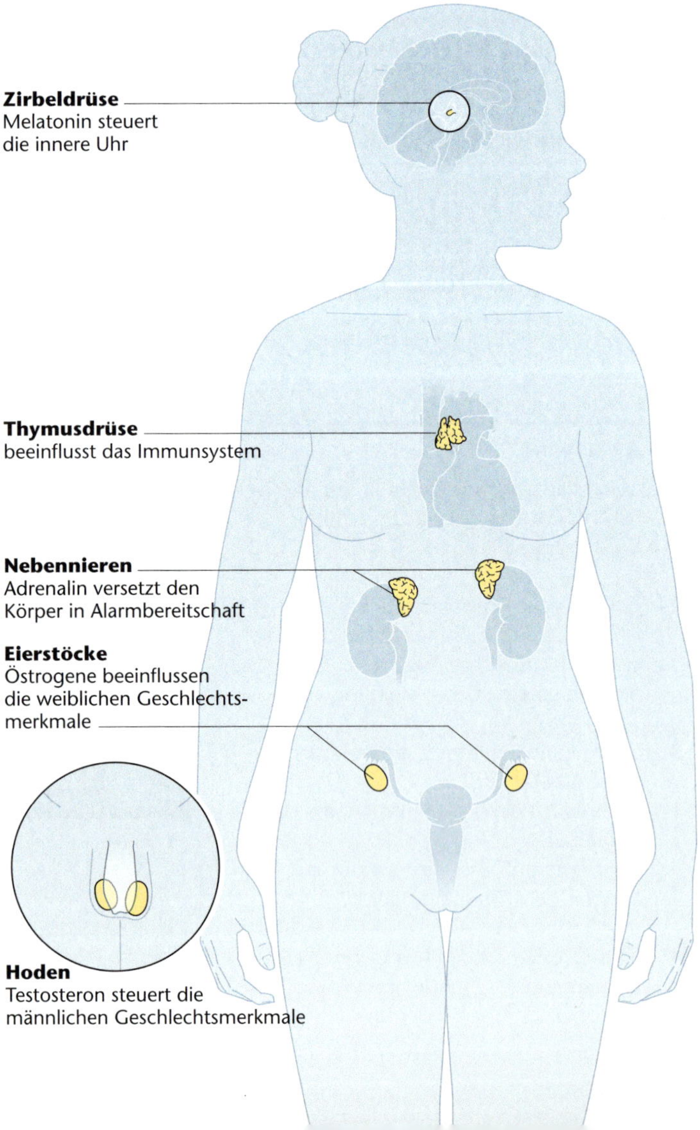

In Sekundenschnelle versetzen sie den Körper in Alarmbereitschaft und mobilisieren Energiereserven. Weitere Hormone der Nebenniere regulieren den Wasserhaushalt im Körper.
Die **Thymusdrüse** steuert mit ihren Hormonen die Immunzellen in den Lymphknoten.

Hoden und **Eierstöcke** produzieren Sexualhormone, welche die geschlechtliche Entwicklung bestimmen (▷B 1).

Hormone werden in Hormondrüsen gebildet und steuern viele wichtige Funktionen des Körpers.

Der Einfluss der Sexualhormone

Die Sexualhormone steuern die Entwicklung und Funktion der Sexualorgane. Man unterscheidet **Androgene**, **Östrogene** und **Gestagene**.

Androgene sind die männlichen Sexualhormone, das wichtigste ist das **Testosteron**. Seine Wirkung beruht vor allem auf der Entwicklung und Reifung der primären männlichen Geschlechtsorgane und Spermien. Außerdem beeinflusst es die sekundären Geschlechtsorgane wie den Bartwuchs und die Muskelmasse.
Testosteron hat auch Auswirkungen auf die Stimmung und das Verhalten des Mannes. Die sexuelle Erregung wird ebenfalls vom Testosteron gesteuert.
Testosteron wird in den Hoden gebildet und von dort über das Blut zu den Wirkungsorten transportiert. Im Leistungssport wird Testosteron unerlaubt als Dopingmittel eingesetzt, Bodybuilder benutzen es manchmal zum Aufbau der Muskelmasse.
Männer besitzen auch in geringen Mengen weibliche Sexualhormone.

Östrogene sind weibliche Sexualhormone. Diese werden in den Eierstöcken gebildet. Es gibt über 30 verschiedene Hormone, die in dieser Gruppe zusammengefasst werden. Es sind, wie das Testosteron beim Mann, die Hormone, welche die größte Wirkung auf die körperliche Entwicklung jeder Frau besitzen und ihr seelisches Gleichgewicht bestimmen.

Unter dem Einfluss der Östrogene entstehen beim Mädchen die Brüste. Schamlippen, Eileiter und Gebärmutter wachsen, das Becken verbreitert sich.

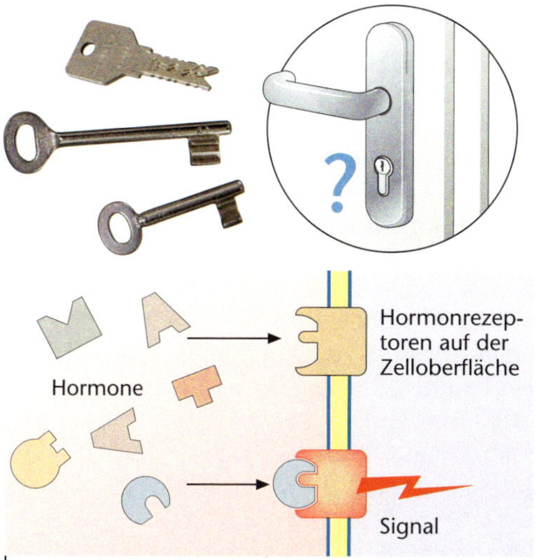

2 Schlüssel-Schloss-Prinzip

Östrogene sorgen für das typische weibliche Erscheinungsbild in Figur, Haut und Behaarung. Östrogene beeinflussen im Wechselspiel mit dem Gestagen **Progesteron** den monatlichen Zyklus und schaffen die Voraussetzungen für die Schwangerschaft. Östrogene und Gestagene sind Bestandteile der Pille. Auch Frauen besitzen männliche Geschlechtshormone.

Der Hormonspiegel von Mann und Frau ist ein kompliziertes Wechselspiel verschiedener Hormone.

Schlüssel-Schloss-Prinzip
Wenn die Hormondrüsen Wirkstoffe ausschütten, verteilen sich die Moleküle dieses Hormons über das Blut im ganzen Körper. Damit sie die gewünschte Wirkung entfalten können, muss immer eine bestimmte Menge davon im Blut vorhanden sein. Die Hormone, die sich im Blutstrom befinden, müssen nun zu den Zielzellen gelangen. Diese verfügen über ein „Erkennungszeichen“, den **Rezeptor**.
Für die unterschiedlichen Hormone gibt es verschiedene Typen von Rezeptoren. Hormon und Rezeptor passen jeweils zusammen wie Schlüssel und Schloss (▷ B 2). Man nennt dieses Erkennungssystem auch **„Schlüssel-Schloss-Prinzip“**. Hat das Hormon mit seinem Schlüssel das Rezeptorschloss aufgeschlossen, löst es in der Zelle die Stoffwechselvorgänge aus.

Manche Stoffwechselvorgänge kommen nur dann zustande, wenn die Reaktionspartner zueinander passen wie der Schlüssel in ein Schloss.

Das richtige Maß
Etwa ab der siebten Woche sorgen die Erbanlagen auf den Geschlechtschromosomen dafür, dass Hormone die eigentliche Geschlechtsentwicklung einleiten. Fehlen männliche, also Y-Geninformationen, entstehen automatisch weibliche Hormone. Mädchen, die im Mutterleib und nach der Geburt zu viel Testosteron im Körper hatten, können nicht nur männliche Geschlechtsorgane entwickeln, sie verhalten sich auch später eher „jungentypisch“.

Winzig klein – aber der Boss
Die Hypophyse, auch Hirnanhangsdrüse genannt, ist ein kleines bohnenförmiges Organ. Sie hängt wie ein Tropfen am Boden des Zwischenhirns und besteht aus zwei Teilen, einem Vorderlappen und einem Hinterlappen. Die Hypophyse sorgt dafür, dass Hormondrüsen im Körper zur richtigen Zeit die richtige Menge an Hormonen ausschütten.

Der Hinterlappen bildet selbst keine Hormone. Er ist ausschließlich Lager und Speicherraum für Hormone. Der Vorderlappen bildet eine Vielzahl von Hormonen und gibt winzige Mengen von stimulierenden Hormonen ins Blut ab. Jedes von diesen Steuerungshormonen ist auf eine bestimmte Drüse im Körper spezialisiert und regt sie zur Hormonproduktion an.

3 Das Gehirn ist der Boss!

Aufgabe

1 Stelle zusammen, welche Aufgaben die männlichen bzw. weiblichen Sexualhormone haben.

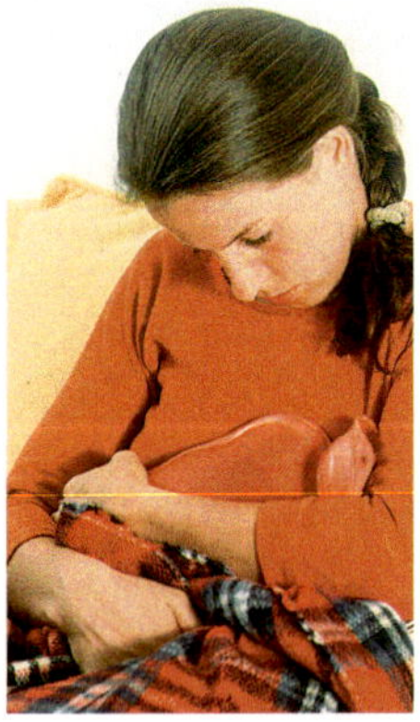

Jede Frau empfindet anders

Anne fühlt sich heute nicht gut. Sie hat starke Bauchschmerzen und ist müde. Jeden Monat, wenn sie ihre „Tage" hat, legt sie sich mit einer Wärmflasche ins Bett und hofft, dass die Schmerzen schnell vergehen. „Könnte es mir doch bloß so ergehen wie Lina", denkt sie. Lina, eine ihrer Freundinnen, hat während der Menstruation gar keine Schmerzen. Im Gegenteil, Lina fühlt sich am besten, wenn sie während ihrer Tage zum Basketball geht. „Sport lenkt mich ab und hält mich fit", ist ihre Devise.

So wie Lina und Anne mit ihrer Menstruation umgehen, macht es jede Frau. Sie findet heraus, was ihr während ihrer Tage am besten hilft, und handelt danach.

Ab der ersten Regelblutung ist ein Mädchen geschlechtsreif und kann Kinder bekommen.

Was geschieht während der Menstruation im Körper einer Frau?

Ab dem ersten Eisprung haben alle Mädchen und Frauen ihren eigenen Menstruationszyklus, der zwischen 24 und 35 Tagen lang sein kann. Dieser Zyklus wird durch ein zusammenhängendes Hormonsystem im Gehirn und in den Eierstöcken geregelt. **Hormone** sind Botenstoffe, die durch die Blutbahn transportiert werden und im Körper immer eine bestimmte Reaktion auslösen.

Das Gehirn regelt auch den Eisprung

Im menschlichen Gehirn liegen viele wichtige Steuerzentren, so auch der Hypothalamus und die Hypophyse, die Hirnanhangsdrüse (▷B 1).
Diese Zentren sorgen durch eigene Botenstoffe dafür, dass verschiedenste Hormondrüsen im Körper stimuliert werden, ihre eigenen Hormone zum richtigen Zeitpunkt auszuschütten.
Bei einer Frau gibt der Hypothalamus beispielsweise einen bestimmten Botenstoff ab. Dieser bewirkt, dass die Hypophyse das **Follikel stimulierende Hormon FSH** und das **luteinisierende Hormon LH** ausschüttet. FSH und LH gelangen über die Blutgefäße zu den Eizellen im Eierstock. Im Eierstock und in der reifen Eizelle veranlassen sie, dass genau zur richtigen Zeit die beiden Sexualhormone **Östrogen** und **Progesteron** in die Blutbahn abgegeben werden.

Die Eierstöcke und die Eizellen sind der Produktionsort der weiblichen Sexualhormone Östrogen und Progesteron. Deren Ausschüttung wird durch die Zwischenhirnhormone FSH und LH geregelt.

Was heißt hier eigentlich Periode?

Der Zyklus einer Frau beginnt am ersten Tag mit der **Menstruationsblutung**. Diese Blutung, die viele Frauen einfach als „die Tage" bezeichnen, dauert drei bis sechs Tage. Bereits während dieser Zeit schüttet die Hypophyse viel FSH aus, das im Eierstock das Heranreifen von ein bis zwei Eizellen bewirkt.

Gleichzeitig wird im Eierstock viel Östrogen produziert, das für den erneuten Aufbau der Schleimhaut in der Gebärmutter verantwortlich ist. Der komplette Aufbau dauert ungefähr 12 Tage.

Bakterienschutz durch Schleimpfropf

Die ersten 11 Zyklustage verschließt ein Schleimpfropf den Muttermund und sorgt dafür, dass keine Bakterien und Fremdkörper in die Gebärmutter und in die Eileiter gelangen. Dadurch werden Gebärmutter und Eileiter vor einer Entzündung geschützt.

Freie Bahn für Spermien

Bereits um den 12. Zyklustag bewirkt Östrogen, dass dieser feste Schleimpfropf dünnflüssig wird. Nun können die Spermien hindurch zum Eileiter gelangen, um eine Eizelle zu befruchten.

Um die Gebärmutterschleimhaut auf eine mögliche Schwangerschaft vorzubereiten, sorgt die Ausschüttung von Progesteron vom 15. bis zum letzten Zyklustag dafür,

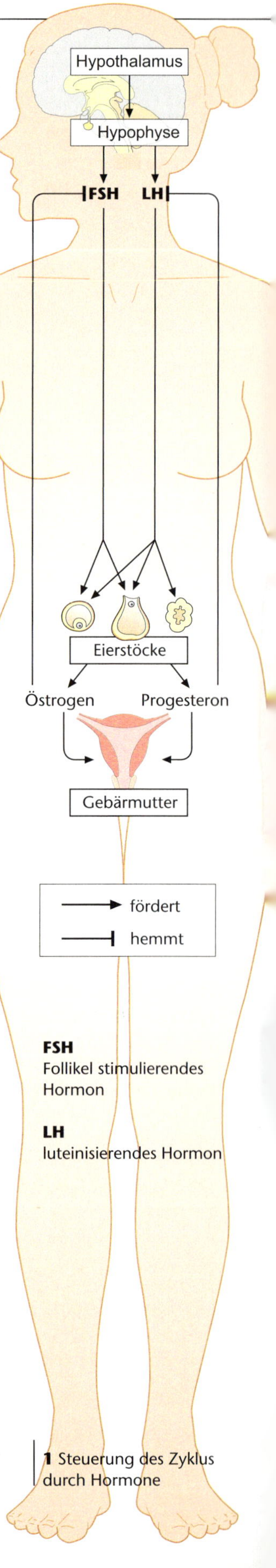

1 Steuerung des Zyklus durch Hormone

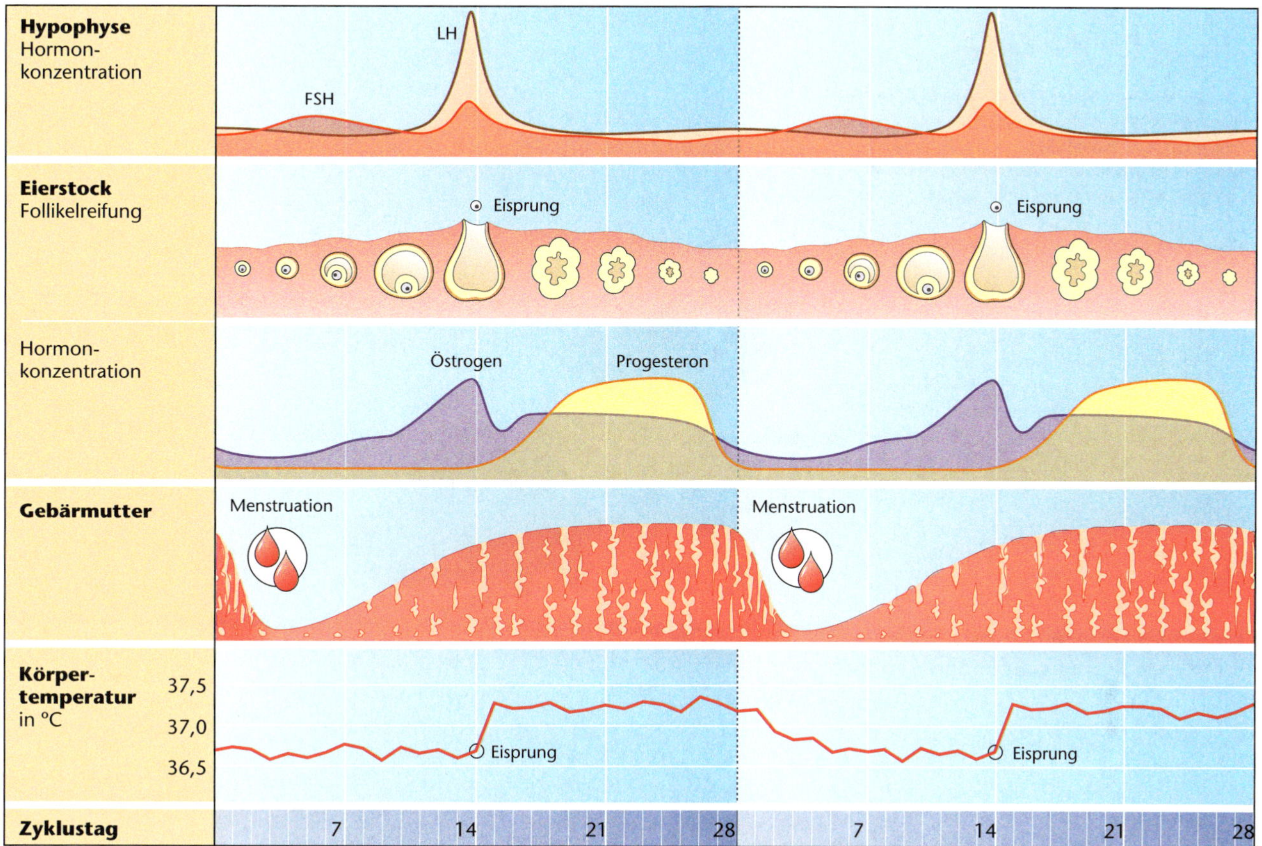

2 Menstruationszyklus

dass sich in der Schleimhaut viele Drüsen bilden, die Nährstoffe bereithalten.

Der Eisprung
Zwischen dem 12. und dem 14. Zyklustag bildet die Hypophyse die größte Menge an LH und FSH. Beide Hormone erreichen über das Blut die Eileiter und bewirken dort den Eisprung.
Kommt es zu keiner Schwangerschaft, bewirkt das Hypophysenhormon LH, dass im Eierstock die Bildung von Östrogen und Progesteron unterdrückt wird.

Spermien leben maximal 72 Stunden. Eine Befruchtung ist deshalb nur zwischen dem 12. und 17. Zyklustag möglich.

Die Menstruationsblutung
Die Unterdrückung von Östrogen und Progesteron hat zur Folge, dass die obere Schleimhautschicht in der Gebärmutter abstirbt und von der Gebärmutterwand abgestoßen wird. Hierbei reißen viele Kapillaren, die zuvor für eine gute Durchblutung der Schleimhaut gesorgt haben. Die Regelblutung, die für jede Frau den Beginn eines neuen Zyklus bedeutet, wird durch diesen Kapillarenabriss eingeleitet. Auch die Körpertemperatur passt sich diesem Rhythmus an: Direkt nach dem Eisprung steigt die Körpertemperatur um ca. 0,5 °C an (▷ B 2).

Alle diese Vorgänge im weiblichen Körper kehren periodisch jeden Monat wieder. Sie werden nur durch eine Schwangerschaft unterbrochen.

Die Menopause
Zwischen 45 und Anfang 50 Jahren hören die Hormondrüsen auf, ihre Sexualhormone zu bilden, dann erfolgt kein Eisprung mehr. Wochen bis Monate später unterbleibt auch die Regelblutung, Biologen sprechen von der **Menopause**.

3 Frau in der Menopause

Aufgaben

1 „Hormone sind Botenstoffe.“ Was bedeutet diese Aussage?

2 Werte Abbildung 2 zum Menstruationszyklus aus. Beschreibe den Zyklus mit deinen eigenen Worten.

Tipps für die Girls …

Die Haut hat einen pH-Wert von 5,5. Im Intimbereich ist der pH-Wert viel niedriger, nämlich 4,4. Normale Duschgels zerstören dieses saure Milieu. Die Scheide nur mit klarem, warmem Wasser waschen.

Beim Waschen muss man darauf achten, immer von vorne nach hinten zu reinigen, sonst gelangen Keime aus dem After in die Scheide.

Synthetische Slips lassen nicht genug Luft an die Geschlechtsorgane. Besser ist Unterwäsche aus Baumwolle, die kann auch sehr chic sein! Slipeinlagen und zu enge Hosen können zu einem Feuchtigkeitsstau im Intimbereich führen. Das kann Pilzinfektionen hervorrufen.

Tipps für die Boys …

Die Hygiene-Tipps für Mädchen unterscheiden sich nicht sehr von denen für die Jungen.

Den Intimbereich mit klarem, warmem Wasser waschen.

Beim Penis die Vorhaut zurückziehen, damit das Smegma sorgfältig entfernt wird.

Nach dem Waschen gut abtrocknen, die Eichel vorsichtig trocken tupfen. Das feuchtwarme Klima unter der Vorhaut ist ein guter Nährboden für Bakterien. Auch für Jungen gilt: nicht jeder verträgt synthetische Unterwäsche.

Hygiene – gerade im Intimbereich
Händewaschen, Duschen, Zähneputzen – das sind Vorgänge, bei denen du gar nicht mehr nachdenken musst. Aber weißt du auch, wie man den Intimbereich richtig pflegt und reinigt?

Es gibt ein paar grundlegende Regeln, die du wissen solltest, um Infektionen zu vermeiden und die Sicherheit zu haben, „rundherum" frisch und sauber zu sein.

Smegma – schon gehört?
Auf der Vorhautinnenseite und an den Schamlippen befinden sich viele Drüsen, die ständig Talg absondern. Diese weißliche Absonderung hat den Sinn, die Intimregion geschmeidig zu halten. Sammelt sich dieses Smegma (griech. schmieren) aber unter der Vorhaut des Mannes oder bei der Frau im Bereich der kleinen Schamlippen, so begünstigt es Entzündungen. Außerdem riecht Smegma, das sich zersetzt, sehr unangenehm.

▶ Intimhygiene ist für Jungen und Mädchen gleichermaßen wichtig.

Beschneidung
Die Beschneidung von Männern hat eine lange Tradition und ist bei den Juden und Moslems religiöse Pflicht. Aber auch in den USA wurden zeitweilig fast alle neugeborenen Jungen beschnitten. Dabei spielen eher hygienische Gründe eine Rolle. Bei der Beschneidung wird die Vorhaut teilweise oder völlig entfernt. Diese Operation wird unter Lokalbetäubung oder Vollnarkose durchgeführt. Einen Einfluss auf die Sexualität hat man bislang nicht nachweisen können. Bewiesen ist allerdings, dass die Hygiene bei beschnittenen Männern einfacher und leichter ist.

Was sind Geschlechtskrankheiten?

Geschlechtskrankheiten werden auch „sexuell übertragbare Krankheiten“ genannt, weil sie beim Sex weitergegeben werden, auch durch Petting, Oral- oder Analverkehr. Ob die Krankheit durch Bakterien, Viren oder Pilze verursacht wird, stellen Ärzte mit einem Abstrich schnell fest.
Warnsignale für eine Ansteckung können Brennen beim Wasserlassen, auffälliger Ausfluss aus Scheide oder Glied sowie Juckreiz, Rötung, Pusteln oder Bläschen an den Geschlechtsorganen sein. Wenn die Lymphdrüsen in der Leiste anschwellen oder Schmerzen im Unterleib auftreten, sollte sofort ein Arzt aufgesucht werden. Abwarten ist die falsche Strategie. Geschlechtskrankheiten können, wenn sie nicht auskuriert werden, Spätschäden wie Unfruchtbarkeit oder Krebs bewirken.

> Geschlechtskrankheiten werden durch sexuelle Kontakte verbreitet. Sie können wirksam mit Medikamenten bekämpft werden.

Aber ich doch nicht!

Geschlechtskrankheiten kann jeder bekommen, egal ob Mann oder Frau. Weil die Krankheiten sexuell übertragen werden, muss sich auch der jeweilige Geschlechtspartner oder die Partnerin einer Behandlung unterziehen, sonst wandert die Krankheit wie beim Ping-Pong-Spiel hin und her.

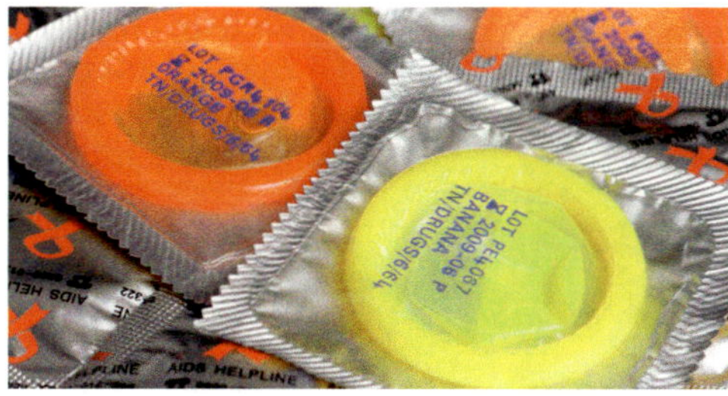

1 Kondome verhüten auch Krankheiten.

Jährlich erkranken mehrere Millionen Deutsche an den verschiedenen Geschlechtskrankheiten. Für Ärzte ist die Behandlung Routine.

Safer Sex

Einen absolut sichereren Schutz vor Geschlechtskrankheiten gibt es nicht, höchstens bei völligem Verzicht auf Sex. Wer einen Partner oder eine Partnerin sucht und geschlechtliche Kontakte hat, muss sich entsprechend schützen. Kondome verhindern, dass die Schleimhäute der Genitalien mit den Krankheitserregern in Kontakt kommen. Aber auch die Schleimhäute im Mund sollten nicht mit Scheidenflüssigkeit, Sperma oder Blut in Berührung kommen.
Bis zum Ausheilen einer Geschlechtskrankheit und Abschluss der Behandlung ist Sex völlig tabu!

> Kondome sind nicht nur ein zuverlässiges Verhütungsmittel, sie können auch vor der Übertragung von Geschlechtskrankheiten schützen.

Krankheit	Erreger	Symptome	Behandlung	Was du noch wissen solltest
Herpes genitalis	Virus	kleine juckende Bläschen an den Genitalien	virushemmende Medikamente, meist Salben	Herpesbläschen gibt es auch an den Lippen. Wer einmal Virusträger ist, bleibt es sein Leben lang.
Hepatitis B	Virus	Beschwerden wie bei einer Grippe	Schutzimpfung	Die Viren kommen in allen Körperflüssigkeiten vor, auch im Speichel.
AIDS	Virus	Schwächung des Immunsystems	noch keine Heilung möglich	HI-Viren sind in Blut, Samen- und Scheidenflüssigkeit.
Chlamydien	Bakterien	Brennen beim Wasserlassen, schleimig-eitriger Ausfluss	Antibiotika	sehr verbreitete Geschlechtskrankheit, im Jahr über 1 Million Erkrankungen in Deutschland
Gonorrhöe (Tripper)	Bakterien	grünlich-gelber Ausfluss, Brennen beim Wasserlassen	Antibiotika	Eine Spätfolge kann Unfruchtbarkeit sein.
Syphilis	Bakterien	Knoten im Genitalbereich	Antibiotika	Die Krankheit verläuft in drei Stadien.
Candidosen	Pilze	gerötete, juckende Scheide oder Eichel	Medikamente speziell gegen Pilze	Hefepilze, die immer im Körper vorkommen, bei Einnahme der Anti-Baby-Pille aber überhand nehmen

2 Geschlechtskrankheiten

Schwangerschaftsverhütung – auch Infektionsschutz?

Einige aus deiner Klasse machen sich, wie Anne und Mike, jetzt vielleicht schon Gedanken, ob sie mit ihrem Freund oder ihrer Freundin schlafen wollen.
Sex kann sehr schön sein. Aber sicher weißt du auch, dass du noch viel zu jung bist, um die Verantwortung für ein Baby zu übernehmen. Denn die Pflege und Erziehung eines kleinen Kindes braucht sehr viel Zeit, Kraft und Geduld.

Verantwortung geht beide an!

Um Verantwortung zu zeigen, musst du, wenn du mit deinem Freund oder deiner Freundin Sex haben willst, auf jeden Fall verhüten!

Wie verhüte ich richtig?

Die **Antibabypille** ist ein verschreibungspflichtiges Medikament. Die Pille, wie sie meistens nur genannt wird, besteht entweder nur aus einem Östrogenanteil oder aus kombinierten Östrogen-Gestagenanteilen. Frauen, die mit der Pille verhüten, müssen sie nach Vorschrift regelmäßig zu einer bestimmten Uhrzeit einnehmen. Durch den Östrogenanteil wird die Ausschüttung von FSH und LH unterdrückt. Da FSH für die Eizellreifung unverzichtbar ist, unterbleibt diese und damit letztendlich auch der Eisprung. Deshalb kann es auch zu keiner Schwangerschaft mehr kommen. Sollte dennoch einmal eine Eireifung und damit auch der Eisprung erfolgen, ist eine Schwangerschaft auch deshalb ausgeschlossen, weil die Schleimhaut der Gebärmutter nicht vorbereitet worden ist. Aber auch die Einnahme der Pille bietet keine Garantie für die Schwangerschaftsverhütung. Daran musst du denken, wenn du dich beispielsweise einmal nach der Einnahme erbrechen musst!

Richtig angewendet, bietet die Antibabypille einen hohen Schwangerschaftsschutz. Sie kann aber nicht vor Infektionen schützen.

Nebenwirkungen

Wenn sich Mädchen und Frauen für die Pille entscheiden, müssen sie bedenken, dass diese wie alle Medikamente auch Nebenwirkungen hat. Es können Kopfschmerzen auftreten und bei dickeren Frauen oder Raucherinnen auch Blutgerinnsel, die zu Venenverstopfungen führen. Diese Venenverstopfung, Mediziner nennen sie **Thrombose**, kann lebensbedrohliche Folgen haben.

Auch Jungen können verhüten

Jungen und Männer müssen Verantwortung zeigen, indem auch sie an die Verhütung denken. Für sie gibt es das **Kondom**, das du in verschiedenen Größen kaufen kannst. Selbstüberschätzung ist hier gefährlich. Beachte, dass das Kondom immer eng über den steifen Penis gezogen werden muss und nur einmal benutzt werden darf. Seifen und Gleitcremes, wie sie beispielsweise gebraucht werden, um das Eindringen des Penis in eine enge Vagina zu erleichtern, zerstören den Latex und machen das Kondom undicht. Dasselbe passiert, wenn man spermienabtötende Schaumzäpfchen oder Gels zusammen mit einem Kondom verwendet. Achte auch auf das Verfallsdatum eines Kondoms. Kondome schützen bei richtiger Anwendung nicht nur vor einer Schwangerschaft; sie verhindern auch eine Ansteckung mit sexuell übertragbaren Krankheiten wie AIDS oder Tripper.

Richtig angewendet ist das Kondom ein sicheres Verhütungsmittel, das vor einer Schwangerschaft und vor sexuell übertragbaren Krankheiten schützt.

Aufgaben

1 Informiere dich, wo Jungen und Mädchen Kondome kaufen können.

2 Welche Produkte darfst du auf gar keinen Fall zusammen mit einem Kondom benutzen? Erkläre, warum.

3 Informiere dich über die Sicherheit und die Anwendung von Pille und Kondom anhand der Beipackzettel. Fasse die Informationen mit eigenen Worten zusammen.

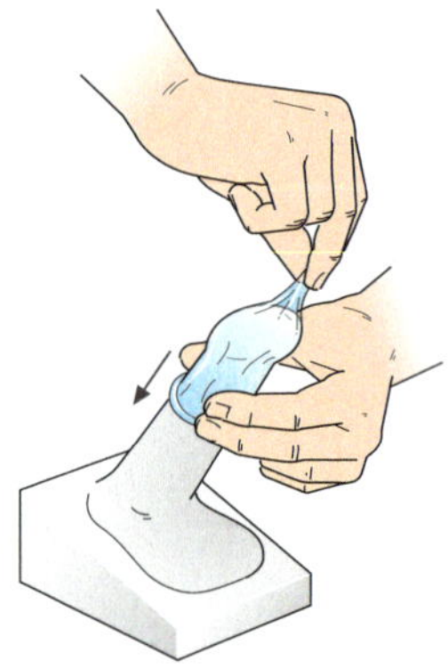

a) Das Kondom auf die Eichel aufsetzen. Eine Hand hält das Reservoir, mit der anderen wird das Kondom vollständig abgerollt.

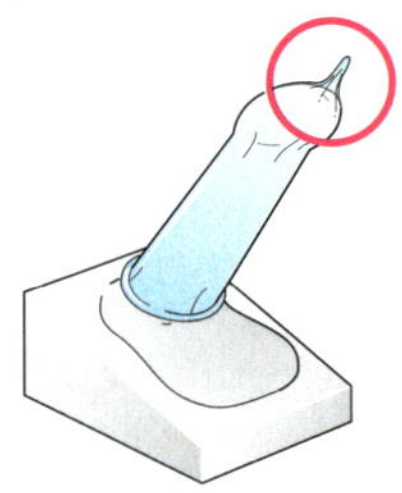

b) So sitzt das Kondom richtig.
Wichtig: Es darf keine Luft im Reservoir sein.

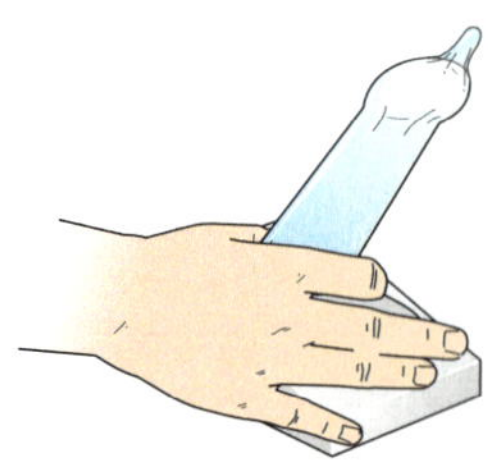

c) Wenn nach dem Verkehr der Penis aus der Scheide gezogen wird, muss das Kondom festgehalten werden, damit es nicht abrutscht.

1 Richtige Anwendung eines Kondoms

Methoden zur Empfängnisverhütung

Der amerikanische Biologe RAYMOND PEARL (1879–1940) formulierte 1936 den nach ihm benannten **Pearl-Index (PI)**. Dieser gibt an, wie viele von 100 Frauen bei Verwendung derselben Verhütungsmethode schwanger geworden sind. Je niedriger der PI eines Verhütungsmittels ist, desto sicherer ist die Verhütungsmethode. Wollen Paare verhüten, ist die Wahl des richtigen Mittels nicht immer einfach. Am besten ist es, wenn sich die Paare rechtzeitig mit einem Arzt oder einer Ärztin besprechen.

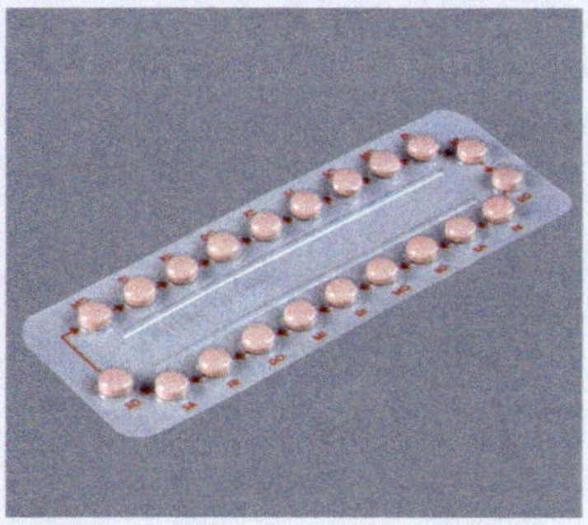

Die **Minipille** hat nur einen geringen Gestagenanteil und keinen Östrogenanteil. Sie bewirkt, dass der Schleimpfropf, der jeden Monat gebildet wird und vor dem Muttermund haftet, nicht wie üblich abgebaut wird.
Dieser bildet ein mechanisches Hindernis und versperrt den Spermien den Weg zu Gebärmutter und Eileiter. Der Eisprung findet dennoch statt. Deshalb ist die Minipille ein relativ unsicheres Verhütungsmittel. **(PI 3)**

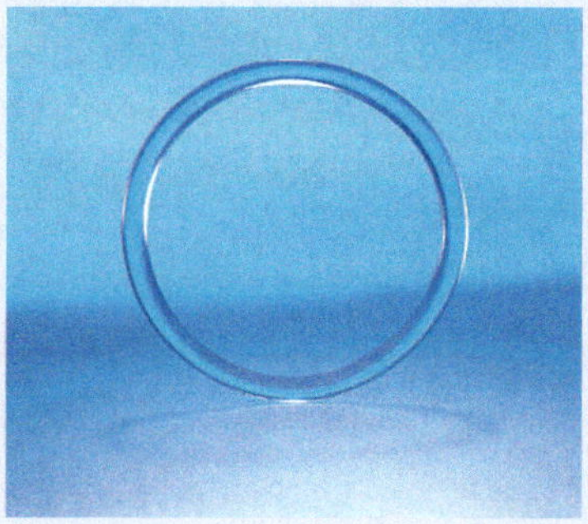

Relativ neu ist der **Nuva Ring**, ein mit Östrogen und Gestagen bestückter Plastikring von ca. 2,6 cm Durchmesser, der in die Scheide eingeführt wird, wo er 21 Tage verbleibt. Er muss an keiner bestimmten Stelle platziert werden. Durch Körperwärme und Feuchtigkeit wird eine kontinuierliche Hormonabgabe ausgelöst. Drei Tage nach dem Entfernen des Ringes setzt die Monatsblutung ein, dann muss ein neuer Ring eingesetzt werden. Wird er zu früh entnommen, erlischt der Verhütungsschutz und die Anwenderin muss zusätzlich verhüten. **(PI 0,65)**

Bei der **Temperaturmessmethode nach Knauss-Ogino** muss die Frau ihre Temperatur jeden Morgen zur selben Uhrzeit im After messen. Während die Körpertemperatur einer gesunden Frau tagtäglich gleich hoch ist, steigt die Temperatur am Tag des Eisprungs um ca. 0,5 °C an. An diesem und den nachfolgenden vier Tagen kann eine Schwangerschaft entstehen. Diese Methode ist sehr ungenau, da schon eine kleine Erkältung die Körpertemperatur durcheinander bringen kann. **(PI 38)**

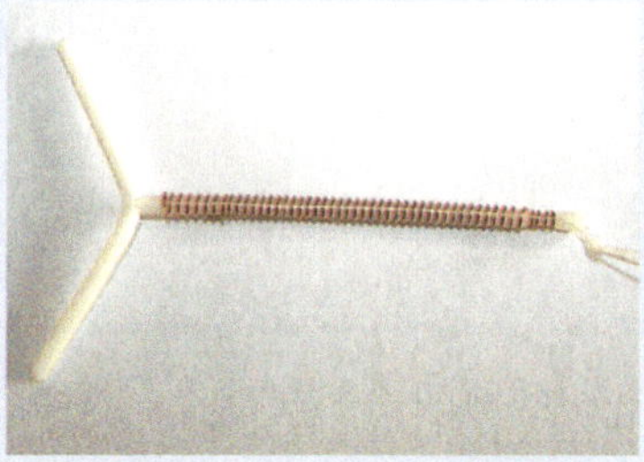

Die **Spirale**, ein ca. 3 cm langes T-förmiges Instrument, wird von Frauenärzten durch die Scheide in die Gebärmutter eingeführt. Die Spirale besteht aus Kunststoff, der mit Kupferdraht umwickelt sein kann. Dadurch wird die Gebärmutterschleimhaut gereizt, sodass sich befruchtete Eizellen nicht einnisten können. Die Spirale kann zusätzlich Östrogene enthalten. Diese haben dieselbe Wirkung wie eine Antibabypille. **(PI 0,4)**

Das **Diaphragma** besteht aus Latex, das über einen Kunststoffreif gezogen ist. Es besitzt einen Durchmesser von 4–7 cm. Das Diaphragma wird vor dem Verkehr in die Scheide eingeführt und auf den Muttermund gesetzt. Dort bietet es einen mechanischen Schutz vor Spermien. Es ist sehr wichtig, dass das Diaphragma die richtige Größe besitzt. Deshalb muss es vom Frauenarzt oder von der Frauenärztin angepasst werden. Bei jeder Gewichtsveränderung der Benutzerin muss ein neues Diaphragma angepasst werden, damit es optimalen Schutz bieten kann. **(PI 7)**

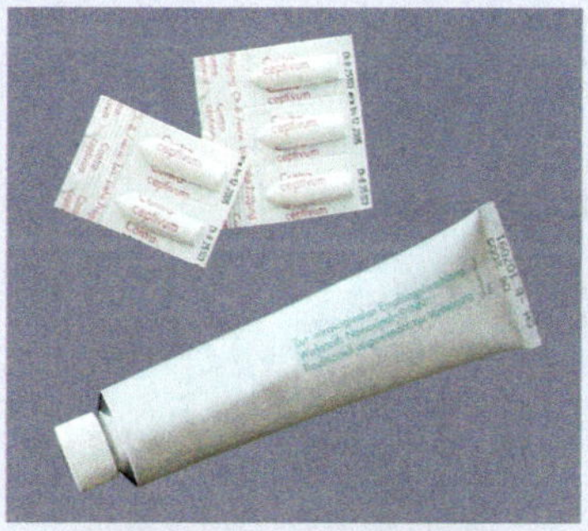

Viele junge Paare verwenden auch **Schaumzäpfchen oder Schaumgels**. Diese chemischen Präparate werden 10 Minuten vor dem Geschlechtsverkehr in die Scheide eingeführt. In dieser Zeit, am besten während der gesamten Dauer des Geschlechtsverkehrs, muss die Frau auf dem Rücken liegen bleiben, damit das flüssig gewordene Zäpfchen oder Gel nicht auslaufen kann. Diese Verhütungsmittel enthalten einen Spermien abtötenden Zusatz. **(PI 21)**

Eine neue Zeit beginnt

Erwachsenwerden in anderen Ländern

Die zwölfjährige Sabine hat eine türkische Brieffreundin. Sie schreibt an Hülya: „Meine Eltern sind seit einiger Zeit ganz komisch geworden. Nichts darf ich mehr tun, alles verbieten sie mir. Wie geht es dir in der Türkei?" Hülya schreibt zurück: „ Für uns türkische Mädchen ändert sich einiges in der Pubertät…"

● Erkundige dich nach Verhaltensregeln für junge Mädchen in der Türkei. Was ändert sich, wenn sie vom Mädchen zur Frau werden?

● Gibt es andere Länder, aus denen du berichten kannst?

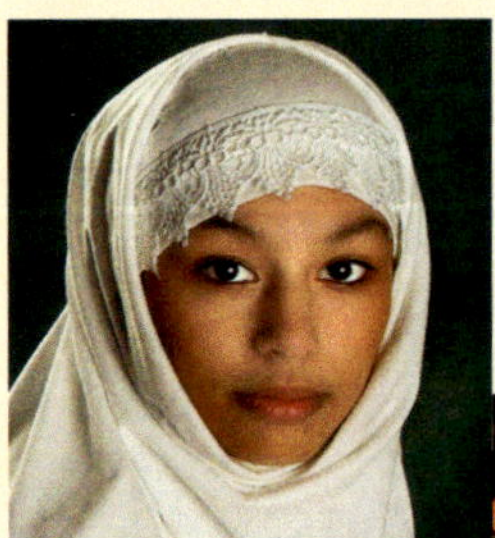

Aufklärung vor über 50 Jahren

Ausschnitt aus einem Aufklärungsbuch von 1956:

„Wenn nun zwei Menschen geheiratet haben und ein Reich der Liebe entstanden ist, kann der Mann seinen Samen in den Kelch der Frau pflanzen."

● Diese Information würde dir heute nicht viel helfen. Bist du schon aufgeklärt worden? Wie war das? Sprich in der Gruppe darüber.

Was bedeutet „Erwachsensein"?

● Stellt eine Liste auf, was für euch zum Erwachsenwerden gehört. Ergänzt und diskutiert in der Gruppe.

Erwachsenwerden
Was gehört für DICH dazu?

- abends länger aufbleiben
- Alkohol trinken
- Piercing
- auf Partys gehen
- Haare färben
- …

„Wenn ich meine Lehrer seh'
wenn ich meine Eltern ständig streiten hör'
Sparvertrag und Sicherheit,
Abendessen, Fernsehzeit,
ich will nie erwachsen sein,
ich will nie erwachsen sein!"

(Teil des Liedtextes „Erwachsen sein", Die Schröders)

Fachsprache rund um die Pubertät

Der Arzt sagt zu Benny: „Die Behaarung am Scrotum ist normal. Es liegt eine leichte Phimose vor."

Ärzte haben, wie viele andere Berufsgruppen, eine spezielle Fachsprache entwickelt. Finde heraus, was sich hinter folgenden Begriffen versteckt.

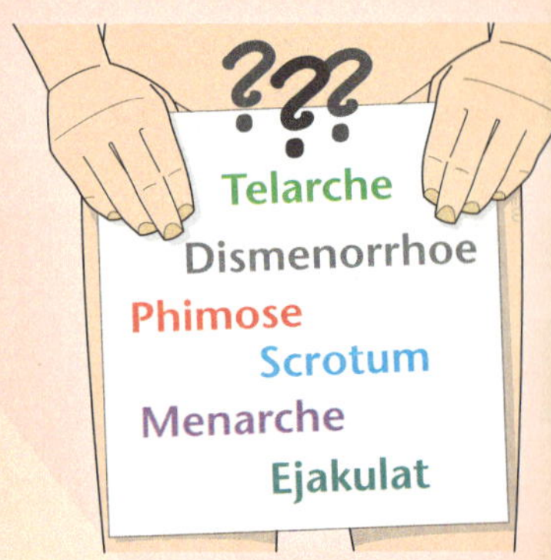

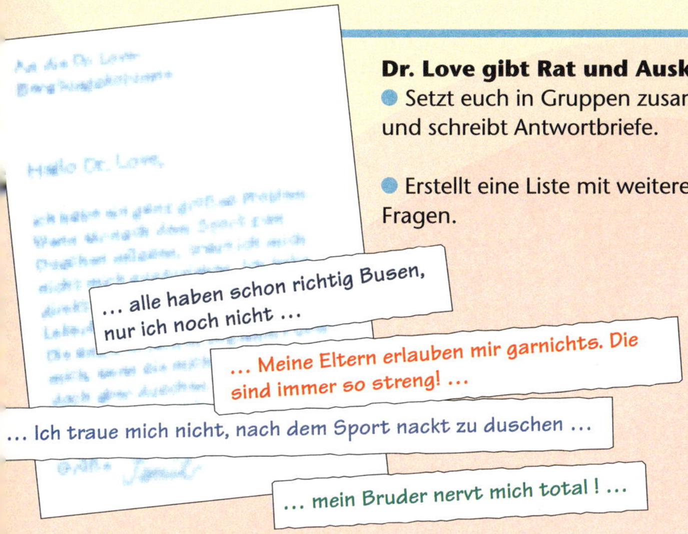

Dr. Love gibt Rat und Auskunft

- Setzt euch in Gruppen zusammen und schreibt Antwortbriefe.
- Erstellt eine Liste mit weiteren Fragen.

Verhütung – früher und heute

Begib dich auf eine Zeitreise in die Geschichte der Verhütung.

- Gab es früher schon Kondome?

- Zeichne einen Zeitstrahl mit der Entwicklung dieses Verhütungsmittels.

Gefühle in der Kunst

Was sind das für Gefühle? Verliebtsein, Freundschaft, Liebe? Künstler drücken ihre Gefühle durch ihre Werke aus. Ein Maler zeichnet seine Geliebte, der Dichter schreibt ein Liebesgedicht und der Sänger komponiert einen Lovesong.

- Fragt im Deutsch-, Kunst- und Musikunterricht nach, welche bekannten Liebesbeweise es jeweils gibt.
- Was würdest du zeichnen, wenn du verliebt wärst? Vergleiche dein Bild mit denen deiner Klassenkameraden. Sprecht über die Gefühle, die ihr ausdrücken wollt.

Beratungsstellen

Es gibt in Deutschland verschiedene Beratungsstellen, die Antworten auf Fragen rund um die Themen Sexualität, Verhütung und Schwangerschaft geben. Die Mitarbeiterinnen und Mitarbeiter bieten einfühlsame Aufklärung und unterstützen Jugendliche beim verantwortlichen Umgang mit der Sexualität.

- Sucht im Internet nach verschiedenen Beratungsstellen.
- Gibt es auch eine Beratungsstelle in eurer Nähe?
- Erkundigt euch telefonisch, ob die Beraterinnen und Berater auch in den Unterricht kommen. Fragt eure Lehrerin oder euren Lehrer, ob ihr einen Termin vereinbaren dürft. Bereitet Fragen vor.

1 Beratungsgespräch

Unerfüllter Kinderwunsch
Johanna schaut in alle Kinderwagen und bleibt vor jedem Fachgeschäft für Babyartikel stehen. Sie ist 29 Jahre alt und seit einigen Jahren verheiratet.
Obwohl sich beide Partner sehnlichst ein Kind wünschen, hat es bislang mit der Erfüllung dieses Traumes noch nicht geklappt. Johanna hat vor zwei Jahren die Pille abgesetzt. Seither schlafen sie und ihr Mann bewusst in der Zeit ihres Eisprungs miteinander – bislang ohne Erfolg.

Die ersten Untersuchungen – liegt's an ihm, liegt's an ihr?
Dem jungen Paar hat der Hausarzt geraten, sich aus diesem Anlass untersuchen zu lassen. In einem ausführlichen Gespräch erklärt er den beiden, dass die Ursachen für den unerfüllten Kinderwunsch sowohl beim Mann als auch bei der Frau liegen können.

Sterilität beim Mann
Zuerst lässt sich der Mann beim Urologen untersuchen. Dieser stellt beim ersten Abtasten keine Auffälligkeiten fest. Im Verlauf der weiteren Untersuchungen überprüft der Spezialist die Beschaffenheit der Spermien.
Der Arzt zählt die drei häufigsten Ursachen für eine eventuelle Sterilität auf:
1. Die Samenzellenbildung ist gestört. Das können Funktionsstörungen des Hodens in Folge von Infektionen wie Mumps oder Hormonstörungen sein. Dies erkennt man unter dem Mikroskop an zu wenigen oder defekten Spermien.
2. Der Spermientransport ist gestört. Verantwortlich dafür sind verklebte Samenleiter. Die sind entweder erblich bedingt oder durch Verletzungen entstanden.
3. Auch eine ungesunde Lebensweise, Stress, Nikotin oder falsche Ernährung können zur Sterilität führen.
Da der Urologe keine Auffälligkeiten entdeckt, geht das Paar gemeinsam zur Gynäkologin.

Sterilität bei der Frau
Durch Abtasten und Ultraschall überprüft die Frauenärztin, ob eine Fehlbildung von Eierstöcken, Eileiter oder Gebärmutter vorliegt. Dann macht sie ein Hormonbild. Dadurch erkennt sie hormonelle Störungen, welche die häufigste Ursache für Unfruchtbarkeit bei der Frau sind.

Im Abschlussgespräch eröffnet sie der jungen Frau, dass bei ihr eine solche Hormonstörung vorliegt. Da das junge Paar unbedingt ein Kind möchte, rät die Gynäkologin, eine Klinik, die auf **Reproduktionsmedizin** spezialisiert ist, aufzusuchen.

Beide informieren sich, was Reproduktionsmedizin überhaupt ist. Ein Facharzt erklärt ihnen, dass die Reproduktionsmedizin ein Zweig der Humanmedizin ist, dessen Schwerpunkt die Behandlung von Unfruchtbarkeit bzw. ungewollter Kinderlosigkeit bei Mann und Frau ist.

Beim „Kinderwunsch-Team"
Das Personal der Klinik ist auf die Behandlung der Sterilität spezialisiert. Hier arbeiten Ärzte und Ärztinnen, Laboranten und Assistentinnen Hand in Hand. Johanna und ihr Mann werden zuerst über die wichtigsten Verfahren der modernen Reproduktionsmedizin informiert:

Insemination nennt man das apparative Einbringen von Sperma in die weiblichen Geschlechtsorgane.
Zum Zeitpunkt des Eisprungs werden der Frau mithilfe einer Spritze und einer Ka-

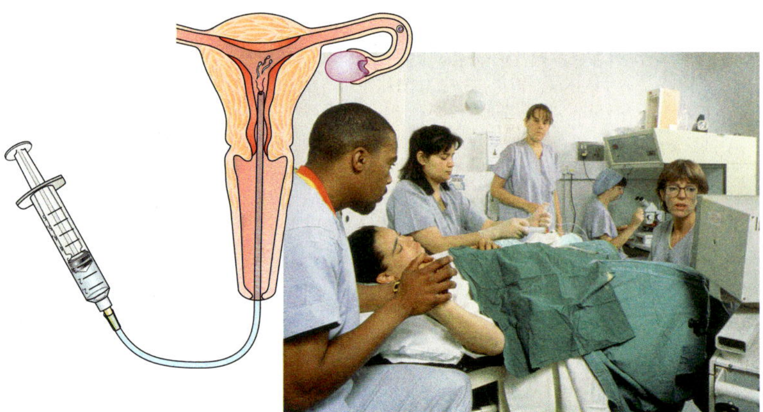

2 Insemination

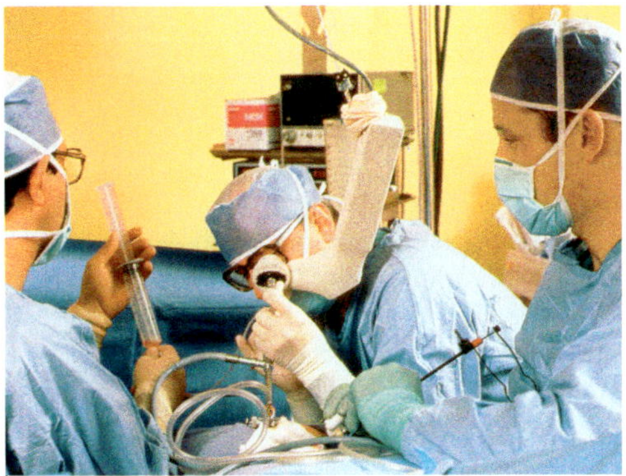

3 Frau bei Eientnahme

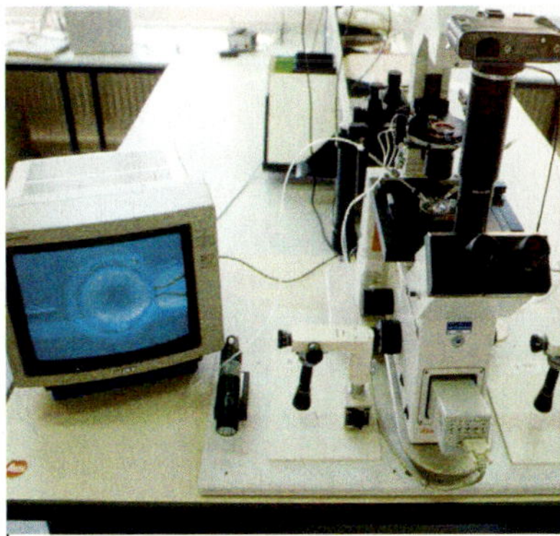

4 ICSI-Arbeitsplatz

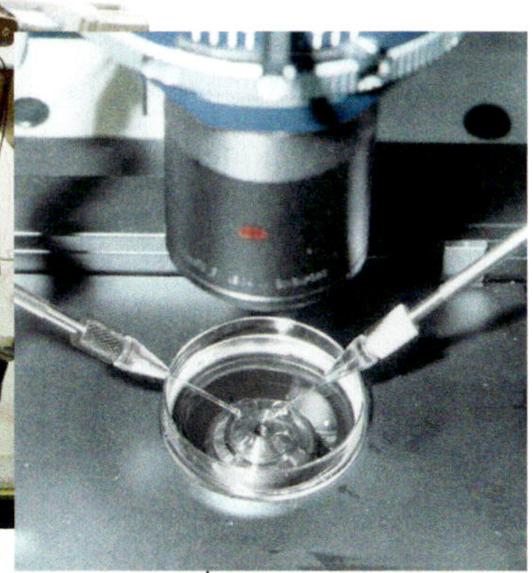

5 ISCI Nahaufnahme

nüle besonders aufbereitete, „gewaschene“ Spermien direkt in die Gebärmutter eingebracht.

Bei der Insemination findet der eigentliche Befruchtungsvorgang im Körper der Frau statt.

Den zweiten großen Bereich der Reproduktionsmedizin bilden Methoden, die außerhalb des weiblichen Körpers stattfinden. Man spricht von extrakorporaler Befruchtung.
Diese Verfahren werden unter dem Begriff „**In-vitro-Fertilisation**“ (IVF) zusammengefasst. Es handelt sich dabei um Befruchtungen im Reagenzglas.

In sieben Schritten zum Wunschkind
Das IVF-Verfahren verläuft in sieben Arbeitsschritten:
1. Durch Hormongaben werden die Eibläschen stimuliert. Damit erhöht sich die Chance, mehrere Eizellen zu gewinnen.
2. Per Ultraschall werden die heranwachsenden Eizellen kontrolliert. Zusätzlich wird der Hormonspiegel im Blut gemessen. Auf diese Weise wird der günstigste Zeitpunkt zur Gewinnung reifer, befruchtungsfähiger Eizellen bestimmt.
3. Durch eine Hormonspritze wird der Eisprung ausgelöst.
4. Die Eibläschen mit den Eizellen werden mithilfe der Ultraschalltechnik punktiert. Das geschieht unter Narkose.
5. Die Samen des Mannes werden durch mehrere „Waschvorgänge“ von Sekreten befreit und dann durch eine spezielle Aufarbeitung konzentriert.
6. Im Labor werden die aufbereiteten Spermien in einer Kulturflüssigkeit zu den Eizellen gegeben. Nun verbleiben Ei- und Samenzellen für 24 Stunden in einem Wärmeschrank bei 37 °C. Danach wird geprüft, ob es zu einer Befruchtung gekommen ist.
7. Wenn das der Fall ist, wird der in der Kulturflüssigkeit schwimmende Embryo mit einem dünnen Katheder in die Gebärmutter übertragen.

Eine Spezialform der IVF ist **ICSI** (Intracytoplasmatische-Spermium-Injektion).
Diese Technik wird angewandt, wenn die Beweglichkeit der Spermien stark eingeschränkt ist. Mit einer Injektion wird eine einzelne Samenzelle in das Zentrum der Eizelle transportiert. Dabei wird das Ei von einer winzigen Saugpipette festgehalten. Alle übrigen Schritte der Eizellgewinnung, der Kultur und des Transfers bleiben gleich.

IVF und ICSI sind erfolgreiche Behandlungsmöglichkeiten der Sterilität.

Wie hoch sind die Chancen?
Gibt es Risiken?
Johanna und ihr Mann wollen, bevor sie sich entscheiden, wissen, wie hoch die Erfolgsrate einer IVF-Behandlung ist.
In Deutschland werden jährlich 70 000 IVF / ICSI Verfahren durchgeführt, davon sind 15 000 bis 20 000 erfolgreich. Oder anders gesagt: Jeder vierte bis fünfte Embryonentransfer führt zu einer Schwangerschaft. Mit der Zahl der Versuche pro Patientin steigt die Schwangerschaftsrate an. Nach vier Embryonentransfers ist mehr als jede zweite Frau schwanger.
Die Schwangerschaft verläuft anschließend völlig normal. Zu den Risiken der IVF und ICSI Behandlung zählen Mehrlingsschwangerschaften und eine leicht erhöhte Fehlgeburtenrate.

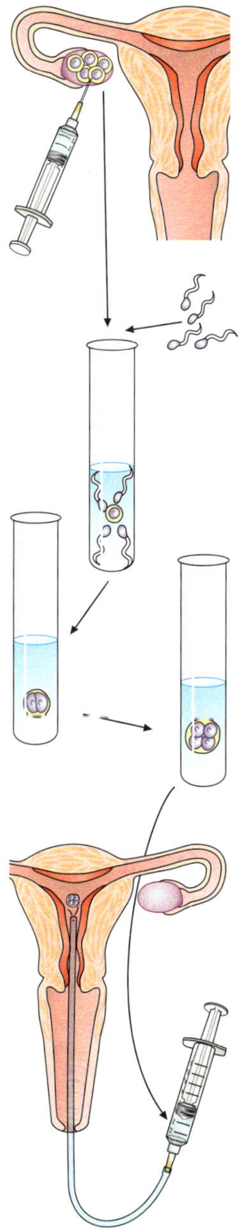

6 Ablauf der IVF

Eine schwere Zeit für Tanja

Seit Tanja auf der Faschingsparty der Parallelklasse war, hat sie ihre Periode nicht mehr bekommen. Gemeinsam mit ihrer Freundin Elke stand sie schon dutzend-mal vor dem Kalender und hat nachgerechnet: es ist nun schon acht Wochen her. Täglich schaut sie mehrfach auf der Toilette in ihren Slip – nichts. Tanja wagt nicht, zu ihrer Mutter zu gehen: die hat zurzeit genug eigene Sorgen: die Trennung von ihrem Freund und keinen Job mehr.
Hätte sie doch an diesem Abend nicht mit Tim geschlafen. Der war genau so angetrunken wie sie und vor lauter Leichtsinn haben sie nicht verhütet. Mit Tim kann sie auch nicht reden, er hat schon eine Neue.

Verdrängen bringt nichts

Tanja ist es jetzt jeden Morgen übel und sie weiß: weiter hinausschieben kann sie das Problem nicht. Sie kauft sich in der Apotheke einen **Schwangerschaftstest**. Heute ist es möglich, schon am 7. Tag nach der Befruchtung der Eizelle das Hormon HCG nachzuweisen. Es wird vom Embryo gebildet und ist damit charakteristisch für die beginnende Schwangerschaft. Der Teststreifen bringt Klarheit: Tanja ist schwanger. Der Besuch bei ihrer Frauenärztin bringt ihr Gewissheit. Sie ist in der 8. Schwangerschaftswoche.

Die Pille danach

Die Ärztin teilt Tanja mit, dass 72 Stunden nach dem ungeschützten Verkehr noch eine Schwangerschaft hätte verhindert werden können. Mit der „Pille danach" oder „Morning-after pill" wird das Einnisten der befruchteten Eizelle in die Gebärmutter nach dem Geschlechtsverkehr unterbunden. Empfohlen wird diese Pille nach einer Verhütungspanne, z. B. bei einem gerissenen Kondom oder nach einer Vergewaltigung. Die „Pille danach" ist verschreibungspflichtig und hat Nebenwirkungen wie Übelkeit und Erbrechen.

Vor dem Eingriff – die Beratung

Tanja erzählt der Ärztin, dass sie bald die Abschlussprüfung machen wird und bereits eine Ausbildungsstelle in Aussicht hat. Die Frauenärztin schickt Tanja nun zur Beratungsstelle. In Deutschland ist eine Abtreibung zwar rechtswidrig, aber straffrei, wenn die Schwangere eine anerkannte **Beratungsstelle** aufgesucht hat. Tanja kann sich anonym z. B. bei pro familia oder einer kirchlichen Beratungsstelle Rat holen. Da zwischen Beratung und Abtreibung mindestens drei Tage liegen müssen, hat sie Zeit, ihre Situation zu überdenken und die Entscheidung zu treffen.

▶ Die Beratung ist Voraussetzung für die Straflosigkeit einer Abtreibung.

Der Abbruch

Der Eingriff muss innerhalb von 12 Wochen nach der Empfängnis stattfinden. In Deutschland werden über 80 % der Schwangerschaftsabbrüche mit der **Absaugmethode** durchgeführt. Anschließend wird die Gebärmutter noch ausgeschabt (Kürettage). Der Eingriff dauert nur wenige Minuten. Die Frauen können dann wieder nach Hause gehen. Eine Alternative zum chirugischen Eingriff ist die Abtreibungspille Mifegyne (RU 486). Sie ist bis zum 49. Schwangerschaftstag wirksam und bewirkt, dass die eingenistete Eizelle abgestoßen wird. Eine Abtreibung kann zur Unfruchtbarkeit führen und belastet viele Frauen seelisch.

▶ Ein Schwangerschaftsabbruch sollte wohl überlegt sein.

Aufgabe

1 a) Spielt das Gespräch mit Tanjas Mutter nach.
b) Wie könnte sich Tanja entscheiden?

Verschiedene Arten von Sexualität

Von den bekannten amerikanischen Sexualforschern William H. Masters und Virginia E. Johnson stammt der Ausspruch: „In der menschlichen Sexualität gibt es nichts, was es nicht gibt. Wer will da schon sagen, was normal ist?"

Einige Arten von Sexualität sind verboten, andere sicher für viele befremdlich, hier ist es wichtig, dass beide Partner diese Art der Intimität mögen.

Erneuter Fall von brutaler Kindesmisshandlung

Seit Montag muss sich ein 35-jähriger vor der Strafkammer verantworten. Ihm wird vorgeworfen, seine neunjährige Tochter und deren gleichaltrige Freundin seit zwei Jahren sexuell missbraucht zu haben. Die Kinder machte er sich u.a. durch Androhung von Schlägen gefügig. Seine Ehefrau wusste davon, benachrichtigte aber nicht

Wenn Erwachsene, vor allem Männer, Kinder zum Sex missbrauchen, nennt man diese Veranlagung **Pädophilie**. Die Täter können aus dem engsten Familienkreis stammen.
Pädophilie ist verboten und wird mit Gefängnis bestraft.
Kinder müssen vor solchen Menschen geschützt werden, indem ihre Persönlichkeit gestärkt wird. Sie brauchen auch einen Ansprechpartner, dem sie vertrauen können und der sie beschützt!

Voyeure oder **Spanner**, empfinden sexuelle Erregung, wenn sie heimlich Menschen beobachten, die nackt sind, sich sexuell betätigen oder einfach nur in ihrer persönlichen Umgebung bewegen. Voyeure verletzen die Intimsphäre ihrer Opfer, sie begehen daher eine Straftat.

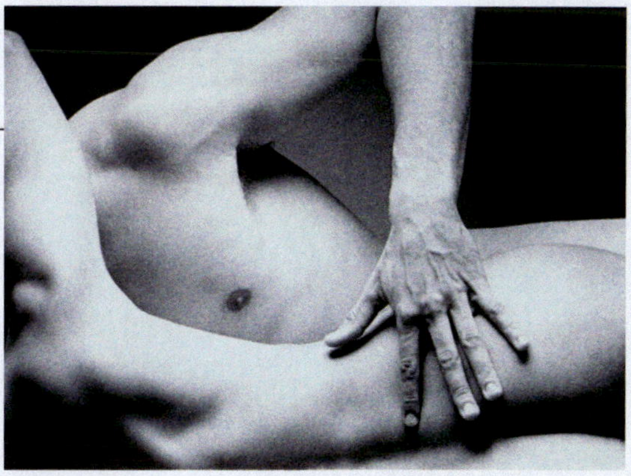

Petting

Gleiches gilt für **Exhibitionisten.** Sie zeigen ihre Geschlechtsorgane anderen, meistens fremden Personen. Diese Handlung und die Reaktion der Opfer erregen den Täter sexuell.

Bevor junge Paare das erste Mal miteinander schlafen, haben sie sich schon viele Male zuvor nur an den Geschlechtsorganen berührt und gestreichelt. Obwohl diese Art der körperlichen Zärtlichkeit wahrscheinlich schon sehr alt ist, haben Sexualforscher erst 1954 den Begriff **Petting** für diese Art der Intimität geprägt.

Wenn sich die Partner gegenseitig mit dem Mund oder der Zunge an den Geschlechtsorganen sexuell erregen oder befriedigen, spricht man von **Oralverkehr**.

Beim **Analverkehr** wird der Penis in den After des Sexualpartners eingeführt. Diese Sexualpraktik wird im Gegensatz zur allgemeinen Meinung nicht von allen schwulen Männern ausgeübt, andererseits mögen auch heterosexuelle Paare diese Art des Geschlechtsverkehrs. Wie bei allen sexuellen Praktiken ist es auch hier besonders wichtig, dass beide Partner diese Art der Sexualität wollen.

1 Knabenliebe in der Antike

Beim **Sadismus** gelangt eine Person zur sexuellen Lust dadurch, dass sie einen anderen Menschen seelisch oder körperlich demütigt oder quält. Das Gegenstück zum Sadismus ist der **Masochismus**. Hier wird sexuelle Befriedigung dadurch erreicht, dass man seelisch oder körperlich gedemütigt oder gequält wird. Ohne wechselseitiges Einverständnis wären beide Praktiken Körperverletzung oder sogar Vergewaltigung.

Als **Pornografie** bezeichnet man Texte, Bilder oder Filme, die Geschlechtsteile oder sexuelle Handlungen darstellen und das einzige Ziel haben, den Konsumenten sexuell zu erregen. Was unter Pornografie verstanden wird, ist nicht immer eindeutig.
Strafbar sind die Verbreitung und der Besitz von Pornografie, die sexuelle Gewalt, Unzucht mit Kindern oder Sexualität mit Tieren darstellt.
In jedem Fall hat Pornografie nichts mit Liebe oder Zärtlichkeit zu tun. Sie missachtet die Menschenwürde der dargestellten Personen und würdigt diese zu reinen Sexualobjekten herab. Der Konsum von Pronografie kann nicht ohne Wirkung auf die Einstellung zur Sexualität zum Sexualpartner bleiben.

Selbstbewusst, aufgeklärt und tolerant!

Wer bin ich?

Kein Mensch ist perfekt, auch wenn uns in der Werbung ständig Bilder gezeigt werden, wie Menschen sein sollten: Schön, gut gelaunt und erfolgreich. Aber auch die Topmodels und Superstars sind nicht immer mit ihrem Aussehen zufrieden. Zufriedenheit kann man aber nur erreichen, wenn man sich selbst und die eigene Erscheinung akzeptiert. Wichtiger als das Aussehen sind doch vor allem Eigenschaften wie Freundlichkeit, Zuverlässigkeit und Ehrlichkeit, denn: Wer mag schon jemanden als Freund, der zwar gut aussieht, aber unzuverlässig ist oder nicht zuhören kann?

● Halte dir einmal selbst einen „Spiegel" vor. Wo sind deine Stärken? Wo liegen deine Schwächen?

Schwächen **Stärken**

„Nein" heißt Nein!

Nur du alleine hast das Recht, über deinen Körper zu bestimmen! Wie nahe darf dir jemand kommen? Wer darf dich berühren? Wann ist es dir unangenehm, angefasst oder beobachtet zu werden? All diese Fragen kannst nur du beantworten! Du hast das Recht, „Nein!" zu sagen.
Überschreiten Menschen die von dir gesetzten Grenzen, so nennt man dies sexuelle Belästigung oder sexuellen Missbrauch.

● Welche Personen würdest du um Rat und Hilfe bitten, wenn du in eine solche Situation kommst?

Hier findest du Hilfe:

... bei deinem Verbindungslehrer oder einer Lehrkraft, der du vertraust.

... im Internet
- www.bayern.jugendhilfe.net
- www.nummergegenkummer.de
- www.wildwasser.de
- www.zartbitter.de
- www.dunkelziffer.de

... oder telefonisch
Nummer gegen Kummer:
0800 – 1110333

„Ich fühle mich so wohl, wenn Sven mich umarmt! Aber ist das normal, wenn zwei Jungs miteinander gehen?"

„Meine Eltern würden bestimmt nie verstehen, dass Tine und ich viel mehr sind als nur gute Freundinnen!"

Bin ich anders?
Fabian ist in letzter Zeit ziemlich verunsichert. Seine Freunde schwärmen ständig von irgendwelchen Mädchen. Er selbst verbringt am liebsten seine Zeit mit Sven. Auf ihn freut er sich und eigentlich würde er ihn auch gern einmal küssen... Ob es Sven ebenso geht? Was werden meine Eltern und Freunde sagen?" Diese Fragen hat Fabian ständig im Kopf. Doch nicht nur Jungen wie Fabian ergeht es so. Auch manche Mädchen fühlen sich vom gleichen Geschlecht angezogen.

Oft haben die Betroffenen Angst, sich zu ihren Gefühlen zu bekennen. Dieses „Coming out" oder „outen" findet häufig zunächst nur bei einigen Verwandten und Freunden statt, von denen sich die Betroffenen eine tolerante Haltung gegenüber ihrer sexuellen Neigung erhoffen.

● Immer noch haben viele Menschen Vorbehalte gegenüber Homosexuellen. Warum ist das wohl so? Diskutiert in der Klasse.

Nicht erst bei „cs" und „ts" droht Gefahr
Beim Chatten ist es einfach, neue Leute kennen zu lernen. Ob belangloses Plaudern oder regelmäßiges Treffen in einer Community – Chatten ist eine der beliebtesten Aktivitäten von Jugendlichen geworden.

Ein großer Vorteil des Chattens ist, dass man sich mit einem „nick", wie der Spaßname in der Computersprache heißt, anmelden und anonym bleiben kann. Doch gerade in dieser Anonymität besteht eine große Gefahr. Nicht alle Chatter wollen nur nett plaudern – manche nutzen die Anonymität, um ganz gezielt den Kontakt zu Minderjährigen herzustellen und beim Chatten oder bei einem Treffen ihre sexuellen Gelüste zu befriedigen.

Immer häufiger werden beim Chatten Jugendliche nach „Cybersex" (cs) und „Telefonsex" (ts, t6) gefragt. Einige User wollen auch pornografische Bilder oder Videos tauschen. Richtig gefährlich wird es, wenn du aufgefordert wirst, dich mit jemanden zu verabreden – spätestens dann bist du nicht mehr durch deinen „nick" vor Übergriffen geschützt.

Tipps für sicheres Chatten
- Wähle einen Nickname, der nichts Persönliches verrät!
- Bleibe immer misstrauisch! Oft verbirgt sich hinter einem lustigen „nick" jemand mit ganz anderen Absichten!
- Chatte anfangs nicht alleine, bis du weißt, um was für einen Chatroom es sich handelt!
- Lasse dir keine Bilder oder Videos schicken und schicke selbst keine!
- Verwende keine Webcam!
- Beende Gespräche, die unangenehm sind!
- Gib nie persönliche Daten (Adresse, e-mail, Telefonnummer) heraus!
- Auch die Schule oder der Sportverein, die du besuchst, gehen niemanden etwas an.
- Treffe dich – wenn überhaupt – mit einem neuen „Chat-Freund" nur tagsüber und an Orten, wo viele Menschen sind. Bitte einen Erwachsenen, dich zum ersten Treff zu begleiten.

Schnittpunkt

Sexueller Missbrauch von Jugendlichen

Schweigen – ein Alarmsignal?
Seit zwei Wochen sitzt Steffi schweigend beim Frühstück. Auf Fragen ihrer Eltern und Geschwister gibt sie allgemeine oder gar keine Antworten. Was ist mit Steffi los?

Schon seit längerem lauert ihr ein fremder Mann immer wieder an der Bushaltestelle auf und macht ihr Komplimente über ihren Busen und ihre langen Beine. In den letzten Wochen ist dieser Mann immer aufdringlicher geworden, er hat sogar versucht sie zu berühren und versprochen, von ihr Bilder zu machen für ein Modemagazin.

Wie bekommen Betroffene Hilfe?
Steffi weiß nicht, was sie machen soll: Natürlich wären ihre Freundinnen Naomi und Lena neidisch, wenn ihr Bild in einem Modemagazin wäre. Aber kann sie diesem fremden Mann trauen? Verunsichert fragt sie Anne um Rat. Anne hat auch gleich eine Idee: Sie rät Steffi mit Frau Klee, der Vertrauenslehrerin, zu sprechen. In den nächsten Tagen stellt Frau Klee den Kontakt für Steffi zwischen Schule, Eltern und Polizei her.

Steffi ist froh. Ihre Eltern haben nicht sauer reagiert. Ihr Vater hat mit dem fremden Mann gesprochen und ihm verboten, Steffi anzusprechen. Auch weiß dieser Mann jetzt, dass er angezeigt wird, wenn er sich nicht an dieses Verbot hält.

Steffi hat noch einmal Glück gehabt; nicht immer läuft so eine Sache glimpflich ab! Wäre Steffi mit diesem Mann in seine Wohnung gegangen, hätte durchaus eine Vergewaltigung am Ende ihrer Geschichte stehen können.

1 Selbstverteidigung

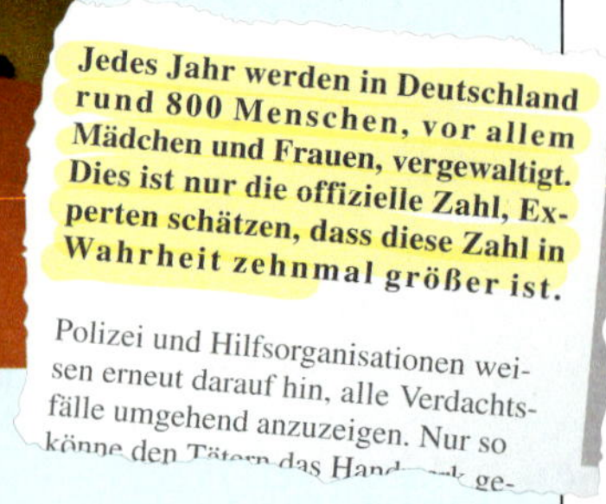
Jedes Jahr werden in Deutschland rund 800 Menschen, vor allem Mädchen und Frauen, vergewaltigt. Dies ist nur die offizielle Zahl, Experten schätzen, dass diese Zahl in Wahrheit zehnmal größer ist.

Polizei und Hilfsorganisationen weisen erneut darauf hin, alle Verdachtsfälle umgehend anzuzeigen. Nur so

Auch Jungen sind gefährdet
Niko geht in seiner Freizeit oft schwimmen. In letzter Zeit beschleicht ihn jedoch ein ungutes Gefühl, wenn er ans Hallenbad denkt. Jedes Mal, wenn er nach dem Training duschen will, wartet im Duschraum schon ein älterer Mann auf ihn. Zuerst hat der Typ immer nur auffällig auf Nikos Penis geschaut. Doch nun hat er Niko angesprochen und ihm Komplimente über seine sportliche Figur gemacht. Niko hat den Mann angebrüllt und ihm mit der Polizei gedroht. Jetzt hat Niko Angst und weiß nicht, was passiert, wenn dieser Mann wieder im Schwimmbad auf ihn wartet.

Viele Betroffene trauen sich nie oder erst nach langer Zeit sexuelle Belästigungen oder eine Vergewaltigung bei der Polizei zu melden. Der Grund hierfür ist oft die Scham, die Menschen empfinden, wenn sie vergewaltigt worden sind. Oft wissen sie nicht, dass es heute viele Beratungsstellen gibt, die das Ereignis anonym behandeln und ihnen helfen können.

2 Nummer gegen Kummer: 0800-111 0 333

Aufgaben

1 a) Was hättest du Steffi geraten?
b) Wie würdest du dich an ihrer Stelle entscheiden?

2 Welche Personen würdest du um Rat und Hilfe bitten, wenn du an Steffis Stelle wärst?

3 Wie könnte sich Niko wehren? Überlegt euch mehrere Möglichkeiten und diskutiert sie in der Klasse.

Willst du mit mir gehen ...? Erste Freundschaften

Rollenverhalten
Frauen und Männer sind auch im Berufsleben gleichberechtigt. Beide entscheiden aufgrund ihrer Vorlieben und Eigenschaften, wo ihr berufliches Arbeitsfeld liegen soll.

Liebe
Wenn man in einen anderen Menschen verliebt ist, muss man Wege finden, es diesem Menschen mitzuteilen. Nur so findet man einen Partner.

Veränderte Gefühlswelt
Die Pubertät bringt nicht nur körperliche Veränderungen mit sich. Auch das Gefühlsleben verändert sich. Hierzu gehört auch, dass man fremde Menschen attraktiv und interessant findet.

Interessenkonflikte
Eine Liebesbeziehung bedeutet nicht, dass die beiden Partner blind für ihre Umwelt sind und nur noch sich selbst wahrnehmen. Beide Partner sind Menschen, die einen Freundeskreis brauchen und sich selbst nicht aufgeben dürfen. Es ist wichtig, dass jeder der Partner den Freundeskreis des anderen akzeptieren lernt.

Trennung
Eine Trennung ist für die meisten Menschen sehr schmerzlich. Es ist wichtig und schön, wenn man den anderen bei einer Trennung und nach einer Trennung respektvoll und fair behandelt.

Verantwortung
Vor einem Geschlechtsverkehr müssen Jugendliche über Verhütung reden. Ein Kind zu bekommen und es zu erziehen, bedeutet mehr Verantwortung zu tragen, als Jugendliche können oder wollen.

Kondome
Bei der Verwendung von Kondomen muss auf das Qualitätssiegel des TÜV, das Verfallsdatum und die richtige Größe geachtet werden. Ein zu groß ausgewähltes Kondom vermindert die Sicherheit, da Spermien zwischen dem Kondom und dem Penis austreten können.
Kondome können bei richtiger Anwendung nicht nur eine Schwangerschaft verhüten; sie schützen auch vor sexuell übertragbaren Krankheiten wie zum Beispiel AIDS.

Antibabypille
Die Pille ist ein sehr sicheres Verhütungsmittel. Sie muss wie alle Verhütungsmittel richtig angewendet werden. Im Gegensatz zum Kondom bietet sie keinen Infektionsschutz.

Sichere Verhütung
Der Pearl-Index beschreibt die Sicherheit einer Verhütungsmethode. Je kleiner der Index ist, desto sicherer ist eine Methode.

Homosexualität
Eine Liebesbeziehung zweier gleichgeschlechtlicher Menschen wird Homosexualität genannt. Sie ist weder krankhaft noch unnormal.

2 Diaphragma

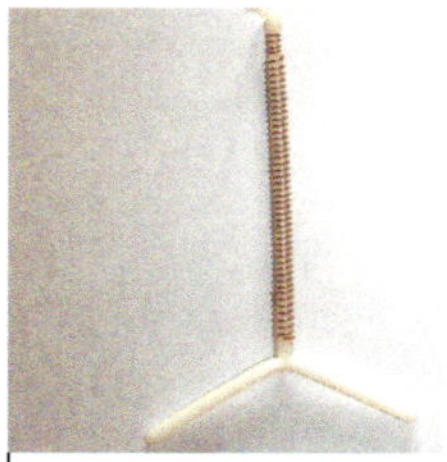
3 Spirale

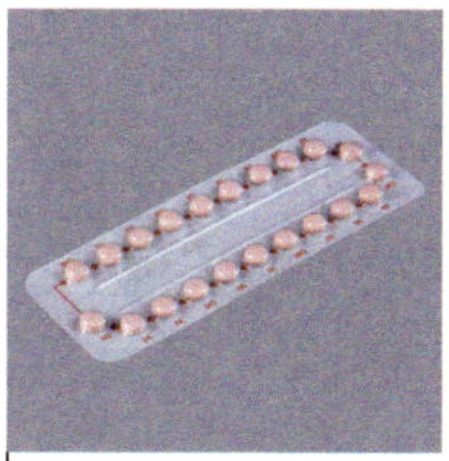
4 Minipille

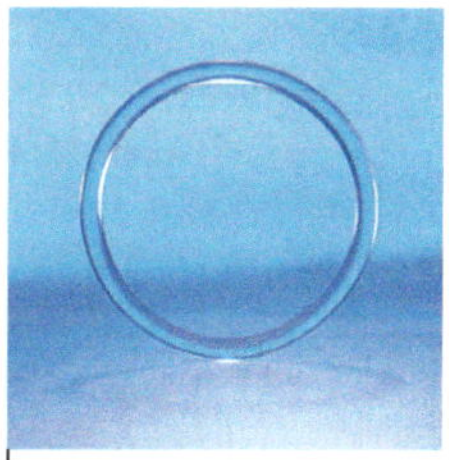
5 Nuva Ring

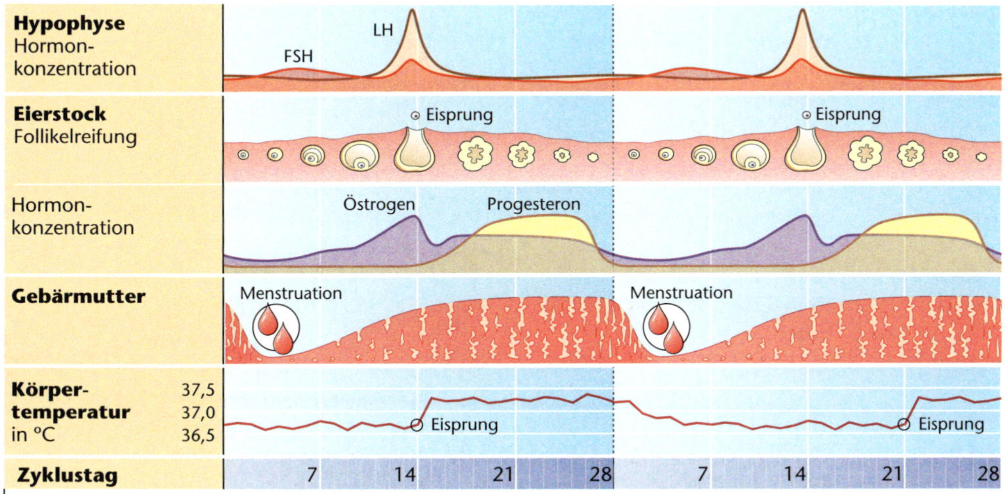

1 Menstruationszyklus

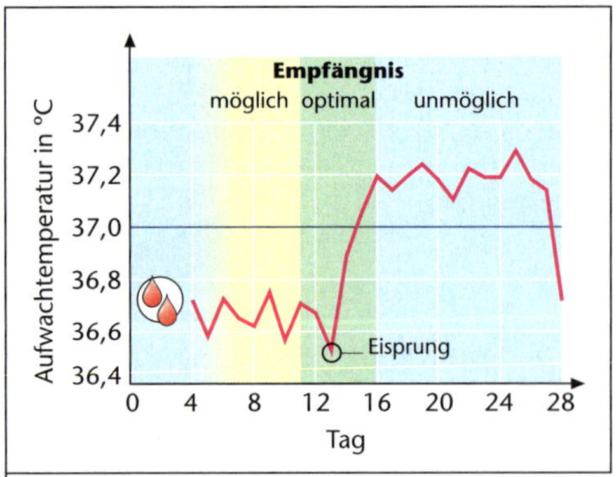

6 Temperaturmessmethode

Sexualhormone
Hormone sind Botenstoffe. Sie werden in Drüsen gebildet. Die Steuerung dieser Hormondrüsen unterliegt der Stimulation durch Zentren im Gehirn.

Menstruationszyklus
Der weibliche Zyklus beginnt am Tag 1 mit der Menstruationsblutung. Er dauert meist zwischen 24 und 35 Tage.

Zentrale Hormonsteuerung
Die Geschlechtshormone Östrogen und Progesteron, die im Eierstock bzw. in der Eihülle der reifen Eizelle gebildet werden, unterliegen der Stimulation durch FSH und LH. FSH und LH sind Hormone der Hypophyse.

Sexueller Missbrauch
Jugendliche beiden Geschlechts können das Opfer von sexuellem Missbrauch und sexueller Gewalt sein. Wichtig ist, dass sich die Opfer melden, damit weitere Gewalthandlungen vermieden und verhindert werden können.

Aufgaben

1 Nur du selbst entscheidest, wie du auf andere Menschen wirkst. Erkläre diese Aussage.

2 Bewundert zu werden ist schön. In welchen Situationen musst du aber aufpassen? Definiere, ab wann dir Komplimente lästig oder sogar gefährlich erscheinen.

3 Formuliere 5 Regeln für sicheres Chatten und schreibe sie in dein Heft.

4 Was musst du beim Kauf von Kondomen beachten?

5 Vergleiche Vor- und Nachteile von Kondom und Pille. Erstelle dazu eine Liste.

6 a) Schreibe einen kurzen Text, in dem du die Ergebnisse des Forschungsberichtes (▷ B 8) zur Jugendsexualität möglichst genau schilderst.
b) Bewerte das Verhalten der Jugendlichen.
c) Schließe das Buch und fertige anhand deines Textes die Grafik an.

7 Auf welchem Wirkungsprinzip beruht die Schwangerschaft verhütende Wirkung der Pille?

8 Einige Frauen nutzen Veränderungen der Körpertemperatur, um die fruchtbaren Tage zu bestimmen.
a) Beschreibe, wie sich die Temperatur im Verlauf des Zyklus verändert (▷ B 5).
b) Der optimale Bereich für die Empfängnis beginnt bereits einige Zeit vor dem Eisprung. Erkläre.
c) Welche Vor- bzw. Nachteile bietet diese Methode im Gegensatz zur Pille?

9 Wie jedes Medikament hat auch die Pille ihre teilweise gesundheitsschädlichen Nebenwirkungen. Nenne diese.

10 Recherchiere im Internet, wann die Pille entwickelt wurde. Erkläre warum damals so viele Frauen die Einführung der Pille als sexuelle Befreiung erlebt haben.

11 Aus welchem Grund kann der Menstruationszyklus zu Beginn der Pubertät noch sehr unregelmäßig sein?

Differenz von maximaler und minimaler Zykluslänge (gemessen in Tagen)	**Anzahl der untersuchten Frauen** (von gesamt 210)
bis 3	7
4–5	34
6–7	48
8–9	29
10–11	23
12–13	22
14–15	14
16–17	6
18 und mehr	27

7 Zu Aufgabe 12

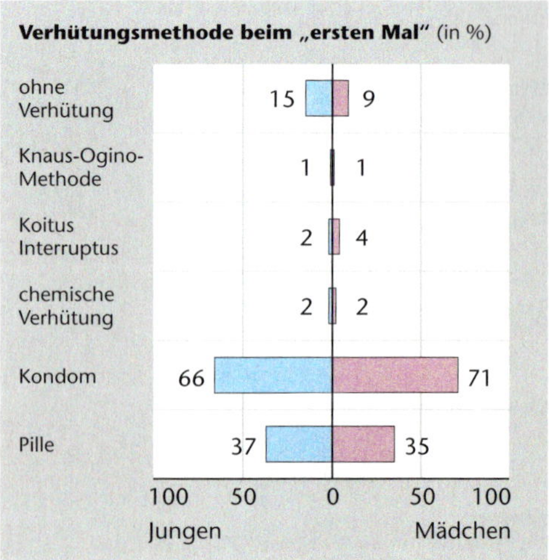

8 Forschungsbericht (zu Aufgabe 6)

12 a) Berechne mithilfe von (▷ B 7), bei wie viel Prozent aller Frauen die Zykluslänge um mehr als 10 Tage schwankt.

b) Gib an, welche Folge dies bei der Berechnung der fruchtbaren Tage hat.

13 Zeichne eine Gerade mit den Endpunkten „unsicher" und „sicher" in dein Heft. Ordne die auf S. 347 genannten Verhütungsmethoden an der richtigen Stelle ein. Recherchiere dazu im Internet.

14 Beschreibe die Abhängigkeit von Östrogen und Progesteron zu FSH und LH.

15 Beschreibe mithilfe der Abbildung (▷ B 9), wie die Pille auf den Menstruationszyklus wirkt.

16 Viele Menschen haben Homosexuellen gegenüber Vorurteile. Diskutiert darüber.

17 a) Was wird auf der Landkarte (▷ B 10) dargestellt? Beschreibe.

b) Erstelle eine Liste von Argumenten, die gegen eine Bestrafung von Homosexuellen spricht.

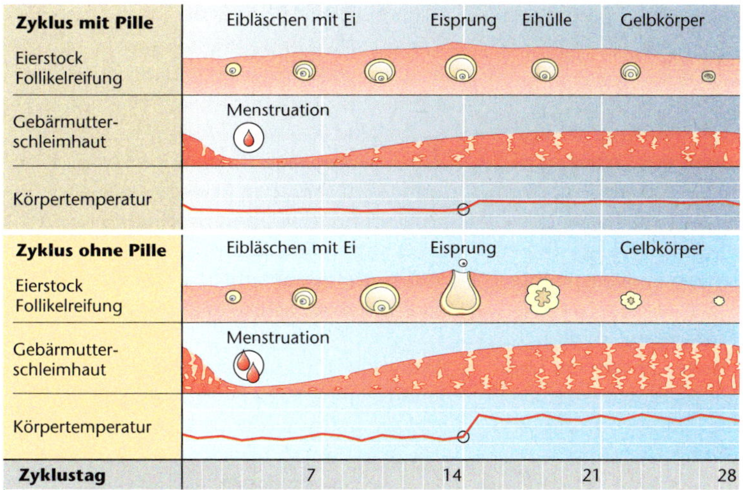

9 Zu Aufgabe 15

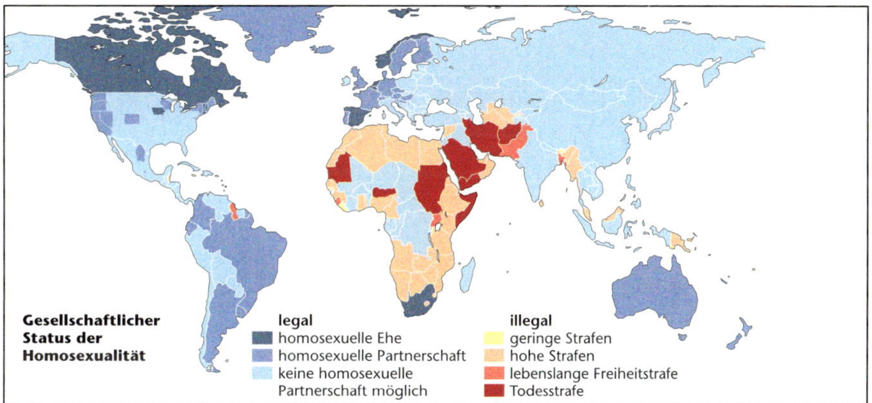

10 Zu Aufgabe 17a.

18 Informiere dich im Internet über den § 218 des Strafgesetzbuchs und schreibe eine Zusammenfassung in dein Heft.

19 Die Medizin kann bei unerfülltem Kinderwunsch helfen. Stelle die verschiedenen Möglichkeiten zusammen.

20 a) Vergleiche die Kurven A und B in der Abbildung.

b) Erkläre die Unterschiede. Benütze dabei die Fachbegriffe.

c) Wie sieht ein Hormonspiegel direkt nach der Geburt aus? Zeichne ihn in dein Heft und begründe.

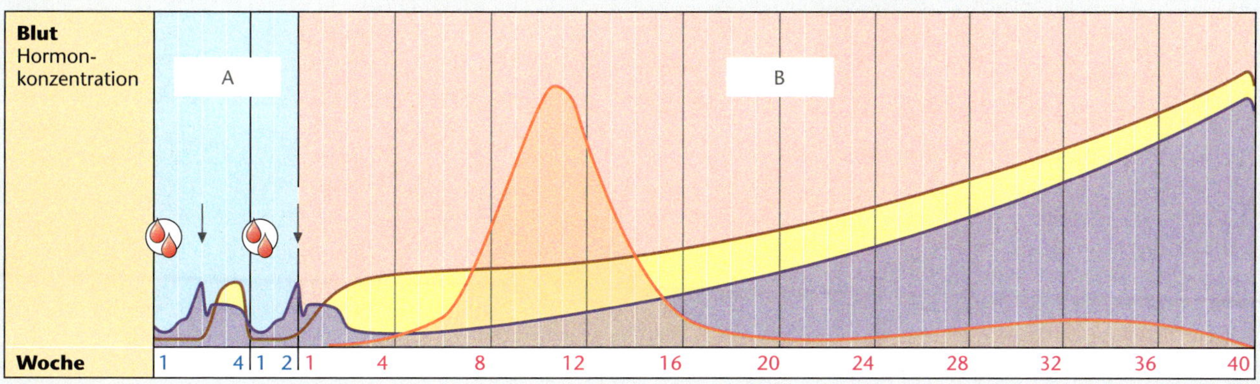

System

In allen Bereichen der Naturwissenschaften hast du es mit Systemen zu tun. Von einem System spricht man, wenn mehrere Elemente (Einzelteile) zusammen eine Einheit bilden. Dabei erfüllt jedes Element eine bestimmte Aufgabe und trägt damit zum Funktionieren des Systems bei. In den Naturwissenschaften untersucht und beschreibt man die Funktion der einzelnen Elemente. Darüber hinaus wird geprüft, wie sich die Elemente des Systems gegenseitig beeinflussen und wie sich die Änderung eines Elements auf das System auswirkt.

Fahrrad

Dein Fahrrad besteht aus vielen Teilen: dem Rahmen, den Rädern, dem Lenker, der Kette etc. Jedes Teil erfüllt dabei eine bestimmte Aufgabe.
Über die Pedale setzt du mit Muskelkraft ein Zahnrad in Bewegung. Die Bewegung des Zahnrads wird über eine Kette und weitere Zahnräder auf das Hinterrad übertragen. Dadurch bewegt sich das Fahrrad vorwärts.

Wenn du über die Schaltung z. B. in einen kleineren Gang wechselst, verbindet die Kette zwei andere Zahnräder. Diese Änderung bewirkt, dass du nun leichter bergauf fahren kannst.

Fahrrad

Ökosysteme

In einem Ökosystem wie dem Wald oder dem See gibt es zahlreiche Beziehungen zwischen Tieren und Pflanzen. So sind Pflanzen am Seeufer oder im Wald nicht nur Wohnraum, sondern auch Nahrung für Tiere. Lebewesen in einem Ökosystem stehen in vielfältigen Wechselbeziehungen zueinander und zu ihrer Umwelt.
Der Mensch kann die Ökosysteme stören, indem er z. B. den Boden vergiftet und so Tiere oder Pflanzen tötet.

Ökosysteme

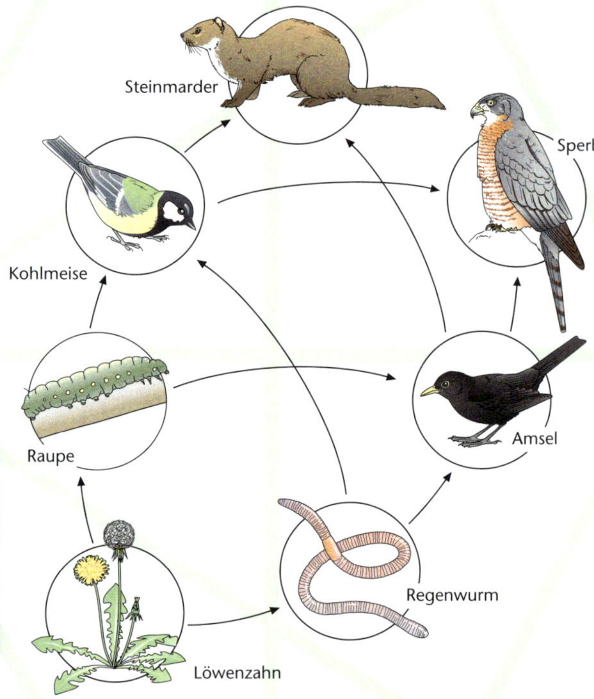

Sonnensystem

Sonne und Erde sind Teile eines Systems, in dem die Sonne das Zentrum bildet. Die Erde bewegt sich um dieses Zentrum herum. Gleichzeitig führt sie eine Drehung um die eigene Achse aus.

Folgen dieser Bewegung im System sind der Wechsel von Tag und Nacht sowie die Entstehung der Jahreszeiten.

Sonnensystem

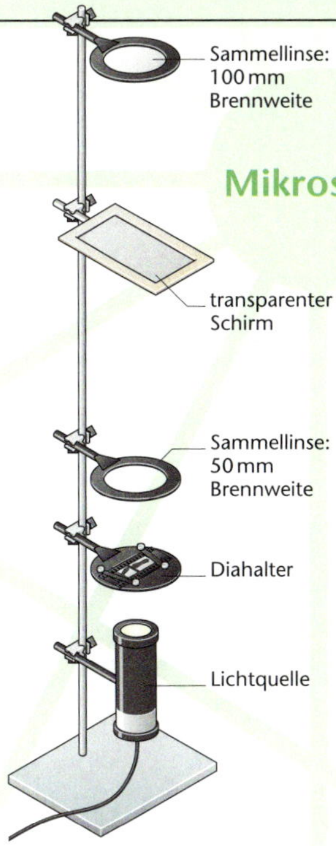

Mikroskop

Mikroskop
Das Mikroskop enthält ein Linsensystem. Es besteht aus verschiedenen Sammel- und Zerstreuungslinsen, die in genau festgelegtem Abstand zueinander angebracht sind. Um eine andere Vergrößerung zu erreichen, wählt man für dieses System ein anderes Objektiv aus. Damit wieder ein scharfes Bild entsteht, müssen die Abstände zu den übrigen Linsen ebenfalls verändert werden.

Aufgaben

1 Erkläre mit eigenen Worten, was ein System ist.

2 Aus welchen Elementen besteht eine Fahrradbeleuchtung?
Wie funktioniert dieses System?

3 a) Nenne die Elemente des Systems „das menschliche Auge" und beschreibe, wie es funktioniert.
b) Wie kann es zu Sehstörungen kommen? Beschreibe mindestens drei Fälle.

4 a) Wie ist ein Schnurtelefon aufgebaut? Beschreibe es mit einer Zeichnung.
b) Beschrifte deine Zeichnung mit folgenden Begriffen: Sender, Übermittler, Empfänger

5 Überlege, an welchen Stellen der Mensch in das Ökosystem Wald eingreift. Wie kannst du dieses Ökosystem schützen?

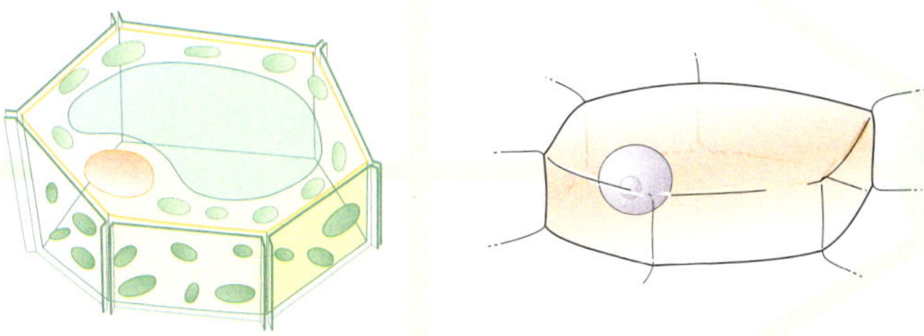

Zelle

Zelle
Die Zelle ist der Grundbaustein aller Lebewesen. Sie nimmt einen besonderen Platz ein, da sie die unterste Ebene darstellt, auf der alle Lebensvorgänge ablaufen. Die Bestandteile der Zelle, also ihre Organelle, arbeiten sinnvoll zusammen. Nur so kann die Zelle alle ihre Aufgaben erfüllen. Nervenzellen übertragen elektrische Signale zum Beispiel vom Gehirn an die Muskelzellen. In den chloroplastenreichen Zellen eines Blattes kann Traubenzucker hergestellt werden. In ihm ist die lebensnotwendige Energie gespeichert. Trotz der unterschiedlichen Aufgaben ist der Bauplan aller Zellen vergleichbar.

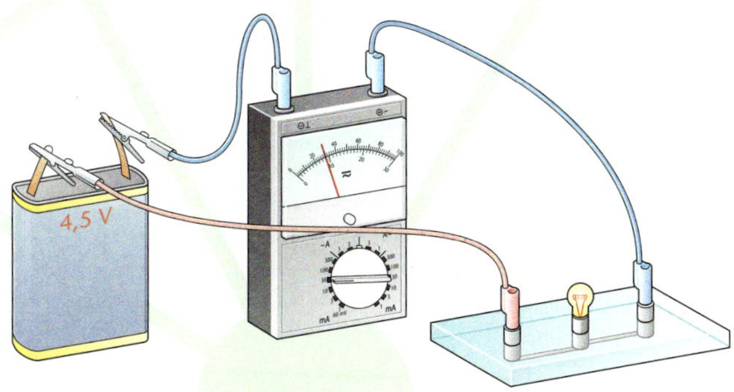

Stromkreise

Stromkreise
Stromkreise aus einer Batterie, einer Lampe, Leitungen und Volt- oder Amperemeter sind einfache Systeme.
Wenn das System funktioniert, leuchtet die Lampe und das jeweilige Messgerät zeigt die Werte für Spannung oder Stromstärke an. Voraussetzung ist, dass alle Geräte richtig miteinander verbunden sind.
Passen z. B. Lampe und Lampe nicht zusammen, kann die Lampe kaputt gehen. Ist der Stromkreis nicht richtig aufgebaut, funktionieren die Messgeräte nicht.

Energie

Energie ist eine entscheidende Größe in unserem Leben. Wo immer sich etwas bewegt, Licht oder Wärme entsteht ist auch Energie beteiligt. Energie kann in ganz unterschiedlichen Formen vorliegen, z. B. als chemische Energie gespeichert in Brennstoffen und Nahrungsmitteln, als Energie des elektrischen Stroms oder als Energie einer Bewegung. Die verschiedenen Energieformen können z. B. mithilfe von Geräten ineinander umgewandelt werden. Meist wird aber nur ein Teil der verfügbaren Energie in die gewünschte Form umgewandelt, der Rest wird in Form von Wärme an die Umgebung abgegeben.

Wind

Der Wind treibt bereits seit vielen hundert Jahren Windmühlen und Segelschiffe an. Früher wurde mit Windmühlen das Korn zu Mehl gemahlen. Heute siehst du überall im Land große Windkraftanlagen. Sie können die Bewegungsenergie direkt in elektrische Energie umwandeln.

Wind

Aber sie beeinträchtigen auch das Landschaftsbild, können den Vogelzug und mit ihrem Lärm auch uns Menschen stören.

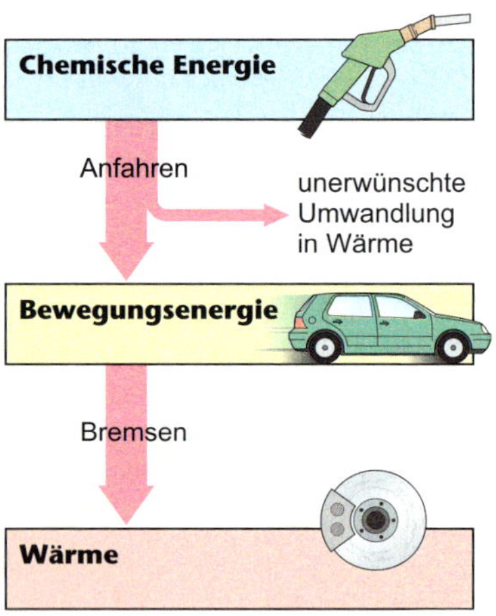

Auto

Auto

In Treibstoffen wie Benzin oder Diesel ist chemische Energie gespeichert. Um z. B. ein Fahrzeug in Bewegung zu setzen, werden diese Treibstoffe in einem Motor verbrannt.
Die chemische Energie wird in Energie der Bewegung umgewandelt. Ein Teil der beim Verbrennungsprozess freigesetzten Wärme lässt sich außerdem dazu nutzen, den Innenraum des Autos zu beheizen. Der Rest der Wärme, den man nicht mehr weiterverwenden kann, wird an die Umwelt abgegeben. Wird das Fahrzeug abgebremst, entsteht an den Bremsscheiben ebenfalls Wärme. Auch sie wird an die Umwelt abgegeben. Die Umwandlung der Energie kann in einer Umwandlungs-(Transport-)kette dargestellt werden.

Wasser

Die Energie des Wassers nutzen die Menschen schon seit vielen Jahren. Mithilfe von Wasserrädern kann man Maschinen antreiben. Es gibt verschiedene Möglichkeiten das Rad anzutreiben: Entweder fällt das Wasser von oben auf die Schaufeln oder die Schaufeln tauchen ins Wasser ein und werden durch die Strömung bewegt.

Solche großen Wasserräder, die man auch als Turbinen bezeichnet, nutzt man in jedem Wasserkraftwerk.

Wasser

Lebensgrundlage Sonnenenergie

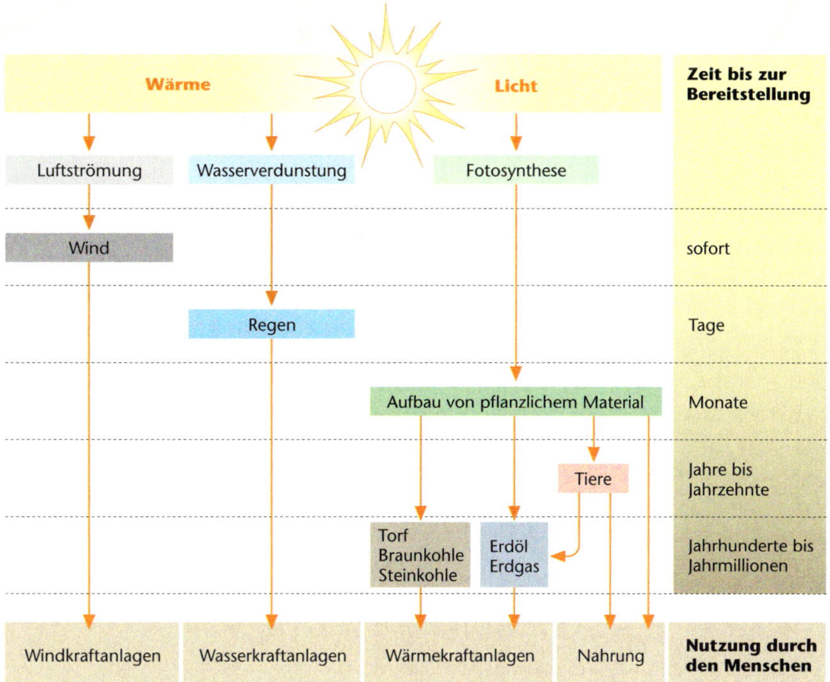

Lebensgrundlage Sonnenenergie
Die Sonnenenergie ist die Grundlage für alles Leben auf der Erde. Von den Pflanzen wird die Sonnenenergie zur Fotosynthese benötigt. Nur die Pflanzen können die Sonnenenergie in Nahrung für Tiere und Menschen umwandeln. Durch die Aufnahme der Nahrung erhalten Menschen und Tiere Energie, die ursprünglich von der Sonne kam. Aufgrund der Sonneneinstrahlung erwärmen sich Land– und Wasserflächen auf der Erde. Dadurch entstehen einerseits Winde aber auch Niederschläge. So können wir die Energie von Wasser und Wind nutzen.

Fahrradstromkreis

Fahrradstromkreis
Fahrräder müssen mit Vorder- und Rücklicht ausgestattet sein. Wird der Dynamo zugeschaltet, muss der Radfahrer stärker in die Pedale treten. Er liefert die Energie, die durch den elektrischen Strom zu den Lampen transportiert und dort in Licht und Wärme umgewandelt wird.

Bei anderen Fahrrädern werden die Lampen mit einer Batterie betrieben, in der die Energie gespeichert ist.

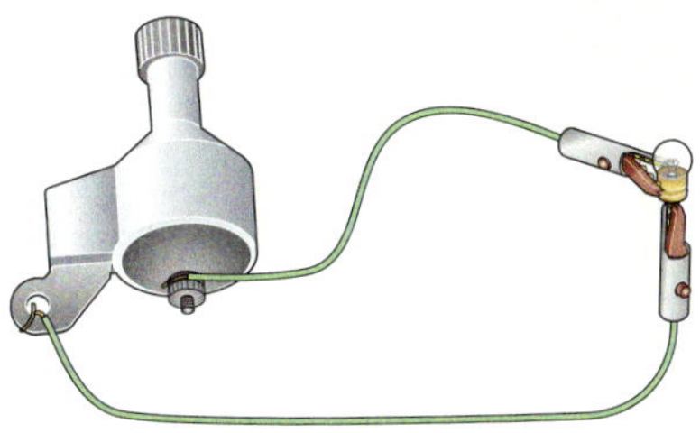

Solarzellen

Solarzellen
Die Sonnenstrahlen transportieren die Sonnenenergie zu uns. Der Mensch nutzt diese Energie der Sonne auf vielfältige Art. Solarzellen zum Beispiel, die auf Hausdächern und Parkscheinautomaten montiert sind, wandeln die Sonnenenergie direkt in elektrische Energie um.

Aufgaben

1 Stelle eine Liste mit verschiedenen Beispielen zusammen, wie Energie im Haushalt gespart werden kann.

2 Autos können nicht nur mit Benzin und Dieselkraftstoff betrieben werden. Informiere dich, welche Möglichkeiten es noch gibt.

3 Wir Menschen nutzen heute die Energie von Kohle, Erdöl und Erdgas z. B. zu Heizen oder zum Autofahren. Erkundige dich, warum wir sagen können, dass wir auch diese Energien unserer Sonne verdanken.

4 Wovon hängt es ab, wie viel Energie ein Mensch pro Tag benötigt?

5 Suche Abbildungen von Wasserrädern und beschreibe ihre Wirkungsweise. Gestalte damit eine Seite in deinem Hefter.

Wechselwirkung

„Woher kommt das, was ist die Ursache?“ Dies sind Fragen, die sich Forscher oft stellen. Um physikalische Erscheinungen verstehen und später nutzen zu können, muss man herausfinden, welche Ursachen sie haben. Außerdem ist es wichtig zu wissen, wie Ursache und Wirkung genau zusammenhängen. Dann wird es möglich, Vorhersagen über die Entwicklung von Abläufen zu treffen und diese zu steuern.

Kräfte und ihre Wirkungen

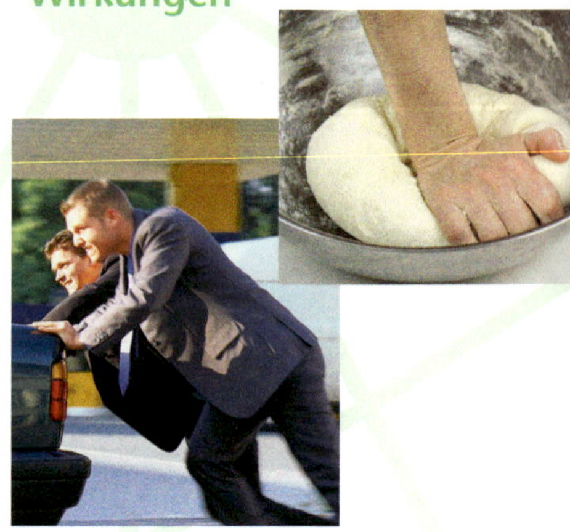

Kräfte und ihre Wirkungen
Kräfte kannst du nicht sehen, du kannst sie nur an ihren verschiedenen Wirkungen erkennen. Diese Wirkungen nutzen wir immer wieder im Alltag. Kräfte können Geschwindigkeiten und die Bewegungsrichtung eines Körpers verändern, oder ihn verformen.

Kräfte zwischen Ladungen

Kräfte zwischen Ladungen
Gleichartig geladene Körper stoßen sich ab. Verschiedenartig geladenen Körper ziehen sich an.

Das kannst du leicht nachweisen:
- Reibe einen Streifen von einem Plastikbeutel (Müll- oder Tiefkühlbeutel) kräftig an einer Tischkante. Hebe ihn dann vorsichtig in der Mitte an.

- Nimm 2 Folienstreifen und reibe sie kräftig aneinander.
  Trenne die Streifen dann vorsichtig voneinander.

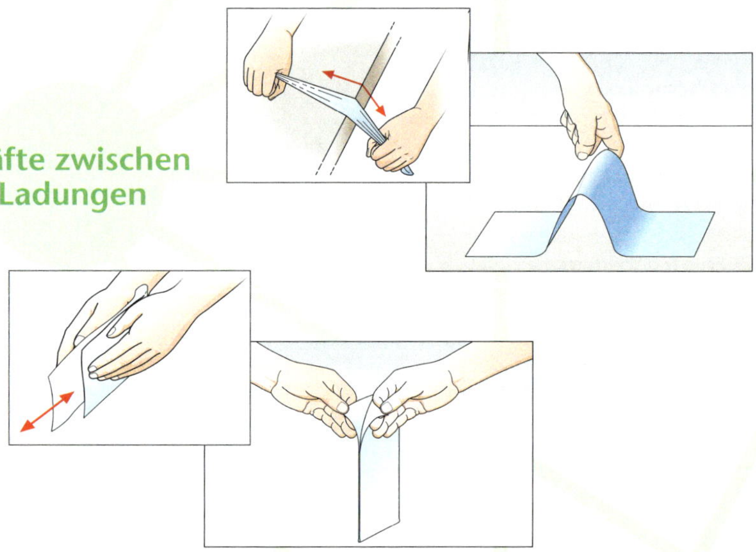

Anziehungskräfte zwischen Himmelskörpern
Der Mond umkreist die Erde. Die Erde ist größer und schwerer als der Mond. Deshalb ist ihre Gravitationskraft größer als die des Mondes. Warum fällt der Mond nicht auf die Erde?
Ganz einfach: der Mond bewegt sich mit großer Geschwindigkeit auf seiner Bahn um die Erde. Die dabei auftretende Fliehkraft wirkt der Gravitation der Erde entgegen. So bleibt der Mond auf seiner Bahn.
Aus dem gleichen Grund bleiben die Erde und die anderen Planeten auf ihren Ellipsenbahnen um die Sonne.

Anziehung zwischen Himmelskörpern

Die Sonne

Die Sonne
Die Sonne wirkt durch den fast leeren Weltraum auf die Erde. Dies geschieht einerseits durch die gegenseitigen Anziehungskräfte.
Aber die Sonne sendet Strahlung aus, die die Erde als Wärmestrahlung und Licht erreicht. Durch das Licht der Sonne, die Bewegung der Erde um sich selbst und um die Sonne entstehen Tag und Nacht und die Jahreszeiten auf der Erde.

Ohne die Energie, die die Sonne liefert, wäre auf der Erde kein Leben möglich. Ohne das Licht der Sonne könnten wir keine Gegenstände sehen, die das Licht der Sonne in unser Auge reflektieren.

Aufgaben

1 Erkläre, wie ein Elektroskop funktioniert.

2 Erkläre, wie es auf der Erde zu Ebbe und Flut kommt.

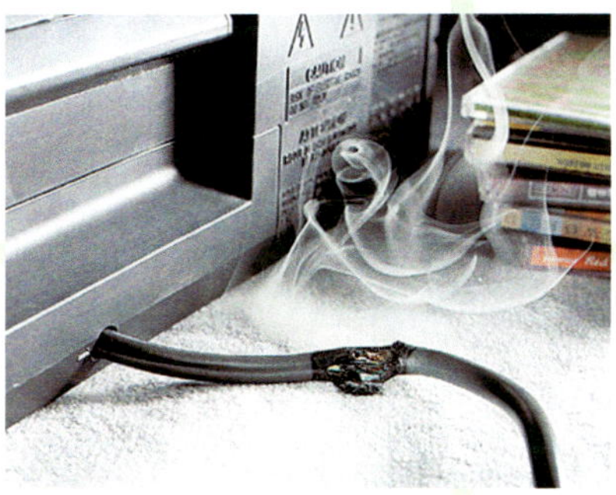

Elektrische Sicherungen

Elektrische Sicherungen
Elektrogeräte nutzen die Wirkungen des elektrischen Stroms: Er kann Wärme, Licht und Bewegung erzeugen. Fließt wegen eines Defekts in einem Gerät oder an einem Kabel ein zu großer Strom, kann durch die Wärmeentwicklung ein Brand ausgelöst werden. Um das zu verhindern, werden die Stromkreise durch Sicherungen geschützt. Sie unterbrechen den Stromkreis im Falle einer Überlastung und beseitigen die Gefahr.

Sympathicus – Parasympathicus
Es steuert unwillkürlich die meisten inneren Organe und den Kreislauf. Der Parasympathicus sorgt für Ruhe, Erholung und Schonung.
Der „Gegenspieler" des Parasympathicus ist der Sympathicus. Er bewirkt eine Leistungssteigerung des Körpers bei Angriffs- oder Fluchtverhalten und außergewöhnlichen Anstrengungen. Durch die Wechselwirkung ermöglichen diese beiden Teile des vegetativen Nervensystems eine feine Steuerung der Organe.

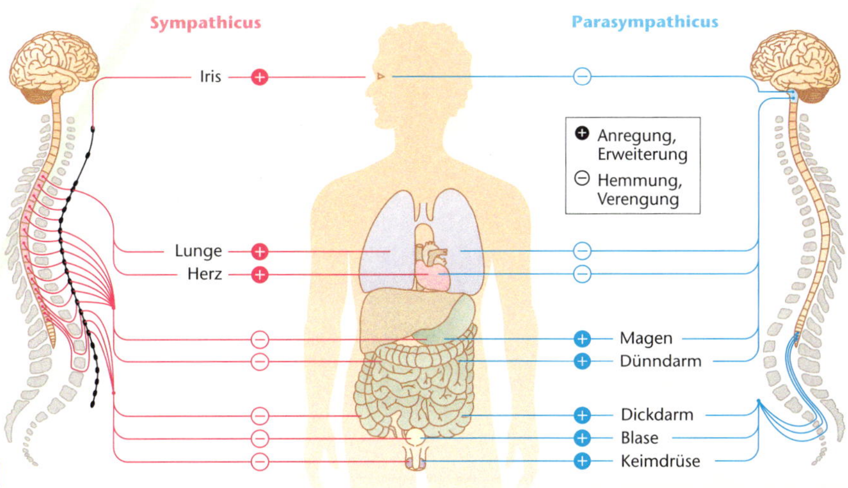

Symphaticus und Parasympathicus

Entwicklung

Entwicklung braucht Zeit. In der Natur gibt es keinen Stillstand. In Ökosystemen, wie dem Wald oder See, beobachtest du kurzfristige Veränderungen, die beispielsweise durch den Wechsel der Jahreszeiten oder den Einfluss des Menschen bestimmt werden. Die heutigen Tier- und Pflanzenarten und auch der Mensch haben sich über viele Vorstufen und über langsame Anpassungen an die veränderte Umwelt und durch Änderungen im Erbgut entwickelt. So gab es stets einen Wechsel zwischen Anpassung und Aussterben von Tier- und Pflanzenarten.

Entwicklung aus dem Ei

Entwicklung aus dem Ei
Fische entwickeln sich aus befruchteten Eizellen zu Fischlarven und Jungtieren, die bereits ihren Eltern ähnlich sind. Auch junge Vögel, Reptilien oder Säugetiere haben schon die Gestalt ihrer Eltern. Fischlarven leben im Wasser, viele junge Reptilien in einem dünnschichtigen Ei im Boden, Küken in einem Ei mit Kalkschale und Säugetiere am oder im Körper der Mutter.

Metamorphose

Metamorphose
Der Begriff bezeichnet in der Biologie eine hormongesteuerte Verwandlung der Gestalt. Sie umfasst ein oder mehrere Larvenstadien und gegebenenfalls auch ein Puppenstadium. Besonders auffällig ist die vollständige Verwandlung der Schmetterlinge, die mit ihrer Gestalt auch die Ernährungsweise ändern oder die Metamorphose der Amphibien, die mit der Gestaltänderung den Lebensraum Wasser verlassen und dann an Land leben können.

Wechselseitige Beziehungen
Blüten und Bestäuber zeigen, dass der Bau einer Blüte genau an die Tierart angepasst sein kann, welche die Pollen transportiert. Derartige wechselseitige Beziehungen zwischen verschiedenen Arten führen zu Spezialisierungen auf beiden Seiten. Solche Abhängigkeiten entwickeln sich über lange Zeiträume. Das gilt für Räuber-Beute-Beziehungen wie z. B. bei Blattläusen und Marienkäfern. Aber auch für Beziehungen zwischen Parasiten und ihrem Wirt, wie bei Zecken und vielen Säugetieren.

Wechselseitige Beziehungen

Entwicklung aus dem Samen

Entwicklung aus dem Samen
Aus Bucheckern entwickeln sich ebenso wie aus Bohnen oder Erbsen kleine Keimpflanzen mit zwei Keimblättern. Die Gräser, zu denen z. B. auch Mais und Weizen zählen, bilden nur ein Keimblatt. Gemeinsam ist den Samenpflanzen, dass ihre Samen alle Reservestoffe enthalten und die Keimlinge so lange davon leben, bis die ersten grünen Blätter die Fotosynthese ermöglichen.

Sukzession
Gartenbeete, die nicht gepflegt werden, verändern ihr Aussehen im Verlauf weniger Jahre, Wiesen werden buschiger und Seen verlanden.
Der Begriff Sukzession bezeichnet die zeitliche Abfolge derartiger Veränderungen. Die Entwicklung vom mineralstoffreichen See zum Bruchwald ist ein Beispiel dafür, dass Jahrtausende benötigt werden, bis neue Tier- und Pflanzengemeinschaften entstanden sind.

Sukzession

Entwicklungslinien
Wenn man befruchtete Eizellen verschiedener Tierarten bei ihrer weiteren Entwicklung beobachtet, so stellt man zunächst viele Gemeinsamkeiten fest. Die Zellen teilen sich und es entsteht ein Zellklumpen, der innen hohl ist. Dieser stülpt sich an einer Stelle ein und es entsteht der spätere After. Erst nach und nach bilden sich die besonderen Merkmale des späteren Lebewesens heraus.

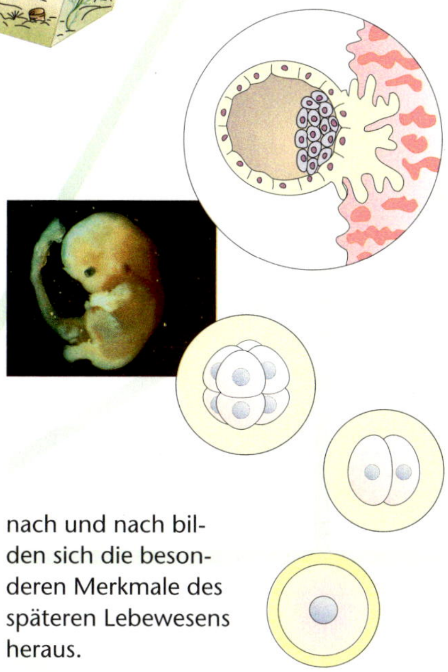

Entwicklungslinien

Aufgaben

1 Häufig gibt es zwei unterschiedliche „Zeitaspekte", unter denen Entwicklung betrachtet wird. Beschreibe kurz die genannten Themen und Aspekte. Untersuche dann, ob auch die Metamorphose der Amphibien unter diesen beiden Zeitaspekten gesehen werden kann.

2 Vier Fünftel aller Landpflanzen besitzen eine Mykorrhiza. Da einzelne Hyphen der Pilze bis in die Wurzelrinde vordringen, scheint auf den ersten Blick eine parasitische Beziehung vorzuliegen. Fehlt aber diese Wurzelverpilzung, gedeihen die Pflanzen besonders auf mineralstoffarmen Böden sehr schlecht. Informiere dich über die wechselseitige Beziehung und begründe, warum hier kein Parasitismus vorliegt.

3 Vergleiche die individuelle Entwicklung der Pflanzen mit den Entwicklungsschritten der Tiere. Betrachte zum Beispiel die Zygote (befruchtete Eizelle), den Embryo und den „jungen" Organismus.

Struktur und Funktion

Zwischen der Struktur, d.h. dem Bau eines Organs oder einer Zelle, und deren Funktion, also der Aufgabe im Organismus, gibt es oft einen klar erkennbaren Zusammenhang: Die Struktur ist so ausgeprägt, dass sie eine bestimmte Funktion übernehmen kann. Derartige Beobachtungen können bei den unterschiedlichsten Lebewesen und auf verschiedenen Organisationsstufen des Lebens (Zelle, Gewebe, Organ) gemacht werden. Daher handelt es sich bei dem Zusammenhang zwischen Struktur und Funktion um ein grundlegendes biologisches Prinzip. Es ermöglicht, aus der Beobachtung bestimmter Strukturen auf deren Funktion zu schließen.

Zelltypen

Die Zelle ist der Grundbaustein aller Lebewesen. Ihr Bauplan wird je nach Aufgabe vielfältig abgewandelt: Pflanzenzellen, die Fotosynthese betreiben, besitzen Chloroplasten und befinden sich in Blättern oder Sprossteilen, die dem Licht zugewandt sind. Im Unterschied dazu sind die Speicherzellen der Kartoffelknolle dicht gefüllt mit Stärkekörnern und besitzen kein Chlorophyll. Die Steinzellen in der Walnussschale oder die Wasser transportierenden Zellen (Schrauben- und Tüpfelgefäße) bestehen nur noch aus der stark verdickten Zellwand und haben Schutz- oder Transportfunktion.

Zelltypen

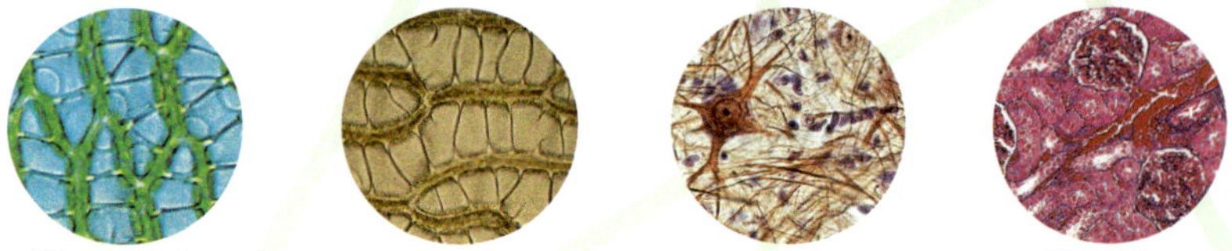

Pflanzenzellen

Tierzellen

Zeiger-organismen

Zeigerorganismen

In Gewässern zeigen bestimmte Lebewesen, wie die rote Zuckmückenlarve, durch ihr gehäuftes Auftreten an, dass sie mit dem Nahrungs- und Sauerstoffangebot ihrer Umgebung gut zurecht kommen. Körperflüssigkeit und Atmungsorgane sind dann z.B. auf einen geringen Sauerstoffgehalt abgestimmt.

Auch Pflanzen wachsen bevorzugt auf bestimmten Böden und sind z.B. Zeiger für hohen Kalkgehalt, Humus oder pH-Wert. Pflanzen feuchter Standorte erkennt man an ihren großen dünnen Blättern.

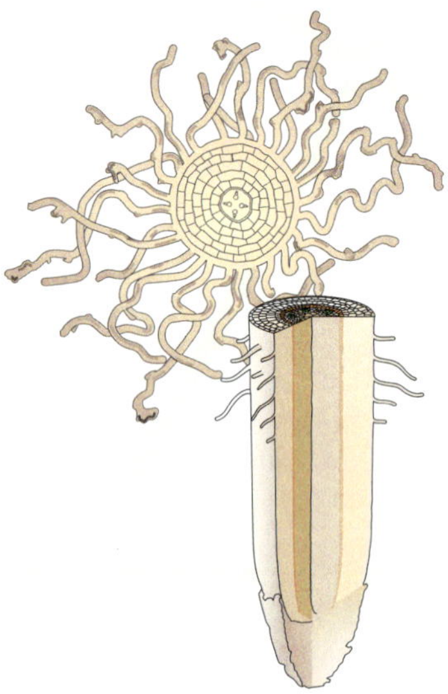

Prinzip der Oberflächenvergrößerung

In der Zone hinter der Wurzelspitze wachsen immer wieder neue Wurzelhaare. Sie werden von den äußeren Zellen des Abschlussgewebes gebildet und schieben sich zur Aufnahme von Wasser und gelösten Mineralsalzen zwischen die Bodenteilchen.

Die Wurzelhaarzellen besitzen sehr dünne Zellwände und vergrößern die Oberfläche zur Stoffaufnahme um mehrere Zehnerpotenzen. Auch die Kiemen der Fische, Molchlarven und Wasserinsekten zeigen das Prinzip der Oberflächenvergrößerung: Verzweigte Kiemenbüschel oder zahllose Kiemenblättchen verbessern den Stoffaustausch.

Prinzip der Oberflächenvergrößerung

Gegenspielerprinzip

Gegenspielerprinzip
Wird ein Blumenstrauß längere Zeit nicht in Wasser gestellt, lassen die Stiele „ihre Köpfe hängen" und die Blätter verlieren ihre Spannkraft. Untersucht man das Phänomen mit speziellen Lösungen unter dem Mikroskop, stellt man fest, dass die Vakuolen der Pflanzenzellen Wasser verlieren oder aufnehmen können. Nur prall gefüllt drücken sie das Zellplasma gegen die Zellwand. Zellsaftdruck und Zellwand arbeiten dabei als Gegenspieler.

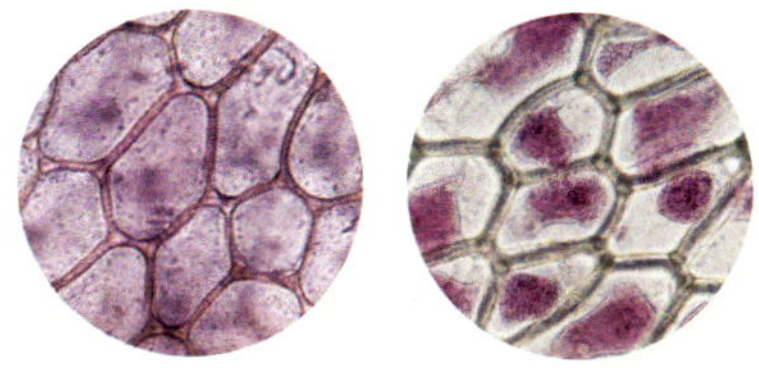

Schlüssel-Schloss-Prinzip
Häufig erkennt man, dass zwei Strukturen exakt zusammenpassen wie der richtige Schlüssel zum Schloss. So ist der Bau der Blüten sehr genau auf die Tierart abgestimmt, die den Pollentransport besorgt. Die Struktur der Früchte und Samen lässt erkennen, welche Verbreitungsform vorliegt.

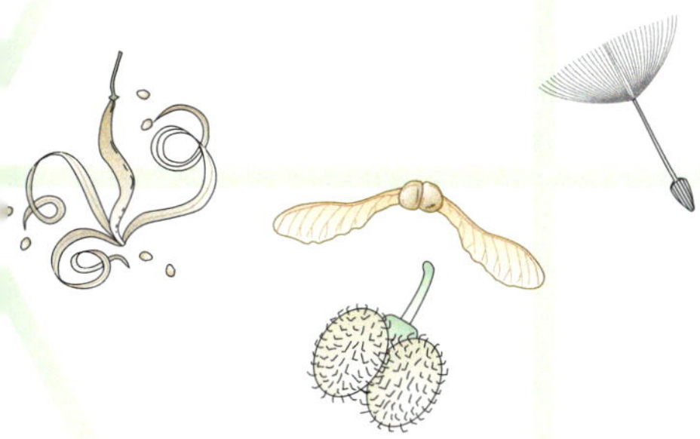

Schlüssel-Schloss-Prinzip

Röhrenprinzip
In der Wurzel, der Sprossachse und den Blattadern bilden Gefäß- und Siebteil spezielle Leitungsbahnen. Sie dienen aber nicht nur dem Wasser- oder Zuckertransport. Die Röhren verfestigen auch die Pflanzenstrukturen, wie das „Holz" beim Wachstum der Bäume zeigt. Auch Rippen, Wirbel und die Halme der Gräser, Verstärkungsstrukturen in der Luftröhre oder der Markhöhle der Knochen, der Schaft der Federn und viele andere Festigungselemente sind nach diesem Röhrenprinzip gebaut. Damit wird bei geringem Materialaufwand maximale Stabilität erreicht.

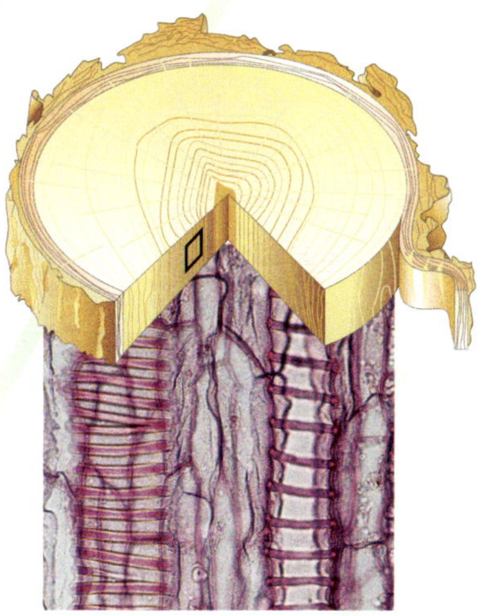

Röhrenprinzip

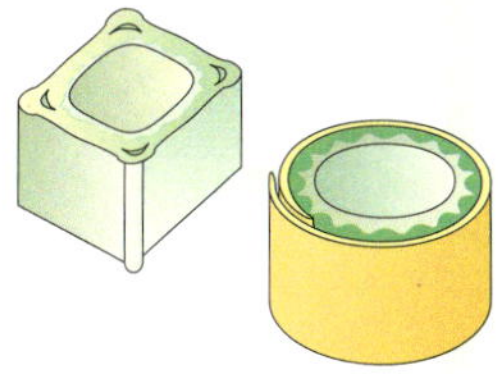

Aufgaben

1 Erläutere das Konzept von Struktur und Funktion. Zeige anhand geeigneter Beispiele, dass es bei verschiedenen Arten und bei Ein- und Mehrzellern gilt.

2 Beschreibe das Prinzip der Oberflächenvergrößerung anhand weiterer Beispiele. Denke z. B. an die Lunge oder den Dünndarm des Menschen.

3 Finde weitere Beispiele, wo zwei Strukturen ähnlich einem Schlüssel zum Schloss zueinander passen und miteinander funktionieren.

4 Hohe Stabilität bei gleichzeitiger Materialeinsparung ist biologisch sinnvoll. Erläutere das Röhrenprinzip am Beispiel der Gefäße einer Pflanze. Vergleiche mit der Luftröhre.

5 Planktonorganismen besitzen verschiedene Strukturen, die das Absinken im Wasser verlangsamen. Vergleiche diese Strukturen mit ähnlichen Beispielen aus der Technik.

Materie

Alle Gegenstände im Alltag und in der Natur bestehen aus Materie. Der Begriff Materie kommt aus der lateinischen Sprache und bedeutet Stoff.

Gegenstände können aus unterschiedlichen Stoffen bestehen. Die Eigenschaften eines Stoffes bestimmen, wie er eingesetzt werden kann. Die Naturwissenschaftler untersuchen die Eigenschaften, die Zusammensetzung und die Veränderung von Materie.

Teilchenmodell
Viele Eigenschaften und Veränderungen von Stoffen lassen sich erst erklären, wenn man weiß, wie die Stoffe aufgebaut sind. Da man den inneren Aufbau eines Stoffes selbst mit guten Mikroskopen nicht sichtbar machen kann, haben die Naturwissenschaftler dazu Modelle entworfen. Nach dem Teilchenmodell besteht jeder Stoff aus kleinsten Teilchen, die sich ständig bewegen.
Die Teilchen eines Stoffes (z. B. Eisen) sind untereinander alle gleich, d. h. sie besitzen die gleiche Größe, sind gleich groß und auch gleich schwer. Die Teilchen verschiedener Stoffe (z. B. von Kupfer und Eisen) unterscheiden sich dagegen voneinander.

Teilchenmodell

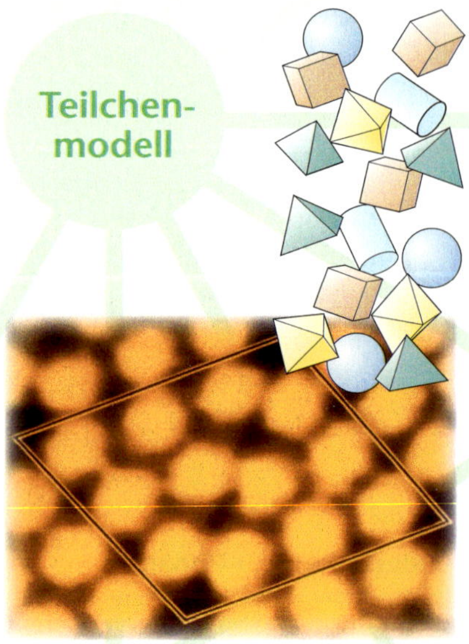

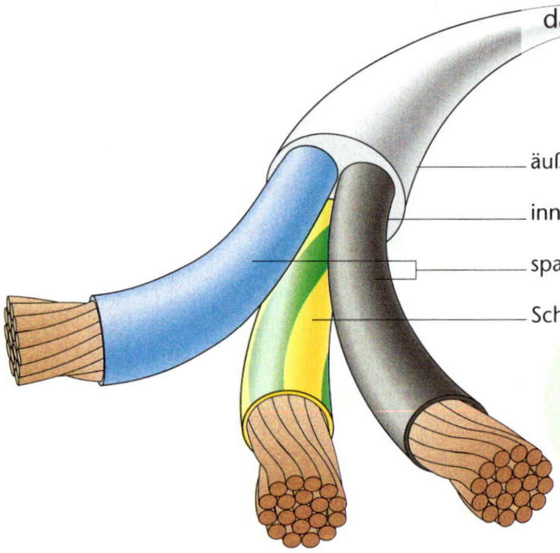

Werkstoffe

Werkstoffe
Die Eigenschaften der Materie sind wichtig für die Geräte, die man daraus anfertigt. So ist es beispielsweise bei Töpfen wichtig, dass für den Topfboden ein Stoff wie Metall verwendet wird, der die Wärme gut weiterleitet. Beim Topfgriff ist das nicht erwünscht, also wählt man dafür Kunststoff oder Holz.
Bei anderen Geräten ist vielleicht eine andere Stoffeigenschaft besonders wichtig, z. B. die elektrische Leitfähigkeit, die Magnetisierbarkeit oder die Verformbarkeit.

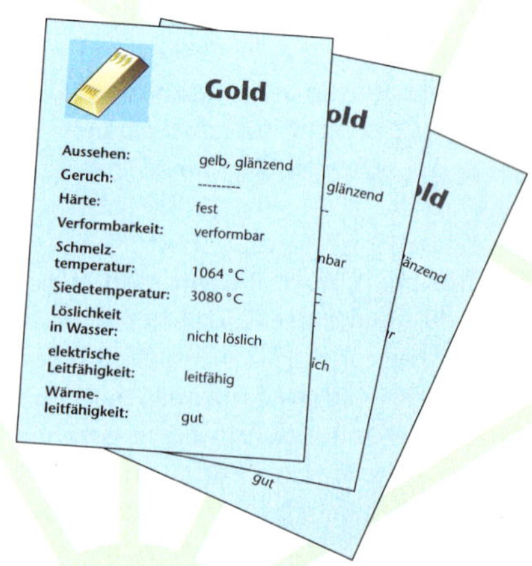

Stoffsteckbriefe
Jeder Stoff besitzt für ihn typische Stoffeigenschaften. Stellt man diese Eigenschaften in einem Steckbrief zusammen, kann man verschiedene Stoffe daran leichter unterscheiden. Einige Eigenschaften wie der Geruch oder das Aussehen eines Stoffes lassen sich direkt mit unseren Sinnen bestimmen. Es gibt aber andere Stoffeigenschaften, die du nicht mit den Sinnen feststellen kannst. Diese musst du messen. Dazu gehören z. B. die elektrische Leitfähigkeit sowie die Schmelz- und die Siedetemperatur.

Form

Löslichkeit

Brennbarkeit

Stoffsteckbriefe

Magnetisierbarkeit

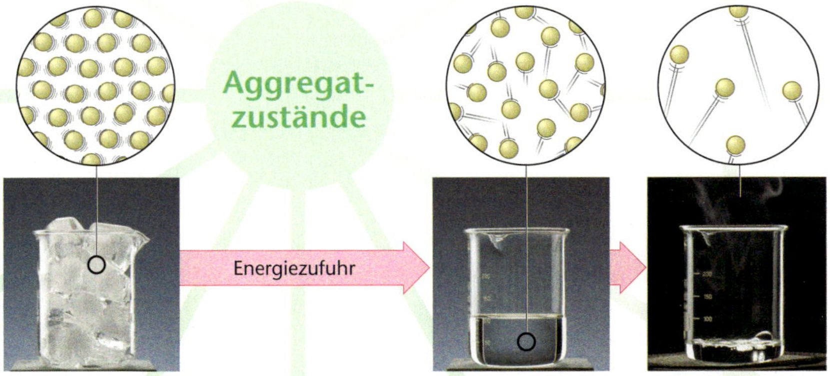

Eis
Wasser
Wasserdampf

Aggregatzustände

Die Erscheinungsformen der Materie sind vielseitig. Der gleiche Stoff kann in festem, flüssigem oder gasförmigem Zustand vorliegen.
Eis, Wasser und Wasserdampf bestehen jeweils aus denselben Teilchen, allerdings sind ihre Anordnung und ihr Zusammenhalt je nach Aggregatzustand anders. Wenn Materie von einem Aggregatzustand in den anderen übergeht, dann verändert sich die innere Ordnung der Materie.

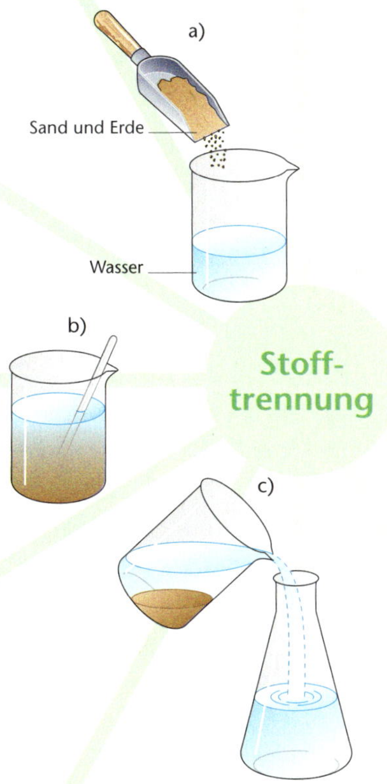

Stofftrennung

Einen Stoff, der nur aus einer Teilchenart besteht, bezeichnet man als Reinstoff. Die meisten Stoffe kommen in der Natur als Stoffgemische vor. Bei Gemischen liegen mindestens zwei verschiedene Teilchenarten vor. Mithilfe geeigneter Trennverfahren kann man aus Stoffgemischen die Reinstoffe gewinnen. Dabei nutzt man ihre unterschiedlichen Eigenschaften der verschiedenen Stoffe: Durch Filtern lässt sich z. B. Wasser von Sand trennen, weil Sand nicht wasserlöslich ist.

Verkehrssicherheit

Durch die Verwendung von Stoffen mit bestimmten Eigenschaften lässt sich erreichen, dass man im Straßenverkehr bei Dämmerung besser gesehen wird. So wirft helle Kleidung mehr Licht zurück als dunkle. Noch besser sind Reflexionsfolien an der Jacke, die aus spiegelnden Materialien bestehen.

Verkehrssicherheit

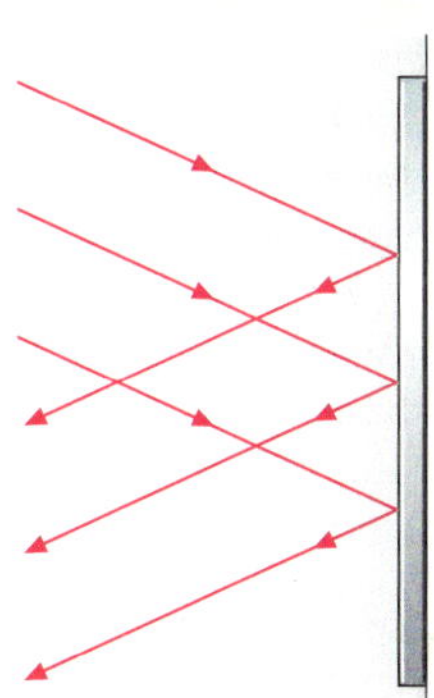

Aufgaben

1 Erläutere den Unterschied zwischen Gegenstand und Stoff.

2 Beschreibe Gegenstände, die aus verschiedenen Stoffen bestehen. Vergleiche ihre Eigenschaften.

3 Wähle einen Stoff, erstelle einen Stoffsteckbrief und beschreibe seine Eigenschaften. Überlege, für welche Einsatzbereiche der Stoff gut bzw. schlecht geeignet ist. Begründe deine Aussagen.

4 Woran erkennst du von „außen" den unterschiedlichen Teilchenaufbau von Wasser in den drei Aggregatzuständen? Gib für jeden Aggregatzustand ein Beispiel an.

5 Zwei Stoffe werden gemischt, z. B. Wasser und Farbstoff.
a) Was beobachtest du dabei? Überlege dir eine Möglichkeit, wie du das Mischen beschleunigen könntest.
b) Wie stellst du dir den Vorgang im Teilchenmodell vor? Verdeutliche deine Überlegungen mithilfe von Murmeln oder Tischtennisbällen und erkläre sie deinen Mitschülern.

6 Warum ist ein Magnet ein Magnet? Wie stellst du dir den inneren Aufbau eines Magneten vor? Skizziere deine Überlegungen.

Chemische Reaktion

Es ist ein alter Brauch, zu Silvester Raketen in den Himmel steigen zu lassen. Sie enthalten ein zündfähiges Gemisch, welches mithilfe einer Zündschnur gezündet wird. Für kurze Zeit entfaltet die Rakete kleinere Explosionen, in vielen Farben sprühen Funken. Betrachtet man den ausgebrannten Rest der Rakete, so ist bis auf die Hülse vom ursprünglichen Zündgemisch nichts mehr zu erkennen. Die Bestandteile des Zündgemisches haben miteinander reagiert. Es sind unter anderem Gase entstanden und Wärme und Licht wurden freigesetzt. Bei diesem Vorgang sind neue Stoffe mit neuen Eigenschaften entstanden, Energie wurde abgegeben. Einen solchen Vorgang nennt man eine chemische Reaktion. Der Begriff Energie begegnet uns täglich. Im Alltag heißt es manchmal: „keine Energie verschwenden", oder: „eine geballte Ladung Energie steckt in einer Tafel Schokolade". Das Wort Energie stammt von dem griechischen „energeia" ab, was so viel wie „Wirkkraft" bedeutet. Energie bewirkt also etwas. Ohne Energie läuft nichts.

Bedingungen einer Verbrennung

Bedingungen einer Verbrennung
Damit überhaupt eine Verbrennung stattfindet, müssen bestimmte Bedingungen erfüllt sein.

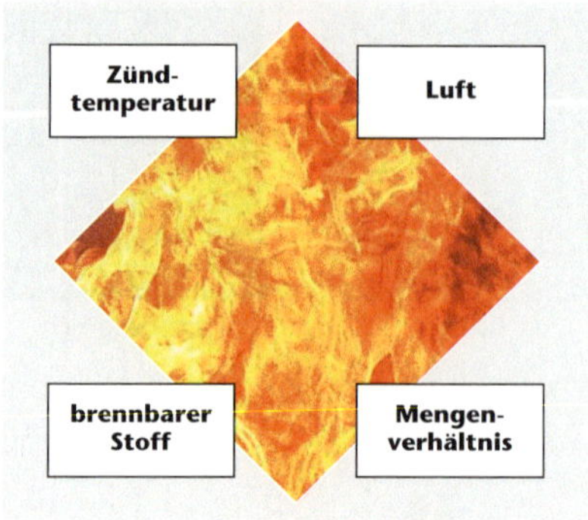

Selbstverständlich muss zuerst einmal ein brennbarer Stoff vorhanden sein. Ein brennbarer Stoff fängt aber nicht einfach so an zu brennen. Er muss erwärmt werden, und zwar so weit, bis seine Entzündungstemperatur erreicht ist. Ist dies der Fall, entzündet er sich, aber auch nur, wenn noch die dritte und letzte Bedingung erfüllt ist: es muss genügend Luft vorhanden sein.

Brandbekämpfung

Brandbekämpfung
Beim Löschen eines Brandes sorgt man dafür, dass mindestens eine der Bedingungen einer Verbrennung nicht mehr gegeben ist. Um ein Feuer zu löschen, muss man entweder die Luftzufuhr unterbrechen oder den brennenden Stoff unter seine Entzündungstemperatur abkühlen oder dem Feuer den Brennstoff entziehen. Besonders gut und schnell erfolgt die Brandbekämpfung, wenn alle drei Methoden gleichzeitig angewendet werden.

Stoffumwandlung
Vergleicht man das Holz eines Lagerfeuers, bevor es entzündet wird, mit der Asche eines ausgebrannten Lagerfeuers, fällt einem die Veränderung des Stoffes Holz deutlich auf. Die Asche hat offensichtlich ganz andere Eigenschaften als das Holz, aus dem sie durch die Verbrennung entstanden ist. Eine solche Stoffumwandlung, bei der neue Stoffe mit neuen Eigenschaften entstehen, bezeichnet man als chemische Reaktion.
Stoffumwandlungen (chemische Reaktionen) begegnen uns aber nicht nur bei Verbrennungen, sondern sind häufig im Alltag (z. B. das Rosten von Eisen) und in der Natur (z. B. das Blühen und Verwelken von Blüten) zu beobachten.

Stoffumwandlung

Reaktionsgleichung

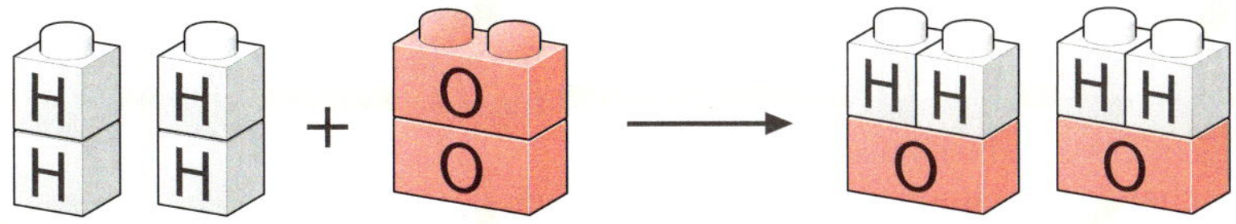

Reaktionsgleichung
Weil in einer Reaktionsgleichung die Anzahl der an einer Reaktion beteiligten Atome vor und nach der Reaktion gleich sein muss, lautet die Reaktionsgleichung für die Reaktion von Wasserstoff mit Sauerstoff:
$2\,H_2 + O_2 \longrightarrow 2\,H_2O$.

Dabei ist berücksichtigt, dass Wasserstoff und Sauerstoff als Moleküle mit jeweils zwei Atomen vorliegen.

Exotherme/endotherme Reaktion

Exotherme/endotherme Reaktion
Eisen und Schwefel haben jeweils einen bestimmten Energiegehalt. Zündet man ein Eisen-Schwefel-Gemisch, so wird Energie in Form von Wärme und Licht an die Umgebung abgegeben. Das Reaktionsprodukt hat einen niedrigeren Energiegehalt als die Ausgangsstoffe. Wird Energie bei einer chemischen Reaktion an die Umgebung abgegeben, so nennt man diese Reaktion exotherm. Bei der Zerlegung von Wasser mithilfe des elektrischen Stroms muss zur Aufrechterhaltung der chemischen Reaktion ständig Energie zugeführt werden. Die Produkte haben einen höheren Energiegehalt als der Ausgangsstoff. Diese Reaktion nennt man endotherm.

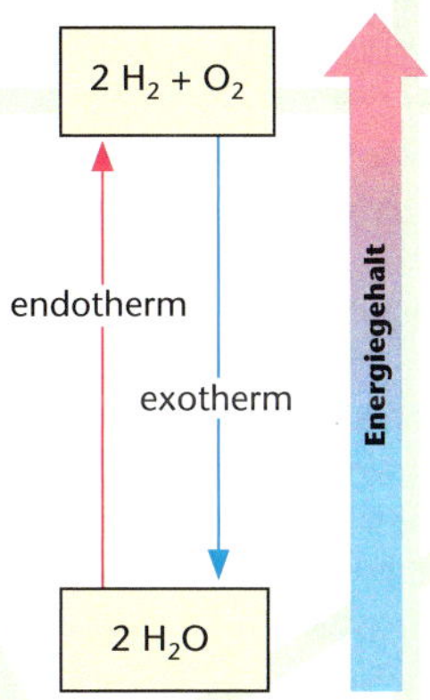

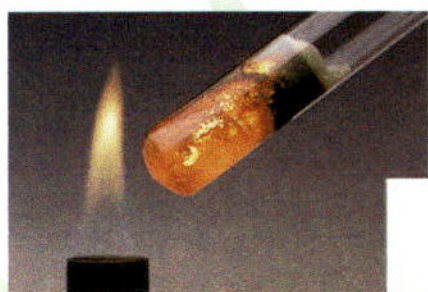
Exotherme Reaktion

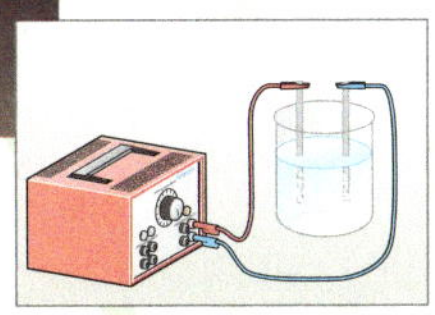
Endotherme Reaktion

Sauerstoffübertragung

Sauerstoffübertragung
Erhitzt man in einem Reagenzglas schwarzes Kupferoxid mit Eisen, entsteht neben Kupfer noch Eisenoxid. Bei dieser chemischen Reaktion hat Kupferoxid den Sauerstoff abgegeben, das Kupferoxid wird zerlegt. Eisen hat den Sauerstoff aufgenommen, es wird Eisenoxid gebildet.
Beide Vorgänge sind über die Sauerstoffaufnahme bzw. -abgabe miteinander verknüpft.

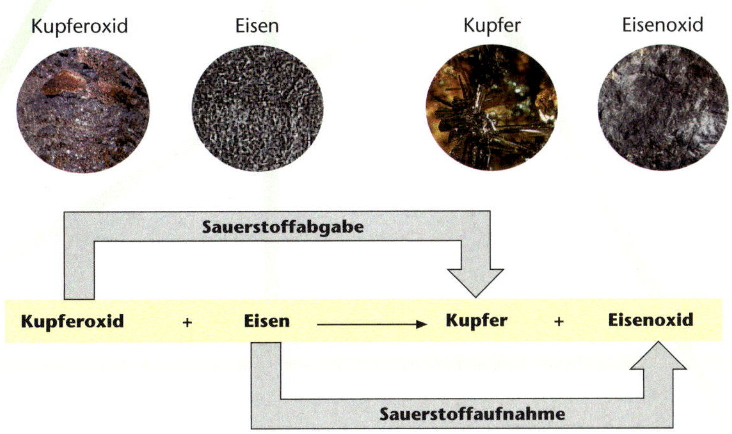

Aufgaben

1 Entscheide bei den folgenden chemischen Reaktionen, ob sie exotherm oder endotherm verlaufen:
a) ein Kuchen wird gebacken,
b) Eisen reagiert mit Sauerstoff,
c) Silberoxid wird in Sauerstoff und Silber zerlegt,
d) Kupferoxid reagiert mit Eisen zu Kupfer und Eisenoxid.

2 Wasser treibt ein Wasserrad an, dieses einen Generator und der lässt eine angeschlossene Glühlampe hell erleuchten. Welche Energieformen liegen bei diesem Beispiel nacheinander vor?

3 Elektrische Energie gilt als eine besonders wertvolle Energieform. Begründe.

4 Ein Werbespruch lautet: „Traubenzucker gibt verlorene Energie zurück." Nimm Stellung.

Chemische Reaktionen mit Sauerstoff

9 a) Bei der Verbrennung von rötlichem Kupferblech über der rauschenden Gasbrennerflamme findet eine Oxidation statt.
Es entsteht Kupferoxid, welches an seiner grau-schwarzen Farbe zu erkennen ist.
Wird Kupfer jedoch über eine Kerzenflamme gehalten, entsteht kein Kupferoxid, sondern nur Ruß. Die Kerzenflamme ist nicht heiß genug, um die Oxidation von Kupfer zu bewirken. Die Aktivierungsenergie, um die Reaktion auszulösen, wird nicht erreicht. StattdEssen; schlägt sich Ruß der Kerzenflamme (entsteht bei der Verbrennung des Kerzenwachses) am Kupfer nieder.

b) Kupfer + Sauerstoff ⟶ Kupferoxid

11 a) Im Körper des Menschen werden Nährstoffe, meistens Glukose (Traubenzucker) oxidiert. Bei der Verbrennung entstehen Wasser und Kohlenstoffdioxid.

b) Die Verbrennungen verlaufen im Vergleich zu Verbrennungen an der Luft langsamer über mehrere Teilschritte und ohne Flammenerscheinung ab.

c) Die frei werdende Energie dient zur Aufrechterhaltung lebensnotwendiger Körperfunktionen und der Körpertemperatur, sowie körperlichen und geistigen Aktivitäten.

21 Magnesium und Zink
a) Magnesium + Eisenoxid ⟶ Magnesiumoxid + Eisen
$3\ Mg + Fe2O3 \longrightarrow 3\ MgO + 2\ Fe$

Zink + Eisenoxid ⟶ Zinkoxid + Eisen
$3\ Zn + Fe2O3 \longrightarrow 3\ ZnO + 2\ Fe$

b) Das Metall ist jeweils das Reduktionsmittel, das bei der Reaktion selbst oxidiert wird; Eisenoxid ist jeweils das Oxidationsmittel, das bei der Reaktion selbst reduziert wird.

Ökosystem und Ressourcen

3 Wärmeenergie aus dem Stoffwechsel von Pflanze, Tier und Mensch wird ständig nach außen abgestrahlt. Sonnenenergie liefert den „Nachschub", aus dem energiereiche Stoffe aufgebaut werden.

4 Im Wald ist die Biomasse der Verbraucher im Vergleich zur Biomasse der Erzeuger geringer. Nur ein Zehntel der Energie kann wieder für die Erzeugung neuer Biomasse verwendet werden. In der Stadt ist die Biomasse der Erzeuger äußerst gering. Besonders die Menschen in der Stadt sind deshalb auf ständigen „Import" von Nahrung aus anderen Lebensräumen angewiesen. Hieraus ergibt sich einerseits ein Versorgungsproblem, andererseits aber auch ein Abfallproblem, da überschüssige Nahrung und Verpackung durch künstliche Einrichtungen wie Mülldeponien, Verbrennungs- und Kläranlagen beseitigt werden müssen.

6 Die höhere Durchschnittstemperatur in der Stadt und die intensive Nutzung von Wasserstraßen führt dazu, dass die Gewässer in der Stadt nicht so schnell zufrieren wie in der freien Landschaft. Außerdem werden die Wasservögel in der Stadt oft von Menschen gefüttert.

8 Pflanzen der Großstadt findet man entlang der Verkehrswege und auf Bahnhöfen, weil deren Samen über die Verkehrsmittel verbreitet werden (z. B. auf Ladeflächen, in der Ladung, im Reifenprofil usw.).

Licht und Bild und Farbe

2 Hinter eine Glasscheibe, in der das Spiegelbild einer brennenden Kerze zu sehen ist, stellt der Zauberkünstler ein Glas, in dem sich eine gleich große Kerze befindet. Die Entfernung der brennenden Kerze von der Glasscheibe ist genau so groß wie die Entfernung zwischen der Kerze im Glas und der Scheibe. Wenn der Zauberer nun Wasser in das Glas füllt, scheint die Kerze darin noch weiter zu brennen. Tatsächlich sehen die Zuschauer aber nur das Spiegelbild der brennenden Kerze.

3 1 Ebener Spiegel
2 Einfallender Lichtstrahl
3 Reflektierter Lichtstrahl
4 Einfallslot
5 Einfallswinkel
6 Reflexionswinkel

5 Ebene Spiegel: Taschenspiegel, Garderobenspiegel, Spiegel im

Periskop, Umlenkspiegel am Tageslichtprojektor, Spiegel in der Spiegelreflexkamera, Spiegel im Kaleidoskop
Hohlspiegel: Scheinwerfer, Reflektorspiegel unter der Halogenlampe des Tageslichtprojektors, Hohlspiegel des Spiegelteleskops, Hohlspiegel in Sonnenkraftwerken, Rasierspiegel, Kosmetikspiegel
Wölbspiegel: Rückspiegel am Auto, Spiegel in Kaufmärkten, Verkehrsspiegel an unübersichtlichen Straßeneinmündungen, Ein- oder Ausfahrten, glänzende Oberfläche einer Christbaumkugel

9 Stelle einen Gegenstand, z. B. eine Kerze, vor einen Schirm. Halte das Brillenglas zwischen die Kerze und den Schirm.
Verschiebe den Schirm so lange, bis darauf ein scharfes Bild der Kerze zu erkennen ist. Nimm nun die Brille weg.
Hast du eine Brille für Kurzsichtige verwendet, musst du nun den Schirm zur Kerze hin verschieben, um darauf wieder ein scharfes Bild zu erkennen.
Handelt es sich um eine Brille für Weitsichtige, musst du den Schirm weiter von der Kerze entfernt aufstellen.

Elektrostatik – elektrische Ladungen

2 Elektrisch geladene und elektrisch ungeladene Körper ziehen sich gegenseitig an. Der Wasserstrahl ist elektrisch neutral, der Kamm ist elektrisch geladen. Zwischen dem Kamm und dem Wasserstrahl treten daher anziehende Kräfte auf.

4 Das negativ geladene Elektroskop zeigt einen Ausschlag an. Berührt man es mit einem positiv geladenen Stab, geht der Zeigerausschlag zurück.
Das liegt daran, dass sich die negativen Ladungen des Elektroskops und die positiven Ladungen des Stabs (teilweise) ausgleichen.

Elektrischer Strom – fließende elektrische Ladung

2

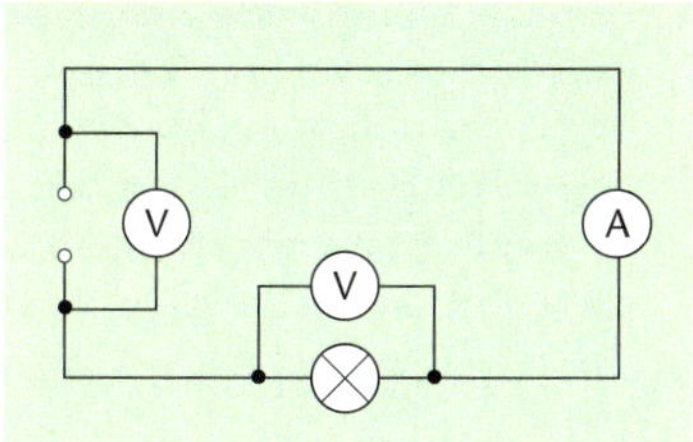

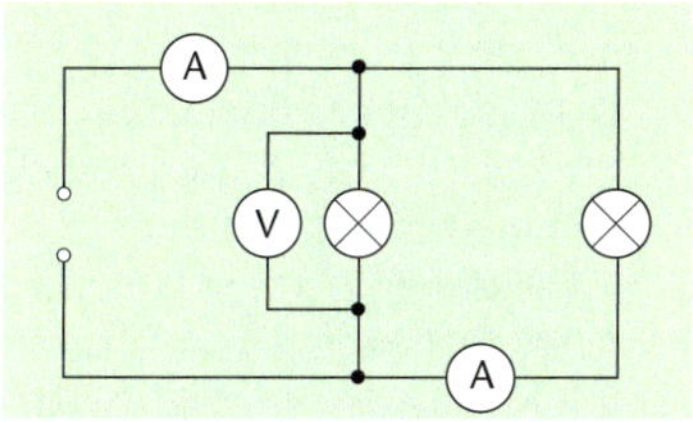

Die Lampen sind parallel geschaltet.

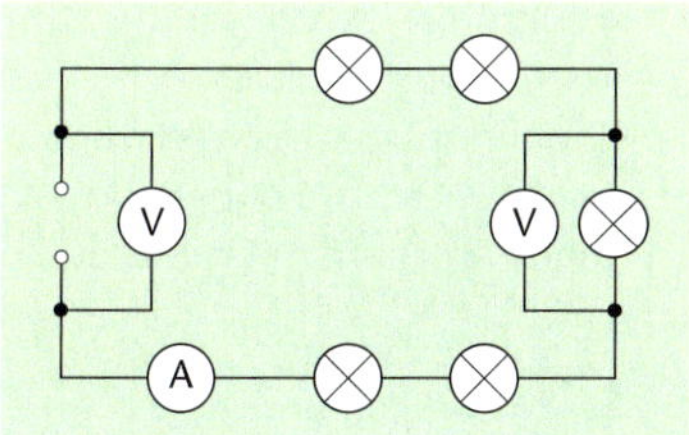

Die Lampen sind in Reihe geschaltet.

5 Lampe 1: $P = U \cdot I$
$P = 2{,}4\,\text{V} \cdot 0{,}085\,\text{A}$
$P = 0{,}204\,\text{W}$
Lampe 2: $P = 3{,}8\,\text{V} \cdot 0{,}05\,\text{A}$
$P = 0{,}190\,\text{W}$

Lampe 1 hat die größere Leistung.

6 Gegeben: $P = 6\,\text{W}$,
$t = 1$ Jahr,
Preis = 0,12 €/kWh
Gesucht:
Energieeinsatz in einem Jahr E_{Jahr},
Kosten der eingesetzten Energie

Lösung:
Da die Energie im vorliegenden Beispiel in Kilowattstunden angegeben wird, benötigt man zuerst die Anzahl der Stunden, die ein Jahr hat.

$t = 1$ Jahr $= 365 \cdot 24\,\text{h}$

$t = 8760\,\text{h}$

Im zweiten Schritt wird die eingesetzte Energie berechnet.

$E_{\text{Jahr}} = W \cdot t$

$E_{\text{Jahr}} = 6\,\text{W} \cdot 8760\,\text{h}$

$E_{\text{Jahr}} = 52\,560\,\text{Wh} = 52{,}560\,\text{kWh}$

Dieser Energieeinsatz verursacht Kosten in Höhe von

$52{,}560\,\text{kWh} \cdot 0{,}12\,€/\text{kWh} =$
$6{,}3072\,€$.

Bewegung in Natur und Technik

3 35 kg ⟶ 350 N
300 g ⟶ 3 N
4 t = 4000 kg ⟶ 40 000 N
70 g ⟶ 0,7 N
6,5 kg ⟶ 65 N

11 Gegeben: Abfahrtszeit 13:32 Uhr, Ankunftszeit 14:20 Uhr

$t = 48\,\text{min} = 2880\,\text{s}$

$s = 79\,\text{km} = 79\,000\,\text{m}$

Gesucht: v

Lösung: $v = \frac{s}{t}$

$$v = \frac{79\,000\,\text{m}}{2880\,\text{s}}$$

$v = 27{,}43\,\text{m/s}$

$v = 98{,}75\,\text{km/h}$

Der ICE hat eine Durchschnittsgeschwindigkeit von 98,75 km/h.

16 Gegeben: $g = 9{,}81\,\frac{\text{m}}{\text{s}^2}$, $t = 2\,\text{s}$

Gesucht: s

Lösung: $s = \frac{1}{2} \cdot g \cdot t^2$

$s = \frac{1}{2} \cdot 9{,}81\,\frac{\text{m}}{\text{s}^2} \cdot (2\,\text{s})^2$

$s = 19{,}6\,\text{m}$

Antwort: Der Schacht ist 19,6 m tief.

Kommunikation und Informationsverarbeitung

5

System	Speicher	Seiten
Diskette	1,44 MB	360
Festplatte	200 GB	50000000
CD	650 MB	162500
DVD SS	4,7 GB	1175000
System	**Speicher**	**Seiten**
DVD DL SS	8,5 GB	2125000
DVD DL DS	17 GB	4250000

17 Schädliche Umwelteinflüsse vermeiden, Hygiene, Schutzimpfungen, Bewegung, Abhärten, regelmäßige Untersuchungen, gesunde Ernährung, Entspannung, glücklich sein.

Die Erde im Weltall

1 Licht legt in einer Sekunde eine Strecke von 300 000 km zurück. In einer Minute sind es etwa 18 Millionen km, in einer Stunde 1 080 Millionen km, an einem Tag 25,9 Milliarden km und in einem Jahr 9 460 Milliarden km.

4 Je weiter ein Stern von der Erde entfernt ist, desto weniger Licht kommt von ihm an.
Um ihn trotzdem am Himmel beobachten zu können, benötigt man Fernrohre mit großem Objektivdurchmesser, die möglichst viel Licht einfangen. Linsen der notwendigen Größe lassen sich allerdings nicht herstellen. Im Spiegelteleskop verwendet man daher anstelle der Objektivlinsen einen Hohlspiegel zum Bündeln der Strahlen.
Die vom Hohlspiegel reflektierten Strahlen werden durch einen ebenen Spiegel zum Okular gelenkt.

Willst du mit mir gehen ...? Erste Freundschaften

9 Zu den Nebenwirkungen gehören Migräne, hoher Blutdruck und Thrombosegefahr.
Wenn man zusätzlich raucht oder Übergewicht hat, erhöht sich das Risiko, eine Thrombose zu erleiden. Nikotin verengt die Gefäße und Übergewicht kann dazu führen, dass sich Ablagerungen in den Arterienwänden bilden.
Der Durchmesser der Arterien verkleinert sich, sodass ein Blutgerinnsel schneller hängen bleiben und die Arterie verstopfen kann.

A

B

C

D

E

K

L

M

N

U1.1 Getty Images RF (RF/Dex Image/Megumi Takamura), München; **U1.2** Getty Images (Flickr/Jeff R Clow), München; **U4.1; U4.3** Getty Images RF (Purestock), München; **U4.2** Getty Images RF (Ian Hooton/SPL), München; **U4.4** plainpicture GmbH & Co. KG (Folio Images/Ulrika Ekblom), Hamburg; **3.1** Fotolia LLC (Áment Gellért), New York; **4.1** MEV Verlag GmbH (lizenzfrei), Augsburg; **5.1** Okapia (NAS/Toni Angermayer), Frankfurt; **6.1** Getty Images RF, München; **6.2** Klett-Archiv, Stuttgart; **6.3** Getty Images (Bongarts/Jerry Irwin), München; **7.1** Okapia (Biophoto Ass./Science Source), Frankfurt; **8.1** Getty Images RF (PhotoDisc), München; **8.2** PantherMedia GmbH (Cornelia Danzer), München; **10.1** Helga Lade (BAV), Frankfurt; **10.2** Fotolia LLC (Áment Gellért), New York; **11.3** Mauritius Images (Gilsdorf), Mittenwald; **11.4** Mauritius Images (AGE), Mittenwald; **11.5** Klett-Archiv, Stuttgart; **12.1** shutterstock, New York, NY; **12.2** Klett-Archiv (Hartmut Fahrenhorst), Stuttgart; **12.3** Klett-Archiv, Stuttgart; **13.4; 13.7C** Klett-Archiv, Stuttgart; **13.6; 13.7A, 07B** Klett-Archiv (Zuckerfabrik digital), Stuttgart; **14.1** Picture-Alliance, Frankfurt; **14.2** Fotolia LLC (Matze), New York; **14.3** Fotolia LLC (Thomas Nattermann), New York; **16.1; 16.3** Klett-Archiv, Stuttgart; **16.4** Mauritius Images (Hubacher), Mittenwald; **17.5** Klett-Archiv, Stuttgart; **18.3** Klett-Archiv (Aribert Jung), Stuttgart; **18.4** Klett-Archiv, Stuttgart; **18.5A** Kage Mikrofotografie, Lauterstein; **18.5B** Klett-Archiv (Fabian H. Silberzahn), Stuttgart; **19.1** iStockphoto (Pali Rao), Calgary, Alberta; **19.2** Fotolia LLC (RomainQuéré), New York; **19.3** Groupe SEB Deutschland, Offenbach am Main; **19.4** shutterstock, New York, NY; **19.5** Fotosearch Stock Photography (PhotoDisc), Waukesha, WI; **19.6** Klett-Archiv (Fabian H. Silberzahn), Stuttgart; **19.7** Das Fotoarchiv (Yavuz Arslan), Essen; **19.8** Mauritius Images (Gilsdorf), Mittenwald; **19.9** Corbis (Michael Freeman), Düsseldorf; **19.10** Klett-Archiv (Zuckerfabrik digital), Stuttgart; **21.2** AKG, Berlin; **21.3** Klett-Archiv (Zuckerfabrik Digital), Stuttgart; **21.1A** Corbis (Bettmann), Düsseldorf; **21.1B** Klett-Archiv, Stuttgart; **22.1** Fotolia LLC (Klaus Eppele), New York; **22.2** Klett-Archiv, Stuttgart; **22.3; 22.4** Daimler AG Medienarchiv, Stuttgart; **22.5** Image 100, Berlin; **22.6** AKG, Berlin; **23.7** iStockphoto (Yaroslav Gerzhedovich), Calgary, Alberta; **24.1** NASA, Washington, D.C.; **25.5** Mauritius Images (Weinhäupl), Mittenwald; **25.6** Klett-Archiv, Stuttgart; **26.2; 26.3; 26.1A; 26.4B; 26.4C** Klett-Archiv, Stuttgart; **26.1B** Fotolia LLC (Oscar Brunet), New York; **26.4A** Klett-Archiv (Seilnacht), Stuttgart; **26.4D** Klett-Archiv (Thomas Seilnacht), Stuttgart; **27.5A; 27.5B** Klett-Archiv (Zuckerfabrik digital), Stuttgart; **27.6A; 27.S01** Klett-Archiv, Stuttgart; **27.6B** Klett-Archiv (Eberhard Theophel), Stuttgart; **27.S02** Mauritius Images (age), Mittenwald; **28.1** Corbis (YIORGOS KARAHALIS/Reuters/Corbis), Düsseldorf; **28.2A; 28.2B; 28.2C** Klett-Archiv, Stuttgart; **30.1** Klett-Archiv (Fabian H. Silberzahn), Stuttgart; **30.2** Mauritius Images (Superstock), Mittenwald; **30.3** Klett-Archiv (Heinz Schlüter), Stuttgart; **31.4** AURA, Luzern; **31.5** iStockphoto (Marcelo Wain), Calgary, Alberta; **31.6** Mauritius Images (Kumicak), Mittenwald; **32.1** FOCUS (SPL), Hamburg; **32.3A** MEV Verlag GmbH, Augsburg; **32.3B** Klett-Archiv, Stuttgart; **34.1** Klett-Archiv, Stuttgart; **35.1A** Klett-Archiv (Industrie Design), Stuttgart; **35.1B** Klett-Archiv, Stuttgart; **35.1C** shutterstock (aist1974), New York, NY; **36.1** Getty Images (Hulton Archive), München; **36.2; 36.3** Klett-Archiv, Stuttgart; **37.1A; 37.1B; 37.1C; 37.1D** Klett-Archiv (Zuckerfabrik digital), Stuttgart; **38.1A; 38.1B; 38.1C** Klett-Archiv (Zuckerfabrik digital), Stuttgart; **38.oben** Das Fotoarchiv, Essen; **40.1A; 40.1B; 40.1C** Klett-Archiv, Stuttgart; **41.4** Klett-Archiv, Stuttgart; **42.1; 42.2** Klett-Archiv, Stuttgart; **43.2** Klett-Archiv, Stuttgart; **45.2** Mauritius Images (PowerStock), Mittenwald; **45.3** Mauritius Images (age), Mittenwald; **45.4** shutterstock (vnlit), New York, NY; **46.1** Fotex GmbH (Boris Lehner), Hamburg; **46.2** AKG, Berlin; **47.1A; 47.1B** Klett-Archiv, Stuttgart; **48.3** MEV Verlag GmbH, Augsburg; **48.4A; 48.4B** Klett-Archiv, Stuttgart; **49.6** Klett-Archiv, Stuttgart; **50.1** Fotolia LLC (fotolux-backnang), New York; **51.2** Okapia (Fritz Pölking), Frankfurt; **51.3** iStockphoto (Les Cunliffe), Calgary, Alberta; **51.4; 51.5** MEV Verlag GmbH, Augsburg; **51.6** MEV Verlag GmbH (lizenzfrei), Augsburg; **52.1** www.bacher.de/Bacher Verlag GmbH, Sulz-Kastell; **52.2** Corbis (Lester Lefkowitz), Düsseldorf; **52.3** Dr. Bruno P. Kremer, Wachtberg; **52.4** MEV Verlag GmbH, Augsburg; **52.5** Klaus Wernicke Tier- und Naturfotograf, Dagebüll; **54.1A** Okapia (Hans Reinhard), Frankfurt; **54.1B; 54.1C** Klett-Archiv (Nature + Science AG), Stuttgart; **54.1D** Okapia (NAS/Biophoto Associates), Frankfurt; **55.1** Dieter Schmidtke, Schorndorf; **56.3** Okapia (Hans Reinhard), Frankfurt; **57.1** Okapia (Norbert Lange), Frankfurt; **58.2** DigitalVision, Maintal-Dörnigheim; **60.1** Reinhard-Tierfoto, Heiligkreuzsteinach; **60.3** Tilman Wischuf Tier- und Naturfotografie, Stabbestad; **62.1** Thielscher, Erich, Westhausen; **62.2** Dr. Eckart Pott, Stuttgart; **62.3** Limbrunner, Alfred, Dachau; **63.4** Dorling Kindersley Ltd. (Peter Chadwick), London; **64.1; 64.2; 64.3** Büro für Forstökologie/Hooge Horst, Gleichen-Benniehausen; **65.4; 65.5** Büro für Forstökologie/Hooge Horst, Gleichen-Benniehausen; **66.1A** Corbis (Mark E. Gibson), Düsseldorf; **66.1B** Ulrich Niehoff Fotoproduktionen und Bildarchiv, Bienenbüttel; **66.1C** Stihl Andreas AG & Co. KG, Waiblingen; **66.1D** Mauritius Images (Rosenfeld), Mittenwald; **66.1E** Okapia (Lars P. Ring/Naturbild AB), Frankfurt; **66.1F** Picture Press (Willig, Schöner Wohnen Heft 09/88 S.139), Hamburg; **67.1** Helga Lade (Still & Life), Frankfurt; **67.2** Okapia (Wolfgang Weinhäupl), Frankfurt; **67.3** Ulrich Niehoff Fotoproduktionen und Bildarchiv, Bienenbüttel; **68.1** Okapia (Eckart Pott), Frankfurt; **68.2** Kartengrundlage: Kurhannoverschen Landesaufnahme - Blatt 50b. Herausgegeben von der LGN und der FHistorischen Kommission für Niedersachsen. Vervielfältigt mit Erlaubnis der LGN- Landesvermessung und Geobasisinformation Niedersachsen - D3373; **68.3** PantherMedia GmbH (G. Willig), München; **68.4** Kartengrundlage: Topographische Karte 1 : 25.000 - Blatt 3516. Herausgegeben vom Landesvermessungsamt Nordrhein-Westfalen. Vervielfältigt mit Erlaubnis der LGN - Landesvermessung und Geobasisinformation Niedersachsen - D3373; **68.5** Museumsdorf Cloppenburg; **, Cloppenburg; 69.1** Tilman Wischuf Tier- und Naturfotografie, Stabbestad; **69.2** Manfred Pforr Naturbild-Archiv, Langenpreising; **69.3** iStockphoto (carolecastelli), Calgary, Alberta; **70.1A; 70.1B; 70.1C; 70.1D** Prof. Dr. Horst Müller, Dortmund; **72.1** iStockphoto (Janne Ahvo), Calgary, Alberta; **73.2** Klett-Archiv (Michael Ludwig), Stuttgart; **74.1** Corbis RF (© Royalty-Free/CORBIS), Düsseldorf; **77.1** iStockphoto (Andyqwe), Calgary, Alberta; **77.2** Fotosearch Stock Photography (Digital Vision), Waukesha, WI; **77.3A** VISUM Foto GmbH (Steinmetz), Hamburg; **77.3B** Corbis (Gavriel Jecan), Düsseldorf; **78.1** Ullstein Bild GmbH (Popper Ltd.), Berlin; **78.2** Keystone, Hamburg; **79.2** Getty Images (AFP/Herwig Vergult), München; **79.4A** FOCUS (Duncan Smith/SPL), Hamburg; **79.4B** Bayerisches Landesamt für Umwelt (Joachim Nittka), Augsburg; **80.1** Ulrich Niehoff Fotoproduktionen und Bildarchiv, Bienenbüttel; **81.1** Okapia (Robert Groß), Frankfurt; **81.2** Mauritius Images (Hackenberg), Mittenwald; **82.1; 82.2** Dr. Eckart Pott, Stuttgart; **82.3** Prof. Dr. Alfred Buschinger, Reinheim; **82.4** Okapia (Michel Gunther), Frankfurt; **82.5** Okapia (T. McHugh), Frankfurt; **82.6** Okapia (St. Maslowski), Frankfurt; **83.1; 83.2; 83.4; 83.5** Prof. Dr. Horst Müller, Dortmund; **83.3** Dr. Eckart Pott, Stuttgart; **83.6** Garve, Eckhard, Sarstedt; **84.1A** Prof. Dr. Horst Müller, Dortmund; **84.1B** TOPICMedia (FLPA), Ottobrunn; **85.2** blickwinkel, Witten; **86.1** iStockphoto (RF/Tilston), Calgary, Alberta; **86.3** Getty Images (Sebastian Schupfner), München; **87.1** Maiworm, Michael, Sprockhövel; **88.2** Okapia (Denis Oudet), Frankfurt; **88.3; 88.4** Günther Wichert, Dinslaken; **88.5** Picture-Alliance (dpa/Stefan Hesse), Frankfurt; **88.6** Okapia (Roland Birke), Frankfurt; **88.1A** Saake, Erich (Erich Saake), Bochum; **88.1B** Naturfotografie Frank Hecker (F. Sauer), Panten-Hammer; **89.7; 89.10** Bellmann, Dr. Heiko, Lonsee; **89.8** Günther Wichert, Dinslaken; **89.9** Okapia (OSF),

Frankfurt; **89.11; 89.13** Prof. Dr. Manfred Keil, Neckargemünd; **89.12** Prof. Dr. Ulrich Heitkamp, Gleichen-Diemarden; **90.1; 90.2** Dr. Eckart Pott, Stuttgart; **91.3** Dr. Eckart Pott, Stuttgart; **91.4** Okapia (Jürgen Freund), Frankfurt; **92.1** hahn-film, Bopfingen; **94.1** Getty Images (Taxi/Neil McIntyre), München; **95.2** Klett-Archiv (Charlotte Willmer-Klumpp), Stuttgart; **96.1** Harald Lange Naturbild (Pfletschinger), Bad Lausick; **96.3A** TOPICMedia (Robert Gross), Ottobrunn; **96.3B; 96.3D** Naturfotografie Frank Hecker, Panten-Hammer; **96.3C** Zeitler, Karl-Heinz, München; **100.1** Okapia (Kittprempool/UNEP/Still Pictures), Frankfurt; **100.2** Klett-Archiv (Hartmut Fahrenhorst, Unna), Stuttgart; **101.3** Mauritius Images (Pigneter), Mittenwald; **101.4** FOCUS (Pierre Boulat/Cosmos), Hamburg; **102.1** Getty Images RF (Photo Disc), München; **102.2** iStockphoto (Stéphane Bidouze), Calgary, Alberta; **102.3** Diavoletta GbR (Bernhard Nimtsch), Hamburg; **103.5** TOPICMedia (Volkmar Brockhaus), Ottobrunn; **104.1** Okapia (Hans Reinhard), Frankfurt; **104.2** Mauritius Images (AGE), Mittenwald; **104.3** TOPICMedia (Eva Lindenburger), Ottobrunn; **105.1** Picture-Alliance (dpa/Roland Scheidemann), Frankfurt; **105.2** Das Fotoarchiv (Jörn Sackermann), Essen; **106.2** Fotolia LLC (fotolux-backnang), New York; **107.1** Lippeverband, Dortmund; **107.3** Prof. Dr. Horst Müller, Dortmund; **108.1** AKG, Berlin; **109.3** Klett-Archiv, Stuttgart; **109.4A; 109.4B** Klett-Archiv (Zuckerfabrik digital), Stuttgart; **111.1** Fotolia LLC (R.-Andreas Klein), New York; **112.2** Lippeverband, Dortmund; **113.4** TOPICMedia (Schug), Ottobrunn; **113.5; 113.3C; 113.3D** Prof. Dr. Horst Müller, Dortmund; **113.3A** Klett-Archiv (Arno Kreus, Aachen), Stuttgart; **113.3B** Klett-Archiv (Kraus), Stuttgart; **113.3E** Tilman Wischuf Tier- und Naturfotografie, Stabbestad; **113.6A** Okapia (Oliver Giel), Frankfurt; **113.6B** Okapia (Tero Niemi/Naturbild), Frankfurt; **115.1** Okapia (NAS/Toni Angermayer), Frankfurt; **115.2** Avenue Images GmbH RF (Corbis RF), Hamburg; **115.3** FOCUS (James Bell/SPL), Hamburg; **117.1; 117.2; 117.3** AKG, Berlin; **118.1** shutterstock (Korionov), New York, NY; **118.2** Klett-Archiv (Jens Werlein), Stuttgart; **118.3** MEV Verlag GmbH, Augsburg; **118.4** Corel Corporation Deutschland, Unterschleissheim; **120.1** Klett-Archiv (Heinz-Joachim Ciprina), Stuttgart; **121.2** YPS collection maritime pictures, Hamburg; **122.1** MEV Verlag GmbH, Augsburg; **122.2; 122.3** Klett-Archiv (Zuckerfabrik digital), Stuttgart; **122.4** Ulrich Niehoff Fotoproduktionen und Bildarchiv, Bienenbüttel; **123.1** Ulrich Niehoff Fotoproduktionen und Bildarchiv, Bienenbüttel; **123.2** Ciprina, Heinz-Joachim, Dortmund; **124.1** Corbis (Robert Holmes), Düsseldorf; **124.3** Mauritius Images (Raga), Mittenwald; **125.1** BPK, Berlin; **125.2** FLABEG Holding GmbH www.flabeg.com, Nürnberg; **125.3** Deutsches Museum, München; **125.4** Corbis (Bettmann), Düsseldorf; **125.5** AKG (Erich Lessing), Berlin; **125.6** Getty Images RF (Photodisc/Ryan McVay), München; **125.7** Bridgeman Art Library Ltd., Berlin; **125.8** MEV Verlag GmbH, Augsburg; **126.1** Klett-Archiv (Fabian H. Silberzahn), Stuttgart; **127.1** Corbis (Craig Aurness), Düsseldorf; **127.2; 127.4** Klett-Archiv (Fabian H. Silberzahn), Stuttgart; **128.2** Mauritius Images (Haag + Kropp), Mittenwald; **129.1** Klett-Archiv (Zuckerfabrik digital), Stuttgart; **129.3** Klett-Archiv, Stuttgart; **130.1** Klett-Archiv (Zuckerfabrik Digital), Stuttgart; **133.1** Klett-Archiv (Rolf Strecker), Stuttgart; **133.2** Corbis (© Tom Stewart), Düsseldorf; **135.1** MEV Verlag GmbH, Augsburg; **136.1A; 136.1D** FOCUS (Astrid & Hanns-Frieder Michler/SPL), Hamburg; **136.1B** FOCUS (Laguna Design/SPL), Hamburg; **136.1C** FOCUS (Science Pictures Ltd/SPL), Hamburg; **138.1** Corbis (William Whitehurst), Düsseldorf; **138.2A; 138.2B** Maiworm, Michael, Sprockhövel; **139.6** Georg Trendel, Unna; **140.3** shutterstock (Bobby Deal/RealDealPhoto), New York, NY; **141.5** Klett-Archiv (Eycke Fröchtenicht), Stuttgart; **141.7; 141.8** MEV Verlag GmbH, Augsburg; **141.6A; 141.6B** FLIR Systems GmbH, Frankfurt/Main; **142.2** Klett-Archiv (Oliver Gritzbach), Stuttgart; **143.1** Das Luftbild-Archiv, Wenningsen; **144.1** Okapia (Bob Glover), Frankfurt; **145.2** Okapia (Claude Cortier), Frankfurt; **146.1; 146.2** Maiworm, Michael, Sprockhövel; **146.3** Klett-Archiv (Fabian H. Silberzahn), Stuttgart; **146.4; 146.5** MEV Verlag GmbH, Augsburg; **147.5** Maiworm, Michael, Sprockhövel; **149.7** Georg Trendel, Unna; **151.12** aus J.Tautz & H.R.Heilmann: PHÄNOMEN HONIGBIENE; **151.13** Avenue Images GmbH RF (Comstock), Hamburg; **151.14** iStockphoto (Joseph C. Justice Jr.), Calgary, Alberta; **152.1** Klett-Archiv, Stuttgart; **153.2** Corbis (Roger Ressmeyer), Düsseldorf; **153.3** Getty Images RF, München; **153.4** FOCUS (Peter Menzel/menzelphoto), Hamburg; **153.5** Volkswagen Coaching GmbH, Wolfsburg; **154.1** Ulrich Niehoff Fotoproduktionen und Bildarchiv, Bienenbüttel; **154.2** Klett-Archiv (Georg Trendel), Stuttgart; **155.1** Klett-Archiv (Zuckerfabrik digital), Stuttgart; **156.1** Ciprina, Heinz-Joachim, Dortmund; **156.2** creativ collection Verlag GmbH, Freiburg; **156.3** Corbis (Bettmann), Düsseldorf; **157.2** Mauritius Images (Cassio), Mittenwald; **157.3** Eltex Elektrostatik GmbH, Weil am Rhein; **157.4** Corel Corporation Deutschland, Unterschleissheim; **159.5** Volkswagen Coaching GmbH, Wolfsburg; **159.7** Phywe Systeme GmbH & Co. KG, Göttingen; ; **160.1** Getty Images (Time Life Pictures/Mansell), München; **162.1; 162.2** Klett-Archiv (Zuckerfabrik digital), Stuttgart; **163.6** Klett-Archiv (Zuckerfabrik digital), Stuttgart; **164.2** FOCUS (Peter Menzel/menzelphoto), Hamburg; **165.1** Corbis (Museum of the City of New York), Düsseldorf; **165.2** Corbis (Bettmann), Düsseldorf; **165.3** FOCUS (Science Photo Library), Hamburg; **165.4** Corbis (Hulton_Deutsch Collection), Düsseldorf; **165.5** Deutsches Museum, München; **166.2** creativ collection Verlag GmbH, Freiburg; **167.3** Getty Images RF, München; **167.5** GEO-Grafik (Rainer Droste GEO 5/1994/Quelle Siemens), Hamburg; ; **168.5** Klett-Archiv (Zuckerfabrik digital), Stuttgart; **169.7** Harald Lange Naturbild, Bad Lausick; **170.1** iStockphoto (trevorhirst), Calgary, Alberta; **171.2** Klett-Archiv (Ute Schuhmacher), Stuttgart; **171.3** Klett-Archiv, Stuttgart; **171.4** EnBW AG, Karlsruhe; **171.5** creativ collection Verlag GmbH, Freiburg; **172.1** Klett-Archiv (Zuckerfabrik digital), Stuttgart; **174.1** Corbis RF, Düsseldorf; **174.2** Getty Images RF (Photo Disc), München; **174.3** Picture-Alliance (Ed Oudenaarden), Frankfurt; **178.1A; 178.1B** Klett-Archiv (Ute Schuhmacher), Stuttgart; **179.3** Klett-Archiv, Stuttgart; **180.1** Phywe Systeme GmbH & Co. KG, Göttingen; **180.3** Klett-Archiv (Herr Ciprina), Stuttgart; **180.S01** Klett-Archiv (normal design GbR), Stuttgart; **181.1** Phywe Systeme GmbH & Co. KG, Göttingen; **181.3** Klett-Archiv (Herr Ciprina), Stuttgart; **182.1** Klett-Archiv (Ute Schuhmacher), Stuttgart; **184.3; 184.4** Klett-Archiv (Zuckerfabrik digital), Stuttgart; **185.2** Klett-Archiv (Zuckerfabrik digital), Stuttgart; **186.1** Getty Images RF (Photodisc), München; **187.1** Corbis (LWA-Stephen Welstead), Düsseldorf; **192.1** Ciprina, Heinz-Joachim, Dortmund; **192.2** Klett-Archiv (Heinz-Joachim Ciprina), Stuttgart; **192.3** Klett-Archiv (Zuckerfabrik digital), Stuttgart; **193.8; 193.9; 193.10; 193.11** Osram GmbH ZVA-WI, München; **194.1** Picture-Alliance (dpa/Bernd Weissbrod), Frankfurt; **198.1** Klett-Archiv, Stuttgart; **198.2** Klett-Archiv (Zuckerfabrik digital), Stuttgart; **198.3** ESKA Erich Schweizer GmbH, Kassel; **199.5** Klett-Archiv, Stuttgart; **200.1** iStockphoto (Brian Jackson), Calgary, Alberta; **200.3** Ulrich Niehoff Fotoproduktionen und Bildarchiv, Bienenbüttel; **202.1; 202.2** Phywe Systeme GmbH & Co. KG, Göttingen; **202.3** Klett-Archiv, Stuttgart; **204.1** Getty Images (Bongarts/Jerry Irwin), München; **204.2** Getty Images (Michael Kienzler), München; **205.3** Avenue Images GmbH RF (Corbis Special RF/Perry Mastrovito), Hamburg; **205.4** MEV Verlag GmbH, Augsburg; **205.5** Pixelio.de (qay), München; **207.1** MEV Verlag GmbH, Augsburg; **207.2** Corel Corporation Deutschland, Unterschleissheim; **207.3** Corbis RF (RF), Düsseldorf; **207.4** iStockphoto (Parker Deen), Calgary, Alberta; **208.2** Fotosearch Stock Photography (RF), Waukesha, WI; **209.5** Helga Lade (Kester), Frankfurt; **211.4** Michael Maiworm, Kirchhundern; **212.1** Picture-Alliance, Frankfurt; **212.3** Wikimedia

Foundation Inc. (gemeinfrei/Henry Cavendish), St. Petersburg FL; 212.4 **AKG, Berlin;** **214.1** Klett-Archiv, Stuttgart; **216.1** Corbis (Lawrence Manning), Düsseldorf; **216.2** Corbis RF (Carl & Ann Purcell), Düsseldorf; **216.3** MEV Verlag GmbH, Augsburg; **218.1** iStockphoto (Vlad Turchenko), Calgary, Alberta; **218.1** Corbis (Michele Westmorland), Düsseldorf; **218.2** Corbis (Bettmann), Düsseldorf; **221.2A; 221.2B** Klett-Archiv (Hartmut Fahrenhorst), Stuttgart; **223.1** shutterstock (3777190317), New York, NY; **223.2; 223.3; 223.4** Getty Images (Martin Rose), München; **224.1A** Avenue Images GmbH RF (image source), Hamburg; **224.1B** iStockphoto (TommL), Calgary, Alberta; **225.3** Corbis (Duomo), Düsseldorf; **226.1** Klett-Archiv (Silke Pflüger, Berlin), Stuttgart; **227.2** Klett-Archiv (Marion Barmeier), Stuttgart; **228.1** Corbis (Paul A. Souders), Düsseldorf; **230.1** Fotosearch Stock Photography (Digital Vision), Waukesha, WI; **230.2** MEV Verlag GmbH, Augsburg; **230.4** Corbis RF (RF), Düsseldorf; **231.7** Mauritius Images (E. Gebhardt), Mittenwald; **232.1** Corbis RF (Royalty-Free), Düsseldorf; **232.2** MEV Verlag GmbH, Augsburg; **232.3; 232.6** Daimler AG Medienarchiv, Stuttgart; **232.4** Wikimedia Foundation Inc. (Hartsook, public domain), St. Petersburg FL; **232.5** Porsche AG, Stuttgart; **232.7** Klett-Archiv, Stuttgart; **233.8** MEV Verlag GmbH, Augsburg; **233.9** Okapia (Emu), Frankfurt; **233.10** Klett-Archiv, Stuttgart; **234.1** Corel Corporation Deutschland, Unterschleissheim; **237.4** Mauritius Images (nonstock), Mittenwald; **238.1** PIXTAL, New York NY; **238.2** Corbis (Bettmann), Düsseldorf; **238.3** Deutsches Museum, München; **238.4** Ullstein Bild GmbH (NTPL/John Hammond), Berlin; **239.1; 239.2** AKG (akg-images), Berlin; **239.3** Astrofoto (NASA), Sörth; **240.1** iStockphoto (Maurice van der Velden), Calgary, Alberta; **241.1** shutterstock (Evgeny Murtola), New York, NY; **245.1; 245.2** Daimler AG Medienarchiv, Stuttgart; **245.3; 245.4** Autoliv GmbH, Dachau; **245.5** Picture-Alliance (dpa/volkswagen), Frankfurt; **247.7** Daimler AG Medienarchiv, Stuttgart; **248.2** MPI-Fotoservice, Stuttgart; **250.4** Fotolia LLC (Michl), New York; **250.7** Medienzentrum Wuppertal; **252.1** Ulrich Niehoff Fotoproduktionen und Bildarchiv, Bienenbüttel; **252.2** Okapia (Biophoto Ass./Science Source), Frankfurt; **253.3** Getty Images RF (Photo Disc), München; **253.4** Wikimedia Foundation Inc. (Antonio Cruz/Abr, http://creativecommons.org/licenses/by/2.5/br/deed.de), St. Petersburg FL; **253.5** Fotosearch Stock Photography (Brand X Pictures), Waukesha, WI; **254.1** Picture-Alliance (dpa), Frankfurt; **254.2** Fotolia LLC (Patrick McCabe), New York; **255.1** Peter Wirtz, Fotografie, Dormagen; **256.1** Klett-Archiv (Mara Vesely), Stuttgart; **256.3** Kardex Organisationssysteme GmbH, Kronberg/Ts.; **256.2A** MEV Verlag GmbH, Augsburg; **256.2B** Klett-Archiv (Markus Hanselmann), Stuttgart; **257.4A** Inmagine (Dynamicgraphics RF), Houston TX; **257.4B** Corbis RF (RF BrandXPicture), Düsseldorf; **258.2** Ciprina, Heinz-Joachim, Dortmund; **259.5** FOCUS (Andrew Syred/Science Photo Library), Hamburg; **260.2** Ciprina, Heinz-Joachim, Dortmund; **260.1A** PhotoDisc; **260.1B** Avenue Images GmbH RF (Stock Disc), Hamburg; **260.1C** shutterstock (Tiplyashin Anatoly), New York, NY; **260.1D** iStockphoto (RF/Sergey Kashkin), Calgary, Alberta; **261.1** iStockphoto (RF/Rob Bouwman), Calgary, Alberta; **261.2** Klett-Archiv (S), Stuttgart; **262.1A; 262.1E** AKG, Berlin; **262.1B** AKG (Erich Lessing), Berlin; **262.1C** Adpics AG, Wetzikon; **262.1D** HNF, Paderborn; **262.2A** creativ collection Verlag GmbH, Freiburg; **262.2B** MEV Verlag GmbH, Augsburg; **262.2C** Matthias Balonier GrafikDesign, Lützelbach; **265.7** www.bilderbox.com, Thening; **266.1** Argum (Falk Heller), München; **266.3** Klett-Archiv (Fabian H. Silberzahn), Stuttgart; **266.2A; 266.2B** Klett-Archiv (Zuckerfabrik digital), Stuttgart; **267.2A** FOCUS (Power and Syred/SPL), Hamburg; **267.2B** FOCUS (Lucent Technologies' Bell Labs/SPL), Hamburg; **268.3** Reinhard-Tierfoto, Heiligkreuzsteinach; **268.4** Corbis (Anna Clopet), Düsseldorf; **269.5** blickwinkel (A. Hartl), Witten; **269.7** Okapia (John Cancalosi), Frankfurt; **270.1A** shutterstock (dwphotos), New York, NY; **270.1B** Ullstein Bild GmbH (Brill), Berlin; **270.1C** iStockphoto (MikePanic), Calgary, Alberta; **272.3** AKG, Berlin; **273.1** iStockphoto (Mark Kostich), Calgary, Alberta; **273.2** Fotolia LLC (emer), New York; **273.3** Fotolia LLC (Pappelbaum), New York; **273.4** FOCUS (Jack Fields/Photo Researchers), Hamburg; **273.5** Fotolia LLC (Sigtrix), New York; **274.2** Okapia (S. Camazine/NAS), Frankfurt; **274.3A** iStockphoto (Sarah Hipwell), Calgary, Alberta; **274.3B** iStockphoto (Paul Piebinga), Calgary, Alberta; **274.3C** Fotolia LLC (Alexander Rochau), New York; **275.1** Okapia (M. M. Rotker), Frankfurt; **276.1** The Associated Press GmbH (Courtesy of Harvard Medical School), Frankfurt am Main; **276.3A; 276.3B; 276.3C; 276.3D** Volker Steger (M. Raichle), München; **277.1** Klett-Archiv, Stuttgart; **280.2** Reinhard-Tierfoto, Heiligkreuzsteinach; **281.3** Okapia, Frankfurt; **282.2** Photoshot (NHPA/ORION PRESS), Hamburg; **283.3** ARDEA London Limited (Brian Bevan), London; **283.5** Okapia (Walter Dawn), Frankfurt; **284.1** Image 100, Berlin; **285.1** iStockphoto (RF/Lise Gagne), Calgary, Alberta; **285.2** Quedens, Georg, Norddorf-Amrum; **290.1A** shutterstock, New York, NY; **290.1B** Mauritius Images (Mitterer), Mittenwald; **291.3** MEV Verlag GmbH, Augsburg; **291.4** Klett-Archiv, Stuttgart; **291.5** Fotolia LLC (Thaut Images), New York; **291.6** Keystone (Jochen Zick), Hamburg; **292.2** Picture-Alliance (dpa/Jürgen Mahnke), Frankfurt; **292.1A** Mauritius Images (Stephanie Böhlhoff), Mittenwald; **292.1B** Mauritius Images (age fotostock), Mittenwald; **292.1C** PantherMedia GmbH (Monkeybusiness Images), München; **293.1** Ulrich Niehoff Fotoproduktionen und Bildarchiv, Bienenbüttel; **293.2** Okapia (J. L. Carson, CMSP), Frankfurt; **293.S01** Deutsches Museum, München; **293.S02** FOCUS (SPL/John Durham), Hamburg; **293.S03** Mauritius Images (Phototake), Mittenwald; **294.1** Okapia (Richard Green), Frankfurt; **294.2** FOCUS (Dr. Kari Lounatmaa/SPL), Hamburg; **294.3** Okapia (Manfred P. Kage), Frankfurt; **294.4** Okapia (David Scharf/P. Arnold, Inc.), Frankfurt; **294.5** Okapia (Kwangshin Kim), Frankfurt; **295.1** FOCUS (SPL), Hamburg; **295.2** FOCUS (CNRI/SPL), Hamburg; **295.3** Okapia (J. Watney/PR Science), Frankfurt; **295.4** Helga Lade (BAV), Frankfurt; **295.5** Ulrich Niehoff Fotoproduktionen und Bildarchiv, Bienenbüttel; **295.6** Okapia (NAS/Biophoto Associates), Frankfurt; **296.1** FOCUS (eye of science, Meckes/Ottawa), Hamburg; **296.2** FOCUS (EOS/Meckes), Hamburg; **299.2A** Fotex GmbH, Hamburg; **299.2B** Mauritius Images (Phototake), Mittenwald; **299.2C** Bundeszentrale für gesundheitliche Aufklärung, Köln; **300.1** Picture-Alliance (dpa), Frankfurt; **301.4** Deutsches Grünes Kreuz, Marburg; **302.2** Mauritius Images (Photri), Mittenwald; **302.3** vario images GmbH & Co.KG (Bernhard Classen), Bonn; **302.1A** Mauritius Images (Habel), Mittenwald; **302.1B** Fotex GmbH (Susa), Hamburg; **304.1A** FOCUS (Sinclair Stammers/SPL), Hamburg; **304.1B** FOCUS (EOS/SPL), Hamburg; **305.1** Okapia (G. W. Willis), Frankfurt; **305.2** FOCUS (NIBSC/SPL), Hamburg; **305.3** FOCUS (Dr. Kari Lounatamaa/SPL), Hamburg; **305.4** Alamy Images (Dennis Kunkel Microscopy, Inc./Phototake), Abingdon, Oxon; **306.1** Corbis (Bettmann), Düsseldorf; **307.1** Okapia (Karl Gottfried Vock), Frankfurt; **308.1** Helga Lade (K. Röhrig), Frankfurt; **308.2** Getty Images RF (Photodisc Collection), München; **308.3** Mauritius Images (Rosenfeld), Mittenwald; **308.4** Corbis (Nadia Mackenzie,Elizabeth Whiting&Ass.), Düsseldorf; **308.5** Mauritius Images (AGE), Mittenwald; **308.6** Mauritius Images (Auli), Mittenwald; **308.7** FOCUS (Samuel Ashfield/SPL), Hamburg; **308.8** Fotex GmbH (Susa), Hamburg; **308.9** Mauritius Images (age), Mittenwald; **309.1** iStockphoto (RF/Falk Kienas), Calgary, Alberta; **310.6A; 310.6B** FOCUS (Adam Hart-Davis/SPL), Hamburg; **311.8** Klett-Archiv (Hartmut Kreienbrink), Stuttgart; **312.1** MEV Verlag GmbH, Augsburg; **313.2** creativ collection Verlag GmbH, Freiburg; **313.3** Getty Images RF, München; **313.4** Getty Images RF (PhotoDisc), München; **313.5** Astrofoto (Pei-Kun Chen), Sörth; **313.6** Mauritius Images (Spectrum), Mittenwald; **314.1** MEV Verlag

GmbH, Augsburg; **314.3** FOCUS (Science Photo Library), Hamburg; **315.4** Astrofoto (Shigemi Numazawa), Sörth; **316.1** Picture-Alliance (dpa/Fotoreport ESA), Frankfurt; **316.2** NASA (PD), Washington, D.C.; **318.1; 318.2** Picture-Alliance (akg-images), Frankfurt; **318.3** Picture-Alliance (AKG), Frankfurt; **319.4** AKG, Berlin; **319.6** Picture-Alliance (akg-images/Erich Lessing), Frankfurt; **320.1** Bilderberg (Hans Madej), Hamburg; **320.2** Getty Images RF (Photodisc), München; **320.3; 320.4** Quedens, Georg, Norddorf-Amrum; **321.1** creativ collection Verlag GmbH, Freiburg; **321.2** Mauritius Images (Scott), Mittenwald; **321.3** Mauritius Images (Photo Researchers), Mittenwald; **321.4** Picture-Alliance (dpa/Rolf Haid), Frankfurt; **322.1** Okapia (J. Schad), Frankfurt; **322.3** Klett-Archiv (Rolf Strecker), Stuttgart; **323.1** Klett-Archiv (Georg Trendel, Unna), Stuttgart; **326.2** AKG, Berlin; **326.3** iStockphoto (BeholdingEye), Calgary, Alberta; **327.3** Picture-Alliance, Frankfurt; **327.4** Mauritius Images, Mittenwald; **327.1A** Corel Corporation Deutschland, Unterschleissheim; **327.1B** Swarovski Optik KG, Brixlegg; **327.2A** Fotolia LLC (Tjefferson), New York; **327.2B** Klett-Archiv, Stuttgart; **328.1** AKG, Berlin; **328.2** Mauritius Images (Photri), Mittenwald; **328.3** Picture-Alliance (EPA/NTV), Frankfurt; **328.4** Astrofoto (NASA), Sörth; **329.5** NASA Goddard Space Flight Center (PD), Greenbelt, Maryland; **329.6** FOCUS (NASA/SPL), Hamburg; **329.7** Astrofoto (NASA), Sörth; **329.8** Getty Images RF (Photodisc), München; **330.1** Astrofoto (AAO), Sörth; **331.4** Astrofoto (Shigemi Numazawa), Sörth; **332.1** Getty Images RF (Gallo Images ROOTS RF collection/Shaen Adey), München; **332.2** Klett-Archiv (David Ausserhofer), Stuttgart; **332.3** PantherMedia GmbH (Cornelia Danzer), München; **332.4; 332.5; 332.6** Fotex GmbH (Th. McCarthy), Hamburg; **333.1** VISUM Foto GmbH, Hamburg; **333.2** Ulrich Niehoff Fotoproduktionen und Bildarchiv, Bienenbüttel; **333.3** Action Press GmbH (Hans-Georg Gaul), Hamburg; **333.4** Dreamstime LLC (Jim Boardman), Brentwood, TN; **334.1** Ulrich Niehoff Fotoproduktionen und Bildarchiv, Bienenbüttel; **335.1** Ulrich Niehoff Fotoproduktionen und Bildarchiv, Bienenbüttel; **336.2** Sascha Reuen, Essen; **336.3** Mauritius Images (age fotostock), Mittenwald; **336.1A** shutterstock (Tracy Whiteside), New York, NY; **336.1B** Avenue Images GmbH RF (Image Source), Hamburg; **337.1** Okapia (Claude Cortier), Frankfurt; **337.2** iStockphoto (Trenchard), Calgary, Alberta; **337.3** Getty Images (Photodisc), München; **; 337.4** Klett-Archiv (Nicole Regier), Stuttgart; **339.2A; 339.2B** MEV Verlag GmbH, Augsburg; **340.1A** Action Press GmbH (In Photo), Hamburg; **340.1B** iStockphoto (Tom Fullum), Calgary, Alberta; **341.3** Mauritius Images (age), Mittenwald; **342.1** PhotoDisc; **343.1** Getty Images RF (Gallo Images ROOTS RF collection/Shaen Adey), München; **344.1** iStockphoto (RF/Russ), Calgary, Alberta; **344.HG** iStockphoto (Ariusz Nawrocki), Calgary, Alberta; **345.1** Imago (McPHOTO/Diez), Berlin; **345.2** Wikimedia Foundation Inc., St. Petersburg FL; **345.3** Wikimedia Foundation Inc. (http://creativecommons.org/licenses/by-sa/2.0/fr/deed.de), St. Petersburg FL; **345.4** Okapia (T.J. Florian/Rainbow), Frankfurt; **345.5** Klett-Archiv (Tobias Storck), Stuttgart; **346.1** Canziani/Meili-Lehner, Was sie Ihrem Kind schon lange über Liebe und Sex sagen wollten... Copyright (c) 1989 Atlantis, ein Imprint der Orell Füssli Verlag AG Schweiz; **346.2** Fotolia LLC (Anyka), New York; **346.3** Fotolia LLC (chinatiger), New York; **346.4** shutterstock (Anke van Wyk), New York, NY; **347.5** Klett-Archiv, Stuttgart; **347.6** Corbis (Elio Ciol), Düsseldorf; **347.7** Picture-Alliance (Britta Pedersen), Frankfurt; **348.1** FOCUS (SPL/Mauro Fermariello), Hamburg; **348.2** FOCUS (Chris Priest/SPL), Hamburg; **348.Rand** MEV Verlag GmbH, Augsburg; **349.3** Okapia (NAS/H. Morgan), Frankfurt; **349.4; 349.5** Charlotte Willmer-Klumpp, Herbolzheim; **350.1** Avenue Images GmbH RF (Photodisc), Hamburg; **350.2** Picture-Alliance (dpa/Klaus Rose), Frankfurt; **351.1** BPK (Johannes Laurentius), Berlin; **351.2** Getty Images (photonica/Barnaby Hall), München; **351.oben** Avenue Images GmbH RF (Image Source/RF), Hamburg; **352.1** Fotolia LLC (Klaus Eppele), New York; **352.2** Getty Images RF (Digital Vision), München; **352.3** Klett-Archiv (Renate Weber), Stuttgart; **352.4** Avenue Images GmbH RF (image100), Hamburg; **352.5** Das Fotoarchiv RF (RF), Essen; **352.6** Avenue Images GmbH RF (Stockbyte), Hamburg; **352.7** shutterstock (Tracy Whiteside), New York, NY; **353.8** shutterstock (Zdorov Kirill Vladimirovich), New York, NY; **353.9** Fotolia LLC (Rikke), New York; **353.10** Avenue Images GmbH RF (Image Source), Hamburg; **353.11** Klett-Archiv (Barattucci), Stuttgart; **353.12** Fotolia LLC (Patrizia Tilly), New York; **354.1** PRESSE-FOTO Dieter Baumann, Ludwigsburg; **354.2** Nummer gegen Kummer e.V., Wuppertal; **355.2** Okapia (T.J. Florian/Rainbow), Frankfurt; **355.3** Wikimedia Foundation Inc. (http://creativecommons.org/licenses/by-sa/2.0/fr/deed.de), St. Petersburg FL; **355.4** Imago (McPHOTO/Diez), Berlin; **355.5** Wikimedia Foundation Inc., St. Petersburg FL; **358.1** Klett-Archiv (Burkhard Weizel), Stuttgart; **358.2** Fotosearch Stock Photography, Waukesha, WI; **359.3** Getty Images RF (Image Source), München; **360.1** shutterstock (Eric Gevaert), New York, NY; **360.2** Corbis RF (masterfile/Edelsten), Düsseldorf; **360.3** Corbis RF (Richard Gross), Düsseldorf; **361.4** www.bilderbox.com (Wodicka), Thening; **361.5** Fotosearch Stock Photography (PhotoDisc), Waukesha, WI; **361.6** Klett-Archiv, Stuttgart; **362.1** Fotosearch Stock Photography (RF), Waukesha, WI; **362.2** Mauritius Images (fact), Mittenwald; **362.3** shutterstock, New York, NY; **362.4** Getty Images RF (PhotoDisc), München; **363.5** Corel Corporation Deutschland, Unterschleissheim; **363.6** Getty Images RF, München; **363.7** Picture-Alliance (dpa/gms Hekatron Gruber Brandschutz), Frankfurt; **363.8** Klett-Archiv (Johann Leupold), Stuttgart; **364.1** Tierbildarchiv Angermayer (H. Pfletschinger), Holzkirchen; **364.2** Okapia (Nature Agence), Frankfurt; **365.3** Okapia (Photri Inc.), Frankfurt; **366.1** Okapia (Robert Maier), Frankfurt; **366.2** Wygasch, Dr. Joachim, Paderborn; **366.3** Okapia (Lond. Sc. Films, OSF), Frankfurt; **366.4** Okapia (Biophoto Ass./Science Source), Frankfurt; **366.5** Okapia (Manfred Kage), Frankfurt; **366.6** Reinhard-Tierfoto, Heiligkreuzsteinach; **366.7** Okapia (Denis Oudet), Frankfurt; **366.8** Okapia (Andreas Hartl), Frankfurt; **367.9** MEV Verlag GmbH, Augsburg; **367.10; 367.11** Klett-Archiv (Nature + Science AG/Mangler), Stuttgart; **367.12** Dr. Eckart Pott, Stuttgart; **367.13** Johannes Lieder, Ludwigsburg; **368.1** FOCUS (IBM/SPL), Hamburg; **368.2** Klett-Archiv (Hartmut Fahrenhorst), Stuttgart; **368.3** Klett-Archiv (Gert Elsner), Stuttgart; **368.4** iStockphoto (RF/Alexander Mikula), Calgary, Alberta; **369.5; 369.6; 369.7** Klett-Archiv (Zuckerfabrik digital), Stuttgart; **369.8** shutterstock (newphotoservice), New York, NY; **369.9** IVB-Report, FotoPress International, Kappelrodeck; **370.1** Corel Corporation Deutschland, Unterschleissheim; **370.2** shutterstock, New York, NY; **371.3; 371.4; 371.5; 371.7** Klett-Archiv, Stuttgart; **371.6** Karly, Florian, München

Nicht in allen Fällen war es uns möglich, den Rechteinhaber der Abbildungen ausfindig zu machen. Berechtigte Ansprüche werden selbstverständlich im Rahmen der üblichen Vereinbarungen abgegolten.